Ungeschminkt
Kosmetik nach Lernfeldern

Band B

von

Doris Maaß

mit Beiträgen von:

Ingrid Harnecker
Alexandra Lea Weinberg

westermann®

Band B des Lehrwerkes „Ungeschminkt – Kosmetik nach Lernfeldern“ bietet einen umfangreichen Überblick mit fachvertiefenden Ausführungen zu den vielfältigen kosmetischen Behandlungsmöglichkeiten der Gesichtshaut.

Mit diesem Band „Kosmetik des Gesichtes“ erhalten Sie:

- Klassische Methoden der Beurteilung der Gesichtshaut im Kosmetikinstitut (zweiter Teil des LF 2).
- Informationen bezüglich der richtigen und hautzustandsgerechten Reinigung der Gesichtshaut (LF 3).
- Die Geheimnisse einer Gesichtsmassage und was diese außerdem noch kann (Teil des LF 6).
- Was Sie schon immer über konsequente Hautpflege und die Anwendung von kosmetischen Mitteln wissen wollten – und sollten (LF 7). Mit Anhang: Kosmetische Mittel.
- „Spieglein, Spieglein, ...“ – oder wie die dekorative Kosmetik Ihnen und Ihren Kunden helfen kann, einem gewünschten Schönheitsideal kosmetisch näher zu kommen (LF 12).
- Ein Glossar mit wichtigen und/oder im Buch vorkommenden kosmetischen Inhaltsstoffen in Form einer INCI-Liste und mit kosmetischen Begriffen, auf die wir im Text nicht weiter eingehen.

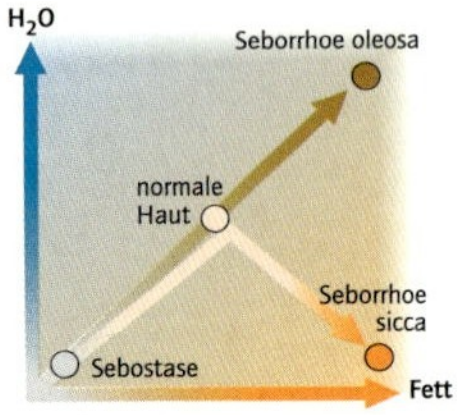

Fotos und Grafiken werden Ihnen helfen mit unseren Lerninhalten auch optisch Kontakt zu halten.

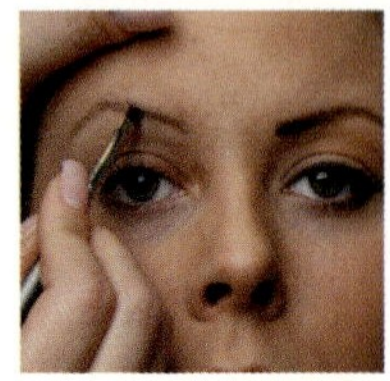

Extrakt

Denkanstöße, Tipps und Extrakte stellen inhaltlich den eher praktischen Teil dar und außerdem weisen sie auf eventuell vermeidbare Fehler hin, die wir bereits „hinter uns“ haben.

Texte, Merksätze und Aufgabenblöcke stellen den theoretischen Teil des Lehrstoffes dar.

Exkurse ermöglichen Ihnen den Blick „über den Tellerrand“ – hin zu spezialisierten oder verwandten Fachgebieten und Disziplinen.

Integrität **Fremdsprachliche und andere wichtige Begriffe finden Sie auf der Buchseite am Rand gedruckt zum schnelleren (Wieder-)Finden.**

Paraffin **Glossarbegriffe finden Sie auf der Buchseite am Rand gedruckt, das Glossar selbst ab Buchseite 432.**

Ein breit gefächertes Fachwissen im Sinne der ganzheitlichen Kosmetik ist die Voraussetzung, um eine verantwortungsvolle Tätigkeit am Kunden und dessen Haut ausüben zu können.
Ein spannender und schöner Beruf erwartet Sie!

Auch in dieses Buch haben wir viel Arbeit investiert – daher freuen wir uns auf Ihre konstruktive Kritik.

Viel Spaß wünscht Ihnen
Ihr Autorenteam Kosmetik

2. Auflage, 2008
Druck 1, Herstellungsjahr 2008

Lektorat: Birgit Bassus, Rödermark
Satz: Studio Dressel GmbH, Darmstadt
Druck und Bindung:
westermann druck GmbH, Braunschweig
ISBN: 978-3-8045-5842-7

Beurteilen der Haut (im Kosmetikinstitut)

(Teil des LF 2)

Als Kosmetiker haben Sie die wichtige Aufgabe, für die Hautgesundheit und Hautpflege Ihrer Kunden Sorge zu tragen. Sie führen vorsorgende Maßnahmen *(Prophylaxe)*, aber auch Aufklärung, Beratung und Anwendung von reinigenden und pflegenden kosmetischen Behandlungen durch.

Der verantwortungsbewusste Umgang mit der Haut Ihrer Kunden beginnt mit der sorgfältigen und fachgerechten Einschätzung des Hautzustandes und des Hauttyps. Sie ist die wichtigste Grundlage für alle folgenden kosmetischen Behandlungen. Daher wird in diesem Band ein zweiter Teil des Lernfeldes 2 („Beurteilen der Haut") – **integriert in den Behandlungsablauf am Kosmetikinstitut** – dargestellt.

Die Kenntnisse um die Hygienebestimmungen und die Durchführung der kosmetischen Hautanalyse gehören deshalb zu Ihrem Ausbildungsabschnitt in diesem Teil des LF 2 und sind in den folgenden Kapiteln 1 und 2 dargestellt.

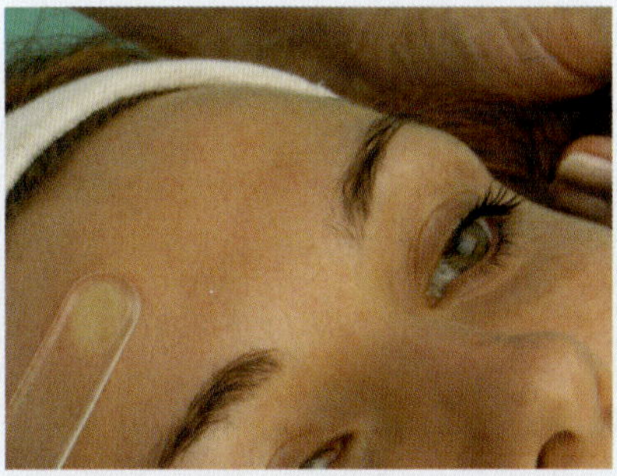

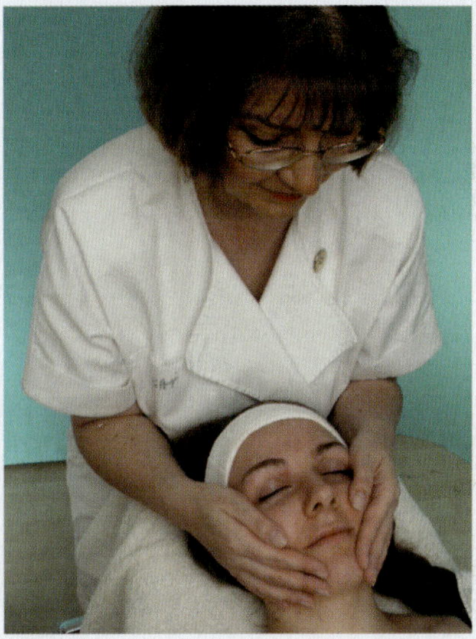

Beurteilen der Haut

1. Vorbereitungen und Hygiene

2. Kosmetische Hautbeurteilung
Exkurse: Karteikarte – Sinn und Nutzen eines wertvollen Arbeitsmaterials
Der richtige Umgang mit Strom

1 Vorbereitungen und Hygiene

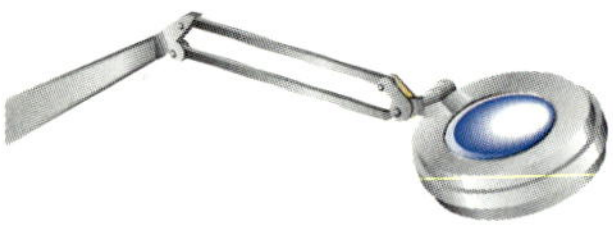

Heute ist Susi spät dran. Erst musste sie mit ihrem Hund Wuschel Gassi gehen und ihn dann gründlich bürsten. Es ist nicht einmal Zeit zum Händewaschen vor der Arbeit gewesen. Seit kurzem ist sie Raumpflegerin in einem angesehenen Kosmetikinstitut. Abgehetzt betritt sie eine Stunde vor der Öffnungszeit das Geschäft. Nachdem sie ihren Mantel abgelegt hat, geht sie erst zum Schminktisch hinüber und streift sacht mit den Händen über die Kosmetikpinsel. Es fühlt sich so weich an. Ihre Chefin benutzt diese Pinsel für das Make-up der Kundinnen.

Sie beginnt mit der Reinigung des Arbeitstisches. Das Desinfektionsmittel aus der Sprühflasche ist fast leer. Soll sie jetzt in den Keller gehen, um eine neue Flasche zu holen? Ach, sie kann den Rest in der Sprühflasche auch mit Wasser auffüllen. Das merkt die Chefin nicht. Und überhaupt, warum braucht sie denn das Desinfektionsmittel? Ein Wischer mit dem Putzlappen tut es doch auch!

1.1 Hygiene am Institut

Das Wort Hygiene umfasst alle vorbeugenden Maßnahmen zur Gesunderhaltung von Körper, Geist und Seele.

Als Kosmetikerin arbeiten Sie an der Gesunderhaltung der Haut. In diesem Sinne sind von Ihnen auch alle notwendigen Maßnahmen zu ergreifen, um *Infektionen* (Ansteckung, Übertragung) von (Haut-)Krankheiten über Keime und Viren

- von Kunde zu Kunde,
- zwischen Kunde und Ihnen,
- von Ihren Arbeitsmaterialien und Ihrem Arbeitsraum auf Sie oder den Kunden

zu vermeiden. Die Hygiene spielt im Beruf Kosmetik eine große Rolle (→ Aufgabenfelder der Kosmetik, Band A, LF 1 Kapitel 1.2).

Was können Sie alles tun, damit ein sorgfältiges Arbeiten im Sinne der Hygiene möglich ist?

Da Sie eine Tätigkeit ausüben oder ausüben wollen, bei deren Ausführung durch Geräte oder Instrumente Erreger einer durch Blut übertragbaren Krankheit (vor allem Aids, Hepatitis B → Band A, LF 2, Kapitel 5.2) weitergegeben werden können, unterliegt Ihre Tätigkeit der **Hygieneverordnung** in der jeweiligen Fassung für ein Bundesland.

Die Hygieneverordnung gilt für Ihre Berufsgruppe, aber auch für Frisöre (einschließlich berufs- oder gewerbsmäßige Rasierer), Maniküren, Pediküren, Kosmetik- und Schönheitssalons, Ohrlochstecher (z. B. Juweliere), Tätowierer, Piercing-Studios und Heilpraktiker.

Aufg. 2a)

Die Hygieneverordnung ist dem **Infektionsschutzgesetz – IfSG** (früher: Bundesseuchengesetz) zugeordnet. Dieses Gesetz zur Verhütung und Bekämpfung von übertragbaren Krankheiten ist seit dem 20. Juli 2000 (BGBl. I S. 1045) in Kraft. Es wurde im Jahr 2001 zuletzt geändert und enthält auch die für Ihre Berufsgruppe wichtigen Vorschriften zur Hygiene. Diese müssen länderabhängig umgestzt werden.

Infektionsschutzgesetz seit 20. Juli 2000

Die für Ihre Arbeit wichtige Hygieneverordnung, die landesrechtlich (also von jedem Bundesland) geregelt ist, fordern Sie bei Ihrem zuständigen Ordnungs- oder Gesundheitsamt kostenlos an.

Folgende Auszüge aus der aktuellen Hygieneverordnung des Landes Nordrhein-Westfalen betreffen Sie als ausübende Person im Kosmetik-Beruf:

§

§ 2 Pflichten

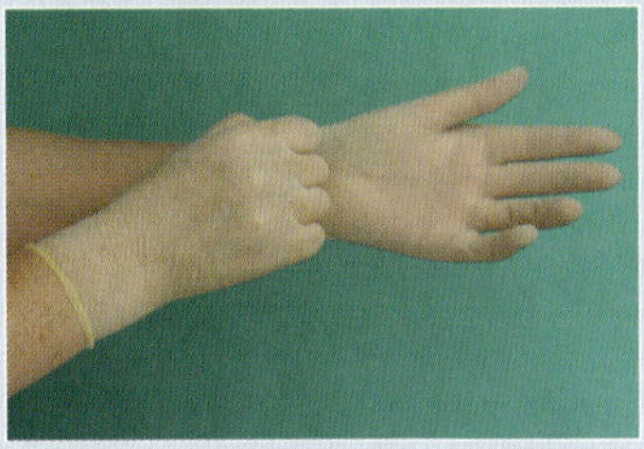

(1) Wer Handlungen vornimmt, die mit einer Verletzung der Haut oder Schleimhaut einhergehen, hat vorher seine Hände sorgfältig zu reinigen und diese sowie die zu behandelnden Haut- oder Schleimhautflächen zu desinfizieren. Bei der Ausübung der Tätigkeiten sind Einmalhandschuhe zu tragen. Für jeden neuen Kunden sind neue Einmalhandschuhe zu verwenden.

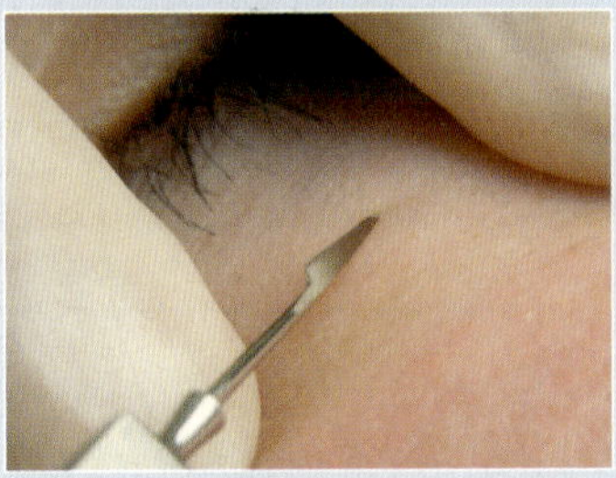

(2) Handlungen, die eine Verletzung der Haut oder Schleimhaut vorsehen, sind mit sterilen Geräten, Werkzeugen oder Gegenständen vorzunehmen. Stehle Einmalmaterialien dürfen nach dem ersten Gebrauch nicht wieder verwendet werden. Mehrfach verwendbare Geräte, Werkzeuge und Gegenstände, die für eine Handlung nach Satz 1 bestimmt sind, sind nach jedem Gebrauch zunächst einer desinfizierenden Reinigung und anschließend einer Heißluft- oder Dampfsterilisation zu unterziehen sowie bis zur nächsten Anwendung steril aufzubewahren ...

(3) Mehrfach verwendbare Geräte, Werkzeuge und Gegenstände, deren Benutzung eine Verletzung der Haut oder Schleimhaut nicht vorsieht, bei deren Anwendung es aber zu einer Verletzung der Haut oder Schleimhaut kommen kann, sind nach jedem Gebrauch zu reinigen und mindestens an jedem Arbeitstag zu desinfizieren (Kundenschutz). Ist es zu einer unbeabsichtigten Verletzung gekommen, sind sie sofort zu desinfizieren und danach sorgfältig zu reinigen (Eigenschutz und Kundenschutz).

(4) Der Arbeitsbereich für Tätigkeiten nach § 1 muss geeignet und so beschaffen sein, dass alle Oberflächen leicht zu reinigen und zu desinfizieren sind.

(5) Die Arbeitsflächen sind mindestens an jedem Arbeitstag gründlich zu reinigen und zu desinfizieren.

Was sind die in der Hygieneverordnung genannten „Geräte", „Werkzeuge" und „Gegenstände"?

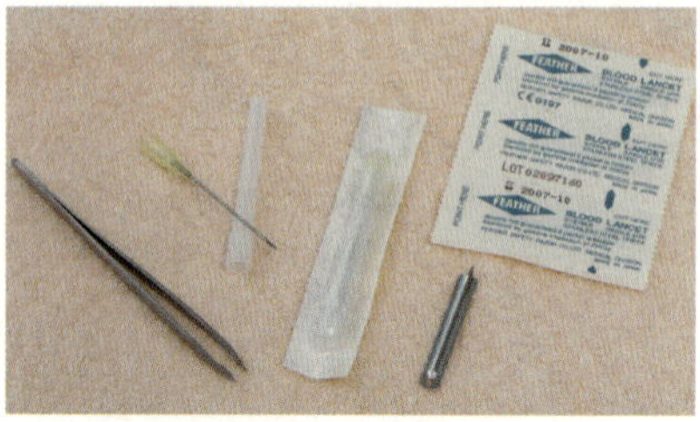

Abb. 1.1: Instrumente der Kosmetik

Es sind die Instrumente, mit denen eine Arbeit ausgeführt werden kann. Instrumente, die Sie zur Ausübung Ihrer Tätigkeit im Kosmetikstudio benötigen, sind zum Beispiel folgende: Pinzetten, Skalpelle, Blutlanzetten, Scheren, Fräser, Nadeln für Epilation, Permanent Make-up usw.

Alle Instrumente, die in die Haut eindringen, müssen höhere hygienische Anforderungen erfüllen. Sie müssen nicht nur frei von Krankheitserregern (desinfiziert), sondern auch frei von anderen Bakterien (steril/keimfrei) sein.

Entsorgung verunreinigter Materialien

Die Abfallentsorgung muss im Sinne der Hygieneverordnung sorgfältig vorgenommen werden:

Für alle weichen Materialien (wie Wattepads und -tupfer, Kosmetiktücher, weiche Maskenreste, Gaze, Vliesstreifen, Wimpernblättchen usw.) verwenden Sie einen mit Fußpedal versehenen verschließbaren Abfalleimer. So können Sie problemlos während der Behandlung anfallende durch z. B. Blut oder Sekrete verunreinigte Materialien zwischendurch entsorgen. Das kommt vor allem bei der manuellen Ausreinigung vor.

Niemals den Deckel Ihres Abfalleimers mit der Hand öffnen, da Sie sonst Verunreinigungen Ihrer Hände durch den inliegenden Abfall und den Deckel selbst nicht ausschließen können!

Die Entsorgung von scharfen, spitzen und zerbrechlichen Gegenständen, die nicht wieder verwendet werden (Einmalinstrumente, Glasampullen usw.), darf nur in stich-, bruch- und schnittfesten Behältern erfolgen. Die Verletzungsgefahr bei der Abfallentsorgung muss unbedingt unterbunden werden. **Einmalinstrumente** dürfen nur desinfiziert und gereinigt über den normalen Hausmüll entsorgt werden. Die gesetzlichen Vorschriften bezüglich der Sammlung und Entsorgung sind auch hier zu beachten und können beim zuständigen Ordnungsamt erfragt werden.

Abb. 1.2: Unhygienisches Öffnen

Die Gefährdung dritter Personen, die für die Abfallentsorgung zuständig sind, muss unbedingt vermieden werden.

Bewahren Sie verunreinigte Instrumente bis zur Wiederaufbereitung in einem geschlossenen Behälter auf.

Mehrweginstrumente und -materialien müssen desinfiziert, gereinigt und wiederaufbereitet (sterilisiert) werden (➔ Hygieneplan).

1.1.1 Instrumentendesinfektion

Die Instrumentendesinfektion (Desinfektion ➔ Band A, LF 2, Kapitel 5.3) kann in einem abdeckbaren Behälter vorgenommen werden. Desinfektionsmittel müssen keimreduzierend wirken. Die Desinfektionslösung sollte mindestens einmal wöchentlich gewechselt werden, aber auch vorher, wenn eine sichtbare Verunreinigung oder Trübung der Lösung zu sehen ist. Zugelassene Desinfektionsmittel, deren Anwendung und die eventuellen Einwirkzeiten entnehmen Sie bitte dem ➔ Hygieneplan, der vom **Verband für Angewandte Hygiene (VAH)** zu diesem Zweck erstellten Listen oder den jeweiligen Herstellerangaben.

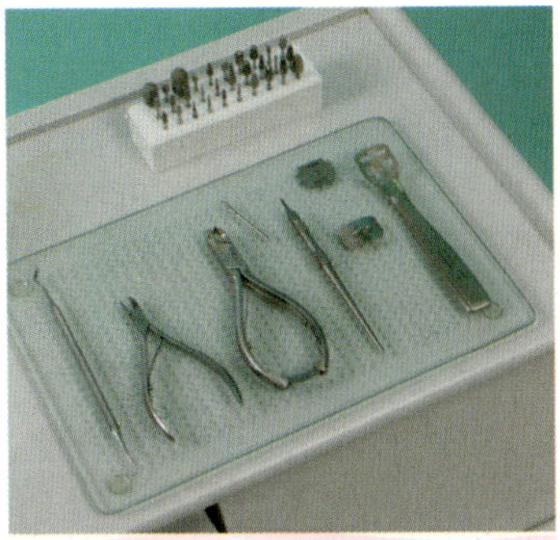

Abb. 1.3: Mehrweginstrumente der Fußpflege

desinfiziert = frei von Krankheitserregern

Sodalösung

Durch dreiminütiges Aufkochen in einer halbprozentigen Sodalösung lassen sich Instrumente ebenfalls desinfizieren.

Einmalinstrumente geben Sie nach der Desinfektion in den normalen Hausmüll, mehrfach zu verwendende Instrumente in den Sterilisator (➔ Kapitel 1.1.2).

Alternativ zu der manuellen Reinigung und Desinfektion können mithilfe des Ultraschall-Reinigungsgerätes beide Vorgänge apparativ in einem erfolgen. Das Reinigungsprinzip mit Schallwellen beruht auf der Entstehung von Dampfblasen (ULTRASCHALL ➔ Band A, Grundlagen-Lexikon).

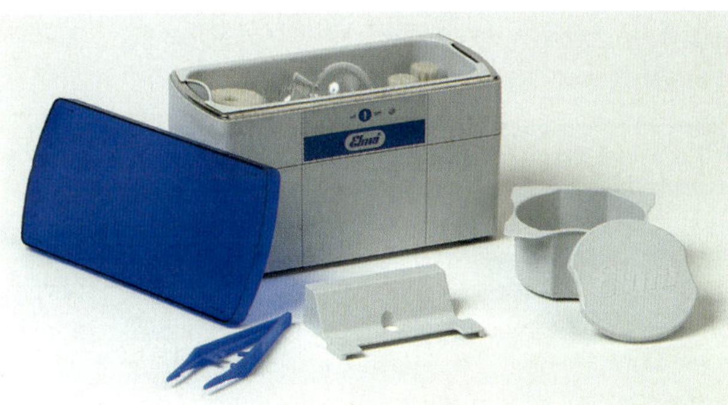

Abb. 1.4: Ultraschall-Reinigungsgerät für Bürsten, Pinsel, Glasventousen und ähnliche Utensilien. Schmutzpartikel werden selbst aus den tiefsten Poren entfernt. Durch den Zusatz von Desinfektionsmitteln kann gleichzeitig mit der Reinigung auch desinfiziert werden.

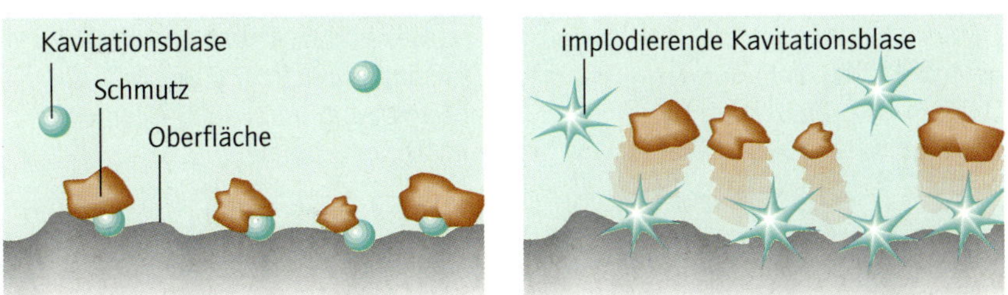

Durch Ultraschall bilden sich in der Flüssigkeit kleinste Hohlräume (Kavitationsbläschen) – auch zwischen Schmutz und Instrument.

Die Kavitationsbläschen sind instabil, fallen in sich zusammen (implodieren) und sprengen dabei den Schmutz von der Instrumentenoberfläche ab.

Abb. 1.5 a und b: Prinzip der Ultraschallreinigung

1.1.2 Instrumentensterilisation

steril =
frei von allen
Bakterien, keimfrei

Die Sterilisation im Kosmetikinstitut bezieht sich überwiegend auf die verwendeten Instrumente (Scheren, Pinzetten, Milienmesser, Nadeln usw.) und Geräteköpfe (falls abnehmbar und sterilisierbar – sonst Desinfektion).

Die Sterilisation erfolgt in der Regel durch Erhitzen in geschlossenen Behältern. Man unterscheidet den Heißluft-Sterilisator mit Temperaturen bis 180 °C oder den Dampf-Sterilisator bei 120 °C, auch ***Autoklav*** genannt. Letzterer sterilisiert mit Überdruck. Die Sterilisationszeit beträgt ca. 90 – 120 Minuten (variiert nach Gerät und Hersteller).

Für die Sterilisationsgeräte ist das **Führen eines Kontrollbuchs** notwendig (alternativ auch im PC zu führen), das u. a. Auskunft gibt über die genauen Gerätedaten, Wartungs- und Reparaturarbeiten, TÜV-Prüfungen, Art und Datum des Sterilisationsvorgangs usw.

Sterilisation mit Heißluft

Kompakter Sterilisator mit **mechanischer Luftbewegung.** Auch im Innenraum aus Edelstahl. Ausgestattet mit Halterung zur Aufnahme von zwei großen Alu-Tabletts, auf denen die Instrumente übersichtlich angeordnet werden können. Die eingestellte Temperatur (60 °C– 180 °C) wird durch einen Regler konstant gehalten. Bei Normalbeladung beträgt die Betriebszeit für unverpacktes Sterilisiergut ca. 60 Minuten.

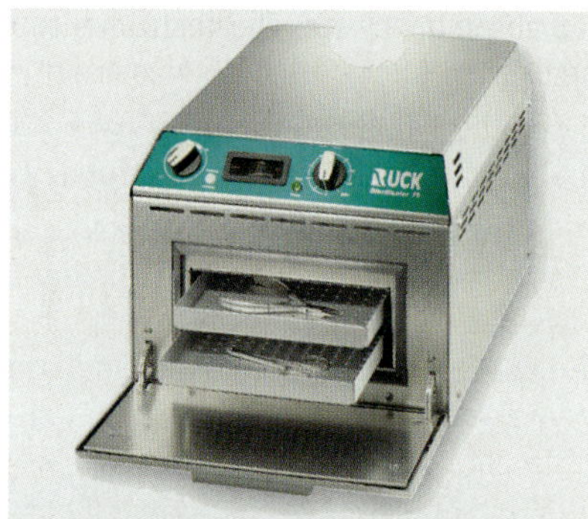

Abb. 1.6: Heißluft-Sterilisator

Brechen Sie den Sterilisationsvorgang niemals vorzeitig ab. Die Instrumente sind vorher nicht keimfrei und kochend heiß. Hier besteht Verbrennungsgefahr und/oder Verbrühungsgefahr!
Weisen Sie gegebenenfalls auch Ihre Mitarbeiter darauf hin.

Für alle weiteren Stoffe ist der Kalt-Sterilisator geeignet, der mit UV-Strahlen, Ultraschall, ionisierenden Strahlen oder mit aggressiven, keimabtötenden chemischen Mitteln arbeitet (→ Band A, LF 2, Kapitel 5.3 und Grundlagen-Lexikon).

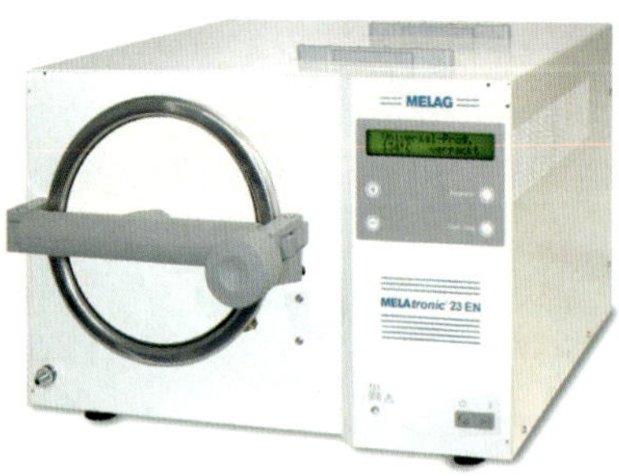

Abb. 1.7: Dampf-Sterilisator (Autoklav)

Wie haben Sie Ihre Instrumente immer zur Verfügung, falls Sie eine Kundin/einen Kunden unerwartet annehmen?

Sorgen Sie für ausreichend vorhandene Mehrwegmaterialien, sodass Sie immer die Sterilisationszeiten überbrücken können (z. B. Zangen und Pinzetten in doppelter Ausführung). Oder sorgen Sie für ausreichend vorhandene Einmalmaterialien und -instrumente. In der Regel werden diese steril verpackt geliefert.

Bewahren Sie verunreinigte Mehrwegmaterialien und -instrumente in einem geschlossenen Behälter auf, falls Ihr Sterilisationsgerät gerade belegt ist.

Wie wende ich das Sterilisationsgerät an?

Zuerst müssen Sie alle verunreinigten Instrumente und Materialien desinfizieren und rückstandsfrei reinigen.

Benetzen Sie mit der Desinfektionslösung alle inneren und äußeren Flächen, z. B. des Instrumentes, und spülen Sie die Desinfektionslösung nach der Einwirkzeit mit klarem Wasser ab. Trocknen Sie anschließend das Instrument mit einem Papiertuch gründlich ab, da sonst beim Sterilisationsvorgang Materialschäden auftreten können.

Geben Sie die Instrumente in den Sterilisator und verschließen Sie ihn. Stellen Sie Zeit und Temperaturregelung nach den Herstellerangaben ein.

Feuchte, verschmutzte oder nasse Instrumente vor der Sterilisation sind auch nach der Sterilisation noch als unsteril zu betrachten!

Nach Beendigung des Sterilisationsvorganges schaltet sich das Sterilisationsgerät automatisch ab. Die Instrumente und der Gerätekorb sind noch eine Weile heiß, bitte überprüfen Sie vorsichtig, wann die Abkühlung erfolgt ist. Das kann bis zu 30 Minuten nach Abschalten des Gerätes sein.

Wie nehmen Sie das sterile Material aus dem Sterilisationsgerät heraus, ohne es sofort mit Ihren Händen unsteril zu machen?

Verwenden Sie eine Instrumentenpinzette, diese hat einen Greifkopf am unteren Ende zum Entnehmen der Instrumente aus dem Sterilisationsgerät.

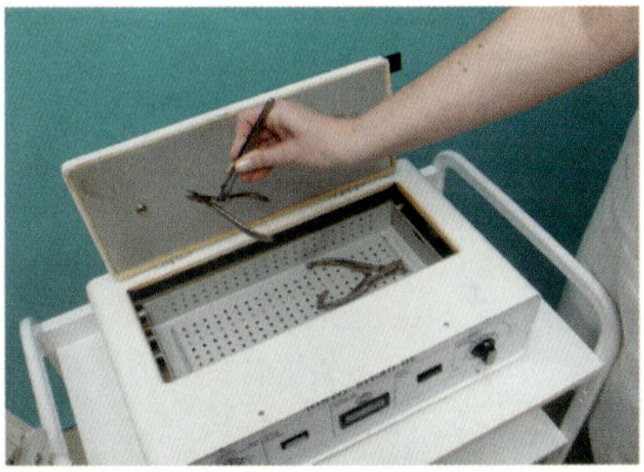

Abb. 1.8: Instrumentenentnahme aus dem Heißluft-Sterilisator

Geben Sie die entnommenen Instrumente in einen sauberen, verschlossenen Behälter, damit sie nicht vor dem Gebrauch verunreinigt werden.

Manche Sterilisationsgeräte haben einen herausnehmbaren Gerätekorb. Dieser kann mit zwei Henkelgriffen entnommen werden. Dann muss wieder die Instrumentenpinzette zum Aufnehmen und Ablegen verwendet werden.

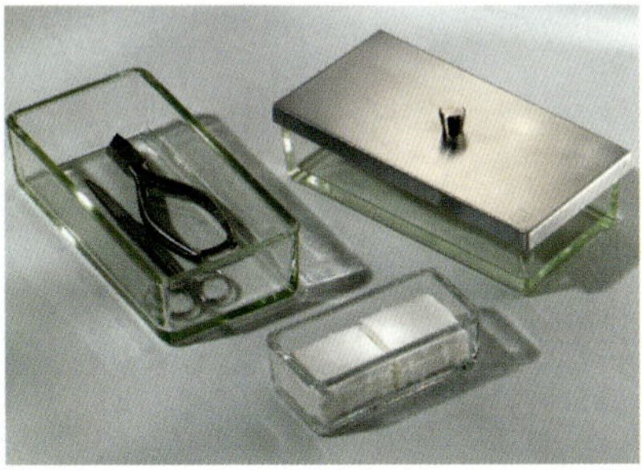

Abb. 1.9: Klarglas-Instrumentenschalen

Damit eine genaue Kontrolle über alle Maßnahmen zu den Hygienevorschriften erfolgen kann, benötigen Sie einen Hygieneplan.

1.1.3 Hygieneplan

Ein Hygieneplan (→ Tabelle auf der folgenden Seite) enthält alle Angaben zur Reinigung, Desinfektion und Sterilisation sämtlicher Gegenstände, der Einrichtung Ihres Kosmetikinstitutes, verwendeter Materialien, Geräte und deren Entsorgung.

Er enthält weiter genaue Abstandskontrollen über Information und Einweisung sowie Durchführung der Maßnahmen durch Sie selbst oder Ihre Mitarbeiter.

Eine Auffrischung und Unterweisung in den Vorschriften muss regelmäßig erfolgen und auf dem Plan mit Datum unterschrieben werden.

Integrieren Sie Hygienemaßnahmen in Ihre Behandlungsabfolgen, z. B. waschen Sie immer Ihre Hände, bevor Sie sich wieder auf den Arbeitsstuhl setzen, um an der Haut der Kundin weiterzuarbeiten.

Durch ständige Kontrolle und Selbstdisziplin im Punkt Hygiene im Institut sind Sie selbst das beste Beispiel für Ihre Mitarbeiter. Eine mangelnde Händehygiene kann bedingt sein durch mangelnde Disziplin, ungenaue oder nicht eingehaltene Anwendungsvorschriften, Unverträglichkeiten, Betriebsblindheit („Mir kann eine Infektion nicht passieren, es ist ja nur einmal!") oder fehlende Kontrollen.

Zugelassene Desinfektionsmittel für die verschiedenen Arbeitsvorgänge sind nach Anwendungsgebiet geordnet im Hygieneplan enthalten.

Selbstverständlich muss auch alle weitere Raumausstattung regelmäßig gründlich gereinigt und bei Bedarf desinfiziert werden. Hierunter fallen im Kosmetikinstitut z. B. Regale, Fensterbänke, Fenster und Türen sowie Dekorationsmaterialien und aufgestellte Kabinett- oder Verkaufsware.

Beauftragte des Gesundheitsamtes und der Kreisverwaltungsbehörde sind berechtigt die Einhaltung der Vorschriften zu überprüfen.

Achtung: Hygieneüberprüfung

Überlegen Sie, was passiert, wenn der Beauftragte in Ihrem Institut nicht ein einziges Sterilisationsgerät findet?

Das heißt, Grundstücke, Räume, Anlagen und Einrichtungen dürfen von der befugten Person zu den Geschäftszeiten unangekündigt betreten und untersucht werden (unter Umständen mit Probennahme).

Außerdem dürfen Auskünfte von Ihnen oder Ihren Mitarbeitern verlangt werden. Sie sind gesetzlich dazu verpflichtet, Auskünfte zu erteilen (oder vom Aussageverweigerungsrecht Gebrauch zu machen) und die Untersuchung zuzulassen.

Verstöße gegen die Hygienevorschriften unterliegen dem Gesetz über Ordnungswidrigkeiten.

Beispiele

So achten die Beamten z. B. darauf, dass in Ihrem Institut als Darreichungsformen zur Händehygiene Spender oder Sprühflaschen neben Ihrem Waschbecken angebracht sind. Oder dass z. B. Ihre Arbeitskleidung bei mindestens 60° C waschbar ist.

Tab. 1.10: Muster-Hygieneplan

Bereich	R/D[1]	Häufigkeit	Wer	Womit	Wie[2]	Anwendung
Hände waschen	R	• zu Dienstbeginn • nach dem Essen • bei Verschmutzung • nach Toilettenbenutzung • vor Behandlung der Kunden, bei denen eine Händedesinfektion notwendig ist	Personal	Flüssigseife aus Spendern	gebrauchsfertig	Hände waschen, mit Einwegtuch abtrocknen
Hände desinfizieren	D	• vor Eingriffen, bei denen Haut bestimmungsgemäß verletzt wird • nach Ablegen der Schutzhandschuhe bei o. g. Eingriffen • nach Verunreinigung mit infektiösem Material (Blut) • nach Stich- oder Schnittverletzungen	Personal	alkoholisches Händedesinfektionsmittel	entsprechend VAH[3]-Liste oder Herstellerangaben	ausreichende Menge, mind. 3–5 ml auf der trokkenen Haut gut verreiben, während der Einwirkzeit feucht halten
Handpflege		nach dem Händewaschen	Personal	Handcreme aus Tuben oder Spendern		auf trockenen Händen gut verreiben
Hautdesinfektion	D	bei hautdurchtrennenden Eingriffen	Kunde	Hautdesinfektionsmittel (Alkohol o. PVP-Alkohol-Lösung)	entsprechend VAH[3]-Liste oder Herstellerangaben	sprühen – wischen – sprühen oder: mit Tupfern mehrmals satt auftragen und verreiben (ca. 1 Min.)
Instrumentendesinfektion • hitzestabiles Instrumentarium	D	nach jeder Benutzung an einem Kunden und nach Bedarf	Personal	Reinigungs-, Desinfektionsautomat oder manuelle Aufbereitung	entsprechend Herstellerangaben	bei Utensilien mit Verletzungsgefahr immer erst desinfizieren, dann reinigen, ggf. abspülen, trocknen, verpacken und ggf. anschließend sterilisieren
• hitzelabiles Instrumentarium	D	nach jeder Benutzung an einem Kunden und nach Bedarf	Personal	Instrumentendesinfektionsmittel	entsprechend VAH[3]-Liste oder Herstellerangaben	erst desinfizieren, dann reinigen, ggf. abspülen, trocknen, verpacken
Ablagefläche für Instrumente und Materialien	D	vor jedem neuen Kunden bei Verunreinigung	Personal	gelistetes Flächendesinfektionsmittel (auch als alkoholisches Pumpspray oder Desinfektionstücher)	entsprechend Herstellerangaben	gebrauchsfertige Lösung mit Lappen satt auf der Fläche verteilen oder satt versprühen – wischen – sprühen
Fußböden allgemein	R D	täglich und bei Bedarf anlassbezogen, z. B. bei Verunreinigung mit Blut	 Personal	umweltschonender Fußbodenreiniger gelistetes Flächendesinfektionsmittel	nach Herstellerangaben entsprechend VAH[3]-Liste oder Herstellerangaben	feucht wischen sichtbaren Schmutz mit Zellstoff entfernen, dann wischdesinfizieren
Fußboden im Behandlungsraum	D	täglich; speziell bei Tattoo, Piercing, Fußpflege		gelistetes Flächendesinfektionsmittel		wischdesinfizieren
Waschbekken, Toiletten	R D	täglich anlassbezogen; z. B. nach Blutkontamination oder Verunreinigung mit Fäkalien und anderen Körperflüssigkeiten	Personal Personal	Reinigungslösung gelistetes Flächendesinfektionsmittel	 nach Herstellerangaben	gründlich reinigen Verunreinigung mit Zellstoff entfernen, dann nachwischen
Waschschüsseln	D	nach Kundenbenutzung	Personal	gelistetes Flächendesinfektionsmittel	nach Herstellerangaben	wischdesinfizieren
Wäsche	R	nach Gebrauch	Personal	handelsübliche Waschmittel	in Waschmaschine	30 Min. bei 90 °C
Müll	R	täglich	Personal	Hausmüll	ggf. sicher verpackt	Treteimer und Mülltüten; spitze Gegenstände in bruch- und stichsicheren Behältern entsorgen

1 R/D = Reinigung/Desinfektion 2 Konzentration, Zubereitung, Einwirkzeit 3 Verband für Angewandte Hygiene

1.1.4 Händehygiene

Die Hände gelten als größter Überträger von Krankheitserregern. Die Richtlinien zur Händedesinfektion von 1985 wurden grundlegend neu überarbeitet und geben genaue Regeln vor:

A. Betreten Sie Ihr Kosmetikinstitut bereits mit sauber gewaschenen Händen. Verwenden Sie grundsätzlich flüssige Seife aus dem Spender, um die Hände vorzureinigen. Seifenstücke und Nagelbürsten gelten als potenzielle Keimreservoirs. Die **normale Händewaschung** dient der mechanischen Reinigung der Hände mit Präparaten ohne antiseptische Wirkstoffe.

B. Die **hygienische Händewaschung** ist gründlicher als die normale Händewaschung. Sie führt mithilfe der **Anwendung von entsprechenden Reinigungsmitteln** zu einer deutlichen Keimminderung. Da die zugesetzten *antiseptischen* (griech., keimwidrig) Wirkstoffe auf Dauer angewandt u. U. allergische Nebenwirkungen haben können, empfiehlt sich eine sparsame Anwendung (aber grundsätzlich nach dem Toilettengang oder der Essenszubereitung).

antiseptisch

C. Achten Sie bei allen Tensid-Reinigungsmitteln für die Hände auf gute Hautverträglichkeit. Die Inhaltsstoffe der Tenside sollten möglichst wenig Irritations- und Sensibilisierungspotenzial enthalten. Trocknen Sie anschließend Ihre Hände mit Einmaltüchern.

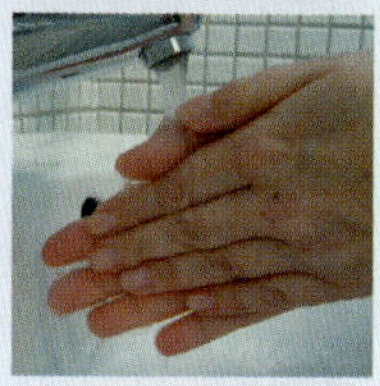

D. Tragen Sie kurze, möglichst mit den Fingerkuppen abschließende Fingernägel, deren Oberfläche nicht abgesplittert sein darf (z. B. durch abgeblätterten Nagellack).

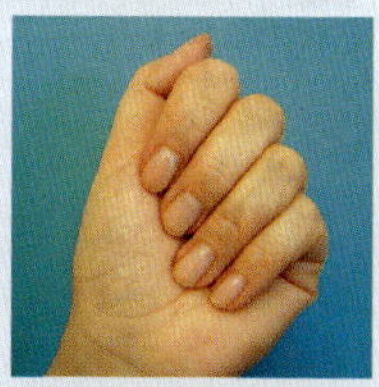

E. Schützen Sie kleinere Wunden an den Händen oder Nägeln/Fingern mit Pflaster zu Ihrem Schutz vor Infektionen durch Hautkontakt und zum Schutz der Kundin/des Kunden aus gleichem Grund.

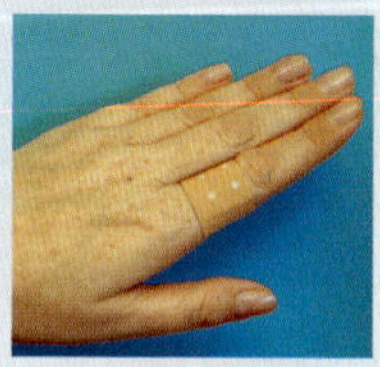

F. Lufttrockner sind wegen ihrer fehlenden mechanischen Entfernung von Restverschmutzungen und der Verwirbelung von keimbeladenen Schmutzpartikeln für die Trocknung der Hände nicht zu empfehlen. Verwenden Sie statt dessen Einmalhandtücher zum Abtrocknen.

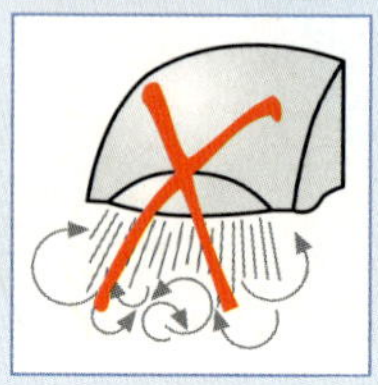

Die hygienische Händewaschung sorgt für eine Reinigung der Hände und eine deutliche Keimminderung. Erst die hygienische Händedesinfektion verhindert eine Weiterverbreitung von Krankheitserregern durch Ihre Hände.

Die menschliche Haut kann nicht sterilisiert werden, denn die Sterilisationsverfahren sind aufgrund ihrer z.T. sehr hohen Temperaturen oder chemischer Aggressivität für die Haut nicht verträglich. Damit trotzdem eine Abtötung bzw. Inaktivierung von pathogenen (lat., krankmachenden) Keimen erfolgen kann, gibt es spezielle Mittel zur hygienische Händedesinfektion.

- Die **Anwendung dieser Desinfektionsmittel** erfolgt unmittelbar bevor Sie mit der Behandlung beginnen bzw. Arbeitsgänge vornehmen, die mit einer Hautverletzung verbunden sein können: Verreiben Sie das Desinfektionsmittel ausgiebig und gründlich, wie erlernt, sodass alle Hautpartien benetzt sind und während der Einwirkzeit feucht bleiben. Beachten Sie die Anwendungshinweise und **Einwirkzeiten** der Hersteller.

  Kürzen Sie die Einwirkzeiten nicht selbstständig ab, da sonst die Desinfektionswirkung nicht ausreichend ist! Es werden dann nicht alle Krankheitserreger vernichtet.

- **Vor der Behandlung** müssen Sie die Hände waschen, um sie von der normalen Verschmutzung zu reinigen, dann desinfizieren, um eine Keimreduktion zu erreichen.

  Führen Sie diesen Vorgang **hörbar** oder **sehbar** für die Kundin/den Kunden durch. Das ist wichtig, damit die Kundin/der Kunde sicher ist, dass Ihre Hände frisch gewaschen und desinfiziert sind.

- Für die **Hautdesinfektion** vor einer kontrollierten Hautverletzung der Kundin/des Kunden eignen sich fertig getränkte Tupfer, Sprayflaschen und flüssige Mittel, die Sie mit dem Tupfer auftragen.
- Die **Wunddesinfektion** erfolgt mit den zugelassenen Mitteln entsprechend direkt nach der Hautverletzung.
- **Nach der Behandlung** müssen Sie die Hände zuerst desinfizieren, um eine Infektion durch evtl. aufgenommene Keime zu vermeiden. Dann können Sie die Hände waschen oder mit Einmaltüchern abrubbeln, um Restverschmutzungen (z. B. Cremereste oder Farbreste) abzutragen. Anschließend muss für eine ausreichende Pflege der Hände gesorgt werden (→ LF 7, Exkurs in Kapitel 1.7.2).

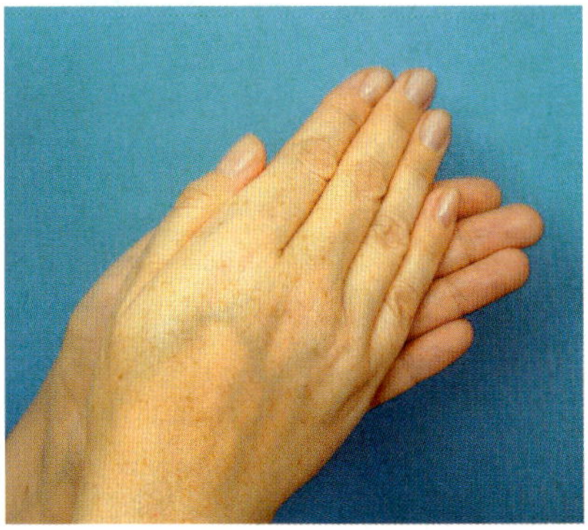

Die Hände müssen vor der Behandlung gewaschen und desinfiziert werden, nach der Behandlung desinfiziert und gewaschen werden.
Das gilt für alle Arbeitsgänge, bei denen Sie in die Haut eindringen (z. B. mit einer Blutlanzette) bzw. eine Hautverletzung möglich ist.
Bei Unterbrechungen, wie z. B. dem Kassieren zwischendurch, müssen Sie den Vorgang wiederholen, um die Behandlung fortsetzen zu können.

Abb. 1.11: Händedesinfektion

1.2 Vorbereiten des Arbeitsplatzes

Was müssen Sie vorbereiten, um einen sinnvollen und Zeit sparenden Arbeitsablauf zu gewährleisten?

Legen Sie sich die Kundenkarteikarte nach Terminplan bereit und lesen Sie die letzten Eintragungen nach (→ Exkurs in Kapitel 2.1). Bei neuen Kunden legen Sie die Karteikarte auf den Arbeitstisch und tragen während der Anamnese-Erhebung und Hautbeurteilung die entsprechenden Daten ein.

Schalten Sie rechtzeitig Raumheizung und Geräte ein, z. B. Wachsgerät und Paraffinbad. Beachten Sie dabei die Aufwärmzeiten. Das Bedampfungsgerät (→ LF 3, Kapitel 5.1.1) sollten Sie abends zuvor entkalkt haben und mit Leitungswasser auffüllen, je nach Kundin geben Sie eventuell Kräuterzusätze in das Sieb.

Alle Arbeitsmaterialien müssen stets sauber und gereinigt/sterilisiert sein, da eine Krankheitsübertragung/Infektion vermieden werden muss. Die Kosmetikerin arbeitet an der Gesunderhaltung der Haut!

Entnehmen Sie die Instrumente aus dem Sterilisator und legen Sie diese sauber abgedeckt zurecht.

Legen Sie auch Spatel zur Entnahme von Pflegepräparaten bereit.

Stapeln Sie alle trockenen, sauberen Handtücher auf. Legen Sie frische Kompressentücher in den Kompressenwärmer (→ LF 3, Kapitel 5.1.2) feucht ein und schalten Sie das Gerät an.

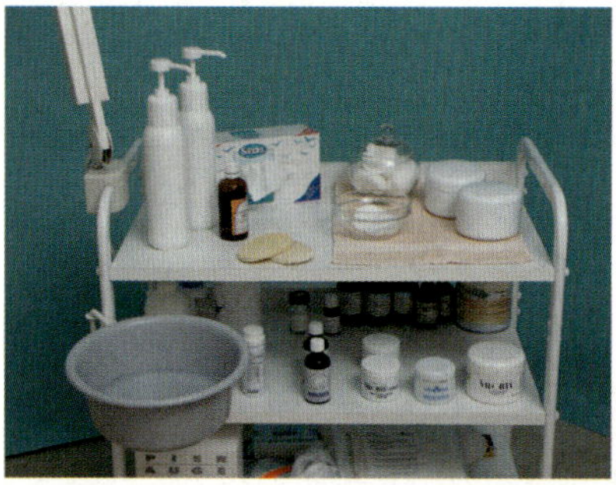

Abb. 1.12: Hilfs- und Arbeitsmittel

Legen Sie auf den Arbeitstisch Kosmetiktücher, Wattepads, Schälchen, saubere Schwämmchen usw. bereit.

Wenn Ihnen die Kundin oder der Kunde bekannt ist, können Sie zuletzt auch die passenden Behandlungs- und Pflegepräparate in der Reihenfolge ihrer Anwendung aufstellen (→ LF 7, Kapitel 2.4). Das spart Zeit und kein Produkt wird vergessen.

Beziehen Sie den Behandlungsstuhl regelmäßig frisch und legen Sie ein sauberes Haarband bereit, das für jeden Kunden gewechselt werden muss. Alternativ eignen sich Einmalhaarbänder oder Einmalhauben. Diese bestehen aus Zellstoff und werden nach einmaligem Gebrauch weggeworfen.

Abb. 1.13: Behandlungsplatz

Alle Vorbereitungen sollen vor Eintreffen der Kundin abgeschlossen sein. So entsteht später während der Behandlung keine (unnötige) Unruhe durch zusätzliches Aufstehen und Herumgehen oder Suchen. Die Kundin kommt auch zum Entspannen. Sie spürt, wenn Sie sich gut vorbereitet haben!

584220

1.3 Begrüßung der Kunden

Betritt ein Kunde zum ersten Mal Ihr Institut, wird sie oder er sofort einen ersten Eindruck von Ihrer Person bekommen (→ Band A, LF 1, Kapitel 5). Stellen Sie sich (noch einmal) namentlich vor und begrüßen Sie die Neukunden freundlich mit Namen (Stammkunden immer namentlich begrüßen!) Die „Regeln" für eine gute Begrüßung können Sie in → Band A, LF 1, Kapitel 5.2.1 nachlesen. Nehmen Sie Jacke oder Mantel des Kunden entgegen und hängen Sie sie/ihn an die Garderobe. Zeigen Sie einen Platz zum Abstellen und Ablegen von z. B. Tasche, Regenschirm, Hut usw.

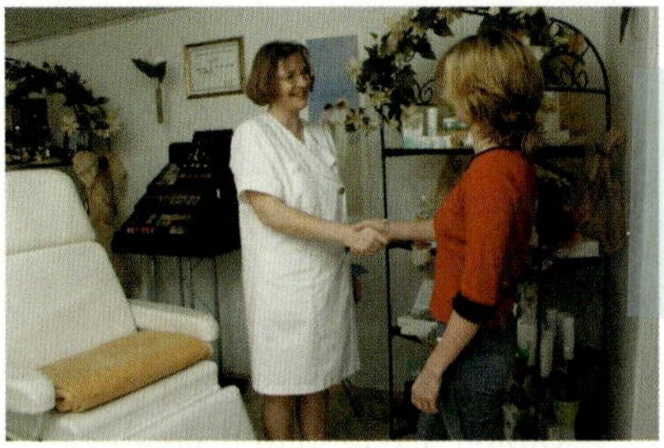

Abb. 1.14: Begrüßung der Kundin

Bei einem Neukunden erklären Sie kurz die Anordnungen der Räumlichkeiten, den Ort der Toilette und bei mehreren Kabinen die einzelnen Behandlungsplätze bzw. deren Funktionen, z. B. für Maniküre, Pediküre, Bräunnungskabine usw. Das dient der räumlichen Orientierung des Kunden und kann auch Werbung für die Vielseitigkeit der Behandlungsmöglichkeiten am Institut sein.

Geleiten Sie die Kundin zu dem Behandlungsstuhl und lassen Sie sie Platz nehmen. Stellen Sie den Behandlungsstuhl so ein, dass Ihr Kunde bequem liegen kann. Legen Sie jedes Mal unter den Kopf- und Schulterbereich ein frisches Handtuch und ein großes Handtuch über Oberkörper und Schultern. Decken Sie die Arme mit ab, sodass der Kunde nicht friert.

Damit Verschmutzungen durch Pflegepräparate und Verunreinigungen durch Hautkontakt (z. B. Schweiß) von Kunde zu Kunde vermieden werden, ist das Handtuch aus hygienischen Gründen zwischen Kunde und Wolldecke notwendig.

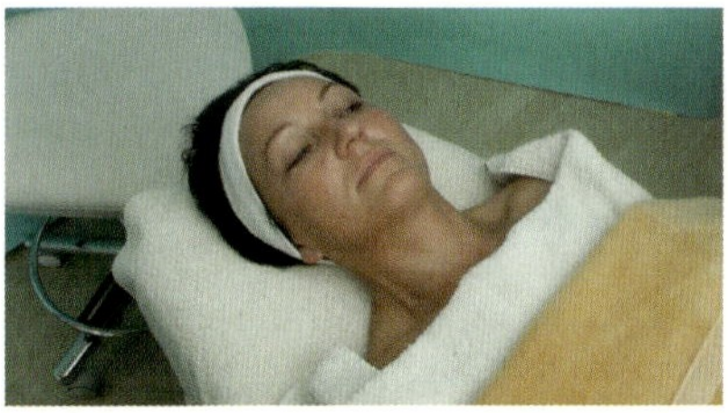

Abb. 1.15: Vorbereitete Kundin

Versichern Sie sich durch Nachfragen, ob der Kunde/die Kundin bequem liegt (bequemes Liegen → Band C, LF 10, Kapitel 2.4). Nehmen Sie vor allem bei Kundinnen die Haare mit einem Haarband oder einer Haube zurück. Schalten Sie auf Wunsch Musik an. Achtung! Spielen Sie speziell gekennzeichnete CDs („GEMA-frei") ab, sonst ist dieser Service GEMA-gebührenpflichtig. Nun sind sie beide startklar!

A Fragen Übungen Aufgaben

1. *Warum müssen Sie Hygienevorschriften einhalten?*
2. *Welchem Gesetz ist die Hygieneverordnung zugeordnet und seit wann?*
3. *Erklären Sie den Unterschied zwischen Desinfektion und Sterilisation.*
4. *Beschreiben Sie, wie Mehrweginstrumente für die Wiederverwendung hygienisch einwandfrei aufbereitet werden.*
5. *Nennen Sie die vier Grundregeln der Händedesinfektion.*
6. *Welche Vorbereitungen sollten Sie vor Eintreffen der Kundin abschließen?*
7. *Warum ist es wichtig, die Vorbereitungen getroffen zu haben?*

2

2 Kosmetische Hautbeurteilung

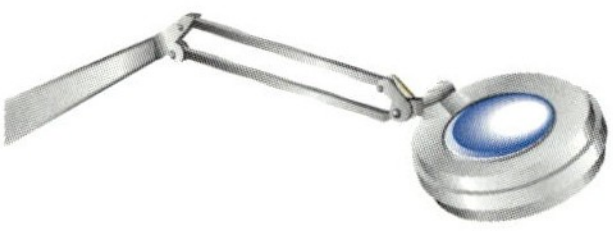

Katie ist etwas aufgeregt. Heute darf sie zum ersten Mal eine neue Kundin alleine behandeln. Seit drei Monaten ist sie jetzt zur Einarbeitung bei ihrer Chefin im Kosmetikinstitut angestellt. Nach der Ausbildung war das eine große Chance, um praktische Erfahrung zu sammeln. Soweit hat bisher auch alles gut geklappt.

Die neue Kundin liegt schon auf der Behandlungsliege und ist warm zugedeckt. Katie muss nun die Anamnese-Befragung durchführen. – Eigentlich könnte sie aber auch direkt mit der Woodlampe beginnen. Das spart Zeit und ist nicht so umständlich wie die Fragerei!

Zuerst schaltet sie daher die Lupenleuchte ein und schaut hindurch. Was für ein hässliches schwarzes Haar wächst der Kundin denn direkt unterhalb der Nase! Rasch nimmt sie eine Pinzette und zupft das Haar aus. Da muss die Kundin niesen und hebt ruckartig den Kopf. Leider stößt sie dabei heftig an die Lampe, die Katie nicht schnell genug weggezogen hat. Eine dicke rote Beule erscheint auf der Stirn der Kundin. Katie entschuldigt sich und schaltet die Schwarzlichtröhre ein, um die Hautdiagnose zu erstellen.

Da klingelt das Telefon. Katie geht lieber dran, denn es könnte ein Kunde sein. Aber ihre Freundin Susi ist am Apparat und hat etwas Wichtiges zu erzählen. Als Katie zurück zu ihrer Kundin kommt, ist diese krebsrot im Gesicht. Vielleicht hätte sie die Woodlampe doch lieber ausschalten sollen, bevor sie an das Telefon ging? Wie soll sie denn jetzt nur die Beurteilung des Hautzustandes durchführen?

Was ist eine Beurteilung?

Eine Beurteilung enthält eine Meinung zu einem Sachverhalt und kann mündlich oder schriftlich geäußert werden.

Die fachliche (in sachgerechter Art und Weise) **Hautbeurteilung** schützt Ihre Arbeit vor Fehlern. Aufgrund Ihrer Ausbildung können Sie die ererbte Hautsituation, offensichtliche Pflegefehler, eine eventuelle Allergiebereitschaft und die persönlichen Lebensbedingungen Ihrer Kunden einordnen und entsprechend reagieren.

Die kosmetische Hautbeurteilung ist bereits in → Band A, LF 2, Kapitel 2.3 dargestellt. Zusätzlich erhalten Sie in diesem Band als Teil des LF 2 noch einmal eine Übersicht über die einzelnen Tests zur Hautbeurteilung und bestimmte Beurteilungskriterien, die Ihnen als Kosmetiker eine genauere Bestimmung des aktuellen Hautzustandes Ihrer Kunden ermöglichen.

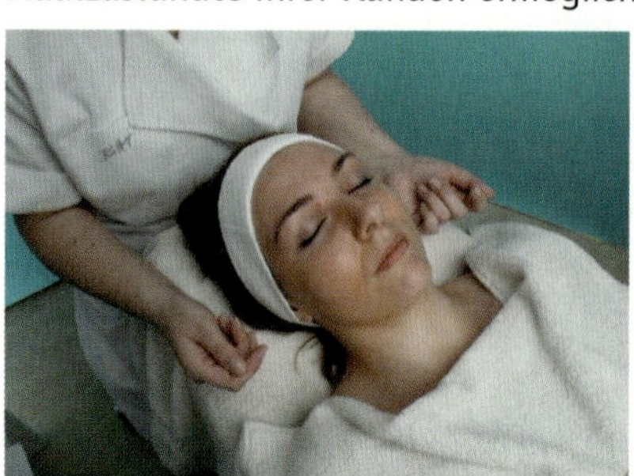

Abb. 2.1: Kosmetikerin und Kundin

Führen Sie die gesamte Hautbeurteilung sorgfältig durch. Es besteht die Gefahr, durch die falsche Wahl von Behandlungsmethoden oder falsche Anwendung von Präparaten eine Hautreaktion im negativen Sinne zu provozieren. Diese kann im schlimmsten Fall (langfristig) zu einer Hauterkrankung führen oder vorhandene Hautreaktionen negativ verstärken:

Beispiele

Eine Fruchtsäurebehandlung führt z. B. bei unsachgemäßer Beurteilung des Hautzustandes und des Hauttyps unter Umständen zu einer schweren Hautreizung (eventuell zu einem trockenen Hautekzem).

2

Hauttyp und Hautzustand

Sie unterscheiden verschiedene kosmetische Hauttypen nach ihren Funktionen von Talgdrüsen, Schweißdrüsen und ihrem Durchfeuchtungsgrad (→ Band A, LF 2, Kapitel 2). Dabei ist immer der aktuelle Hautzustand für die Entscheidung über die weitere kosmetische Behandlung ausschlaggebend und wird genau betrachtet.

Der aktuelle Hautzustand kann mit kosmetischen Mitteln verändert werden.

Folgende Faktoren können den Hautzustand beeinflussen:

Dazu gehören *exogene* (griech.-lat., von außen her eindringend) Faktoren wie Tages-, Jahreszeiten, Umwelteinflüsse (z. B. Sonneneinstrahlung usw.), Luftfeuchtigkeit, starke Reinigungsprozesse durch übertriebenen Gebrauch von Seifen und *Tensiden* (→ LF 3, Kapitel 3.1 und → LF 7, Anhang E). Aber auch *endogene* (griech., von innen kommend, im Innern entstehend) Faktoren wie Krankheiten, Hormone, Stress, Ernährung usw. können sich sichtbar auf der Haut abzeichnen.

exogen

Hautzustands-Einflussfaktoren

Tenside

endogen

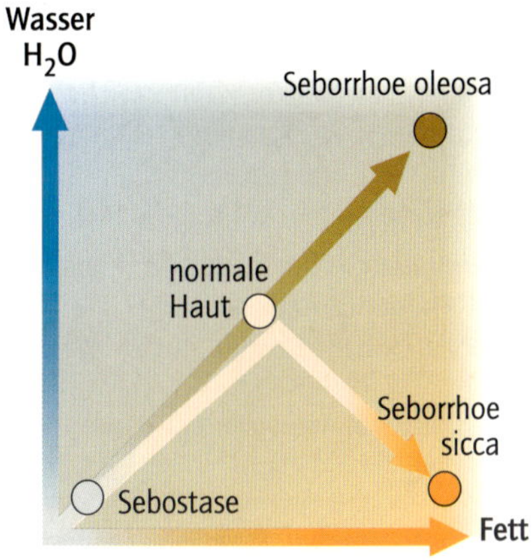

Abb. 2.2: Kosmetische Hauttypen

Die fachliche Hautbeurteilung, die im Verlauf dieses Kapitels dargestellt wird, ermöglicht Ihnen die richtige Einschätzung der Haut Ihrer Kunden. Jede fachliche Hautbeurteilung beginnt mit der Anamnese-Erhebung.

2.1 Kosmetische Anamnese-Erhebung

Die *Anamnese* (griech. = Erinnerung) umfasst durch Erfragen die Lebensgeschichte (Biografie) oder Vorgeschichte eines Menschen (im medizinischen Sinne des Patienten). Diese kann fachorientiert erfolgen.

Die kosmetische Anamnese (oder auch **Hautzustandsdiagnose**) ist, wie Sie im Verlauf dieses Kapitels erfahren werden, ein wichtiges Hilfsmittel für Ihre erfolgreiche und verantwortungsbewusste Arbeit in der Kosmetikbehandlung. Sie umfasst alle wichtigen Ereignisse, den vergangenen und aktuellen Hautzustand der Kunden und gibt Auskunft über deren Lebensgewohnheiten.

Anamnese in der Kosmetik = Hautbilddiagnose

Bei Neukunden muss die Anamnese immer durchgeführt werden, in größeren Abständen aber auch bei Stammkunden, da sich der Hautzustand ständig verändern kann.

Was meinen Sie, wie lange dauert die Erhebung einer Anamnese?

Bei Neukunden kann die genaue kosmetische Anamnese-Erhebung zwischen 15 – 25 Minuten dauern. Da Sie keinerlei Kontaktdaten (z. B. Adresse, Telefonnummer usw.) oder Haut-Grunddaten (z. B. Hauterkrankungen, Allergieneigungen usw.) vorliegen haben, müssen Sie alle Daten erfragen und eintragen. Planen Sie deshalb bei Neukunden etwas mehr Zeit ein.

Alternativ können Sie mit einem Anamnese-Fragebogen arbeiten. Bieten Sie einem Neukunden ein Erfrischungsgetränk an und bitten Sie sie/ihn den Fragebogen auszufüllen.

Mehr Zeit bei Neukunden einplanen!

Bei Stammkunden brauchen Sie weniger Zeit, da Sie die o. g. Daten nicht neu erfragen müssen. Sie können anhand des aktuellen Hautzustandes gezielt nach Veränderungen fragen und diese direkt dokumentieren (z. B. verstärkt auftretende Pusteln durch Hormonveränderungen, ölhaltige Präparate, Infektionen o. Ä.).

Schließen Sie die Vorbereitung der Kundin/des Kunden auf die Behandlung ab (→ Kapitel 1.4). Sitzen Sie selbst auf Ihrem Arbeitshocker und konzentrieren Sie sich auf die Kundin/den Kunden. Die Anamnese-Befragung und erste manuelle Hautbeurteilungen sollten möglichst zeitgleich erfolgen.

Hautreinigung nur bei aufgetragenem Make-up

Sie beginnen in der Regel, ohne die Haut zu reinigen. Da der Hautzustand durch den Reinigungsvorgang schon beeinflusst wird, können Sie dann keine genauen Daten, z. B. zum Fettgehalt der Haut, mehr aufnehmen.

Nach dem Reinigungsvorgang ist z. B. ein öliger Hauttyp als solcher nicht sofort zu erkennen, da Sie oberflächlich Talg (Sebum) vorübergehend entfernt haben.

Trägt die Kundin aber Make-up, muss eine oberflächliche Reinigung (→ LF 3, Kapitel 3.4 und 3.5) erfolgen, da Sie die für die Anamnese wichtigen Tests der Hautbeurteilung sonst nicht durchführen können.

Bitten Sie daher als Erstes immer um Auskunft, ob allergische Reaktionen, die Haut betreffend, bekannt sind. So können Sie schon während der oberflächlichen Reinigung auf bestimmte Präparate verzichten.

Eine provozierte negative Hautreaktion kann nicht mehr gestoppt werden.

Eine **allergische Hautreaktion** ist sehr unangenehm für die Kundin und kann zu Rötungen und Schwellungen führen (→ Band A, LF 2, Kapitel 4.5). Ist die Reaktion einmal provoziert, können Sie die **Behandlung – je nach Schwere der Reaktion – nicht mehr durchführen!**

Warten Sie nach erfolgter Abreinigung mit der kosmetischen Hautbeurteilung ca. 10 Minuten, damit Sie dann z. B. Hautfärbung und Durchblutung in normalem Zustand erkennen können.

Was kann in diesen 10 Minuten mit/bei dem Kunden gemacht werden?

Nutzen Sie diese Zeit, um im Gespräch die Faktoren zu erfragen, die den Hautzustand verändern können. Sollte Ihnen Ihr Kunde einen Fragebogen ausgefüllt haben, können Sie die eingetragenen Informationen nun besprechen.

Achten Sie auf Hinweise speziell zu Diabetes oder Blutererkrankung (z. B. wichtig für Pediküre → Band C, LF 8). Beachten Sie bei der Frage nach bestehenden Erkrankungen auch besonders Auskünfte zu Entzündungserkrankungen, denn diese können zu geröteter und empfindlicher Haut führen.

Der Hautzustand kann durch die folgenden endogenen Faktoren verändert werden:

Medikamenteneinnahme, chronische Erkrankungen (Diabetes, Hautkrankheiten, Hypertonie, entzündliche Erkrankungen, z. B. Rheuma), bestehende Allergien oder Allergieneigungen, Hormonumstellungen, seelische Veränderungen (die Haut als Spiegelbild der Seele), Rauchen, Gebrauch von Genussmitteln, Gesichtsoperationen (medizinische/ästhetische), Übergewicht, Alterung usw.

(Die genannten Erkrankungen, Einflussfaktoren oder Lebensgewohnheiten können Sie in → den Lernfeldern Dermatologie (LF 2) oder Ernährungslehre (LF 10) in Band A dieses Lehrwerkes entsprechend nachlesen.)

Erfragen Sie unter Wahrung des Taktgefühls die genannten Punkte. Versuchen Sie eine **offene, freundliche Gesprächsatmosphäre** herzustellen. Die Kundin/der Kunde geben dann bereitwilliger Auskunft zu ihren Lebensbedingungen, wenn eine Vertrauensbasis hergestellt ist.

Stellen Sie **offene, positive Fragen,** die der Kundin erlauben zu antworten.

Beispiel

„Ihre Haut zeigt eine schöne Sonnenbräune, waren Sie vor kurzem in Urlaub?" Darauf könnte die Kundin antworten: „Ja, ich war im Urlaub, habe mir aber einen Sonnenbrand geholt." oder „Nein, ich gehe regelmäßig seit vier Wochen auf die Sonnenbank." oder „Nein, ich habe Selbstbräuner aufgetragen."

Diese Informationen helfen Ihnen z. B. für spätere Behandlungsvorschläge, wie das Anbieten einer Maske und/oder den Verkauf von geeigneten Präparaten (z. B. Ampullen zur Regeneration der sonnenstrapazierten Haut).

Vermeiden Sie Fragestellungen, die eine **Taktlosigkeit** beinhalten und/oder die Kunden beleidigen oder deren Gefühle verletzen können.

Beispiel

„Haben Sie schon gemerkt, dass Sie wieder Pickel haben?"
Formulieren Sie stattdessen: „Ist Ihnen schon aufgefallen, dass Ihre Haut sich seit dem letzten Termin verändert hat?" Darauf kann die Kundin Ihnen verneinend oder bejahend antworten. Sie wird vielleicht genauer nachfragen, so können Sie ein Gespräch mit ihr entwickeln, während dessen Verlauf Sie auf die Hautprobleme und Ähnliches eingehen können.

Vermeiden Sie Fragen, die nur mit „Ja" oder „Nein" zu beantworten sind, da sich sonst keine flüssige Gesprächsabfolge entwickeln kann. Der Gesprächsfluss ist wichtig für eine vertrauensvolle Atmosphäre. Die Kunden sollen nicht das Gefühl haben, dass sie ausgefragt werden – oder einen Fragetest bestehen sollen! (Die geeigneten Fragetechniken können Sie in → Band A, LF 1, Kapitel 5.3.2 nachlesen.)

Alle diese Vorgänge müssen Sie wissen, denn sie erleichtern Ihnen die richtige Einschätzung des Hautzustandes des Kunden.

Versuchen Sie den Hauttyp des Kunden optisch einzuschätzen und achten Sie auf Hautveränderungen, die Ihnen ein erstes „Bild" über den aktuellen Hautzustand geben können:

Sonnenschäden oder sonnenbankgebräunte Haut, Hautpigmentierung, Unreinheiten, Hautrötungen usw.

2

Daten direkt dokumentieren

Alle erfragten Daten können Sie **sammeln, ordnen** und besser **direkt als später** in die Kundendatei oder Kunden-Karteikarte eintragen. Denn nur mit einer lückenlosen Dokumentation können Sie sicher und verantwortungsbewusst arbeiten!

EXKURS: Karteikarte – Sinn und Nutzen eines wertvollen Arbeitsmaterials

Karteikarten sind ein wertvolles Arbeitsmaterial. Sie unterstützen Ihren Umgang mit der Kundin, indem sie nach und nach mit Informationen gefüllt werden. Die Informationen enthalten alle wichtigen Vorgänge die Kundin betreffend. Karteikarten gibt es für Kosmetikinstitute bei den Kosmetikfirmen und/oder Geräteherstellern, die gleichzeitig oft Pflegepräparate zu den apparativen Behandlungen anbieten.

Die klassische (Falt-)Karteikarte

Das **Deckblatt** enthält Kontaktangaben wie Adresse, Telefonnummer (privat oder beruflich, falls es zu einer dringenden Terminänderung Ihrerseits kommt), Geburtsdatum und Beruf des Kunden.

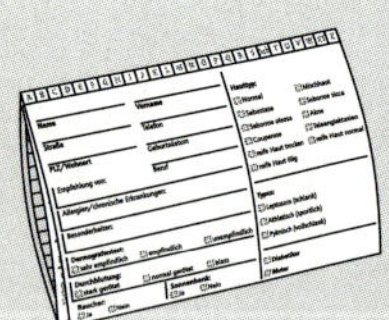

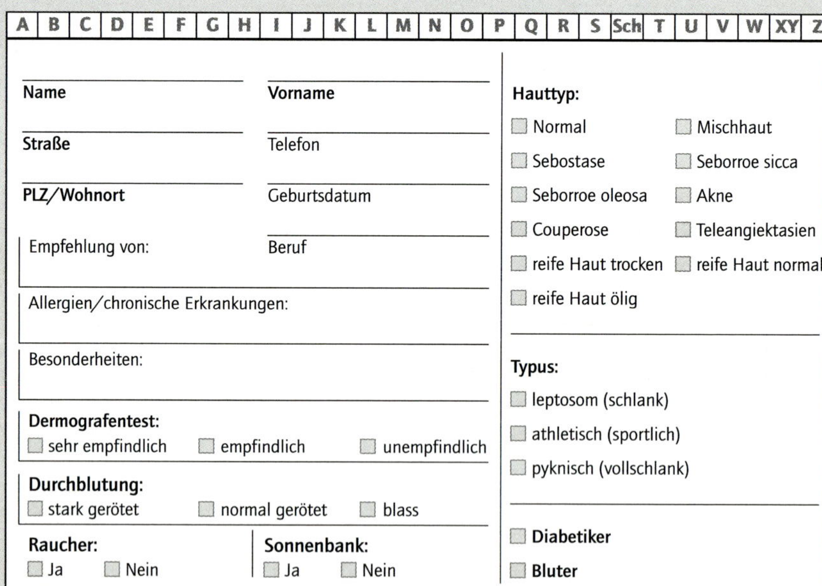
A B C D E F G H I J K L M N O P Q R S Sch T U V W XY Z

Name | Vorname
Straße | Telefon
PLZ/Wohnort | Geburtsdatum
Empfehlung von: | Beruf
Allergien/chronische Erkrankungen:
Besonderheiten:
Dermografentest: ☐ sehr empfindlich ☐ empfindlich ☐ unempfindlich
Durchblutung: ☐ stark gerötet ☐ normal gerötet ☐ blass
Raucher: ☐ Ja ☐ Nein | **Sonnenbank:** ☐ Ja ☐ Nein

Hauttyp:
☐ Normal ☐ Mischhaut
☐ Sebostase ☐ Seborroe sicca
☐ Seborroe oleosa ☐ Akne
☐ Couperose ☐ Teleangiektasien
☐ reife Haut trocken ☐ reife Haut normal
☐ reife Haut ölig

Typus:
☐ leptosom (schlank)
☐ athletisch (sportlich)
☐ pyknisch (vollschlank)

☐ **Diabetiker**
☐ **Bluter**

Abb.: Karteikartenvorderseite

Die Zeile, durch welche Person die Kundin zu Ihnen empfohlen wurde, sollte nicht leer bleiben. Noch Wochen später können Sie der Kundin bei deren nächstem Besuch ein kleines Dankeschön für die Empfehlung zukommen lassen.

Die **Anamnese-Daten** müssen sehr sorgfältig ausgefüllt werden, sie kennzeichnen alle wichtigen Ereignisse der Haut vor dem ersten Besuch der Kundin bei Ihnen. Dazu gehören auf dem Deckblatt Angaben über chronische (Haut-)Erkrankungen, Allergien, Schönheitsoperationen und Lebensgewohnheiten (Rauchen/Sonnenbank).

Auf dem Deckblatt vermerken Sie ebenfalls **Besonderheiten** der Kundin, auf die Rücksicht genommen werden muss, z. B. dass sie keinen Dampf möchte oder dass sie eine Nackenstütze braucht. Das sind Aufmerksamkeiten, die die Kundin registriert und als sehr angenehmen Service empfindet, ohne dass sie es sagen muss.

Manche Karteikarten bieten eine zusätzliche Unterteilung in **Körpertypen** an (leptosom/schlank, athletisch/sportlich, pyknisch/vollschlank). Die Zuordnung erfolgt nach Aussehen der Kundin/des Kunden und gibt Hinweise auf die Bindegewebsart und den daraus resultierenden Ergebnissen (→ Kapitel 2.2).

Dermografentest-Ergebnisse kreuzen Sie entsprechend der fachlichen Hautbeurteilung an, ebenso den **Hauttyp.** – So sind die wichtigsten Daten den Kunden betreffend auf dem Deckblatt zu finden.

Behandlungen

Datum:	Reinigung	Peeling	Spezial	Maske	Massage	Sonstiges

Anamnese-Datum: ________-________-________
Tag Monat Jahr

Hautbild:
☐ normal ☐ matt ☐ glänzend

Verhornung:
☐ normal ☐ stark ☐ schuppig

Poren: (ST = Stirn, N = Nase, K = Kinn, W = Wangen)
☐ normal STNKW ☐ fein STNKW ☐ groß STNKW ☐ trichter STNKW

Tonus:
☐ normal ☐ schwach

Turgor:
☐ normal ☐ schwach

Faltenbildung:
☐ schwach
☐ mittel
☐ stark ausgeprägt

Hautanomalien:
____
____
____
____
____
____

Pigmentierung:
____
____
____
____

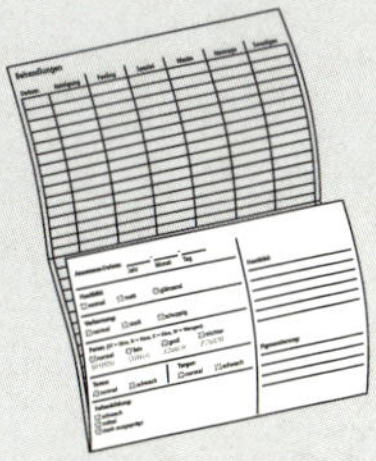

Abb.: Karteikarteninnenseiten

2

Auf vorgedruckten Karteikarten finden sich auf der **Klapp-Innenseite** Zeilen, Spalten und Ankreuzkästchen, die den **Anfangszustand der Haut** vor der ersten Behandlung bei Ihnen sowie Ergebnisse der (ersten) **Hautbeurteilung** durch Sie dokumentieren. Tragen Sie auch hier alle Daten und das **Datum** sorgfältig ein.

Ändert sich im Laufe der Jahre der Hautzustand gravierend, legen Sie besser eine neue Karteikarte an, denn zu viele Änderungen machen die Karte unübersichtlich. Bewahren Sie zum Vergleich die erste Karte auf. So können Sie später eine Veränderung nachvollziehen und Ihre Behandlung darauf ausrichten.

Im **bedruckten Innenteil** der aufklappbaren Karte befinden sich Zeilen und Spalten für die Dokumentation Ihrer **Behandlungen:** Tragen Sie das Behandlungsdatum und die durchgeführten Dienstleistungen zum Ende der Behandlung ein.

Die **Kartenrückseite** schließlich lässt Platz für die Dokumentation des **Verkaufs der Pflegeprodukte** für die Kundin zu Hause unter Angabe des Datums. Diese Angaben sind eine wichtige Grundlage für Ihre Depotverwaltung und Lagerhaltung (→ Band A, LF 5, Kapitel 7.3). Führen Sie diese sorgfältig! Nur wenn die Angaben immer sehr genau eingetragen werden, können Sie die Kundin gezielt im Verkaufsgespräch auf die Veränderung ihres Hautzustandes ansprechen. Sie können dann z. B. das passende Präparat für die Pflege zu Hause anbieten mit der Begründung, dass das Präparat in der Behandlung gut vertragen wurde und es zur Erhaltung der schönen Haut notwendig ist (→ Band A, LF 9, Kapitel 8.3.2).

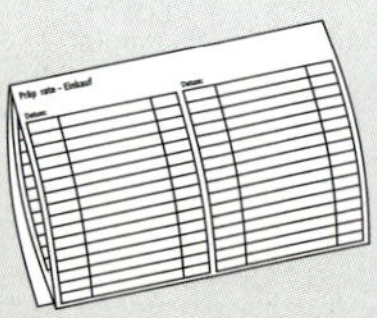

Abb.: Karteikartenrückseite

Präparate-Einkauf

Datum:

Datum:

Die Falt-Karteikarte kann durch Einlegeblätter beliebig erweitert werden. So können z. B. ein **Make-up-Pass** (→ LF 12, Kapitel 1.3 und 5.3) oder die Befunderhebung für die vorzuschlagende Massageform (**Massageplan** → LF 6, Kapitel 1.4) sinnvolle Ergänzungen darstellen.

Die Karteikarte „speichert" so eine Fülle von Informationen, die von Ihnen genutzt werden können, um die Kundin optimal zu betreuen. Kunden werden oft Jahre von Ihnen betreut und begleitet und das Vertrauen der Kunden zu Ihnen wächst in dem Maße, in welchem Sie deren Bedürfnisse kennen und auf sie eingehen können. Die Karteikarte ist daher ein wichtiges Arbeitsmaterial!

Achtung: Die Karteikarte enthält sehr persönliche Daten Ihre Kunden betreffend. **Denken Sie an den Datenschutz!** Die Karteikarte sollte für unbefugte Personen unzugänglich aufbewahrt werden (oder bei elektronischen Versionen mit Passwort geschützt sein). Bitte

2

lesen Sie hierzu in → Band A, LF 1, Kapitel 6.6 die genauen Bestimmungen und weitere praktische Tipps nach.

Geben Sie auch mündlich keine persönlichen Daten aus der Kundenkartei (z. B. an Freunde, Bekannte usw.) weiter – Sie unterliegen der Schweigepflicht.

Die Karteikarten können alphabetisch nach dem Anfangsbuchstaben des Nachnamens der Kunden geordnet werden. Bewahren Sie die Karteikarten in verschließbaren Archivkästen oder in einem abschließbaren Aktenschrank/Schreibtisch/Büroschrank auf.

Die Falt-Karteikarte ist die eher klassische Dokumentationsform. Die modernere Form ist die elektronische Karteikarte für den Computer.

Die elektronische Karteikarte

Sie ist Teil einer Software, die speziell für Kosmetikinstitute entwickelt wurde und Ihre Arbeit im Kosmetikinstitut erleichtert und unterstützt. Die „Informationen einer Karteikarte" befinden sich meist unter einem Menüpunkt „Kundendatei" und werden aus mehreren anderen Programm-Modulen mit Daten besetzt.

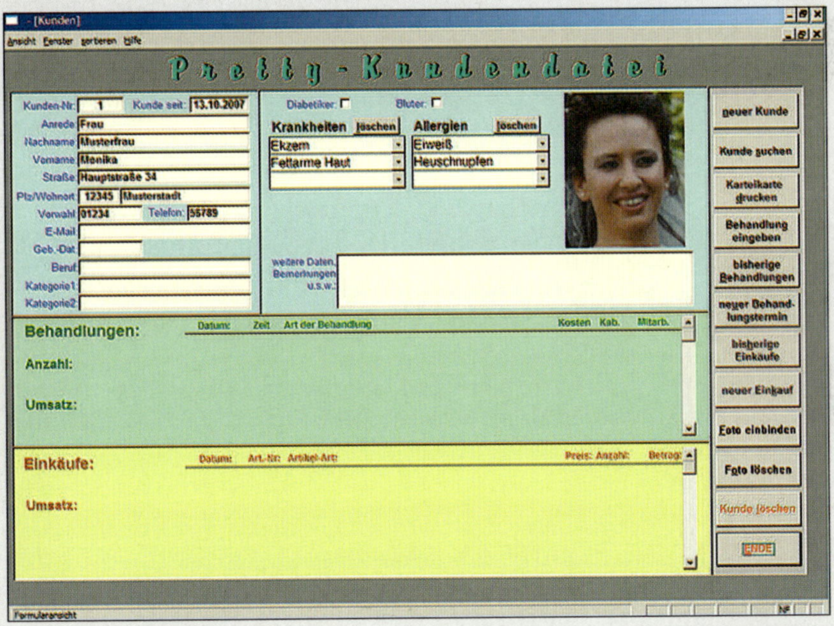

Abb.: Computerprogramm-Kundendateimaske

Im Gegensatz zur manuellen Karteikarte ist das elektronische Programm viel ausführlicher in seinen Funktionen:

Alle Behandlungen, Verkäufe usw. können einzeln oder in Kombination (z. B. für einen Kunden, für eine definierte Anzahl von Kunden oder für einen definierten Zeitraum) abgerufen werden. Häufig bieten die Programme auch die Möglichkeit, Statistiken zu erstellen, z. B. über die Anzahl der verkauften Produkte (kann nach Warengruppen oder Mitarbeitern sortiert werden) oder über Monats- und Jahresumsätze. Beides ermöglicht einen gut einsehbaren, betriebswirtschaftlichen Überblick u. a. über die Rentabilität Ihres Betriebes (→ Band A, LF 9, Kapitel 8.5).

Dafür können „Sondereinträge" programmbedingt nicht immer an den gewünschten „Plätzen" erfolgen und werden so mitunter nicht mehr beachtet.

Wie alle technischen Mittel unterliegt das Programm Störungen und Fehlern (z. B. falls Sie das Passwort vergessen haben) oder ist nicht verfügbar (z. B. wenn der Computer einmal „abgestürzt" ist). Sichern Sie in regelmäßigen Abständen die Dateien.

Warum erleichtert Ihnen eine gründliche Anamnese die nachfolgende Arbeit?

Als Kosmetikerin haben Sie Interesse am Umgang mit Kunden und tragen Verantwortung für deren Haut. Die Informationen aus der Anamnese helfen Ihnen bei der Entscheidung

- der Einschätzung des aktuellen Hautzustandes,
- der Wahl der richtigen Reinigungsmethode und Behandlungspräparate.

Mit den Ergebnissen aus der Anamnese-Befragung minimieren Sie von vornherein das Risiko von Fehlentscheidungen bei

- der Durchführung von Behandlungen, die bei den Kunden u. U. erfolglos bleiben oder sogar eine Gegenreaktion provozieren können,
- der langfristigen Betreuung und Beratung (z. B. bei Absenkung des Allergierisikos und bei Zielformulierungen für die Systempflege).

Eine gute Behandlung mit sichtbarem Erfolg gründet immer auf einer guten Vorarbeit. Der sichtbare Erfolg Ihrer Behandlungen unterstützt den guten Ruf Ihres Institutes.

2.2 Visuelle und manuelle Hautbeurteilung

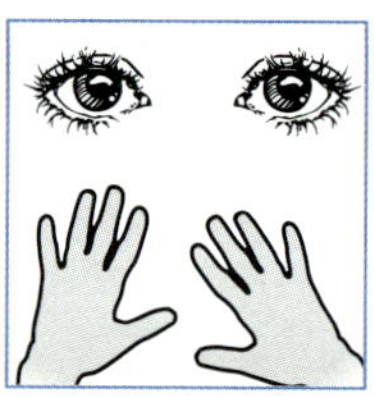

Während oder nach der mündlichen Anamnese erfolgt dann die kosmetische Hautbeurteilung, unterstützt durch Ihre Augen und Hände.

Sie bietet Ihnen die Möglichkeit, die Kundin besser kennen zu lernen und deren eigenes Hautempfinden im Vergleich zu Ihren späteren Testergebnissen einzuordnen.

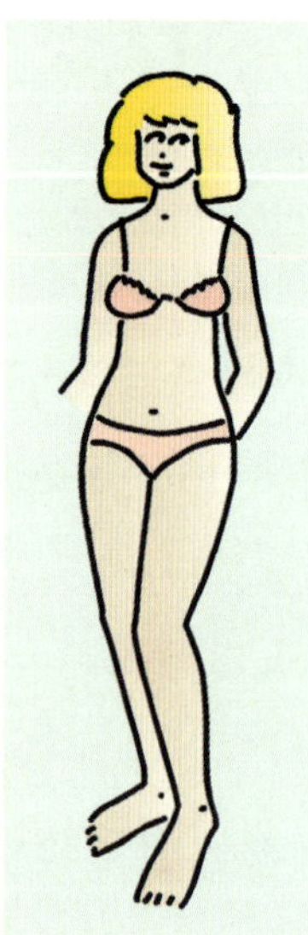

Abb. 2.3: Schlanker Typ

Eine erste Zuordnung der Kunden auf deren kosmetischen Hauttyp können Sie auch anhand des Körperbaus (Typus) wagen, denn er hat direkten Einfluss auf die Hautbeschaffenheit. Dies kann bereits ab Ihrem ersten persönlichen Kontakt mit dem Kunden (bei der Begrüßung) erfolgen!

Sie unterscheiden:

- schlank (leptosom)
- sportlich (athletisch)
- vollschlank (pyknisch)

Seborrhoe sicca

Der **schlanke** Menschentyp neigt fast immer zu einer trockenen und dünnen, auch reizbaren, empfindlichen Haut mit früher Faltenbildung (pergamentartig). Bei einer zusätzlichen Überproduktion der Talgdrüsen *(Seborrhoe sicca)* ist eine kleieähnliche, fettige Schuppung zu erkennen. Die Haut neigt außerdem verstärkt zu sonnenempfindlichen Reaktionen (Sonnenbrand).

Der **sportliche** Menschentyp verfügt eher über eine robuste, unempfindliche Haut mit gesteigerter Talgproduktion. Sie ist oft grobporig und neigt zur *Seborrhoe oleosa.* In der Regel ist sie nicht sonnenempfindlich und bräunt schnell.

Seborrhoe oleosa

Der **vollschlanke** Menschentyp besitzt in der Regel gute Hautqualität. Die Haut wirkt meist straff, jugendlich, elastisch und glatt, feinporig und gut durchblutet. Es besteht hier die Neigung zu *Teleangiektasien* (bleibende Erweiterungen und Schlängelungen kleiner, oberflächlich angesiedelter Blutgefäße → Kapitel 2.2.3 und → LF 7, Kapitel 2.6.2).

Teleangiektasien

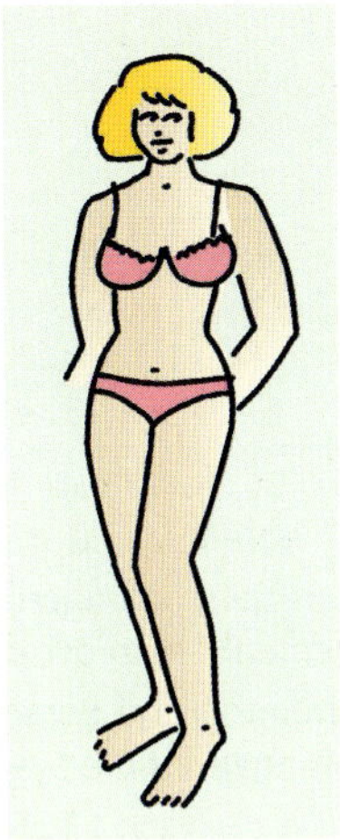
Abb. 2.4: Sportlicher Typ

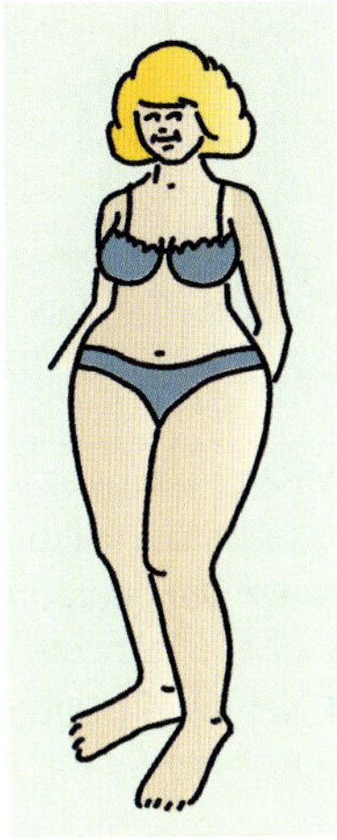
Abb. 2.5: Vollschlanker Typ

Diese auf dem Körpertyp basierende erste Einschätzung des kosmetischen Hauttyps können Sie mit den im Folgenden beschriebenen Hilfsmitteln und Tests weiter bestätigen.

2.2.1 Hilfsmittel

Die folgenden Hilfsmittel benötigen Sie zur Durchführung der kosmetischen Hautbeurteilung:

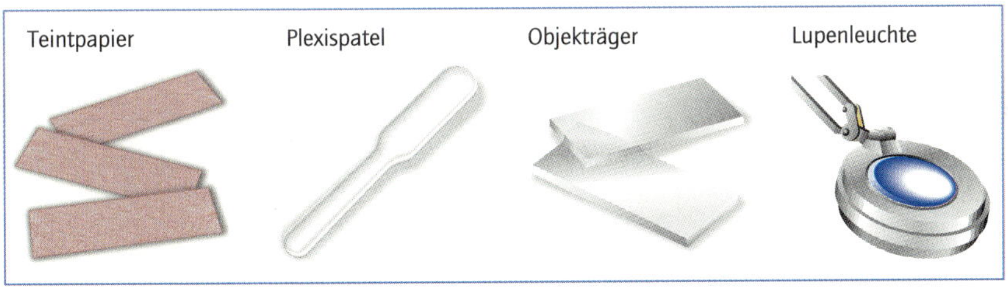

Abb. 2.6: Hilfsmittel der Hautbeurteilung

Ihr wichtigstes Arbeitsmaterial ist die **Lupenleuchte** mit ihrer starken Vergrößerung. Die Lupenleuchte vergrößerte das Hautbild mit 3,0 bis 3,5 *Dioptrien* (Maßeinheit für den Brechungswert von Linsen).

Dioptrien

Die Lupe selbst ist von einer Ringleuchte eingerahmt und mit einem Plastikrahmen versehen. So können Sie die Lupenleuchte mit den Händen greifen, ohne die Lupe anzufassen (Verschmutzung durch Fett auf dem Glas) und ohne die Leuchtröhre zu berühren.

Aus Sicherheitsgründen werden nur Kaltlichtröhren in die Lupenleuchten eingebaut. Da Sie die Lupe in einem Abstand von ca. 10–15 cm Entfernung über dem Gesicht der Kundin

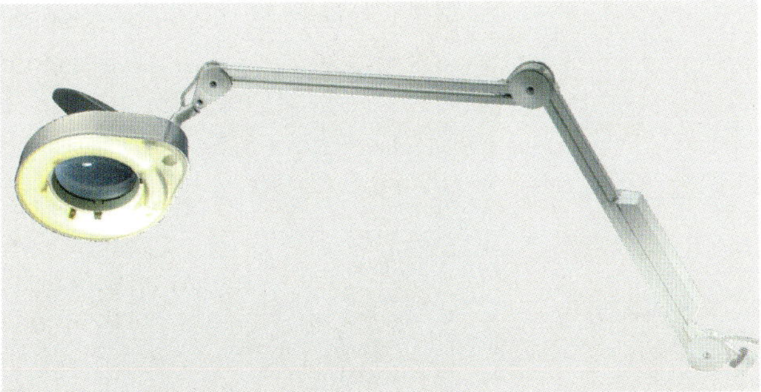
Abb. 2.7: Kaltlichtlupenleuchte mit Federgelenkarm. Glaslinse mit Rundumbeleuchtung.

halten, darf diese nicht durch unangenehme Wärmestrahlung (je nach Stärke der Lampe Hitzeeinwirkung oder sogar Verbrennung) einer normalen Lichtquelle belastet werden.

Die Kaltlichtröhre sorgt für optimale Lichtverhältnisse zur genauen Hautdiagnose. Sie benutzen die Lupenleuchte während der Hautbeurteilung für fast alle Tests (außer Tonus- und Turgortest) über einen Zeitraum von ca. 10 Minuten und während der Behandlung immer wieder, z. B. bei der manuellen Ausreinigung.

Die Lupenleuchte muss regelmäßig nach dem Hygieneplan gereinigt werden, besonders wenn während der Ausreinigung Blut- oder Sekretspritzer auf der Lupe landen.

Manche Hersteller bieten Erweiterungen zu der Lupenleuchte an in Form von austauschbaren Farbplatten, die in der Behandlung eingesetzt werden können (Farblichtbehandlungen → Band C, LF 11, Kapitel 1.3). Eine Infrarotlampe kann je nach Modell zugeschaltet werden, wenn eine Behandlung unter Wärmeeinwirkung erfolgen soll oder zur Anregung des Stoffwechsels. Zusätzliche Schwarzlichtröhren verstärken die Funktion der Lupenleuchte und können zur apparativen Hautbildbestimmung verwendet werden (→ Abb. 2.19 *Woodlamp*).

Woodlamp

Die Lupenleuchte kann bei den Geräteherstellern bezogen werden und wird mit Stativ oder Befestigungsmöglichkeiten an Arbeitstischen oder Gerätemodulen geliefert.

2.2.2 Tests

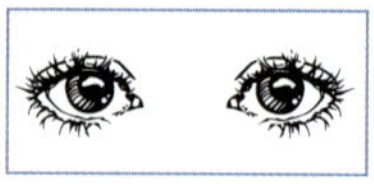

Schalten Sie die Lupenleuchte ein und richten Sie sie im Abstand von 10 – 15 cm über das Gesicht der Kundin. Schauen Sie hindurch. Betrachten Sie die Gesichtshaut durch die Vergrößerung Ihrer Lupenlampe.

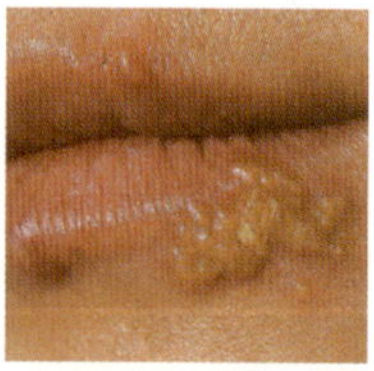

Abb. 2.8: Herpes simplex Typ I

Sollte Ihnen jetzt eine Herpes-Infektion in Form von Bläschen auf der Haut/Lippe/Nase usw. auffallen, sollten Sie die Behandlung abbrechen.
Berühren Sie die Bläschen auf keinen Fall!
Wegen der hohen Infektionsgefahr für Sie und der Gefahr von Schmierinfektionen für Ihre Kundin muss die Behandlung abgelehnt werden. Bitten Sie freundlich, aber bestimmt um Verständnis und erklären Sie, warum die Behandlung abgebrochen werden muss.
Die meisten betroffenen Kunden sagen ihren Termin verantwortungsbewusst schon vorher ab.

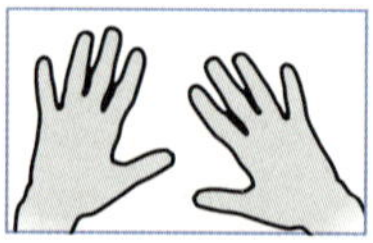

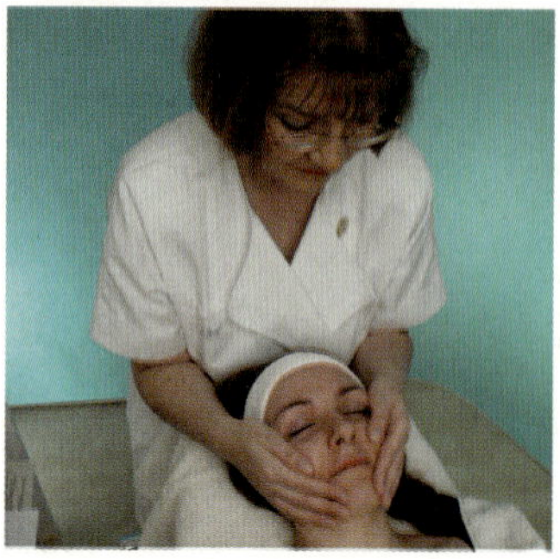

Abb. 2.9: Auflegen der Hände

Schieben Sie die Lupenleuchte kurz zur Seite, legen Sie der Kundin beide Hände auf die Wangen und fühlen Sie.

- Ist die Haut warm oder kalt (Test Durchblutung → Kapitel 2.2.3)?
- Können Sie Milien oder Komedonen (→ LF 3, Kapitel 5.2) unter der Haut fühlen und/oder sehen, wenn Sie mit den Daumen über die Wangen streichen (kosmetischer Hauttyp *Seborrhoe oleosa*, Akne, *Seborrhoe sicca*)?

584232

- Legen Sie beide Hände auf die Stirn und streichen Sie von der Mitte nach außen. Fühlen Sie einen Fettfilm (Mischhaut/ölige Haut) oder ist die Stirn trocken, eventuell schuppig (*Seborrhoe sicca*/trockene Haut)?
- Streichen Sie mit den Fingerspitzen über die Nase und über das Kinn. Auch hier können Sie erste Anhaltspunkte für die Hauttypbestimmung erhalten. Ist der Nasenrücken ölig und das Kinn auch?

Die Gesichtshaut kann sich trocken, rau, schuppig, glatt, ölig oder ungleichmäßig (durch Narben und Falten, Hautunreinheiten) anfühlen.

Führen Sie diesen Schritt zur Kontrolle vor jeder Behandlung bei Neu- und Stammkunden durch. So haben Sie einen schnellen Überblick über den Hautzustand. Da Sie sich vorher die Karteikarte der Stammkundin angesehen haben, wissen Sie ungefähr, wie sich die Haut anfühlen sollte (z. B. bei einem bisher trockenen Hautzustand fühlen Sie keinen Fettfilm auf der Haut).

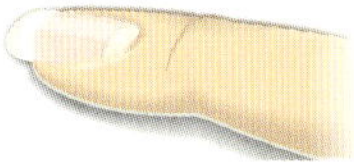

Stimmt das Ergebnis Ihres Tastens bei Stammkunden nicht mehr mit dem Anamnese-Eintrag überein, müssen Sie den Hautzustand genauer überprüfen (z. B. auf Unreinheiten, die verstärkt zu fühlen sind).

Registrieren Sie gedanklich erste Arbeitsaufträge, die Sie den Kunden im Anschluss an die manuelle Hautbeurteilung vorschlagen können (z. B. Härchen auf der Oberlippe entfernen)!

Der Turgortest

Der ***Turgor*** (**Wasserbindevermögen** der kollagenen Fasern der Dermis) sagt aus, wie gut die Feuchtigkeit in der Haut gespeichert werden kann. Mit zunehmendem Alter lässt das Wasserbindevermögen nach, die Haut verliert zunehmend an Feuchtigkeit, sie wird weniger elastisch und neigt verstärkt zur sichtbaren Faltenbildung.

Turgor = Wasserbindevermögen der kollagenen Fasern

Kosmetische Hauttypen/Hautzustände mit schwachem Turgor: *Sebostase, Seborrhoe Sicca, Couperose*-belastete Haut, reife, trockene Haut, Raucherhaut, von der Sonne geschädigte, strapazierte Haut, sensible Haut, nach starker Austrocknung durch äußere Anwendungen.

Kosmetische Hauttypen mit normalem Turgor dagegen sind die normale Haut und die *Seborrhoe oleosa.*

Bilden Sie eine kleine Falte durch Zusammendrücken von Daumen und Zeigefinger, heben Sie diese etwas ab und lassen Sie gleich wieder los. Springt die Haut schnell in den Urzustand zurück, ist das Wasserbindevermögen gut. Gleitet die Haut langsamer und knitteriger zurück, desto schlechter sind die Elastizität und das Wasserbindevermögen.

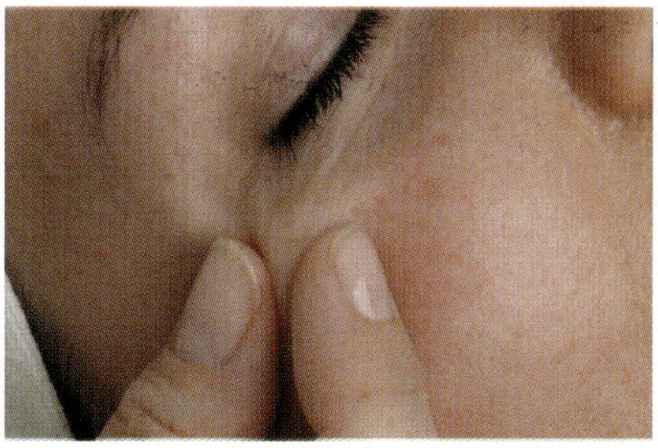

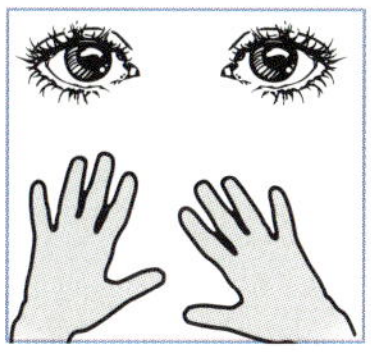

Abb. 2.10: Turgortest

Der Tonustest

Tonus = Spannungszustand der Muskulatur

Der ***Tonus*** (**Spannungszustand** der Hautmuskulatur) lässt im Laufe der Jahre nach. Das heißt, der Spannungszustand der Muskulatur hängt unabhängig vom kosmetischen Hauttyp direkt mit dem Alterungsprozess der Haut zusammen (→ Band A, LF 2, Kapitel 3.5).

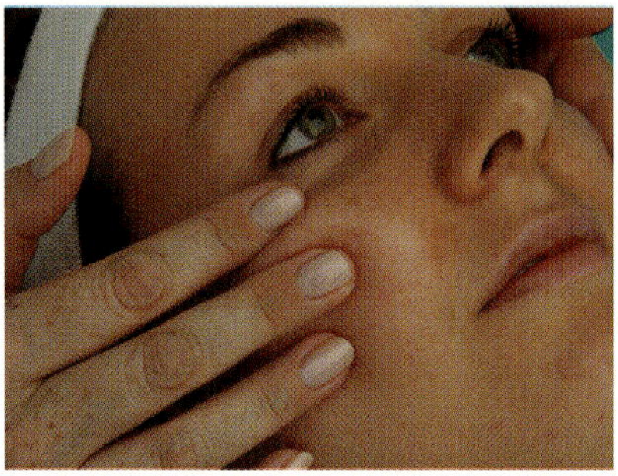

Abb. 2.11: Tonustest

Schieben Sie die Haut mit dem Zeige- und Mittelfinger über dem Jochbogen zu einer Wulst zusammen und lassen diese los. Je langsamer die dadurch entstandene Hautwulst in ihre alte Lage zurückkehrt, desto erschlaffter und älter ist die Haut.

Tragen Sie die Ergebnisse der Tests in die Karteikarte ein oder geben Sie diese in den Computer ein.

Der Dermografentest

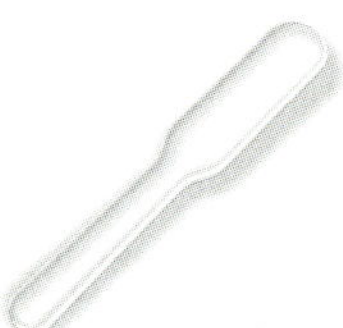

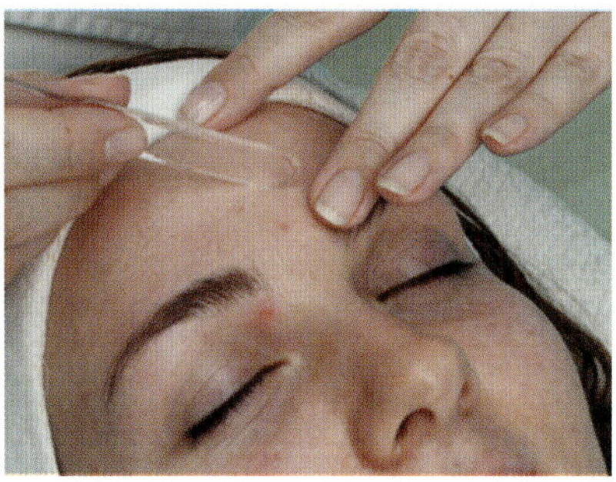

je röter, desto empfindlicher

Abb. 2.12 a oben und Abb. 2.12 b rechts: Dermografentest

Führen Sie jetzt einen **Dermografentest (Hautschrift)** durch:

Dazu benötigen Sie einen Plexispatel. Sie testen damit die **Empfindlichkeit der Haut.** Malen Sie ein Kreuz mit dem Plexispatel auf der Stirn und dem Dekolletee. Beobachten Sie die Farbreaktion der Haut, die je nach Empfindlichkeit sofort, verzögert oder gar nicht auftritt.

Bei starker Schwellung reagiert die Haut überempfindlich auf Druck und Reizung (Hautzustand sensible Haut, *Sebostase*, z. T. *Couperose*-geschädigte Haut).

Ist die Schwellung nur leicht erhöht und wenig gerötet, können Sie von einer normalen bis empfindlichen Haut ausgehen (evtl. *Sebostase*, reife Haut, *Seborrhoe sicca*).

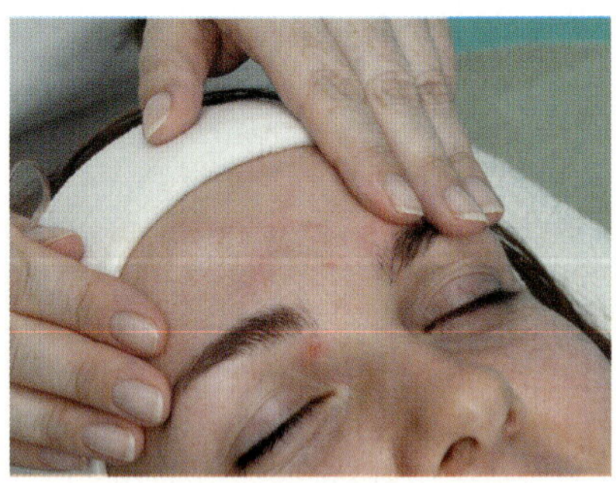

Dermografismus = Hautschrift

Bleiben deutliche Rötung und Schwellung aus, deutet das Ergebnis auf eine unempfindliche, robuste Haut mit stabiler, fester Hornschicht hin (*Seborrhoe oleosa*, reife, atrophische Haut, normale bis ölige Haut, z. T. Akne).

Die Empfindlichkeit der Haut spielt eine große Rolle bei der Auswahl der richtigen Produkte für die Kosmetikbehandlung.

Ordnen Sie den Typus schlank, vollschlank und athletisch den Ergebnissen des Dermografentests zu.

2.2.3 Beurteilung der Hautfarbe

Die Hautfarbe setzt sich zusammen aus der Durchblutung, der Eigenfarbe des Gewebes (i.d.F. der Epidermis) sowie der Pigmentierung.

Hautfarbe = Teint, Kolorit

Die Durchblutung

Eine normale Haut ist in der Regel leicht rosig anzusehen. Die Blutgefäße sind nicht stark erweitert, sondern funktionieren normal. Durch **Erweiterung** ***(Vasodilatation)*** und **Verengung** ***(Vasokonstriktion)*** werden die durchfließende Menge des Blutes und der Blutdruck reguliert und gesteuert. Bei stärkerer Durchblutung färbt sich die Gesichtshaut teilweise oder ganz rötlich bis hochrot. Je nach Grad der Rötung lassen sich Wärme oder Hitze auf den stark durchbluteten Arealen ertasten, denn die Blutgefäße dienen unter anderem der Wärmeregulierung der KÖRPERTEMPERATUR (→ Band A, Grundlagen-Lexikon und → LF 2, Kapitel 1.2).

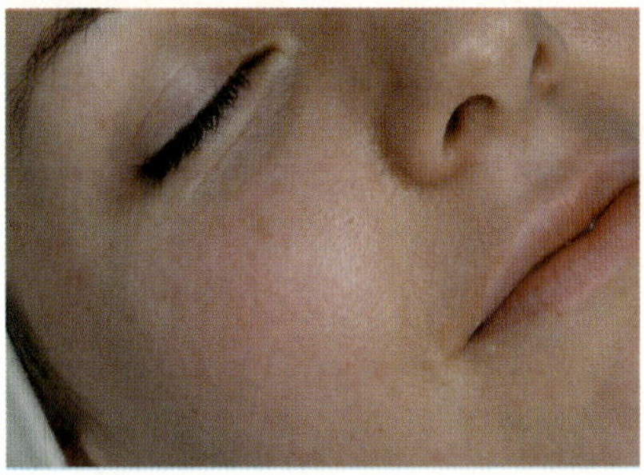

Abb. 2.13: Gut durchblutete Haut

Durch Entzündungsreaktionen oder Erkrankungen im Körper bedingt steigt die Körpertemperatur und es kommt zu einer stärkeren Durchblutung, auch der Gesichtshaut.

Empfindliche oder allergische Reaktionen führen ebenfalls zu einer starken Durchblutung der Gesichtshaut. Daraus können Sie schließen, dass eine empfindliche, sensible, stark ausgetrocknete, feuchtigkeitsarme, allergisch reagierende Haut immer auch warme, gerötete Flecken oder Hautpartien (z.T. auch am Hals) aufweist.

Bei *Couperose*-geschädigter Haut kommt es zu einem „Blutstau" in den erweiterten Blutgefäßen *(Teleangiektasien)*, auch hier sind oft deutlich erwärmte und gerötete Flecken zu erkennen (auch → Band A, LF 2, Kapitel 3.5.3). Die rot-blaurote Färbung deutet auch auf Bluthochdruck und/oder auf erhöhten Genussmittelkonsum hin.

Beachten Sie den Unterschied, wenn Ihre Kundin abgehetzt oder geschwitzt in Ihr Kosmetikstudio kommt.

- Ist die Haut normal in ihrer Funktion, verblassen Rötungen, wenn die Kundin Platz genommen hat und etwas zur Ruhe kommt.
- Bei verstärkter Durchblutung verblasst die Rötung nach dem zur Ruhe Kommen minimal oder gar nicht.
- Ist die Durchblutung der Gesichtshaut eher vermindert, haben Sie ein fahles, blasses, atrophisches (erschlafftes) Hautbild vor sich. Das kommt vor allem bei allen Hauttypen mit verdickter Hornschicht (*Seborrhoe oleosa, Seborrhoe sicca*, Akne, reifer oder sonnengeschädigter Haut) vor.

Vergleichen Sie immer das Ergebnis des Dermografentests mit Ihrer optischen Beurteilung der Durchblutung der Gesichtshaut und der Zuordnung zum Hauttyp bzw. der Beurteilung des aktuellen Hautzustandes. Alle drei Faktoren müssen in ihrem Ergebnis übereinstimmen, sonst müssen Sie die Tests wiederholen.

Eine blasse – weißliche Haut deutet auf eine Minderdurchblutung hin. Eine fahle – graue Hautfarbe lässt sich zusätzlich mit einer starken Verhornung der oberen Hautschicht erklären.

Die Pigmentierung der Haut

Sie wird durch die in der Haut befindlichen Melanozyten bestimmt. Melanozyten sind große Zellen mit langen Ausläufern, die das Hautpigment Melanin in den Farben Rot-Gelb und Braun-Schwarz bilden und speichern (→ Band A, LF 2, Kapitel 2.2).

Für den Test zur Bestimmung der Hautfarbe wählen Sie den Jochbeinbogen oder die Stirn, sodass eine Druckmöglichkeit für den Spatel besteht (Achtung: Nicht die Stelle wählen, auf der ein Dermografentest durchgeführt wurde, da Rötung und Schwellung nicht so schnell verblassen oder zurückgehen!). Legen Sie den Spatel auf die Stirn oder den Jochbeinbogen auf und drücken Sie ihn leicht auf die Haut. Das Blut unter dem Spatel wird leicht zur Seite weggedrückt und die darunter befindliche Haut erscheint.

Folgende Ergebnisse können Sie erkennen:

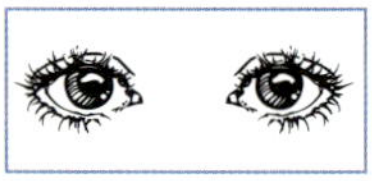

Diaskopie als kosmetischer Begriff = Durchscheinprobe

Je schwacher die Pigmentierung in der Haut vorhanden ist, umso **heller und gelblich-weißer** (z.T. auch rosa, wie z.B. bei vorhandenen Teleangiektasien) ist die Farbe der Haut unter dem Spatel. Ist der Unterschied zwischen der Hautumgebung und der unter dem Spatel sichtbaren Haut erheblich, lässt das gleichzeitig auf eine dünne Hornschicht oder eine hohe Durchscheinfähigkeit der Haut schließen. Dies deutet u.U. auch auf eine trockene, empfindliche Haut hin.

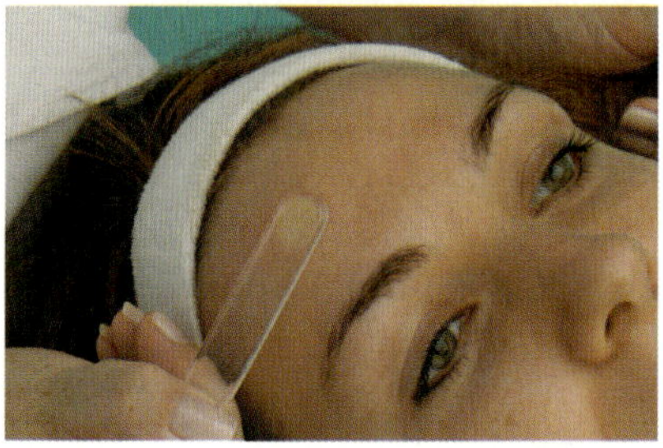

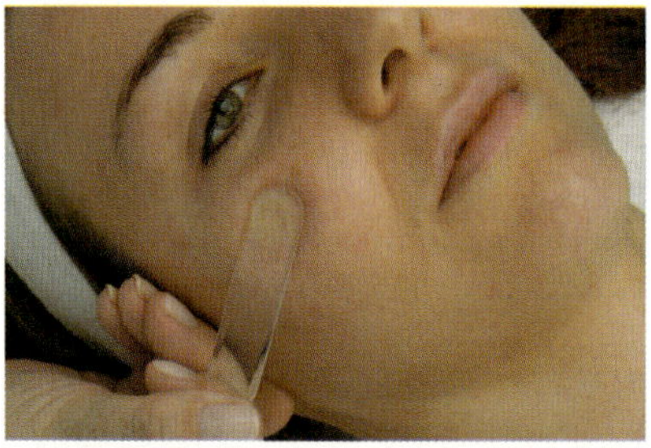

Abb. 2.14 a und b Kosmetische Diaskopie

Je kräftiger die Pigmentierung in der Haut vorhanden ist, umso **bräunlicher und gelblicher** (z.T. auch rötlich) ist die Haut unter dem Spatel. Hier ist der Unterschied zwischen der Hautumgebung und dem unter dem Spatel sichtbaren Hautareal geringer, denn das Blut in den Kapillaren kann nicht so stark durchschimmern. Das lässt gleichzeitig auch auf eine normale bis kräftige Hornschicht schließen. Eine mäßige Durchscheinfähigkeit der Haut ist z.B. bei seborrhoischer Haut gegeben, eine geringe Durchscheinfähigkeit gibt außerdem Hinweise auf eine vorhandene Lichtschwiele.

Die Pigmentierung gibt Ihnen Hinweise auf den dermatologischen Hauttyp und damit auf die Sonnenempfindlichkeit der Haut. Dabei ist die Farbintensität und Dichte der Pigmente entscheidend für Hell- oder Dunkelhäutigkeit, nicht die Anzahl der Melanozyten (→ Band A, LF 2, Kapitel 2.2). Die Durchscheinfähigkeit gibt Ihnen Hinweise auf die Dicke der Hornschicht. Dabei gilt, dass alle dunklen Hauttypen genetisch bedingt über eine dicke, unempfindliche Hornschicht verfügen. Je heller die Haut ist, umso empfindlicher ist sie.

Die Ausprägung der Pigmentierung bestimmt die in folgender Tabelle dargestellten dermatologischen Hauttypen 1–5.

Tab. 2.15: Dermatologische Hauttypen (modifiziert nach Fitzpatrick)

Hauttyp 1
Keltischer Typ mit roten Haaren, grünen Augen, Sommersprossen und sehr heller Haut, sehr wenig Pigmente, stets Sonnenbrand, keine Bräunung

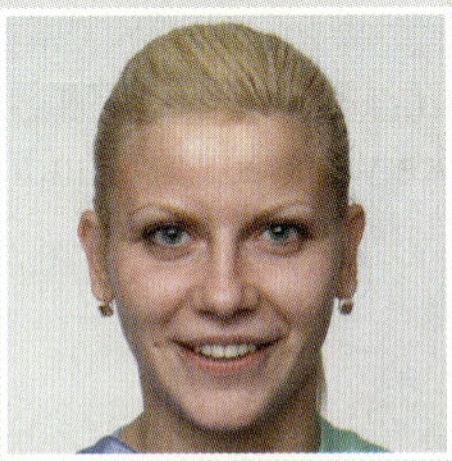

Hauttyp 2
Mitteleuropäer mit blondem bis schwarzem Haar, teilweise Sommersprossen und helle bis beige Haut,
wenig Pigmente, meistens Sonnenbrand, wenig bis normale Bräunung

Hauttyp 3
Südländischer Typ mit dunklem Haar, olivfarbener Haut, moderate Pigmentierung, manchmal Sonnenbrand, schnelle Bräunung

Hauttyp 4
Arabischer Typ mit dunkelbraun-schwarzem Haar und bräunlicher Haut, starke Pigmentierung, kaum Sonnenbrand und immer Bräunung

Hauttyp 5
Afrikanischer Typ mit braunen Augen und schwarzem Haar und sehr dunkler, schwarzer Haut, maximale Pigmentierung, nie Sonnenbrand, Bräunung unverändert

2.2.4 Beurteilung des Hautreliefs

Das Hautrelief (Oberflächenprofil der Haut) setzt sich zusammen aus der Porigkeit, der Verhornung der Epidermis und der Faltenbildung.

Die Porigkeit

In der Kosmetik wird der Begriff „Pore" nicht nur im Zusammenhang mit den Schweißdrüsenmündungen genannt, sondern auch als Umschreibung (oder Synonym) für die Ausführungsgänge der Haarfollikel, an denen die Talgdrüsen liegen.

In den nachfolgenden Kapiteln des Bandes B wird daher der kosmetische Begriff „Pore" im Sinne der Ausführungsgänge der Haarfollikel gebraucht.

Die Beurteilung der Porigkeit, speziell der Größe der Ausführungsgänge lässt Rückschlüsse auf die Talgproduktion zu. Je enger (feiner) die „Poren" sind, umso kleiner sind die Talgdrüsen und umso weniger Talgproduktion ist vorhanden.

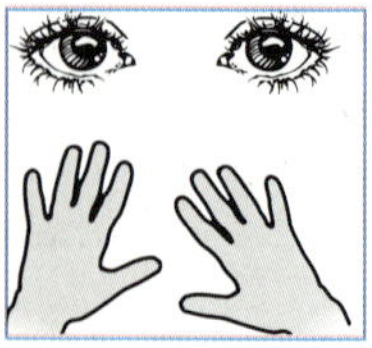

Betrachten Sie jetzt die Gesichtshaut auf ihre Porigkeit. Diese lässt sich nach Hautzuständen einordnen und ist nur bedingt durch kosmetische Mittel oder Behandlungen beeinflussbar.

- Eine normale Haut verfügt über feine Ausführungsgänge, die Talgsekretion befindet sich im ausgeglichenen Zustand, die Öffnungen sind nicht erweitert und nicht entzündet. Mit bloßem Auge sind daher feine „Poren" kaum zu erkennen.
- Eine sensible oder trockene Haut lässt ebenfalls feine, kleine „Poren" erkennen, die Talgproduktion ist stark eingeschränkt.
- Bei der Mischhaut befinden sich in der T-Zone (Stirn, Nase, Wangen) vergrößerte „Poren" mit sichtbarem Talginhalt (weißlich bis gelblich oder als Komedo sichtbar), die Wangenpartie zeigt feine Ausführungsgänge.
- Bei allen öligen kosmetischen Hauttypen sind die Ausführungsgänge der Haarfollikel vergrößert zu erkennen und fast immer mit sichtbarem Talginhalt und/oder eitriger Substanz gefüllt. Manche Gänge sind entzündet, gerötet oder als Komedo sichtbar. Selbst nach Abheilung einer Akne bleiben die vergrößerten (z.T. trichterförmigen) Öffnungen bestehen, auch wenn die Talgproduktion reguliert oder vermindert ist. Zu den Vergrößerungen der „Poren" kommt es durch die verstärkte Talgproduktion, die Follikelwände sind gedehnt. Nur in begrenztem Maße kann man diese minimal durch kosmetische Mittel „zusammenziehen". Befindet sich noch Talg im Ausführungsgang, ist das nicht möglich.

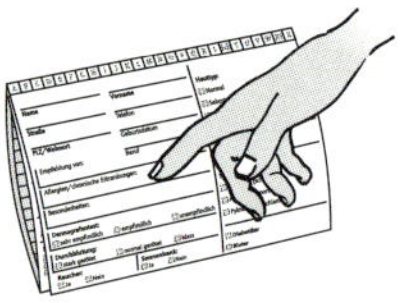

Tragen Sie Porengröße, Form und Vorkommen (Dichte) in die Karteikarte ein.

In der Kosmetik hat sich auch der Begriff der **„Pseudo-Poren"** etabliert.

Pseudo-Poren entstehen aufgrund eines unregelmäßigen Hautreliefs mit porenartigem Aussehen. Es sind unter der Lupenleuchte aber keine Porenausgänge zu sehen, wenn Sie die betroffene Hautstelle zwischen den Fingerspitzen auseinander ziehen (dann glättet sich das Hautrelief etwas). Sie kommen vor allem bei gefäßlabiler Haut (z. B. Rosazea, Couperose) vor.

Die Verhornung

Die Verhornung der Gesichtshaut gestaltet das Hautrelief mit. Der Grad der Abschilferung (Schuppung) lässt sowohl Rückschlüsse auf krankhafte Veränderungen (wie z. B. bei Psoriasis → Band A, LF 2, Kapitel 4.6.2) als auch auf den kosmetischen Hauttyp zu:

- Je sichtbarer und stärker die Schüppchenbildung ist, umso feuchtigkeitsärmer ist der Hautzustand (z. B. bei trockener Haut). Hierbei kann der Grad der Abschilferung gut durch die Lupenleuchte erkannt werden. Zusätzlich kann der Test mit dem Objektträger (Fettgehalt, *Sebumetrie* → Kapitel 2.2.5) das Ergebnis einer feuchtigkeitsarmen Haut bestätigen.
- Je stärker der Verhornungsgrad, desto feuchtigkeitsärmer (eventuell auch empfindlicher) ist die Haut.
- Ein normaler Verhornungsgrad kommt vor allem bei normaler bis öliger Haut, bei Mischhaut auch in der T-Zone vor.

584238

Faltenbildung

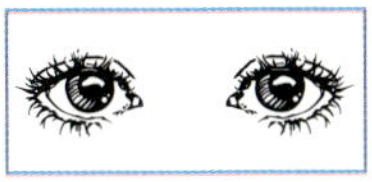

Das Hautrelief wird auch durch die Faltenbildung bestimmt. Sie unterscheiden Faltenbildung durch innere und äußere Alterung der Haut (→ Band A, LF 2, Kapitel 3.5) und Mimikfaltenbildung. Unter Mimikfalten wird generell die Faltenbildung verstanden, die auf Grund der Bewegungen der mimischen Muskulatur entsteht.

Betrachten Sie die Faltenbildung beginnend mit der Stirn: Quer verlaufende Falten gehören zu den Mimikfalten und sind mit zunehmendem Alter immer tiefer ausgeprägt (Stirnrunzeln).

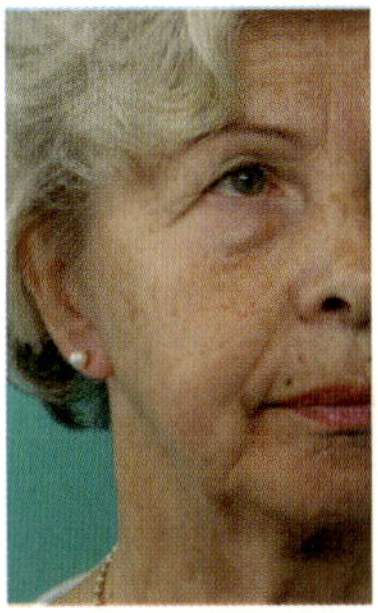

Abb. 2.16 a: Mimik- und Knitterfalten

Senkrechte Falten zwischen den Augenbrauen gehören zu den Mimikfalten und können zusätzlich zum Alter auch auf dauernde Anspannung/Stress, Sehschwierigkeiten, Anstrengung bei der Arbeit am Computer oder augenanstrengende Berufstätigkeit hindeuten. Auch schmerzhafte Erkrankungen führen oft zu einem dauernden Zusammenziehen der Augenbrauen (und zu dadurch entstehenden Falten). Sie sind demnach nicht nur vom Alter der Kundin abhängig.

Austrocknungserscheinungen auf der Stirn aufgrund unsachgemäßer, austrocknender Pflege (z. B. Alkohol) oder starker Sonneneinstrahlung und/oder Rauchen führen zu feinen, senkrecht zu den Augenbrauen stehenden Rillen. Diese vertiefen sich, wenn die Hautprobleme nicht behandelt werden, ebenfalls zu Falten.

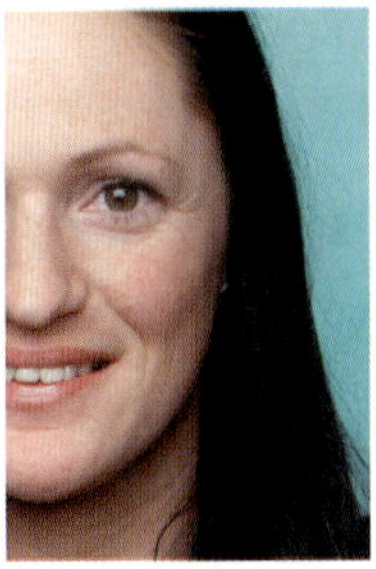

Abb. 2.16 b: Augenfältchen

Betrachten Sie Nase und Wangen: Die Nase und die Nasenflügel übergehend in die Wangen können ausgeprägte Mimikfalten (mit zunehmendem Alter verstärkt) aufweisen. Unabhängig vom Alter können auch ständiges Zusammenkneifen der Augen (Sehschwierigkeiten, Stress, starke Sonneneinstrahlung, berufsbedingtes Augen-Zusammenziehen) zu verstärkter Faltenbildung führen. Auch starke Austrocknung führt hier zu feinen Rillen, die sich sternförmig über Nase und Wangenpartie ziehen. Die Augenfältchen („Krähenfüße") bilden sich altersabhängig immer stärker aus, durch die Bewegung der Augenmuskulatur und durch ständige Austrocknung. Da die Haut um die Augen herum sehr dünn ist, bilden sich schneller Fältchen (Augenpflege → LF 7, Kapitel 3.3).

Je dünner, aber auch trockener die Haut ist, umso schneller bildet sie unabhängig vom Alter Fältchen aus.

Betrachten Sie die Mundpartie und das Kinn: Von der Nase ausgehend verlaufen die Nasolabialfalten zu den Mundwinkeln. Altersabhängig können diese ausgeprägt sein. Das Kinn bildet in der Regel keine Falten aus, möglich sind aber, wie auf der Stirn, feine, senkrechte Rillen.

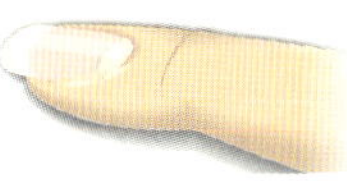

Altersbedingte Falten sind in der Regel nicht von einer Hautrötung begleitet. Falten aufgrund von Austrocknung sind in der Regel von einer Rötung begleitet und verlaufen nicht immer in der Richtung der Gesichtsmuskulatur.

2

2.2.5 Weitere Beurteilungen

Der Fettgehalt

Sebumetrie

Die Bestimmung des Fettgehaltes der Haut wird ***Sebumetrie*** genannt.

Testen Sie den Fettgehalt und die Talgproduktion der Haut mit dem Teintpapier:

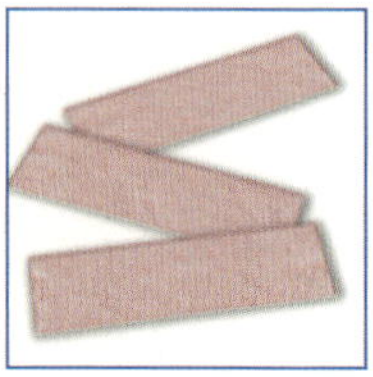

Legen Sie das Teintpapier (kleine Papierstreifen) auf der Stirn an und drücken Sie leicht auf die Haut.

Bilden sich **dunkle Flecken** nach dem Abziehen auf dem Papier, bildet die Haut einen **Fettfilm** (alle öligen Hauttypen). Bleibt das Teintpapier **fleckenlos** oder weist es nur minimale, kleine Flecken auf, ist der Fettgehalt **gar nicht vorhanden** oder **vermindert** (alle trockenen, ausgetrockneten, sensiblen Hautzustände). Bei der Mischhaut weist das Teintpapier auf der Stirn angewandt größere Flecken auf.

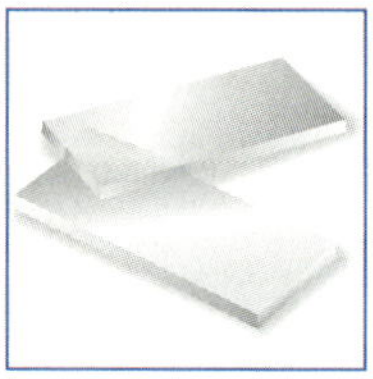

Ein **Objektträger** (kleines, rechteckiges, flaches Glasblättchen) kann anstelle des Teintpapiers nach gleicher Vorgehensweise angewandt werden. Das Ergebnis nach Ansicht des Objektträgers lässt sich genauso zuordnen wie beim Teintpapier. Je mehr Flecken auf dem Glasplättchen vorhanden sind, desto öliger ist der Hautzustand. Auf der zuvor abgebildeten Muster-Karteikarte wird dies als normales, mattes oder glänzendes Hautbild dokumentiert.

Welche Verfärbungen weist das Teintpapier bei einer Mischhaut auf den Wangen auf?

Hautanomalien

Achten Sie weiterhin auf **Hautanomalien,** also Hautveränderungen, die vom normalen Hautbild abweichen (→ Band A, LF 2, Kapitel 3 und 4). Dazu gehören u. a.:

- Akne – Unreinheiten – Warzen – *Naevi* – *Couperose* – *Rosazea* – *Teleangiektasien* (erweiterte Äderchen)
- Feuermale – *Vitiligo* (fehlende Pigmente in der Haut)

Teilen Sie der Kundin offensichtliche Veränderungen mit, wenn sie Ihnen im Laufe der Behandlungsabstände auffallen. Sie können damit einen Vorsorge-Beitrag, z. B. bei Hautkrebs, leisten. Ein Muttermal hinter dem Ohr, das seine Form unregelmäßig verändert und gewachsen ist, könnte ein Indiz für eine krebsartige Veränderung sein. Die Kundin würde es an dieser Stelle nicht sehen. So könnten Sie die Kundin darauf hinweisen, den Fleck von einem Dermatologen untersuchen zu lassen (→ Band A, LF 2, Kapitel 4.9 und Anhang).

Die Ergebnisse der Hautbeurteilung sollten Sie am besten direkt, also noch vor Beginn der weiteren Behandlungen, dokumentieren, da sie sonst vergessen werden können!

Entscheiden Sie auf Basis der erhaltenen Ergebnisse über die Zugehörigkeit zum Hauttyp und beurteilen Sie den aktuellen Hautzustand.

Die Praxis zeigt, dass Sie ausführlichere Notizen sinnvollerweise (damit die Kundin nicht warten muss) z. B. während des Bedampfens eintragen, aber dann in Ruhe.

Zur Unterstützung oder anstatt der manuellen Hautbeurteilung stehen Ihnen auch verschiedene Geräte zur Verfügung.

584240

2.3 Apparative kosmetische Hautbeurteilung

Als Alternative zur rein manuellen Hautbeurteilung sind verschiedene Messgeräte im Fachhandel erhältlich.

Die Geräte zur kosmetischen Hautbeurteilung können an Ihr Programm für den Computer angeschlossen werden, wenn Hautbestimmungsgerät und Software kompatibel sind. Die Daten können dann direkt in die „elektronische Karteikarte" gespeichert werden und sind somit für weitere Hautdiagnosen immer wieder abrufbar.

EXKURS: Der richtige Umgang mit Strom

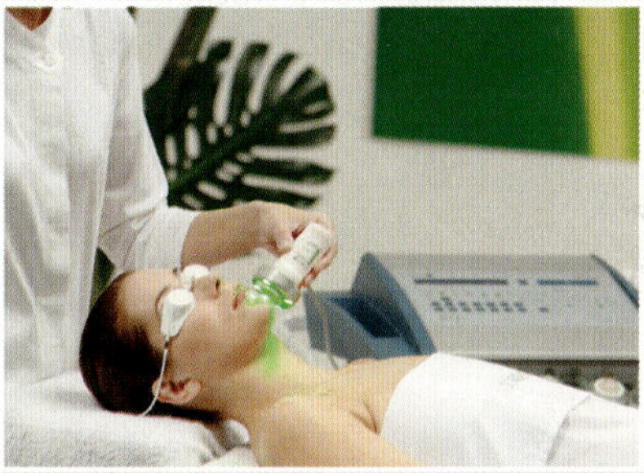

Abb. zeigt „Anwendung Elektroporation"

Da Sie jetzt und im weiteren Verlauf Ihrer Ausbildung mit apparativen Methoden in der Kosmetik arbeiten, müssen Sie zu Ihrem eigenen Schutz und dem Schutz Ihrer Kunden im Umgang mit Strom besonders umsichtig und vorsichtig vorgehen.

Richtig dosiert und fachgerecht angewandt hat Strom viele **positive Wirkungen** auf den Körper, die in verschiedenen kosmetischen Anwendungen genutzt werden (verschiedene, apparative kosmetische Behandlungen: entsprechende Kapitel in ➜ LF 3, 6 und 7).

Strom kann aber auch **negative Wirkungen** auf den menschlichen Körper haben. Diese sind abhängig von der Höhe der Stromspannung und der körperlichen Verfassungen mit folgenden Wirkungen:

- Verbrennungen/Verätzungen auf der Haut aufgrund des Hautwiderstands,
- Muskelverkrampfungen,
- Lähmungserscheinungen, Herzkammerflimmern, Blutdrucksteigerung usw.,
- tödlich für den menschlichen Körper.

Daher gelten für den Umgang mit Strom immer dieselben Vorsichtsmaßnahmen:

- Kabel nicht durch Aufrollen oder Knicken beschädigen.
- Geräte vor Nässe und Wassertropfen schützen (auch vor Spritzwasser, z. B. bei Sprühanwendungen!).
- Vorgaben des Herstellers zu Aufwärmzeiten einhalten und Überhitzungen vermeiden.
- Reparaturen nur von Fachwerkstätten durchführen lassen; häufig verfügt der Gerätehersteller über eine eigene Fachwerkstatt.
- Defekte Geräte sofort sichern, sodass sie nicht von anderen Personen weiterverwendet werden können.
- Bei Funktionsstörungen dürfen Geräte nicht mehr verwendet werden.
- Vor der Reinigung, Wartung oder Pflege des Gerätes muss der Netzstecker gezogen werden.
- Beim Ziehen des Steckers aus der Steckdose muss der Stecker selbst gegriffen werden und nicht das Kabel!
- Regelmäßige Kontrollen der Kabel auf schadhafte Isolierungen durchführen und defekte Kabel und Stecker sofort austauschen oder reparieren lassen.

Das Gerät muss dann zur Reparatur an den Reparaturservice des Herstellers oder in eine Fachwerkstatt gegeben werden. Manche Hersteller stellen für die Übergangszeit ein Ersatzgerät zur Verfügung.

- Geräte, Stecker und Kabel niemals mit nassen Händen anfassen! Der Widerstand der menschlichen Haut gegenüber Strom verringert sich durch Feuchtigkeit enorm.
- Während einer kosmetischen Wasseranwendung, z. B. während des Badens, keine elektrischen Geräte mit Kontakt zur Steckdose berühren.
- Nie gleichzeitig ein Gerät und geerdete Leitungen (z. B. eine Wasserleitung) anfassen!
- Hinweisschilder am Gerät und die Bedienungsanleitung beachten.

Verhaltensregeln bei Stromunfällen:

- Bei Stromunfällen sofort die Stromzufuhr (Stromquelle/Sicherung) unterbrechen.
- Die unter Strom stehende Person muss mit einem Hilfsmittel sofort von der Stromzufuhr getrennt werden (z. B. unter Zuhilfenahme eines Besenstiels).
- Ein Notarzt muss sofort verständigt werden.

Weitere Sicherheitshinweise finden Sie bei den beschriebenen Anwendungen der Geräte in den jeweiligen Lernfeldern.

Achten Sie beim Kauf eines Elektrogerätes immer auf die **Symbole für sicherheitstechnisch geprüfte Geräte.** Diese sind:

GS = geprüfte elektrische und mechanische Sicherheit

TÜV = Zeichen des Technischen Überwachungs-Vereins

VDE = Verband deutscher Elektrotechniker für geprüfte elektrische Sicherheit

Doppelquadrat = Gerät ist mit Schutzleiter, Schutzkontakten, doppelt isolierten Leitungen ausgestattet.

Funkschutzzeichen = Gerät ist funkentstört.

Stand-By

Denken Sie auch der Umwelt zuliebe an Strom sparende Maßnahmen, indem Sie z. B. Ihre Geräte nicht über Nacht im *Stand-By*-Betrieb anlassen bzw. die Geräte erst bei Bedarf einschalten.

Fallen Ihnen weitere Strom sparende Maßnahmen ein?

Da die genaue Analyse der Daten aus der Hautbeurteilung die selbstverständliche Voraussetzung für eine Kosmetikbehandlung ist, sollten Sie hier auch sehr sorgfältig vorgehen.

Führen Sie alle Messungen auf der gereinigten Haut durch. Aufgetragene Pflegepräparate und/oder Make-up können die Messergebnisse verfälschen.

Die Reinigung der Haut muss nur mit normalen Präparaten durchgeführt werden. Eine Tiefenreinigung erfolgt erst nach Abschluss der Hautbildbestimmung (Reinigungsmethoden → LF 3, Kapitel 3 und 4).

Beachten Sie bei Reinigung und Pflege der Geräte und der jeweiligen Handstücke die genauen Herstelleranweisungen. Zum Beispiel muss der Messkopf nach jedem Hautkontakt mit einem Desinfektionsmittel für Geräte abgewischt werden.

Vergrößerungen *(Profilometrie)*

Mit diesem Gerät kann das **Hautrelief** stark vergrößert, wie bei einer Lupe (LICHT, LICHTBRECHUNG, LINSEN → Band A, Grundlagen-Lexikon) dargestellt werden. Das Gerät ist mit einer Minikamera ausgestattet und kann an Ihren PC angeschlossen und installiert werden. Eine zweite Möglichkeit ist der Anschluss an einen handelsüblichen kleinen Fernseher.

Lupe

Anhand der stark vergrößerten Aufnahmen des Hautbildes auf dem Bildschirm können Sie den Hautzustand sehr gut erkennen.

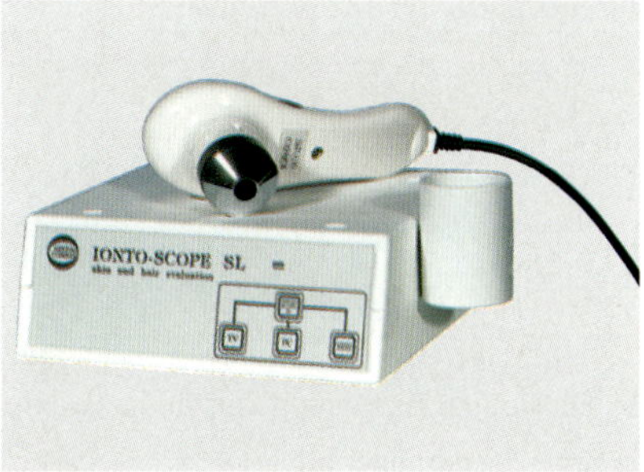

Abb. 2.17:
Gerät zur vergrößerten visuellen Darstellung der Hautoberfläche

Dermatologischer Hauttyp *(Coloration)*

Dieses Gerät hilft Ihnen bei der Bestimmung und Einordnung des dermatologischen Hauttyps (→ Tab. 2.15). Das Gerät wird deshalb auch in Sonnenstudios eingesetzt.

Es ist mit einem Messkopf ausgestattet. Dieser wird mit leichtem Druck auf die zu analysierende Hautpartie gesetzt, sodass seitlich kein Licht eintritt. Die Messung erfolgt automatisch und zeigt mit Signalton das Ergebnis an. Die Messung kann nur in normalem Umgebungslicht erfolgen, da durch Sonneneinstrahlung auf die Haut das Messergebnis verfälscht wird. Achten Sie darauf, dass Ihre Kundin während der Messung nicht direkt am Fenster liegt. Auf dem Display sind dann je nach Helligkeitsgrad und Rötungsgrad bis zu neun verschiedene Stärken angezeigt. Je niedriger der Wert auf der Skala ist (ganz hell bis dunkel von 1–100), desto sonnenempfindlicher ist die Haut. Der Messwert weist damit auch auf die Empfindlichkeit der Haut hin.

Das Gerät muss mindestens einmal monatlich nach Herstelleranweisung *kalibriert* werden, da sonst die Messergebnisse verfälscht werden.

kalibrieren = genau ausrichten, justieren

Für die dekorative Kosmetik kann das Gerät eine Hilfe sein, da die genaue Hautfarbe (Hautton) eine erste Hilfe zur Bestimmung des Farbtyps ist (→ LF 12, Kapitel 3.3.1).

Hautfeuchtigkeit *(Korneometrie)*

Das Gerät misst mithilfe eines Messkopfes, der über ein Kabel mit zwei Goldelektroden mit dem Gerät verbunden ist, den Hautwiderstand (Leitwiderstand im elektrischen Stromkreis). Damit die Messung genau erfolgen kann, muss die Haut vorgereinigt und wieder trocken sein.

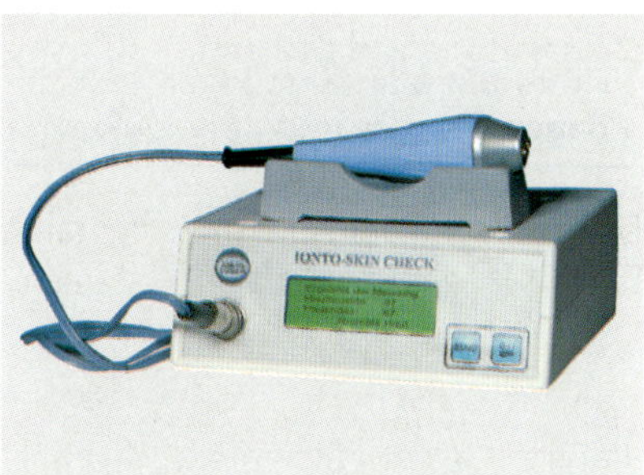

Abb. 2.18:
Gerät zur Messung der Hautfeuchtigkeit

Wählen Sie eine Hautpartie ohne Behaarung, da Behaarung das Messergebnis beeinflussen kann (z. B. nicht auf dem Oberlippenbart messen). Achten Sie darauf, dass die Messung nicht bei hoher Luftfeuchtigkeit (nach dem Bedampfen) oder auf stark geschwitzter Haut durchgeführt wird. Auch hier sind dann die Messergebnisse nicht genau.

Als Messergebnisse erscheinen der Hautindex, der die Hornschichtdicke ermittelt, und der aktuelle Hautzustand. Die Ergebnisse lassen auf den Zustand der Hautfeuchtigkeit schließen und werden ausgewiesen:

Hier entspricht auf einer Skala von 1–9 laut Herstellerangabe:

- Je kräftiger der Hautwiderstand (7–9), umso besser das Wasserbindevermögen (Turgor → Kapitel 2.2.2).
- Ist der Hautwiderstand gering (1–5), können Sie schon auf eine eher trockene und/oder feuchtigkeitsarme Haut schließen.
- Eine normale Haut befindet sich im Bereich von 6.

Hygieneplan

Alle Geräte und Messköpfe, die mit der Haut in Berührung kommen, müssen nach jeder Anwendung gereinigt und desinfiziert werden.

Sebumetrie

Fotometrie

Mithilfe des Sebumeters wird der Fettgehalt der Haut bestimmt. Das Prinzip beruht auf der „Milchglasmethode", nämlich dass Milchglas beim Kontakt mit Fett durchsichtig wird. Je mehr Fett vorhanden ist, umso durchsichtiger ist die Scheibe. Der Grad der Lichtdurchlässigkeit der Scheibe wird mithilfe der FOTOMETRIE (→ Band A, Grundlagenlexikon) gemessen und ausgewertet. Je höher der Messwert, desto höher der Fettgehalt der Haut.

Elastizitätsmessung

Unterdruck

Die Elastizität der Haut wird z. B. gemessen, indem die Haut mit Unterdruck (→ Band A, Grundlagenlexikon, DRUCK) in eine kolbenförmige Geräteöffnung eingezogen wird. Nach dem Ausgleichen des Drucks wird anhand einer Kurve die Zeit gemessen, die die Haut braucht, um wieder in ihre alte Lage zurückzugleiten. Je nach Messergebnis verfügt die Haut dann über eine wenig bis gute Elastizität.

Barrierefunktionsmessung *(Evaporimetrie)*

Der transepidermale Wasserverlust (TEWL) spielt eine wichtige Rolle bei der Barrierefunktion der Haut (→ LF 7, Kapitel 1 und → Band A, LF 2, Kapitel 1.5). Das Gerät nutzt die messbare Funktion der Haut, Wasserdampf abzugeben. Die Ergebnisse können allerdings stark schwanken. Dies ist zum einen bedingt durch das Raumklima, das eine konstante Luftfeuchtigkeit aufweisen sollte, und zum anderen kann eine verstärkte Schweißabsonderung der zu testenden Person das Messergebnis verfälschen.

Bestimmung des Haut-pH-Wertes

Die Bestimmung des pH-Wertes zeigt an, ob der Hydrolipid-Mantel der Haut gut eingestellt (pH 5,4-5,9) oder in den alkalischen Bereich verschoben ist (→ LF 3, Kapitel 3.1). Die erhaltenen Messergebnisse sind wichtig für die Auswahl weiterer Kosmetikprodukte, vor allem der Reinigungsprodukte, die den pH-Wert der Haut nicht weiter erhöhen sollen. Außerdem können eine schnelle Regulierung des pH-Wertes und die Wiederherstellung des optimalen pH-Milieus zur Regeneration des Hydrolipid-Mantels aufgrund der Messung erfolgen.

UV-Licht *(Woodlamp)*

Die normale Lupenleuchte kann je nach Hersteller mit zusätzlichen Schwarzlichtröhren in ihrer Funktion verstärkt werden. Hier sind besondere Sicherheitshinweise zu beachten. Im Unterschied zu der normalen Lupenleuchte, deren Röhren kaum Hitze entwickeln, sind die zuschaltbaren Schwarzlichtröhren (UV-Licht) heiß und dürfen nicht mit den Fingern berührt werden.

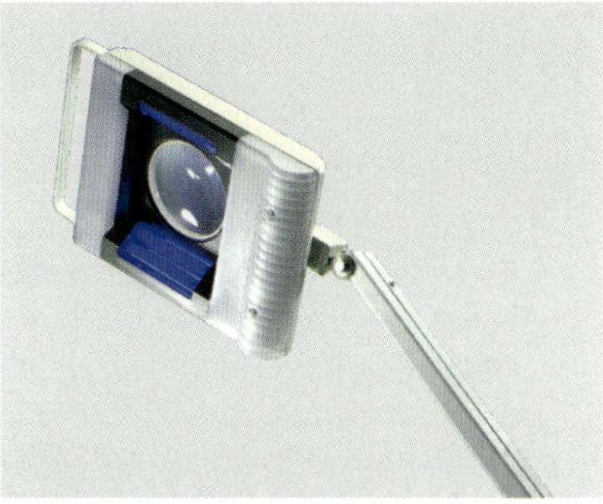

Abb. 2.19: Lupenleuchte mit zuschaltbarer UV-Lichtröhre

Schützen Sie die Augen Ihrer Kundin mit einer Schutzbrille oder die Kundin muss die Augen geschlossen halten.

- Der Behandlungsraum sollte vor Anwendung der Schwarzlichtröhren abgedunkelt sein. Sollte Ihnen das nicht möglich sein, bieten die Hersteller zusätzlich ein Verdunklungstuch an, mit dem die Umgebung der Lupe abgedichtet werden kann. Mit der UV-Analyselampe kann der jeweilige Hauttyp/aktuelle Hautzustand erkannt werden. Hier werden die Zuordnungen je nach der Farberscheinung vorgenommen.

Abb. 2.20: Zubehör Verdunklungstuch

- Weiß entspricht einer dicken Hornschicht, Purpur einer zarten, sehr dünnen Haut. Hell/Violett entspricht einer feuchtigkeitsarmen Haut, Dunkelrot einer atrophischen, unterernährten Haut. Die Farberscheinungen Orange, Braun und Gelb/Grün entsprechen Unreinheiten wie Talgverstopfungen, Pigmentierung/Pigmentanomalien (Braun) und Pusteln/Papeln.

Bei der Anwendung der UV-Analyselampe sind besondere Sicherheitshinweise zu beachten:

- Die Schwarzlichtröhren dürfen wegen ihrer Hitzeentwicklung höchstens 15 Minuten angeschaltet bleiben.
- Die Lampe muss in sicherem Abstand zu brennbaren Gegenständen aufgestellt sein, aufgrund der Wärmeentwicklung besteht Brandgefahr.
- Achten Sie darauf, den Sicherheitsabstand nach Herstellerangaben zum Gesicht Ihrer Kundin einzuhalten.
- Berühren Sie selbst nicht mit den Fingern die heißen Röhren, hier besteht Verbrennungsgefahr.

Führen Sie die Auswechslung der Röhren und Reinigung der Lampe nach Angaben der Hersteller durch.

Fragen
Übungen
Aufgaben

A

2

1. *Nennen Sie die Ereignisse, die zu Veränderungen des Hautzustandes führen können.*
2. *Welche wichtige Information die Haut betreffend benötigen Sie zuerst von der Kundin/dem Kunden?*
3. *Welche Fehlentscheidungen können Sie treffen bei unqualifizierter und unvollständiger Anamnese-Erhebung?*
4. *Benennen Sie alle Angaben der oberen Kopfzeile einer Karteikarte und die Positionen der Anamnese.*
5. *Welche Positionen die Anamnese betreffend befinden sich auf der Innenseite einer Falt-Karteikarte und warum?*
6. *Begründen Sie, warum es sinnvoll ist, eine Kundenkarteikarte anzulegen.*
7. *Sie müssen einen Termin für eine neue Kundin verlegen, haben aber nur deren Namen während der Anamnese erfragt. Wie können Sie diese Kundin ohne Adresse erreichen?*
8. *Erklären Sie den Sinn einer elektronischen Karteikarte und deren Vorteil gegenüber der manuell erstellten.*
9. *Wo erfragen Sie die Datenschutzverordnung und warum ist diese wichtig?*
10. *Erklären Sie den Unterschied zwischen kosmetischem Hauttyp und Hautzustand.*
11. *Erklären Sie die Lupenleuchte und deren Funktionen.*
12. *Wann sollten Sie auf keinen Fall eine Behandlung durchführen?*
13. *Was ist Dermografismus? Erklären Sie die Erkenntnisse aus dem Dermografentest.*
14. *Welche Faktoren bestimmen die Hautfarbe?*
    a) *Beschreiben Sie die manuelle Methode zur Bestimmung der Eigenfarbe der Haut.*
    b) *Welche apparative Messmethode kann vergleichbar angewandt werden?*
15. *Erklären Sie den Begriff „Pseudoporen" und wodurch diese entstehen können.*
16. *Wo finden sich welche Arten von Falten auf der Gesichtshaut?*
17. *Welche apparative Methode gibt Ihnen Anhaltspunkte zum Hautrelief und welche Messergebnisse lassen sich daraus erkennen?*
18. *Welche Vorsichtsmaßnahmen müssen Sie bei der Anwendung von elektrischen Geräten beachten?*
19. *Informieren Sie sich über das Verfahren der Fotometrie und erklären Sie die Funktion des Prinzips in Bezug auf das Gerät zur Bestimmung des Fettgehaltes der Haut.*
20. *Erklären Sie die Funktion und die Sicherheitshinweise der UV-Analyselampe.*

Reinigung der Gesichtshaut

(LF 3)

Die richtige Auswahl an Reinigungsmitteln und deren manuelle und apparative Anwendung für die Gesichtshaut ist der erste Schritt für die Gesunderhaltung der Haut. Die fachgerechte Reinigung und die kosmetische Ausreinigung gehören deshalb zu Ihrem Ausbildungsabschnitt in diesem Lernfeld. Die folgenden Kapitel 3 bis 6 befassen sich mit diesen Inhalten.

Integriert in den Behandlungsablauf am Kosmetikinstitut wird daher die kosmetische Reinigung der Gesichtshaut im Anschluss an die kosmetische Hautanalyse dargestellt. Dies soll Ihnen helfen, die richtigen Präparate dafür auszuwählen.

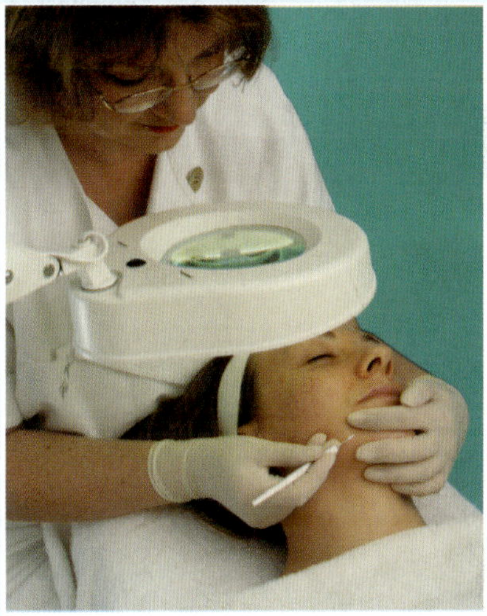

Fachkenntnisse über die Zusammensetzung, Wirkungsweise und Anwendung der kosmetischen Reinigungsmittel sind wichtige Voraussetzungen für die Hautgesundheit und Hautpflege Ihrer Kunden.

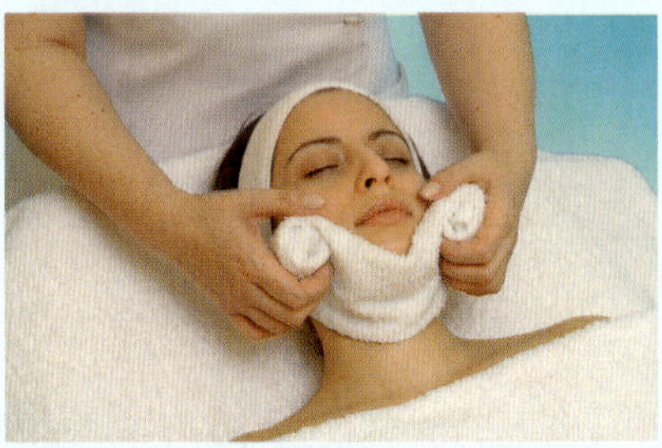

Reinigen der Haut

3. Reinigung der Gesichtshaut

4. Die Hautintensivreinigung
Exkurse: Dekolleteepeeling
Die Dermabrasion

5. Das kosmetische Ausreinigen der Haut

6. Kosmetische Weiterbehandlung

3 Reinigung der Gesichtshaut

Katie ist heute nicht so konzentriert auf ihre Kundin. Trotzdem beginnt sie mit der Reinigung der Gesichtshaut. Nach dem erlernten Auftragemuster verteilt sie großzügig Reinigungscreme. – Sollte sie nicht die Augen vorher abschminken? Jetzt hat sie aber schon die Reinigungscreme über die Augenlider kräftig verrieben. Schon lösen sich Mascara und Lidschatten auf den Augenlidern zu einen schmierigen, dunklen Rand um die Augen der Kundin herum. Auch unter dem Lidrand färbt sich die Haut dunkel und jetzt fängt die Kundin auch noch an zu jammern, dass ihr die Augen brennen! – Na, dann geht Katie jetzt doch Wasser holen, um die Reste der Wimperntusche und des Lidschattens abzuwaschen ...

Das Wort Reinigen umfasst alle Maßnahmen, die dem Entfernen von aufliegendem Schmutz, der Beseitigung von Keimen aller Art von der Hautoberfläche, aber auch dem seelischen und körperlichen Wohlbefinden dienen.

Warum muss die Reinigung der Haut, auch der Gesichtshaut, sein?

Abb. 3.1: Ungereinigte Haut

Die Haut wird mit Schmutzstoffen aller Art aus der Umwelt belastet. Dazu gehören Autoabgase, Industrie- und Hausstaub, Präparatereste, Pollen usw. Diese und auch Schweiß, Talg, Make-up und abgestorbene Hornschüppchen müssen regelmäßig auf schonende Art entfernt werden.

In der Körper- und Gesichtspflege spielt die Reinigung aus hygienische Gründen eine wichtige Rolle, denn sie ist immer die vorbeugende Stufe zur Gesunderhaltung der Haut.

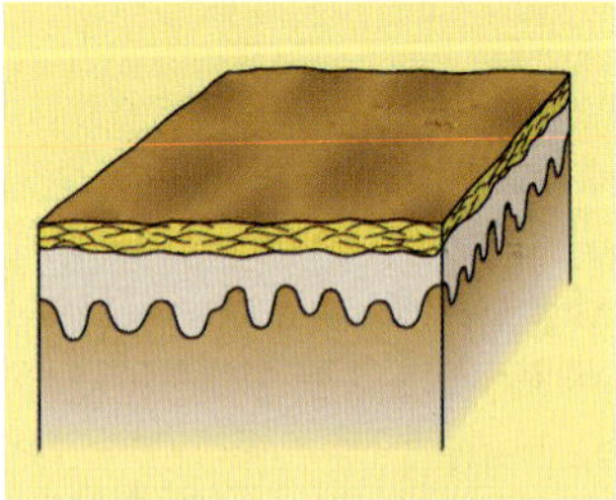

Abb. 3.2: Gereinigte Haut

Die regelmäßige Entfernung der oben genannten Verschmutzungen dient der Haut, indem sie die „Poren" rein und sauber hält, schädliche und z. T. auch hautschädigende Stoffe gründlich entfernt und so der Haut die Aufnahme kosmetischer Wirkstoffe ermöglicht (→ LF 7, Kapitel 1.7.1).

3.1 Der Hydrolipid-Mantel der Haut

Der Hydrolipid-Mantel (Wasser-Fett-Film, früher „Säureschutzmantel") der Haut besteht aus Karbonsäuren, Fettsäuren, Aminosäuren, Phosphorsäure und Kohlensäure. Diese sind enthalten im Hauttalg, im Schweiß und in Zellbruchteilen der abgestorbenen Hornzellen (→ Band A, LF 2, Kapitel 1.4.3 und 1.5.1).

Der pH-Wert (des Hydrolipid-Mantels) einer gesunden Haut liegt bei 5,4–5,9. In diesem leicht sauren Bereich ist ein schnelles Wachstum von Fremdmikroben wie Bakterien und Viren stark abgeschwächt. So wirk der „Säureschutzmantel" einer übermäßigen Ansammlung von Krankheitserregern, dem Wachstum von Pilzen sowie negativen Umwelteinflüssen entgegen. Er schützt die Haut vor Reizung, Allergien und Austrocknung.

Eine Verschiebung des pH-Wertes der Haut in Richtung 6,5–8 ermöglicht Fremdmikroben ein außerordentlich schnelles Wachstum und schnellstmögliche Teilungsfähigkeit.

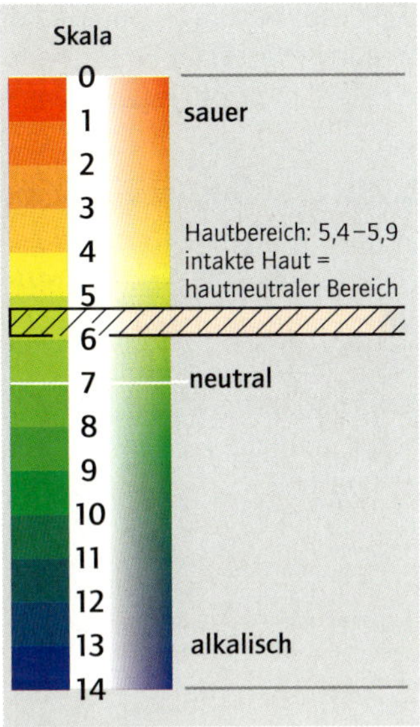

Abb. 3.3: pH-Wert und hautneutraler Bereich

Der *pH-Wert* (lat. *potentia hydrogenii* = Wasserstoffionenkonzentration) bietet eine messbare Möglichkeit, Säuren und Basen zu unterscheiden. Die jeweilige Konzentration wird auf einer Skala von 0–14 dargestellt.

Reinigungsmittel reagieren alkalisch (basisch). Während des Waschvorgangs stellt sich ein pH-Wert von ca. 8–10 ein. Durch diese Alkalität verschiebt sich der normale pH-Wert der Haut etwas in Richtung des Neutralpunktes (pH 7) oder sogar kurzfristig in den alkalischen Bereich. Damit wird die Haut „angreifbar".

Was bedeutet das für die Behandlung nach der Hautreinigung?

Der „Schutzmantel" der gesunden Haut hat noch eine weitere, wichtige Funktion:

Er kann durch seine hohe „Pufferkapazität" schädliche Veränderungen des pH-Wertes der Haut auffangen und ausgleichen. Verändert sich z. B. der pH-Wert nach einer Seifenwaschung in den alkalischen Bereich, kann eine gesunde Haut den ursprünglichen Wert schnell wiederherstellen, in ca. einer halben Stunde. Die Erwachsenenhaut kann das gut verkraften, aber Kinder- sowie Altershaut können das nicht.

Geschieht eine vorübergehende Verschiebung des pH-Wertes zu oft und lang andauernd, kann es zu schweren Hautschädigungen kommen. Der „Säureschutzmantel" ist dann nachhaltig gestört und kann seine Schutzfunktion nicht mehr ausüben.

3.2 Reinigungsmittel für die Gesichtshaut

Für die Reinigung der Gesichtshaut können im Allgemeinen alkalische Seifen oder pH-Wert-neutrale Syndets Anwendung finden (→ LF 7, Anhang E). Diese spielen aber für die Kosmetikbehandlung keine Rolle.

Damit der pH-Wert der Haut nicht zu stark bei der Reinigung verändert wird, sind die anzuwendenden kosmetischen Reinigungspräparate alkalifrei und im pH-Wert zwischen 4 und 6 eingestellt. Sie entsprechen damit dem leicht sauren pH-Wert der Haut. So wird (außer bei öligen Hauttypen gewünscht) eine zu starke Entfettung der Gesichtshaut verhindert.

Die Präparate zur kosmetischen Hautreinigung werden in der Regel als pastöse, cremige Wasser-Öl-Emulsionen (W/O-Emulsionen) oder als flüssige, milchige Öl-Wasser-Emulsionen (O/W-Emulsionen) angeboten.

3.2.1 Was ist eine Emulsion?

Emulsion
dispergiert

In der Kosmetikherstellung stellen Öle bzw. fettlösliche Stoffe und Wasser bzw. wasserlösliche Stoffe die **nicht** miteinander **mischbaren** Flüssigkeiten dar. In einer *Emulsion* (lat. *emulgere* = abmelken) ist **eine** der beiden **Flüssigkeiten** (Öl oder Wasser) in der anderen Flüssigkeit *dispergiert* (feinstverteilt). Die dispergierten Flüssigkeitströpfchen werden auch als disperse Phase oder innere Phase bezeichnet, die Flüssigkeit, in welcher sie gelöst sind, als äußere oder geschlossene Phase.

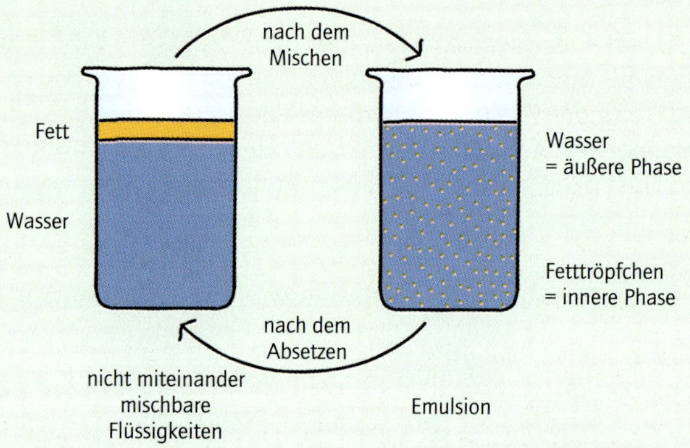

Abb. 3.4: Emulsion

- **Öl-in-Wasser-Emulsionen (O/W-Emulsion)** sind meist flüssig (z. B. Reinigungsmilch). Die öligen Substanzen (z. B. Pflanzenöle) sind in der flüssigen Phase (Wasser) feinstverteilt.
- **Wasser-in-Öl-Emulsionen (W/O-Emulsion)** sind cremig (z. B. Reinigungscreme). Die Wassertröpfchen oder wässrigen Lösungen sind in der öligen Phase feinstverteilt.
- **Misch-Emulsionenoder Mehrfachemulsionen (z. B. O/W/O- oder multiple Emulsionen)** enthalten nebeneinander einen fett- und wasserlöslichen Wirkstoff in der **inneren** Phase der Emulsion. Hier muss eine größere Menge an Emulgatoren zugesetzt werden, um eine Stabilität und den Erhalt dieser Emulsion zu erreichen.

Schutzkolloid

Damit sich beide ineinander unlöslichen Phasen nicht trennen, sondern dauerhaft eine Emulsion bilden, ist zur Herstellung einer Emulsion neben Energie (Erwärmung der beiden Phasen) und Rührwerken oder Vibratoren (Durchmischung der beiden Phasen) die Zugabe eines Emulgators, eines Stabilisators oder eines Schutzkolloids notwendig.

Emulgator

Ein ***Emulgator*** (lat. *aemulari* = nacheifern) ist ein Stoff, der die Herstellung einer Emulsion ermöglicht und erleichtert.

Emulgatoren sind demnach gleichzeitig ***hydrophil*** **(wasserfreundlich)** und ***lipophil*** **(fettfreundlich).**

Emulgatoren erniedrigen die Grenzflächenspannung zwischen zwei Flüssigkeiten und sorgen so für eine stabile Mischung. Ihre lipophilen Teile sitzen fest an den im Wasser verteilten Öltröpfchen, die hydrophilen Teile streben der Wasserphase zu und bilden so eine stabile O/W-Emulsion (z. B. bei einer Feuchtigkeitscreme).

Bei einer W/O-Emulsion befinden sich die hydrophilen Teile des Emulgators an den Wassertröpfchen, die lipophilen Teile dagegen streben zur Ölphase. So entsteht eine stabile W/O-Emulsion.

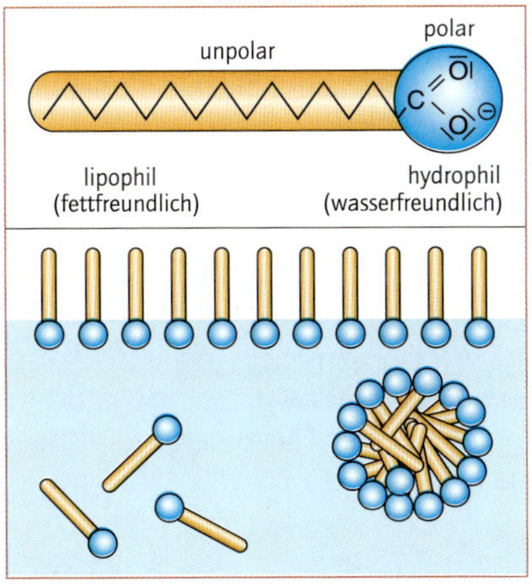

Abb. 3.5: Tensid

Emulgator = grenzflächenaktive Substanz

Der EMULGATOR ist somit eine grenzflächenaktive Substanz (→ Band A, Grundlagen-Lexikon). Indem er sich an beiden Grenzflächen der Flüssigkeitsmoleküle anordnet, verändern sich die intermolekularen Wechselwirkungskräfte. Beide nicht mischbaren Flüssigkeiten trennen sich dann nicht mehr durch das Absetzen der einen Flüssigkeit an der Oberfläche.

3.2.2 Unterscheidung verschiedener Reinigungspräparate

- **Reinigungscreme,Reinigungssahne und Waschcreme** sind W/O-Emulsionen aus Tensiden, Hautpflegestoffen (z. B. Glyzerin), Parfümstoffen usw. und Wasser.

Glyzerin

- **Reinigungsemulsionund Reinigungsmilch** sind stark mit Wasser verdünnte Reinigungscremes mit gleichen Inhaltsstoffen wie diese (O/W-Emulsionen).
- **Wasch-und Reinigungsgele und Waschlotionen** sind klare Gele mit Inhaltsstoffen, z. B. milde Waschsubstanzen auf der Basis von Fetten und Aminosäuren, die beim Auftragen mit Wasser eine leicht schäumende Konsistenz entwickeln.
- **Reinigungsöl** (häufig auf der Basis von Pflanzenölen, z. B. Azulen, Orangenöl, Mandelöl usw.) bildet mithilfe des zugesetzten Emulgators durch Aufschäumen mit Wasser eine sanft reinigende Emulsion.
- **Augen-Make-up-Entfernermit Öl** zur Entfernung von fetthaltigem Augen-Make-up (→ LF 12, Kapitel 2.3.5) ist eine W/O-Emulsion mit den Inhaltsstoffen verschiedener Öle, antimikrobiellen Stoffen, Proteinen, Vitaminen usw.
- **Augen-Make-up-Entferner-Geloder -Lotion** (wässrige Lösung ohne Öl, sonst mit gleichen Inhaltsstoffen) ist für empfindliche Augen zur Entfernung des Augen-Make-ups geeignet.

Allen Reinigungsprodukten sind neben z.B. Wasser und/oder Ölen auch Emulgatoren, Tenside, Farbsoffe, Parfümstoffe usw., zum Teil (und je nach Hauttyp) rückfettende und/oder beruhigende Substanzen wie z.B. Azulen, Mandelöl usw. zugefügt-

→ Alle diese Inhaltsstoffe finden Sie in LF 7 beschrieben.

→ Die Zuordnung der Reinigungspräparate zu den kosmetischen Hauttypen finden Sie in den Systempflegeplänen (→ LF 7, Kapitel 2).

3.3 Arten von Reinigungsvorgängen

Man unterscheidet bei den Reinigungsvorgängen – vor allem der Gesichtshaut – folgende Arten:

detersiv

detergere

detersiv = emulgieren

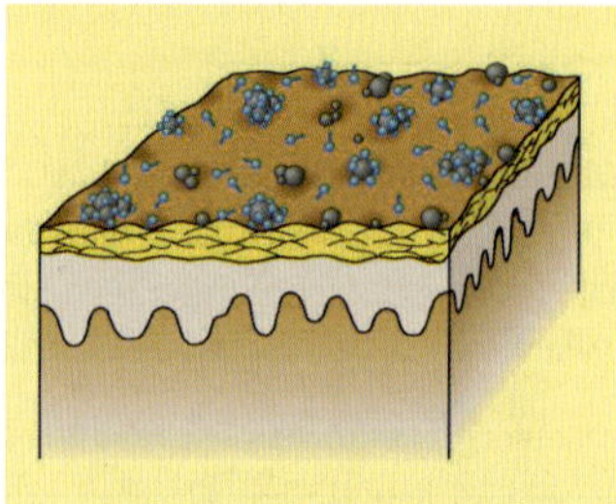

Abb. 3.6: Detersive Reinigung

Die *detersive* (lat. *detergere*, emulgieren) Reinigung umfasst die Maßnahmen, bei welchen ein gelöster Stoff auf der Oberfläche eines festen Stoffes abgewischt werden kann. Mithilfe eines aufgetragenen Reinigungspräparates bilden die Schmutzpartikel durch Emulgieren eine abtragbare, gelöste Masse. Diese kann mit Wasser abgewaschen werden (→ Kapitel 3.5).

adsorptiv

lipophile

adsorbtiv = aufsaugend

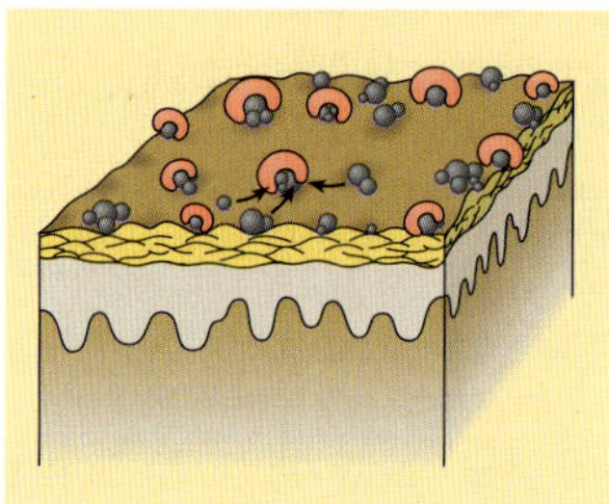

Abb. 3.7: Adsorptive Reinigung

Die *adsorptive* (Bindung gelöster Stoffe, aufsaugende) Reinigung löst *lipophile* Schmutzpartikel und Farbreste, z. B. aus Theaterschminke, an. Diese können dann mit Kosmetiktüchern erst aufgesogen und anschließend abgewischt werden (→ Kapitel 3.6).

enzymatisch

enzymatisch = durch Enzyme bewirkt

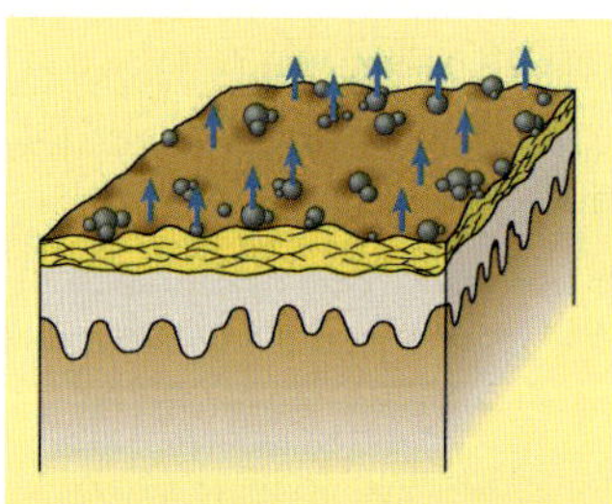

Abb. 3.8: Enzymatische Reinigung

Die *enzymatische* (durch Enzyme bewirkte) Reinigung (→ Kapitel 4.2.2) erfolgt durch Substanzen, die nach einer Einwirkzeit abgestorbene Hornzellen lösen, sodass diese abgetragen oder abgewaschen werden können.

abrasiv

Abrasum

abrasiv = abschaben

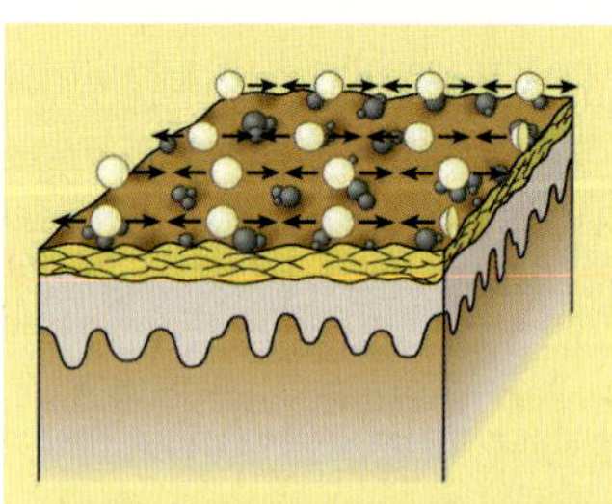

Abb. 3.9: Abrasive Reinigung

Die *abrasive* (lat. *Abrasum* = abschaben) Reinigung erfolgt mithilfe mechanischer, kosmetischer Mittel oder Geräte. Hier werden durch Schmirgeln oder „Abradieren“ tote Hornschüppchen und Ablagerungen auf der Haut intensiv entfernt (→ Kapitel 4.2.1).

Das Wissen um die Hauteigenen Funktionen, um die Balance zwischen Hautreinigung und Hautpflege und um die Hautfunktion bei der Aufnahme von Präparaten ist Ihr Fachgebiet!

Entscheiden Sie sorgfältig nach der Hautanalyse, welches der im letzten Kapitel erklärten Reinigungsprodukte zum Hautzustand Ihrer Kundin passt.

584252

3.4 Entfernen von Augen-Make-up und Lippenstift

Jede kosmetische Reinigung beginnt mit dem Entfernen des Make-ups bzw. der aufgetragenen cremigen oder farbigen Produkte von Gesicht und Hals der Kunden.

Entfernen von Augen-Make-up

Augen-Make-up-Entferner sind klare, flüssige Lösungen mit oder ohne Öl, die das (meist farbpigmentintensive) Augen-Make-up *detersiv* entfernen.

Bitten Sie die Kundin vor der Anwendung, die Augen zu schließen, damit ihr keine Flüssigkeit in die Augen läuft.

detersiv

Anwendung:

Geben Sie mehrere Tropfen auf ein Wattepad und legen Sie es auf eines der geschlossenen Augenlider. Dann streichen Sie vorsichtig nach unten, Richtung Wimpernrand. Wiederholen Sie diesen Vorgang mehrmals, sodass sich Lidschatten und Mascara lösen können. Spannen Sie die Haut über der Schläfe mit einer Hand leicht an, mit der anderen Hand führen Sie den Wattepad noch mal von außen nach innen am unteren Wimpernrand entlang. Wiederholen Sie den Vorgang am anderen Auge.

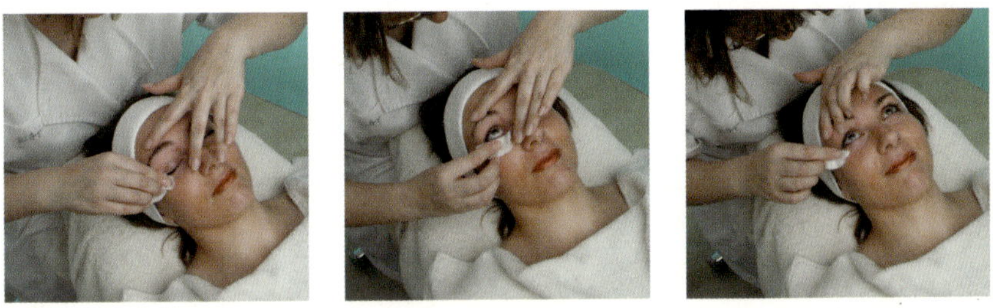

Abb. 3.10 a–c: Entfernen von Augen-Make-up

Warum muss der Wattepad von außen nach innen am unteren Wimpernrand entlanggeführt werden?

Bitten Sie die Kundin dann, die Augen zu öffnen. Falten Sie den Wattepad in der Hälfte und streichen Sie noch mal von außen nach innen unter dem unteren Wimpernrand entlang. Wiederholen Sie alles am anderen Auge.

Da der Augen-Make-up-Entferner den Kajalstift, die Mascara, Eyeliner und Creme-Lidschatten schnell löst, reiben Sie der Kundin die Farbreste in das untere Lid, wenn Sie den Wattepad von innen nach außen ziehen.

Wird das Augen-Make-up nicht gründlich entfernt, können sich Mascara-, Kajal- und Eyelinerreste während der Behandlung in lipophilen Präparaten lösen und zu brennenden, geröteten Augen führen.

Entfernen von Lippenstift

Zur Entfernung des Lippenstiftes geben Sie etwas fetthaltige Reinigungscreme auf einen feuchten (damit die Watte nicht an den Lippen kleben bleibt) Wattepad.

Die fetthaltige Reinigungscreme löst den (pastösen, farbpigmentintensiven) Lippenstift von der Lippenoberfläche ab, sodass er abgewischt werden kann.

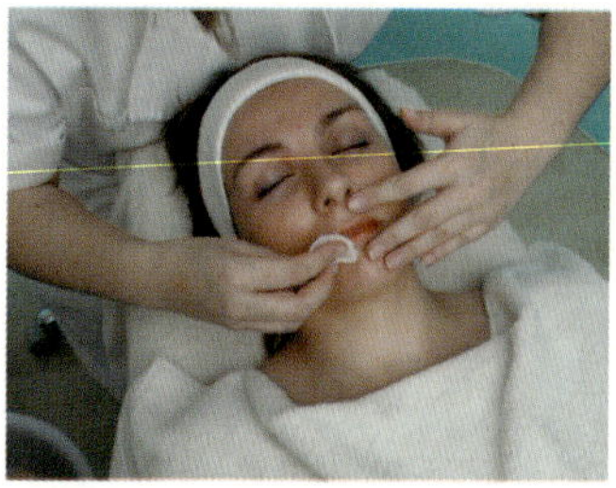

Abb. 3.11: Entfernen von Lippenstift

Anwendung:

Legen Sie Zeige- und Mittelfinger an den Mundwinkel und spannen Sie die Lippen leicht an. Dann reiben Sie mit dem Wattepad die Lippen ab. Wiederholen Sie das auf der anderen Seite des Mundes, bis der Lippenstift entfernt ist. Achten Sie darauf, keine Farbreste über den Lippenrand in die Haut zu reiben.

3.5 Entfernen von Hautverschmutzungen (u. a. Make-up, Puder)

Verwenden Sie dazu ein auf den Hauttyp des Kunden abgestimmtes Reinigungspräparat: **Reinigungscreme oder Reinigungssahne** (cremige, rückfettende Emulsionen) z. B. zur sanften detersiven Reinigung der trockenen Haut. Die Reinigungscreme ist im Unterschied zur Reinigungssahne eher fester in ihrer Konsistenz, ähnlich einer Gesichtscreme.

Anwendung:

Abb. 3.12 a – d: Auftragen von Reinigungscreme

Geben Sie ein walnussgroßes Stück Reinigungscreme auf die Handfläche und reiben Sie es in beiden Händen leicht an (das Präparat wird dadurch etwas erwärmt). Legen Sie die eingecremten Hände, am Kinn beginnend, auf das Gesicht des Kunden auf und tragen Sie beidhändig die Reinigungcreme auf.

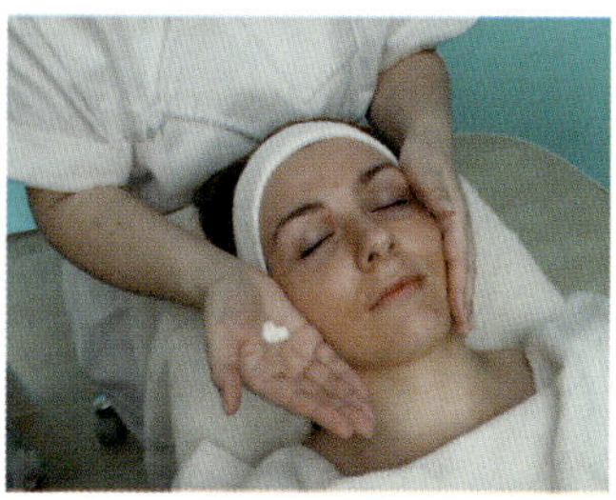

Mit sanften Streichbewegungen gleiten Sie über die Wangen zur Stirn und über die Nase Richtung Kinn. Nehmen Sie die Hände ab und verreiben Sie in den Handinnenflächen noch mal die Cremereste. Legen Sie die Hände unter dem Kinn an und streichen Sie dann abwärts über Hals und Dekolletee bis zu den Schultern (Auftragemuster ➜ Kapitel 3.7).

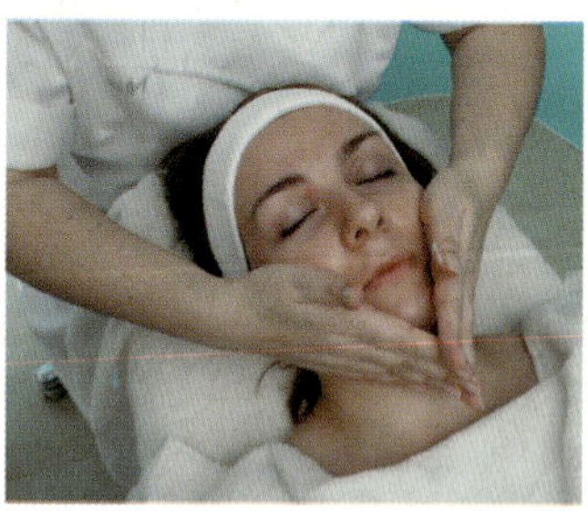

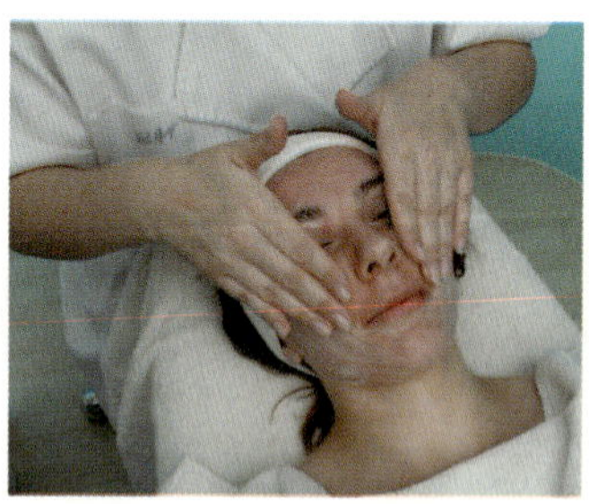

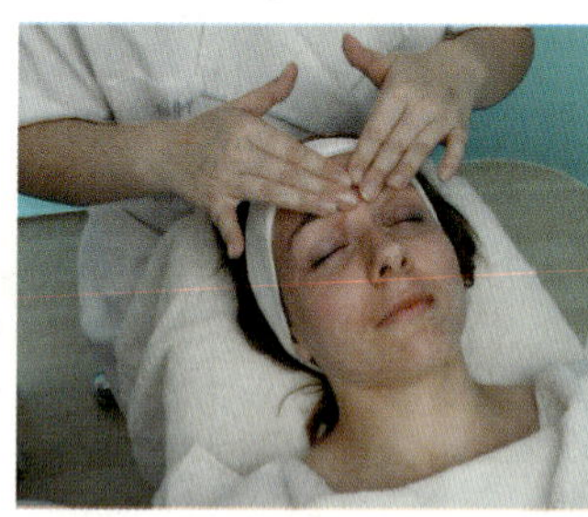

Abnahme:

Ist das Reinigungspräparat gründlich aufgetragen, wird es **ohne Einwirkzeit** mit Kompressentüchern abgenommen.

Nehmen Sie ein warmes, feuchtes Kommpressentuch und legen Sie es unter dem Kinn an, dann über die Wangen Richtung Stirn. Mit leichtem Druck waschen Sie die Reinigungscreme ab. Wiederholen Sie das mehrmals und waschen Sie das Tuch in warmem Wasser zwischendurch aus.

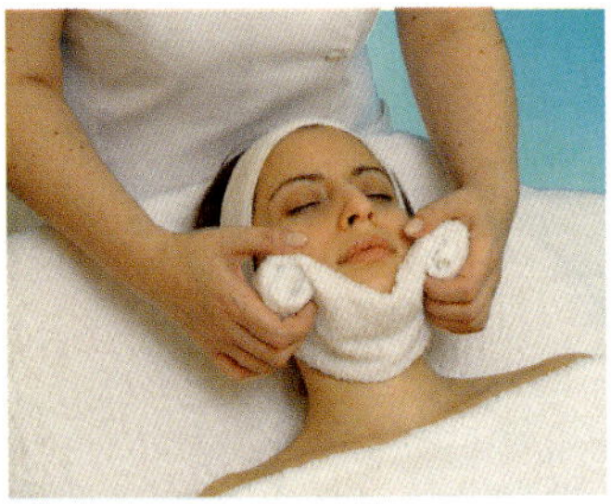
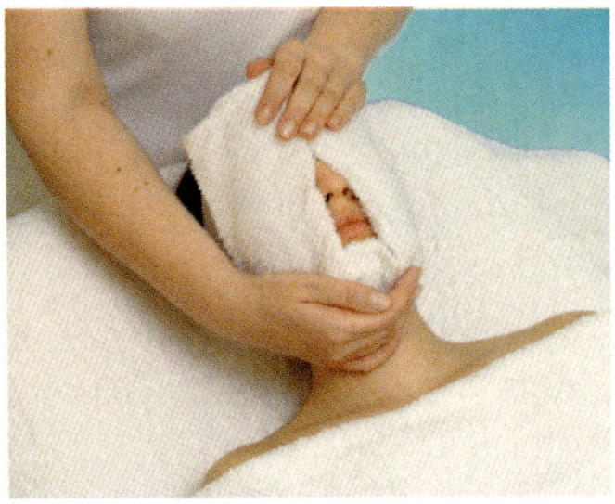
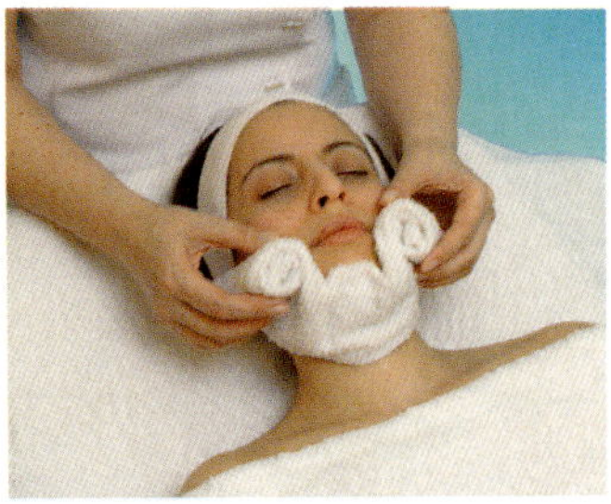

Abb. 3.13 a–c: Auflegemuster für Kompresse

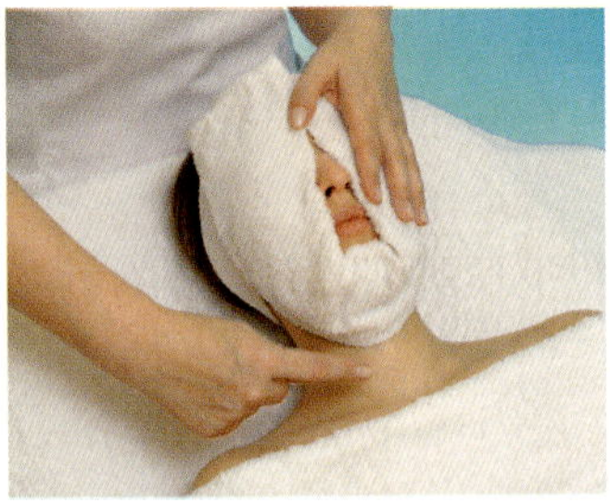

Während der gesamten Behandlung wird der Kehlkopf- und Schilddrüsenbereich beim Hautkontakt ausgespart bzw. kaum berührt. Dieser Bereich ist sehr druckempfindlich, die Kunden würden die Berührung als unangenehm empfinden.

Abb. 3.13 d: Aussparen des Kehlkopfbereichs

Die **Reinigungsmilch** als dünnflüssige, mit Wasser verdünnte, detersiv wirkende Emulsion löst umweltbedingte Hautverschmutzungen und Make-up-Reste gleichermaßen. Sie ist außer bei öliger Haut für alle kosmetischen Hauttypen geeignet.

Für die ölige und für eher empfindliche Haut eignet sich wegen seiner adsorptiven Eigenschaften ein **klares Wasch- oder Reinigungsgel** mit leicht saurem pH-Wert. Es löst die festsitzenden Substanzen auf der Haut (wie Sebum, Ölrückstände und hartnäckige Hautverschmutzungen). Das Reinigungsgel kann auch zuerst mit Kosmetiktüchern abgerieben und dann mit Wasser zusätzlich abgewaschen werden. Zur Verstärkung der Reinigungswirkung kann das Waschgel mit dem Bürstenschleifgerät (➜ Kapitel 4.1) abgerieben werden. Das aber nur, wenn kein Peeling hinterher durchgeführt werden soll!

3.6 Abreinigen von Theaterschminke oder Camouflage

Für diese stark fetthaltigen Schminkpräparate (➜ LF 12, Kapitel 2.3) kommen paraffinhaltige Präparate zum Einsatz, z. B. Vaseline oder Babyöl. Diese lösen die Fettschminke erst (detersiv) von der Hautoberfläche und binden sie zu einer abwischbaren Masse.

Vaseline, Babyöl

Anwendung:

Tragen Sie die fetthaltige Masse großzügig auf das Gesicht auf. Sparen Sie dabei die Augenpartie aus. Aufgrund des hohen Paraffingehaltes würde ein Kontakt zu Brennen und einem „Schleier" auf den Augen führen. Die Augen werden mit ölhaltigem Augen-Make-up-Entferner abgeschminkt.

Während des Auftragens kommt es bereits zu einer Lösung und Vermischung der Schminke, daher führen Sie die Bewegungen nur sparsam aus, sodass alle Hautpartien mit dem Reinigungsmittel bedeckt sind.

Abnahme:

Legen Sie Kosmetiktücher auf, die adsorptiv die gelöste Masse aufnehmen. Ist der größte Teil abgetragen, bleibt ein unangenehmes, öliges Hautgefühl, das auf Dauer in ein Spannungsgefühl übergeht. Reinigen Sie deshalb die übrig gebliebenen lipophilen (Schminke-Reinigungsmittel-)Reste zusätzlich mit einer Reinigungsmilch ab.

Stark fetthaltige Schminkpräparate wie Theaterschminke oder Camouflage lassen sich nur mit fettlöslichen Präparaten entfernen.

3.7 Auftragemuster der Reinigungspräparate

Alle Reinigungspräparate werden für ca. 1–3 Minuten sanft einmassiert, denn eine sanfte Gesichtsmassage beim Auftragen und Abnehmen intensiviert deren Reinigungswirkung.

Abb. 3.14: Auftragemuster Reinigungspräparat

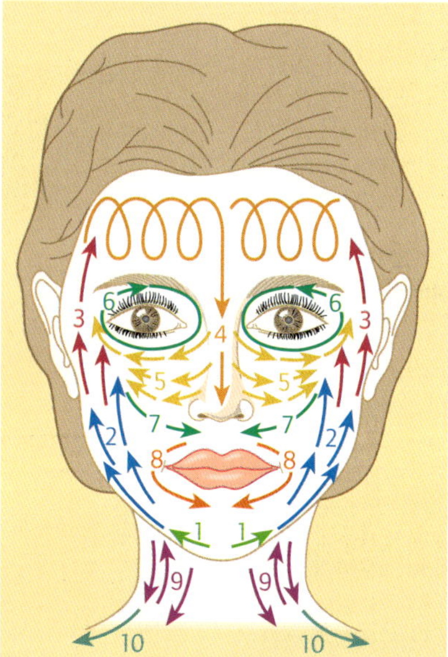

Da Sie auf beiden Händen zu Beginn der Reinigung die größte Menge des Produktes haben, wählen Sie zum Auftragen zuerst die größeren Gesichtsflächen (also Kinn und Wangen). Tragen Sie das Reinigungspräparat am Kinn beginnend auf **(1)** und streichen Sie über die Wangen nach oben **(2)**. So entsteht ein erster, wärmender Kontakt zur Gesichtshaut des Kunden. Streichen Sie mit den Fingerspitzen die Schläfen entlang zur Stirn **(3)**. Kreisen Sie auf der Stirn mit den Fingerspitzen von außen nach innen zur Nasenwurzel. Wiederholen Sie das mehrmals. Legen Sie dann die Hände flach auf die Stirn, die Fingerspitzen Richtung Nasenwurzel. Streichen Sie über die Nase **(4)**, dann seitlich die Nasenflügel herunter bis zur Schläfe **(5)**. Wiederholen Sie die Vorgänge **(3)** und **(4)**. Bitten Sie die Kundin, die Augen zu schließen und kreisen Sie noch einmal sanft beidhändig um die Augenlider herum **(6)**.

Nehmen Sie die Hände kurz ab und verreiben Sie die restliche Reinigungssubstanz noch mal auf Ihren Händen, damit diese nicht trocken über die Haut reiben. Legen Sie die Fingerspitzen unter dem Jochbeinbogen an und streichen Sie die Reinigungscreme in Richtung der Oberlippe **(7)**. Massieren Sie das Präparat von der Oberlippe ausgehend in Richtung Kinn sanft ein **(8)**. Streichen Sie dann beidhändig unter dem Kinn entlang, die seitlichen Halsstränge herunter. Tragen Sie mit abwechselnden Strichen das Reinigungsprodukt auf den Hals seitlich rechts und links auf **(9)**.

Streichen Sie mit beiden Händen vom Hals aus seitlich **(10)** über die Schultern aus.

Halten Sie während des Reinigungsvorgangs immer Kontakt zur Gesichtshaut des Kunden. Führen Sie daher immer zusammenhängende Bewegungen aus. Das fördert die beginnende Entspannung. Durch ständiges Unterbrechen der Bewegung könnten Kunden sich erschrecken.

Vielleicht müssen Sie für die **Reinigung des Dekolletees** noch eine kleine Menge Reinigungspräparat aufnehmen. Wischen Sie dann zuerst Ihre Hände mit einem Kosmetiktuch ab, sonst haben Sie Produktreste auf der Tube/dem Spatel/der Dose/dem Spender usw. Mit eingecremten Händen lassen sich die Präparate schlecht öffnen!

Führen Sie mit sanften Massagegriffen die Reinigung des Dekolletees durch. Die Reinigungsrichtung entspricht der des Dekolleteepeelings → Exkurs in Kapitel 4.2.2.

Aus hygienischen Gründen ist es besser, mit sauberen Händen Gegenstände anzufassen.

Achten Sie darauf, dass Sie keine Partie vergessen haben. Ist die Haut nicht gründlich gereinigt, können die der Reinigung folgenden Behandlungen und Präparate ihre Wirkung nicht entfalten.

Warum kann ein gebrauchtes Kompressentuch nicht zur Abnahme einer Packung bei derselben Kundin benutzt werden?

Nehmen Sie dann die Waschschüssel und wechseln Sie das Wasser vor dem nächsten Arbeitsgang. Da Reinigungsreste von Haut und Präparat im Wasser gelöst sind, sollte das verwendete Kompressentuch nicht für weitere Anwendungen benutzt werden. Legen Sie ein frisches Kompressentuch bereit.

A Fragen Übungen Aufgaben

1. *Welche Verschmutzungen müssen regelmäßig entfernt werden?*
2. *Nennen Sie zwei Arten der Reinigung.*
3. *Erklären Sie den pH-Wert der Haut und dessen Veränderung durch den Reinigungsvorgang.*
4. *Welcher Bereich muss bei jedem Hautkontakt ausgespart werden?*
5. *Welches Präparat wählen Sie zur Reinigung einer empfindlichen Haut und weshalb?*
6. *Warum werden das Augen Make-up und der Lippenstift zuerst entfernt?*
7. *Erstellen Sie in Partnerarbeit eine Liste mit den aufgedruckten Inhaltsstoffen einer Reinigungscreme und eines Waschgels.*
   a) Stellen Sie die Ergebnisse in einer Tabelle gegenüber.
   b) Erläutern Sie die Funktion der einzelnen Inhaltsstoffe mithilfe der INCI-Deklaration (→ LF 7, Kapitel 1.4 und Glossar am Ende dieses Bandes).
   c) Vergleichen Sie die Inhaltsstoffe. Was unterscheidet das Waschgel von der Reinigungscreme?
8. *Beschreiben Sie in eigenen Worten das Auftragemuster für ein Gesichtsreinigungspräparat.*
9. *Aus welchen Gründen können Sie eine Hautbeurteilung nach der Reinigung der Gesichtshaut schwieriger vornehmen?*

4 Die Hautintensivreinigung

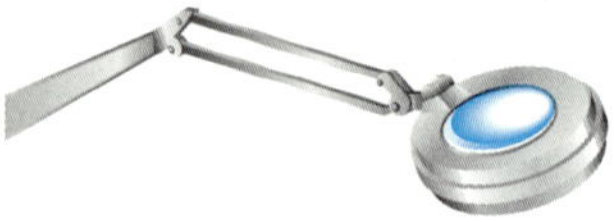

Katies Chefin hat Vertrauen in ihre Fähigkeiten und so wird Katie heute bei einer Kundin ein Peeling durchführen. Katie hat sich nach gründlicher Anamnese für ein enzymatisches Peeling entschieden. Muss sie jetzt die Haut zuerst „normal" reinigen? Aber warum soll sie das tun, was hat die Chefin ihr noch mal gesagt? Ist die Reinigung mit einer Reinigungsmilch überflüssig, wenn man ein Peeling anwendet? Also entschließt sich Katie, doch lieber beide Präparate miteinander zu vermischen und der Kundin auf das Gesicht aufzutragen. Sie schaltet den Frimator ein und beginnt.

Im Gegensatz zu der normalen Reinigung der Gesichtshaut mit Reinigungsmilch usw. ist je nach Hautzustand eine **Hautintensivreinigung** notwendig. Diese trägt neben den oberflächlichen Verschmutzungen auch anhaftende Hornschüppchen und den „festen Film" auf der Haut intensiver ab.

Ein **„fester Film"** auf der Haut entsteht einerseits durch Talg- und Schweißreste, die nicht regelmäßig entfernt werden, und sich darauf ablagernde Schmutz- und Präparatereste (z. B. Öl), Make-up-Reste usw. und andererseits durch Pflegefehler (→ LF 7, Kapitel 2.2).

Eine **„Verdickung"** der oberen Hautschicht kann z. B. durch verstärkte Sonneneinstrahlung (Lichtschwiele), schlecht durchblutete Haut, atrophische Haut z. B. durch Rauchen (→ LF 7, Kapitel 2.6) entstehen. Die Funktionen der Haut als Stoffwechselorgan werden gestört.

Ein "fester Film" aus sich ablagernden Schmutz- und Präparateresten und/oder eine verdickte Hornschicht verhindern ein Eindringen von kosmetischen Wirkstoffen.

Für die Durchführung einer kosmetischen Hautintensivreinigung gibt es viele verschiedene Methoden. Im Folgenden werden die grundlegenden und häufig angewandten im Einzelnen vorgestellt.

4.1 Das Bürstenschleifgerät

Das Bürstenschleifgerät ist eine apparative Methode zur Hautintensivreinigung. Es ist mit einem Kabel ausgestattet, an dessen Ende ein Handstück mit einer rotierenden Bürste oder einem Schleifstein befestigt ist. Die verschiedenen Aufsätze verstärken während Nass- oder Trockenanwendungen die Anregung der Durchblutung der oberen Hautschichten und/oder die Abtragung von abgestorbenen Hornschüppchen.

Abb. 4.1: Frimator®

Der Begriff **Frimator**® ist rechtlich geschützt und wird umgangssprachlich allgemein für das Bürstenschleifgerät verwendet. Ein ähnliches Beispiel ist der Begriff Tempo® für ein Papiertaschentuch.

Die verschiedenen **Bürstengrößen** sind auf die verschiedenen **Hautareale** abgestimmt (z. B. kleine Bürsten für Nase und Augenumgebung, große Bürsten für Wangen, Stirn usw.).

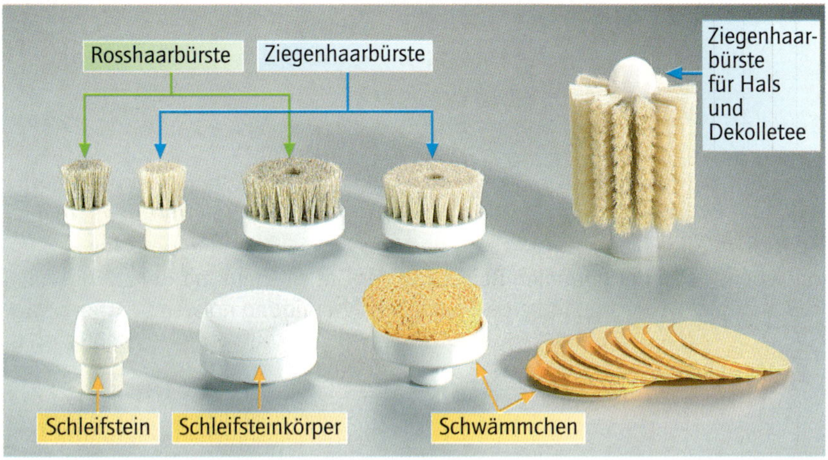

Abb. 4.2:
Aufsätze für das Bürstenschleifgerät

Die verschiedenen **Bürstenhaare** sind auf die verschiedenen **Hautzustände** abgestimmt. Feste Borsten (Rosshaar) eignen sich für Hautzustände mit verdickter, kräftiger Hornschicht (Seb. Oleosa, Seb. Sicca, Raucherhaut usw.), die feineren, weicheren Borstenhaare (Ziegenhaar) sind für die trockeneren, empfindlichen Hautzustände geeignet.

verschiedene Bürstengrößen = verschiedene Hautareale

Als Alternative werden **Schwämmchen** zum Einlegen in das Handstück vom Hersteller angeboten. Diese massieren während der Anwendung die Gesichtshaut sanft und können sowohl mit Reinigungsmittel als auch mit Peeling angewandt werden (für alle empfindlichen Hautzustände).

verschiedene Bürstenhaare = verschiedene Hautzustände

Schleifsteine als Aufsatzstücke eignen sich für stark verhornte Hautpartien des Körpers, z. B. an den Ellbogen.

Alle Bürsten-, Schwämmchen- und Schleifsteinaufsätze sind austauschbar und müssen nach jeder Anwendung abgespült, desinfiziert und gereinigt werden (→ LF 2, Kapitel 1.1.1).

Hygieneplan			

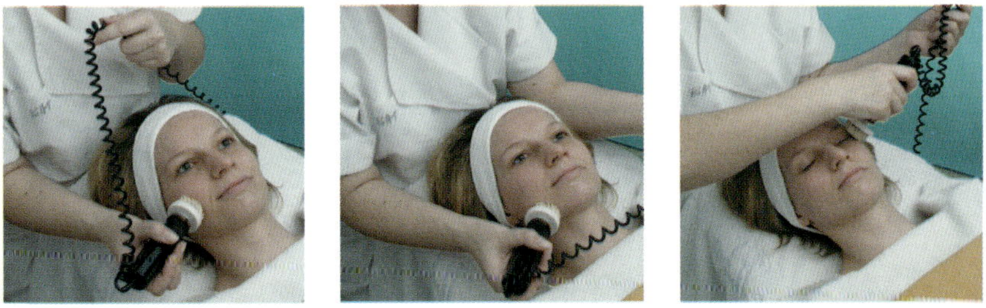

Abb. 4.3 a – c:
Anwendung des Bürstenschleifgerätes

Ist eine kräftige, verdickte (robuste) Hornschicht vorhanden, kann das Bürstenschleifgerät zur **Verstärkung** der hornlösenden Wirkung mit Bürste oder Schleifstein auch bei mechanischem **Peeling** eingesetzt werden.

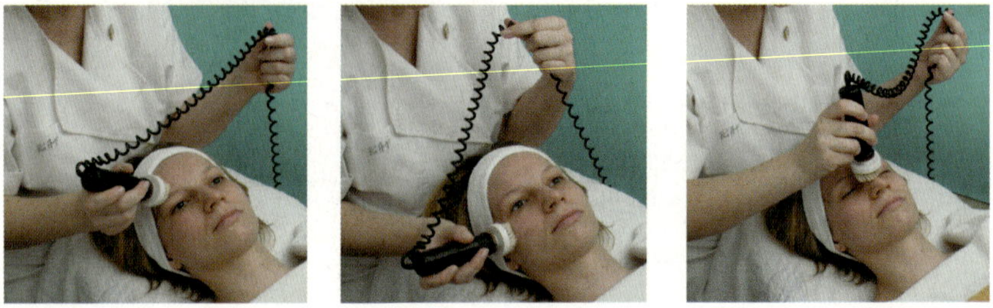

Abb. 4.3 d – f: Anwendung des Bürstenschleifgerätes

Reinigen Sie hierzu Ihre Hände nach dem Auftragen des Reinigungs- und/oder Peelingpräparates und vor der Benutzung des Bürstenschleifgerätes, damit es nicht zu Verschmutzungen (durch Präparatereste) des Kabels und bei der Anwendung des Gerätes kommt.

Bei jeder Anwendung des Bürstenschleifgerätes ist Folgendes zu beachten:

Das Bürstenschleifgerät ist mit einem Kabel verbunden. Halten Sie das Kabel des Frimators immer so, dass es die Kundin nicht berührt, während Sie arbeiten. Das ist aus Sicherheitsgründen notwendig und erspart der Kundin das unangenehme Gefühl, "unter Strom" zu liegen.

4.2 Peeling und Peelingarten

Peeling = engl. *to peel* sich schälen, ablättern

Das *Peeling* sorgt durch Erweichen und Abtragen der oberen abgestorbenen Hornzellen der Haut für ein klares, feines und zartes Hautbild und eine sanfte bis kräftige Durchblutung.

Aufgrund der individuellen Hautzustände der Kunden werden daher verschiedene Peelingpräparate angeboten.

Die Hautreinigung zu Beginn der Kosmetikbehandlung kann durch ein Peeling verstärkt werden.

Die Aufgaben des Peelings:

- intensives Abtragen der Hornschüppchen
- das Aufweichen und Abtragen einer verdickten, undurchlässigen Hornschicht
- die Absorption von zu viel Hautfett
- die Anregung der Durchblutung in der Oberhaut
- Anregen des Lymphabflusses (dies kann durch entsprechende Massagegriffe noch verstärkt werden)
- die Verfeinerung des Hautbildes
- das Anlösen von Komedonen zur leichteren und weniger schmerzhaften Ausreinigung
- das Vorbereiten der Haut auf die nachfolgenden (Wirkstoff-)Behandlungen

Das normale Peeling hat Auswirkungen auf die obere Epidermis *(Stratum korneum)*.

Ein Peeling wird nach der Reinigung und/oder vor/während dem Bedampfen der Haut mit einem Bedampfungsgerät (→ Kapitel 5.1.1) durchgeführt.

Nach dem Hautzustand Ihres Kunden wählen Sie aus den verschiedenen Peelingpräparaten das geeignete aus.

Wenn das Peeling nicht zum Hautzustand passt, ist es entweder
- **zu schwach oder bleibt wirkungslos,**
- **zu stark und führt dann zu Rötungen oder Schwellungen**
- **oder führt zu Hautreizungen (sensible Haut).**

4.2.1 Mechanisches, abrasives Peeling

abrasiv, scrub

abrasiv = abschaben, abradieren

Abrasiv wirkende Peeling- oder *Scrub*präparate (engl. *scrub* = „rubbeln") sind von der Grundlage her durch Schleifpartikel verstärkte Reinigungsgele, Reinigungsmilch oder Reinigungscreme.

Kleie, Kieselgur, Kaolin

Die Schleifpartikel bestehen in der Regel aus natürlichen, abrasiven Substanzen wie Algenkalk, Meersalz, Kleie, Maisstärke, Kieselgur, Kaolin usw. Die Schleifpartikel sollten immer abgerundet und nicht scharfkantig sein, um die Haut nicht zu verletzen oder unnötig zu reizen. Chemisch hergestellte Hohlkügelchen oder künstlich hergestellte Nylonkügelchen im Peeling sind ebenmäßig runder und daher oft schonender zur Haut als Naturmaterialien.

Aufgrund der Durchblutungsanregung durch mechanische Reibung eignet sich diese Peelingart für die im Folgenden genannten **Hautzustände:**

Seborrhoe oleosa, Seborrhoe sicca, Raucherhaut, Komedonenakne, atrophische, schlaffe, reife Haut, Mischhaut (T-Zone), normale Haut (nur bei Verhornungen)

Anwendung:

Tragen Sie auf die noch von der Reinigung feuchte Gesichtshaut mit einem Maskenpinsel das Peelingpräparat auf. Sparen Sie die Augenpartie dabei aus. Massieren Sie mit sanft kreisenden Bewegungen der Fingerspitzen die Gesichtshaut oder verwenden Sie das Bürstenschleifgerät und reiben Sie das Peeling ab.

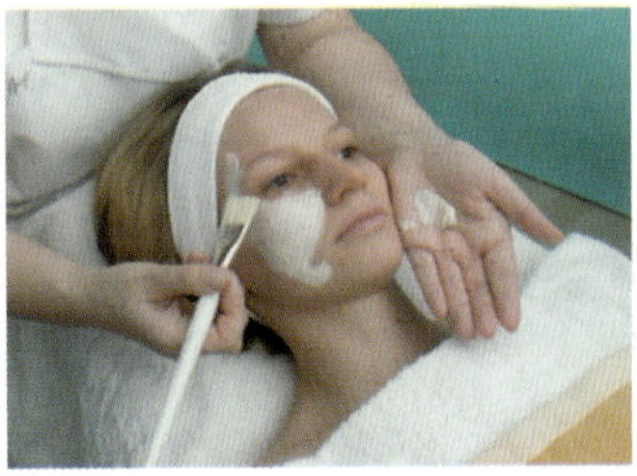

Dauer: 1–2 Minuten, zur Intensivierung kann 5 Minuten bedampft werden.

Abnahme:

Legen Sie ein lauwarmes, feuchtes Kompressentuch unter dem Kinn an, falten Sie dieses über die Wangen zur Stirn und lassen Sie die Nase frei. Mit sanftem Druck das Peelingpräparat beidhändig von der Mitte nach außen abtragen und mehrmals wiederholen, bis alle Körnchen entfernt sind.

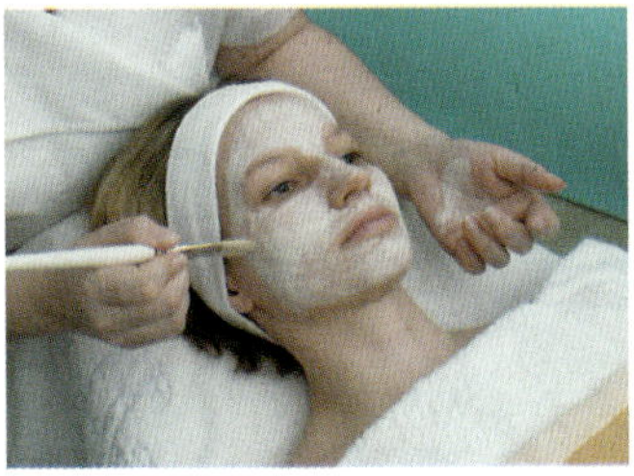

Abb. 4.4 a und b: Auftragen eines abrasiven Peelings

Die Augenumgebung wird bei allen Peelings frei gelassen. Es dürfen keine "peelenden" Substanzen in das Auge gelangen.

4.2.2 Enzym-Peeling

Das Enzym-Peeling ist eine Intensivreinigung ohne Abrasivkörper. Hier werden die abgestorbenen Hornzellen durch enzymatische Abspaltung gelöst und können danach abgetragen werden.

Maltodextrin, Lipase, Protease, Talkum, Algenextrakt, Schwefel

Das enzymatische Peeling enthält Verdauungsenzyme tierischer Herkunft oder Pflanzenenzyme (wie z. B. Maltodextrin, Lipase, Protease, Talkum, Algenextrakt, Schwefel).

Damit die Enzyme ihre Wirkung entfalten können, ist ein feuchtwarmes Milieu erforderlich, daher sollte bei diesem Peeling ca. 10 – 15 Minuten bedampft werden.

Es ist geeignet für alle seborrhoischen Hautzustände, reife Haut, Komedonenakne, empfindliche Haut, trockene Haut, Raucherhaut, normale Haut (bei Verhornungen), Couperose, allergisch belastete Haut.

Anwendung:

Nach Herstellerangaben rühren Sie (in der Regel 150 Gramm) Pulver mit etwas warmem Wasser in einer Schale zu einem Brei an und tragen ihn mit dem Maskenpinsel (auf die gereinigte, aber trockene Haut) auf. Das aufgetragene Peelingpräparat sollte bedampft werden. Sie können bei kräftiger Hornschicht nach dem Bedampfen zusätzlich mit dem Schleifstein das Peeling abreiben (dann zusätzliche abrasive Wirkung).

Abb. 4.5 a: Anrühren des Enzym-Peelings

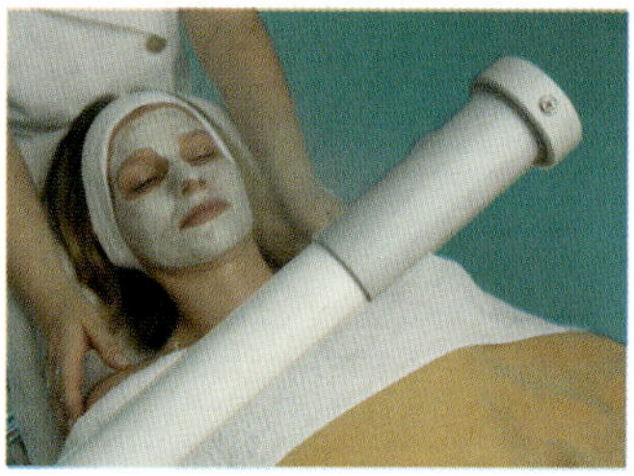

Abb. 4.5 b: Bedampfen des Enzym-Peelings

Dauer: 10 – 15 Minuten Einwirkzeit

Abnahme: Wie oben beschrieben.

Die Peeling-Maske

Das **enzymatische (oder Enzym-)Peeling** ist auch als **Maske** erhältlich. In der Regel ist sie gebrauchsfertig und wird nach oben genannten Angaben aufgetragen. Sie kann ebenfalls für die oben genannten Hautzustände verwendet werden.

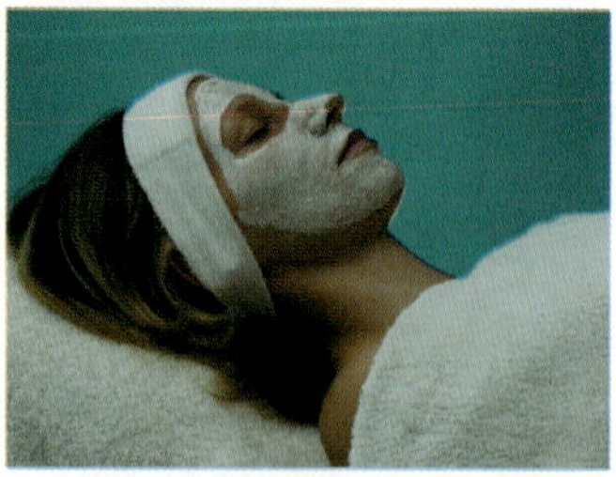

Abb. 4.6: Peeling-Maske

Diese Maske enthält zusätzlich zu den oben genannten Inhaltsstoffen Feuchtigkeitsspendende Wirkstoffe wie Vitamine (B_1, B_2) und Algenextrakte.

Durch die Maskengrundlage (→ LF 7, Kapitel 3.2) bedingt kommt es zu einem luftundurchlässigen „Abschluss" der Haut. Das entstehende feuchtwarme Milieu sorgt für ein Aufquellen der Hornschicht und die Hornschüppchen lösen sich.

Die Peeling-Maske muss nicht bedampft oder mit dem Bürstenschleifgerät verstärkt werden. Ist die Peeling-Maske getrocknet, können Sie die lauwarmen Kompressen zum Aufweichen ca. 2 Minuten auflegen. Anschließend drücken Sie die Tücher an und reinigen dann wie oben beschrieben ab.

584262

4.2.3 Chemisches Peeling

Das chemische Peeling ist eine schonende Intensivreinigung ohne Abrasivkörper. Es ist eine Paste (→ LF 7, Kapitel 1.6), die Lehm, Hefe und B-Vitamine enthält.

Lehm, Hefe, B-Vitamine

Das Peeling ist geeignet zur Entfernung des „festen Films" und für empfindliche Hautzustände, trockene, sonnengeschädigte, gereizte Haut, anspruchsvolle, reife Haut, allergiegefährdete, sensible Haut, bei Kosmetikakne und bei Mischhaut (in der T- Zone).

Anwendung:

Tragen Sie auf die trockene Haut nach der Reinigung ein walnussgroßes Stück Peeling-Paste mit dem Maskenpinsel auf. Das Peeling-Präparat sollte trocknen und nicht bedampft werden! Die hornschüppchenlösende Wirkung tritt nur ein, wenn das Präparat an der Luft trocknet. Durch die Wirkstoffe bedingt wird zusätzlich überflüssiges Hautfett aufgesogen und kann dann mit den abgestorbenen Hornschüppchen zusammen abgerubbelt werden.

Dauer:

Das Peelingpräparat muss zwischen 2 und 5 Minuten auf der Haut trocknen.

Abnahme:

Bitten Sie die Kundin, die Augen geschlossen zu halten. Legen Sie um das Gesicht der Kundin ein Gästehandtuch flach an. Reiben Sie mit trockenen Fingerspitzen die Masse ab, die sich krümelig von der Haut löst. Wischen Sie die Krümel seitlich vom Gesicht auf das Gästetuch. Rollen sie das Gästetuch zusammen, sodass die Krümel im Handtuch bleiben und schütteln Sie es über dem Mülleimer aus. Legen Sie es dann zur Wäsche. Die Reste des chemischen Peelings auf der Gesichtshaut waschen Sie gründlich ab (wie beim mechanischen Peeling beschrieben).

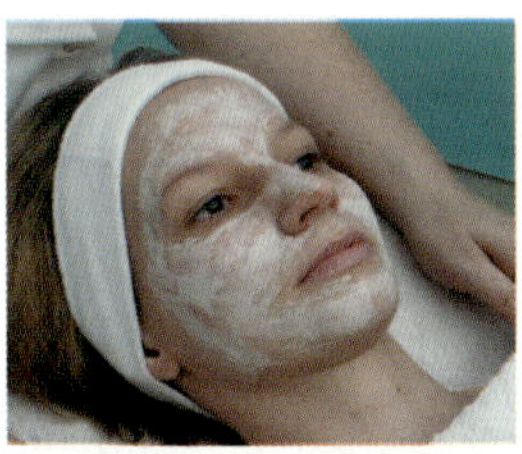
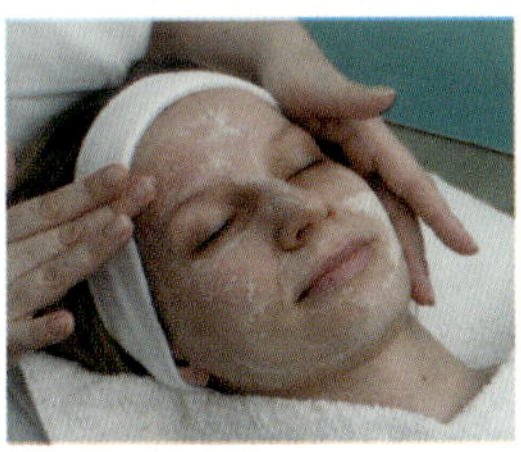
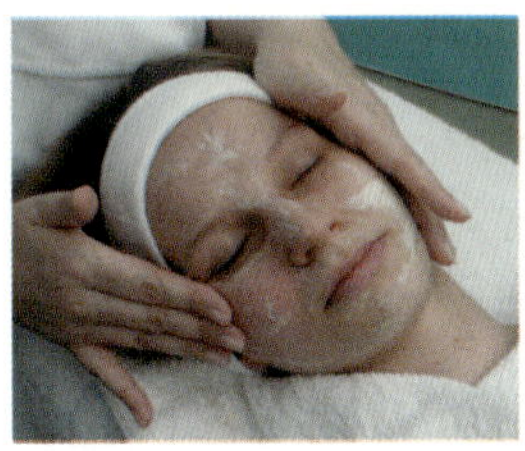

Abb. 4.7 a – d: Abnahme des chemischen Peelings

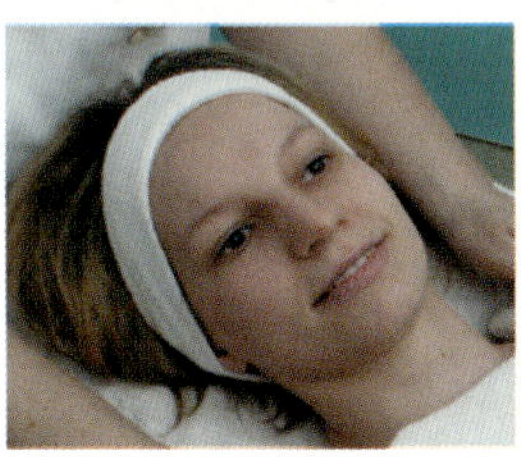

Bei entzündeter Haut, Couperose (mit der Ausnahme des chem. Peelings), Teleangiektasien, Rosazea und pustulöser Akne darf kein Peeling angewendet werden!

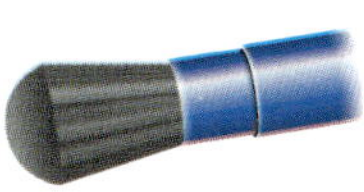

Wegen der Gefahr von Schmierinfektionen durch aufgeriebene, eitrige Pusteln für Sie und Ihre Kundin sollte bei pustulöser Akne kein Peeling verwendet werden.

Bei vorhandenen Teleangiektasien und Rosazea (→ Band A, LF 2, Kapitel 3.5.3 und 4.1.2) sollte wegen der durchblutungsanregenden Wirkung kein Peeling erfolgen. Couperose-geschädigte Haut verträgt aufgrund ihrer Gefäßlabilität ebenfalls keine Durchblutungsanregung durch Peeling (außer dem chemischen Peeling).

3

EXKURS: Dekolleteepeeling

Das Dekolleteepeeling ist eine zusätzliche Dienstleistung, die in die Gesichtsbehandlung eingefügt oder extra durchgeführt werden kann. Es wird dann nur bei erstgenannten Hautzuständen als mechanisches, abrasives Peeling mit dem Bürstenschleifgerät abgerieben. Die Anwendung wird vom Gesicht zum Dekolletee durchgeführt.

Hautzustände: Bei sonnengebräunter Haut mit verdickter Hornschicht, schlecht durchbluteter, auch reifer Haut, Komedonenakne.

Anwendung:

Geben Sie etwas Peelingpräparat in ein Schälchen. Nehmen Sie das Präparat mit dem Maskenpinsel auf und streichen Sie das Dekolletee bis zum Halsansatz, Brustansatz und dem vorderen Schultergürtel ein.

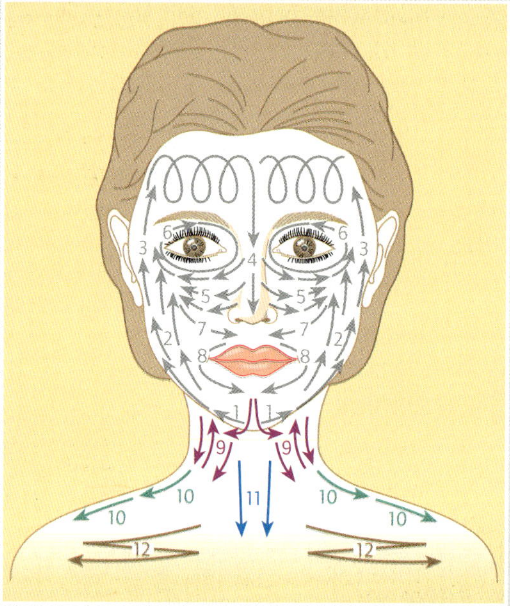

Abb.: Reinigungsmuster Dekolletee

Schalten Sie das Bürstenschleifgerät ein. Führen Sie den Bürstenkopf nach Reinigungsmuster über die Haut. Wählen Sie eine langsame Stufe, bis Sie das Gerät besser kennen. Führen Sie das Bürstenschleifgerät seitlich über den Hals, rechts und links hinauf und hinunter **(9).** Gleiten Sie dann seitlich rechts und links zur Schulter **(10).** Setzen Sie den Bürstenkopf unterhalb des Halsansatzes in der Mitte an und streichen Sie das Dekolletee herauf und hinunter **(11).** Führen Sie dann den Bürstenkopf auf der linken und rechten Dekolleteehälfte hin und her **(12).** Über den Hals wird nicht mehr zurückgeführt!

Dauer: 1–2 Minuten

Abnahme:

Mit warmen, feuchten Kompressentüchern wird das Peeling mehrmals abgenommen, bis alle Reste entfernt sind.

Überlegen Sie, warum das Bürstenschleifgerät vom Gesicht zum Dekolletee geführt wird, nicht umgekehrt.

Nach gleicher Methode können auch **Rückenpeeling** und **Ganzkörperpeeling** als Körperbehandlungen durchgeführt werden.

Weitere Peelinganwendungen können z. B. das **chemische** oder **enzymatische** Peeling sein. Sie werden alternativ bei allen trockenen und empfindlichen Dekolletee-Hautzuständen angewandt (→ LF 7, Kapitel 3.4).

Anwendung:

Sie erfolgen nach dem gleichen Auftragemuster, werden aber nicht mit dem Bürstenschleifgerät abgerieben, da bei diesen Hauttypen kein mechanischer Reiz erfolgen soll. Eine Anwendung kann zu Rötungen und eventuell Schwellungen führen. Es wird stattdessen mit den Händen leicht einmassiert.

Hautzustände: Trockene, sensible, gerötete Haut am Dekolletee.

Dauer: Einwirkzeit 5–10 Minuten

Abnahme: siehe oben

Pflegeempfehlung für das Dekolleteepeeling der Kundin zu Hause:
Das mechanische, abrasive Peelingpräparat einmal pro Woche nach der Reinigung auf die noch feuchte Haut auftragen und kurz einmassieren, dann abwaschen.

Das chemische Peeling kann wegen seiner guten Verträglichkeit auch bei empfindlicher Haut ein- bis zweimal pro Woche auf der trockenen Haut angewendet werden. Es soll dann zwei Minuten einziehen und mit den Fingerspitzen abgerubbelt werden.

4.3 Die Desinkrustationsampulle

Auch die Desinkrustationsampulle (lat. *crusta* = Rinde, Schale/Borke, **Intensivreinigungsampulle**) ist eine Anwendung zur Hautintensivreinigung. Die Wirkstoffe der Ampulle lösen, ähnlich wie bei einem Peeling, die oberen Hornschüppchen und den „festen Film" ab.

crusta

Desinkrustationsampulle = Intensivreinigungsampulle

Die Intensivreinigungsampulle kann mithilfe der Iontophorese in die Haut eingeschleust werden (→ LF 7, Kapitel 3.5.4).

Die Intensivreinigungsampulle ist eine alternative Anwendung zu dem normalen Peeling.

Hautzustände: Seborrhoe oleosa, Seborrhoe sicca, Raucherhaut, sonnengeschädigte Haut, reife Haut, akneähnliche Hautzustände.

Die Anwendung erfolgt nach der hautzustandabhängigen Reinigung und vor dem Bedampfen.

Anwendung:

Die Intensivreinigungsampulle hat die Form einer kleinen Glasflasche (zur einmaligen Anwendung) mit vorgeritztem Flaschenhals. Nehmen Sie die Ampulle senkrecht in die Hand und klopfen Sie mehrmals gegen den Flaschenhals.

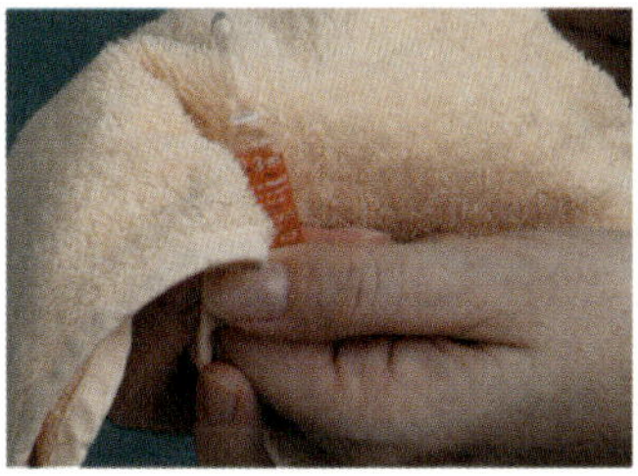

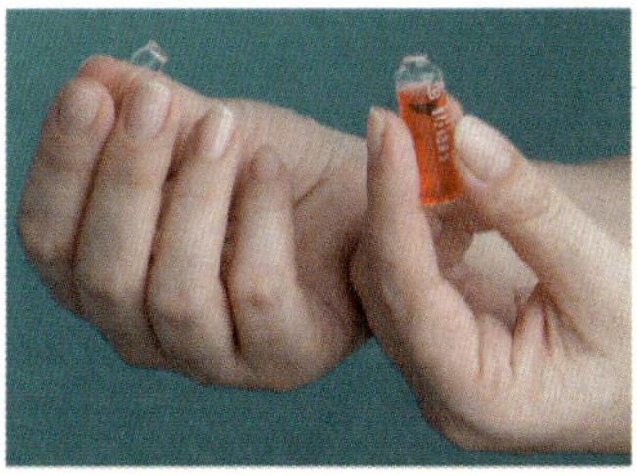

Abb. 4.8 a und b: Öffnen einer Ampulle

Dort kann sich etwas Ampullenkonzentrat gesammelt haben (durch liegende Lagerung), das durch das Klopfen in den Glasbehälter zurückläuft. Greifen Sie mit einem Handtuch die Spitze des Glasgehäuses über dem Rand.

Halten Sie die Ampulle senkrecht (damit keine Flüssigkeit beim Öffnen ausläuft) und brechen Sie den Kopf des Glasgehäuses ab. Entsorgen Sie den Glaskopf in einen separaten Behälter und überprüfen Sie, dass keine Glassplitter im Handtuch oder am Rand der Glasampulle hängen bleiben. (Zur besseren Ansicht wurde hier eine farbige Ampulle verwendet. Die Reinigungsampulle ist klar.)

Tragen Sie den Inhalt nach dem Auftragemuster (➔ Abb. 3.14) auf. Wenden Sie dann die Iontophorese an (➔ LF 7, Kapitel 3.5) oder massieren Sie mit den Händen das Konzentrat ein.

Dauer: 2–3 Minuten

Abnahme: Nehmen Sie dann mit feuchten, warmen Kompressen die Präparatereste und gelöste Hornschüppchen ab.

Nun können weitere kosmetische Behandlungen anschließen.

4.4 Spezialpeeling

Das Spezialpeeling unterscheidet sich von den normalen Peelingpräparaten durch seine Eindringtiefe in die Haut.

4.4.1 Fruchtsäurepeeling

Fruchtsäuren = AHAs

Das **Fruchtsäurepeeling** führt aufgrund seiner hohen Konzentration an **schälenden Wirkstoffen** zu einer intensiveren Abtragung der obersten Hornschicht. Durch den hohen Fruchtsäureanteil bedingt kommt es zu einer Schälung der Haut nach mehreren Tagen. Die Eindringtiefe der Fruchtsäure beträgt höchstens bis zu einem Millimeter. Es wird die obere Hornzellschicht mit den noch fest verklebten Hornschüppchen abgetragen. Das ist mit einem normalen Peelingpräparat nicht möglich.

Fruchtsäuren werden auch ***AHAs*** (engl. *Alpha Hydroxy Acids*) genannt und aus Früchten wie z. B. Zitronen, Weintrauben, Äpfeln gewonnen oder synthetisch hergestellt.

Der pH-Wert der fruchtsäurehaltigen Präparate ist in den sauren Bereich verschoben und kann für die kosmetische Anwendung zwischen 1–12 % Fruchtsäure enthalten.

Die Präparate müssen genau nach Herstellerangaben angewandt werden und sollten nur von **erfahrenen** Kosmetikerinnen nach eingehender **Schulung** durchgeführt werden. Da die Fruchtsäuren bei **unsachgemäßer** Anwendung **zu schweren Hautreizungen** führen können, sollte bei höheren Konzentrationen der Fruchtsäure besser generell in Zusammenarbeit mit einem Dermatologen gearbeitet werden.

Die Kundin bereitet die Fruchtsäurebehandlung zu Hause mit entsprechender Pflege vor. In der Regel werden von den Herstellern Systeme für die Pflege zu Hause und für die Anwendung in der Kabine angeboten. Damit die gewünschte Abtragung mit fruchtsäurehaltigen Präparaten erfolgreich ist, sollte das System immer komplett angewandt werden:

In der Regel trägt die Kundin ca. 14 Tage vor der Kabinenbehandlung ein konzentriertes Präparat (z. B. mit 10 % Fruchtsäure) in Form einer Creme oder Maske (variiert je nach Hersteller) täglich zu Hause nach der Reinigung auf die Haut auf. Dadurch werden schon vor dem eigentlichen Fruchtsäurepeeling abgestorbene Hornschüppchen abgetragen und die Haut gut durchfeuchtet. Nach dieser Vorbereitung zu Hause erfolgt dann die Intensivbehandlung im Institut.

Anwendung 1. Schritt:

Bereiten Sie Ihre Kundin mit einem Hautreinigungspräparat vor. Tragen Sie auf die Augenlider und Augenumgebung eine Augenmaske oder Augencreme auf (→ Augenbehandlung, LF 7, Kapitel 3.3). Die Augenumgebung und Augen werden bei der Behandlung unbedingt ausgespart. Die Augen werden dann mit feuchten Wattepads (auch zum Schutz vor der weiteren Behandlung) abgedeckt.

Die AHA-Fruchtsäure (für die Kabinenbehandlung eine 12-%-Konzentration) wird mit der Pipette auf ein Wattepad geträufelt und dünn auf Gesicht und Hals aufgetragen. Decken Sie dann die noch feuchte Haut mit Wattepads ab.

Dauer: Die Einwirkzeit beträgt zwischen 10 und 20 Minuten.

Nehmen Sie die Wattepads ab und geben Sie diese in den Mülleimer. Entfernen Sie auch die Augenpads. Waschen Sie die Gesichtshaut zur Entfernung von Präparateresten und evtl. Wattefusseln mit warmen, feuchten Kompressen ab. Achten Sie darauf, dass keine Präparatereste in die Augen der Kundin gelangen.

Es darf keinerlei AHA-Fruchtsäure in die Augen gelangen; das führt zu Verätzungen!

Anwendung 2. Schritt:

Durch die intensive Fruchtsäureanwendung wird das Abtragen der obersten Hautschichten verstärkt. Tragen Sie danach die passende, beruhigende Packung auf die Gesichtshaut auf.

Dauer: 20 Minuten Einwirkzeit.

Danach wird die Packung feucht abgenommen.

Es werden dann keine weiteren Behandlungen direkt angeschlossen (Massage usw.), sondern es wird als Abschlusspflege eine im System angebotene Creme aufgetragen, die einen geringeren Fruchtsäureanteil enthält. Diese Creme wird von der Kundin zu Hause noch ca. 4 Wochen lang angewandt.

Geeignet ist ein Fruchtsäurepeeling für die folgenden Hautzustände:

Seborrhoe oleosa, Seborrhoe sicca, unreine Haut, Komedonenakne, aber auch zur Behandlung von Pigmentflecken und sonnengeschädigter Haut mit verdickter Hornschicht.

4.4.2 Die Kräutertiefenschälkur

Auch die **Kräutertiefenschälkur** gehört zu den Spezialpeeling-Präparaten. Es handelt sich hier um eine natürliche Methode zur Schälung der Haut, die auf Kräuterbasis beruht. Die reine Kräutermischung wird als Pulver ohne chemische Zusätze im Fachhandel angeboten. Sie enthält außerdem keine synthetischen (künstlichen) oder natürlichen Schleifmittel.

Die Kräutertiefenschälkur bewirkt eine starke Durchblutung und flächenhafte Ablösung der oberen Hautschichten. Die Wirksamkeit des Präparates ist teilweise abhängig von der Regenerationsfähigkeit der Haut. Daher sollen die Hautfunktionen für einige Zeit nach der Schälung von innen unterstützt werden. Dies kann durch eine vitaminreiche, gesunde Ernährung (→ Band A, LF 10, Kapitel 2), Einschränkung von Genussmitteln und Bewegung an der frischen Luft erfolgen.

Die Kräutertiefenschälkur sollte in der sonnenarmen Zeit durchgeführt werden, da die oberen Hautschichten komplett abgetragen werden. Durch verstärkte Sonneneinstrahlung könnte es zu einer unerwünschten Pigmentierung kommen, denn die Haut baut zum Zellschutz bei verstärkter Lichteinstrahlung eine verdickte Hornschicht (Lichtschwiele) auf und bildet verstärkt Pigmente (→ LF 7, Kapitel 2.3.2).

Das Präparat ist in seiner Wirkungsweise vergleichbar mit der Mikrodermabrasion oder der Anwendung von hoch konzentrierten Fruchtsäure-Peelings.

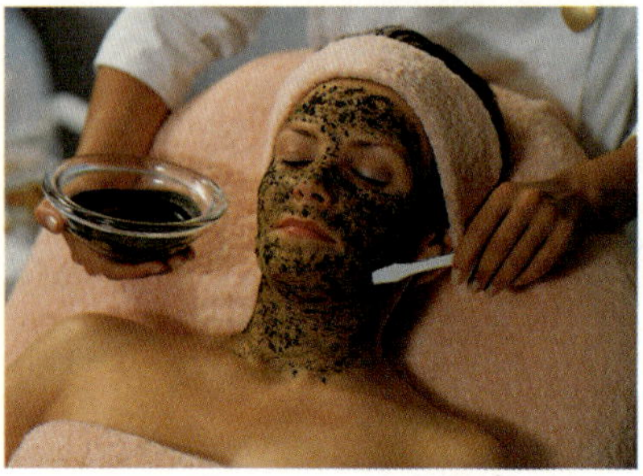

Abb. 4.9: Kräutertiefenschälkur

Sie ist geeignet für folgende Hautzustände/Hauttypen:

- großporige, fette, schlecht durchblutete, fahle Haut,
- bei Akne, Hautunreinheiten,
- bei Narben (verursacht durch Akne, Verbrennungen, Unfälle usw.),
- bei reifer, erschlaffter, sonnengeschädigter Haut (Atrophie),
- Hautverfärbungen (Pigmentstörungen, Pigmentflecken),
- Cellulite/Schwangerschaftsstreifen,
- Hauterschlaffung an Armen, Beinen, Bauch.

Anwendung:

Nach der normalen Reinigung wird das Pulver nach Herstellerangaben angerührt und mit einem Pinsel auf die trockene Haut aufgetragen. Augen und Mundpartie bleiben frei. Mit einer speziellen Massagetechnik, die Sie in entsprechenden Herstellerschulungen erhalten, wird das Präparat einmassiert.

Dauer:

Massageanwendung ca. 10 Minuten, danach Abnahme.

Abnehmen:

Das Präparat wird mit feuchten Tüchern entfernt.

Nach der Behandlung verspürt die Kundin ein Brennen wie nach einem leichten Sonnenbrand. Innerhalb der nächsten Tage schält sich die Haut. Nach vier oder fünf Tagen erfolgt noch einmal eine pflegende Nachbehandlung im Kosmetikinstitut. Dabei werden alte Hautreste während einer Gesichtsmassage noch einmal entfernt und mit speziellen Wirkstoffpräparaten gepflegt (→ LF 7, Kapitel 2.5.6, Sensible Haut). Die Haut ist jetzt besonders aufnahmefähig für Wirkstoffe und erhält ein jugendlich frisches und strahlendes Aussehen.

Nur nach gesicherter Hautdiagnose/Hautbeurteilung darf eine Kräutertiefenschälkur angewandt werden. Nur bei oben genannten Hautzuständen ist die Hornschicht so kräftig, dass sie abgetragen werden kann.

Lassen Sie sich deshalb ausgiebig schulen oder arbeiten Sie hierfür besser mit einem Dermatologen zusammen.

Bei allen trockenen und empfindlichen Hautzuständen würde diese massive Hautabtragung zu einer schweren Hautreizung und/oder zu einem trockenem Ekzem führen.

584268

4.5 Mikrodermabrasion

Die Mikrodermabrasion ist eine **apparative und kontrollierte Methode** des Hautpeelings. Mithilfe von feinen, sterilisierten Mikrokristallen werden die abgestorbenen Hornschüppchen mechanisch entfernt.

Durch das Abtragen des toten Zellmaterials bilden sich verstärkt neue Zellen zur Regeneration der Haut. Die neue, gesunde Haut ist dann sehr aufnahmefähig für kosmetische Wirkstoffe.

Die Art der Schälung findet ohne chemische Substanzen und ohne sichtbare Hautschuppung statt. Kristallsand und abgestorbene Hautschüppchen werden durch ein Vakuum- und Druckluftsystem in einen separaten Abfallbehälter gesaugt.

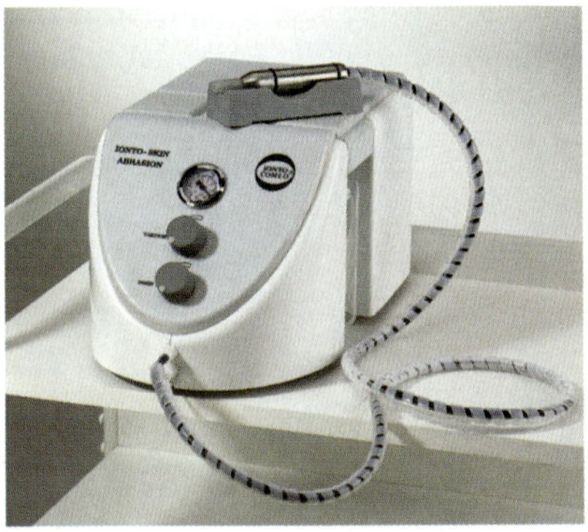

Abb. 4.10 a und b:
Mikrodermabrasionsgerät und Auffangbehälter

Eignung

Bei folgenden Hauterscheinungen kann die Mikrodermabrasion gute Erfolge erzielen:

- Hyperkeratose (bei *Seborrhoe sicca*)
- Narben (Akne, Verbrennungen, Unfallnarben)
- großporige, atrophische Haut
- Falten
- Pigmentflecken
- unreine Haut
- in der Körperbehandlung auch bei Dehnungsstreifen und Cellulite (→ Band C, LF 11, Kapitel 4)

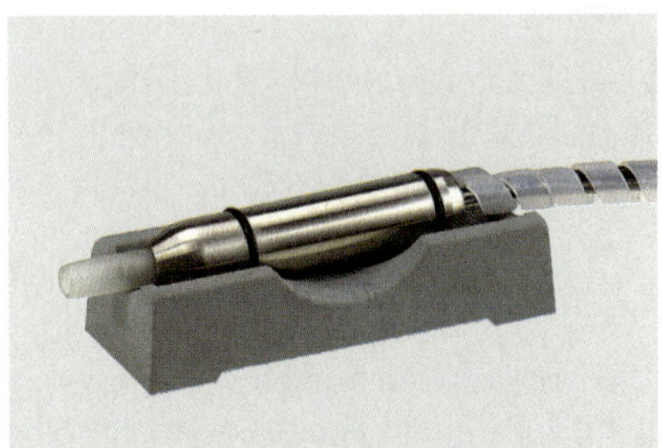

Abb. 4.11: Handstück Mikrodermabrasionsgerät

Die Mikrodermabrasion darf nicht angewandt werden an Warzen, Leberflecken, Muttermalen, bei Herpes, an Angiomen, auf Karzinomen und karzinomverdächtigen Stellen. Außerdem nicht über den Augen und im unmittelbaren Bereich der Augen, an den Lippen und an den Genitalien.

Im Gegensatz zu der im → Exkurs dargestellten Dermabrasion kommt es bei der Mikrodermabrasion nicht zu einer Krustenbildung, die Abschälung der Haut ist nicht so tief.

Die Nachsorge und Heimpflege der Kundin muss nach einer Mikrodermabrasion sehr sorgfältig erfolgen, mit den entsprechenden Präparaten.

Die **Vorteile** der Mikrodermabrasion gegenüber der Dermabrasion (→ Exkurs)

- Sie ist schmerzfrei, es muss keine Betäubung der zu behandelnden Stellen angewandt werden,
- sie darf von der Kosmetikerin durchgeführt werden.
- Die Heilungsphase ist kürzer, die Beanspruchung und dadurch bedingte Reizung der Haut ist geringer.

Sie ist gegenüber anderen hautschälenden Maßnahmen (z. B. Kräutertiefenschälkur oder konzentrierte Fruchtsäure) eine schonende mechanische Abtragung ohne chemische oder natürliche Wirkstoffe.

Führen Sie erst nach ausreichender Herstellerschulung die Mikrodermabrasion durch. Bei unsachgemäßer Anwendung kann es zu Gewebeschäden oder zu Augenverletzungen kommen.

Bereiten Sie Ihre Kundin vor:

Reinigen Sie das Gesicht der Kundin mit einem hauttypgerechten Reinigungsmittel.

Entfernen Sie eventuelle Präparatereste und/oder Make-up-Reste mit feuchten Kompressen.

Schützen Sie immer die Augen der Kundin mit einer Kunststoffbrille, damit keinerlei Kristallsand in die Augen dringen kann.

Decken Sie die Haare und die Ohren (damit kein Kristallsand eindringen kann) mit einem Einmalhäubchen vollständig ab.

Nach Einstellen der Abrasionsstärke fahren Sie mit dem Handstück langsam und ohne Druck über das zu behandelnde Hautareal. Die Glasspitze muss dabei einen ganzflächigen Hautkontakt haben, damit keine Fremdluft eingesogen wird.

Verweilen Sie nur kurz auf den zu behandelnden Stellen, damit es nicht zu Gewebeschäden auf der Haut kommt.

Die behandelten Stellen werden von den Resten des **Mikropeelings** (wenn diese nicht vollständig abgetragen sein sollten) und abgetragener Haut mit einer leicht desinfizierenden, wässrigen Lotion (z. B. einem alkoholhaltigen Präparat vom Hersteller) gereinigt.

Anschließend tragen Sie entsprechende kosmetische Wirkstoffe zur Beruhigung der Haut auf (→ LF 7, Kapitel 2.5.6 Pflegen und Schützen).

Der Hauttyp des Kunden, die zu behandelnden Hauterscheinungen und die Größe der Kristalle entscheiden über die Dauer der Behandlung. Bei tiefen Narben und Falten kann mit gröberem Kristallsand gearbeitet werden. Unter Umständen kann die Mikrodermabrasion in mehreren Behandlungen durchgeführt werden.

EXKURS: Die Dermabrasion

Die Dermabrasion (Ab- und Ausschaben der Haut) wird nur unter **ärztlicher** Aufsicht, in der Regel in einer Klinik oder in einer darauf eingerichteten Praxis durchgeführt.

Unter örtlicher Betäubung oder Dämmerschlaf wird mit einer hochtourigen Diamantscheibe die Haut abgetragen. Die Tiefe der Abtragung bestimmt der Arzt je nach Hautzustand. Es werden in der Regel nur die obere Hautschicht und eventuell überstehendes Narbengewebe abgetragen. Dann bleiben die darunter liegenden Hautschichten unverletzt und damit auch die Schweiß,- Talgdrüsen, kleine Blutgefäße und Pigmentzellen. Die Dermabrasion kann nur auf Hautflächen mit normaler Hornschicht angewandt werden, vorzugsweise auf Stirn und Wangen. Die dünne Lidhaut z. B. kann nicht behandelt werden.

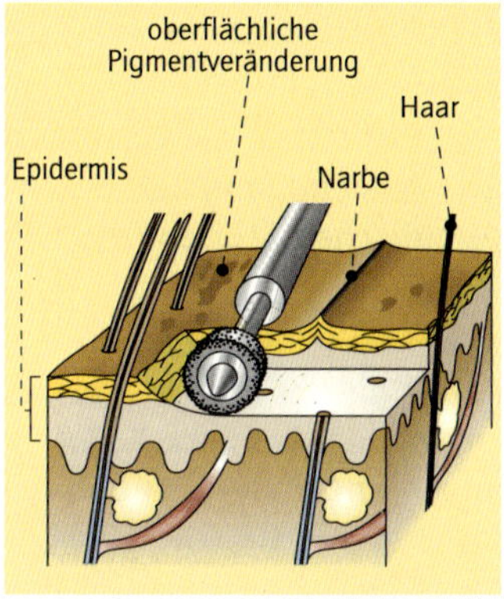

Abb.:
Schema der
Dermabrasion

Die **Vorteile** der Dermabrasion: Es werden keinerlei natürliche oder chemische Stoffe zur Abschälung verwendet.

Die **Nachteile** liegen in der langen Heilungsphase. Nach der Dermabrasion kommt es auf allen abgetragenen Hautflächen zu einer Krustenbildung, die von allein abfallen muss. Sonnenbäder und starke, auch mechanische Beanspruchung sollen, wenn möglich, längere Zeit vermieden werden.

Nachdem die Krusten abgefallen sind, taucht darunter eine glatte, erneuerte, feine, dünne Haut auf. Diese ist noch lange empfindlich und muss wie eine trockene, sensible Haut behandelt werden.

Die Dermabrasion wird überwiegend zur Faltenreduzierung und zur Entfernung von Narben (Akne, Verbrennungen) verwendet.

A Fragen Übungen Aufgaben

1. *Nennen Sie die Aufgaben eines Peelings und begründen Sie anhand zweier Beispiele, warum es verschiedene Arten des Peelings gibt.*
2. *Überlegen Sie, welche Wirkstoffe eines Peelings eine Absorption von zu viel Hautfett bewirken können.*
3. *Nennen Sie mehrere Beispiele, bei denen Peeling und Hautzustand nicht zueinander passen bzw. wirkungslos bleiben.*
4. *Welche Wirkung hat die Kräutertiefenschälkur und für welche Hautzustände ist sie geeignet?*
5. *Nennen Sie die englische Bezeichnung der Fruchtsäure und deren Inhaltsstoffe.*
6. *Für welche Hautprobleme ist die Mikrodermabrasion geeignet?*
7. *Warum darf der Kristallsand zur Mikrodermabrasion nicht mehrmals verwendet werden?*
8 *Nennen Sie die Unterschiede zwischen der Dermabrasion und der Mikrodermabrasion.*
9. *Wie sieht das jeweilige Hautbild nach deren Anwendung aus?*

5 Das kosmetische Ausreinigen der Haut

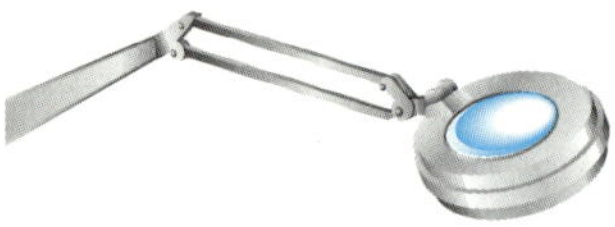

Katie darf heute eine Akne-Toilette durchführen. Die Chefin hat ein junges Mädchen bestellt, das eine Jugendakne hat. Jetzt bereitet Katie schon einmal ihren Arbeitsplatz vor. Was braucht sie denn für die manuelle Ausreinigung? Die Chefin hat gesagt, sie kann verschiedene Hilfsmittel benutzen. So legt Katie sich ein Milienmesser, einen Komedonenheber und eine Blutlanzette zurecht. Kann sie auch die Vakuum-Saugpumpe nehmen? Das weiß sie nicht mehr so genau. Vielleicht benutzt sie am besten alle Hilfsmittel, das kann nicht schaden.

Effloreszenzen

Effloreszenzen (lat. *efflorescere* = erblühen) sind krankhafte Veränderungen der Haut, die nicht zu den normalen Hautfunktionen gehören, verstärkt auftreten und z. T. auf der Hautoberfläche erscheinen (→ Band A, LF 2, Kapitel 3.1).

Die Entfernung von z. B. Milien und Komedonen trägt dazu bei, die Haut glatt und frisch in ihrem Aussehen wiederherzustellen. Die **Ausreinigung** der **„Poren"** ermöglicht eine **wirkungsvolle Aufnahme** von **kosmetischen Stoffen** (→ LF 7, Kapitel 1.7.1).

Infiltrate

Durch das Entfernen von z. B. eitrigen Pusteln wird ein weiteres **Eindringen** der *Infiltrate* (Inhalte wie z. B. **Eiter** und **zellfremder** Inhalt), die das umliegende und das darunter liegende Gewebe weiter **entzünden** können, verhindert. Tiefere Hautschichten werden so vor weiteren **Schäden** durch **Entzündungen** und daraus entstehenden **Narben geschützt.**

Ständige eitrige Entzündungen können außerdem eine negative Wirkung auf den Körperhaushalt haben (Erreger müssen abgebaut werden, vermehrte Belastung des Blutkreislaufes usw.).

Die kosmetische Ausreinigung ist daher zur Gesunderhaltung der Haut notwendig.

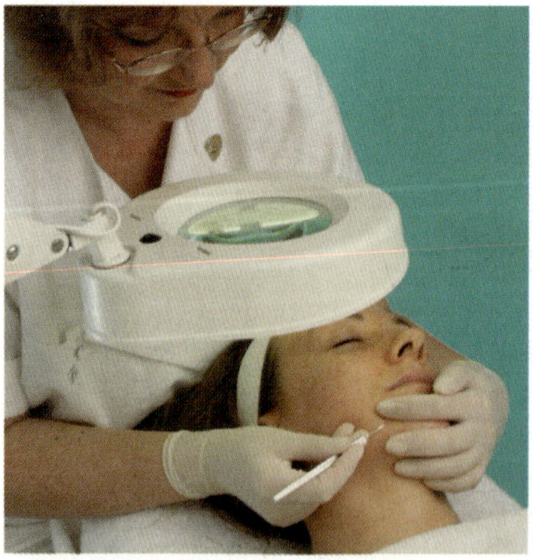

Abb. 5.1: Kosmetische Ausreinigung

Die Ausreinigung während der Kosmetikbehandlung sollte **gründlich, schonend** und **fachgerecht** ausgeführt werden, damit sich die betroffenen Hautareale nicht entzünden.

Kosmetisch dürfen die folgenden Hauterscheinungen entfernt werden:

- Komedonen (offene, geschlossene)
- Pusteln (epidermale, follikelständige)
- eingewachsene Haare, entzündete Haarwurzeln
- Milien (Grießkörnchen)

Entzündete Pusteln sollten von **unerfahrenen** Kosmetikerinnen in Absprache und/oder unter Anleitung eines Dermatologen entfernt werden.

An allen Hautanomalien wie Warzen, Leberflecken, Feuermalen, tief liegenden Knoten, Papeln und nicht klar erkennbaren Hautveränderungen darf nicht manipuliert werden.

Die Entfernung oder Behandlung dieser Hautanomalien darf nur medizinisch erfolgen. Empfehlen Sie der Kundin eine Überprüfung durch den Dermatologen.

5.1 Vorbereitungen zur Ausreinigung

Reinigen Sie die Haut vor der kosmetischen Ausreinigung gründlich mit einem dem Hauttyp des Kunden entsprechenden Reinigungspräparat. Je nach Hautzustand kann eine Hautintensivreinigung (z. B. ein Peeling) erfolgen; das Peeling sorgt durch Abtragen der abgestorbenen Hornzellen für einen besseren Zugang zu den auszureinigenden Poren.

5.1.1 Das Bedampfungsgerät

Bei trockener Hautoberfläche (die Befeuchtung durch die Reinigung ist nur kurzfristig) sitzen vor allem die **offenen Komedonen fest** in den Porenöffnungen. Durch das Bedampfen kommt es zusätzlich zu einer leichten **Quellung** der Oberhaut. Durch dieses Aufquellen wird auch der Komedo in seiner **Öffnung aufgeweicht.** Er kann dann leichter und mit etwas weniger Druck entfernt werden (das ist auch weniger schmerzhaft). Das gilt auch für **geschlossene Komedonen.**

Das Bedampfungsgerät ist zur Vorbehandlung der Ausreinigung geeignet, sollte aber bei folgenden Hautzuständen wegen der durchblutungsanregenden Wirkung des **Bedampfens nicht** oder **nur schwach** eingestellt angewandt werden:

- bei allen entzündeten Hauteffloreszenzen, bis diese abgeheilt sind,
- bei gefäßlabiler Haut (Couperose, Teleangiektasien) und Rosazea.

Dampfgeräte mit schwenkbarem Dampfarm sorgen für eine gleichmäßige, feinstvernebelte Bedampfung. Diese bildet die Grundlage für die professionelle Vorbereitung der Haut zur kosmetischen Behandlung. Das Vapozone® reichert den Wasserdampf mit aktivem Sauerstoff an. Beide Geräte gibt es auch mit Aufsatz für die Behandlung mit Kräutern und Aromaölen.

Abb. 5.2: Vapozone®

Sind nur lokale Entzündungen in geringer Anzahl vorhanden (z. B. einige Pusteln), kann überlegt werden, ob nur eine niedrige Bedampfungsstufe eingesetzt werden soll.

Das Bedampfungsgerät erhitzt Wasser in kurzer Zeit (2 – 3 Minuten), Wasserdampf entsteht und wird über eine Plastikröhre zur Austrittsdüse geleitet. Der austretende Dampf ist feinstvernebelt und hat eine angenehme, hautwarme Temperatur.

Der aus dem Ständer herausnehmbare Dampftopf wird mit normalem Wasser regelmäßig bis zur vorgegebenen Markierung gefüllt. Der Dampftopf muss in bestimmten Abständen von Kalkablagerungen befreit werden (je nach Härtegrad des Wassers ca. alle 10 – 20 Anwendungen). Verwenden Sie dazu vom Hersteller angebotene Geräte-Entkalker und wenden Sie diese nach Anleitung an.

Das Bedampfungsgerät verfügt über eine Sicherheits-Abschaltautomatik. Diese sorgt für ein schnelles Abschalten, wenn beim Einfüllen des Wassers die Markierung der Maximalhöhe im Innern des Topfes überschritten wurde. So wird ein Überkochen des Wassers im Behälter und damit die Gefahr der Verbrühung durch Spritzwasser (für Sie und die Kunden) verhindert.

Das Bedampfungsgerät ist mit einem elektronischen Regulierungsgriff versehen. Dort können Sie die Menge des austretenden Dampfes regulieren. Je nach Hauttyp/Hautzustand wird das Bedampfungsgerät stärker oder schwächer eingestellt.

3

Anwendung

Nachdem Sie bei Ihrer Kundin die Hautreinigung durchgeführt haben und/oder z. B. ein Peeling aufgetragen haben, schalten Sie das Dampfgerät ein.

Bedienen Sie die Schalter des Gerätes nur mit trockenen und sauberen Fingern (→ LF2, Exkurs in Kapitel 2.3).

Warten Sie, bis das Gerät den Dampf über das Rohr ausstößt. Stellen Sie erst dann das Rohr waagerecht zu dem Gesicht der Kundin ein.

Achten Sie darauf, das Dampfaustrittsrohr senkrecht in die Höhe zu stellen, bis es richtig dampft. Sonst können vor dem Dampfausstoß vereinzelte heiße Wassertropfen aus der Röhre laufen und die darunter liegende Kundin oder Sie selbst verbrühen.

Abb. 5.3: Richtiges Bedampfen

In der Regel wird ein Abstand von ca. 40 cm des Austrittsrohres zum Gesicht der Kundin empfohlen. Richten Sie die Austrittsöffnung auf das Kinn der Kundin, so erreicht der Dampf das ganze Gesicht. Ist das Rohr höher eingestellt, erreicht der Dampf nicht alle Hautareale.

Das Dampfgerät schaltet sich automatisch ab, wenn eine bestimmte Wassermenge verbraucht ist (nach ca. 10 Minuten). Schalten Sie das Gerät am Ausschaltknopf ab und richten Sie das Rohr wieder senkrecht auf.

Fragen Sie Ihre Kundin, wie nahe sie den Dampf haben möchte, wenn er zu schwach/stark oder zu weit/zu nah am Gesicht ist, kann ihr das angenehm oder unangenehm sein.

Der Dampftopf des Gerätes kann zusätzlich mit Kräutern für eine **Kräuterbedampfung** bestückt werden:

Im Deckel des Topfes befindet sich ein Sieb, in das vor der Anwendung bestimmte Kräuter hineingegeben werden können. Diese werden regelmäßig ausgetauscht (nach Herstellerangaben) und sind auf verschiedene Hauttypen abgestimmt. Es werden z. B. Rosmarin bei fettiger und schlecht durchbluteter Haut (erfrischt und belebt) oder Kamille bei entzündeter, unreiner Haut (beruhigt und entspannt) angeboten.

Geben Sie die Kräuter besser immer in Beutelchen verpackt in das Sieb.

Verschiedene Hersteller bieten außerdem **ätherische Öle** (→ LF 6, Kapitel 3.4) zur Anwendung mit dem Bedampfungsgerät an. Diese werden auf einen Filzring, der in die Austrittsöffnung des Dampfaustrittsrohres eingelegt wird, aufgetropft. Mit dem austretenden Dampf gelangen die Tröpfchen fein verteilt auf das Gesicht der Kundin.

Die ätherischen Öle für die Bedampfung werden in der Regel für vier verschiedene Hauttypen/Hautzustände angeboten: trockene Haut, fettige Haut, Mischhaut und normale Haut.

5.1.2 Der Kompressenwärmer

Als vorbereitende Maßnahme zur kosmetischen Ausreinigung können auch heiße, feuchte Kompressen auf das Gesicht des Kunden aufgelegt werden (Auflegemuster → Kapitel 3.5).

Diese führen ebenfalls durch feuchte Erwärmung der Haut zu einer Quellung und Durchfeuchtung der Oberhaut. Sie sind eine Alternative zum Bedampfungsgerät. Damit die feuchten, warmen Kompressen die entsprechende Temperatur erreichen, gibt es dafür spezielle Kompressenwärmer. Das sind Geräte, die in den Behälter eingelegte, feuchte Kompressentücher durch Wasserdampf erhitzen.

Da der Vorgang ca. 30 Minuten dauert, sollten Sie das Gerät rechtzeitig einschalten, am besten noch bevor die Kundin kommt.

Alternativ können die Kompressentücher handfeucht (eingelegt in eine Mikrowellenschale mit Wasser) in einer Mikrowelle kurz erwärmt werden. Das spart Zeit und Energie!

Nehmen Sie dann zum Gebrauch mit einer Gerätezange ein Tuch aus dem Behälter, falten Sie es auseinander und legen Sie es auf dem Gesicht der Kundin an. Achtung, Temperatur prüfen!

Das Tuch kühlt nur langsam ab, nach ca. 5 Minuten kann es abgenommen werden. Geben Sie es dann zur gebrauchten Wäsche (→ Hygiene).

Der Kompressenwärmer darf nur mit destilliertem Wasser regelmäßig bis zur Maximalhöhe gefüllt werden. Da das Gehäuse für das Wasser aus Plastik besteht, kann es nicht mit chemischen Mitteln entkalkt werden.

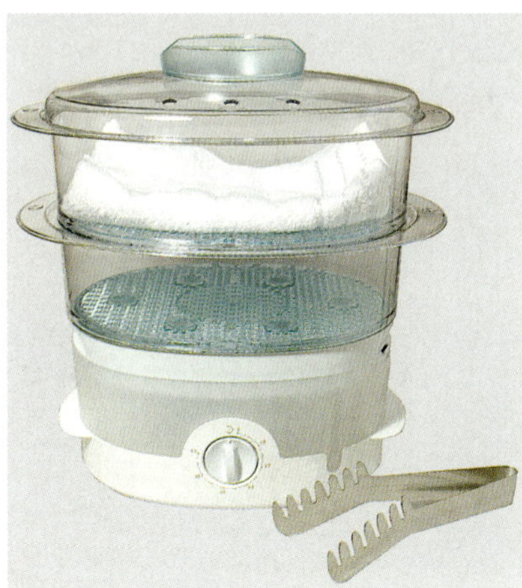

Kompressenwärmer mit zwei Körben zum Befüllen. 6 bis 8 Kompressentücher können gleichzeitig erwärmt werden.

Abb. 5.4: Kompressenwärmer

Das Gerätegehäuse bietet Platz für mehrere Kompressentücher, sodass Sie auch für andere Behandlungsvorgänge heiße Kompressen verwenden können (z. B. zum Abreinigen von Packungen usw.). Nehmen Sie abends alle ungebrauchten, feuchten Kompressen aus dem Gerät und geben Sie diese zur Wäsche.

Hygieneplan

Beachten Sie, wie auch bei der Entscheidung zur Anwendung des Bedampfungsgerätes, dass die feuchten, warmen Kompressen nur für Hautzustände angewandt werden sollten, die diese Wärme gut vertragen können.

5.1.3 Die Reinigungsmaske

Die Reinigungsmaske ist eine Vorbehandlung der Haut auf die Ausreinigung.

Zimt

Die Inhaltsstoffe der Maske (hauptsächlich *Zimt*) sorgen für eine lokale, kräftige Durchblutung an den behandelten Stellen. Dadurch bedingt werden die Porenöffnungen und Talgdrüsenausführungsgänge erweitert und vor allem Komedonen lassen sich leichter und weniger schmerzhaft entfernen.

Die Reinigungsmaske bietet den Vorteil der lokalen Anwendung – im Gegensatz zum Bedampfungsgerät oder zu den feuchten Kompressen. Sie kann deshalb bei Akne-Erkrankungen der Haut auf den nicht entzündeten, zu behandelnden Stellen angewandt werden. Befinden sich z. B. auf der Stirn Komedonen, aber auf den Wangen eitrige Pusteln, wird nur die Stirn mit der Reinigungsmaske behandelt. Die Reinigungsmaske kann deshalb auch gut vor der Ausreinigung, vor allem bei Akne des Nackenbereichs und/oder von Rücken und Schultern, angewandt werden.

Anwendung

Reinigen Sie die Gesichtshaut der Kundin mit dem entsprechenden Reinigungspräparat und waschen Sie dieses gründlich ab. Verzichten Sie auf zusätzliche durchblutungsanregende Maßnahmen wie z. B. Bedampfung und Peeling.

Nehmen Sie eine kleine Menge Maske mit dem Spatel aus dem Tiegel und geben Sie diese in eine Porzellanschale. Nehmen Sie mit dem Maskenpinsel etwas Produktmasse auf und streichen Sie die zu behandelnden Stellen der Gesichtshaut des Kunden ein.

Vermeiden Sie den **Kontakt** des Präparates zu Ihren **Händen,** da sonst die Wirkung der Maske auch dort auftritt. Sparen Sie beim Auftragen die Augen- und Mundpartie großzügig aus. Die durch die Maske stark angeregte Durchblutung setzt nach ca. 3 Minuten ein. Die Haut rötet sich stark und lokal abgegrenzt an den behandelten Stellen.

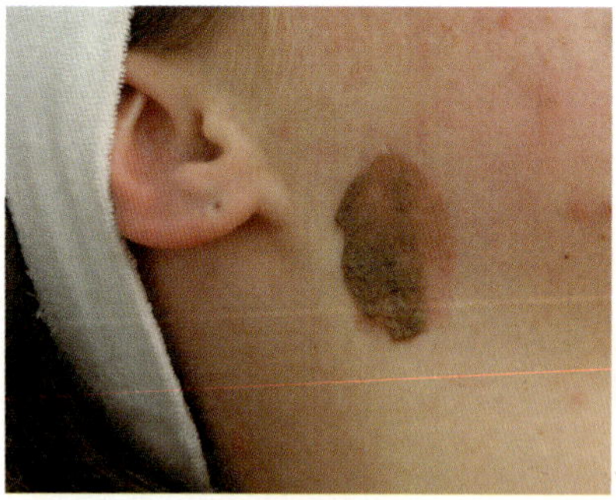

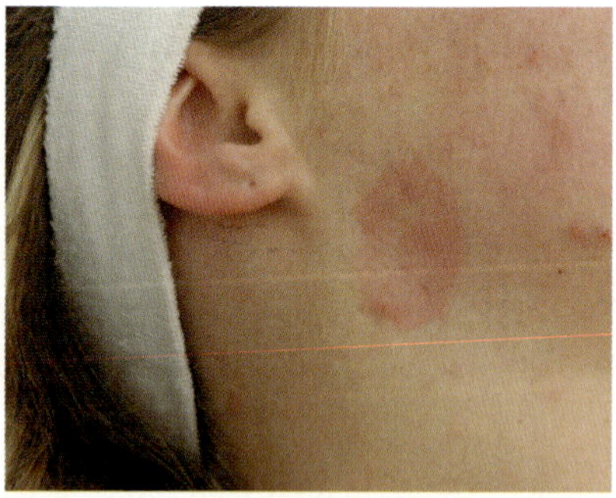

Abb. 5.5 a und b: Reinigungsmaske und verstärkte Durchblutung nach Abnahme

Achten Sie darauf, dass keine Maskenreste vor oder nach der Anwendung an die Augen oder Schleimhäute der Kunden gelangen. Das führt zu Brennen und Reizungen.

Hier kann für den Kunden/die Kundin ein „brennendes Gefühl" auf der Haut entstehen. Nach ca. 10 Minuten wird die Maske mit lauwarmen, feuchten Tüchern abgewaschen.

5.2 Der Vorgang der Ausreinigung

Waschen Sie die eigenen Hände nochmals gründlich mit Seife. Desinfizieren Sie Ihre Hände (→ LF 2, Kapitel 1.1.4). Verwenden Sie hierfür eine Händedesinfektionslösung. Diese ist im Fachhandel erhältlich. Beginnen Sie mit der Ausrichtung Ihrer eingeschalteten Lupenleuchte über dem Gesicht der Kundin/des Kunden. Durch die Lupenleuchte können Sie alle Hautunreinheiten stark vergrößert sehen.

Der Begriff *„Infektion"* (lat. *inficere* = anstecken) bedeutet das Eindringen von Krankheitskeimen in den menschlichen Organismus durch natürliche Hautöffnungen, Wunden oder intakte Haut. Damit sind unter anderem Rötung, Schwellung und/oder Eiterbildung verbunden.

Eine hohe Sicherheit vor Infektionen bei der Ausreinigung bieten Einmalhandschuhe, die nach dem Gebrauch vom Handrücken aus abgerollt werden, sodass verunreinigtes Material, wie z.B. Blut an den Gummifingerspitzen, nach innen gezogen wird.

Diese Vorgehensweise verhindert den eigenen Hautkontakt zu den Sekreten. Die Handschuhe werden dann in den Mülleimer gegeben.

Desinfizieren Sie nun die zu behandelnde Hautstelle mit einem geeigneten Hautdesinfektionsmittel, indem Sie etwas von der Lösung auf einen Wattepad geben und die zu öffnende Hautstelle damit abwischen. Beachten Sie die vom Hersteller angegebene Einwirkzeit, bevor Sie mit der Ausreinigung beginnen.

Als Hilfsmittel zur Ausreinigung benötigen Sie:

- Lupenleuchte
- Komedonenheber
- Alkohol zur Desinfektion (70 %)
- Einmalblutlanzette
- Milienmesser
- Wattepads
- Kosmetiktücher
- Pinzette
- Einmalhandschuhe

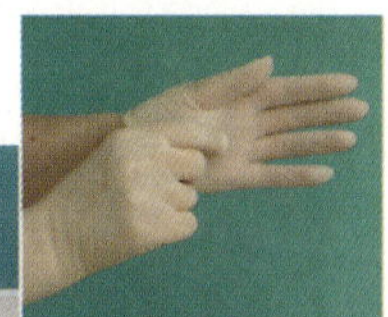

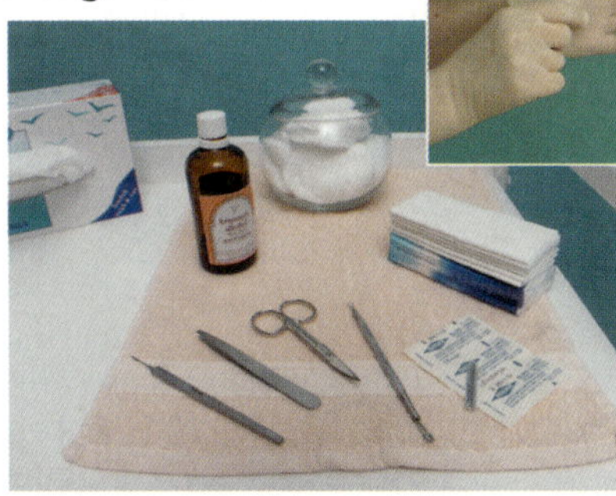

Abb. 5.6 a und b.: Hilfsmittel zur kosmetischen Ausreinigung

Da Sie nun die verschiedenen Hautunreinheiten öffnen, es also zu einer beabsichtigten Hautverletzung kommt, muß eine Infektion unbedingt vermieden werden!

5.2.1 Ausheben von Komedonen

Für das Ausreinigen von Komedonen unterscheiden Sie in offene und geschlossene Komedonen und verwenden für Ihre Arbeit verschiedene Instrumente.

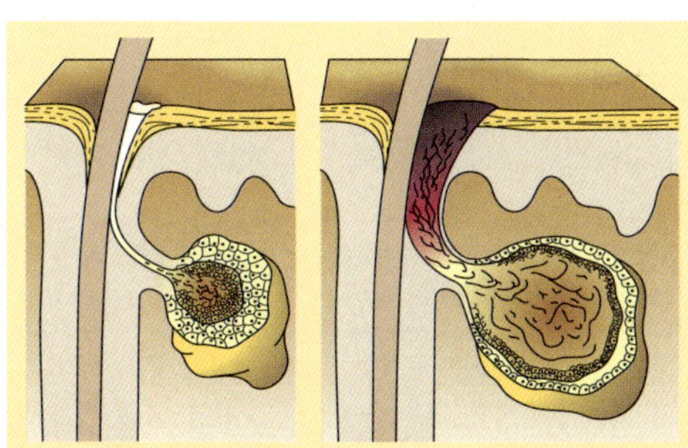

Abb. 5.7: Offener und geschlossener Komedo

Nehmen Sie sich gezielt ein Hautfeld vor und betrachten Sie es genau. Spannen Sie dann die betreffende Hautstelle, an der ein geschlossener Komedo vorhanden ist, zwischen Zeige- und Mittelfinger der linken Hand, sodass der Komedo gut sichtbar wird. Führen Sie dann die Lanzette vorsichtig in den Mittelpunkt des dunkel gefärbten Melaninpfropfens ein, sodass eine winzige Öffnung entsteht. Nur die obere Spitze der Lanzette wird eingeführt, um die Haut nicht unnötig zu verletzen.

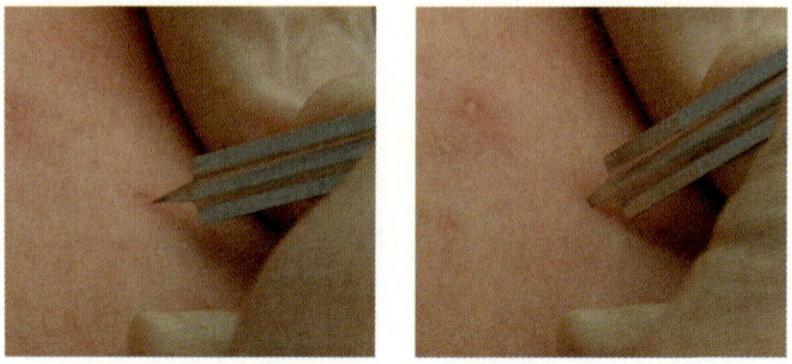

Abb. 5.8 a und b: Einstich beim geschlossenen Komedo

Damit keine Bakterien innerhalb der "Porenöffnungen" weitergetragen werden, ist es notwendig, die Lanzette nach jeder Öffnung zu desinfizieren und sie nach der Behandlung in einem extra Behälter zu sammeln und zu entsorgen.

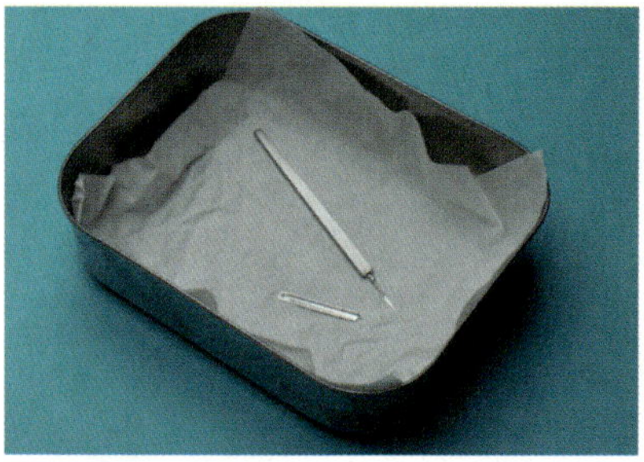

Abb. 5.9: Milienmesser und Blutlanzette in Metallschale abgelegt

Legen Sie die mit einem Alkoholtupfer abgeriebene Lanzette in einer sauberen Metallschale ab.

Falten Sie zwei Kosmetiktücher zu Dreiecken und legen Sie sie doppelt rechts und links um die Zeigefinger herum. Schauen Sie durch die Lupenleuchte, legen Sie die Zeigefinger rechts und links neben den Komedo. Spannen Sie die Haut mit leichtem Druck nach unten und schieben Sie das gelöste Horn-Talg-Kügelchen (Melanin-Pfropfen) vorsichtig nach oben aus der Öffnung heraus. Mit einem feuchten Wattepad (damit keine Flusenreste auf der Haut kleben) wird der Talgpfropfen von der Haut abgenommen. Ist der Komedo noch nicht durch einen Pfropfen an der Oberfläche geschlossen, handelt es sich um einen offenen Komedo. Dieser kann ohne zusätzlichen Einstich wie beschrieben ausgereinigt werden.

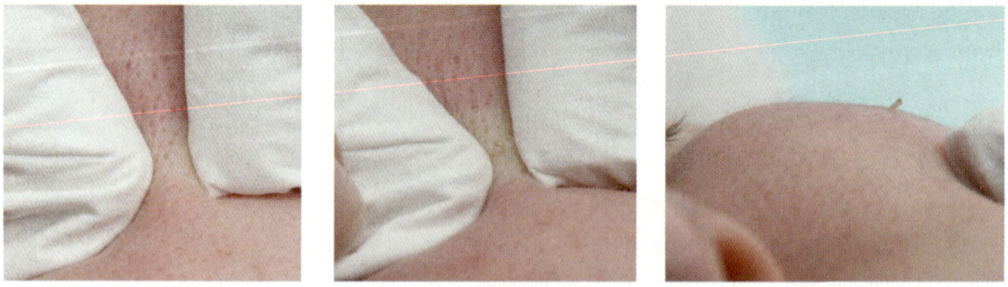

Abb. 5.10 a – c: Das Ausheben von Komedonen

Drücken Sie nie mit den Fingernägeln, das kann zu Quetschungen und kleinen Blutergüssen oder Schwellungen führen.

Der Komedonenheber

Sie können zur Ausreinigung alternativ auch einen Komedonenheber verwenden. Er ist sterilisierbar und damit immer wieder zu gebrauchen. Er besteht aus einem feinen Edelstahlstab, mit einer löffelartigen Erhebung am Ende des Griffs. In dieser Erhebung befindet sich eine kleine Öffnung. Diese wird auf den offenen Komedo gelegt, die Haut mit der anderen Hand gespannt und der Komedo herausgehoben. Ein Einstich mit der Blutlanzette ist nicht nötig.

Da Sie bei dieser Form der Ausreinigung die Haut nicht durchdringen (verletzen), können Sie diesen Vorgang auch ohne Handschuhe durchführen und/oder an schwer zugänglichen Hautarealen, z. B. in den Ohrmuscheln.

Achten Sie auf die Hygiene Ihrer Hände. Nehmen Sie dann mit einem feuchten Wattepad den Komedo ab.

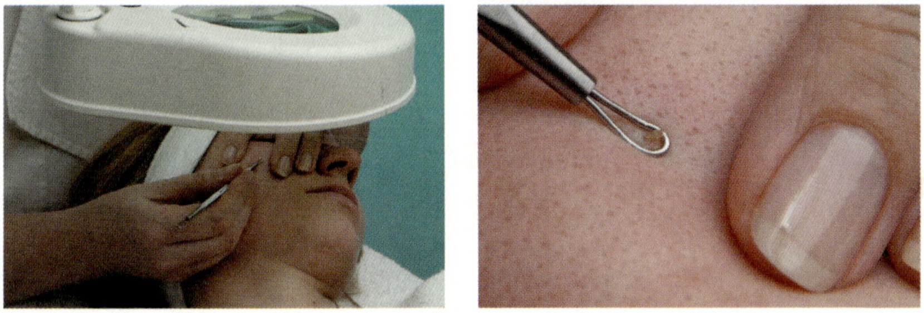

Abb. 5.11 a und b: Die Verwendung des Komedonenhebers

Der Komedonenheber muss nach jeder Anwendung mit einem Alkoholtupfer gereinigt werden und am Ende der Behandlung in den Sterilisator (➜ LF 2, Kapitel 1.12) gegeben werden.

Es kann auch ein Vakuum-Sauggerät (➜ Kapitel 5.4) verwendet werden. Der Komedo wird hierbei nach oben gehoben und die „Pore" ausgesaugt.

5.2.2 Entfernen von Milien

Bei der Milien-Entfernung sollte ein Milienmesser angewandt werden, dessen Aufsätze zum Einmalgebrauch oder sterilisierbar sind. Milien liegen unter der Haut und haben im Gegensatz zum Komedo keine natürliche Öffnung. Daher muss ein kleiner Hautritzer entlang der **Spaltlinien der Haut** erfolgen. Dann wird das Milienmesser leicht angehoben, um die Milie in Richtung der neuen Öffnung zu heben. Durch diese kann die Milie entfernt werden.

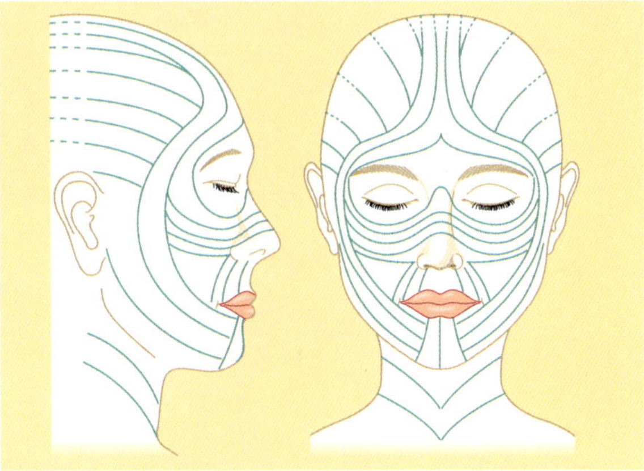

Abb. 5.12: Spaltlinien der Haut

Spaltlinien entsprechen dem Verlauf der Mehrzahl der Bindegewebsfasern, die Haut klafft beim Einschneiden sofort auseinander und schließt sich während der Heilungsphase auch in Richtung der Spaltlinie, in der Regel bei fachgerechter Ausführung ohne Narben. Wird quer zu den Spaltlinien geschnitten, ist der Heilungsverlauf schwieriger und öfter mit sichtbaren Spuren versehen.

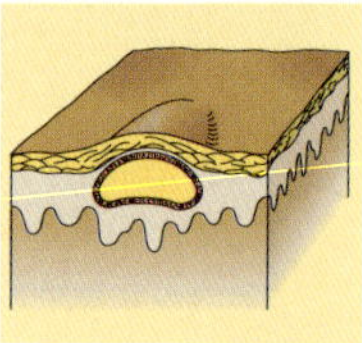

Abb. 5.13: Milie

Legen Sie das Milienmesser in eine saubere Aluminiumschale, um es bei der weiteren Behandlung der Kundin eventuell noch einmal zu verwenden.

Denken Sie an die Desinfektion zwischen den Anwendungen!

Da die Milie jetzt eine Hautöffnung hat, kann sie wie ein Komedo behandelt und ausgehoben werden.

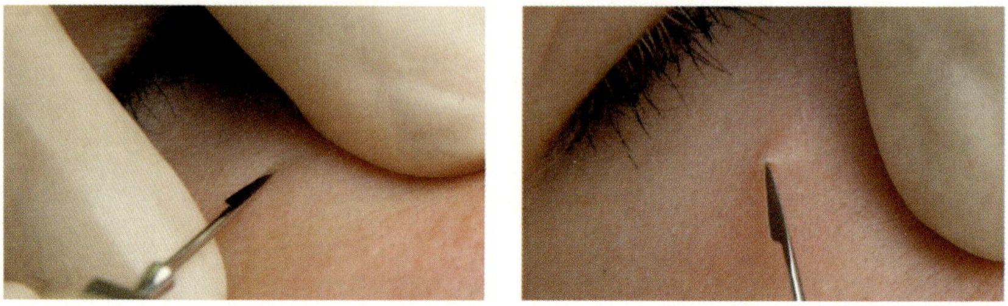

Abb. 5.14 a und b: Entfernen einer Milie

5.2.3 Entfernung von eingewachsenen Haaren und Pusteln

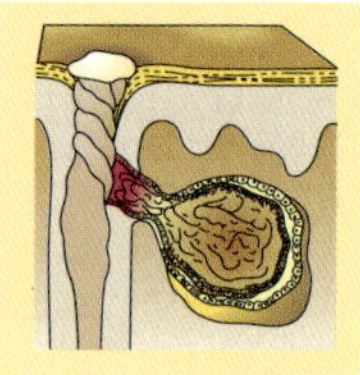

Abb. 5.15: Eingewachsenes Haar mit Talgdrüsenentzündung

Verwenden Sie für das **eingewachsene Haar** oder zu der Eröffnung eines follikelständigen Pustel eine sterile Blutlanzette. Heben Sie vorsichtig mit der Spitze der Blutlanzette die überlagernden weißen Hautschüppchen über dem Haarausgang ab. Reinigen Sie die Spitze der Blutlanzette mit einem Alkoholtupfer von den Hautschüppchen. Richten Sie mit der Blutlanzette das Haar auf und zupfen Sie es mit einer sauberen Pinzette aus.

Überprüfen Sie mit zellstoffumwickelten Zeigefingern, ob noch Eiter oder Talgpfropfen den Haarausgang zusätzlich verschließen. Legen Sie die Zeigefinger rechts und links um die Öffnung herum und drücken Sie vorsichtig auf die Haut neben der Öffnung. Der Inhalt des entzündeten Follikels (Eiter/Blut/Gewebewasser/Talg) wird dann nach oben geschoben.

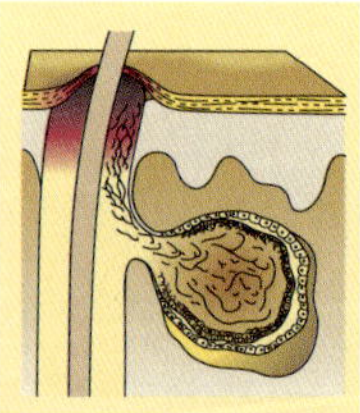

Abb. 5.16: Follikelständige Pustel

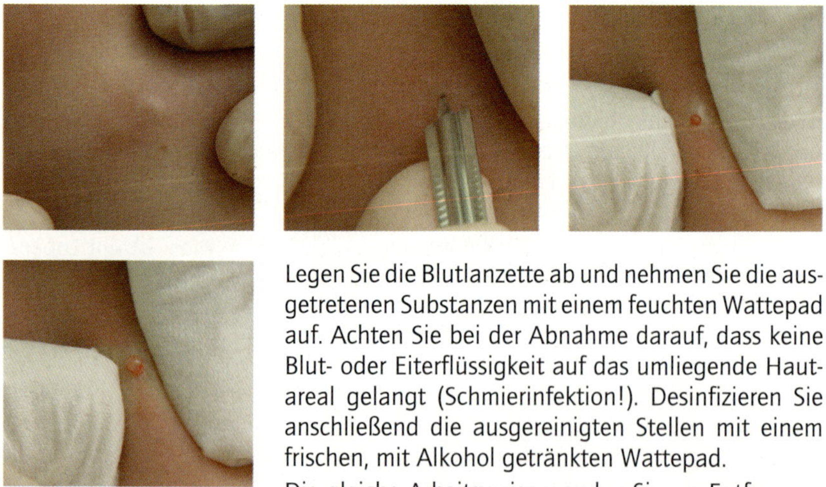

Abb. 5.17 a – d: Ausheben von Pusteln

Legen Sie die Blutlanzette ab und nehmen Sie die ausgetretenen Substanzen mit einem feuchten Wattepad auf. Achten Sie bei der Abnahme darauf, dass keine Blut- oder Eiterflüssigkeit auf das umliegende Hautareal gelangt (Schmierinfektion!). Desinfizieren Sie anschließend die ausgereinigten Stellen mit einem frischen, mit Alkohol getränkten Wattepad.

Die gleiche Arbeitsweise wenden Sie zur Entfernung von (eitrigen) epidermalen und follikelständigen **Pusteln** (→ Band A, LF 2, Kapitel 3.1) an. Besonders schmerzhaft ist der Vorgang der Ausreinigung in den Augenbrauen und im Bereich zwischen Oberlippe und Nase.

5.2.4 Ausreinigung am Lippenrand und im Augenbereich

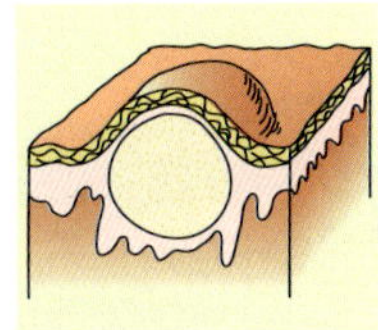

Abb. 5.18: Epidermale Pustel

Es kommen auch am **Lippenrand** offene/geschlossene Komedonen und Pusteln vor. Die Haut ist im Lippenbereich sehr schmerzempfindlich und weich, arbeiten Sie daher mit so wenig Druck wie möglich. Desinfizieren Sie den Lippenrand ebenso vor und nach der Ausreinigung.

Bei fast allen Hautzuständen kann es im **äußeren Augenbereich** zu Milienbildung kommen. Auch offene und geschlossene Komedonen kommen besonders bei Akne, *Sebhorroe oleosa, Sebhorrhoe sicca,* Raucherhaut und sonnengeschädigter Haut vor. Arbeiten Sie nach dem gleichen System wie bei der Lippenrandreinigung. Beachten Sie, dass es besonders im Augenbereich zu Punktblutungen an den geöffneten Stellen kommen kann. Es treten nach der Ausreinigung in der Regel Rötung und Schwellung auf. Wählen Sie deshalb danach entsprechende Pflegeprodukte zur Behandlung (→ LF 7, Kapitel 3.3).

Arbeiten Sie während der kosmetischen Ausreinigung gründlich alle Hautareale durch:

Stirn, Schläfen, Wangen, Nasenrücken, Nasenflügel, Lippen/Mundwinkelbereich, Kinn, unterer Kinnbereich, seitlich am Ohr entlang, Dekolletee, Schultern, Rücken, Haaransatz.

Ausreinigungen um das Auge herum sollten nur im Jochbeinbogenbereich und in den Augenbrauen von Ihnen durchgeführt werden. Alles, was näher am Auge liegt, sollte der Dermatologe behandeln und/oder entfernen (wegen der hohen Verletzungsgefahr, z.B. durch durch Blutlanzetten).

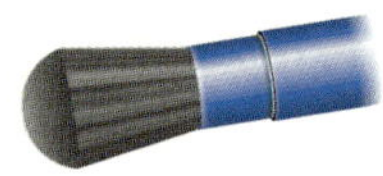

Achten Sie auf die **Schmerzempfindlichkeit Ihrer Kunden:**

- Beobachten Sie während der Ausreinigung die Gesichtszüge. Verkrampfen sich diese, legen Sie eine **kleine Pause** ein.
- **Wechseln** Sie die zu behandelnden Hautareale während der Ausreinigung, damit der Kunde immer wieder eine kleine Pause hat. Wechseln Sie z. B. zwischen einer etwas **unempfindlicheren** Hautpartie (Stirn, Kinn) und einer empfindlichen Hautpartie (oberer Lippenrand).
- **Beschränken** Sie die Ausreinigungszeit auf 10 bis 25 Minuten.

Das Schmerzempfinden der Kunden ist individuell verschieden. Versuchen Sie, darauf einzugehen.

Kontrolle ist gut!

Kontrollieren Sie noch einmal alle Hautpartien und überprüfen Sie mit Lupenleuchte und umwickelten Fingerspitzen noch einmal alle ausgereinigten Stellen.

Bei Komedonen ist der leere „Porenausgang" gut zu sehen, bei Milien sind die weißlichen Kugeln nach dem Ausreinigen ohne Rückstände in der Haut verschwunden. Bei Pusteln müssen Sie besonders sorgfältig noch einmal überprüfen, ob Sie den ganzen Inhalt entfernt haben (z. B. kann ein Talgrest unter dem Eiterbläschen liegen). Führen Sie dazu noch mal die mit frischen Tüchern umwickelten Fingerspitzen an den Rand der Pustel. Ist die Haut noch gespannt und fest, öffnen Sie noch einmal mit der Spitze einer frischen Blutlanzette die Pustel. Mit wenig Druck gegen die geöffnete Stelle lassen Sie noch mal die nachgelaufene Flüssigkeit (Blut und/oder Eiter, evtl. übersehene Talgreste) ablaufen und wischen sie mit einem feuchten Wattepad ab. Sonst kommt es zu den unten genannten Neuentzündungen der ausgereinigten Stellen und damit verbundenen Folgen.

Anschließend müssen alle ausgereinigten hautstellen noch einmal mit einem Alkoholtupfer desinfiziert werden.

Als Alternative zur abschließenden Hautdesinfektion mit Alkohol kann auch ein **Hochfrequenzstab** zur Anwendung kommen. Das während der Anwendung austretende Ozon hat eine desinfizierende Wirkung auf die ausgereinigten Hautpartien. Informieren Sie sich über diese Anwendung beim Hersteller apparativer Kosmetik.

Ist die Haut stark gerötet, kann vor der weiteren Behandlung erst eine Heilerde-Maske (→ LF 7, Kapitel 4.1.1) zum Beruhigen aufgetragen werden.

Neigt die Haut zu Couperose oder sind Teleangiektasien vorhanden, muss besonders vorsichtig ausgereinigt werden oder ganz darauf verzichtet werden, um keine weiteren Kapillargefäße zu verletzen.

5.2.5 Folgen einer unsachgemäßen Ausreinigung

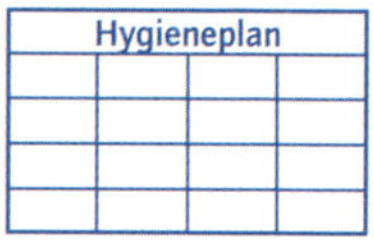

Da Sie aus der Hautoberfläche verschiedene Effloreszenzen (teilweise auch schon entzündete) entfernen, besteht hier immer die Gefahr von Schmierinfektionen durch Bakterien für Sie selbst und Ihre Kunden. Besonders, wenn Sie nicht fachgerecht und sorgfältig vor, während und nach der Ausreinigung die Haut der Kunden, Ihre Hände und alle Geräte und Hilfsmittel desinfiziert und sterilisiert haben.

Bei der Behandlung von mehreren Effloreszenzen nebeneinander führt unsauberes Arbeiten schnell zu neuen, schweren Entzündungen in oder direkt neben den bereits ausgereinigten Stellen.

Bleiben Überreste (z.B. Talg- oder Eiterreste in der Pustel) zurück, entzündet sich die diese Stelle einige Tage nach der Ausreinigung erneut und ein Heilungserfolg verzögert sich. Durch die verzögerte Heilung bedingt verursachen mehrere Entzündungen hintereinander nach ihrer Abheilung Narben, das Hautgewebe ist entsprechend geschädigt.

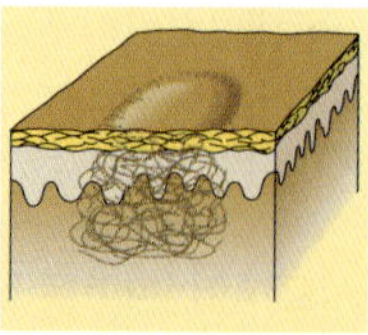

Abb. 5.19: Narbe

Narben sind Zeichen von **Reparaturvorgängen** der Haut und des darunter liegenden Gewebes. Sie entstehen u. a., wenn es zu **Verletzungen** der **obersten** Hautschicht (Epidermis) gekommen ist oder wenn stark **entzündliche** Reaktionen im tiefer liegenden Bindegewebe (Dermis) stattgefunden haben (z. B. Bindegewebe, das eine durch Akne verursachte Talgzyste umschlossen hat → auch Band A, LF 2, Kapitel 3.2).

Die normale **Narbenbildung** kann durch den Kunden/die Kundin selbst verursacht oder auch gestört werden, wenn diese versuchen Pusteln, Mitesser und Knoten oder Talgzysten unter der Haut selbst zu leeren. Hier kommt es zwangsläufig zu Verletzungen der obersten Hautschicht (Quetschungen, Blutergüsse, Schwellungen, Rötungen) und zum Platzen der unter der Haut liegenden Talgzysten. Aufgrund des Gewebsdefekts in der Dermis müssen kollagene Netze und elastine Fasern sich neu verbinden, dabei ist das entstehende Vernetzungsgitter nicht mehr so gleichmäßig wie vorher. Es kommt zu einer oder mehreren entzündlichen Reaktionen, die später (sichtbare) Narbenbildung verursachen.

Sie unterscheiden folgende **Narbenformen:**

- die kelloide Narbenform: nach außen gewölbtes, erhöhtes Narbengewebe, das aufgrund des überschießenden Wachstums von kollagenen und elastischen Fasern entsteht
- einfallendes, trichterförmiges Narbengewebe
- oberflächliche, flache rötlich-bräunliche sekundäre Hyperpigmentierung (umgangssprachlich auch aufgrund ihres Aussehens als „Narbe" bezeichnet)

Die entstandenen sichtbaren Narben sind nur begrenzt kosmetisch behandelbar (Mikrodermabrasion → Kapitel 4.5 und → LF 7, Kapitel 4.4 Narbenbehandlung).

Führen Sie die manuelle Ausreinigung so schonend und sorgfältig wie möglich durch. Verletzen Sie die Haut bei der Öffnung von Unreinheiten nicht unnötig tief und sorgen Sie für die richtige Nachbehandlung.

Drücken/Ausreinigen ohne Hilfsmittel oder mit langen Fingernägeln führt zu Quetschungen und Blutergüssen. Damit verbunden sind auch Schwellung und Rötung der betroffenen Hautstellen.

Eine kleine, nicht entzündete Hautverletzung (durch Ihre Hilfsmittel, z. B. durch eine Blutlanzette verursacht) kann von den Reparaturmechanismen der Haut schnell wieder geschlossen werden, sofern sich keine Entzündung in der geöffneten Stelle befindet.

5.3 Die kosmetische Behandlung einer Akne

Akne = Spitze, Gipfel – Hautausschlag

Die **Akne-Behandlung** im Kosmetikinstitut erfordert aufgrund der hohen **Entzündungsbereitschaft** der Haut besondere Sorgfalt. Neben allen anderen Hautzuständen, mit denen Sie in Ihrem Kosmetikinstitut zu tun haben, ist diese sehr anspruchsvoll in Reinigung und Pflege.

- Sie können aufgrund Ihres Fachwissens und Ihrer Arbeit im Kosmetikinstitut eine **sichtbare Verbesserung** des Hautbildes erwirken.
- Eine **unsachgemäße** Behandlung der **Akne** kann allerdings zu **schlimmen Infektionen** der Gesichtshaut führen und damit verbunden zusätzliche Narben hervorrufen.

acne, akme

folliculus

Die **Akne** (griech. *acne*, abgeleitet von *akme* = Spitze/Gipfel einer Erkrankung/Hautausschlag) ist eine Erkrankung des Talgdrüsenapparates und der Haarfollikel (lat. *folliculus* = Schlauch), die von den Talgdrüsenfollikeln ausgeht.

Hyperkeratose

In den Entwicklungsjahren *(Pubertät)* kommt es häufig zu einer verstärkten Talgdrüsentätigkeit und gleichzeitig zu einer starken Verhornung *(Hyperkeratose)* der Haut. Die Ausführungsgänge der Talgdrüsen an den Haaren verstopfen, auch die der feinen Gesichtsbehaarung.

Es kommt zu den nachfolgenden Akne-Erkrankungen.

In der Regel entsteht die ***Akne vulgaris* (lat.; gewöhnliche Akne)** oder **Jugendakne (lat. *Akne juvenilis*)** mit Beginn der Pubertät (ca. 12. Lebensjahr) aufgrund hormoneller Umstellung des Körpers. Der gesteigerte Talgfluss ist als öliger Überzug auf der Haut glänzend zu sehen.

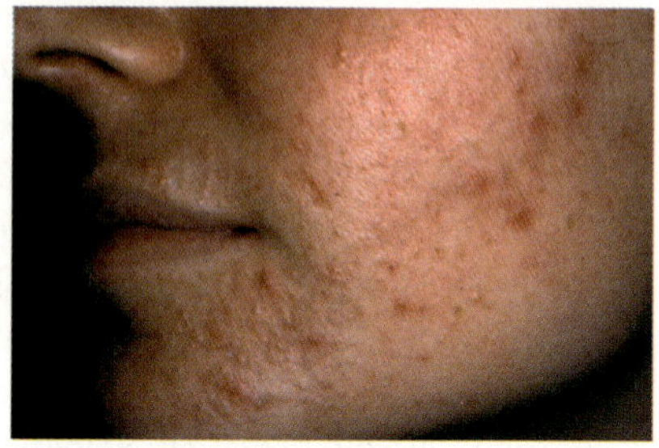

Abb. 5.20: Akne papulo-pustulosa

Die ***Akne papulo-pustulosa*** entsteht aus der Akne vulgaris. Mit dem Einwandern von Hautkeimen bilden sich Entzündungen aus den geschlossenen und offenen Komedonen und kleine, eiterhaltige Abszesse unter der Haut.

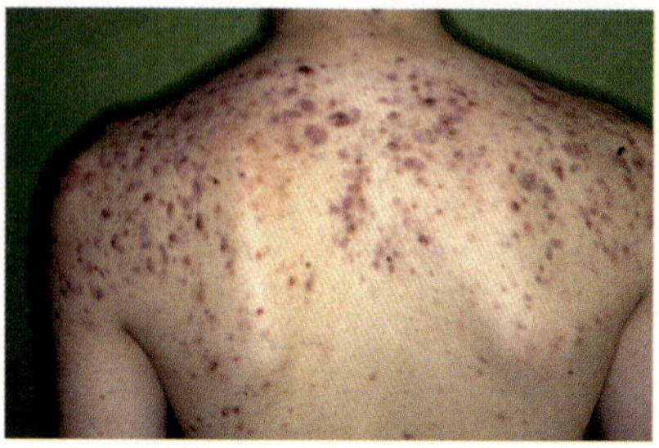

Abb. 5.21: Akne conglobata

Die ***Akne conglobata*** entwickelt sich als schlimmste Form der Akne aus den vorangegangenen Hautbildern mit schweren Entzündungen und tief liegenden, schmerzhaften Knoten, Talgzysten, Papeln und eitrigen Abszessen.

Die Übergänge der Akne vulgaris zu den nachfolgenden Formen der Akne-Erkrankung sind fließend und nur für erfahrene Kosmetiker/-innen zu erkennen.

Aufgrund der schweren Entzündungen darf die Akne conglobata nicht von der Kosmetikerin behandelt werden. Erst in Absprache mit einem Dermatologen kann nach Abheilung der Entzündungen eine Weiterbehandlung durch die Kosmetikerin erfolgen (→ LF 7, Kapitel 4).

Welche Anzeichen für die Akne vulgaris können Sie während der Anamnese optisch erkennen?

Hautunreinheiten, die auf eine Akne-Erkrankung hinweisen

Komedonen sind die ersten Symptome für eine Akne-Erkrankung.

Folgende **Ergebnisse** Ihrer **kosmetischen Hautbeurteilungstests** erleichtern Ihnen die Erkennung und die Zuordnung des Hautzustandes zu einer Akne-Erkrankung:

- durch Tasten mit den Händen spüren Sie kugelige Verhärtungen unter der Haut (Knoten, Talgzysten, geschlossene Komedonen),
- die Haut kann sich schuppig und/oder ölig anfühlen (Seborrhoe oleosa),
- Teintpapier und Objektträger zeigen eine erhöhte Menge an fetthaltigen Flecken,
- es lassen sich in der Regel geweitete, z.T. schon mit Talg gefüllte Haarausführungsgänge feststellen,
- gerötete und entzündete Effloreszenzen sind mit oder ohne Lupenleuchte gut zu erkennen,
- der Dermografentest weist in der Regel auf eine unempfindliche Haut hin.

In der Regel beginnt die Akne auf den talgdrüsenstarken Hautarealen. Im Gesicht sind dann die Stirn, Nase und Kinn, aber auch Schläfen und Wangen sowie der Haaransatz betroffen.

5.3.1 Akne-Toilette

Die **Akne-Toilette** umfasst den Vorgang der Reinigung, Ausreinigung und Maske, also eine **abgekürzte kosmetische Gesichtsbehandlung.** Sie dauert ca. 25 bis 35 Minuten. Es werden alle Hautareale behandelt, die **Akne-Effloreszenzen** zeigen. Hierzu zählen: Pusteln, offene/geschlossene Komedonen, Atherome und eingewachsene Haare (→ Band A, LF 2, Kapitel 3.1).

Im Rahmen einer Akne-Toilette kann das Hautbild durch konsequentes kosmetisches Ausreinigen entscheidend verbessert werden. Die regelmäßige Entfernung von eitrigen Effloreszenzen und die Ausreinigung der Haarausführungsgänge (Talgdrüsenausführungsgänge) sorgen für ein rasches Abheilen.

Sprechen Sie Ihren von Akne betroffenen Kunden Mut zu. Es dauert unterschiedlich lange, bis die Maßnahmen eine Besserung erbringen. In der Regel müssen 2 bis 6 Monate eingeplant werden – von Ihnen und vom Kunden.

In der Regel wird die Akne-Behandlung von der Kosmetikerin vorgenommen, wenn eine Jugendakne oder Komedonenakne vorliegt.

Erklären Sie vor oder während der Ausreinigung die Vorgänge der Akne genau und geben Sie kompetente Hinweise zur Hautreinigung, Desinfektion, Hygiene und Hautpflege.

Eine **Komedonenakne** kann bei Jugendlichen, aber auch Erwachsenen vorkommen. Das Hautbild zeigt dann nur wenige oder keine Entzündungen, aber eine Menge offener und geschlossener Komedonen, aus denen sich Entzündungen entwickeln können, wenn sie nicht behandelt werden. Das Hautbild gleicht dann auch dem der Kosmetikakne (→ Band A, LF 2, Kapitel 4.1.1), die durch Pflegefehler bedingt ist.

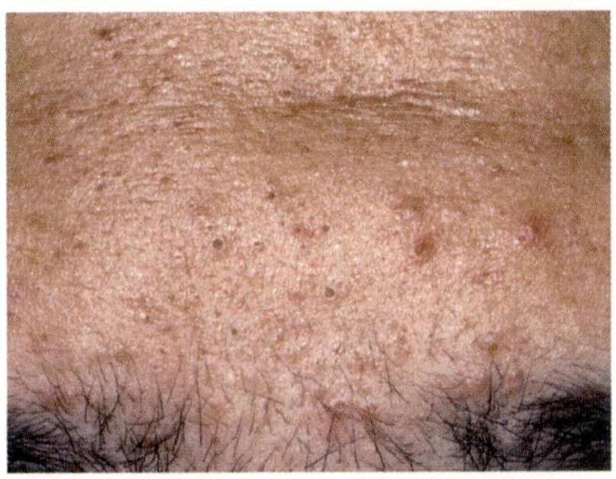

Abb. 5.22: Akne comedonica

Endogene und exogne Faktoren können wie bei anderen hautzuständen auch, besonders aber bei Akne den Hautzustand verändern.

Die Kundin/der Kunde (Jugendliche) kann:

- seit kurzem Hormone einnehmen oder Hormonumstellungen haben (z. B. Einnahme der Pille, Schwangerschaft, Pubertätsschub),
- Pflegepräparate ohne Ihr Wissen umgestellt haben (eventuell Pflegefehler machen),
- in Urlaub gewesen sein (Sonnenbrand/Sonnenallergie gehabt haben),
- Medikamente einnehmen,
- mit Rauchen angefangen oder aufgehört haben,
- einsetzenden oder gesteigerten Bartwuchs, Gesichtsbehaarung haben,
- Manipulationen an den Akne-Effloreszenzen vorgenommen haben.

Diese Ereignisse können den Hautzustand der Akne **verschlechtern** oder **verbessern,** daher ist die genaue Anamnese wichtig.

Vorbereitungen

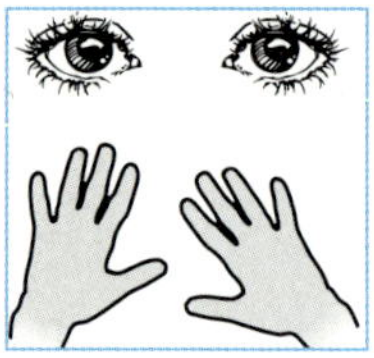

Bereiten Sie den Kunden/die Kundin wie in ➔ LF 2, Kapitel 1.4 beschrieben vor. **Waschen** und **desinfizieren** Sie dann zuerst Ihre Hände, bevor Sie auf dem Arbeitsstuhl Platz nehmen. Schalten Sie Ihre **Lupenleuchte** ein und sehen Sie hindurch.

Erheben Sie eine **kosmetische Anamnese** und führen Sie die **kosmetische Hautbeurteilung** durch (➔ LF 2, Kapitel 2).

Unterscheiden Sie zwischen einer **feinen, empfindlichen** Haut auf den Wangen und Akne-Effloreszenzen auf Stirn, Nase, Kinn und am Haaransatz und einer **kräftigen, öligen** Haut mit Akne-Effloreszenzen.

Besprechen Sie die **Daten der Hautbeurteilung** und tragen Sie die Daten in die Karteikarte oder den Computer ein.

Beginnen Sie mit der **Reinigung der Gesichtshaut.** Sparen Sie beim Auftragen des Reinigungspräparates entzündete Pusteln aus.

Entscheiden Sie, ob eine **Bedampfung** als Vorbehandlung der Ausreinigung erfolgen soll: Für die Komedonenakne ist es sinnvoll, die Haut mit dem Bedampfungsgerät, mit Kompressen oder einer Reinigungsmaske zu durchfeuchten und in der Durchblutung anzuregen. So lassen sich Komedonen leichter aus der Haut reinigen. Bei jeglicher Entzündung der Haut sollten aber diese Anwendungen abgewogen werden.

5.3.2 Ausreinigung im Gesicht

Im nachfolgenden Text wird am Beispiel der Jugendakne die Akne-Toilette beschrieben. Der gleiche Vorgang wird aber auch bei Erwachsenen mit Akne-Erkrankungen vorgenommen.

(➔ Die unterschiedliche Weiterbehandlung von Jugendlichen und Erwachsenen mit diesem Hautbild finden Sie dann in LF 7, Kapitel 4 beschrieben.)

Folgendes **Erscheinungsbild der Jugendakne** können Sie sehen:

Auf der Stirn sind in der Regel häufig offene und geschlossene Komedonen, Pusteln, Papeln und Talgzysten (unter der Haut) zu finden. Diese reichen oft bis in den Haaransatz und bis in die Augenbrauen hinein.

Befinden sich entzündete Haarfollikel in den Augenbrauen oder bei männlichen Jugendlichen in der Oberlippenbehaarung und/oder Kinnbehaarung, müssen diese ebenso desinfiziert werden wie freiliegende Pusteln. Verwenden Sie dazu in Alkohol getränkte Wattestäbchen, die Sie nach jedem Hautkontakt wegwerfen.

Über Nase, Wangen, Kinn und Haaransatz finden sich neben den Akne-Effloreszenzen auch in der Regel frische, gerade abgeheilte oder ältere Narben (erkennbar an der bräunlich-rötlichen Färbung) und oft auch aufgekratzte, neu entzündete Pusteln und/oder Komedonen.

Dezinfizieren Sie die auszureinigende Hautstelle, sprechen Sie die/den Jugendliche(n) freundlich an und fragen Sie, ob sie/er zur Ausreinigung bereit ist. Legen Sie Einmalhandschuhe an.

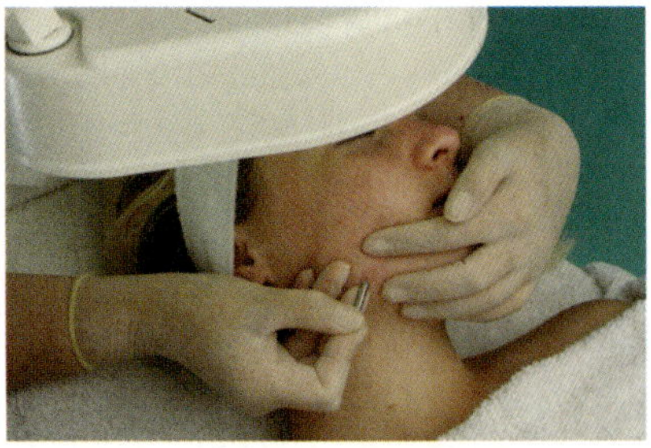

Abb. 5.23: Einstechen der Blutlanzette bei kosmetischer Ausreinigung

Beginnen Sie mit der kosmetische Ausreinigung möglichst aller oder der meisten sichtbaren eitrigen Pusteln. Wegen der Infektionsgefahr durch Schmierinfektionen durch den Betroffenen selbst sollten diese zuerst entfernt werden. **Öffnen** Sie die Pusteln mit einer Blutlanzette an der höchsten Stelle.

Entfernen Sie Blut, Eiter und zellfremde Inhalte wie in → Kapitel 5.2.3 beschrieben. Wechseln Sie häufig die Kosmetiktücher, da diese sich schnell mit Blut und Eiter voll saugen.

Bei eng aneinander liegenden Pusteln wird jede sofort nach der Ausreinigung desinfiziert, so vermeiden Sie Schmierinfektionen.

Warten Sie zwischen den Pustelöffnungen mehrere Minuten, bis die Blutung aufhört, bevor Sie weiterarbeiten. Tupfen Sie auslaufende Flüssigkeiten erst mit einem feuchten Wattepad ab, sodass die Hautumgebung nicht mit auslaufendem Blut o. Ä. in Kontakt kommt.

Beobachten Sie während der Ausreinigung die Gesichtszüge Ihres jugendlichen Kunden und beurteilen/schätzen Sie dessen **Schmerzempfindlichkeit** ein. Wie in → Kapitel 5.2.4 beschrieben fügen Sie kleine Pausen ein. Zur Beruhigung des jungen Kunden können Sie kurz beide Hände auf die Wangen legen. Fragen Sie dann, ob Sie weiterarbeiten können oder ob Sie die Ausreinigung beenden sollen. Wechseln Sie die zu behandelnden Hautareale während der Ausreinigung, damit der Kunde immer wieder eine kleine „Schmerzpause" erhält. Wechseln Sie zwischen unempfindlichen und empfindlichen Hautpartien ab.

Falls der/die Jugendliche signalisiert, dass die Ausreinigung beendet werden soll, müssen Sie darauf entsprechend reagieren. Fragen Sie freundlich nach, ob die Ausreinigung beendet werden soll. Wenn die Jugendliche/der Jugendliche bejaht, beginnen Sie mit der Desinfektion (siehe unten).

Die Schmerzgrenze ist bei jugendlichen Kunden schneller erreicht als bei Erwachsenen. Akzeptieren Sie die Zeit, die der/die Jugendliche bereit ist die Ausreinigung auszuhalten.

Beschränken Sie wegen der Schmerzhaftigkeit die Ausreinigungstermine auf 10 bis 25 Minuten. Achten Sie darauf, dass Sie alle betroffenen Hautbereiche behandeln, sofern der Jugendliche/die Jugendliche das wünscht.

Vermeiden Sie Blutungen und Quetschungen beim Ausreinigen durch

- unnötig festen Druck auf das Hautgewebe,
- lange Fingernägel.

Kontrolle ist besser!

Betrachten Sie die ausgereinigten Pusteln nochmals durch Ihre Lupenleuchte. Ist der Rand der ausgereinigten Stelle nach mehreren Minuten noch angeschwollen und auf Fingerdruck noch angespannt, **haben Sie noch nicht alles entfernt.** Oft sind kleine Talgreste zurückgeblieben (→ Kapitel 5.2.5).

Ist die Pustel/Haarwurzel gründlich gereinigt, fühlt sich der Rand nach mehreren Minuten weich an.

Nachdem die Ausreinigung beendet ist, desinfizieren und waschen Sie Ihre Hände.

Desinfizieren Sie auf der Gesichtshaut Ihres Kunden bei den ersten Terminen **alle Hautpartien,** die Sie behandelt haben, mit mehreren alkoholgetränkten Wattepads. Durch die Alkoholanwendung kommt es zu der erwünschten Austrocknung und Keimminderung der von Akne betroffenen Areale. In der Regel klingen nach den ersten Terminen die Entzündungen ab, sodass nur noch vereinzelt lokal desinfiziert werden muss (→ LF 7, Kapitel 4.1.2).

Alle Hautöffnungen sind auch Eintrittspforten für neue Infektionen durch Bakterien. Also arbeiten Sie sorgfältig und hygienisch einwandfrei.

5.3.3 Ausreinigung im Nackenbereich

Im Nackenbereich sind alle Behandlungen schwieriger durchzuführen. Bitten Sie daher den Kunden, sich auf dem Bauch zu legen oder führen Sie die kosmetische Ausreinigung am sitzenden Kunden durch.

Vorbereitende Reinigung und Intensivreinigung der Nackenhaut sind von den folgenden Vorgaben begleitet:

- Aufgrund der stabilen, festen Haut (verdickte Hornschicht) können Sie besser eine Reinigungsmaske mit einem Pinsel auftragen. Nach 15 Minuten Einwirkzeit mit einem feuchten Tuch abwaschen. Die Reinigungsmaske sorgt mit ihrer durchblutungsanregenden Wirkung für eine weichere Haut.
- Richten Sie die Lupenleuchte genau auf die zu reinigenden Stellen aus. Es können offene und/oder geschlossene Komedonen, Pusteln und/oder Atherome vorhanden sein.
- Im Nackenbereich kommen häufig entzündete Pusteln vor. Die Anwendung der Vakuum-Saugpumpe (→ Kapitel 5.4) ist dafür nicht geeignet, da eine Pustel hier z. T. fest unter der verdickten Hornschicht oder subepidermal liegt.
- Die gleiche Beschränkung in der Anwendung gilt für den Komedonenheber.

Weshalb nicht? Überlegen Sie die Funktion der Vakuum-Saugpumpe.

Empfehlen Sie vor allem Ihren männlichen Jugendlichen, sich beim Frisör Schläfen und Nackenhaare nicht rasieren, sondern mit der Schere schneiden zu lassen. Bei der Rasur kommt es immer wieder zu Verletzungen der Pusteln. Auch bereits in der Abheilung begriffene Pusteln mit Krustenbildung werden wieder aufgerissen und können sich neu entzünden.

584288

5.3.4 Ausreinigung im Rücken- und Dekolletee-Bereich

Da Rücken, Dekolletee und Schultern bei Akne oft auch von Pusteln und Mitessern betroffen sind, können diese Bereiche von Ihnen fachgerecht mitbehandelt werden.

- Bitten Sie die Kunden, sich auf den Bauch bzw. Rücken zu legen. Decken Sie die Beine bis zur Hüfte zu und legen Sie ein Handtuch über den Brust- bzw. Hüftbereich.
- Reinigen Sie den Rücken oder das Dekolletee und die Schultern erst gründlich mit einem fettfreiem Waschgel. Führen Sie dann für mehrere Minuten ein mechanisches Peeling mit dem Bürstenschleifgerät durch. Stellen Sie das Gerät auf höchste Stufe und kreisen Sie kräftig über den Rücken/das Dekolletee und die Schultern.

Sparen Sie entzündete Pusteln, Papeln und Knoten beim Peeling mit dem Bürstenschleifgerät aus.

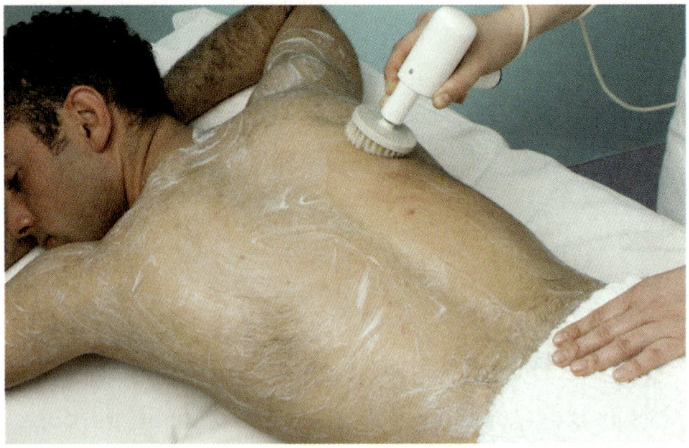

Abb. 5.24: Peelingbehandlung am Rücken

- Auch die Reinigungsmaske (→ Kapitel 5.1.3) kann zur Anwendung kommen, da durch deren starke Durchblutungswirkung die Komedonen schon aufgeweicht werden. So lassen sich diese später leichter aus der Hautumgebung lösen.
- Nach dem gründlichen Abwaschen des Peelings/der Reinigungsmaske desinfizieren Sie vor der Ausreinigung die entsprechenden Stellen.
- Reinigen Sie die Hauteffloreszenzen nach dem gleichen System wie beschrieben aus. Verwenden Sie die entsprechenden Hilfsmittel.
- Desinfizieren Sie alle ausgereinigten Stellen gründlich.

Wichtig ist die **konsequente** Fortsetzung der **Ausreinigungstermine,** um eine **Besserung** des Akne-Hautbildes zu erreichen.

Nach mehreren Ausreinigungsterminen und dem Abklingen der meisten Entzündungen desinfizieren Sie nur noch **lokal** mit in Alkohol getränkten Wattestäbchen die **entzündeten** Stellen.

In der Regel werden zu Behandlungsbeginn zwei Ausreinigungstermine pro Woche angesetzt. Tritt nach ca. 3–4 Wochen die erste Besserung des Hautbildes ein, kann der Behandlungsabstand auf einen Termin wöchentlich beschränkt werden.

Vermindern Sie die Behandlungsabstände für die Ausreinigung, bis Sie auf einen Termin monatlich kommen. Dieser muss in der Regel für die Dauer der pubertären Entwicklung beibehalten werden. Da die Talgdrüsenproduktion gesteigert bleibt, solange die Pubertät dauert, kommt es zu erneuten Entzündungen, wenn die Ausreinigungstermine länger als vier Wochen ausgesetzt werden.

Tritt kurzfristig eine Verschlechterung des Hautbildes ein, können die Ausreinigungsabstände wieder verkürzt werden.

5.4 Apparative kosmetische Ausreinigung

Die apparative kosmetische Ausreinigung der Haut gibt es bei allem Fortschritt im apparativen Bereich in der Kosmetik bisher nicht. Geräte mit Druck- und Pumpfunktionen erleichtern und unterstützen zwar die manuelle Ausreinigung, ersetzen sie aber nicht.

Die Vakuum-Saugpumpe

Unterdruck

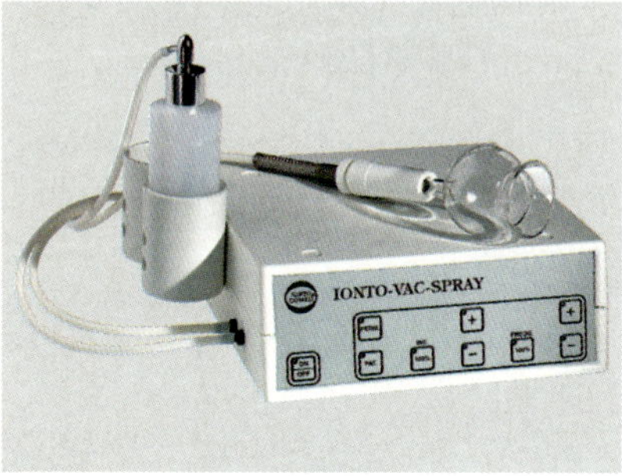

Abb. 5.25: Vakuum-Saugpumpe

Die Vakuum-Saugpumpe (Unterdruck-Saugpumpe; DRUCK → Band A, Grundlagen-Lexikon) dient der apparativen Ausreinigung von Hautunreinheiten. Sie kann anstelle der manuellen Ausreinigung angewandt werden, vor allem beim Ausreinigen von Komedonen.

Glasventousen

Das elektrische Grundgerät enthält ein Kabel, an dessen Ende verschiedene *Glasventousen* (Glasröhren mit abgerundetem Rand) oder Saugglocken angebracht werden können.

Die Glasventousen gibt es in verschiedenen Größen. Sie sind je nach Art der Hautunreinheiten anwendbar:

Nach dem Reinigen der Gesichtshaut der Kundin mit dem entsprechenden Reinigungsmittel führen Sie hauttypabhängig ein Peeling durch.

Bedampfen Sie zur Vorbereitung der Ausreinigung die Gesichtshaut. Desinfizieren Sie die auszureinigenden Stellen mit Hautdesinfektionsmittel.

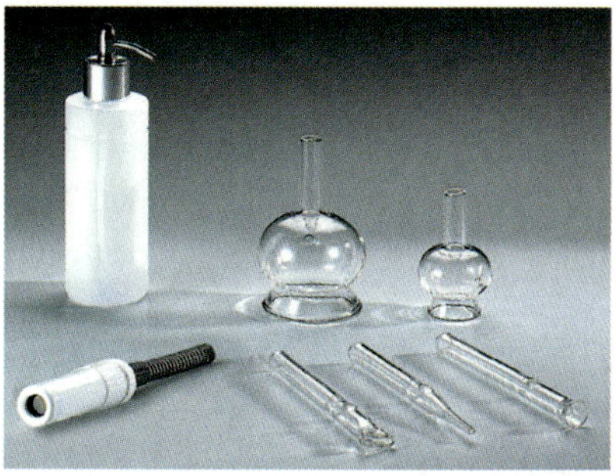

Abb. 5.26: Zubehör zur Vakuum-Saugpumpe

Infiltrate

Schalten Sie die dann die Lupenleuchte ein und richten Sie diese über das Gesicht der Kundin. Setzen Sie die Öffnung der Ventouse genau über den Komedo und schalten Sie die Absaugvorrichtung am Gerät an. Während des Absaugens öffnet sich der Follikel. Der Sog befördert nicht nur den Talg nach oben, sondern auch tiefer liegende *Infiltrate* (Einlagerungen, z. B. von fremdartigen Zellen, Geweben oder Flüssigkeiten, Eiter usw.).

Desinfizieren Sie nach jedem (!) Hautkontakt die Öffnung der Glasröhre mit einem Alkoholtupfer, um nicht weitere Hautstellen zu infizieren.

Welche Art von Hautunreinheiten lassen sich per „Absaugen" entfernen?

Desinfizieren Sie alle ausgereinigten Stellen. So entzünden sich die entstandenen Hautöffnungen nicht so schnell.

584290

Die Ausreinigung mit der Vakuum-Saugpumpe ist ebenso schmerzhaft wie die manuelle Ausreinigung, aber nicht so gründlich. Manche Eröffnungen müssen noch manuell nachgereinigt werden. Der Einsatz der Vakuum-Saugpumpe kann deshalb außer bei Komedonen nicht empfohlen werden.

Haben Sie alle Hautunreinheiten entfernt, müssen Glasröhrchen und Gerät gereinigt und desinfiziert werden.

Diese Vorgänge sind zeitaufwändig und arbeitsintensiv. Es wird aber kein Abfall produziert und das Gerät ist bei guter Wartung über Jahre hinweg im Einsatz.

Da die Anschaffung des Gerätes Investitionskosten birgt, sollte eine Anschaffung gut überlegt werden. Sinnvoll ist sie sicher, wenn Sie das Gerät z. B. auch in seiner Massagefunktion oder Sprayfunktion häufig nutzen:

- An das Gerät der Vakuum-Saugpumpe können verschiedene Saugglocken mit **Massagefunktionen** angeschlossen werden (Pneumatische Massagen → LF 6, Kapitel 6.1).
- Das Gerät verfügt außerdem über eine Sprayflasche zum **Vernebeln von Lotionen** oder Gesichtswässern zur Vorbereitung der Haut auf weitere Behandlungen (→ Kapitel 6.2 oder als kosmetische Hydrotherapiebehandlung → Band C, LF 11, Kapitel 2.3).

Fragen Übungen Aufgaben **A**

1. *Begründen Sie, warum die manuelle Ausreinigung eine positive Wirkung auf das Hautbild hat.*
2. *Nennen Sie alle Hauteffloreszenzen, die Sie als Kosmetikerin ausreinigen dürfen.*
3. *Nennen Sie alle Hauteffloreszenzen, die Sie in Absprache mit einem Dermatologen ausreinigen dürfen.*
4. *Begründen Sie, warum lange Fingernägel bei der Ausreinigung eher hinderlich sind.*
5. *Für welche Hauttypen/Hautzustände eignet sich*
   a) eine schwache Bedampfung vor der kosmetischen Ausreinigung?
   b) eine Reinigungsmaske?
6. *Nennen Sie die Hilfsmittel der manuellen kosmetischen Ausreinigung.*
7. *Nennen Sie die Merksätze im Abschnitt „Vorgang der Ausreinigung". – Worauf machen Sie aufmerksam?*
8. *Erklären Sie in eigenen Worten den Vorgang einer kosmetischen Ausreinigung.*
9. *Welche Hautunreinheiten behandeln Sie im Rahmen einer Akne-Toilette, welche Faktoren können diese beeinflussen?*
10. *Warum sind für eine erfolgreiche Akne-Toilette regelmäßige Termine nötig und wo dokumentieren Sie diese?*
11. *Welche apparative Methode eignet sich für die Ausreinigung der Haut?*
12. *Was würde geschehen, wenn Sie die Vakuum-Saugpumpe für eine Pusteleröffnung verwenden würden?*
13. *Was sind die Vor- und Nachteile einer Anwendung der Vakuum-Saugpumpe? Erstellen Sie eine Tabelle.*

6 Kosmetische Weiterbehandlung

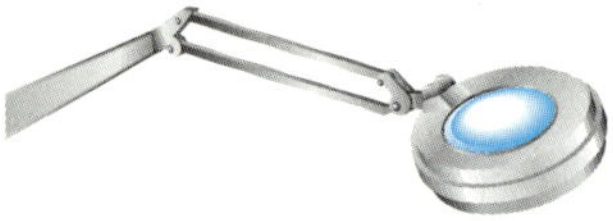

Katie hat jetzt bei ihrer Kundin die Reinigung beendet und ein Gesichtswasser aufgetragen. Aber was kommt dann? Katie ist erst mal ratlos. Die Chefin hat gesagt, sie soll sich bevor die Kundin kommt noch mal die Karteikarte der Kundin anschauen. Da steht drin, welche Behandlung sie bei ihrem letzten Termin hatte. Das hat Katie versäumt und jetzt fragt die Kundin, was sie ihr heute für ein Behandlungsprogramm anbieten möchte. Wie soll sie nun aus der großen Auswahl an Behandlungsangeboten das Richtige wählen?

6.1 Dienst an der Haut des Kunden

Nachdem die Gesichtshaut gründlich und hauttypgerecht gereinigt wurde und eine kosmetische Ausreinigung (oder Akne-Toilette) stattgefunden hat, ist sie sehr „durstig" und **aufnahmefähig** für die weiteren kosmetischen Pflegeanwendungen im Institut.

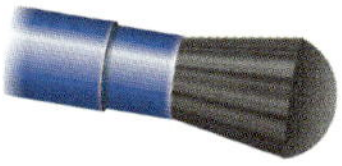

Die Weiterbehandlung ist notwendig, um die die Schutzfunktionen der Haut wiederherzustellen.

Durch die Reinigungsanwendungen werden von der Haut nicht nur Verschmutzungen, Make-up usw. entfernt, sondern auch das hautschützende Sebum bzw. der schützende Hydrolipid-Mantel beeinträchtigt. Der pH-Wert der Haut wird kurzfristig in den neutralen oder alkalischen Bereich verschoben und die desinfizierenden Alkohol-anwendungen während der kosmetischen Ausreinigung haben der oberen Hautschicht Fettsubstanzen entzogen.

In der Regel entsteht durch die Reinigungsvorgänge bedingt ein **Defizit an Hautinhaltsstoffen** wie **Sebum** und **Wasser.** Die Rückführung in den natürlichen **Gleichgewichtszustand** macht die Anwendung von kosmetischen Weiterbehandlungen und/oder kosmetischen Mitteln notwendig.

Diese erfolgen dann mithilfe der **Basis-** und **Systempflege** und mithilfe von Behandlungsplänen, Produktlinien, Behandlungspaketen und geeigneter Kosmetik. Diese setzen Sie abgestimmt nach **Hauttypen** oder nach besonderen **Hautzuständen** ein.

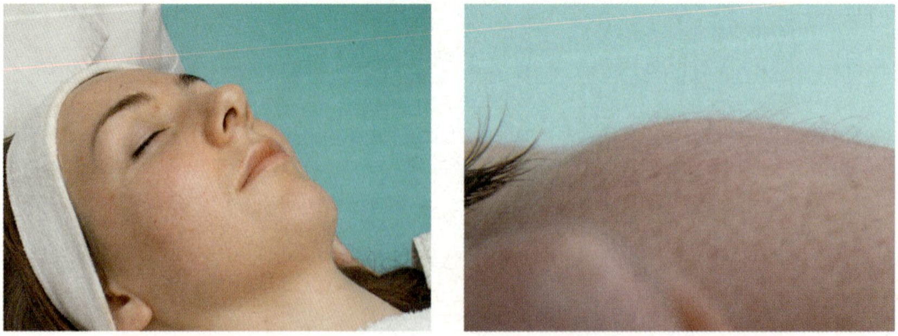

Abb. 6.1 a und b: Gereinigte Haut

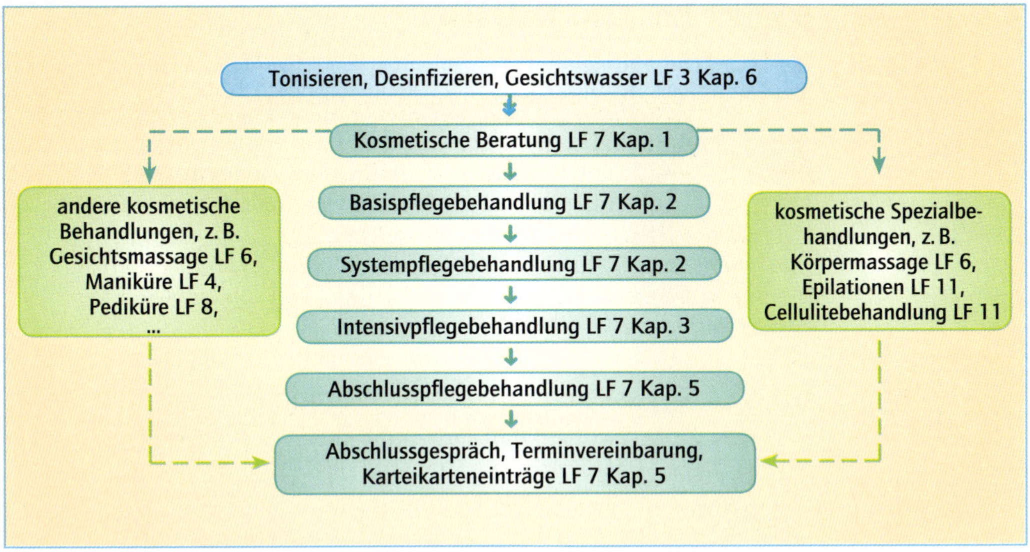

Abb. 6.2: Kosmetische Weiterbehandlungen

Intensivpflegebehandlungen (z. B. Packungen, Augenbehandlung, Ampullen, Masken), die unterstützend die Behandlung verstärken und Teilbereiche in die Behandlung einbeziehen (z. B. Hals- und Dekolletee-Behandlung), werden manuell oder apparativ durchgeführt.

Mithilfe von Gesichtsmassagen und/oder speziellen kosmetischen Anwendungen können die Weiterbehandlungen intensiviert oder teilweise ersetzt werden.

Für die Akne-Erkrankungen muss die Weiterbehandlung besonders bei der abheilenden Akne im Institut durchgeführt werden.

Während oder vor den einzelnen Behandlungsabschnitten der weiteren Pflegeanwendungen können Sie Ihre Kundin/Ihren Kunden beraten und verschiedene **Dienstleistungen** aus Ihrem Behandlungsprogramm **anbieten.**

Behandlungen — **Typ trockene Haut**

Datum:	Reinigung	Peeling	Spezial	Maske	Massage	Sonstiges
18.11.	Reinigungs-	Enzym-	Lifting-	Elastin-	manuell	Tagescreme
	creme	Peeling	Konzentrat	Vlies		
10.01.	Reinigungs-	-	Lifting-	Ölpackung	Hot Stone	Tagescreme
	creme		Konzentrat	Halsölwickel		+ Oleogel
			+ Macadamia			

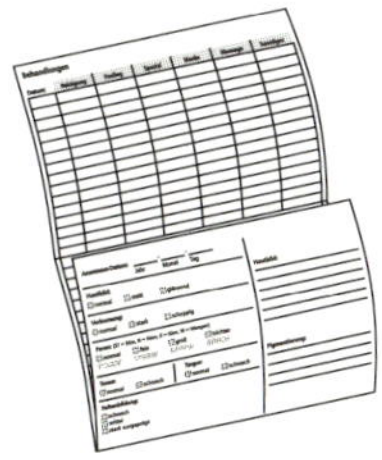

Abb. 6.3: Behandlungsplan für trockene Haut

6.2 Das Gesichtswasser

skin freshener

Der erste Schritt zu den nachfolgenden kosmetischen Behandlungen bildet die Anwendung des Gesichtswassers (engl. = *skin freshener*).

Abb. 6.2: Gesichtswasser-Beispiel

Das Gesichtswasser bewirkt zuerst eine Wiederherstellung des verschobenen pH-Wertes der Haut nach der Reinigung. Dieser Vorgang wird auch als **Tonisierung** bezeichnet.

Gesichtswässer wirken aufgrund ihrer Inhaltsstoffe im schwach sauren Bereich (pH-Wert 5 – 6) und entsprechen so dem hautphysiologischem pH-Wert (→ Kapitel 3.1).

In der Regel kann eine gesunde Haut diesen innerhalb kurzer Zeit wiederherstellen. Eine gereizte oder geschädigte Haut ist dazu nicht oder nicht so schnell in der Lage.

Kommt es zu keiner Regulierung des pH-Wertes der gereinigten Haut, führt das bei gereizter und/oder geschädigter Haut zu neuen Reizungen und Rötungen.

Lotionen
lotio

Gesichtswässer sind wässrige *Lotionen* (lat. *lotio* = Lösung), die kein oder bis zu 30 % Ethanol oder Isopropylalkohol enthalten (ALKOHOLE → Band A, Grundlagen-Lexikon).

Der unterschiedlich hohe Anteil von Alkohol in Gesichtswasser hat auch unterschiedliche Wirkung auf die Gesichtshaut:

- Ein niedriger Alkoholanteil dient in der Regel dem Lösen von Inhaltsstoffen und deren Konservierung (z. B. bei Kräuterauszügen), auf die Gesichtshaut hat er keine spürbare Wirkung.
- Ein Alkoholanteil im Gesichtswasser von ca. 16 – 18 % hat eine kühlende und erfrischende Wirkung auf die Gesichtshaut. Durch die Verdunstung des Alkohols direkt nach dem Auftragen kommt es zu einer Verdunstungskälte auf der Haut.

Verdunstung

Was ist eine Verdunstung?
Die VERDUNSTUNG ist eine Art der Verdampfung von Flüssigkeiten, deren Temperatur unter dem Siedepunkt liegt. (→ Band A, Grundlagen-Lexikon).
Die Verdunstung erfolgt von der Oberfläche der jeweiligen Flüssigkeit. Die dazu aufzubringende Energie (Wärme) wird der Umgebung entzogen, was mit deren Abkühlung verbunden ist. Dieser Vorgang wird auch Entstehung von Verdunstungskälte genannt (z. B. beim Schwitzen kühlt der Schweiß auf der Haut).

- Ein höherer Alkoholanteil führt dann zu einer antiseptischen (keimtötenden) Wirkung und wirkt gleichzeitig sekretionshemmend. Ab 20 % Alkoholanteil wird außerdem die Durchblutung der Gesichtshaut stärker angeregt, diese Konzentration findet sich z. B. in Rasierwasser (→ LF 7, Anhang H).
- Als Hautdesinfektionsmittel mit 70 % Isopropylalkohol wird z. B. vor und nach der manuellen Ausreinigung lokal desinfiziert.

584294

Inhaltsstoffe von Gesichtswasser

Gesichtswässer ohne oder mit niedrigem Alkoholanteil enthalten auch Feuchtigkeitsregulatoren wie z. B. *Aloe Vera* und/oder beruhigende Kräuterauszüge wie z. B. *Allantoin*, Malvenextrakt oder Ringelblumenextrakt.

Aloe Vera
Allantoin
Malvenextrakt

Durchblutungsanregende und hautverträgliche Inhaltsstoffe sind Kräuterauszüge wie Rosmarin oder Hamamelis.

Rosmarin
Hamamelis

Sie können auch statt der beruhigenden Zusätze Säuren mit adstringierender (zusammenziehender) Wirkung enthalten. Diese sind dann z. B. **Benzoesäure** oder **Milchsäure**. Die adstringierende Wirkung bezieht sich vor allem auf die Poren.

Benzoesäure
Milchsäure

3

Was bedeutet das für die Reihenfolge der Anwendung des Gesichtswassers?

Die Wirkung auf die Poren ist nur möglich, wenn die Poren schon ausgereinigt sind. Daher ist die Anwendung des Gesichtswassers nach der Ausreinigung und Desinfektion sinnvoll.

Anwendung von Gesichtswasser

- nach der Reinigung der Gesichtshaut, wenn keine Hautintensivreinigung vorgenommen wird,
- nach der Hautintensivreinigung, wenn keine kosmetische Ausreinigung erfolgen soll,
- zwischen den Behandlungsabschnitten, wenn nur eine Erfrischung der Haut gewünscht ist, z. B. nach einer Maskenanwendung.

Die Anwendung des Gesichtswassers erfolgt mit **Sprayfunktion** (→ Kapitel 5.4 Vakuum-Saugpumpe). Das Vernebeln bietet eine alternative Anwendung zum manuellen Auftragen des Gesichtswassers oder einer Lotion mit dem Wattepad. Die zu vernebelnde Flüssigkeit wird in die dazugehörige Flasche eingefüllt und mit einem feinen Schlauch, der am Gerät befestigt wird, verbunden. Nach dem Einschalten des Gerätes tritt die Lotion fein vernebelt aus der Austrittsdüse der Flasche und kann so auf das Gesicht und/oder Hals und Dekolletee aufgesprüht werden. Besonders während der warmen Jahreszeit bietet diese Anwendung eine angenehm erfrischende Wirkung auf die Haut. Alternativ wird das Gesichtswasser auf Wattepads aufgetragen und in sanft streichenden Bewegungen über das Gesicht in Richtung Hals und Dekolletee geführt, nicht wieder zurück.

Als **Augenbehandlung** können die mit beruhigenden Gesichtswässern getränkten Wattepads auch während der Behandlungsruhephasen (z. B. während einer Maskeneinwirkzeit) auf die geschlossenen Augenlider gegeben werden (→ LF 7, Kapitel 3.3).

Eine weitere Methode stellt das **„Einpumpen" des Gesichtswassers** in die Haut mit den flachen Händen dar: Verteilen Sie hierzu etwas Gesichtswasser in Ihre Handflächen und legen Sie diese mit sanftem Druck in voller Fläche auf die Gesichtshaut des Kunden auf. Heben Sie Ihre Hände in einer schnellen Bewegung von der Haut ab und legen Sie sie wieder auf. Wiederholen Sie diesen Vorgang dreimal auf derselben Hautfläche und dann nach und nach auf dem ganzen

Gesicht. Es entsteht eine Art „Saugwirkung", mit der Sie das Gesichtswasser in die obere Hautschicht einbringen können. Diese Methode eignet sich für die eher pflegenden Gesichtswässer ohne Alkohol (oder zum Beispiel auch für Ampullen → LF 7, Kapitel 3.1).

Das Gesichtswasser kann eine kosmetische Reinigung nicht ersetzen, sondern ist der erste Schritt der pflegenden kosmetischen Behandlungen.

Tab. 6.3: Sorten von Gesichtswasser

Gesichtswasser alkoholfrei	für alle trockenen, sensiblen, gereizten, geschädigten Hautzustände mit einem Alkoholgehalt bis etwa 5 % (besonders mild)
Gesichtswasser alkoholarm	für normale, Mischhaut (Wangen), trockene, reife Haut mit einem Alkoholgehalt bis ca. 10 % (mild)
Gesichtswasser alkoholisch	für alle öligen Hautzustände einschließlich der Akne mit einem Alkoholanteil bis ca. 30 % (entfettend und stärker kühlend)

Mit Hilfe der in Kapitel 1 bis 6 erlernten Grundlagen sind Sie nun in der Lage, die Gesichtshaut Ihrer Kunden optimal auf die in den folgenden Lernfeldern beschriebenen, pflegenden kosmetischen Behandlungen vorzubereiten.

Fragen
Übungen
Aufgaben

1. *Warum ist die kosmetische Behandlung nicht mit der Reinigung der Haut abgeschlossen? Warum ist eine Weiterbehandlung notwendig?*
2. *Erklären Sie, warum eine Wiederherstellung des pH- Wertes durch das Gesichtswasser möglich ist.*
3. *Was ist Verdunstung bzw. Verdunstungskälte?*
4. *Suchen Sie sich in Ihrem Ausbildungsbetrieb oder Institut verschiedene Gesichtswässer als Anschauungsmaterial und vergleichen Sie deren Inhaltsstoffe und Alkoholanteile.*
   a) *Worin unterscheiden sich die Gesichtswässer?*
   b) *Weshalb gibt es Gesichtswässer mit unterschiedlichem Alkoholanteil? Für welche Hautzustände sind diese dann jeweils geeignet?*
5. *Nennen Sie die Anwendungsmöglichkeiten des Gesichtswassers.*
6. *Wie lautet die englische Bezeichnung für Gesichtswasser?*

Gesichtsmassage

(Teil des LF 6)

Die Massage gehört zu den so genannten „Berührungstherapien“, die viele verschiedene Formen haben können, darunter auch das in historischer Zeit bekannte Handauflegen, dem eine heilende Wirkung zugesprochen wurde.

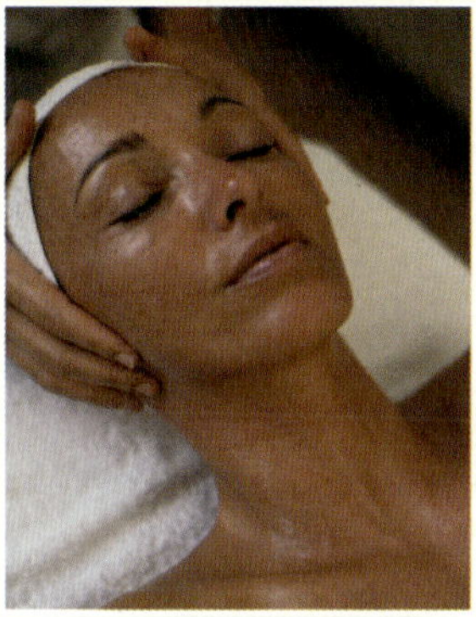

Die klassische kosmetische Gesichtsmassage ist der entspannendste Teil der Kosmetikbehandlung und auch gleichzeitig ein Behandlungsablauf, an den sich Ihre Kunden immer wieder (positiv) erinnern sollten. Ein ausgeprägtes Einfühlungsvermögen und Fingerspitzengefühl sind notwendig, damit Ihre Gesichtsmassage ein Erfolg wird. Während der vor allem manuellen Ausführung kommt es zu einem engen Kontakt mit den Kunden.

In die kosmetische Gesichtsmassage mit einbezogen werden das Gesicht, der Nacken, die Schulterpartie und der Dekolleteebereich. Die Ganzkörpermassage und weitere Teilkörpermassagen, die im Rahmen Ihrer Ausbildung ebenfalls zu erlernen sind, werden in ➜ Band C genau beschrieben.

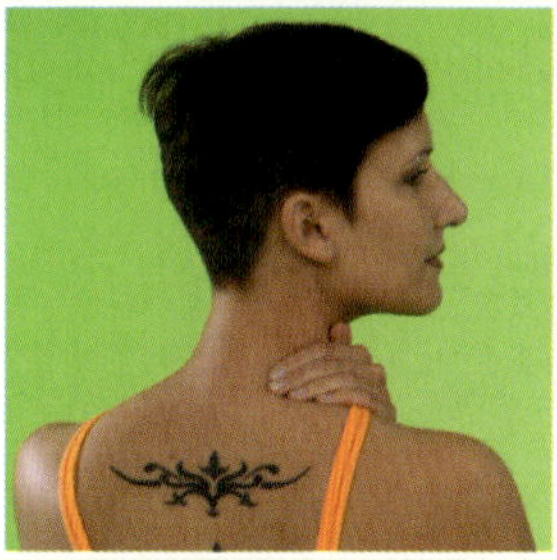

Die Gesichtsmassage ist die „Kür“ jeder kosmetischen Gesichtsbehandlung und sollte von Ihnen stets mit Ruhe und hoher Präzision durchgeführt werden. Nur nach intensivem Training, bei genauer Kenntnis der Anatomie und Physiologie des Gesichts und nach sorgfältiger Schulung durch ausgebildete Fachkräfte kann sie wirklich gut von Ihnen durchgeführt werden.

Anwenden von kosmetischen Massagen

1 Kosmetische Gesichtsmassage

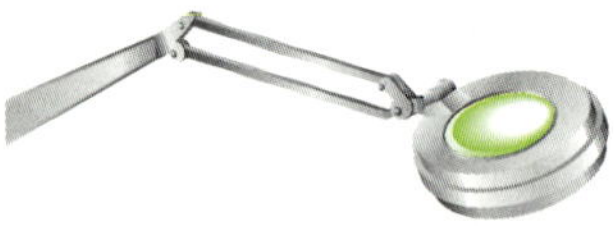

Katie betrachtet angestrengt ihre Kundin, die auf dem Behandlungsstuhl liegt: Nach der Ausreinigung hat sie jetzt doch teilweise ordentliche Schwellungen auf den Wangen und der Stirn. Dass die Gesichtshaut der Kundin so sensibel reagieren würde, hatte sie nicht erwartet. Was soll sie nun tun? Während ihrer Ausbildung hat sie gelernt, dass geschwollene Haut nicht massiert werden darf. Oder gilt das nicht nach der Ausreinigung? Jetzt weiß sie gar nichts mehr. Am besten fragt sie ihre Chefin.

1.1 Streifzug durch die Geschichte der Massage

mass(a)

Académie Française

Der Begriff **Massage** stammt ursprünglich von dem arabischen Begriff *mass(a)* = berühren/betasten. Er wurde 1824 in Frankreich als medizinischer Fachbegriff und als ein „neues, durch den Gebrauch bestätigtes Wort" verzeichnet und 1835 von der *Académie Française* offiziell in den französischen Sprachschatz aufgenommen. Seit dieser Zeit finden sich auch in deutschen Schriften immer häufiger die Bezeichnungen „Massieren" und „Massage" bis zum Übergang in den heute üblichen Sprachgebrauch.

Schon Jahrhunderte vor Christi Geburt wurden in China, Indien, Ägypten, Griechenland und Italien neben der Körperpflege und Bädern auch **Körpermassagen mit Ölen** durchgeführt (→ Band A, LF 1, Kapitel 2).

In der Regel nahmen speziell ausgebildete „Masseure" diese Massagen vor. In entsprechenden Liegehallen konnte nach der Massage geruht werden.

- Bereits im dritten Jahrhundert v. Chr. erwähnte **Hippokrates,** der altgriechische Vater der Medizin, die Massage („das Reiben") als eine Methode zur Schmerzlinderung und Heilung. Über ihn gelangte die Massageanwendung nach Europa.
- Der römische Schriftsteller **Plinius** ließ sich regelmäßig zur Linderung seines Asthmas „reiben".
- Der römische Heilkundige **Claudius Galenus** wandte schon die Massage als ärztliche Behandlung an.

Massagen in China und Japan

Während der Tang-Zeit (618–907 n. Chr.) wurden in China **Anmo-Massagen** (*an – mo* = Drücken und Reiben) durchgeführt. Bei dieser Massageform drückte der Behandler (Masseur) die zu massierenden Körperstellen, auch und vor allem im mittleren **Stirnbereich des Gesichts,** mit dem Daumenendglied, mit hakenförmig gekrümmten Fingern oder fest mit zwei zusammengepressten Fingern. Bei größeren Körperflächen, z. B. dem Brustkorb, wurde mit den Handballen gearbeitet.

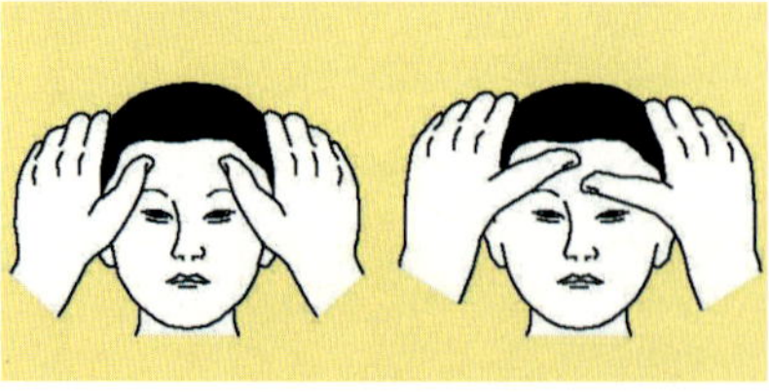

Abb. 1.1: Chinesische Gesichtsmassage

Nach dem Aufdrücken der Finger oder Handballen erfolgte die feste Reibung der zu behandelnden Stelle.

Seit dieser Zeit war die Massage in China eine eigenständige Methode zur Behandlung von z. B. gefühllos gewordenen Körperteilen oder zur Linderung von Atembeschwerden bzw. zur Durchblutungsanregung. Zur Überwachung der Massageanwendungen gab es zwei Professoren, die für das Fachgebiet tätig waren, und sogar ein „kaiserliches Kolleg für Masseure" bestand.

An der chinesischen kaiserlichen Medizinschule wurde dann z. B. 1775 die **Tuina-Massage,** deren Inhalt genau schriftlich festgelegt war, als Prüfungsfach eingeführt. Zu den *Anmo*-Griffen kamen hier noch Tui-Griffe (*tui* = Schieben), Na-Griffe (*na* = Greifen, Kneten) oder Zhen- und Chui-Griffe (*zhen* = Vibration, *chui* = Klopfen) und verschiedene mehr dazu.

Anmo, tui na, zhen, chui

Welche Grundgriffe der kosmetischen Massage von heute sind Ihnen bekannt?

Tuina-Massage ist ein chinesisches Massagesystem, das sich den körperlichen Gegebenheiten des Behandelten anpassen lässt.

Von China aus gelangte diese Massagetechnik auch nach Japan und ersetzte dort immer mehr die volkstümliche japanische Massage. Massagen dienten durchweg zur Entspannung, Linderung und Heilung.

1831 erschien in einem Bericht des Arztes W. G. Tilesius über die *cholera asiatica* eine ausführliche Beschreibung einer chinesischen Massageabfolge, die sich der Autor in Guangzhou (Stadt in China) verabreichen ließ. Er beschreibt auch die Anwendung von „chinesischen Massagegeräten" wie hölzerne Schlägel, Hämmerchen und verschieden große Roller.

cholera asiatica

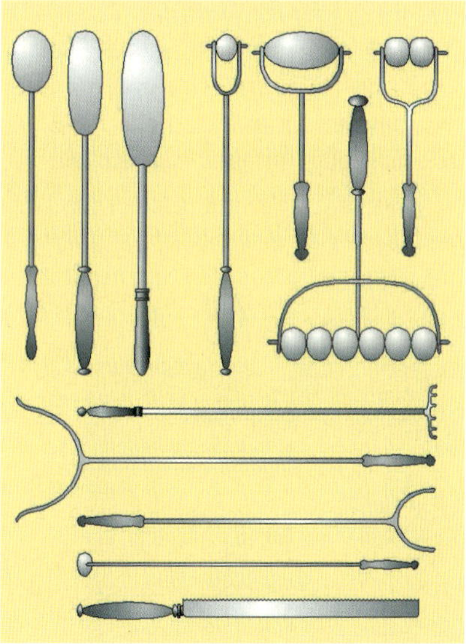

Abb. 1.2: Chinesische Massagegeräte

Massagen im heutigen Europa

Von der **Antike** bis zum Mittelalter wurden Massagen in den dafür vorgesehenen Badehallen oder Badehäusern durchgeführt, von Bademägden und/oder Badern (Bademeistern) ausgeführt.

Aus Angst vor ansteckenden Krankheiten (Seuchen wie z. B. Cholera) mieden die Menschen aber die Badehäuser und somit gerieten die Massagen im **Mittelalter** des heutigen Europas wieder in Vergessenheit. Zu groß waren auch die von der Kirche geprägten moralischen Bedenken, den Körper unbedeckt z. B. mit Massagen zu behandeln. Der stark ausgeprägte christliche Glaube förderte die Konzentration auf den Geist, nicht auf den Körper.

Nur in Mitteleuropa therapierten einige Ärzte mit Massagen, die auf den **Überlieferungen von Hippokrates und Galen** basierten.

Der schwedische Heilgymnast Peer Henrik Ling (1776–1839) brachte von seinen Reisen nach China Erkenntnisse der chinesischen Massageformen mit. Er entwickelte daraus und aus seinen eigenen heilgymnastischen Erfahrungen die so genannte **schwedische Massage,** ein System, das sowohl den Kreislauf anregen, die Spannkraft der Muskeln stärken und einen wohltuenden Einfluss auf die Funktion des Bänder- und Sehnenapparates haben sollte. Er entwickelte diese Methode aus der schwedischen Gymnastik, die mit Beugen, Strecken und Rotieren die Muskeln, Bänder und Sehnen trainierte. Die Massage war dann die passive Form der Nachahmung dieses Trainings, bei der die Behandelten in Ruhestellung verbleiben und der Masseur arbeitet.

Die schwedische Massage ist auch heute noch die klassische Massageform mit den in → Kapitel 4 aufgeführten Grundgriffen.

Der holländische **Arzt J. G. Mezger** (1838–1909) gestaltete die Massage zu einer therapeutischen Anwendungsform, die immer mehr Anhänger in der Ärzteschaft fand.

Der berühmte **Chirurg Bergmann** gründete **um 1900 die erste deutsche staatliche Massageschule an der Berliner Charité,** in der Frauen und Männer auch ohne ärztliches Studium die schwedische Heilmassage erlernen konnten. Der Berliner **Universitätsprofessor Zabludowski** lehrte dort z. B. die von ihm entwickelte Massage gegen Kopfschmerzen, die auch Griffe über die Stirn ausführt.

Ein Pionier der Massage in der Krankengymnastik war 1917 **J. B. Mennel** mit seinem Werk ***„Massage. Its principles and practice"*** (engl. *principle* = Grundsatz, *practise* = Durchführung).

Dr. med. et jur. Franz Kirchberg war an der Universität in Berlin im Bereich Massage und Heilgymnastik und als Dozent an der Deutschen Hochschule für Leibesübungen tätig. In seinem 1926 veröffentlichten Werk „Handbuch der Massage und Heilgymnastik" schreibt er:

„(...) Wie jeder Mensch instinktiv eine geschwollene und deshalb schmerzende oder gestoßene Stelle seines Körpers reibt oder drückt und so versucht, den durch die Spannung verursachten Schmerz zu mindern, so wird dieses instinktive Mittel wohl auch als Heilmittel zu allen Zeiten angewandt worden sein. (...)"

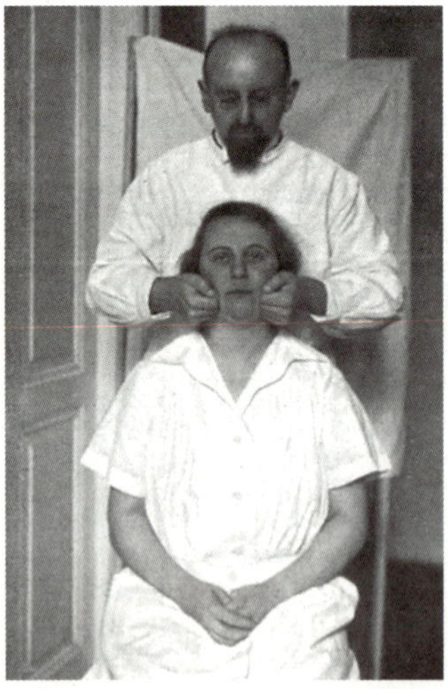

Abb. 1.3 a: Erschütterungen der Wangen

Er veröffentlichte einen Ergänzungsband zu oben genanntem Werk mit dem Titel „Massage und Gymnastik im Dienste der Kosmetik", in dem er besonders betont, dass auch die **Gesichts- und Kopfmassage** zur Gesundheitspflege gehört und somit in die Hände des Arztes.

Als Indikation für eine Gesichtsmassage nennt er auch die Faltenbildung sowie übermäßige Fettbildung und übertriebene Magerkeit des Gesichts. Als Massagemittel (auch für das Gesicht) empfiehlt er bei spröder, trockener Haut die weiße Vaseline, bei normaler Haut dagegen eine Pudermischung aus Talkum, Kaolin, Zinkoxid, Magnesium usw.

5842100

Im Gegensatz zur heutigen Ausführung der Gesichtsmassage stand er hinter, vor oder neben der sitzenden Patientin. Viele Griffe sind bis heute noch aktuell in der Anwendung, auch mit Variationen. In seinem Buch befinden sich bereits Übungen zur Gesichtgymnastik (→ Kapitel 7).

Bis zum Ende des 19. Jahrhunderts führten meist männliche Ärzte medizinische Massagen durch.

Heute ist der Beruf des Masseurs für Männer und Frauen erlernbar, und in einer staatlich zugelassenen Ausbildung festgelegt.

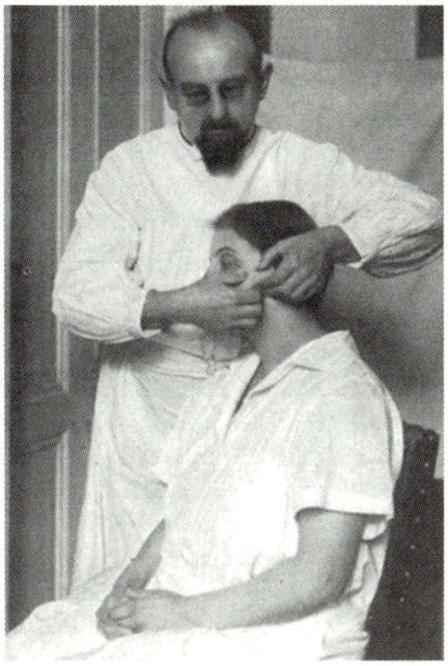

Abb. 1.3 b:
Knetungen der Wangen

1.2 Kosmetische und medizinische Massagen

Als Kosmetiker dürfen Sie nur eine **kosmetische Massage** anbieten, die gesundheitsfördernd und damit gesundheiterhaltend ausgeführt wird. Die Arbeit an erkrankten Körperteilen, z. B. nach einer Verletzung, oder an erkranktem Gewebe, z. B. bei einem Lymphödem, darf von Ihnen nicht ausgeführt werden. Sie dürfen auch nicht in Aussicht stellen, dass durch Ihre kosmetische Massage Krankheiten, körperliche Leiden oder Schmerzen beseitigt werden.

Ihre **Betriebshaftpflichtversicherung** (→ Band A, LF 1, Kapitel 4.4) für den Berufsstand der Körperpflegeberufe beinhaltet **nur** die Tätigkeit der kosmetischen Gesichts- und Körpermassage sowie die Deckung von Schäden, die durch von Ihnen durchgeführte Behandlungen entstanden sind, bis zu einer festgelegten Maximalsumme.

Für Sie als Kosmetiker/-in bedeutet dies, dass Sie ohne Zusatzausbildung keine medizinischen Massagen durchführen dürfen.

Eine **medizinische Massage,** wie z. B. eine Bindegewebs- oder Reflexzonenmassage, darf nur nach vorheriger gründlicher Ausbildung und entsprechendem Abschluss durchgeführt werden. Dies gilt auch für medizinische Massagen, die Heilzwecken dienen (z. B. bei Erkrankungen des Bewegungsapparates, der Gewebe oder bei Nerven- oder Muskelschäden), sie dürfen nur nach entsprechender Qualifikation ausgeführt werden.

Medizinische Massagen können andere therapeutische Behandlungen unterstützend begleiten.

EXKURS: Staatlich geprüfter Masseur und medizinischer Bademeister

Der Beruf des Masseurs erfordert eine gründliche Ausbildung, die in der Regel nach zwei Jahren mit Zertifikat abgeschlossen wird. Der Unterricht erfolgt an Privatschulen mit staatlicher Anerkennung oder an staatlichen Schulen und entsprechenden Prüfungen in Theorie und Praxis. Erst dann darf die Bezeichnung „staatlich anerkannter Masseur und medizinischer Bademeister" verwendet werden.

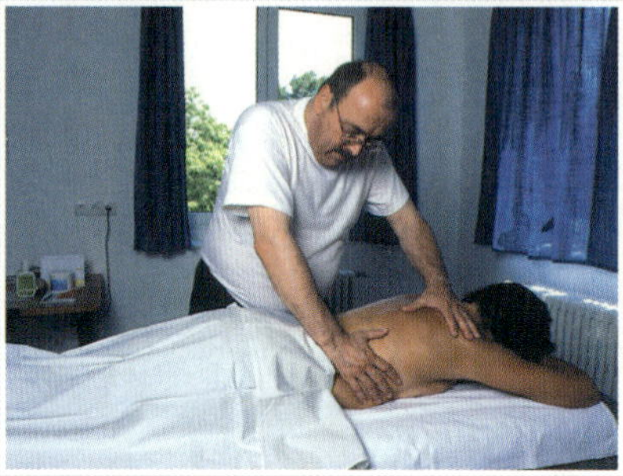

Abb. 1.4: Beispiel med. Massage

Das Berufsbild umfasst die therapeutische Massage an erkranktem Gewebe, wie bei z. B. rheumatischen Erkrankungen, aber auch Verspannungen/Verkrampfungen der Muskulatur. Auch die Rehabilitation nach Verletzungen oder Operationen ist Aufgabe des staatl. geprüften Masseurs.

Weltweit werden auch heute noch die Massagegriffe Kneten, Drücken, Reiben, Streichen, Vibrieren, Schütteln, Klatschen, Hakken, Klopfen und Streichen in vielfältigen Variationen eingesetzt und mit den Händen, teilweise mit den Ellbogen und Füßen sowie unter Anwendung von Hilfsmitteln durchgeführt.

Im Folgenden wird die kosmetische Gesichtsmassage behandelt. Sie wird manuell (→ Kapitel 4), mit mechanischen Mitteln (z. B. Bürsten → Kapitel 5.1), mit apparativen Mitteln (→ Kapitel 6) und unter Anwendung eines geeigneten Massagemittels (→ Kapitel 3.4) durchgeführt.

1.3 Ziel und Wirkung der kosmetischen Gesichtsmassage

- Die Gesichtsmassage fördert durch den Hautkontakt die seelische und körperliche Entspannung der Kunden.
- Die Art und Weise der Durchführung Ihrer Gesichtsmassage kann außerdem einen aktuellen Hautzustand beruhigen (z. B. bei sensibler Haut) oder anregen (z. B. bei fahler, schlecht durchbluteter Haut).
- Eine Minderung von bereits bestehenden Falten und die Vorbeugung vor neuer Faltenbildung kann erreicht werden.
- Durch die Gesichtsmassage können vorher aufgetragene Intensivpflegewirkstoffe (manuell oder apparativ mit Massagegeräten eingeschleust) in die obere Hautschicht eingearbeitet werden.
- Verspannungen der Gesichtsmuskulatur können aufgelockert und damit ein entspanntes Aussehen der Gesichtshaut erreicht werden.

Während der Gesichtsmassage (oder Körpermassage) kommt es zu einer mechanischen Wirkung auf die Oberhaut (Epidermis) und auf die darunter liegenden Bindegewebsschichten, Gefäß- und Nervenstrukturen der Dermis, auf Hautmuskeln und Weichteile.

Mit den Händen werden verschiedene Massagegriffe durchgeführt (→ Kapitel 4), die je nach Form und Kraft der Ausführung für eine lokale (örtliche) **Durchblutung** sorgen und die **Freisetzung von körpereigenen hormonähnlichen Wirkstoffen** bewirken. Auch eine **Entstauung** ist über das Lymphsystem möglich und eine **Anregung des Stoffwechsels** wird erreicht.

Wirkungen der Massage auf die Haut

Die kosmetische Gesichtsmassage beugt auch unterstützend der Hautalterung und damit der Faltenbildung vor, indem eine Stoffwechselanregung durch die Massagegriffe stattfindet, eine bessere Durchblutung der gefäßreichen Hautschichten erreicht wird und der Abtransport von Schlackenstoffen gefördert wird. Sie ist deshalb auch immer bei einer **Hautatrophie** (Verdünnung der Haut anzuraten. Diese entsteht alterungsbedingt durch die Rückbildung besonders der elastischen Fasern der Lederhaut und des Fettgewebes der Subkutis.

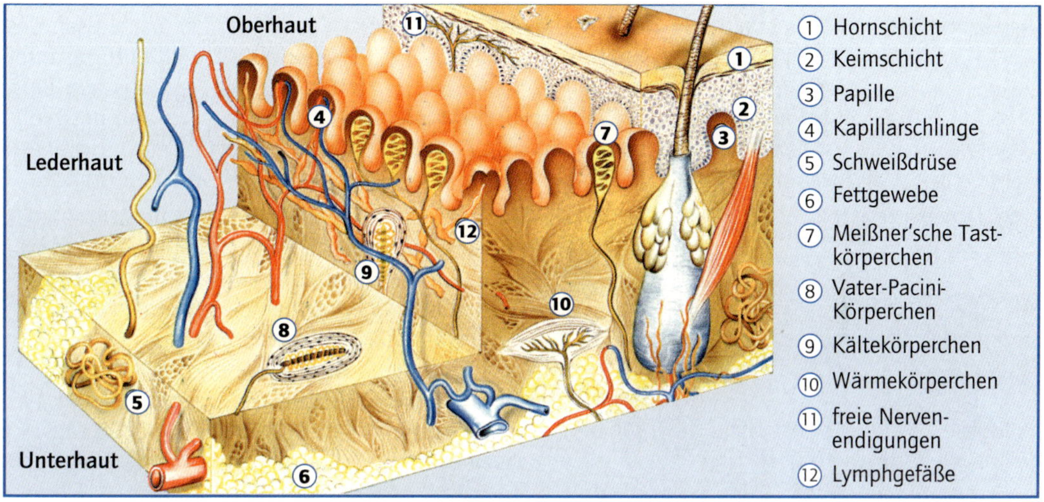

Abb. 1.5:
Aufbau der Haut

Die mechanische Wirkung der einzelnen Massagegriffe erstreckt sich auf die verschiedenen Gewebeschichten der Haut, indem sie die Haut in **die Höhe, Tiefe und in einer seitlichen Verschiebung** verformen. Mit den verschiedenen Massagegriffen werden auch die verschiedenen Gewebeschichten der Haut bewegt (→ Kapitel 4, Abb. 4.2).

Epidermis (Oberhaut)

Die abgestorbenen Hornschüppchen werden mechanisch durch die Reibung entfernt. Dadurch kann die Haut anschließend aufgetragene Pflegeprodukte besser aufnehmen. Durch das Abreiben wird die Haut außerdem zur Regeneration (Zellteilung und Erneuerung des Gewebes in der Keimzellschicht, *stratum basale*) angeregt.

Zusätzlich werden die darüber liegenden Zellschichten, vor allem die Stachelzellschicht *(stratum spinosum)*, zusammengedrückt und leicht bewegt.

Lederhaut (Dermis)

Die Lederhaut besteht aus faserigem Gewebe und wird noch einmal in zwei Schichten unterteilt:

Die **Papillarschicht** *(stratum papillare)* verfügt über Blut- und Lymphgefäße sowie Nervenstrukturen und bindegewebsartige Fasern. Die Bindegewebspapillen ernähren die darüber liegende Keimzellschicht der Epidermis (Aufbau der Haut → Band A, LF 2, Kapitel 1.1).

Durch den Druck bei der Massage kann die Gewebsflüssigkeit (extrazelluläre Flüssigkeit → Band A, Grundlagen-Lexikon, FLÜSSIGKEITSRÄUME IM KÖRPER) in die Lymphkapillare und die Blutbahnen abgeleitet werden.

Lässt der Druck des jeweiligen Massagegriffes nach, so entsteht ein Sog, der dafür sorgt, dass Gewebewasser verstärkt an seine ursprüngliche Position, angereichert mit Nährstoffen, in den Zellzwischenraum zurückfließt. Dieser **„Pump- und Saugvorgang"** hat dann eine Stoffwechselsteigerung zur Folge. Umgekehrt findet ein Stoffwechselendprodukt-Abtransport statt.

Der mehr oder weniger stark ausgeprägte Druck der Massagegriffe sorgt dafür, dass lokal Blut in den Gefäßen „weitergedrückt" wird und bei Nachlassen des jeweiligen Griffes ein erhöhter Blutfluss im Gefäß erfolgt **(Durchblutungsanregung).** Das bedeutet auch eine Anregung des Stoffaustausches zwischen Blutgefäßen, Zwischenzellräumen und Lymphe und somit eine Anregung des Stoffwechsels. Massagegriffe in Abflussrichtung der Lymphgefäße lösen Lymphansammlungen auf und sorgen für ein besseres Abfließen der Gewebeflüssigkeit.

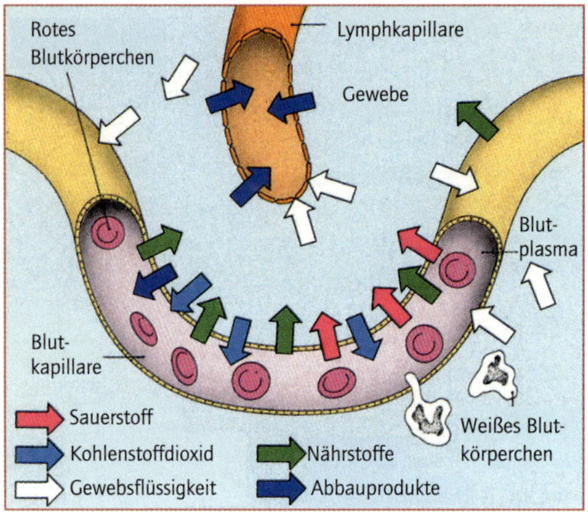

Abb. 1.6: Stoffaustausch im Bereich der Kapillaren

Die **Retikularschicht** *(stratum reticulare)* enhält den Hauptteil der Dermis, bestehend aus stärkeren elastinen und kollagenen Fasern (auch Nerven, Blut- und Lymphgefäße sowie Schweißdrüsen und Haarfollikel). Diese werden durch die Massagegriffe mehr oder weniger intensiv gedehnt. Werden die Massagegriffe wiederholt, kommt es zu einer erneuten **kontrollierten Dehnung.** So werden diese Bindegewebsfasern trainiert und gestärkt.

Wirkung der Massage auf Nerven und Muskulatur

Sensorische Nerven

Der mechanische Reiz auf die Hautoberfläche wird von den Nervenendigungen und Nervenendkörperchen in der Haut über die Nervenbahnen zum Zentralnervensystem weitergegeben (→ Band A, Grundlagen-Lexikon, NERVENSYSTEM). Von dort werden Impulse an innere Organe als so genannte **Fernwirkung** weitergegeben und unter anderem an das Gefäßsystem der Haut weitergeleitet. Dies wird als **reflektorische Wirkung** bezeichnet. Sie führt zu einer Durchblutungssteigerung und zu einer besseren Nährstoffzufuhr bzw. zu besserem Abtransport von Schlackenstoffen (z. B. Stoffwechselendprodukten, abgestorbenen Zellen und „Schlacken" → Band A, LF 10, Kapitel 14.1).

Die Muskulatur

Der mechanische Reiz auf die Hautmuskulatur sorgt für die Freisetzung von hormonähnlichen Wirkstoffen, wie z. B. von Acetylcholin. Das ist ein Neurotransmitter, der für die Reizleitungsübertragung von Nervenendigungen an Muskelzellen zuständig ist (→ Band A, Grundlagen-Lexikon, MUSKEL). Mithilfe der Massagegriffe wird die **Muskulatur aktiviert und trainiert,** Verspannungen und/oder Verkrampfungen werden gelöst, die Muskelfasern besser durchblutet und ein erhöhter Abtransport von Schlackenstoffen aus dem Muskelgewebe gefördert.

Die Faltenbildung, die von der mimischen Muskulatur verursacht wird (→ Kapitel 2.2), kann mit bestimmten Massagegriffen gemildert werden, wenn sie auf vorübergehenden Verkrampfungen und/oder Verspannungen dieser Muskulatur basiert.

Die Wirkung der Massage ist abhängig von:

- der Intensität der Griffe
- der Geschwindigkeit der Durchführung des Griffes (je schneller der Griff, desto intensiver der damit verbundene lokale, mechanische Reiz)
- den zeitlichen Abständen zwischen der Wiederholung der Griffe
- der Häufigkeit der Wiederholung der Griffe und den damit verbundenen Reizen
- dem gleichmäßigen oder dem an-/abschwellenden Druck
- der Empfindlichkeit der Haut
- der Häufigkeit der Massage und damit der Häufigkeit der durch die lokalen Reize der Massage ausgelösten Wirkungen („Training")

Weitere, spezifische Wirkungen der Massage finden Sie den entsprechenden Grundgriffen zugeordnet in → Kapitel 4.1.

Je höher der Massagedruck und je stärker die Reibung, desto intensiver ist die Wirkung und Durchblutungssteigerung der Haut und der darunter liegenden Gewebe. (Achtung bei sensibler Haut!)

Führen Sie eine Gesichtsmassage mit ausgeglichenem, auch wechselndem Rhythmus durch, sonst ist das für die Kundin nicht angenehm.

Die Massage ist die „Kür" der kosmetischen Gesichtsbehandlung und auch Ihre als Kosmetiker/-in. Sie sollte stets mit Ruhe und hoher Präzision durchgeführt werden.

Lassen Sie bei Zeitknappheit lieber einige Griffe weg, anstatt im „Galopp" durch die Massage zu „rennen".

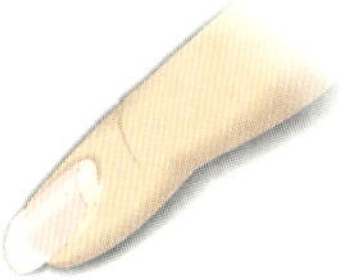

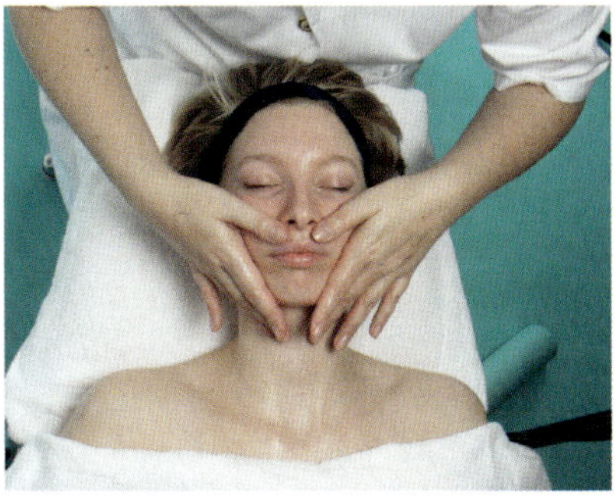

Abb. 1.7: Gesichtsmassage-Beispiel

Ihre Massage sollten Sie gleichzeitig als ein flexibles Kunstwerk sehen, das sich auf den jeweiligen Hautzustand der Kundin anpassen lässt, der sich von Behandlung zu Behandlung verändern kann.

1.4 Kundenberatung

Bieten Sie im Gespräch mit Ihrer/em Kundin/en die Dienstleistungen der Gesichtsmassage an.

Weshalb soll die Gesichtsmassage durchgeführt werden?

Beurteilen Sie die Gesichtshaut der Kundin oder erstellen Sie eine Befunderhebung (falls nicht bereits für die Gesichtsbehandlung in Form der Anamneseerhebung geschehen → LF 2). Betrachten Sie dazu die Gesichtshaut Ihres Kunden unter folgenden Gesichtspunkten:

- Hautzustand und Grad der Durchblutung
- fühlbare Verkrampfungen der Muskulatur unter der Haut, auch wenn nur eine Gesichtshälfte betroffen ist (z. B. im Augenbrauenbereich)
- druckempfindliche Hautpartien, Schmerz- und Hautempfindlichkeit
- Faltenbildung und Faltentiefe (je ausgeprägter, umso länger und intensiver sollte ein späterer Massagegriff ausgeführt werden)

Sprechen Sie Ihre Empfehlung für die Massageform, für entsprechende Hilfsmittel oder für die Massageart (manuell oder apparativ) aus:

- nach dem aktuellen Hautzustand der Gesichtshaut des Kunden
- nach der Schmerz- und Hautempfindlichkeit des Kunden
- nach Dauer der einzelnen Anwendung und Wiederholung in einem bestimmten Zeitraum
- nach Grad der Entspannung oder Anregung, der erreicht werden soll
- nach dem zu erreichendem Ziel, der Verbesserung des Hautzustandes, kurzfristig und langfristig (→ LF 7, Systempflege)
- nach dem Budget des Kunden (spezielle Gesichtsmassagen oder apparative Anwendungen sind meist kostenintensiver)

Stellen Sie bei Bedarf einen **Massageplan** auf, der die Auswahl von Methode und Mittel, den Ablauf und die Wirkung der Massage als z. B. beruhigend, anregend, reinigend, lockernd und/oder entspannend regelt. Der Massageplan enthält außerdem Dauer, Wiederholung, Intensität usw. und eventuell für Sie als Gedankenstütze eine Auswahl der passenden Massagegriffe (→ Kapitel 4). Ein Muster ist am → Ende des Kapitels abgedruckt.

Informieren Sie über **Preise und Behandlungsdauer** der Anwendung. Beraten Sie Ihre Kunden dann bezüglich des **Massagemittels** (→ Kapitel 3.4).

Achten Sie im Hinblick auf mögliche allergische Reaktionen besonders auf Inhaltsstoffe in den Massagemitteln, z. B. auf Konservierungsstoffe oder Duftstoffe. Mögliche Allergien sollten Sie in der Anamnese erfragt haben.

Wählen Sie das Massagemittel unter Berücksichtigung des aktuellen Hautzustandes und den angegebenen Vorgaben. Berücksichtigen Sie auch die Wünsche Ihrer Kunden, z. B. wenn kein Massageöl oder ein bestimmter Duft gewünscht wird.

Sind Sie selbst immer fit genug eine Gesichtsmassage durchzuführen?

Die Durchführung einer Gesichtsmassage fordert von Ihnen Einfühlungsvermögen, Kraft und eine ruhige Ausstrahlung. Folgende Faktoren können eine gute Ausführung Ihrer Massage behindern oder stören:

- Ständige Unterbrechungen während der Massage stören nicht nur die Entspannung Ihrer Kundin, sondern auch Ihre eigene Konzentration. Führen Sie deshalb die in Kapitel 3 aufgeführten Maßnahmen durch (→ Tabelle 3.4).
- Achten Sie auf bequeme Kleidung, eine praktische Frisur und einen bequemen Arbeitsstuhl; auch Sie sollen sich während der Durchführung der Massage wohl fühlen.
- Regeln Sie (auch für sich) entsprechend Belüftung und Raumtemperatur.
- Wählen Sie eine Entspannungsmusik oder einen Duft, die/den Ihr Kunde und Sie selbst gerne hören oder riechen.
- Zeitdruck, z. B. wenn sich eine Kundin verspätet hat oder die Massage nachträglich vereinbart wurde und Sie Ihren nächsten Kunden eventuell etwas warten lassen müssten. Lassen Sie dann lieber einige Griffe weg.
- Sie sind zu müde, abgehetzt oder unruhig. Dann helfen Ihnen die in → Band C in LF 10 beschriebenen Haltungs- und Kurzentspannungsmethoden. Das Gleiche gilt, wenn Sie gedanklich abgelenkt und unkonzentriert sind.

Wenn Sie nicht mehr wissen, bei welchem Griff Sie waren, hilft ein Blick auf die Uhr. Mit diesem können Sie ungefähr abschätzen, wie viel Zeit Ihnen für die Massage noch bleibt. Wählen Sie danach die restliche Anzahl der Griffe entsprechend aus.

- Ihr Kunde oder Sie selbst sind krank. Dann hilft nur eine „Auszeit" wegen z. B. bei einer Erkältung bestehenden Ansteckungsgefahr für Sie und Ihre Kunden und zu Ihrer eigenen Schonung.
- Sie haben sich an der Hand oder am Finger verletzt (z. B. eine Schnittwunde). Je nachdem, wo sich die Verletzung befindet und wie groß bzw. auch schmerzhaft sie ist, können Sie entweder gar nicht arbeiten oder müssen die Wunde vollkommen abdecken. Das beeinträchtigt aber auf jeden Fall Ihre Massageleistung und birgt immer die Gefahr einer Infektion (→ LF 2, Kapitel 1.1) für Sie und den Kunden.
- Sie leiden an einem Abnutzungsekzem. Da hilft nur sorgfältige Prophylaxe (Hand- und Hautschutz für die Kosmetikerin → LF 7, Exkurs in Kapitel 1.7.2). Ist das Ekzem einmal aufgetreten, können Sie im akuten Zustand nicht massieren bzw. arbeiten (raue Hände, Infektionsgefahr, Hygiene).

Die besten Voraussetzungen für eine wirklich gute Massage ist Ihre eigene Gesundheit, die fachgerechte Auswahl von Methode und Massagemittl, die gute Ausführung und die Konzentration auf Ihre Kundin.

1.5 Kontraindikationen der Gesichtsmassage

Die in den Abbildungen zu sehenden und im Text beschriebenen Hauterkrankungen sind in ➜ Band A, LF 2, Kapitel 4 erklärt.

Eine Gesichtsmassage darf nicht ausgeführt werden, wenn:

- entzündliche Hauterkrankungen vorhanden sind (z. B. Rosazea), die in ihrer Durchblutung nicht noch mehr angeregt werden sollen, da sonst die entsprechenden Erreger über das Lymph- und Blutsystem im Körper verteilt werden und zu weiteren Erkrankungen führen können;
- sich Ekzeme (z. B. atopisches Ekzem), Psoriasis und Allergien in der akuten Phase befinden, da die mechanische Reizung der Haut den krankheitsbedingten Reizzustand der Haut erheblich verschlimmern kann;
- infektiöse und/oder bakterielle Erkrankungen vorliegen (z. B. Akne), denn hier besteht, speziell nach einer kosmetischen Ausreinigung, die Gefahr einer Schmierinfektion;

Abb. 1.8 a – f: Beispiele für Kontraindikationen

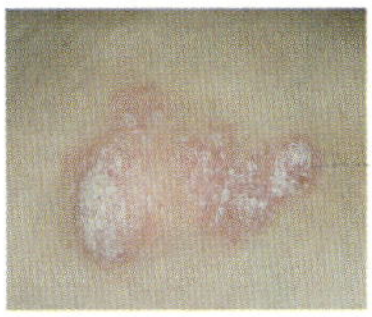
a: Psoriasis

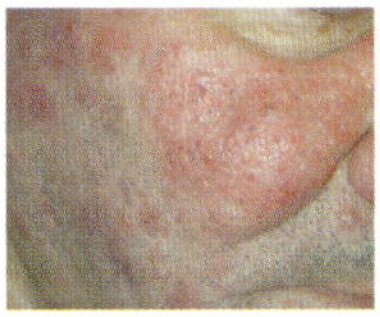
b: Rosazea

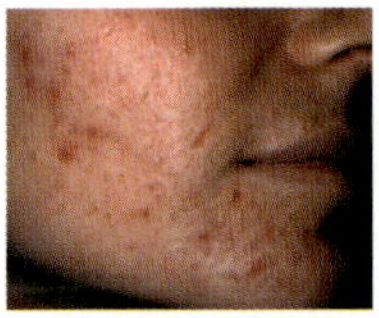
c: Akne papulo-pustulosa

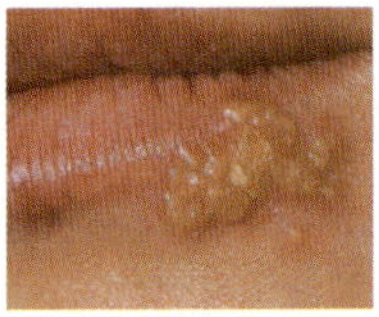
d: Herpes simplex

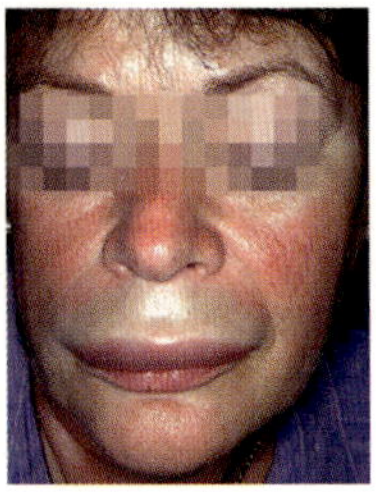
e: Quinke Ödem

- virale Infekte (z. B. *Herpes simplex*) oder Viruswarzen vorhanden sind;
- Hautpilzerkrankungen (z. B. Tinea barbae = Bartpilz) vorliegen;
- die Gesichtshaut oder Hautareale dieser ganz oder teilweise geschwollen sind (z. B. die Region der Augen);
- eine Reaktion in Form von starker Rötung bereits provoziert ist (z. B. bei hypersensibler Haut);
- eine gestörte Vernarbung, z. B. in Form von Kelloiden, besteht, frische Narbenbildungen vorhanden sind oder bei Zustand nach Gesichtsoperationen, da es sonst zu einer verstärkten und verlängerten Wucherung bzw. zu einer gestörten und/oder verstärkten Vernarbung kommen kann;
- Lymphadentitis (Lymphknotenentzündung) oder Lymphödem bestehen, denn hierbei kommt es entweder zu einer verstärkten Entzündung des Knotens oder zu einer Behinderung des Lymphabflusses. Es entstehen polsterartige Schwellungen durch Eintritt von Flüssigkeit in das Gewebe. Diese erkennen Sie z. B. durch Fingerdruck auf das Gewebe, wenn nach dem Loslassen ein weißer Fleck erscheint.

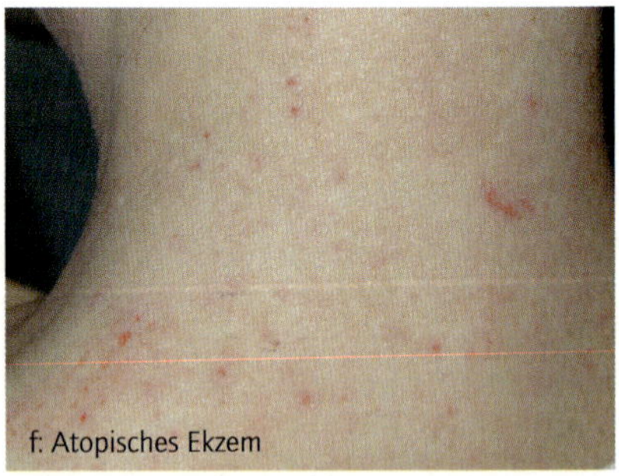
f: Atopisches Ekzem

Bieten Sie dann lieber eine Manuelle Lymphdrainage (➜ Kapitel 5.2) an, bis das Gewebe besser verheilt ist.

Erklären Sie dann Ihren Kunden, warum Sie keine Gesichtsmassage durchführen. Im Behandlungsablauf fahren Sie fort mit den kosmetischen Intensivpflegebehandlungen (➜ LF 7, Kapitel 3).

5842108

1.6 Gefahren einer unsachgemäßen Massage

Wird die Gesichtsmassage nicht fachgerecht von Ihnen durchgeführt, kann das unangenehme kurzfristige und langfristige Folgen für Ihre Kunden haben.

Kurzfristig kann eine zu feste, zu reizintensive und zu schnell ausgeführte Massage zu einer mechanischen Reizung der Haut führen (besonders bei sensibler Haut). Es kommt dann auf der Haut zur Ausbildung von **Schwellungen und roten Flecken.** Diese entstehen durch freigesetzte Entzündungssubstanzen (*Histamine* sind chemische Stoffe, die der Körper auf mechanische Reize hin in das Gewebe ausschüttet → Band A, LF 2, Kapitel 4.5 oder → Grundlagen-Lexikon, ENTZÜNDUNG). Diese Stoffe sorgen für eine sofortige Erweiterung der Blutgefäße, sodass eine erhöhte Menge an Blut in die gereizte Region einfließt.

Histamine

Eine unsachgemäß ausgeführte Massage kann auch dauerhafte Folgen für die Muskulatur haben: Werden diese durch zu kräftige Dehnungsgriffe gezerrt und überdehnt, können sie ihre Spannung verlieren und erschlaffen. Eine **Überdehnung** ist auch möglich, wenn Sie quer zu der Richtung der Spaltlinien (Hautspannungslinien → LF 3, Abb. 5.12) massieren.

Massieren Sie unsachgemäß in die falsche Richtung oder zu fest, kann es anstelle einer Entspannung der Muskulatur auch zu einer Verkrampfung bzw. sogar zu einer Stauchung kommen.

Das passiert z. B. dann, wenn der Muskel auf den Knochen zurückgeschoben und gedrückt wird (z. B. am Jochbeinbogen).

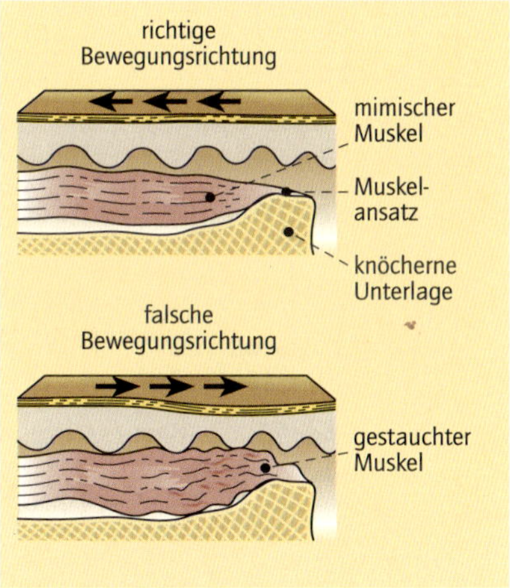

Abb. 1.9: Richtige und falsche Massagerichtung

Arbeiten Sie mit zu starkem Druck oder zwicken Sie die Haut der Kundin, indem Sie zu wenig Haut greifen, kann es zu einem Bluterguss kommen. Ein **Bluterguss** *(lat. Hämatom)* entsteht, wenn kleine Blutgefäße (in der Papillarschicht der Dermis) nach einem Stoß, Schlag, zu starkem Druck oder Ähnlichem einreißen oder zerreißen. Dann tritt Blut in das umliegende Gewebe aus. Die Haut über dem Bluterguss verfärbt sich – bedingt durch den langsamen Abbau des Blutfarbstoffs – erst bläulich lila und nach einigen Tagen gelblich grün.

Hämatom

Führen Sie Ihre Gesichtsmassage unter Beachtung und Vermeidung der hier aufgeführten Punkte verantwortungsbewusst aus.

Ihre Hände sind dafür das wichtigste „Handwerkszeug", mit dem Sie in der Lage sind Verspannungen oder Verhärtungen der Gesichtsmuskulatur aufzuspüren und mit der Gesichtsmassage zu lockern und zu entspannen.

Zur Vermeidung von unangenehmen Wirkungen und Fehlern und zur theoretischen Vertiefung der praktischen Übungen sind die im nächsten Kapitel dargestellten anatomischen Grundlagen wichtig.

Beispiel

MUSTER-Massageplan

Kunde: ____________________

Adresse: ____________________

____

Hautzustand	Seborrhoe oleosa
Massagemittel	Gel
Massage manuell	kräftige Friktionen und Knetgriffe, mittelfeste Streichung
Massage apparativ	Vorschlag: Vibrationsmassage erst in zwei Monaten beginnen
Dauer	20 Minuten
Wiederholung	5x im wöchentlichen Abstand
Besonderes	Muttermal vor dem rechten Ohr aussparen, stark verkrampfte Augenbrauenmuskulatur

6

A Fragen Übungen Aufgaben

1. *Beschreiben Sie die in China während der Tang-Zeit übliche Massagetechnik und deren Griffe.*
2. *Was bedeuten die Begriffe „Tuina" und „Anmo"?*
3. *Wann und wo wurde die erste Massageschule in Deutschland gegründet und wer war der Begründer?*
4. *Mit welcher Versicherung ist Ihre Tätigkeit „Kosmetische Gesichtsmassage" abgesichert?*
5. *Wann darf nicht massiert werden und warum?*
6. *Welche Vorkommnisse können Sie davon abhalten, eine wirklich gute Massage durchzuführen?*
7. *Warum kann eine Massage mit einem Abnutzungsekzem der Hände nicht durchgeführt werden?*
8. *Lesen Sie in → LF 7, Exkurs in Kapitel 1.7.2 für die Kosmetikerin noch einmal die entsprechenden Maßnahmen zum Hautschutz durch und beschreiben Sie diese in Ihren eigenen Worten.*
9. *Was unterscheidet die kosmetische Massagebehandlung von einer medizinischen Massage?*
10. *Welche Wirkungen werden der kosmetischen Massage zugeschrieben?*
    a) *Beschreiben Sie die allgemeinen Wirkungen und wodurch es zu diesen kommt.*
    b) *Beschreiben Sie die Wirkungen auf die Hautschichten der Gesichtshaut,*
    c) *auf (Haut-) Nerven und Muskulatur.*
    d) *Wann kann es zu negativen Wirkungen kommen und wie äußern sich diese?*
11. *Versuchen Sie Gründe dafür zu finden, warum die Schmerz- und Hautempfindlichkeit des Kunden später für Ihre Massage eine Rolle spielt.*
12. *Nennen Sie Gründe, warum bei einer Rosazea-Erkrankung keine Massage möglich ist. Lesen Sie dazu auch in → Band A, LF 2, Kapitel 4.1.2 nach.*

5842110

2 Anatomie von Kopf und Gesicht

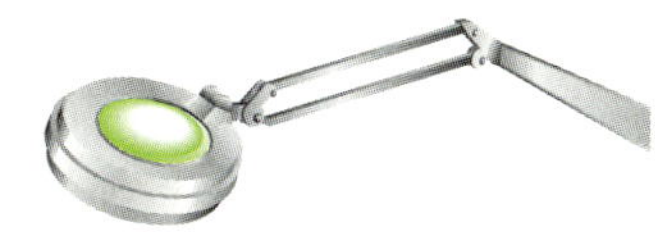

Katies Chefin hat im Büro eine Abbildung aufgehängt. Da sind alle Gesichtsmuskeln auf dem Gesichtsskelett aufgezeichnet und mit den lateinischen Namen versehen. Katies Chefin hat zum Spaß gesagt, sie solle doch die deutschen Übersetzungen dahinter schreiben. Aber was ist noch einmal ein Muskulus masseter oder ein Muskulus orbicularis occuli? Die Schule ist doch schon eine Weile vorüber!

Für die Ausführung einer fachgerechten Gesichtsmassage ist eine genaue Kenntnis der Anatomie und Physiologie des Kopfes erforderlich, damit es während oder als Folge eine Gesichtsmassage nicht zu einer unangenehmen Wirkung für die Kunden kommen kann (→ Kapitel 1.6).

Da sich die Massagegriffe entsprechend anpassen lassen, müssen Sie genau wissen, an welcher Gesichtspartie sich z. B. hervorspringende knöcherne Unterlagen, Gefäßverläufe, Nervenaustrittspunkte oder mehr Fettgewebe usw. befinden.

2.1 Die Knochen

Cranium

Der Schädel (lat. *Cranium)* ist die knöcherne Grundlage des Kopfes. Er bildet nach **innen** die feste Hülle für das Gehirn und die Sinnesorganstrukturen. Innen liegend befinden sich auch die Anfänge des Verdauungs- und des Atmungsapparates (Mund bzw. Nase).

Neurocranium
Viscero-cranium

Der Schädel wird unterschieden in den Hirnschädel *(Neurocranium)* und den Gesichtsschädel *(Viscero-cranium)*.

Die Hirnschädelknochen sind Stirnbein, Scheitelbein, Hinterhauptbein, Schläfenbein und Keilbein.

Der **Hirnschädel** besteht aus der inneren und äußeren Schädelbasis. Die innere Schädelbasis ist auch die „Unterlage" für das Gehirn und wird in die vordere, mittlere und hintere Schädelgrube unterteilt. Die Schädelgruben enthalten Austrittslöcher und Kanäle für **Hirnnerven** und **Gefäße.**

Die äußere Schädelbasis ist die von außen sichtbare Kopfform und schützt das Gehirn und die Sinnesorgane vor äußeren Einflüssen.

Die wichtigsten Gesichtsschädelknochen sind Jochbein, Jochbogen, Nasenbein, Ober- und Unterkiefer, Tränenbein, Siebbein.

Gesicht kommt vom althochdeutschen *gesiht* = das Sehen

Der **Gesichtsschädel** gibt die jeweilige individuelle Form des Gesichtes vor, mit der mehr oder weniger steil gestellten Stirnpartie und der weniger oder stark ausgeprägten Kinn- und Wangenknochenpartie. Dieser Teil des Gesichtsschädels ist der vordere Teil des Kopfes mit Stirn-, Mund-, Nasen- und Augenregion.

Bichat

Der Gesichtsschädel bildet nach **außen** die knöcherne Grundlage für die aufgelagerten Gewebeteile, z. B. den rundlich geformten Wangenfettpfropf (*Bichat*-Fettpfropf), und die Organe, wie z. B. Ohren oder Nase, sowie Austrittsöffnungen für Augen, Nase, Mund, Gehörgang und den Trigenimus (→ Abb. 2.6).

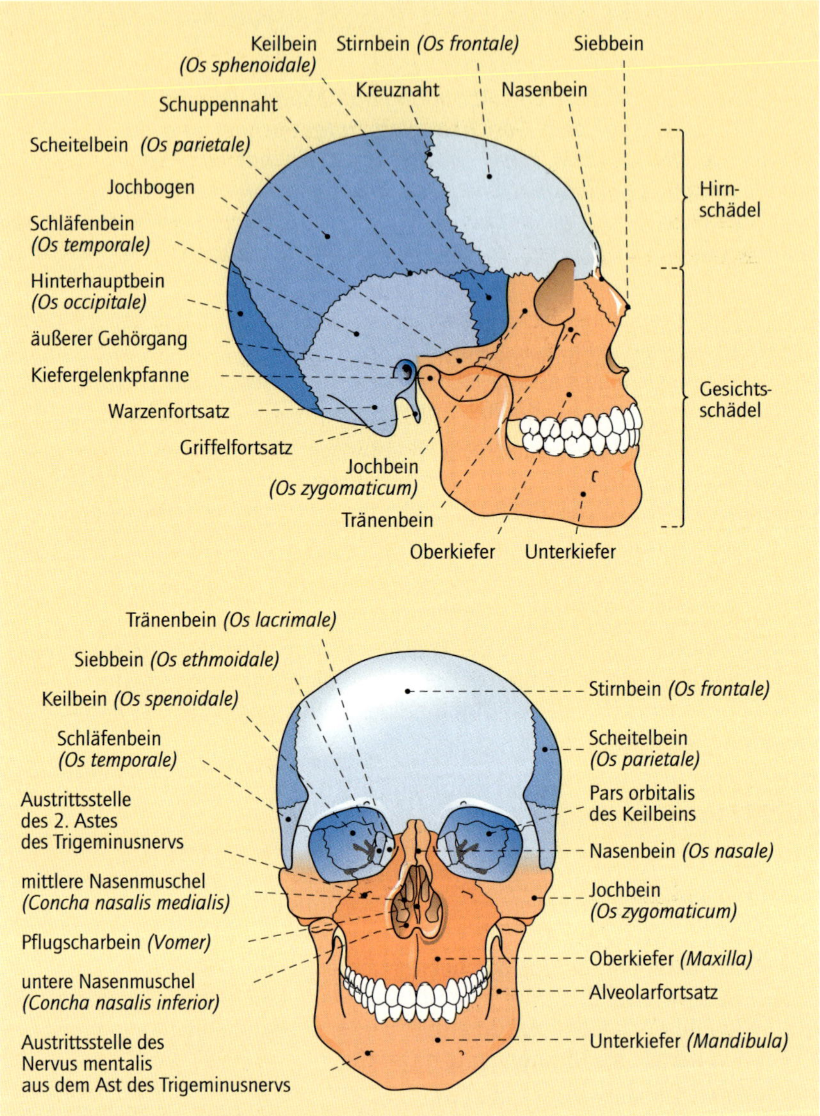

Abb. 2.1:
Schädelskelett

2.2 Die Gesichtsmuskulatur

Ein Muskel (lat. *musculus* = Mäuschen) ist eine Funktionseinheit aus MUSKELGEWEBE (→ Band A, Grundlagen-Lexikon). Muskeln können sich zusammenziehen (kontrahieren) und ermöglichen so die Fortbewegung und die Bewegung einzelner Körperteile oder auch die Körperhaltung. Sie können auch mit apparativen Anwendungen zur Kontraktion gebracht werden (→ Kapitel 6).
Bei einer Dehnung/Überdehnung der Muskulatur melden Dehnungsrezeptoren eine Veränderung in der Spannung und in der Länge des jeweiligen Muskels. Sie melden auch eine Stauchung bzw. negative Dehnung.

Am **Hirnschädel** über Sehnen befestigt befinden sich der Stirnmuskel (lat. *Musculus occipitofrontalis)*, der das „Stirnrunzeln" und das Heben der Augenlider ermöglicht. Der Hinterhauptmuskel *(M. o. f. venter occipitalis)* ist in der Lage, die Sehnenplatte nach hinten zu ziehen. Die Sehnenplatte *(Galea aponeurotica)* verbindet die beiden Kopfmuskeln miteinander. Seitlich am Kopf befindet sich der Schläfenmuskel *(M. temporalis)*, der z. B. am Schließen des Mundes beteiligt ist, genauso wie die inneren Flügelmuskeln *(M. pterygoideus medialis)*.

Musculus occipitofrontalis

M. o. f. venter occipitalis

Galea aponeurotica

M. pterygoideus medialis

Die äußeren Flügelmuskel *(M. pterygoideus lateralis)* ermöglichen das Öffnen und Schließen des Mundes sowie die Mahlbewegungen des Kiefers während des Kauvorgangs.

M. pterygoideus lateralis

Am **Gesichtsschädel** befestigt befinden sich zwei Muskelgruppen, die mimische Muskulatur und die Kaumuskulatur. Beide belasten und bewegen die Schädelknochen und beeinflussen deren Form.

Die **mimische Muskulatur** *(Mm. facialis)* besteht vorwiegend aus dünnen Muskelfaserplatten. Sie haben keine Bindegewebshülle *(Faszie)*, sind zwischen Schädel und der Hautunterseite gespannt und gelten als oberflächliche Muskeln. Sie werden deshalb auch als **Hautmuskeln** bezeichnet und ermöglichen vielfältige Bewegungsmöglichkeiten, unsere Mimik.

Mm. facialis

Faszie

Außerdem haben sie eine schützende Funktion (z. B. als Augenlid) und wirken unterstützend bei der Nahrungsaufnahme (z. B. als Lippen).

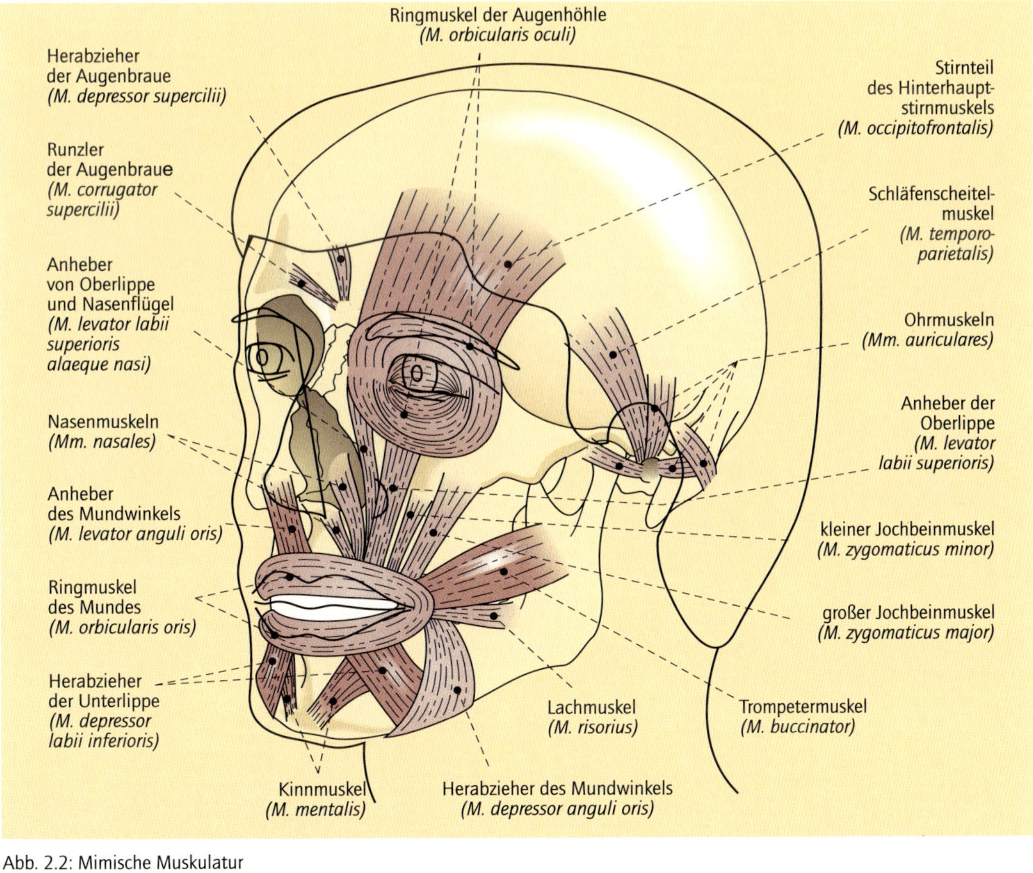

Abb. 2.2: Mimische Muskulatur

Hautmuskeln finden sich beim Menschen im Gesicht und am Hals. Diese Muskelschichten liegen im subkutanen Fettgewebe.

Falten entstehen durch häufige Kontraktionen der mimischen Muskulatur und entgegen der Zugrichtung der/s entsprechenden oft bewegten Muskelfasers oder Muskelstrangs.

Zur mimischen Muskulatur gehören der Ringmuskel der Augenhöhle *(M. orbicularis oculi)*, der Ringmuskel des Mundes *(M. orbicularis oris)*, Nasenmuskeln *(Mm. nasales)*, der Stirn- und Hinterhauptmuskel und die Ohrmuskeln *(Mm. auricularis)*. Innerhalb der mimischen Muskulatur gibt es auch etwas tiefer gelegene Muskelstränge. Zu diesen gehören der Trompetermuskel *(M. buccinator)*, der Kinnmuskel *(M. mentalis)*, der Herabzieher der Unterlippe *(M. depressor labii inferioris)* und der Anheber des Mundwinkels *(M. levator anguli oris)*.

Weitere Muskeln, wie z. B. auch den Jochbeinmuskel, finden Sie in der vorhergehenden Grafik eingezeichnet.

Mm. masticatores

Die **Kaumuskulatur** (lat. *Muskuli Masticatores)* befindet sich, von der Schädelbasis ausgehend, auch an der Seitenwand des Schädels und läuft am Unterkiefer zusammen.

suprahyale Muskulatur

Zu den wichtigsten Kaumuskeln gehören der Kaumuskel selbst *(M. masseter)*, die Flügelmuskeln (innen/außen, *M. pterygoideus lateralis/medialis*) und der Schläfenmuskel *(M. temporalis)* sowie die obere Zungenbeinmuskulatur. Deren einzelne Muskelstränge werden auch als *suprahyale* Muskeln bezeichnet.

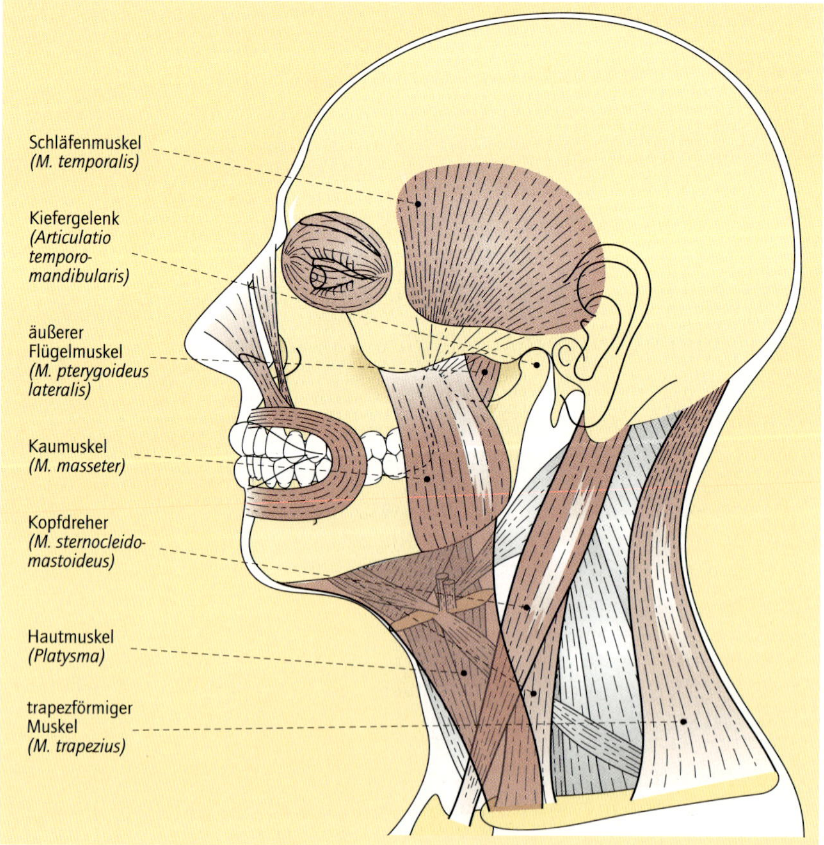

Abb. 2.3: Kaumuskulatur und Muskelstränge des Halses

Die Kenntnis über den Verlauf der Gesichtsmuskulatur ist wichtig, damit es während der Gesichtsmassage nicht zu unangenehmen Wirkungen wie Stauchung oder Überdehnung der Muskulatur kommt.

Halsmuskulatur

Der Hals bildet die Verbindung von Kopf und Rumpf, gestützt vom Halsskelett, das aus den sieben Halswirbeln und dem knöchernen Zungenbein besteht.

Der Hals (lat. *Collum)* wird gestützt und bewegt von den rückseitig liegenden Nackenmuskeln, dem trapezförmig verlaufendem *M. trapezius*. Die seitliche Kopfbewegung wird von den beiden „Kopfdrehern" *(Mm. sternocleidomastoidei)* ermöglicht. Ausläufer der Rumpfmuskulatur, die Treppenmuskeln oder Rippenhalter *(Mm. scaleni)* und die vor der Wirbelsäule liegenden prävertebralen Muskeln *(z. B. M. longus capitis/longus colli)*, enden ebenfalls im oberen Halsbereich.

Collum

Mm. scaleni

M. longus capitis/ longus colli

Zur mimischen Muskulatur gehört der den vorderen Bereich des Halses überspannende ***Platysma***. Darunter verlaufen die Zungenbeinmuskeln. Der Halbdornmuskel ermöglicht die Rückwärtsneigung des Kopfes, auch gegen Widerstand, wie z. B. das Kopfheben aus der Bauchlage.

Platysma

Die hintere Region des Halses wird als Nacken (lat. *Nucha)* bezeichnet.

Nucha

Weitere Muskeln die Schultern und den Rumpf betreffend finden Sie in → Band C, LF 6, Kapitel 2.2.1 erwähnt.

Am Hals befinden sich Leitungsbahnen für Blut- und L ymphgefäße des Kopfes sowie Nervenfasern, die vom Kopf ausgehend den Hals, den Rumpf und die oberen Extremitäten versorgen.

Der Kehlkopfbereich ist besonders druckempfindlich, sparen Sie diesen Bereich während der Massage besser aus.

Die am Gesichtsschädel, am Hals und Nacken befindlichen Muskelgruppen sind für eine kosmetische Gesichtsmassage von großer Bedeutung.

Für die einzelnen Muskelgruppen finden Sie in → Kapitel 4 die passenden Massagegriffe, die auf den Richtungsverlauf der Muskelstränge abgestimmt sind.

2.3 Nervensystem und Gesicht

Das Nervensystem im Allgemeinen steuert die Vorgänge der Atmung, des Kreislaufs, der Verdauungsorgane und des Urogenitalsystems sowie des Hormonsystems. Es nimmt auch Einfluss auf die geistigen Leistungen des Gehirns mit Gedächtnis und Denkvermögen. (Das NERVENSYSTEM insgesamt finden Sie in → Band A, Grundlagen-Lexikon beschrieben.)

Das Nervensystem wird in das zentrale Nervensystem (ZNS) und das periphere Nervensystem (PNS) unterteilt.

Das **zentrale Nervensystem** befindet sich im Gehirn und im Rückenmark. Es empfängt Impulse vom **peripheren Nervensystem** und sendet dorthin auch Impulse aus.

peripher
= in den Randgebieten des Körpers liegend

Das **periphere Nervensystem** wird unterteilt in:

A Das **willkürliche Nervensystem,**

das die Verbindung des Organismus mit der Umwelt ermöglicht, indem Reize von Sinnesorganen, Haut, Gelenken und Skelettmuskulatur an das ZNS übertragen werden. Es ermöglicht auch bewusste Wahrnehmungen, gewollte Bewegungen und eine schnelle Informationsverarbeitung.

B Das **vegetative Nervensystem**

überträgt Reize von den Eingeweiden an das ZNS. Es sorgt für den reibungslosen Ablauf und die Steuerung des inneren Milieus *(*als im Gleichgewicht befindlich = *Homöostase)*. Es reguliert die Organfunktionen und passt sie den jeweiligen Umständen an.

vegetativ
lat. = unbewusst ablaufend

- Zum vegetativen Nervensystem gehören auch Sympathikus und Parasympathikus.
- Der **Sympathikus** verläuft als Grenzstrang parallel zum Rückenmark. Er ist verantwortlich für die Energiesteigerung und Aktivität des Körpers, z. B. in Form eines Schweißausbruchs.
- Der „Gegenspieler" des Symphatikus ist der **Parasympathikus.** Er sorgt für eine beruhigende, aufbauende Wirkung auf den Körper, z. B. das Schwitzen hört auf.

afferent
efferent

Werden Reize vom peripheren Nervensystem zum Gehirn geleitet, wird dieser Vorgang als ***afferente*** (lat.; herbeitragen) Reizleitung bezeichnet. Werden Reize vom Gehirn aus in die Peripherie geleitet, ist es eine ***efferente*** (lat.; hinaustragen) Reizleitung.

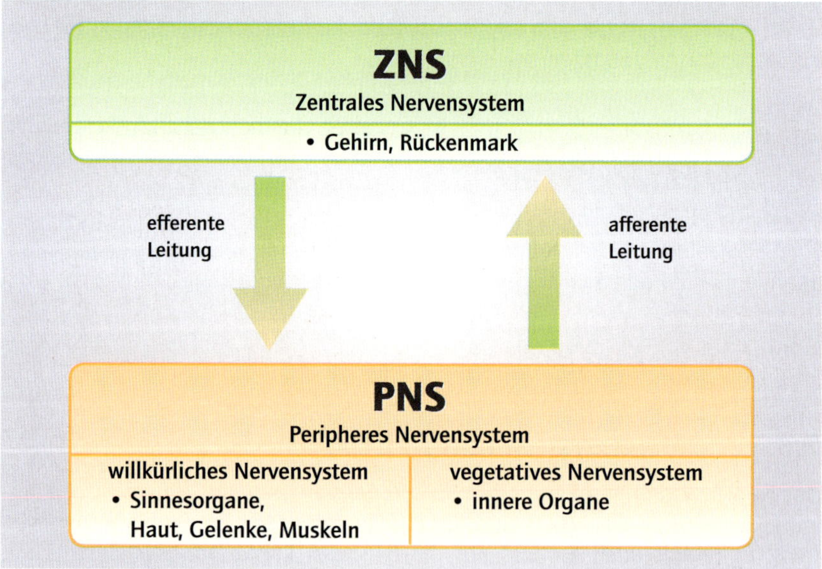

Tab. 2.4: Weiterleitung von Reizen

Es besteht ein direkter Einfluss der Gesichtsmassage auf das PNS.

Verantwortlich dafür sind die so genannten Mechanorezeptoren. Das sind z. B. die in → Band A, LF 2, Kapitel 1.1 beschriebenen Merkel-Zellen. Sie sind wichtig für die vegetative Versorgung von Drüsen (Talg- und Schweißdrüsen), Haarbalgmuskeln und Gefäßen. Deren Tätigkeiten kann durch eine Massage beeinflusst werden.

Aber auch vegetative und sensible Nerven mit ihren Endigungen in Epidermis und Dermis sind von der Reizung durch die Massage betroffen. Durch diese können andauernde, flüchtige, streichende, schmerzende, angenehme und viele andere Empfindungen unterschieden werden. Einige der hier ablaufenden Vorgänge werden auch als Reflexbogen (→ Band A, Grundlagen-Lexikon, MUSKEL) bezeichnet und z. B. bei besonderen Massageformen wie der Reflexzonenmassage genutzt.

Die Reizung der Hautoberfläche mit den Massagegriffen hat Reflexe zur Folge. Es ist die als reflektorisch bezeichnete Wirkung oder auch Fremdwirkung einer Massage.

Entsprechend können durch die Reizung der Hautoberfläche Reaktionen wie z. B. Wohlgefühl während der Massage im Körper veranlasst werden. In dieser Funktion hat die kosmetische Gesichtsmassage **indirekten Einfluss auf das ZNS.**

Von bestimmten Druckpunkten der Haut oder Gesichtshaut aus können Reize auch **direkt an das ZNS** weitergeleitet werden. Diese so genannten **Nervenaustrittspunkte** (→ Druckpunktion, Kapitel 4.1) sind im Gesicht z. B. an den Austrittsöffnungen des Trigeminusnervs (Hirnnerv V) aus dem Schädel gelegen (→ Abb. 2.6).

Vom Gehirn ausgehend sind insgesamt zwölf Hirnnervenpaare aktiv.

Hirnnerven-Bezeichnung		Funktion
I	N. olfactorius	Riechen
II	N. opticus	Sehen
III	N. oculomotoris	Augenbewegung, Sehmotorik
IV	N. trochlearis	Augenbewegung, Sehmotorik
V	N. trigeminus	Sensibilität des Gesichts (siehe unten)
VI	N. abducens	Augenbewegung, Sehmotorik
VII	N. facialis	Mimik (siehe unten)
VIII	N. N. vestibulo – cochlearis	Gleichgewicht, Hören
IX	N. glosso-pharyngeus	Schlucken
X	N. vagus	Sprechen
XI	N. accessorius	Kopfdrehung, Schulterhebung
XII	N. hypoglossus	Zungenbewegung

Tab. 2.5: Hirnnervenpaare

Für die Gesichtsmassage wichtig sind die Hirnnerven V und VII.

N. trigeminus

Über den **Hirnnerv V** *(lat. N. trigeminus)* können mit der Massage Nervenaustrittspunkte oder Nervenendigungen sanft stimuliert werden, die an manchen Stellen direkt unter der Haut liegen oder über einer knochigen bzw. auf einer bindegewebeartigen Unterlage verlaufen.

Der **Trigeminus** (lat. *tri* = dreifach) wird auch als **Drillingsnerv** bezeichnet. Er gliedert sich in drei Hauptäste:

sensorisch = die Sinne betreffend

motorisch = die Bewegung betreffend

- den Augenhöhlennerv (sensorisch) = *Nervus ophthalmicus*
- den Oberkiefernerv (sensorisch) = *Nervus maxillaris*
- den Unterkiefernerv (sensorisch/motorisch) = *Nervus mandibularis*

Der Trigeminus vermittelt Schmerz-, Druck-, Berührungs-, Temperaturreize des Gesichts. Er innerviert z. B. die Kaumuskulatur, die Schleimhäute von Nase und Mund, die Bindehaut und Tränendrüsen der Augen sowie die Geschmacksfasern der Zunge. Die Ohrtrompete und die äußere Oberfläche des Trommelfells werden ebenfalls versorgt.

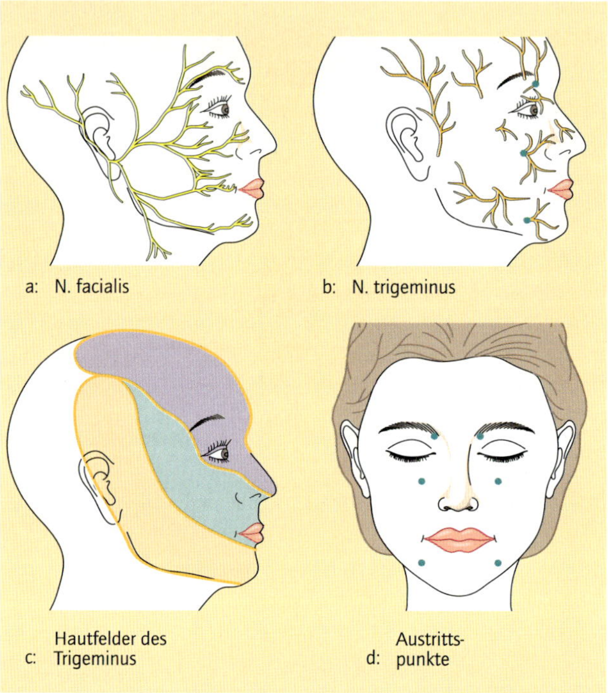

Abb. 2.6 a – d: Trigenimus- und Facialisnerv im Gesicht

N. facialis

Der **Hirnnerv VII** *(lat. N. facialis)* innerviert über mehrere Äste verteilt die Geschmacksknospe der Zunge, die **mimische Muskulatur,** das Außenohr und die Tränen- und Speicheldrüsen. Die Kenntnis des Verlaufs des **Facialisnervs** ist die zweitwichtigste für eine kosmetische Gesichtsmassage.

plexus cervicalis

Die Halsgeflechtnerven *(lat. plexus cervicalis)* versorgen die Hals- und Schulterregion, sodass sensible Reaktionen übertragen werden können. Zusätzlich ist das Halsgeflecht für die motorische Erregung der Zungenbeinmuskeln verantwortlich.

N. accessorius

Über die Nackenmassage wird auch der *N. accessorius* stimuliert, der für die Muskulatur zur Kopfdrehung und das Heben der Schultern verantwortlich ist.

2.4 Die Blutversorgung

Allgemein gehören zum Blutkreislaufsystem das **Herz** und das **Gefäßsystem,** die durch die Blutzirkulation in elastischen Röhren für die Versorgung des Körpers sorgen (→ Band A, Grundlagen-Lexikon).

Blutmenge bei Erwachsenen 4,5 – 6 Liter

Der Kopf wird von Blutgefäßen durchzogen. Ausgehend von der Halsschlagader oder auch gemeinsamen Kopfschlagader *(lat. A. carotis communis)* teilen sich die beiden Kopfschlagadern auf der Höhe des 3. und 4. Halswirbels. Dort verlaufen sie dann rechts und links der Luftröhre und des Kehlkopfes in Richtung Kopf.

A. carotis communis

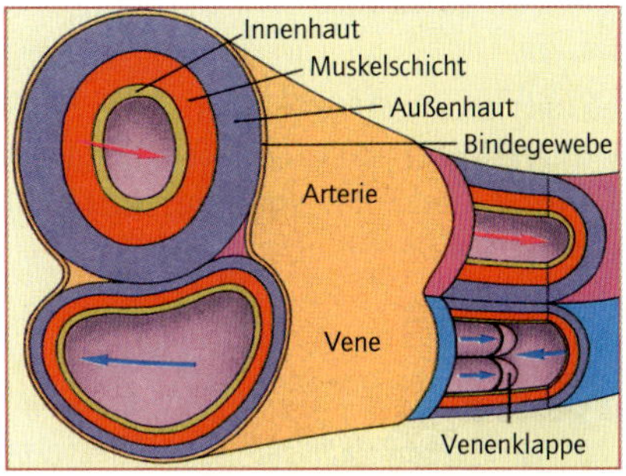

Abb. 2.7: Aufbau von Arterien und Venen

A. carotis externa

Die **äußere Kopfschlagader** *(A. carotis externa)*, oberflächlich am Vorderrand des Halswenders *(M. sternocleidomastoideus)* verlaufend, versorgt das Gesicht und die Oberfläche des Kopfes (Kopfschwarte), die Kopforgane und Teile der Halsmuskulatur sowie die Halseingeweide mit Blut.

Die *A. carotis externa* ermöglicht aufgrund ihres Verlaufs nahe der Oberfläche das Fühlen des Pulses am Hals.

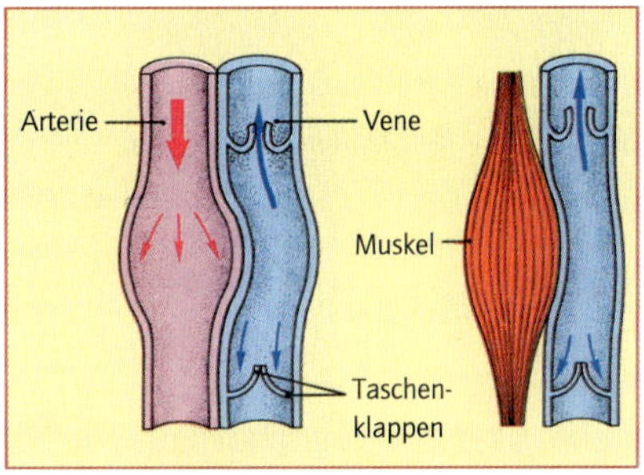

Abb. 2.8: Transport des Blutes in den Gefäßen

A. carotis interna

Die **innere Kopfschlagader** *(A. carotis interna)* versorgt das Gehirn, durchtretend durch die Öffnungen in der Schädelbasis. Sie stellt den größten Teil der Hirnarterien und versorgt das Auge sowie das innere Ohr mit Blut.

Zwischen beiden Kopfschlagadern bestehen Verbindungen.

vena jugularis interna
vena jugularis externa
A. carotis interna

Der **Blutabfluss** des Kopfes erfolgt hauptsächlich über die **innere und äußere Halsvene** *(vena jugularis interna* und *vena jugularis externa)*. Die innere Halsvene erhält Zuflüsse aus zahlreichen Kopf- und Halsvenen. Sie verläuft mit den Halsnerven und der *A. carotis interna* in einer gemeinsamen Bindegewebsscheide. Die äußere Halsvene erhält ihre Zuflüsse aus der Hinterhauptsvene und der hinteren Ohrmuschelvene. Sie verläuft zwischen der oberflächliche Bindegewebsplatte des Halses und dem *Platysma*. Die beiden Halsvenen münden in die Schlüsselbeinvene, die das Blut in die obere Hohlvene weiterleitet (→ Band A, Grundlagen-Lexikon, HERZ-KREISLAUF-SYSTEM).

Speziell die Halsmassage mit ausstreichenden Griffen Richtung Dekolletee unterstützt den Prozess des Blutabflusses wirkungsvoll und so die Arbeit des Herzens.

Die Halsvenen werden von zahlreichen Lymphgefäßen und unterschiedlich großen Lymphknoten begleitet.

2.5 Das Lymphgefäßsystem

Mit dem Blutkreislauf in Verbindung steht das Lymphgefäßsystem (→ Band A, Grundlagen-Lexikon, LYMPHE).

Das **Lymphsystem** dient allgemein der Ableitung von Gewebsflüssigkeit und spielt eine wichtige Rolle bei der Immunabwehr. Es besteht aus einem System von Kanälen, das die von den Blutgefäßen ins Gewebe austretende Flüssigkeit als Lymphe sammelt und dem Blutkreislauf wieder zuführt.

Die **lymphatischen Organe** dienen der Produktion von Abwehrzellen oder als Kontroll- und Filterorgan des Blutes. Sie bestehen aus mit Leukozyten durchsetztem retikulärem Bindegewebe.

Abb 2.9.: Aufbau eines Lymphknotens

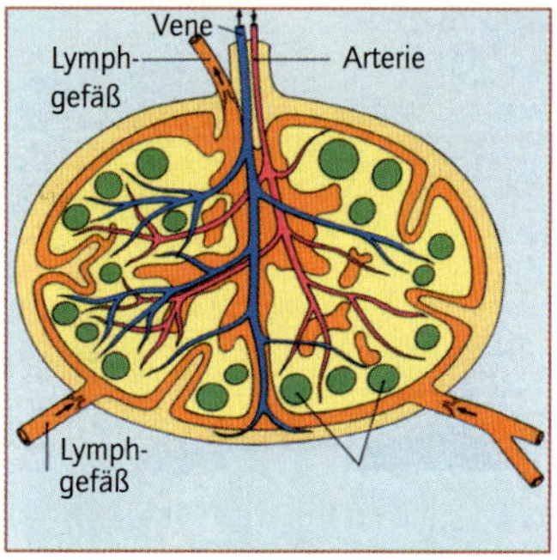

Hilus

Die **Lymphknoten** sind 0,2 bis 2 cm große Organe und bestehen aus Bindegewebskapseln, die sich innen aus Bindegewebsstäbchen fortsetzen. Diese sind in den Zwischenräumen mit schwammartigem, retikulärem Bindegewebe ausgekleidet. Die Lymphgefäße treten von außen in die Kapsel ein, die darüber eingeleitete Lymphe fließt zur Austrittsstelle des Lymphknotens (lat. *Hilus)* und geht von dort aus in ein ableitendes Lymphgefäß über. Die Lymphknoten sind den Lymphbahnen zwischengeschaltet. Sie stellen einen wichtigen Baustein des IMMUNSYSTEMS (→ Band A, Grundlagen-Lexikon) dar, indem sie Antikörper und Lymphozyten bilden, differenzieren und immunologisch prägen. Sie fangen außerdem Abfallstoffe, Bakterien und abgestorbene bzw. geschädigte Leukozyten (weiße Blutkörperchen) ab.

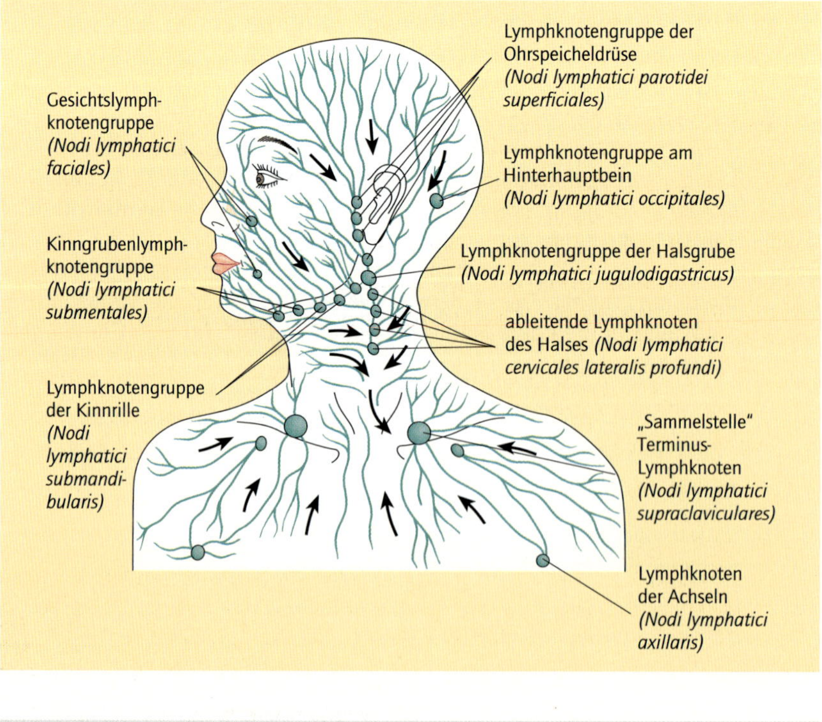

Abb. 2.10: Vereinfachte Darstellung von Lymphknotengruppen und Lymphabflussbahnen

Der **Abfluss der Lymphe** aus dem Kopf erfolgt über den Hals. Entlang der Grenze von Kopf und Hals verlaufen verschieden große Lymphknoten einschließlich der lymphatischen Organe, den Rachen-, Zungen- und Gaumenmandeln. Die Lymphabflussbahnen führen die Lymphe dem jeweiligen Terminus (→ Manuelle Lymphdrainage, Kapitel 5.2) zu.

Eine Gesichtsmassage unterstützt den Lymphabfluss und fördert so die Entschlackung der Gesichtsgewebe.

Für die Ausführung einer **Manuellen Lymphdrainage** müssen Sie den Verlauf der Lymphknoten und Lymphabflussgefäße kennen, denn die Lymphdrainage erfolgt immer in Flussrichtung der Lymphbahnen (→ Kapitel 5.2).

A Fragen Übungen Aufgaben

1. ***Welche Funktionen erfüllt der Schädel?***
2. ***Nennen Sie die anatomische Unterteilung des äußeren Schädels und die Funktionen der einzelnen Teile.***
3. ***Ersetzen Sie die Lücken im Text:***
   Der Hals (lat. ...) bildet die Verbindung von ... und ..., gestützt vom Halsskelett, das aus den ... Halswirbeln und dem knöchernen ... gebildet wird.
   Die hintere Region des Halses wird als ... (lat. ...) bezeichnet.
   Zur mimischen Muskulatur gehört der den Hals überspannende ... .
4. ***Nennen Sie beide Muskelgruppen, die das Gesicht betreffen.***
   a) Was bezeichnen Sie als mimische Muskulatur?
   b) Was unterscheidet diese von der übrigen Muskulatur?
5. ***Was geschieht mit der Gesichtsmuskulatur***
   a) während einer Gesichtsmassage?
   b) wenn Frau Müller regelmäßig eine Gesichtsmassage durchführen lässt?
6. ***Führen Sie fünf verschiedene Gesichtsmuskeln und deren lateinische Bezeichnungen auf.***
7. ***In welche Bereiche ist das periphere Nervensystem unterteilt?***
8. ***Welche Teile des Nervensystems sind im Gesicht wichtig für Sie zu wissen?***
9. ***Was können Sie mit einer Gesichtsmassage an den Nerven des Gesichts bewirken?***
10. ***Welche Aufgabe hat der Blutkreislauf?***
11. ***Welche Hauptblutgefäße müssen Sie für die Durchführung einer Gesichtsmassage kennen und weshalb?***
12. ***Was sind Lymphknoten und welche Aufgabe haben sie?***
13. ***Beschreiben Sie die Funktion der Lymphe.***
14. ***In welche Richtung müssen Sie massieren, wenn Sie***
    a) die Muskulatur des Gesichts nicht überdehnen oder stauchen möchten?
    b) die Blutzirkulation unterstützen möchten?
    c) den Lymphabfluss fördern möchten?

3 Massagevorbereitungen

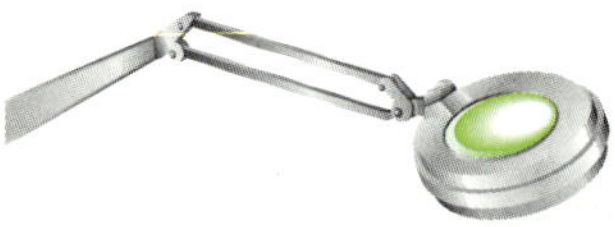

Katie bereitet den neu eingerichteten Massageraum für eine Kundin vor. Sie legt ein frisches Handtuch auf das Kopfende der Liege und die Decke sowie ein weiteres Handtuch schon auf einer Ablage zurecht. Nachdem ihr Arbeitsplatz mit allen Materialien hergerichtet ist, fällt ihr ein, dass sie auch noch eine Duftlampe mit Öl füllen könnte, sodass nach dem Anzünden des Teelichtes ein schöner Duft den Raum erfüllt. Sie wählt eine Weihnachtsduftölmischung und schüttet einige Tropfen in die Glasschale. Sie zündet ein Streichholz an und will schwungvoll die Kerze anzünden. Dabei stößt sie die offene Glasflasche mit dem Öl um. Jetzt riecht der ganze Raum durchdringend nach Weihnachten.

Wann würden Sie mit der Massage in der Gesichtsbehandlung beginnen?

Die Gesichtsmassage wird nach der Hautreinigung, der Hautintensivreinigung und/oder nach der kosmetischen Ausreinigung sowie nach dem Auftragen von Hautintensivpflegemitteln (z. B. Ampullen) durchgeführt (➜ LF 3 sowie 7).

Viele Kosmetikinstitute bieten die Gesichtsmassage innerhalb der Gesichtsbehandlung an, bei manchen Kosmetikinstituten muss sie als Extradienstleistung kostenpflichtig gebucht werden. Manchmal gehört sie zur Ganzkörpermassage oder ist als Teilkörpermassage extra zu buchen.

Die für die Gesichtsmassage wichtigen Vorbereitungen lesen Sie hier. Alle für die Körpermassagen wichtigen Vorbereitungen werden im ➜ Band C dieses Lehrwerkes dargestellt.

3.1 Vorbereitung des Massageraumes

Wellness

Der Massageraum kann Ihr Kosmetikinstitut sein, eine Kabine in Ihrem Kosmetikinstitut oder – z. B. in einem *Wellness*hotel oder einer Schönheitsfarm – ein extra eingerichteter Massageraum.

Abb. 3.1: Behandlungskabine/ Massageplatz

Je nach Firmenphilosophie (➜ Band A, LF 1, Kapitel 5.1) achten Sie darauf, dass der Massageraum oder Ihr Kosmetikinstitut passend und harmonisch in den Farben gestaltet ist (➜ LF 9, Kapitel 8.2.2). So eignet sich z. B. für ein überwiegend auf Algen- und Meersalzkosmetik abgestimmtes Behandlungsprogramm eine Raumausstattung in Blau und Grün, denn oft sind dann auch deren Pflegeprodukte in ähnlichen Farben gehalten. Harmonische Farben (Farbharmonie ➜ LF 12, Kapitel 3.2) für Handtücher, Wolldecke usw. runden die Einrichtung ab.

Der Behandlungsraum sollte vor jeder Massagebehandlung möglichst ausreichend gelüftet und anschließend mindestens auf eine angenehme Raumtemperatur von etwa 20–25 °C erwärmt werden. Für eine gedämpfte Beleuchtung eignet sich vor allem gelbliches oder orangefarbenes Licht, das einen Eindruck von Wärme vermittelt.

Findet die Massage in Ihrem üblichen Behandlungsraum im Kosmetikinstitut statt, können Sie vielleicht die eine oder andere Lampe ausschalten. Bei hellem Licht neigt die Kundin zum Blinzeln, das ist der erwünschten Entspannung eher hinderlich.

Die Entspannung des Kunden kann zusätzlich zum Hautkontakt (Fühlen) durch leise Musik (Hören) und das Aufstellen von Duftlampen mit ätherischen Ölen (Riechen) gefördert werden. Die Düfte können dann z. B. passend zur Jahreszeit (Zitrone im Sommer) oder als Duftölmischungen z. B. aus Sandelholz, Patschuli und Bergamotte gewählt werden (→ Band C, LF 10, Kapitel 4.3).

Abb. 3.2: Duftlampe mit ätherischen Ölen

Bereiten Sie die Liege/den Behandlungsstuhl mit einem frischen Handtuch auf dem Kopfteil vor. Legen Sie die Wolldecke und ein weiteres Handtuch bereit.

Stellen Sie Ihr Arbeitsmaterial bereit, damit die Kundin oder der Kunde nicht in der Entspannung gestört wird, indem Sie z. B. noch einmal aufstehen und Öl holen müssen.

Arbeitsmaterialien für die Gesichtsmassage sind:

- Massagemittel (Öl, evtl. ätherisches Öl, W/O-Emulsion, O/W-Emulsion, Nachtcreme)
- Spatel zur hygienischen Entnahme des jeweiligen Produktes
- Papiertücher und Händedesinfektionsmittel zum Säubern Ihrer Hände, wenn die Massage unterbrochen werden muss
- Produkte, die anschließend verwendet werden sollen (Intensivpflegeprodukte wie Masken usw.)

Wann holen Sie frisches Wasser zur Entfernung des Massagemittels nach der Massage?

3.2 Vorbereitung für Sie

Tragen Sie Ihre Haare so, dass sie Ihnen während der Massage nicht ins Gesicht fallen können. Ein „hinter das Ohr streifen" des eigenen Haares ist unhygienisch und verschmutzt Ihre Haare mit Massagemittel. (Bei langem Haar tragen Sie dann z. B. einen Pferdeschwanz.)

Ihre Arbeitskleidung für die Gesichtsmassage sollte den bereits im Kapitel Hygiene dargestellten Anforderungen entsprechen (→ LF 2, Kapitel 1.1.3).

Achten Sie auf leichte und bequeme Arbeitskleidung mit kurzen oder halblangen Ärmeln, Ihre Arme benötigen genügend Bewegungsfreiheit.

Ihre Hände sollten vor allem in den Handinnenflächen glatt und weich sein. Das erreichen Sie am besten durch konsequenten Hautschutz und Handpflege (→ LF 7, Exkurs in Kapitel 1.7.2). Raue Hände reiben unangenehm über die Haut der Kundin, auch das Massagemittel verhindert das nicht.

Sorgen Sie (auch aus hygienischen Gründen) für kurze und glatte Fingernägel, so können Sie die Kundin während der Massage nicht durch Kratzer verletzen! Bestimmte Massagegriffe können nur mit kurzen Fingernägeln durchgeführt werden.
Auf lackierte Fingernägel sollte ebenfalls verzichtet werden.

Tragen Sie keinen Schmuck an den Händen. Das kann für Ihre Kunden sonst sehr unangenehm sein, wenn z. B. ein Ring über die Haut reibt oder ein Armband an den Ohren entlangstreift. Auch sind Cremereste zwischen Finger und Ring nicht hygienisch.

Achten Sie **unbedingt** auch darauf, dass Ihre Hände nicht nach irgendwelchen unangenehmen Gerüchen wie z. B. Zigarettenrauch oder Zwiebeln riechen. Es ist für den Kunden nicht nur sehr unangenehm, sondern sie/er konzentriert sich auf das Abwehren des Geruches, den Ihre Hände **negativ** vermitteln. Die Entspannung ist dann für den Kunden nicht mehr möglich.

Sorgen Sie besonders nach dem Essen für eine ausreichende gründliche Mundhygiene, damit kein Mundgeruch entsteht.

Reinigen und desinfizieren Sie Ihre Hände wie im Kapitel Hygiene beschrieben!

Achten Sie auf warme Hände und lockere Finger.

Reiben Sie Ihre Hände aneinander oder führen Sie folgende Fingerübungen zur Erwärmung und Lockerung der Finger durch:

EXKURS: Fingergymnastik

Damit Ihre Finger die Massagegriffe weich und geschmeidig ausführen können, gibt es spezielle Lockerungsübungen.

Bei regelmäßigem Training durch die folgende Fingergymnastik können Ihre Finger leichter beweglich werden. Gleichzeit erwärmen sich Ihre Hände.

Führen Sie die Fingerübungen durch, wann immer es Ihr Arbeits- oder Schultag erlaubt, oder in Ihrer Freizeit, z. B. vor dem Fernseher.

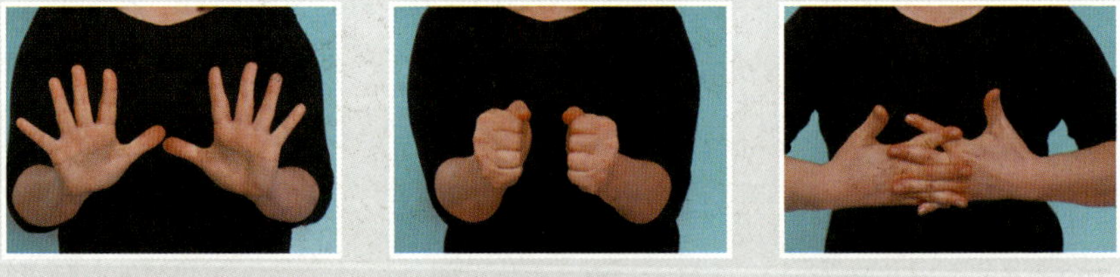

Abb.: Fingergymnastik-Beispiele

- Immer zwei Finger mit zwei Fingern der anderen Hand wegspreizen, so weit es geht. Das macht die Finger flexibler in der Beweglichkeit und in der Elastizität.
- Nun ballen Sie die Hand zur Faust und öffnen diese wieder.
- Beide Hände werden nun gespreizt und mit den Fingerspitzen gegeneinander gedrückt. Dann drücken Sie nur die Finger beider Hände so kräftig gegeneinander, dass sie sich bis zum Grundglied berühren. Beachten Sie, dass Sie dabei öfters nachfedern.
- Führen Sie kreisförmige „Schüttelungen" beider Hände aus dem lockeren Handgelenk durch. Dabei wird abwechselnd ein Kreis nach außen und nach innen beschrieben.
- Jeder einzelne Finger wird abwechselnd kräftig gefaltet und dann gestreckt.
- Die Finger zusammen werden abwechselnd kräftig gefaltet und gestreckt.

Wenn Sie die letzte Übung beendet haben, wiederholen Sie alle Übungen drei- bis fünfmal. Viel Spaß!

Weitere „Fingerübungen" finden Sie in → Band C, LF 4, Kapitel 4.4 beschrieben.

3.3 Vorbereitung der Kunden

Bitten Sie Ihre Kundin, Ohrschmuck und Halsschmuck vor Beginn der Massage abzulegen (Ablageplatz zeigen!), da Verunreinigungen des Schmucks mit Massagemitteln unvermeidlich sind. Zusätzlich könnten Sie Ihre Kundin oder sich selbst an den Händen verletzen, wenn Sie z. B. bei einer streichenden Bewegung an den Ohrsteckern hängen bleiben.

Ist ein Gesichtspiercing vorhanden, das die Kundin nicht entfernen möchte, sparen Sie während der Massage diesen Bereich konsequent aus.

Lassen Sie die Kundin die Oberbekleidung ablegen und begleiten Sie sie zur Liege bzw. dem Behandlungsstuhl.

Sorgen Sie dann dafür, dass Ihre Kundin sich in einer bequemen Liegeposition befindet und füllen Sie, wenn nötig, die Körperhöhlungen (z. B. Kniekehlen) mit Hilfsmitteln wie Knierolle oder gerollten Handtüchern aus (richtiges Liegen → Band C, LF 10, Kapitel 2.4).

Manche Kunden benötigen ein Nackenkissen zur Stütze. Legen Sie dieses dann erst mit einem Handtuch oder Vliestuch abgedeckt unter den Nacken. Entfernen Sie es für kurze Zeit während der Massagegriffe, die am Schultergürtel und Nacken durchgeführt werden, sonst wirkt es störend auf Ihre Griffe, und legen Sie es anschließend wieder unter.

Sind die Hohlräume (Nacken, eventuell Lendenwirbelsäule, Kniekehle) nicht ausgefüllt, liegt der Kunde unbequem und verkrampft seine Muskulatur. So kommt es zu keiner Entspannung, auch nicht des Gesichts, während Sie massieren.

Decken Sie alle nicht zu massierenden Körperteile Ihrer Kunden ab, sodass sie/er während der gesamten Behandlung (zumindest in den kälteren Jahreszeiten) nicht friert und sich entspannen kann.

Fragen Sie, ob es angenehm warm ist, bevor Sie mit der Massage beginnen.

Das Haar der Kundin sollte, wie auch bereits zuvor für die Hautreinigung, mit einem Haarband oder einer Einmalhaube aus dem Gesicht genommen werden, damit nicht zu viel Massagemittel in die Haare gelangt. Sie können das Haar auch mit einem Handtuch abdecken, wenn es nicht beim Liegen oder Massieren stört.

Erfragen Sie, ob leise Musik während der Massage gewünscht wird.

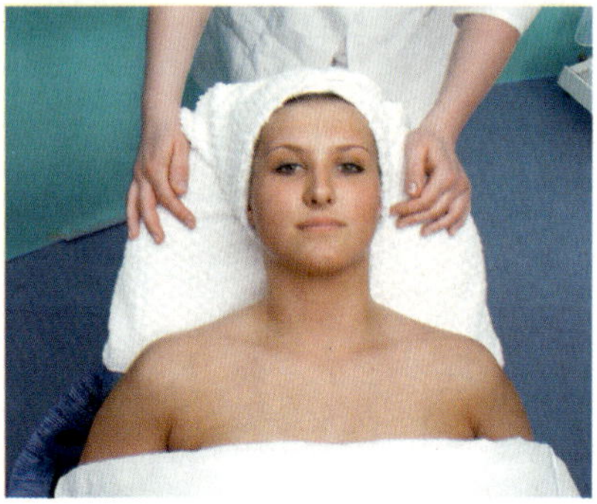

Abb. 3.3: Vorbereiten der Kundin

Achten Sie beim Kauf von Entspannungsmusik für die Massage auf mit "GEMA-frei" gekennzeichnete Musik-CDs, die Sie kostenlos abspielen dürfen! Ansonsten fallen GEMA[1]-Gebühren an.

Eine Unterhaltung sollte während der Massage nicht stattfinden, um die Entspannung des Kunden und Ihre Konzentration nicht zu stören (außer Ihre Kunden wünschen das so).

1 GEMA = Gesellschaft für musikalische Aufführungs- und mechanische Vervielfältigungsrechte

Angesprochen wird die Kundin aber immer dann, wenn es zu einer Unterbrechung der Massage Ihrerseits kommt:

Unterbrechung der Massage	Aktion
Telefon	Anrufbeantworter vorher einschalten
Personen (Kunden, Postbote usw.)	Massagemittel abwischen, Kundin um Entschuldigung bitten, wenn möglich Tür schließen oder Sichtschutz verwenden, Vorgang bearbeiten, Hände waschen, nach Geldberührung auch desinfizieren, Massagemittel auf die Hände geben, weiterarbeiten
zu wenig Massagemittel aufgetragen	Kunden ansprechen und mitteilen, dass noch einmal Massagemittel aufgetragen wird, Hände abwischen, mit Spatel Massagemittel entnehmen, in Ihren Händen verreiben, erneut auf die Gesichtshaut auftragen

Tab. 3.4: Unterbrechnungsgründe der Massage und entsprechende Aktionen

3.4 Massagemittel

Massagemittel sind cremige/flüssige oder ölige Mittel zur Erhöhung der Gleitfähigkeit eines mechanischen Vorgangs auf der Haut. Sie werden fertig zubereitet in Tuben, Tiegeln oder dunklen Glas-/Kunststoffflaschen (dann meistens als Öl) angeboten.

Öle für die Massage

Abb. 3.5: Natürliche Öle, Massageöle

Natürliche Öle werden aus Samen oder Früchten gewonnen, z. B. Olivenöl, Sesamöl oder Jojobaöl. Sie können pur als Massageöl oder als Trägeröl für ätherische Öle verwendet werden (→ LF 7, Kapitel 1.5.3). Eine große Auswahl an natürlichen und den im Folgenden beschriebenen ätherischen Ölen bietet z. B. der Kosmetik-Großhandel oder viele Anbieter von Kosmetiklinien.

Achten Sie beim Einkauf von natürlichen und ätherischen Ölen auf größte Reinheit und schadstofffreien (bzw. schadstoffarmen) Anbau oder kontrolliert biologischen Anbau (kba).

essential oils

Ätherische, hoch konzentrierte Öle (engl. *essential oils*) werden aus aromatischen Pflanzen durch aufwändige (auch teure) und schonende Herstellungsverfahren (DESTILLATION, EXTRAKTION, PRESSUNG → Band A, Grundlagen-Lexikon) gewonnen.

Dabei kann z. B. aus einer halben Tonne Lavendel nur ein Liter Lavendelöl gewonnen werden.

Ätherische Öle finden in der Kosmetikbehandlung neben ihrer Anwendung als Zusatz von Massagemitteln, auch Anwendung in der Aromatherapie (→ Band C, LF 10, Kapitel 4.3) und als Duftstoff (→ LF 7, Anhang H.2).

Abb. 3.6: Massageöle und Ätherische Öle

Der Begriff "ätherisches Öl" ist eine Bezeichnung für ein flüchtiges Öl, meist ein Gemisch verschiedener organischer Verbindungen, das aus Pflanzeneilen gewonnen wird. Im Gegensatz zu fetten Ölen verdunstet es, ohne Rückstände zu hinterlassen. Ätherische Öle stellen die größte Gruppe natürlicher Duftstoffeund kommen daher nur verdünnt zur Anwendung.

Das ätherische Öl erfüllt innerhalb der Pflanze wichtige Funktionen:

- Aromatische Wurzeln wie Vetiver oder Kurkuma sind für Schädlinge ungenießbar und halten sie davon ab, die Wurzel zu fressen.

Vetiver, Kurkuma

- Aromatische Hölzer wie z. B. Sandelbaum oder Zeder schützen ihre innere Holzstruktur so vor dem Befall von Schädlingen.

Sandel, Zeder

- Aromatische Sträucher wie Weihrauch oder Myrrhe sondern ein klebriges, an ätherischen Ölen reichhaltiges Harz *(Kolofonium)* aus, um rissige oder beschädigte Rinde zu schützen.

Weihrauch, Myrrhe
Kolofonium

- Aromatische Blätter schützen mithilfe ihrer ätherischen Öle die lebenswichtige Blattoberfläche vor Schädlingsbefall.
- Blüten wie Rose oder Lavendel duften aromatisch, um Insekten anzulocken.

Rose, Lavendel

- Zitrusfrüchte enthalten das ätherische Öl in der Schale.
- Beeren wie z. B. Wacholderbeere enthalten ebenfalls ätherisches Öl, um Insekten und Tiere zur Nahrungsaufnahme zu bewegen. Der ausgeschiedene Samen sorgt dann für eine Verbreitung der Beerenart.

Die Pflanzen, aus denen ätherische Öle gewonnen werden, sind weit verbreitet, aber häufig in warmen Ländern wie Australien (z. B. Teebaumöl), Indien (z. B. Patchouli) oder Südeuropa (z. B. Zitrusfrüchte) zu finden.

Teebaumöl
Patchouli

ätherisches Öl	Kamille	Rosmarin	Lindenblüten	Schafgarbe
Hautzustand	entzündete und/oder empfindliche Haut	fettige und/oder schlecht durchblutete Haut	sensible/empfindliche Haut	großporige, schlecht durchblutete Haut
Wirkung	beruhigend entspannend	desinfizierend erfrischend	entspannend beruhigend	adstringierend

Tab. 3.7: Anwendungsbeispiele von ätherischen Ölen

Kamille
Rosmarin
Lindenblüten
Schafgarbe

Mandelöl
Traubenkernöl

Anwendung:

Ätherische Öle können tropfenweise gemischt in einem natürlichen Trägeröl (z. B. Mandelöl oder Traubenkernöl), in einer vom Hersteller dafür empfohlenen Massagecreme oder in einem Gesichtswasser verwendet werden.

Geben Sie dazu das Massagemittel in ein Schälchen und rühren Sie das ätherische Öl mit einem sauberen Spatel kurz vor der Anwendung unter.

Beachten Sie dazu die empfohlene Tropfenangabe der Hersteller, so können Sie eine Überdosierung des ätherischen Öls vermeiden. Lassen Sie die angerührte Produktmasse nicht offen stehen (Kontamination durch die Luft) und verbrauchen Sie alles vollständig oder entsorgen Sie den Rest.

Verwenden Sie keine Mineralöle wie z.B. preislich günstigeres Babyöl für die Massage. Diese legen einen so glatten Film auf die Haut, dass Ihre Hände abrutschen und Sie Ihre Griffe nicht mehr ausführen können.

Andere Massagemittel

Für die Gesichtsmassage können O/W- (Feuchtigkeitscreme) und W/O-Emulsionen (Fettcreme) Verwendung finden. Sie sollten in ihrer Zusammensetzung so abgestimmt sein, dass sie nicht so schnell in die Haut eindringen, weil sie nur **auf** der Hautoberfläche ihre Gleitfunktion ausüben können.

Kollagen, Elastin
Aloe Vera
Repair-Komplex
repair

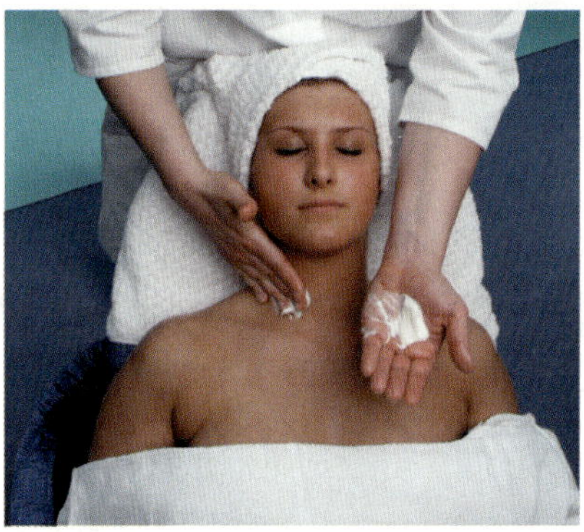

Abb. 3.8: Massagecremeauftrag

Die Gleitfähigkeit wird durch den Basisstoff des Massagemittels erzielt. Emulsionen und Gele sind dann zusätzliche Wirkstoffe, wie z. B. Kollagen, Elastin, Feuchtigkeitsfaktoren, Aloe Vera sowie Repair-Komplex *(repair* engl. = reparieren*)* zugesetzt.

Alternativ kann zur Massage des Gesichts auch eine zum Hautzustand passende Creme zur Anwendung kommen.

Von der Wahl und Anwendung des richtigen Massagemittels hängt der Erfolg oder Misserfolg der Massage ab. Achtung: Sparen Sie besonders bei der Anwendung von Öl die Augen beim Auftragen aus.

Das Auftragen des Massagemittels erfolgt unmittelbar vor Beginn der Massage. Das jeweilige Mittel kann kurz vor der Anwendung in die Handflächen genommen und kurz angewärmt werden. Als Auftragsmuster eignet sich das in → LF 3, Abb. 3.14, beschriebene.

Tab. 3.9: Massagemittel und Hauttypen

Öl

Öl hat eine besonders hohe Gleitfähigkeit, ist leicht und schnell verteilbar und hat eine glättende Wirkung auf die Haut. Es ist besonders gut geeignet für alle trockenen Hauttypen (Sebostase), sensible Haut, allergische und Ekzemhaut (in der nicht akuten Phase).

Fettcreme

W/O-Emulsion für alle trockenen Hautzustände, wie Sebostase, allergische und Ekzemhaut, strapazierte Haut, sensible Haut.

Feuchtigkeitscreme

O/W-Emulsion ist kühlend, feuchtigkeitsspendend, aber nur bedingt gleitfähig. Sie lässt sich auch gut mit angefeuchteten Händen massieren, muss aber etwas öfter nachgecremt werden. Geeignet ist sie für alle Hauttypen, vor allem auch für ölige Hauttypen wie Seborrhoe oleosa, Seborrhoe sicca, aber auch reife, athrophische Haut.

Gel

Als Massagemittel wirkt Gel kühlend und durchfeuchtend auf strapazierte und geschädigte Haut, z. B. nach dem Sonnenbad. Mit entsprechenden Inhaltsstoffen versehen, wie z. B. Aloe Vera, wirkt es zusätzlich leicht entzündungshemmend und beruhigend. Es kann während der Massage ab und zu mit Wasser befeuchtet werden.

Aloe Vera

3.5 Grundlegende Massageregeln

Die Gesichtsmassage beinhaltet die Anwendung verschiedener Handgriffe wie Streichen, Reiben, Kneten und Klopfen. Die Massagegriffe sind abgeleitet von medizinischen Massagen, wobei die kosmetische Gesichtsmassage als solche keinen therapeutischen oder medizinischen Ansatz haben darf.

Die Griffe sollten immer eine **zusammenhängende Reihenfolge** bilden, sodass der Hautkontakt zwischen dem Gesicht Ihrer Kundin und Ihren Händen nicht ständig unterbrochen wird. Das verhindert sonst die Entspannung Ihrer Kundin, die dann nicht weiß, wie es weitergeht.

Die Griffe werden jeweils **3- bis 5-mal pro Griff wiederholt**. Dadurch wird eine höhere Wirkung des Hautreizes erzielt. Dennoch sollten Sie die Griffwiederholung dem Hauttyp entsprechend angleichen.

Je sensibler und gereizter ein Hautzustand ist, umso sanfter und mit weniger Druck und Wiederholungen wird die Gesichtsmassage ausgführt.

Beobachten Sie das Gesicht Ihrer Kundin während der Massage, so haben Sie eine gute Kontrolle, ob die Massage Ihrer Kundin gut tut. Ist das Gegenteil der Fall, können Sie das an folgenden Merkmalen erkennen:

- Die Gesichtszüge Ihrer Kundin verkrampfen sich, indem sie z. B. die Augenbrauen zusammenzieht, die Augen „kneift“ oder die Lippen zusammenpresst.
- Sie schließt nicht die Augen und bleibt wach oder blinzelt heftig.
- Die Hände der Kundin liegen nicht ruhig unter oder auf der Decke oder sie bewegt sich insgesamt unruhig.
- Sie weicht bestimmten Bewegungen während der Massage mit einer leichten Drehung aus, z. B. wenn nach einer Operation das Narbengewebe zwar verheilt, aber die Hautumgebung noch empfindlich auf Druck reagiert.
- Sie atmet immer noch unruhig.

Erfragen Sie dann, sobald Sie eines der Merkmale erkennen, warum die Kundin sich nicht wohl fühlt. Das kann an Ihrer unsachgemäßen Massage liegen oder andere Ursachen haben, z. B. die Kundin liegt noch unbequem, die Musik ist zu laut, das Massagemittel behagt ihr im Duft nicht, bestimmte Gesichtsbereiche sind druckempfindlicher, sie muss zur Toilette usw.

Gehen Sie umgehend auf die Wünsche Ihrer Kunden in und reagieren Sie entsprechend.

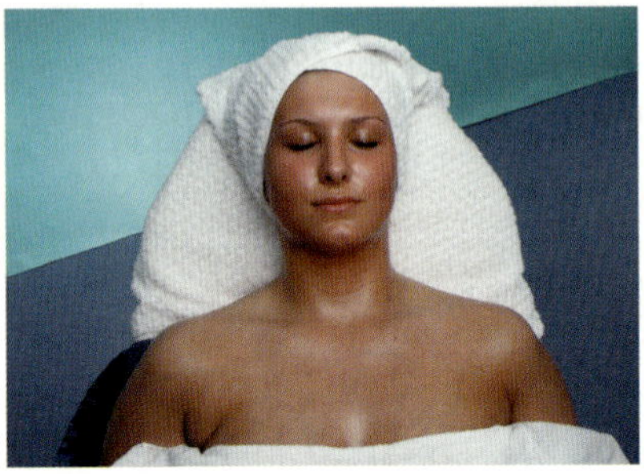

Ist Ihr Kunde entspannt, atmet sie/er gleichmäßig und ruhig und schläft vielleicht sogar ein.

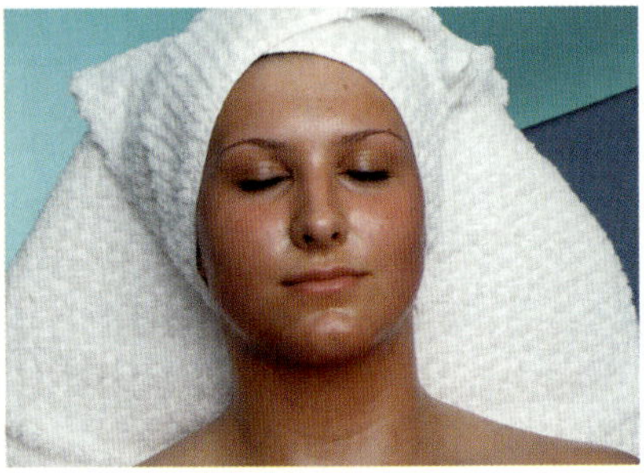

Abb. 3.10 a und b:
Entspannung nach der Gesichtsmassage

Nach den Vorbereitungen erwartet Sie jetzt die Anleitung zum praktischen Teil der Gesichtsmassage im nächsten Kapitel.

A Fragen Übungen Aufgaben

1. *Wann setzen Sie die Gesichtsmassage in den Behandlungsablauf ein?*
2. *Ihre Hände sind eiskalt, was können Sie tun, damit sie vor der Massage warm werden?*
3. *Beschreiben Sie in Partnerarbeit den Dialog und das weitere Vorgehen zwischen einem Kunden und Ihnen, wenn der Postbote während der Gesichtsmassage ein Paket bringt.*
4. *Berichten Sie über mindestens zwei Herstellungsverfahren für ätherische Öle, die Sie nachgeschlagen haben (auch → Band A, Grundlagen-Lexikon).*
5. *Nennen Sie fünf Beispiele, wie ätherische Öle eine Pflanze „schützen".*
6. *Ihrer Kundin gefällt der Duft Ihres Massagemittels nicht. Wie können Sie reagieren? Zählen Sie Möglichkeiten auf, die Ihnen einfallen.*
7. *Was ist die Bedeutung der Abkürzung kba? (Lesen Sie dazu in → LF 7, Anhang Naturkosmetik nach.)*
8. *Woran erkennen Sie, dass Ihr Kunde sich nicht entspannt und welche Ursachen kann das haben?*

4 Gesichts- und Dekolleteemassage

Katie führt eine Gesichtsmassage durch. Ihre Kundin hat eine fahle und schlecht durchblutete Gesichtshaut, die wird Katie jetzt einmal gründlich durchkneten, damit die Durchblutung angeregt wird. Katie walkt und knetet die Gesichtshaut ihrer Kundin kräftig durch. Nach zehn Minuten ist Katie schon nass geschwitzt. Ihre Kundin hat zwischendurch einmal gestöhnt, aber das hatte Katie nicht weiter gestört. Jetzt sieht sie erschrocken, dass die Wangen ihrer Kundin hochrot sind und auf der Stirn der Kundin Schweißperlen zu sehen sind. Die Haut, vor allem um die Augen herum, ist angeschwollen. – Vielleicht hatte sie es mit der kräftigen Massage zu gut gemeint?

Eine Gesichtsmassage ist eine Abfolge aus verschiedenen Massagegriffen, die dann ihre entsprechenden Wirkungen ausüben. Zu jedem Gesichtsareal sowie Nacken, Hals und Dekolletee gibt es passende anregende sowie beruhigende Massagegriffe. Insgesamt werden zu Beginn der Massage beruhigende Griffe angewandt, um so einen Kontakt zur Kundin und deren Haut aufzubauen, dann erfolgen anregende Griffe und zum Abschluss auch wieder beruhigende Griffe.

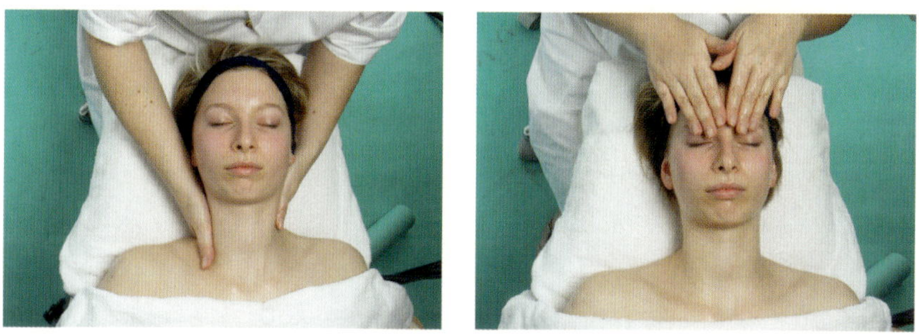

Abb. 4.1 a und b: Entspannende Gesichtsmassage

Es gibt viele verschiedenen Möglichkeiten, Massagegriffe auszuführen, hier beschrieben finden Sie eine Auswahl an „klassischen Massagegriffen". Teilkörper- und Ganzkörpermassagen (auch ausgehend vom Dekolletee) finden Sie in → Band C, Körpermassage, dem zweiten Teil dieses Lernfeldes 6, beschrieben.

Eigene Erweiterungen aufgrund Ihrer späteren Erfahrung oder durch entsprechende Literatur und/oder Weiterbildungsseminare ermöglichen Ihnen auch Erweiterungen Ihrer persönlichen Massage-Kür.

4.1 Grundlegende Massagegriffe und ihre Wirkungen

Im Folgenden werden nun die grundlegenden Grifftechniken der klassischen Gesichtsmassage beschrieben, die jede für sich eine bestimmte Wirkung auf die Gewebeschichten hat. (Besondere Massageformen der Gesichtsmassage finden Sie in → Kapitel 5.)

Effleurage (Streichung)

Effleurage

Die *Effleurage* wird zu Beginn und zum Ende der Massage durchgeführt, aber auch dann, wenn ein weicher Übergang während eines Griffwechsels von z. B. der einen Gesichtshälfte zur anderen oder von dort in Richtung Hals oder Dekolletee oder umgekehrt ausgeführt werden soll. Sie kann auch nach einer Unterbrechung der Massage erfolgen, um den Hautkontakt zur Kundin wieder herzustellen oder nach einem Reizgriff (z. B. *Petrissage*) zur Beruhigung.

Petrissage

Sie wird mit den Handinnenflächen, Handballen oder auch mit einzelnen oder mehreren Fingern durchgeführt. Beispiele für *Effleurage* sind die abgebildeten Massagegriffe (→ Abb. 4.1 a und b).

Die massierende Hand schmiegt sich dabei leicht saugend in die jeweilige Gesichtspartie und führt dann nur zu einer milden Durchblutungsanregung. In der Regel wird sie ohne Druck ausgeführt, sodass es nicht zu einer Verformung oder Verschiebung der Haut bzw. der Bindegewebsfasern kommt.

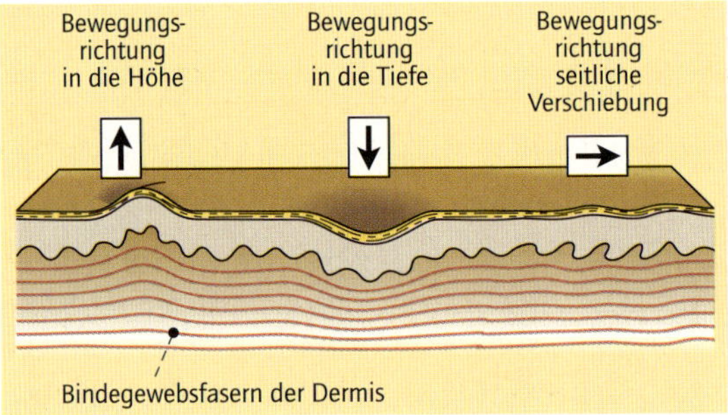

Abb. 4.2: Bewegungsrichtungen der Massagegriffe in die Höhe, Tiefe und seitliche Verschiebung

*Effleurage*griffe finden auch Anwendung als Auftragtechnik für Gesichtsreinigungsmittel, Pflegemittel und Massagemittel (Auftragmuster → LF 3, Abb. 3.14).

Druckpunktion

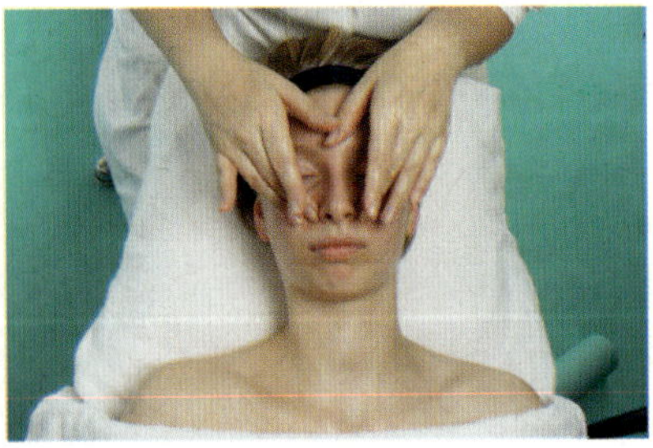

Abb. 4.3: Beispiel Druckpunktion

Dieser Massagegriff wird auch als **Nervendruckpunktmassage** bezeichnet. Die Fingerkuppen werden auf die im Gesicht befindlichen Nervenaustrittspunkte (→ Kapitel 2, Abb. 2.6 a) mit an- und abschwellendem Druck aufgelegt. Die Druckpunktion übt eine sanft anregende Funktion auf die Nervenbahnen aus. Hier kommt es zu einer senkrechten Verformung der Haut in die Tiefe, aber nicht zu einer seitlichen Verschiebung.

Pression (Pump-Sauggriff)

Durch die sanfte Pump- und Saugbewegung des Auflegens und Abhebens der Handinnenflächen kommt es zu einer Anregung des Lymphflusses und der Blutzirkulation. Auf die in der oberen Hautschicht liegenden Nervenendapparate (sensorische Nerven → Kapitel 1.3) wird ein beruhigender Reiz ausgeübt. Die zuerst „platt gedrückten" und dann „angehobenen" Hautareale „schnellen" nach dem Lösen der Handfläche von der Haut in ihre alte Lage zurück und werden somit in ihrer Elastizität mild gefördert. Dieser Griff sorgt für eine senkrechte Verformung der Haut in die Tiefe bzw. Höhe, führt aber nicht zu einer seitlichen Verschiebung. Ein Beispiel für eine Pression ist der im Folgenden mit → **W6** bezeichnete Massagegriff.

Dehnung

Die Dehnungsgriffe in der Gesichtsmassage **dürfen nur** in einem **begrenzten Hautareal** erfolgen, um eine Überdehnung der Gewebeschichten zu vermeiden.

Dabei unterscheiden Sie zwischen der **Fixierung** der Haut **(Fixierungshand)** und dem **bewegten** Massagegriff **(Bewegungshand)**.

Die Fixierung der Haut beugt einer zu starken Überdehnung der Haut/der Muskelfaser/des Bindegewebes vor, indem sie einen unbewegten Punkt (Ihre ruhende Hand) der Bewegung entgegensetzt. Sie erfolgt immer dann, wenn ein Massagegriff in **ziehender** Bewegung **einseitig** ausgeführt wird. Dabei richtet sich der sanfte Druck der Fixierungshand nach der Stärke des Einsatzes der Bewegungshand.

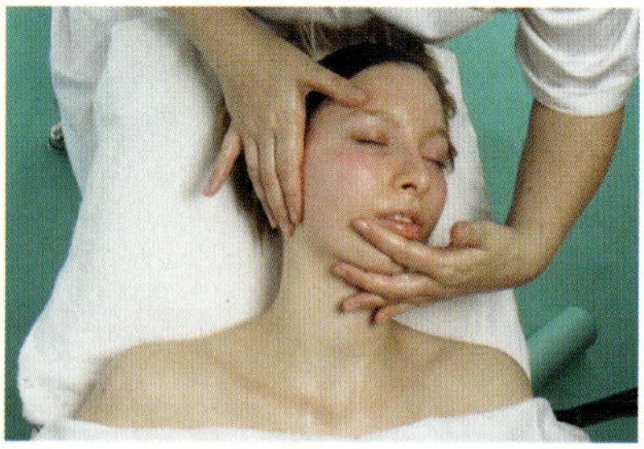

Abb. 4.4: Beispiel Dehnung

Möglich ist auch, dass ein Hautbereich zwischen zwei gespreizten Fingern (Fixierungshand), die unter Druck die Haut leicht dehnen (**Pfeilgriff,** z. B. die im Folgenden mit → **ST1** und **ST2** bezeichneten Massagegriffe), gespannt wird. Mit einem oder zwei Fingern der anderen Hand (Bewegungshand) werden kleine → **Friktionen** zwischen den gespreizten Fingern ausgeführt (in Richtung Handrücken). Dieser Griff sorgt für eine Entspannung besonders verkrampfter Muskulatur, z. B. sichtbar an der so genannten „Zornesfalte" zwischen den Augenbrauen. Dieser Griff wirkt (durch die Friktion) senkrecht in die Tiefe der Haut und sorgt mit der Dehnung auch für eine seitliche Verschiebung.

Schwingung

Das Schwingen wird mit beiden Händen, die flach auf der Haut aufliegen, durchgeführt. Es ist besonders geeignet für Gesichtsbereiche mit weichem Gewebe, wie z. B. Hals oder Wangen. Die Hände werden abwechselnd aufgelegt, mit wenig Druck nach oben bewegt und dann losgelassen. Es kommt zu einer lockeren Schwingung des weichen Gewebes und dies sorgt so für eine Entspannung der Muskulatur. Zusätzlich werden die Bindegewebsfasern trainiert, da das Gewebe nach dem Loslassen zurückschnellt (→ **Pression**). Dieser Griff sorgt für eine seitliche Verschiebung der Haut.

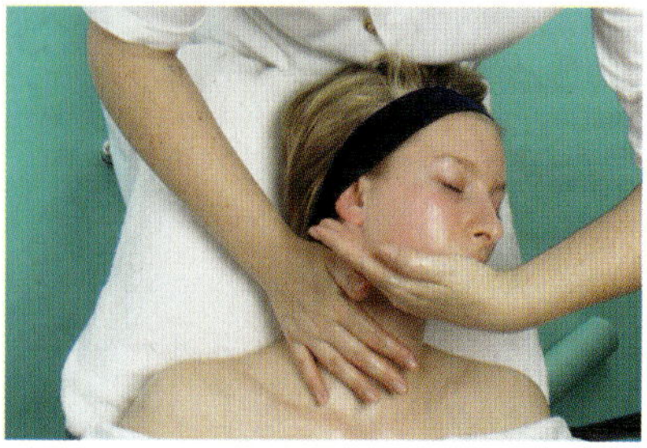

Abb. 4.5: Beispiel Schwingung

Tapotement (Klopfen)

Das Tapotement gehört zu den anregenden Massagegriffen, indem kurze, mehr oder weniger schnell aufeinander folgende mechanische Reize ausgeübt werden. Dazu werden die Fingerspitzen leicht gekrümmt oder die Finger kräftig angespannt und entweder ein- oder beidhändig in kurzen Klopfbewegungen auf die Gesichtshaut aufgebracht. Ein Beispiel für ein Tapotement ist der im Folgenden mit → **W3** bezeichnete Massagegriff.

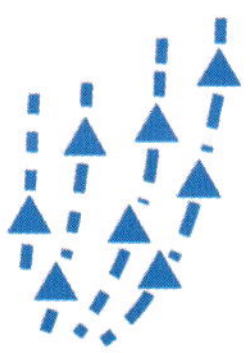

Es darf nicht auf den knöchernen Gesichtsbereichen geklopft werden, sondern nur auf den weicheren Bereichen, z. B. auf den Wangen unterhalb des Jochbeinbogens, sonst kommt es zu Schwellungen. Durch die örtliche *Kontraktion* (das Zusammenziehen) der Muskelfaser als Reaktion auf das Klopfen wird eine Steigerung des *Tonus* (der Muskelspannung) erreicht.

Kontraktion

Tonus

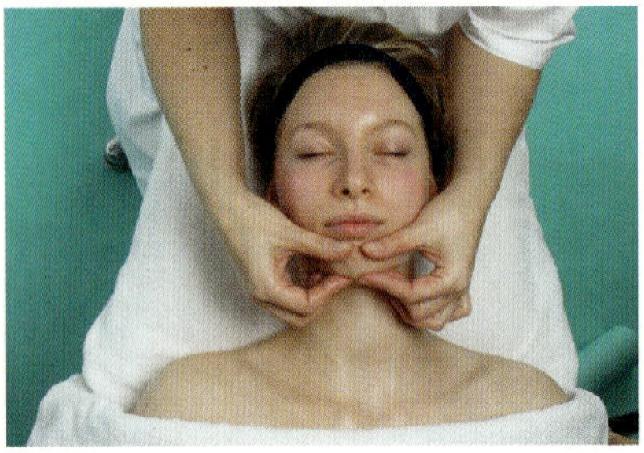

Abb. 4.6: Beispiel Zupfen

Weitere Techniken des Tapotements wie Klatschung oder Hackung usw. finden Sie in → Band C, LF 6 bei der Körpermassage beschrieben.

Das **Zupfen *(Pincement)*** gehört zur Technik des Tapotements mit dem Unterschied, dass einzelne Hautbereiche zwischen Daumen und Zeigefinger gegriffen und leicht angehoben werden. Nach dem Loslassen schnellt die Haut wieder in ihre Ausgangslage zurück. Das Zupfen trainiert die Bindegewebsfasern und sorgt für eine Durchblutungsanregung.

Greifen Sie aber nicht nur Haut, sondern auch etwas Gewebe darunter, sonst "zwicken" Sie Ihre Kunden.

Zupftechnik-Griffe, auch das Tapotement selbst, sorgen für eine senkrechte Verformung der Haut in die Tiefe und/oder Höhe, nicht aber für eine seitliche Verschiebung.

Vibration (Erschütterung)

Vibrationen werden aus dem Handgelenk und mit angespannten Fingern, die flach auf der Gesichtshaut liegen, durchgeführt. Sie übertragen dann auf die Gesichtshaut der Kundin zitternde Vibrationen, die eine leichte Erschütterung (in der Gesichtshaut) hervorrufen und sich ähnlich wie Wellen im Wasser fortsetzen. Diese haben unmittelbaren Einfluss auf die Nervenendapparate der Haut und sorgen für die notwendige Entspannung. Je nach Stärke der Ausführung wird ein mehr oder weniger starker Reiz ausgeübt, der für eine Durchblutungssteigerung sorgt. Die Vibrationen führen zu einer senkrechten Verformung der Haut in die Tiefe und Höhe, nicht aber für eine seitliche Verschiebung. Ein Beispiel für eine Vibration ist der im Folgenden mit → **W4** bezeichnete Massagegriff.

Friktion (Reiben)

Sie wird in kreisförmigen Bewegungen durchgeführt und dient auch der gezielten Behandlung einzelner Muskelabschnitte. Die Finger, die geballte Faust oder die gesamte Innenhand einer oder beider Hände werden dabei in engen, kreisförmigen Bewegungen über die Haut geführt. Aufgrund des etwas stärkeren Druckes dieses Griffes erfolgen auch Auswirkungen nicht nur auf der oberen Hautschicht (Reibung = Wärmeentwicklung), sondern bis zu den elastischen Fasern des Bindegewebes der Dermis. Auf diese werden dann Druck und Dehnungsreize ausgeübt. Ein Beispiel für eine Friktion ist der im Folgenden mit → **D8** bezeichnete Massagegriff.

Friktionen werden in der Regel symmetrisch ausgeführt oder mit einer **Fixierungshand** unterstützt. Aufgrund einer möglichen kräftigen Ausführung kommt es zu einer Durchblutungssteigerung. Die Friktionen sorgen für eine seitliche Verschiebung der Haut und eine Verformung der Haut in die Tiefe, wenn die geballte Faust eingesetzt wird.

Anmerkung: In den klassischen griechischen Schriften wurde der Begriff *anatripsis* oder *tripsis,* abgeleitet von dem Verb *tribein* = reiben/zerreiben, mit dem aber auch knetende Handgriffe benannt wurden, verwendet.

anatripsis
tribein

Das lateinische Verb *frictio* ersetzte diesen Begriff seit der Zeitenwende. Daraus entstanden die englischen und französischen Ableitungen zum heutigen Begriff ***Friktion*** und Ableitungen aus dem französischen Begriff *petrir* = kneten zur heutigen ***Petrissage.***

frictio
petrir

Petrissage (Knetung)

Bei einer Knetung wird der Muskel unter der Haut zwischen Daumen und den übrigen vier Fingern (oder Zeigefinger) umfasst und leicht über das Hautniveau abgehoben, sodass er vorsichtig zwischen Fingern hin- und hergeschoben und/oder „ausgepresst" werden kann. Die jeweilige Knetung erfolgt immer in Richtung der Muskelfaser, sonst kommt es zu einer unangenehmen Empfindung für den Kunden. Eine besonders sanfte Knetung erfolgt, wenn beide Hände nebeneinander aufgelegt, zusammengepresst und die dazwischen liegende Haut zusammengeschoben oder gedehnt wird.

Die Knetung wirkt anregend auf den Stoffwechsel, denn es werden zusätzlich durch **Pressung** Flüssigkeitsansammlungen zum Abfließen über die Blut- und Lymphbahnen gebracht. Die Petrissage sorgt für eine senkrechte Verformung der Haut in die Höhe und für eine seitliche Verschiebung. Ein Beispiel für eine Petrissage ist der im Folgenden mit → **W5** bezeichnete Massagegriff.

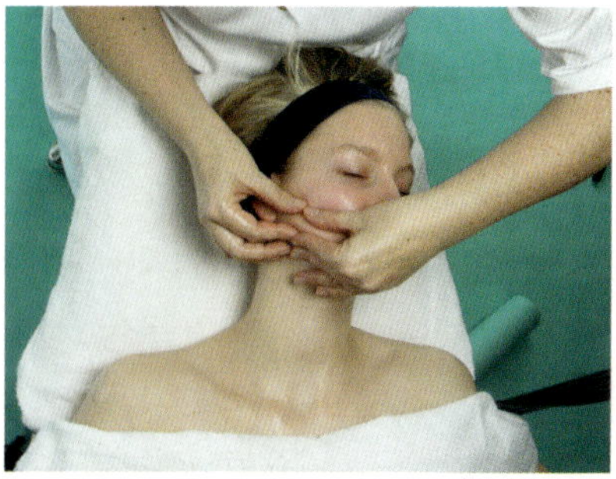

Abb. 4.7: Beispiel Knetung der Wange

Die kosmetischen Massagegriffe können mit **mehr oder weniger Druck, langsam oder schnell** ausgeführt werden. In Weiterbildungsseminaren können Abwandlungen der Grundgriffe erlernt werden oder auch beidhändige Kombinationen verschiedener Griffe.

Die Griffe sollten immer eine zusammenhängende Reihenfolge bilden, sodass der Hautkontakt zwischen dem Gesicht Ihrer Kundin und Ihren Händen nicht ständig unterbrochen wird. Das verhindert sonst die Entspannung Ihrer Kundin, die dann nicht weiß, wie es weitergeht.

Die Griffe werden jeweils **3- bis 5-mal pro Griff wiederholt.** Dadurch wird eine höhere Wirkung des Hautreizes erzielt. Dennoch sollten Sie die Griffwiederholung dem Hauttyp entsprechend angleichen. Das bedeutet, je sensibler und gereizter ein Hautzustand ist, umso sanfter und mit weniger Druck und Wiederholungen wird die Gesichtsmassage ausgeführt.

Zu leichter Druck führt wiederum zu einer unangenehmen, kitzeligen Empfindung auf der Haut. Achten Sie deshalb auf die richtige Druckstärke.

4.2 Griffe für den Nacken

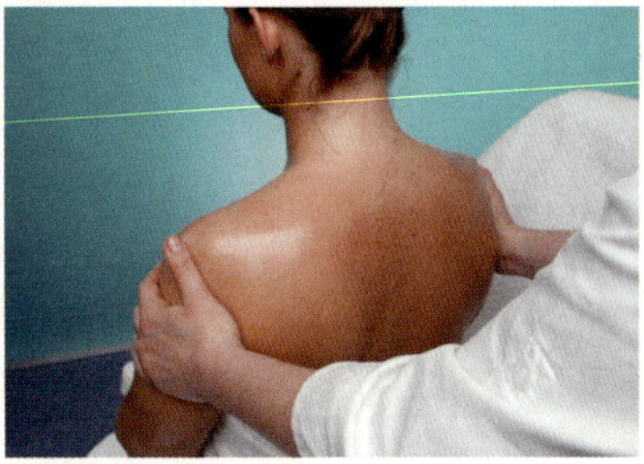

Abb. 4.8: Nackenmassage im Sitzen

Vor der Nackenmassage im Sitzen verteilen Sie das Massagemittel auf dem oberen Rückenbereich, auf Nacken und Schultern.

Führen Sie die Nackenmassage an der auf der Behandlungsliege sitzenden Kundin durch. Legen Sie zum ersten Kontakt der Kundin die Hände seitlich auf die Arme und streichen Sie zum ersten Massagegriff → **N1.**

Muskulus trapezius = Trapezmuskel, ermöglicht die Bewegung des Schulterblattes nach hinten.

N1 Nacken Ausstreicher

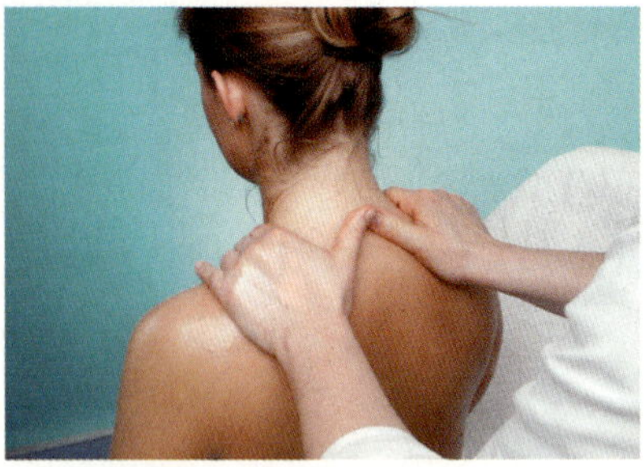

Legen Sie beide Hände flach am Nacken an, sodass Ihre Fingerspitzen über dem Schultergürtel liegen und die Daumen nach innen zeigen. Führen Sie beide Hände mit kräftigen Druck nach außen Richtung Schulter. Streichen Sie mit den flach aufgelegten Händen zurück zur Mitte und mit aufwärts zeigenden Fingerkuppen nach oben zur Ausgangsposition.

N2 Nacken-Schulter Petrissage

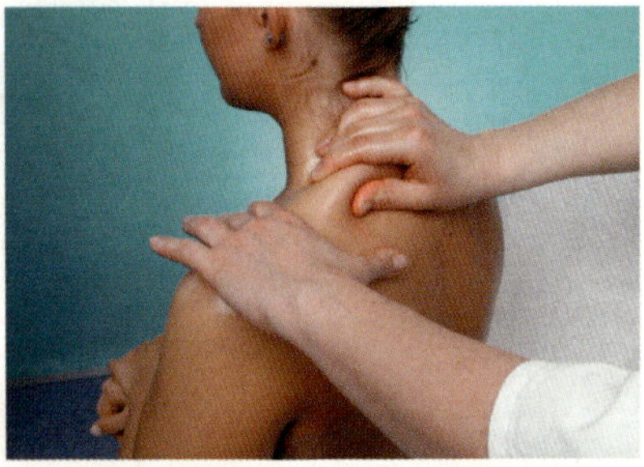

Legen Sie beide Hände einseitig an dem Nacken der Kundin an. Greifen Sie zwischen Daumen und Zeigefinger eine Hautwulst längs zur Schulter und kneten Sie diese sanft durch. Versetzen Sie beide Hände zum nächsten Schulterabschnitt und greifen Sie erneut die nächste Hautwulst und beginnen Sie mit der Knetung. Dies wird durchgeführt bis zum Erreichen der Schulter. Dann wechseln Sie auf die andere Seite und beginnen dort wieder am Nacken. Anschließend erfolgt ein beidseitiges Ausstreichen der Nacken-/Schulterpartie.

N3 Nacken-Schulter Friktion

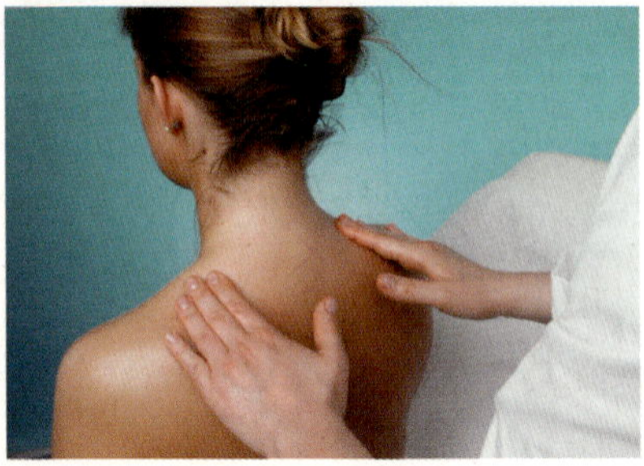

Setzen Sie die Fingerspitzen beider Hände am Nacken an und kreisen Sie mit kräftigen Bewegungen über den Schultergürtel nach außen Richtung Schulter.

Streichen Sie ohne Druck zurück zur Mitte der Wirbelsäule und beginnen Sie von neuem.

(Weitere und daran anschließende Rückenmassagegriffe wie Hacken, Klatschen und Hohlhandanwendungen finden Sie in → Band C, LF 6, Kapitel 4.1 beschrieben.)

Lassen Sie die Kundin sich hinlegen, nachdem die Nackenmassage beendet ist. Decken Sie Ihre Kundin bis zum Brustansatz zu und beginnen Sie mit dem Auftragen des Massagemittels. Nehmen Sie etwas Massagemittel in die Hände und wärmen Sie es durch Verreiben in den Handinnenflächen. Beginnen Sie beidhändig mit dem Auftragen auf Gesicht, Hals und Dekolletee. Das Auftragmuster dafür finden Sie in → LF 3, Abb. 3.14.

4.3 Griffe für das Dekolletee

D1 Ausstreichgriff Dekolletee

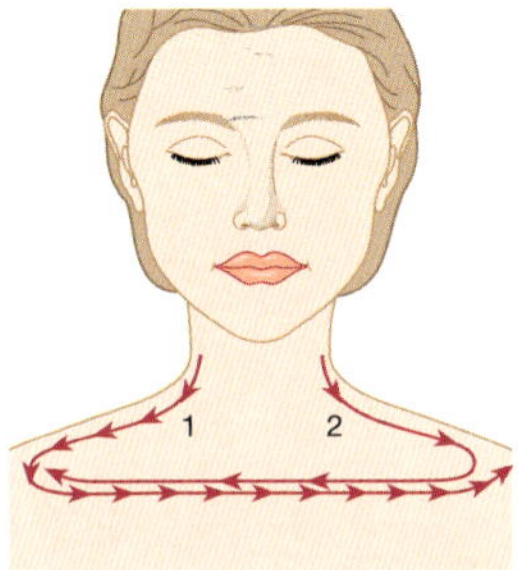

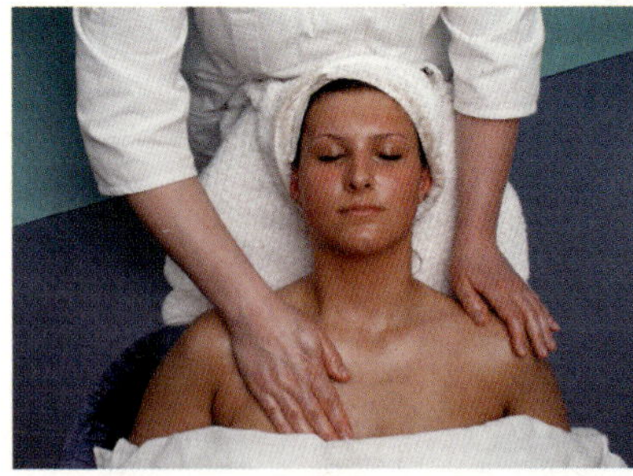

Legen Sie eine Hand auf die Schulter der Kundin, um die Haut zu fixieren. Greifen Sie mit der anderen Hand über und legen Sie diese auf den seitlichen Halsstrang flach an (Achtung! Kehlkopf nicht berühren!). Streichen Sie mit der Hand an dem Halsstrang entlang über den Schultergürtel (an der fixierenden Hand vorbei) über das Dekolletee hinweg ziehend zur anderen Schulter. Fixieren Sie dort Ihre Hand und beginnen Sie mit der anderen Hand übergreifend den Griff vorne zur entgegengesetzten Richtung.

D2 Streichgriffe aufwärts und abwärts

Legen Sie beide Hände auf das Dekolletee und streichen Sie mit der einen Hand vom Brustansatz Richtung Schultergürtel in gerader Linie, während Ihre andere Hand zur gleichen Zeit den Griff von oben nach unten ausführt, sodass beide Hände sich parallel zueinander bewegen. Sind die Hände am Endpunkt angekommen, können beide versetzt werden, sodass von rechts nach links oder umgekehrt gearbeitet werden kann.

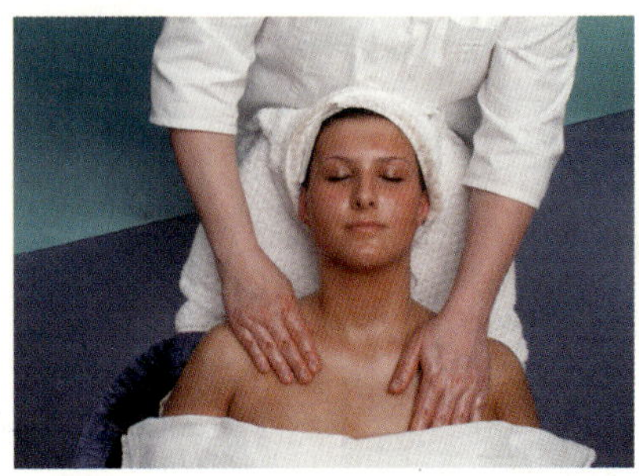

D3 Dekolletee Vibration

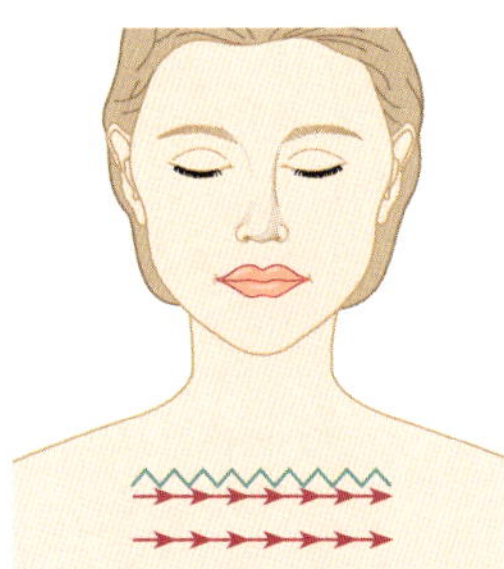

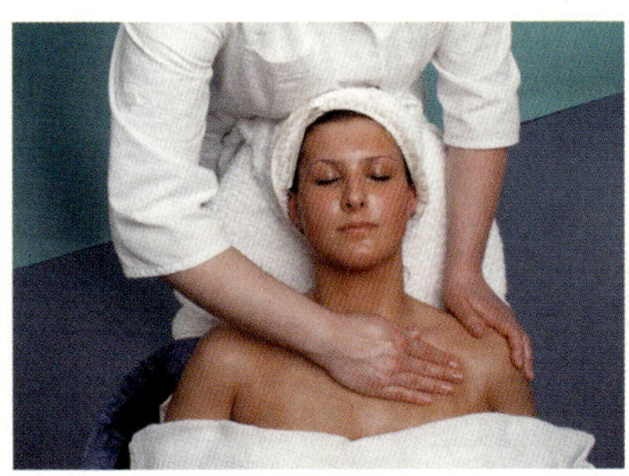

Legen Sie eine Hand zur Fixierung auf der Schulter flach an. Führen Sie mit der anderen Hand, ziehend und flach aufliegend, Vibrationen quer über das Dekolletee durch, von Ihrer fixierenden Hand weg. Streichen Sie ohne Druck zurück und beginnen Sie etwas tiefer von neuem, bis Sie am Brustansatz angelangt sind.
Wechseln Sie jetzt die Hände und die Bewegungsrichtung.

D4 Dekolletee Friktion horizontal

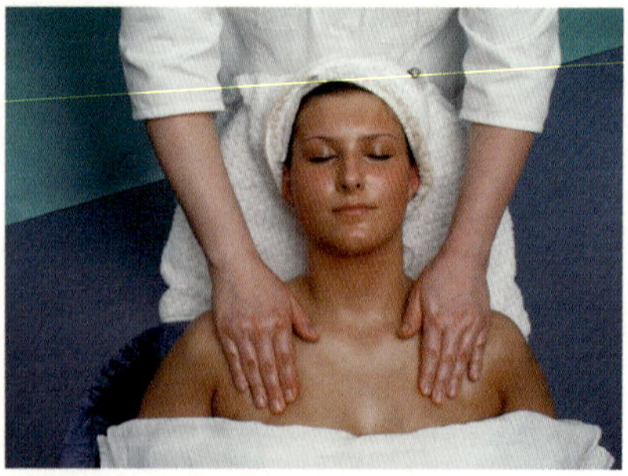

Legen Sie die Fingerspitzen beider Hände am Brustbein an. Führen Sie gleichzeitig nach außen in einer Linie kreisförmige Bewegungen mit den Fingerspitzen aus. Streichen Sie ohne Druck in die Ausgangsposition und beginnen Sie etwas tiefer von neuem, bis der Brustansatz erreicht ist.

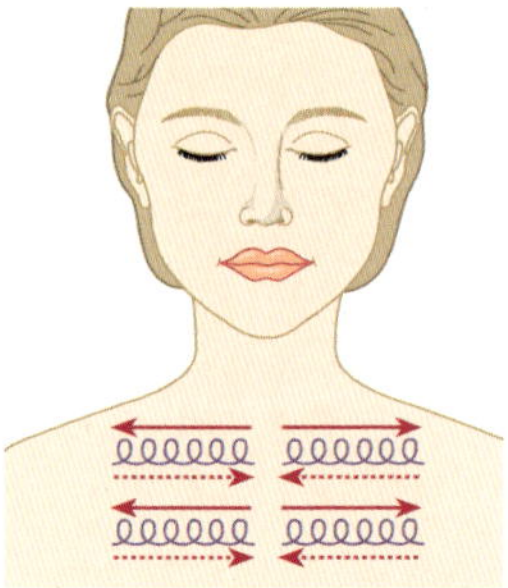

D5 Rechts/Links Streicher

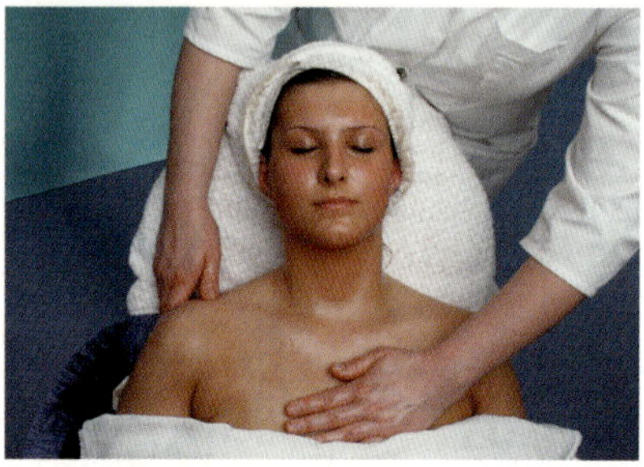

Ihre Hand liegt auf oder an der Schulter und fixiert die Haut, während Ihre andere Hand flach und horizontal auf dem Dekolletee liegt. Mit einer leicht ziehenden Bewegung streicht die Bewegungshand von der fixierenden Hand weg in Richtung Schulter und fixiert dort. Dann wird die andere Hand abgehoben und an der jetzt fixierenden Hand vertikal angelegt. In drei „Linien" führen Sie diese Streichung aus.

D6 Dekolletee Friktion vertikal

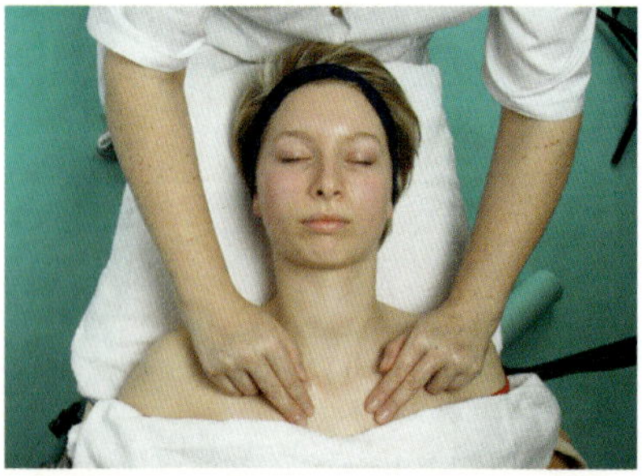

Legen Sie die Fingerspitzen beider Hände auf der Mitte des Dekolletees, neben dem Brustbein auf und führen Sie in gerader Linie vom Brustansatz in Richtung Halsansatz enge, kreisförmige Bewegungen aus. Oben angelangt streichen Sie ohne Druck mit den Fingerspitzen wieder herunter und versetzen diese entsprechend nach links und nach rechts, bis Sie an den Schultern angelangt sind.

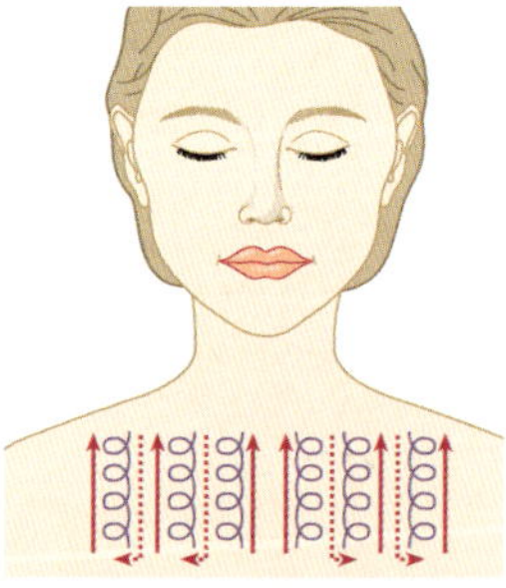

D7 Brustmuskel-Knetgriff

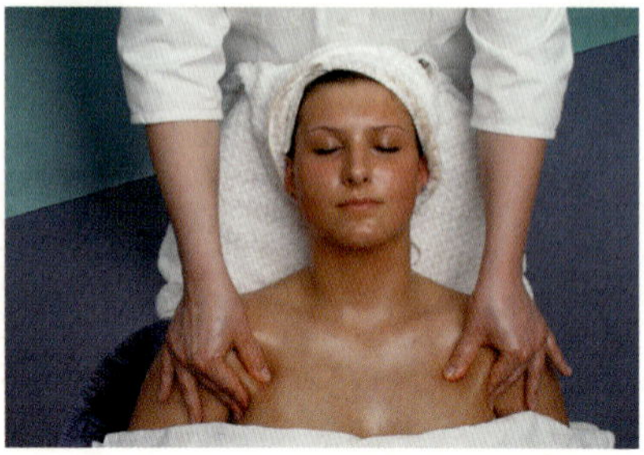

Ihre Hände liegen beide rechts und links in den Achselhöhlen der Kundin (kleiner Finger und Ringfinger seitlich abgespreizt), sodass beide Daumen auf dem Dekolletee liegen. Pressen Sie dann zwischen Zeigefinger und Daumen die entstehende Hautwulst und kreisen Sie mit den Daumen über den fühlbaren Muskel.

D8 Brustbeinfriktion

Legen Sie die Zeigefinger und Mittelfinger beider Hände rechts und links des Brustbeins am Brustansatz an und kreisen Sie diese eng und beidseitig Richtung Halsansatz. Dort streichen Sie mit den Fingern wieder nach unten, wo Sie den Griff neu beginnen.

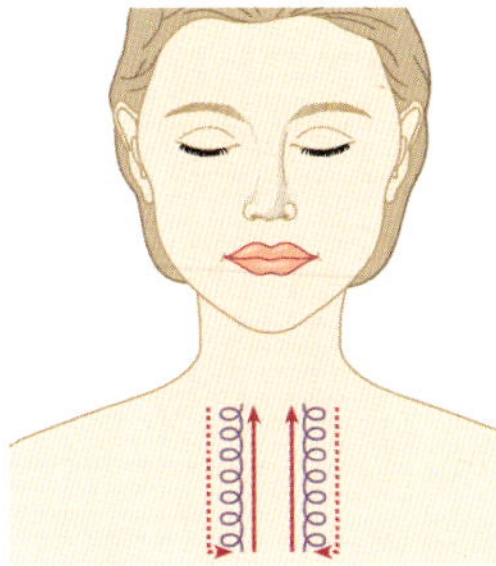

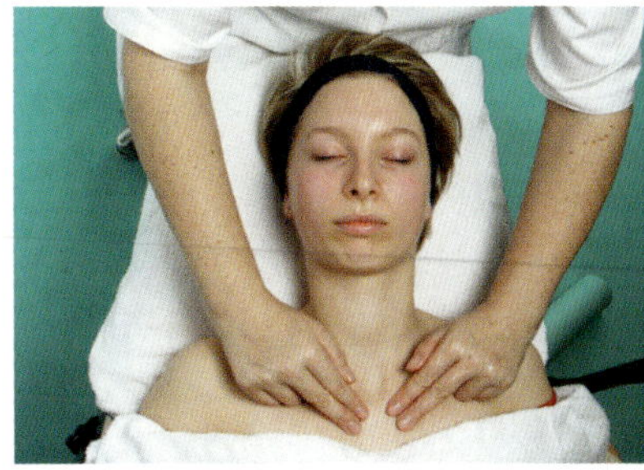

4.4 An der Schulter

S1 Schulterstrich

Legen Sie die Handinnenflächen unter dem Nacken an und streichen Sie mit kräftig ziehender Bewegung beider Handflächen hinter dem Schultergürtel entlang. An der Schulter führen Sie die Hände mit der Handfläche auf dem Schultergürtel ohne Druck zurück (Richtung Halsansatz). Dann greifen die Hände wieder unter den Nacken und beginnen von vorne.

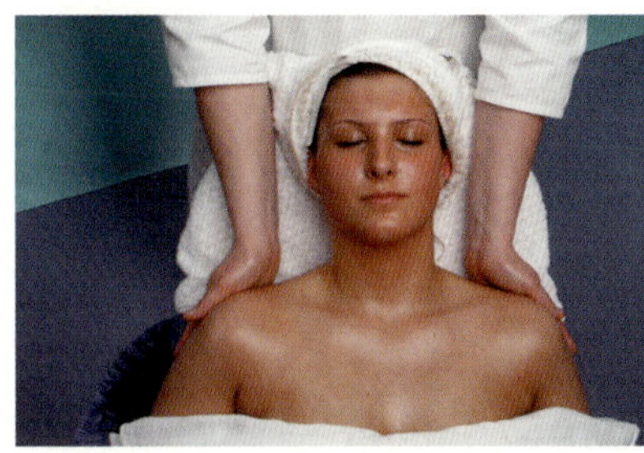

S2 Schultergriff

Ballen Sie beide Hände zu Fäusten und legen Sie diese mit den Knöcheln unterhalb des Schultergelenks seitlich auf die Oberarme. Führen Sie kräftige kreisende Bewegungen aus, wobei die Fingerknöchel sich abwechselnd heben und senken. Streichen Sie anschließend die Schulterpartie Richtung Arme kräftig aus.

Eine Nackenmassage kann auch an der liegenden Kundin durchgeführt werden, z. B. im Anschluss an die Schultergriffe.

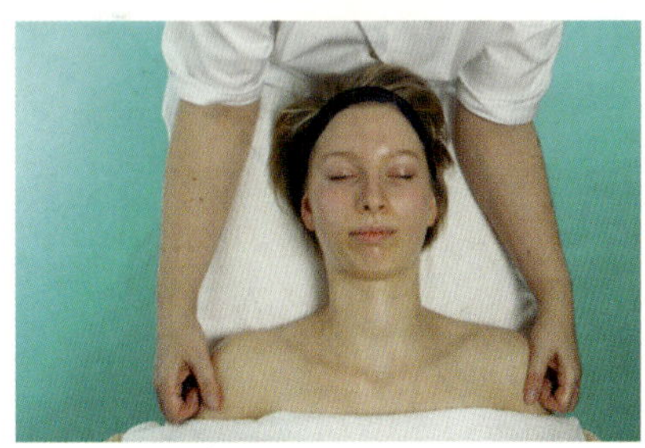

N 4 Nackenmassage im Liegen

Legen Sie beide Hände mit der Handfläche nach innen unter dem Nacken der Kundin an, sodass die Daumen seitlich des Halses liegen. Bewegen Sie die Fingerspitzen kreisförmig und mit Druck von den Schultern ausgehend in Richtung Haaransatz. Streichen Sie beidhändig mit der flachen Innenhand unter dem Nacken zurück und beginnen Sie von vorne.

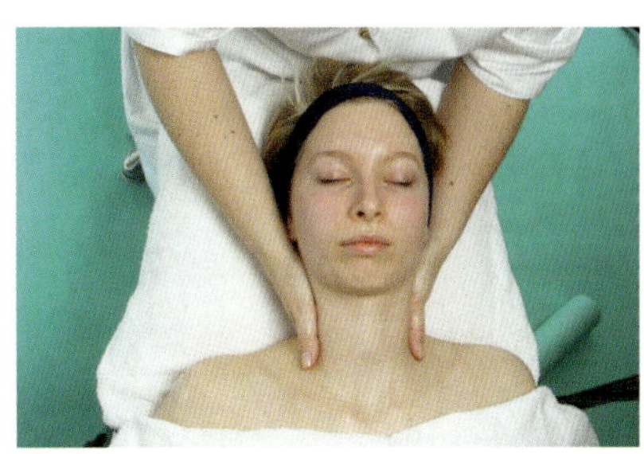

4.5 Für den Hals

Platysma = Halshautmuskel, strafft Haut des Halses.
Muskulus sternocleidomastoideus = Kopfwender, bestehend aus ***Caput claviculare*** **und** ***Caput sternale;*** ermöglichen Drehung und Beugung des Kopfes. Durch Kontraktion ermöglichen sie das Heben des Kopfes.

H1 Halsschwingung

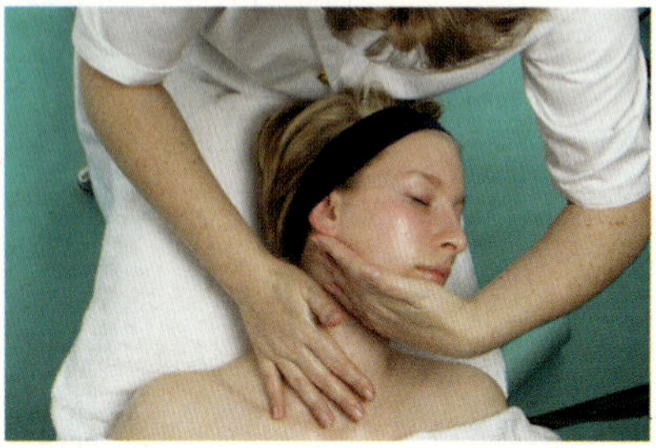

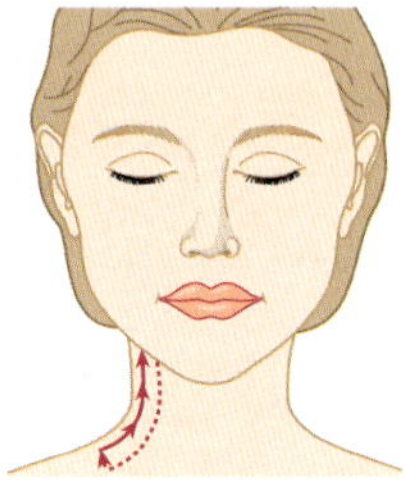

Legen Sie beide Hände flach auf die Wangen Ihrer Kundin und drehen Sie deren Kopf leicht nach rechts. Legen Sie eine Hand flach am Halsansatz an und streichen Sie mit der flachen Hand Richtung Wangen. Setzen Sie die andere Hand sofort nach und streichen Sie ebenfalls von unten nach oben. Wiederholen Sie den Griff mehrmals. Legen Sie dann wieder beide Hände auf die Wangen der Kundin und drehen Sie deren Kopf auf die andere Seite. Führen Sie den Griff auch dort aus.

H2 Halsfriktion

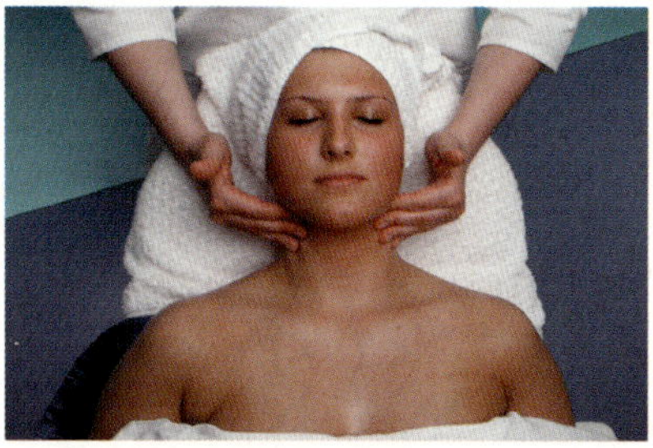

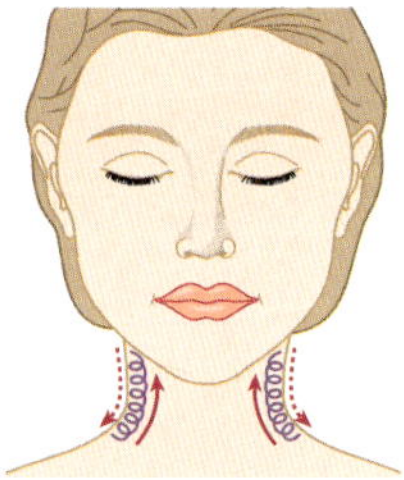

Legen Sie rechts und links die Fingerspitzen unterhalb des Halsansatzes auf den Halsmuskel und kreisen Sie den seitlichen Halsstrang entlang nach oben. Streichen Sie ohne Druck zurück und beginnen Sie von vorne.

H3 Halsring Friktion

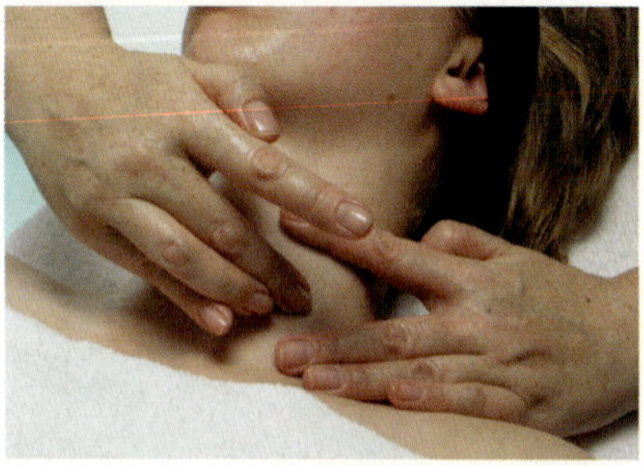

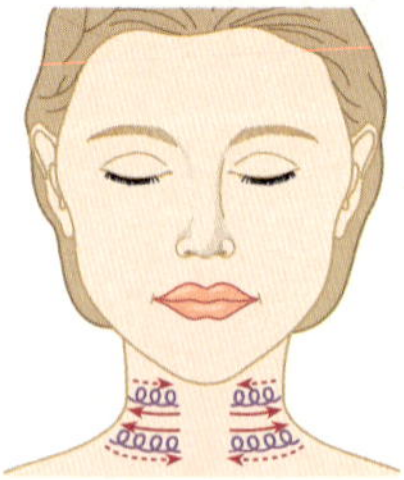

Legen Sie beide Hände auf die Wangen der Kundin und drehen Sie deren Kopf leicht zur Seite. Legen Sie eine Hand mit dem **Pfeilgriff** am Halsstrang an, sodass die Halsfalte dazwischen zu sehen ist (Achtung! Fingerspitzen in Richtung, aber nicht über den Kehlkopf anlegen!). Kreisen Sie mit der Mittelfingerkuppe Ihrer anderen Hand zwischen den gespreizten Fingern Richtung Halsstrang. Streichen Sie ohne Druck zurück und beginnen Sie von vorne. Versetzen Sie Ihre Hände zur nächsten ringförmigen Falte.

5842140

4.6 Für die Wangen

Nehmen Sie, wenn nötig, erneute etwas Massagemittel in die Hände und wärmen Sie es durch Verreiben in den Handinnenflächen. Beginnen Sie beidhändig am Kinn mit dem Auftragen.

Muskulus masseter	=	großer Kaumuskel mit einem Kaudruck bis zu 70 kg
Muskulus zygomaticus	=	kleiner und großer Jochbeinmuskel ***minor*** **und** ***major,*** zieht Mundwinkel nach oben und außen.
Muskulus risorius	=	Lachmuskel, zieht Mundwinkel seitlich, sorgt für Grübchenbildung in den Wangen.

W1 Hals-Wangen Schwingung

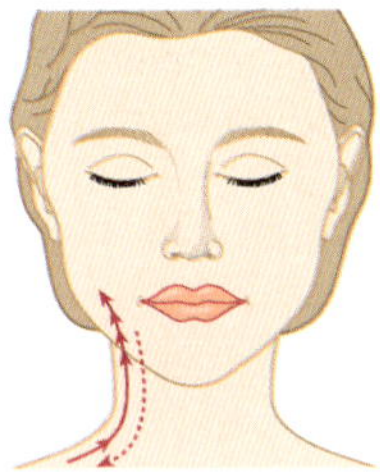

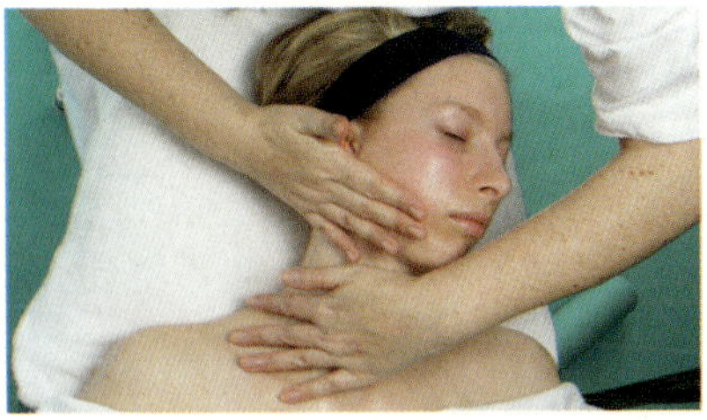

Legen Sie die Hände auf die Wangen Ihrer Kundin und drehen Sie deren Kopf leicht zur Seite. Setzen Sie eine Hand auf der Wange, die andere Hand am Hals an. Führen Sie mit beiden Händen eine streichende Bewegung nach oben aus und heben Sie die jeweils höhere Hand ab, um sie unter der anderen wieder anzusetzen. Führen Sie das mehrmals durch und drehen Sie dann den Kopf Ihrer Kundin auf die andere Seite. Dort wiederholen Sie den Griff und drehen zum Abschluss den Kopf Ihrer Kundin wieder in die Mitte.

W2 Wangen Dreher

Legen Sie beide Hände flach auf die Wangen der Kundin und ziehen Sie die Haut leicht nach oben. Knicken Sie unter Hautberührung Ihre Finger ein, sodass die Knöchel auf der Haut liegen und Ihre Hände zu Fäusten geballt sind.

Ihre Daumen zeigen zur Nase. Führen Sie jetzt drehende Bewegungen auf der Stelle mit den Fäusten durch, wobei Sie die Fingerknöchel leicht auf und ab bewegen.

Führen Sie die Bewegungen mehrmals durch. Drehen Sie die Hände auf und streichen Sie ohne Druck wieder in die Ausgangsbewegung. Von dort leiten Sie über zum nächsten Griff oder wiederholen diesen.

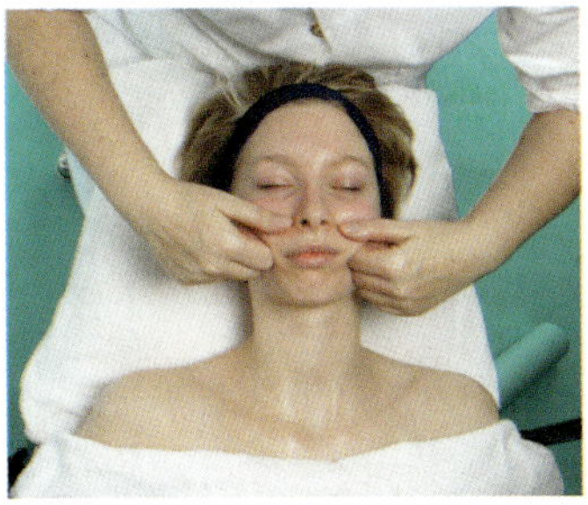

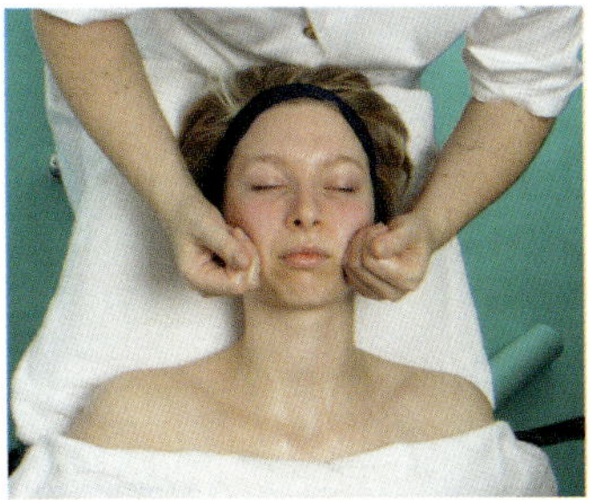

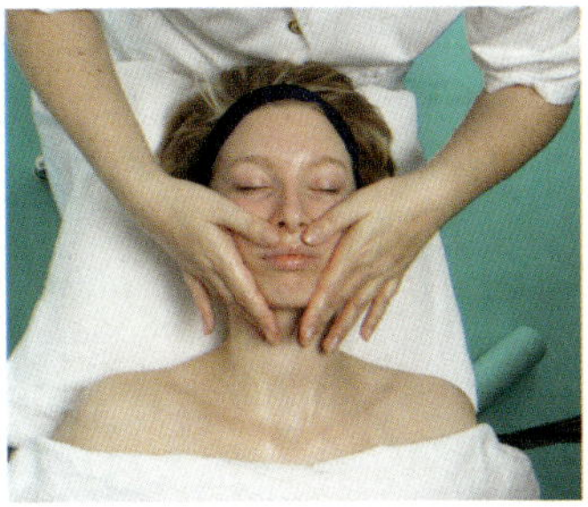

6

W3 Wangen *Tapotement*

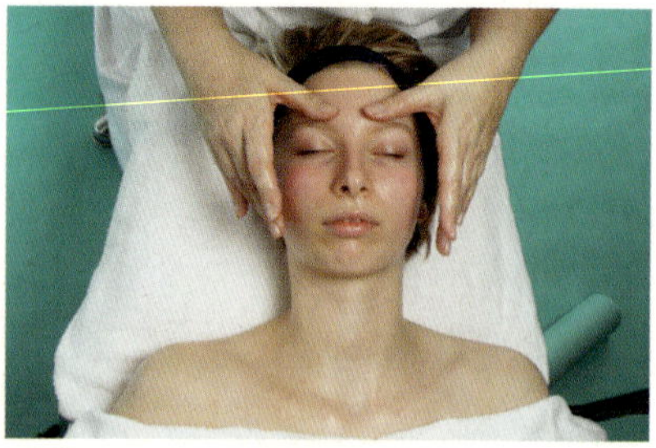

Spreizen Sie die Finger und spannen Sie diese an. Fixieren Sie die Daumen auf der Stirn. Klopfen Sie dann die Wangen „aus". **Achtung!** Sparen Sie die knöchernen Unterlagen von Jochbeinbogen und Kinnrand bis zum Ohr aus.

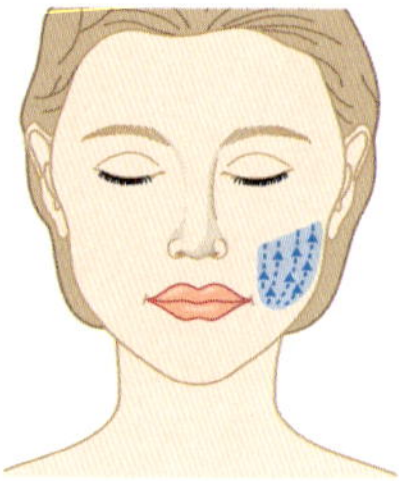

W4 Wangen *Vibration*

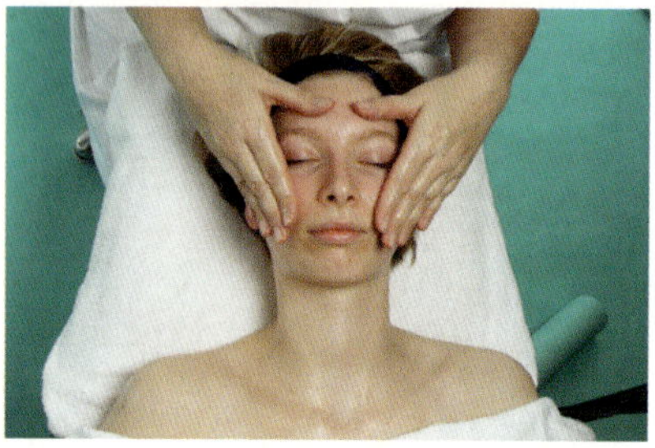

Legen Sie beide Hände flach auf den Wangen der Kundin an und führen Sie aus dem Handgelenk heraus Vibrationen von der Nase nach außen Richtung Ohr aus. Heben Sie die Hände ab und beginnen Sie erneut.

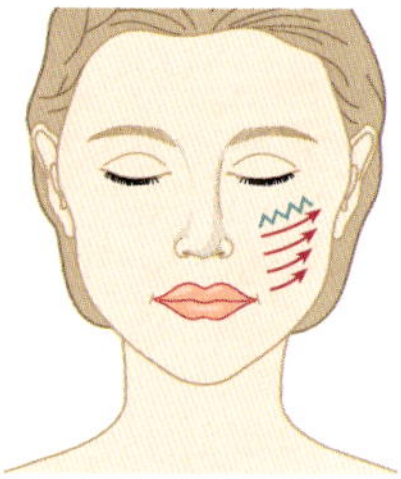

W5 Wangen *Petrissage*

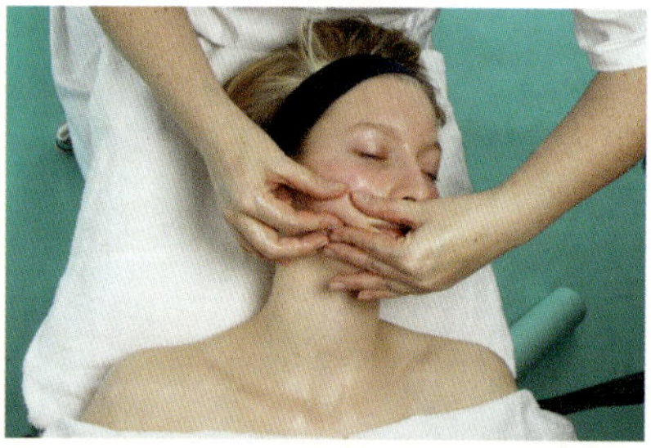

Nehmen Sie zwischen Zeigefinger und Daumen auf den Wangen der Kundin eine Hautwulst und heben Sie diese leicht an. Bewegen Sie die Hautwulst zwischen den Fingern leicht hin und her. Lassen Sie los und greifen Sie die nächste Stelle, bis Sie die Wangen „durchgearbeitet" haben. Hauptbewegung: von Kinnrand zur Nase und Jochbeinbogen.

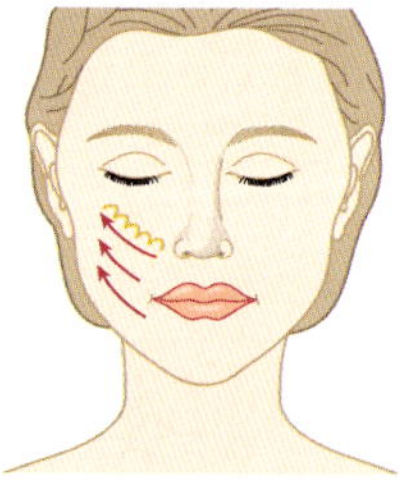

W6 Wangen Pump-Sauggriff *(Pression)*

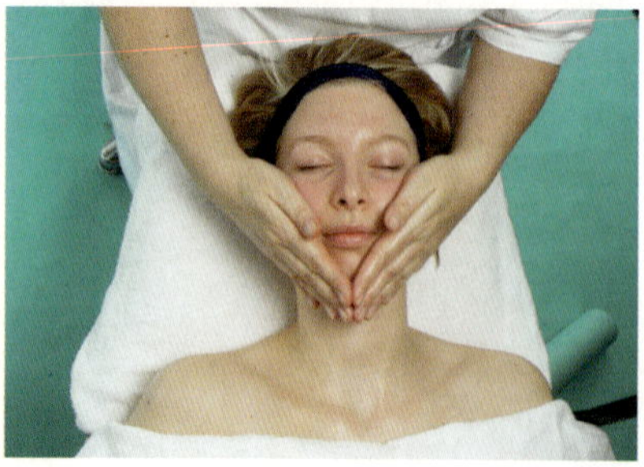

Legen Sie beide Hände flach auf die Wangen der Kundin, Ihre Fingerspitzen berühren sich am Kinn. Üben Sie mit den flachen Händen Druck auf die Haut aus. Ziehen Sie dann beide Hände von der Hautoberfläche gleichmäßig ab, sodass Luftkontakt besteht. Pressen Sie dann die Hände wieder auf die Wangen (Achtung! Nicht zu viel Druck ausüben!) und wiederholen Sie den Vorgang (Bewegungsradius → **W4**).

4.7 Am Kinn

Muskulus Triangularis = Dreiecksmuskel am Kinn, ermöglicht Herabziehen der Mundwinkel.

K1 Kinnrand Friktion

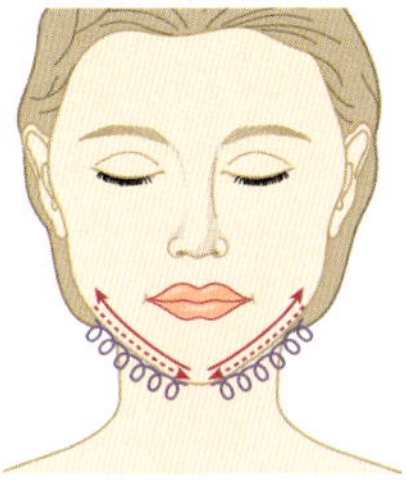

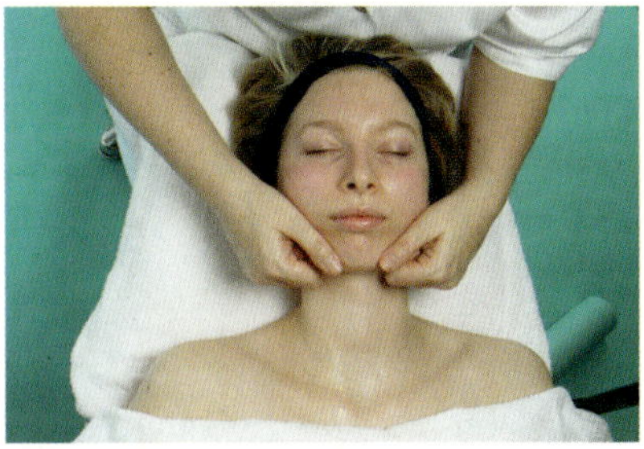

Ballen Sie die Hände zu Fäusten und legen Sie beide mit den Knöcheln unter dem Kinn der Kundin an. Bewegen Sie die Knöchel kreisförmig auf und ab und ziehen Sie dabei leicht und beidhändig nach außen bis zum Ende des Kinnrandes. Öffnen Sie die Finger und streichen Sie ohne Druck mit den Händen unter dem Kinnrand zur Kinnmitte. Ballen Sie wieder die Hände und beginnen Sie von vorn.

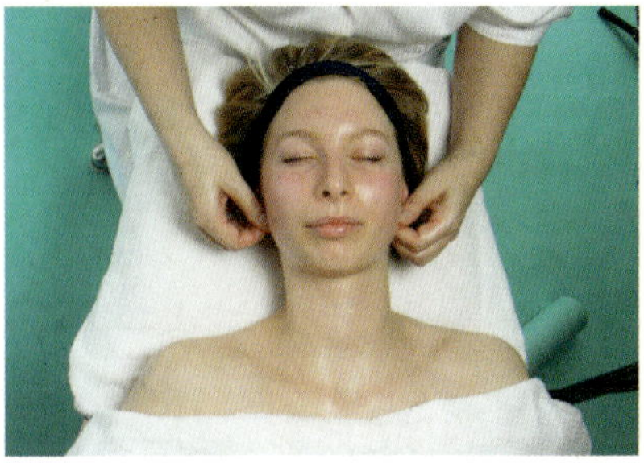

Variation Ohrläppchen

Greifen Sie, wenn Sie am Kinnrand angelangt sind, auf beiden Seiten die Ohrläppchen mit Daumen und Zeigefingern und massieren Sie diese sanft und kreisförmig. Streichen Sie dann unter dem Kinnrand wieder zurück und beginnen Sie von vorn.

K2 Kinnrand-Petrissage

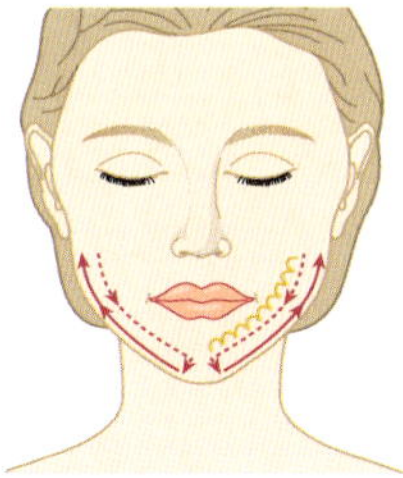

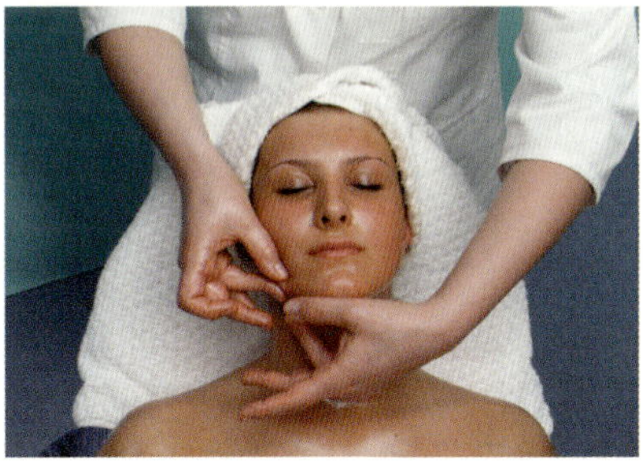

Greifen Sie unterhalb des Mundes in Höhe des Kinnrandknochens eine Hautwulst und heben Sie diese mit Zeigefinger oder Ringfinger und Daumen von der knöchernen Unterlage etwas ab. Pressen Sie die Hautwulst mit Daumen und Zeigefinger leicht aus. Arbeiten Sie so den Kinnrand entlang, hören Sie aber unter dem Kiefergelenk auf. Streichen Sie ohne Druck zurück und beginnen Sie von der Kinnmitte aus. Nach mehrmaliger Wiederholung führen Sie den Griff von der Kinnmitte bis zur anderen Seite des Kinnrandes aus.

K3 Kinnrand-Ausstreicher

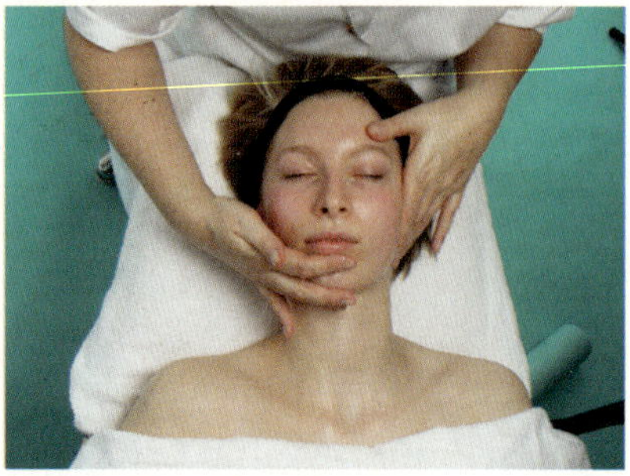

Fixieren Sie mit der einen Hand die Gesichthaut nahe des Ohres, indem Sie dort drei Finger auflegen, die am Kinnrand aufhören. Legen Sie den Daumen der Fixierungshand auf die Stirn. Spannen Sie die andere Hand an und legen Sie diese unter dem fixierten Kinnrand an. Streichen Sie mit der flachen Hand unter dem Kinnrand zur anderen Seite und fixieren Sie die Hand dort. Lösen Sie die andere Hand, führen Sie diese zur anderen Seite, legen Sie sie dort unter dem Kinnrand an und streichen Sie zurück. Wiederholen Sie mehrmals auf beiden Seiten.

K4 Kinn-Knetgriff

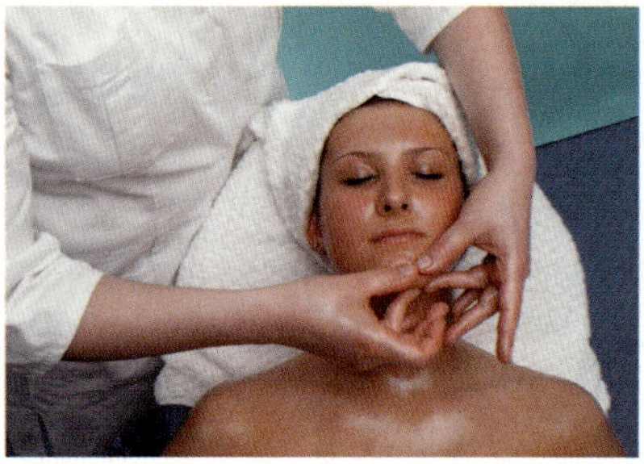

Legen Sie die Hände übereinander unter dem Kinn an, sodass die Daumen auf dem Kinn der Kundin aufliegen. Beginnen Sie an einer Seite des Kinns eine Hautwulst abzuheben und zwischen Daumen und Zeigefinger oder Ringfinger zu kneten. Arbeiten Sie diese Wulst bis zur anderen Seite des Kinns knetend durch, wobei Ihre unter dem Kinn angelegten Hände der Bewegung folgen.

Muskulus mentalis = Kinnmuskel; ermöglicht Bewegungen der Kinnhaut nach oben und zur Grübchenbildung.
Muskulus triangularies = Dreieckmuskel am Kinn; ermöglicht Abwärtsbewegung der Mundwinkel.

K5 Kinnfalten-Ausstreicher

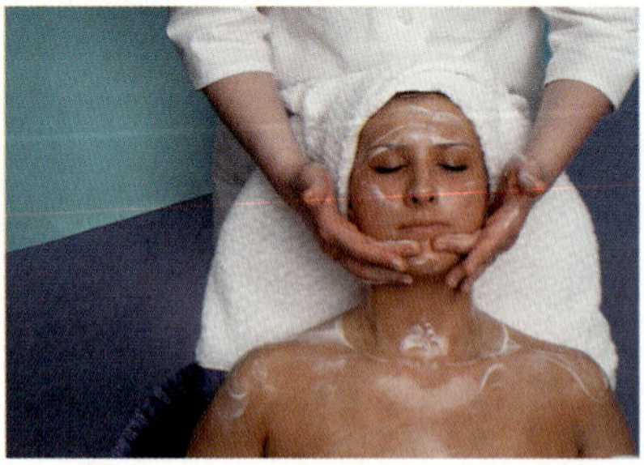

Setzen Sie die Mittelfinger beider Hände in der Mitte der Kinnfalte an und streichen Sie mit Druck nach außen. Ohne Druck werden die Finger zurückgeführt und beginnen von vorn.
Jeweils auf der Kinnmitte können von Ihnen zusätzlich kleine Friktionen ausgeführt werden. Auch eine Druckpunktion auf die beiden Austrittspunkte des Trigeminusnervs neben dem Kinn ist möglich (➔ Kapitel 2, Abb. 2.6 d).

4.8 Um den Mund

M. orbicularis oris	=	ringförmiger Mundmuskel
M. levator anguli oris	=	ermöglicht Anheben des Mundwinkels.
M. depressor labii inferioris	=	ermöglicht Herabziehen der Unterlippe.

M1 Mundringmuskel-Griff

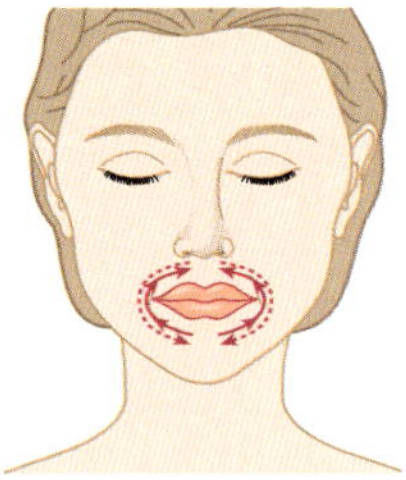

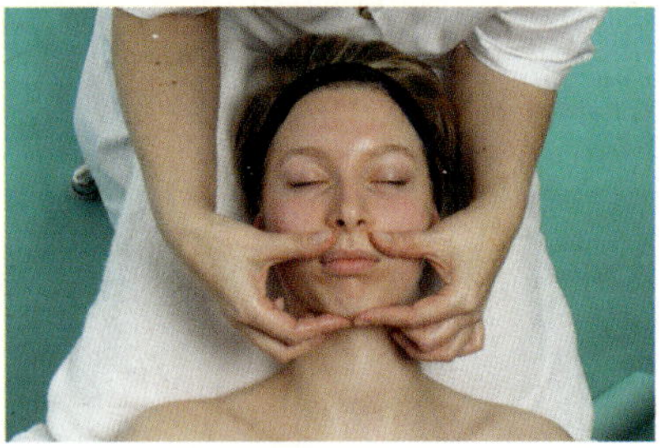

Setzen Sie beide Hände unter dem Kinnrand an, die Daumen liegen sich in der Kinnfalte gegenüber. Üben Sie etwas Druck aus und ziehen Sie die Kinnfalte gleichmäßig mit den Daumen aus. Streichen Sie mit den Daumen an den Lippenrändern über die Mundwinkel herum und bis zur Lippenmitte bzw. Nasenwurzel. Dort treffen sich die Daumen und heben sich kurz von der Hautoberfläche ab. Streichen Sie ohne Druck zurück zur Ausgangsstellung. Wiederholen Sie den Griff.

M2 Mundwinkel Ausstreicher

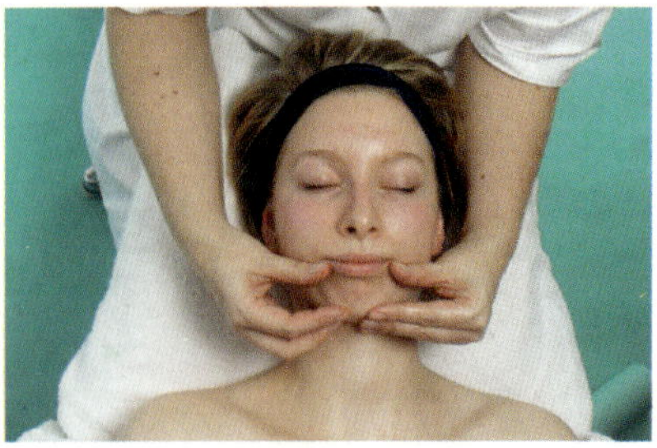

Legen Sie beide Hände flach unter dem Kinn an, sodass die Daumen rechts und links neben den Mundwinkeln ansetzen. Ziehen Sie mit leichtem Druck der Daumen die Mundwinkel nach oben und lassen Sie gleichzeitig los. Setzen Sie die Daumen wieder kurz unterhalb der Mundwinkel an und wiederholen Sie den Griff.

4.9 Für und um die Nase

Mm. nasales = Nasenmuskeln;
ermöglichen das Zusammenziehen der Nasenflügel und damit teilweise das Schließen der Nasenlöcher. Auch ein „Herabziehen" der weichen Teile der Nase ist damit möglich.

NA1 Nasolabialfalten-Friktion

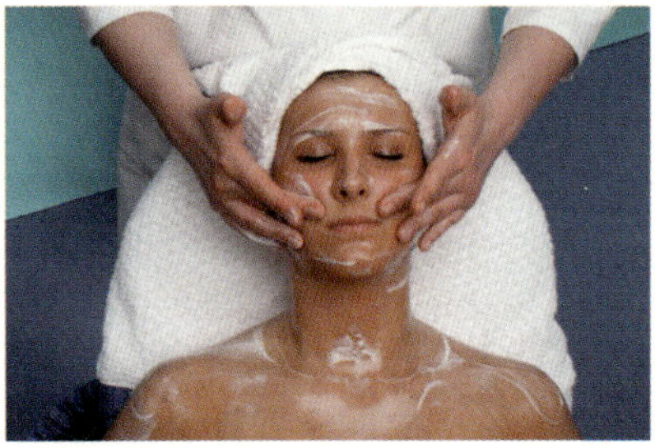

Setzen Sie beide Mittelfingerkuppen unterhalb der Mundwinkel an und spreizen Sie die übrigen Finger ab. Kreisen Sie in kleinen Bewegungen um die Mundwinkel in die Nasolabialfalte nach oben bis zu den Nasenflügeln. Streichen Sie ohne Druck zurück zur Ausgangsstellung und beginnen Sie von vorn.

6

NA2 Nasolabialfalten Ausstreicher

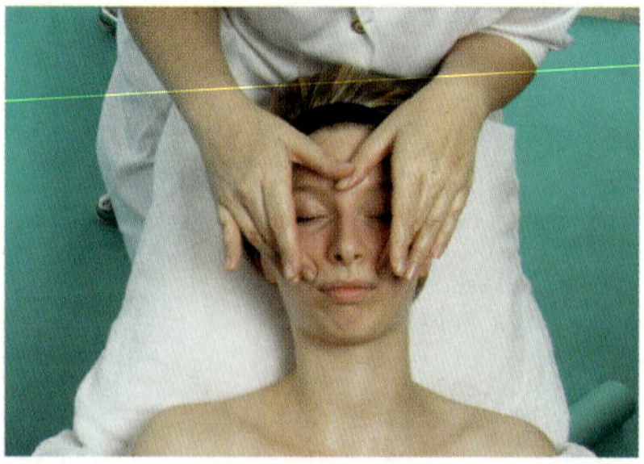

Fixieren Sie die Daumen auf der Stirn. Setzen Sie die beiden Fingerkuppen der Mittelfinger rechts und links unter dem Mundwinkel der Kundin an und streichen Sie mit etwas Druck die Nasolabialfalte nach oben aus. Führen Sie die Fingerkuppen ohne Druck zurück und wiederholen Sie den Griff.

NA3 Nasenflügel-Acht

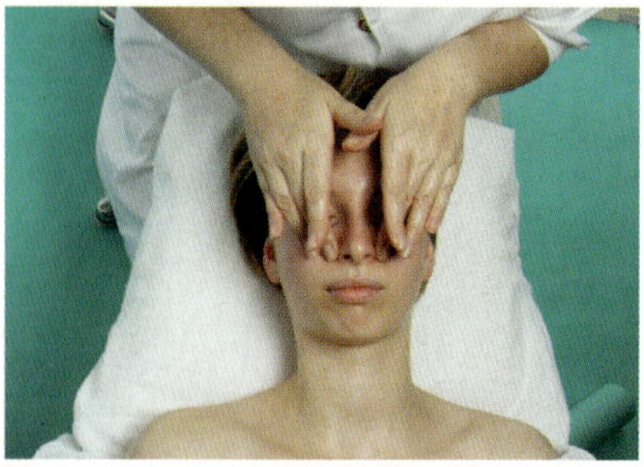

Legen Sie die Fingerkuppen der Mittelfinger rechts und links neben den Nasenflügeln an. Zeichnen Sie auf den Nasenflügeln eine Acht (beginnend am unteren Ende, dann Richtung Nasenspitze), wobei der größere Kreis auf dem Nasenflügel selbst liegt, der kleinere Kreis noch die oberen Nasenlöcherränder bis zur Nasenspitze beidseitig umfasst.

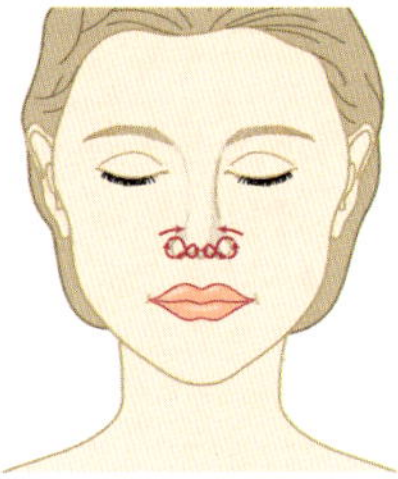

NA4 Nasen Friktion

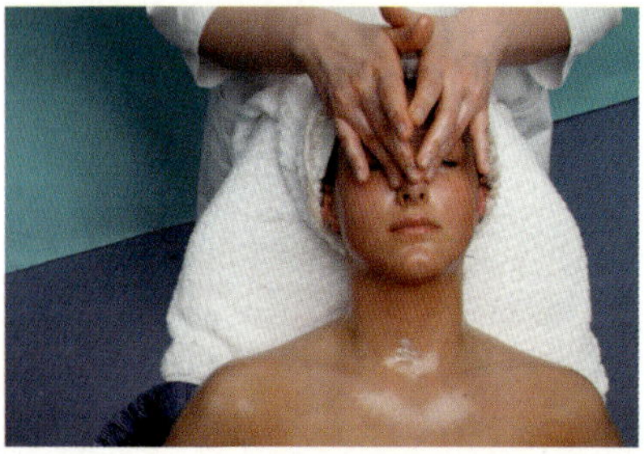

Legen Sie die Fingerkuppen der Ringfinger rechts und links am Nasenflügel an. Kreisen Sie gleichzeitig die Nasenseiten nach oben Richtung Nasenwurzel, wo sich Ihre Finger treffen. Streichen Sie auf dem Nasenrücken zurück zur Nasenspitze und seitlich die Nasenflügel hinunter bis zur Ausgangsstellung.

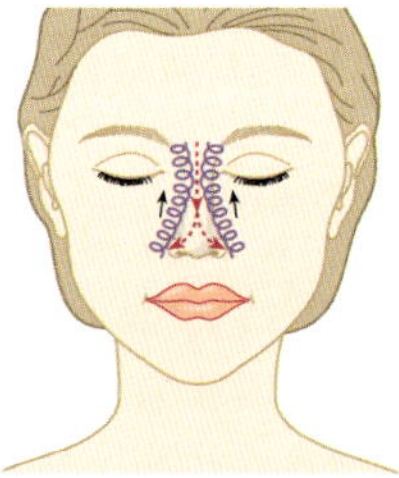

NA5 Nasenwurzel Ausstreicher

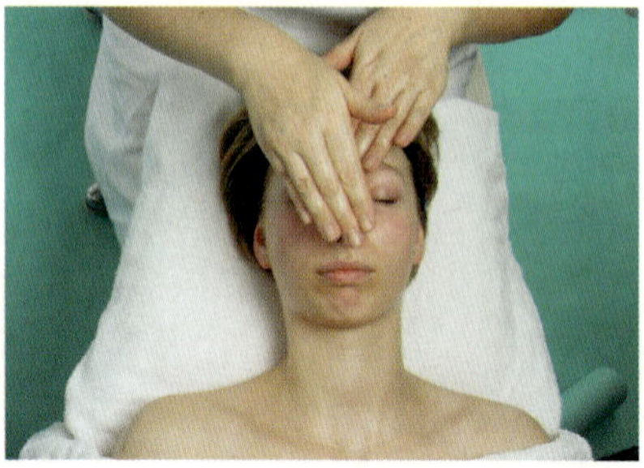

Legen Sie den Zeige- und Mittelfinger einer Hand auf der Nase Richtung Nasenspitze an und streichen Sie senkrecht nach oben über die Nasenwurzel bis zur Stirn aus. Die andere Hand folgt mit den beiden entsprechenden Fingern sofort nach, sodass die Streichbewegungen ohne Absetzen durchgeführt werden. Ab der Nasenwurzel können Sie die übrigen Finger mit auflegen.

4.10 Für Stirn und Schläfen

ST1 Pfeilgriff „Zornesfalte“ (oberhalb der Nasenwurzel)

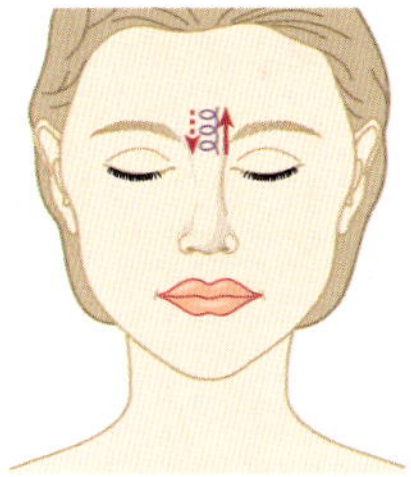

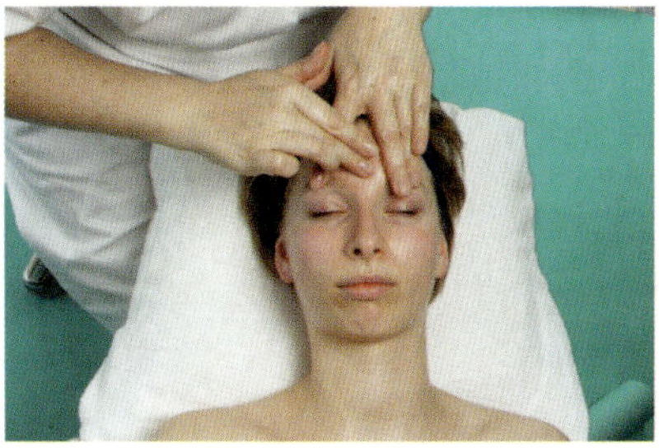

Setzen Sie von der Stirn aus Zeigefinger und Mittelfinger gespreizt oberhalb der Nasenwurzel auf und spannen Sie mit etwas Druck die dazwischen liegende Haut an. Der Mittelfinger Ihrer anderen Hand führt nach oben kleine kreisende Bewegungen zwischen den aufgespreizten Fingern durch. Streichen Sie ohne Druck zurück zur Ausgangsposition.

ST2 Pfeilgriff Stirn

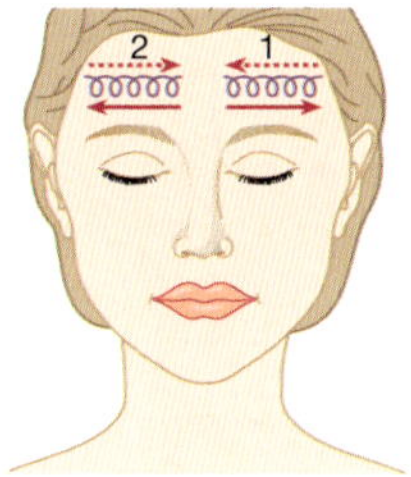

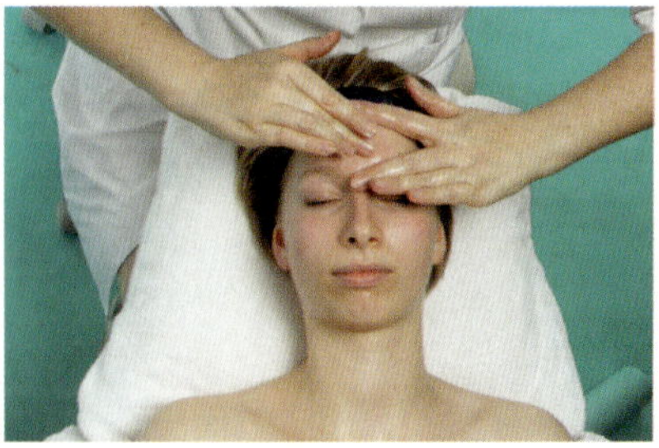

Spreizen Sie Zeigefinger und Mittelfinger der einen Hand und legen Sie diese seitlich auf die Stirn der Kundin bis zur Stirnmitte auf. Beginnen Sie in der Mitte der Stirn mit kleinen kreisenden Bewegungen der Mittelfingerkuppe zu den aufgespreizten Fingern hin. Streichen Sie ohne Druck zurück zur Mitte. Nach mehrmaliger Wiederholung findet der Wechsel der Hände auf die andere Seite der Stirn statt.

ST3 Stirn Ausstreicher

Legen Sie die Hände flach und aufeinander liegend auf die Mitte der Stirn. Führen Sie mit sanften Zug nach außen Streichungen durch, die an den Schläfen enden. Führen Sie ohne Druck die Hände zurück und beginnen Sie von vorn.

Variation (→ Abb.): Fixieren Sie mit einer Hand die Haut an der Schläfe und legen Sie die andere Hand flach auf der Stirnmitte an. Ziehen Sie die Bewegungshand nach außen und fixieren Sie dort die Haut an der Schläfe. Lösen Sie die andere Hand und führen Sie die Bewegung in die andere Richtung aus.

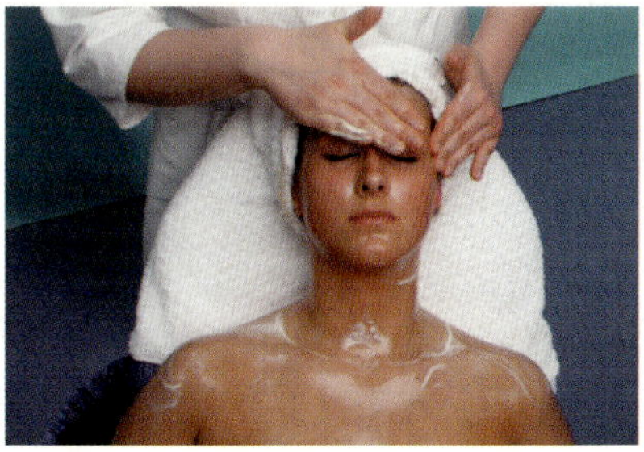

ST4 Schläfen Acht

Von Griff ST3 ausgehend führen Sie mit den Mittelfingerkuppen beider Hände eine senkrecht stehende Acht auf den Schläfen aus.

Anschließend können die Fingerspitzen einen leicht an- und abschwellenden Druck auf die Schläfen ausüben.

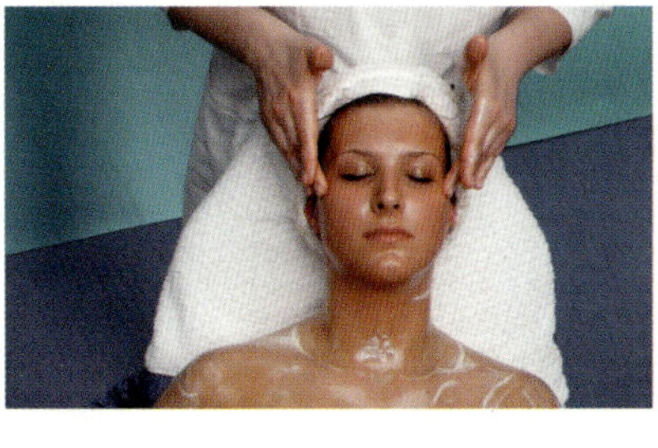

4.11 Griffe für die Augenregion

M. orbicularis oculi = *Augenringmuskel;* ermöglicht die Bewegung der Augenlider, ist unterteilt in: *Pars orbitalis* = äußerer Teil, *Pars palpebralis* = mittlerer Teil des Augenringmuskels, der die Augenlider bildet, und *Pars lacrimalis* = innerer Teil des Augenringmuskels

A1 Augenwinkelfalten Ausstreicher

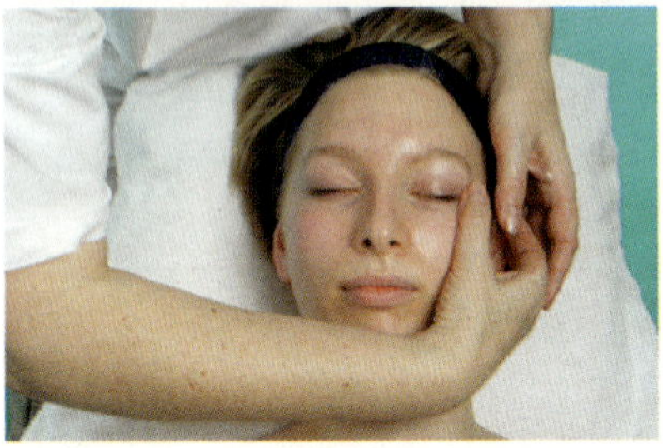

Legen Sie beide Hände auf die Wangen Ihrer Kundin und drehen Sie deren Kopf leicht zur Seite. Legen Sie dann beide Hände an der Schläfe der Kundin so an, dass Ihre Daumen mittig über den Augenwinkelfalten liegen. Streichen Sie mit leicht ziehender Bewegung mit den Daumen abwechselnd nach außen. Wechseln Sie die Seite und führen Sie dann den Griff am anderen Augenwinkel aus.

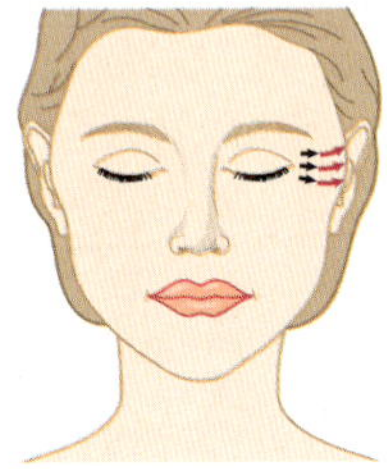

M. depressor supercilii = sorgt für Herabziehen der Augenbrauen.
M. corrugator supercilii = Runzler der Augenbrauen

A2 Augenbrauen *Petrissage*

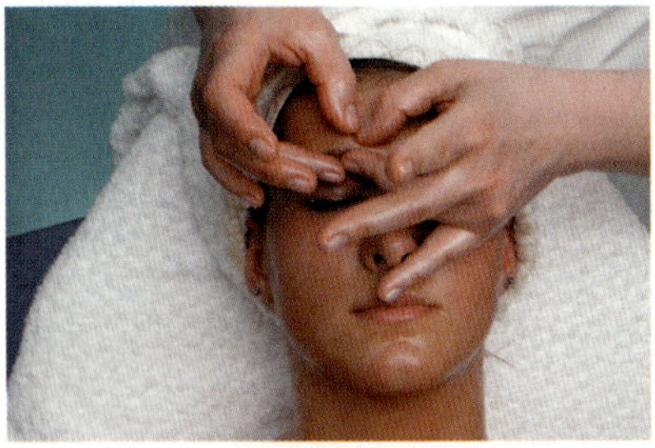

Greifen Sie beidhändig mit Daumen und Mittel- oder Ringfinger die Augenbrauenwulst des Kunden und heben Sie sie leicht an. Führen Sie gleichzeitig knetende Bewegungen von der Nasenwurzel nach außen bis zum Ende der Augenbraue aus.

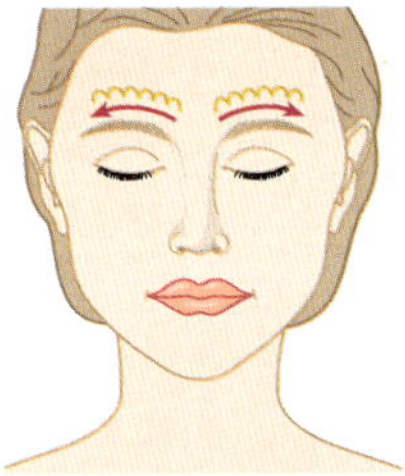

A3 Augenring Friktionen

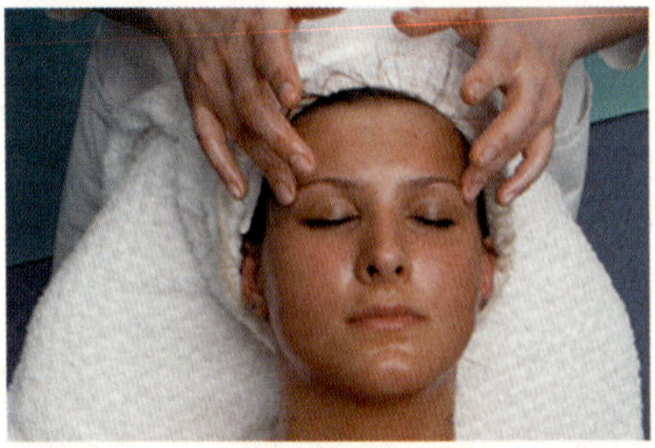

Setzen Sie die Ring- oder Mittelfingerkuppen beider Hände rechts und links am Beginn der Augenbrauen an. Streichen Sie mit leichtem Druck über die Augenbrauen nach außen. Auf der Höhe der Augenwinkel führen Sie kleine leichte kreisförmige Bewegungen unter dem Auge durch, bis Sie an der Nasenwurzel angelangt sind.

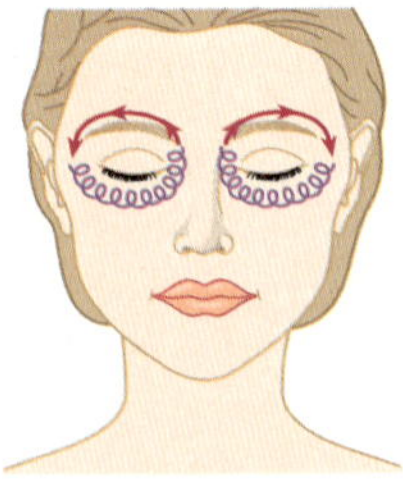

A4 Augenringmuskel große Acht

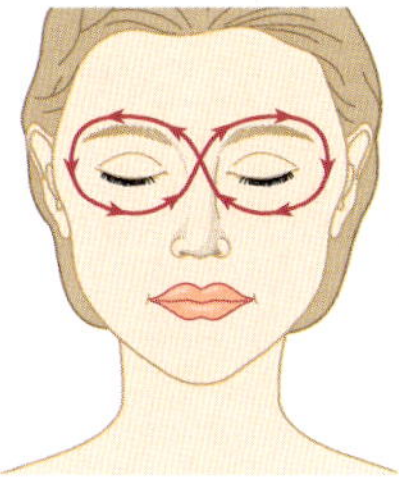

Fixieren Sie mit den Fingerspitzen einer Hand die Haut an der Schläfe der Kundin. Führen Sie die Finger über die Schläfe unter dem Auge entlang und über die Nasenwurzel zur anderen Augenbraue, von dort wieder unter dem Auge entlang usw. So entstehen Augenringkreise in Form einer Acht. Nach mehrmaliger Wiederholung werden die Hände gewechselt.

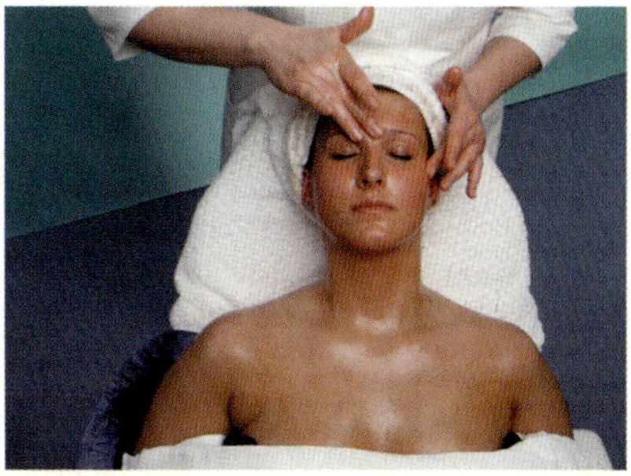

A5 Abdrücken der Augenpartie

Legen Sie beide Hände von der Stirn aus mit den Handballen auf den Augenbrauen der Kundin an und senken Sie die Hände über die Augenpartie, sodass Ihre Fingerspitzen den Jochbeinbogen berühren. Bilden Sie mit der Handfläche einen kleinen Hohlraum, damit die Augenlider gar nicht oder nur **minimal** berührt werden. Verweilen Sie ca. fünf Sekunden und nehmen Sie dann die Hände ab.

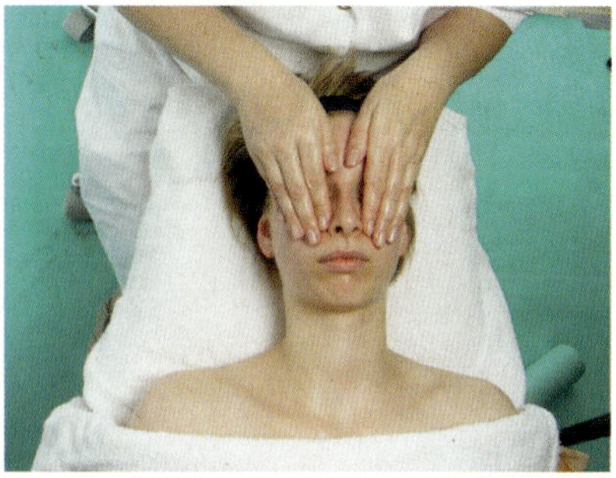

Die Hände können auch quer liegend angesetzt werden, die Wirkung ist die gleiche.

Variation Ausstreichen der Augenpartie:

Von Griff A5 ausgehend streichen Sie mit den Fingerspitzen unter dem Augenrand in Richtung Schläfe, wobei Sie die Handballen wieder abheben und die Daumen auf der Stirn fixieren. Führen Sie die Hände über die Schläfen zurück und beginnen Sie von vorne.

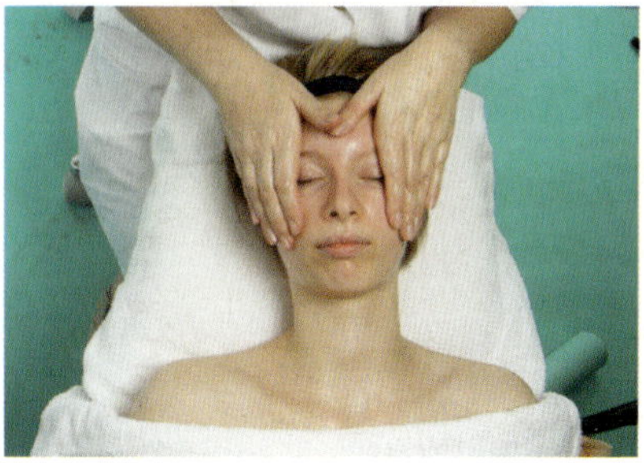

4.12 Ende der Gesichtsmassage und Ausstreichgriffe

Von dort streichen Sie ohne Druck die Wangen hinunter zum Ausstreichgriff Dekolletee.

Führen Sie dann mit den flach aufgelegten Händen seitlich die Streichbewegung über die Schultern und den Schultergürtel zum Nacken aus (→ Abb. 4.11, Pfeile 7 und 8).

Lassen Sie dort die Hände einen Augenblick liegen und nehmen Sie dann Ihre Hände von der Kundin ab.

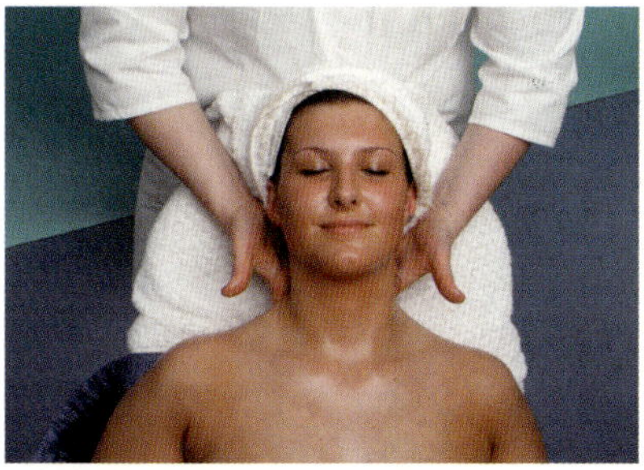

Abb. 4.9: Ausstreichbewegung Nacken

(Große) Ausstreichungsgriffe werden in die Gesichtsmassage eingefügt, um zu Beginn oder zum Ende der Massage alle Gesichtsbereiche (noch einmal) zu berühren.

Dazu werden verschiedene Griffe aneinander gereiht und ohne Druck ausgeführt. Als Beispiel können die beiden folgenden verwendet werden:

AUS1

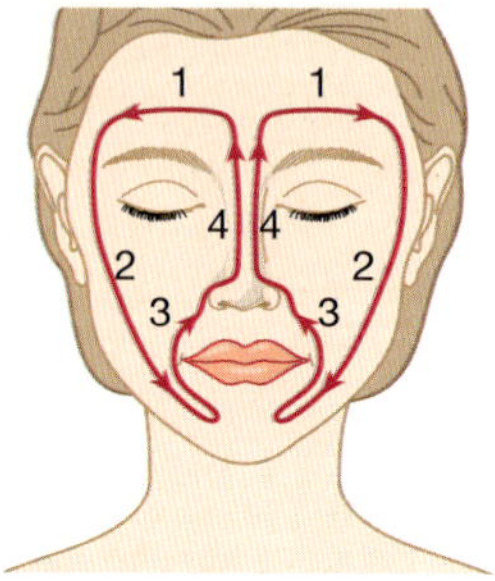

Abb. 4.10: Ausstreichgriff Beispiel 1

Legen Sie die Fingerspitzen beider Hände auf der Stirnmitte flach an. Streichen Sie mit den Fingern rechts und links nach außen Richtung Schläfe, dort zeigen die Fingerspitzen nach unten. Streichen Sie die Wangen (ohne Druck!) nach unten Richtung Kinnmitte. Heben Sie außer den Mittelfingerkuppen die Hände ab und streichen Sie mit den Fingerspitzen vom Kinn um die Mundwinkel herum und die Nasolabialfalte nach oben bis zu den Nasenflügeln. Ihre Mittelfingerkuppen streichen rechts und links die Nasenflügel hoch über den Nasenrücken und die Nasenwurzel. Auf der Stirnmitte legen Sie alle Finger wieder auf und können von vorn beginnen.

Diese Griffe können mehrmals wiederholt werden, nach besonders aktivierenden Griffen können Sie zur Beruhigung durchgeführt werden.

AUS2

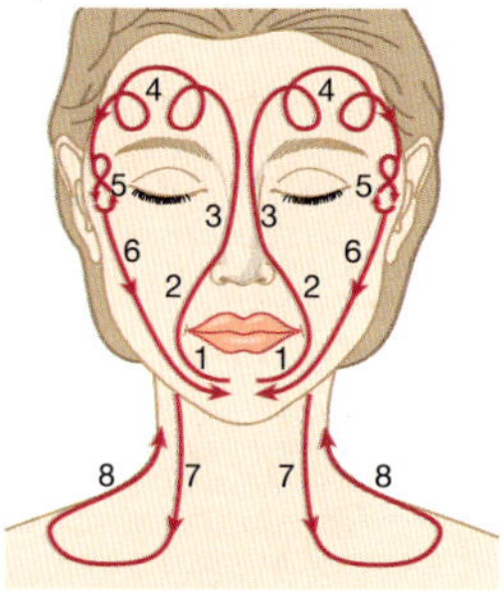

Abb. 4.11: Ausstreichgriff Beispiel 2

Legen Sie die Fingerkuppen von Mittel- und Ringfinger an der Kinnmitte des Gesichtes Ihrer Kundin an. Streichen Sie mit den Fingerkuppen rechts und links die Mundwinkel Richtung Nasenflügel hoch. Führen Sie die Fingerkuppen auf den seitlichen Nasenwänden nach oben zur Nasenwurzel. Auf der Stirn liegen dann alle Ihre Fingerspitzen parallel nebeneinander. Streichen Sie kreisförmig nach rechts und links seitlich die Stirn aus. Führen Sie auf den Schläfen eine kleine Acht aus und streichen Sie mit den flachen Händen die Wangen herunter bis zur Kinnmitte. Beginnen Sie von vorn oder (als Abschlussgriff) streichen Sie mit seitlich aufgelegten Händen den Halsstrang rechts und links hinunter, über das Dekolletee zum Schultergürtel und enden Sie unter dem Nacken.

Holen Sie dann frisches warmes Wasser und ein frisches Kompressentuch. Reinigen Sie die Massagemittelreste ab (→ LF 3, Kapitel 3.5), decken Sie das Dekolletee und die Schultern der Kundin zu (außer wenn hier weitere Anwendungen folgen) und fahren Sie mit der Kosmetikbehandlung fort.

Erfolgt nach der Massage keine weitere Intensivbehandlung, z. B. nach einer apparativen Anwendung, kann die Kundin zugedeckt noch etwas liegen bleiben.

Ein eventuell aufgetragenes Massagemittel kann während der Ruhezeit noch etwas auf dem Gesicht verbleiben. Es kann dann mit Wasser entfernt werden oder auf der Haut bleiben, z. B. wenn es sich um eine Nachtcreme handelt.

4.13 Gesichtsmassage-Beispiele

Stimmen Sie Ihre Gesichtsmassage nach den in → Kapitel 1.3 vorgegebenen Zielen, vor allem aber auf den aktuellen Hautzustand der Kunden und deren Verfassung ab.

Im Folgenden sind zwei Beispiele für eine Gesichtsmassage-Abfolge genannt. (Lesen Sie dazu jeweils bitte auch noch einmal → LF 7, Kapitel 2.5, Behandlungspläne.)

Können Sie auf einer sensiblen Haut alle Massagegriffe anwenden?

Vorschlag A – Gesichtsmassage für sensible Haut

N1	Nacken Ausstreicher
N3	Nacken-Schulter Friktion
AUS1	Großer Ausstreichgriff
D2	Streichgriffe auf- und abwärts
D3	Dekolletee Vibration
D4	Dekolletee Friktion horizontal
S1	Schulterstrich
H1	Halsschwingung
H2	Halsfriktion
H3	Halsring Friktion
W2	Wangen Dreher (mild ausführen)
W4	Wangen Vibration
W6	Wangen Pump-Sauggriff
K1	Kinnrand Friktion (mit Variation)
K3	Kinnrand-Ausstreicher
K5	Kinnfalten-Ausstreicher
M1	Mundringmuskel-Griff
M2	Mundwinkel Ausstreicher
NA2	Nasolabialfalten Ausstreicher
NA3	Nasenflügel-Acht
NA4	Nasen-Friktion
NA5	Nasenwurzel Ausstreicher
ST1	Pfeilgriff „Zornesfalte"
ST2	Pfeilgriff Stirn
ST3	Stirn Ausstreicher (oder Variation)
ST4	Schläfen Acht
A1	Augenwinkelfalten Ausstreicher
A2	Augenbrauen Petrissage (leicht ausführen)
A4	Augenringmuskel große Acht
A5	Abdrücken der Augenpartie (mit Variation)
AUS2	Großer Ausstreichgriff

Vorschlag B – Gesichtsmassage für reife, atrophische, schlecht durchblutete Haut

N1	Nacken Ausstreicher
N2	Nacken-Schulter Petrissage
N3	Nacken-Schulter Friktion
D1	Großer Ausstreichgriff
D2	Streichgriffe auf- und abwärts
D3	Dekolletee Vibration
D4	Dekolletee Friktion horizontal (oder vertikal D6)
D7	Brustmuskel-Knetgriff
D8	Brustbeinfriktion
S1	Schulterstrich
H1	Halsschwingung
H2	Halsfriktion
H3	Halsring Friktion
W2	Wangen Dreher
W3	Wangen Tapotement
W5	Wangen Petrissage
K1	Kinnrand Friktion (und Variation Ohrläppchen)
K2	Kinnrand-Petrissage
K3	Kinnrand-Ausstreicher
K4	Kinn-Knetgriff
M1	Mundringmuskel-Griff
M2	Mundwinkel Ausstreicher
NA1	Nasolabialfalten Friktion
NA3	Nasenflügel-Acht
NA5	Nasenwurzel Ausstreicher
ST1	Pfeilgriff „Zornesfalte"
ST2	Pfeilgriff Stirn
ST3	Stirn Ausstreicher (oder Variation)
A1	Augenwinkelfalten Ausstreicher
A2	Augenbrauen Petrissage
A3	Augenring Friktionen
A4	Augenringmuskel große Acht
A5	Abdrücken der Augenpartie (und Variation)
AUS2	Großer Ausstreichgriff

Außer der „klassischen" kosmetischen Gesichtsmassage gibt es noch viele weitere Möglichkeiten, eine Gesichtsmassage durchzuführen. Eine Auswahl finden Sie im nächsten Kapitel beschrieben.

Fragen
Übungen
Aufgaben

1. *Beschreiben Sie drei grundlegende Massagegriffe in Ausführung und Wirkung.*
2. *Welche grundlegenden Massagegriffe gelten als anregend, welche als beruhigend?*
3. *Welche Streichgriffe können Sie am Dekolletee anwenden?*
4. *Beschreiben Sie den Wangen Dreher in eigenen Worten.*
5. *Warum darf am Hals keine Massage mit festem Druck ausgeführt werden?*
6. *Vergleichen Sie die beiden Massagevorschläge der vorherigen Seite.*
   a) Welche Griffe fehlen in Vorschlag A gegenüber Vorschlag B?
   b) Warum fehlen Petrissage-Griffe in Vorschlag A?
7. *Welche Griffe eignen sich zur Eröffnung der Gesichtsmassage und welche zum Abschluss?*
8. *Erklären Sie, was an den hier abgebildeten Massagegriffen falsch ist und begründen Sie Ihre Antworten.*

A

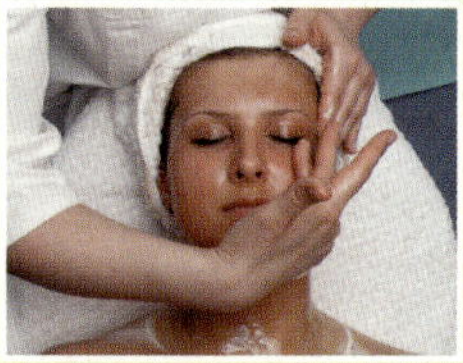

B

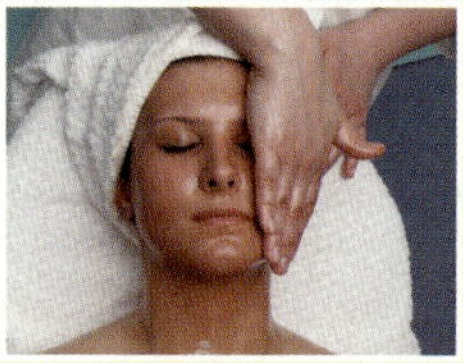

C

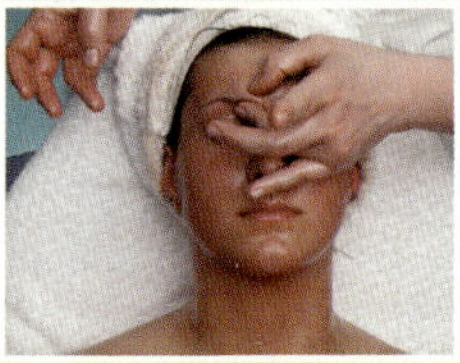

9. *Stellen Sie die in Aufgabe 8. a) – c) abgebildeten Griffe in Partnerarbeit nach. Warum sind diese unangenehm für die Kundin?*
10. *Sehen Sie sich die folgenden Fotos an.*
    a) Um welche Massagegriffe handelt es sich jeweils?
    b) Erklären Sie deren Anwendung und Wirkung.

A

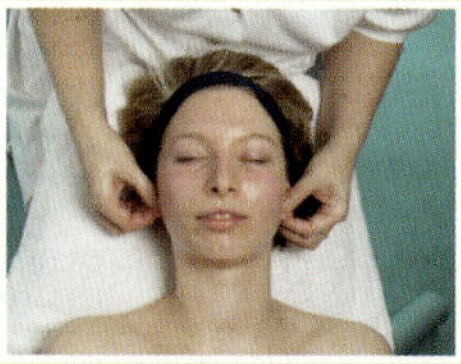

B

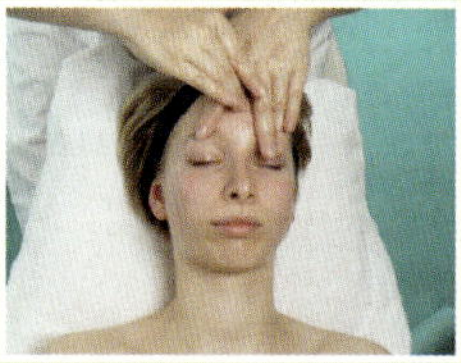

C

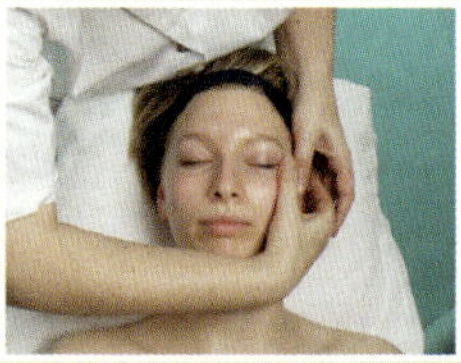

11. *Wählen Sie sechs verschiedene Massagegriffe aus und üben Sie in Partnerarbeit.*
    a) Trainieren Sie diese in einer beliebigen Reihenfolge. Worauf müssen Sie bei den Übergängen von Griff zu Griff achten?
    b) Setzen Sie an den Anfang und das Ende Ihrer beliebig gewählten Massageabfolge jeweils einen Ausstreichgriff.
    c) Wiederholen Sie jeden der ausgeführten Griffe dreimal. Wie viel Zeit benötigen Sie für eine ruhige Ausführung Ihrer „kleinen Massage"?

5 Besondere Massageformen

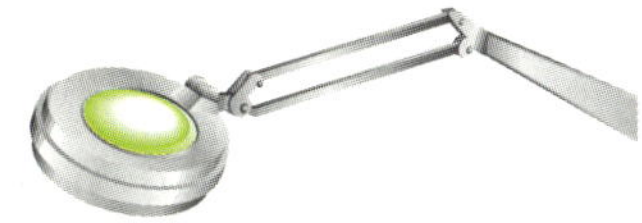

Die Chefin hat Katie gefragt, ob sie an einer Weiterbildung im Bereich der Gesichts- und Körpermassage in einem Schulungszentrum teilnehmen möchte. Katie studiert angestrengt die Prospekte, nach denen sie sich für einen Lehrgang entscheiden soll. So viele verschiedene Formen der Massage gibt es – Katie ist erstaunt! Die Chefin hat gesagt, sie soll sich aber nur für nichttherapeutische Massageformen anmelden. Wenn sie nur wüsste, was die Chefin meint?

Besondere kosmetische Massagen dienen in erster Linie der Entspannung des Kunden. Sie sollen Wohlgefühl vermitteln, können aber auch anregen und/oder eine reinigende Wirkung haben. Sie werden manuell oder mit Hilfsmitteln ausgeführt.

Heute eingesetzte Hilfsmittel sind z. B. Gesichtsroller aus Holz oder Kunststoff, Noppengeräte, Schwämme, Bürsten usw.

Massageroller oder Gesichtsroller für die Gesichtshaut führen bei ihrer Anwendung zu einer Durchblutungsanregung. Die unregelmäßige Oberfläche des Handrollers, z. B. in Form von Noppen, führt zu eine Verformung der Gesichtshaut in die Tiefe (je nach Stärke des Drucks kräftiger oder mild). Die Anwendung sorgt so auch für eine Stimulation der Nervenendigungen in der Haut.

Der Massageroller wird in Massagerichtung über das Gesicht geführt. Die Augen- und Lippenpartie wird ausgespart.

Massageroller werden häufig auch im Handel für die Anwendung zu Hause angeboten.

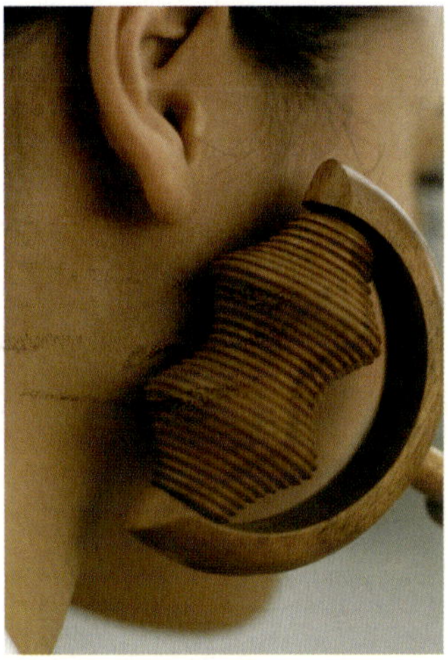

Abb. 5.1: Massageroller

Für die Anwendung im Institut müssen Sie die richtige Handhabung der Hilfsmittel und die richtige Ausführung der besonderen Massageformen erlernen und üben. Angebotene Schulungsprogramme für die jeweiligen Massageformen finden Sie im Internet oder in den Fachzeitschriften z. B. Ihres Berufsstandes.

Auch für besondere Massageformen gilt: Erst nach gründlicher Anamnese und kosmetischer Hautbeurteilung durchführen.

Als Kontraindikationen gelten generell auch hier die in → Kapitel 1.5 genannten.

Erstellen Sie einen Massageplan und fügen Sie diesen in die Karteikarte ein (→ LF 2, Exkurs Kapitel 2.1).

5.1 Besondere kosmetische Massagen

Bürstenmassage

Die Bürstenmassage wird mit trockenen oder angefeuchteten Bürsten ohne Massagemittel durchgeführt. Es eignen sich Körper- oder Gesichtsbürstchen (die dann kleiner sind) aus Natur- oder Kunststoffborsten. Die Gesichtshaut wird mit gleichmäßigem Druck in kleinen kreisförmigen Bewegungen (ähnlich der manuellen *Friktion*) in Gesichtsmassage-Richtung (→ Kapitel 4.1) bearbeitet. Die Augen- und Lippenpartie wird dabei ausgespart.

Friktion

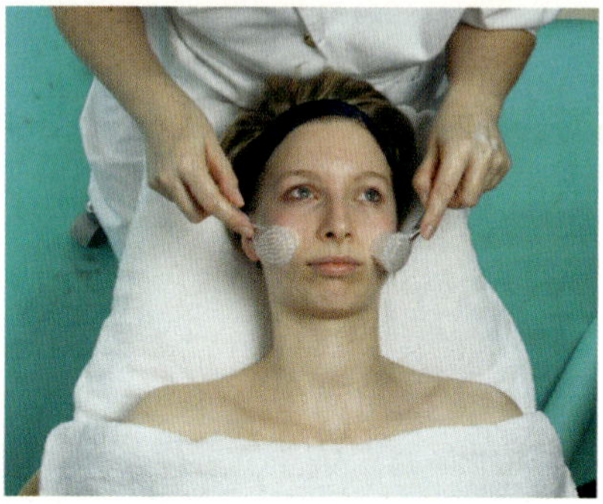

Abb. 5.2: Trockenbürstenmassage des Gesichts

Die Anwendung führt zu einer Hautrötung bzw. verstärkten Hautdurchblutung und hat damit auch **anregende** Wirkung. Das gilt auch für die Zellregeneration. Sie trägt außerdem bereits gelöste, tote Hornschüppchen ab und kann so einen **reinigenden** Peelingeffekt hervorrufen oder auch mit einem Peelingpräparat verstärkt bzw. apparativ angewandt werden (→ Bürstenschleifgerät, LF 3, Kapitel 4.1).

Diese Behandlung kann von Ihnen anstelle oder vor einer Gesichtsmassage bei Ihren Kunden, bei denen z. B. ein schlecht durchbluteter Hautzustand oder eine verdickte Hornschicht (→ LF 7, Kapitel 2.5.1) vorliegt, durchgeführt werden.

Aus hygienischen Gründen müssen Bürsten (oder andere Hilfsmittel) nach jeder Anwendung gründlich gereinigt, also aus- bzw. abgespült und mit einer Sprühdesinfektion behandelt werden. Bürsten werden zum Trocknen aufgehängt.

Die Bürstenmassage kann auch als Körperbehandlung, dann z. B. auch mit Massagehandschuh, auf trockener oder feuchter Körperhaut durchgeführt werden (→ LF 6, Körpermassage, Band C).

Zupfmassage

Die Zupfmassage nach der **Methode Dr. Jaquet** wird ohne Massagemittel ausgeführt. Eine Vorbehandlung der Gesichtshaut mit Reinigung, Bedampfungsgerät, Peeling oder Desinkrustation (→ LF 3, Kapitel 4 bzw. 5.1.1) ist sinnvoll, da die Haut vor der Massage fettfrei sein soll. Das Zupfen der Gesichtshaut wird mit dem Daumen und Zeige-, Ring- oder Mittelfinger durchgeführt, indem kleine Hautareale angehoben, aber nicht seitlich verschoben werden. Die Dauer der Zupfmassage beträgt 15 Minuten.

Für welchen kosmetischen Hauttyp ist diese Massage besonders geeignet?

Neben den in → Kapitel 1 und 4 genannten Wirkungen kommt es bei kräftiger Ausführung und Hautzuständen mit normaler bis gesteigerter Talgproduktion zu einer **Reinigung der Talgdrüsenausgänge** aufgrund vermehrter Talgausschüttung. Diese ist als fettiger Film auf der Haut zu spüren und sollte anschließend mit einem hauttypgerechten Reinigungsmittel entfernt werden. Zur Nachbehandlung eignet sich dann die Anwendung einer Heilerde-Maske (→ LF 7, Kapitel 4.1).

Edelsteinmassage

Eine Edelsteinmassage des Gesichts kann mit besonders glatt geschliffenen, abgerundeten Edelsteinen (z. B. einem Rosenquarz oder Bergkristall) durchgeführt werden. Die Steine können auch in Massagegriffel eingearbeitet sein. Die Edelsteinmassage wird in der Regel ohne die Anwendung von Massagemitteln ausgeführt.

Effleurage

Zur Entspannung werden *Effleurage*-Striche ausgeführt, kreisende, aktivierende Bewegungen zur Durchblutungsanregung. Es sind aber auch punktuelle Stimulationen an den Nervenaustrittspunkten des Gesichts (→ Druckpunktion, Kapitel 4) möglich. Ausstreichende Bewegungen in Richtung der Lymphbahnen sorgen für einen Abfluss der Lymphflüssigkeit.

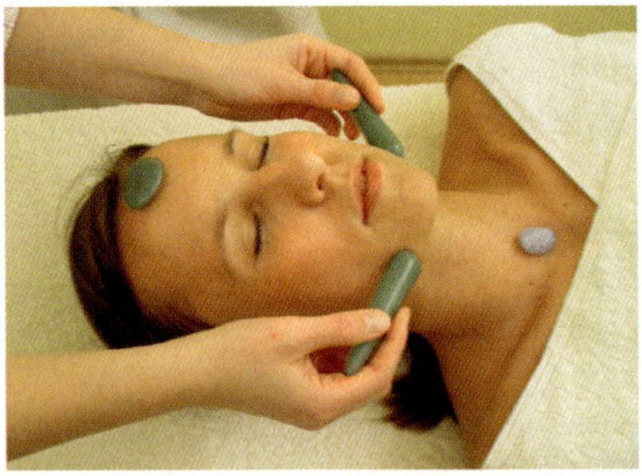

Abb. 5.3: Gesichtsmassage mit Edelsteinen

Die Edelsteine können zusätzlich mit Temperaturreizen (Wärme, Kälte) beruhigend oder verstärkt anregend auf die Gesichtshaut wirken.

Nach der Anwendung werden die Edelsteine mit einer milden, flüssigen Seife und Wasser von Rückständen (z. B. Hautfett) gereinigt. Anschließend werden die Steine zusätzlich mit einer Sprühdesinfektion desinfiziert.

Ayurveda Massage

Ayurveda

Doshas

Vata, Pitta, Kapha

Die *ayurvedische* Massage stammt aus Indien. Die *ayurvedische* Lehre geht von einem ganzheitlichen Aspekt, der Harmonie von Körper, Geist und Seele, aus und von Funktionsprinzipien, z. B. von dem Ansatz, dass drei ***Doshas*** in der Natur vorherrschen, die auch im menschlichen Körper und Geist wiederzufinden sind. Sie werden als ***Vata, Pitta*** und ***Kapha*** bezeichnet.

In der Kosmetik werden speziell normale bis trockene und Mischhaut dem *Vata*-Typ, empfindliche Haut dem *Pitta*-Typ und fettige Haut dem *Kapha*-Typ zugeordnet. Darauf abgestimmt sind im Fachhandel Massage- und Aromaöle erhältlich.

Ein wesentlicher Teil der *ayurvedischen* Lehre bezieht sich auf die ***Marma*punkte** (das sind Vitalpunkte, anatomisch nicht belegt), die über den ganzen Körper einschließlich des Kopfes verteilt liegen und auch während der Behandlungen massiert werden, beispielsweise mit Techniken wie Reiben, Drücken (z. B. mit den Daumen) und Ausstreichen.

Shiroabhyanga

Mukabhyanga

Nach einer **Kopfmassage**[1] ***(Shiroabhyanga)*** mit Öl kann zusätzlich oder extra eine entspannende **Gesichtsmassage *(Mukabhyanga)*** durchgeführt werden. Diese bezieht auch die Ohren ein. Sie erfolgt mit beruhigenden und ausstreichenden Massagegriffen der Hände, die auch über den Hals und die Nackenpartie ausgedehnt werden können. Teilweise werden für die Gesichtsmassage auch die Unterarme eingesetzt.

Shirodara

Anschließend kann der ***Shirodara*** (übersetzt = „das Himmelstor öffnen"), der **Stirnguss,** durchgeführt werden. An einem groben Faden entlang fließt ein temperierter, warmer Ölstrahl (z. B. Olivenöl) aus einer an einer Art Stativ aufge-

1 Kopfmassage im Rahmen einer Ganzkörpermassage → Band C, LF 6, Kapitel 4.2.9

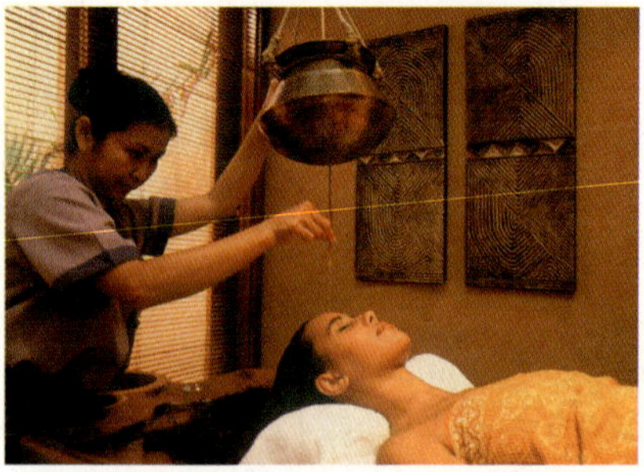

Abb. 5.4: Traditioneller Shirodara

hängten oder gehaltenen Schale ca. 20 Minuten lang über die Stirn. Dabei kann die Schale auch mit der Hand langsam hin und her bewegt werden, sodass der Strahl elypsenförmig über die Stirn hin und her geführt wird. Der Ölstrahl kann über den Haaransatz und über die Kopfhaut zusätzlich ausgeführt werden. Das ist ein sehr entspannendes Erlebnis für den Kunden.

Manche Hersteller bieten als (an die Massageliege) ansteckbaren Aufsatz eine Auffangschale für das ablaufende Öl an.

Anschließend kann dann z. B. eine *ayurvedische* Körpermassage *(Abhyanga)* erfolgen (→ Band C, LF 6, Kapitel 5.6).

6

Hot Stone Massage

hot stone engl. = heißer Stein

Die *Hot Stone* Massage kann auch im Gesicht durchgeführt werden.

Die Steine (z. B. Basalt) werden dazu in einem Wasserbad oder einem speziellen Gerät vor der Anwendung auf ca. 50 Grad erwärmt (dies erfordert ca. 30 Minuten, planen Sie dies bei der Behandlung ein!).

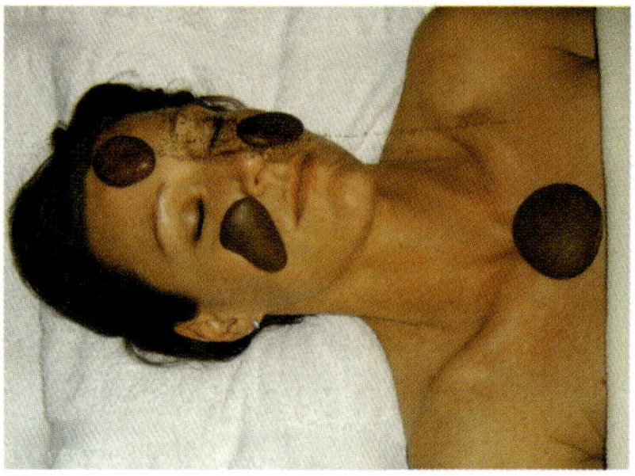

Abb. 5.5: Hot Stone Massage für das Gesicht

Zuerst kann ein erwärmtes Massageöl aufgetragen werden. Zur Einstimmung der Kunden auf die Massage wird anschließend z. B. auf der Stirnmitte für einige Minuten ein erwärmter Stein aufgelegt. Dann werden die erwärmten Steine mit sanftem Druck über die Gesichtshaut geführt. Die Streichung mit Druck entlang der Lymphbahnen sorgt für einen gesteigerten Lymphabfluss und eine Anregung der Durchblutung. Zusätzlich steigern die Wärme der Steine und das warme Massageöl das Wohlbefinden und die Entspannung. Je nach Schulungsmethode werden auch die Ohren mitbehandelt.

Zum Abschluss der Massage werden während der anschließenden Ruhezeit noch einmal erwärmte Steine an den Nacken gelegt und/oder ein warmer Stein auf die Stirn. Es kann dann eine Hot Stone Körpermassage angeschlossen werden (→ Band C, LF 6, Kapitel 5.4).

Die Reinigung und Desinfektion der Steine erfolgt nach der Massage in kochendem, salzhaltigen Wasser für mindestens eine halbe Stunde. So werden auch Massageölreste entfernt.

Shiatsu

Shiatsu

Die aus Japan stammende Massagetechnik des *Shiatsu* (übersetzt = **„Fingerdruck"**) dient der Harmonisierung des Energieflusses. Sie basiert auf den Erkenntnissen der traditionellen chinesischen Medizin (TCM) und modernen Behandlungstechniken.

Sie wird entlang der (anatomisch nicht belegten) Energiebahnen ***(Meridiane)*** ausgeführt, um damit die Lebensenergie ***(„Chi")*** zum Fließen zu bringen.

Meridiane
Chi

Shiatsu wird als Massageform in der Regel ganzheitlich ausgeführt (→ Band C, LF 6, Kapitel 5.8), es sind aber auch Teilbehandlungen für Gesicht und Kopf möglich. Der Kunde/die Kundin liegt dabei in bequemer Kleidung auf einer Matte am Boden, der Ausführende sitzt oder kniet auch auf der Matte. Es werden keine Hilfsmittel oder Massagemittel verwendet.

Die Drucktechnik wird mit dem Daumen/Finger oder der Handfläche/Handballen (am Körper auch mit Ellenbogen, Knien und Füßen) auf den *Meridianen* ausgeführt. Die Drucktechnik wird außerdem angewandt, um bestimmte Druckpunkte (genannt *Tsubos*) sanft zu stimulieren. Die ruhige und sanfte Ausführung dieser Massage trägt zur Entspannung der Kunden erheblich bei. Nach der Behandlung erfolgt noch einmal eine Ruhezeit.

Tsubos

Shiatsu darf von Ihnen als Kosmetiker nach entsprechender Ausbildung nur im Sinne einer prophylaktischen Gesundheitsvorsorge ausgeführt werden.

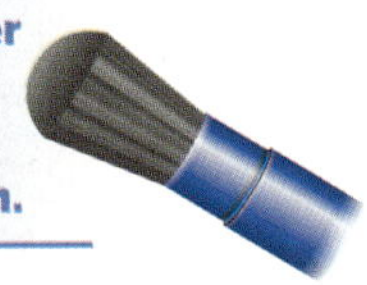

6

5.2 Manuelle Lymphdrainage

Die Manuelle Lymphdrainage (ML) dient zum einen der therapeutischen Maßnahme, die Konzentration von Antikörpern und Lymphozyten zu mindern (z. B. zur Unterstützung nach einer Transplantation, um dem Abstoßen von verpflanztem Gewebe vorzubeugen) und hilft zum anderen Stauungen des Lymphflusses und in den Venen zu verhüten oder zu beseitigen.

Die manuelle Lymphdrainage kann von Ihnen als Kosmetiker entweder während Ihrer Schulzeit (als Wahlqualifikationseinheit) oder später in einer Zusatzausbildung erlernt werden. Nach dieser zertifizierten Zusatzausbildung dürfen Sie im kosmetischen, nicht aber im medizinisch-therapeutischen Bereich anwenden (vergleichen Sie hierzu auch → Band A, LF 1, Kapitel 1.4, Lymphgefäß- und Ödemtherapeut.)

Die Manuelle Lymphdrainage (ML) im kosmetischen Bereich darf von Ihnen nur nach entsprechender Qualifikation und nur als gesunderhaltende Behandlung am gesunden Kunden vorgenommen werden.

Der Däne **Dr. Emil Vodder** und seine Ehefrau Estrid haben in den Jahren 1932–1936 die **Methode der Manuellen Lymphdrainage (ML)** entwickelt. 1936 stellten sie diese auf der Gesundheitsausstellung in Paris der Öffentlichkeit vor.

Das Lymphgefäßsystem besitzt – anders als der Blutkreislauf – keine eigene Pumpe. Daher fließt die Lymphe in ihren Gefäßen sehr langsam. Sie wird durch leichte Kontraktion der Gefäßwände transportiert. Der Pulsschlag der benachbarten Arterien sowie Druckschwankungen im Brustraum durch die Atmung spielen weiterhin eine Rolle. Die größte auf die Lymphe wirkende Kraft jedoch ist die Kontraktion der Muskulatur – auch im Gesicht.

Was unterscheidet die Manuelle Lymphdrainage (ML) von der herkömmlichen Gesichtsmassage?

Der Bereich der Lymphknoten und Lymphbahnen wird während der ML gezielt und mit einer speziellen Grifftechnik, die sehr sanft ist und über den Lymphknoten und -bahnen ausgeführt wird, massiert. Hierbei wird mit leichtem Druck, der 30 bis 40 Torr jedoch nicht übersteigen darf, gearbeitet. (Torr ist die alte definierte Maßeinheit für DRUCK → Band A, Grundlagen-Lexikon.)

Durch diese Methode wird verbrauchte Gewebsflüssigkeit aus den verschiedenen Körperteilen zum **Terminus**, der Endstation der Lymphbahnen im Körper bewegt, sodass frische Gewebsflüssigkeit und Lymphe nachfließen kann. Der Terminus befindet sich in der Schlüsselbeingrube (→ Abb. 2.9 und 5.6).

proximal

distal

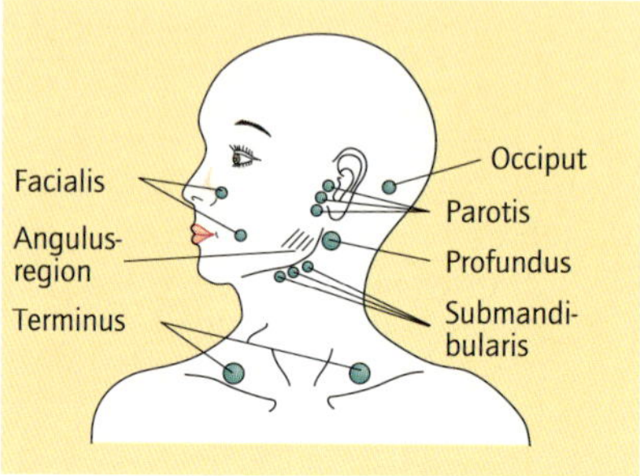

Abb. 5.6: Wichtige Lymphknotengruppen

Wichtig ist zu wissen, dass das der Körpermitte nächstgelegene (lat. = *proximale*) Gebiet **vor** dem der Körpermitte fern gelegenen (lat. = *distalen*) Gebiet entleert wird, um für die nachströmende Flüssigkeit Raum zu schaffen. Damit ist die Drainagerichtung immer vom Terminus stufenweise in die Peripherie.

Die gewünschte Pumpwirkung im Gewebe wird erzielt, indem die Kreisbewegungen mit einer unterschiedlichen, stufenlos gleitenden Druckstärke ausgeführt werden. Hierbei dauert die Druckphase eines Kreises länger als seine Entspannungsphase. Die Druckrichtung verläuft stets in Richtung der abführenden Lymphgefäße und Lymphknoten. Sämtliche Griffe werden mit einem monotonen Rhythmus durchgeführt und 5- bis 7-mal wiederholt. Rötungen und Schmerzen dürfen keinesfalls auftreten.

Die Kombination aus monotonem, beruhigendem Rhytmus, der ruhigen Atmosphäre und der hohen Konzentration der Kosmetikerin, lassen die ML als *Wellness*-Behandlung wirken. Kunden erleben sie als hervorragende Möglichkeit zur tiefen Entspannung.

- **Stehende Kreise:** Die Finger werden – je nach Größe des zu behandelnden Hautgebietes – entweder einzeln oder alle Finger gemeinsam flach auf die Haut gelegt und immer auf die Kleinfingerseite zu kreisförmig verschoben. Während der gesamten ML wird regelmäßig zum Terminus hin entleert.

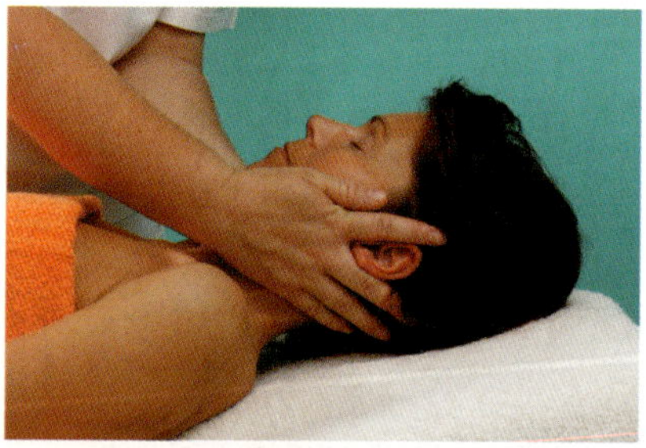

Abb. 5.7 a: Stehende Kreise Parotis

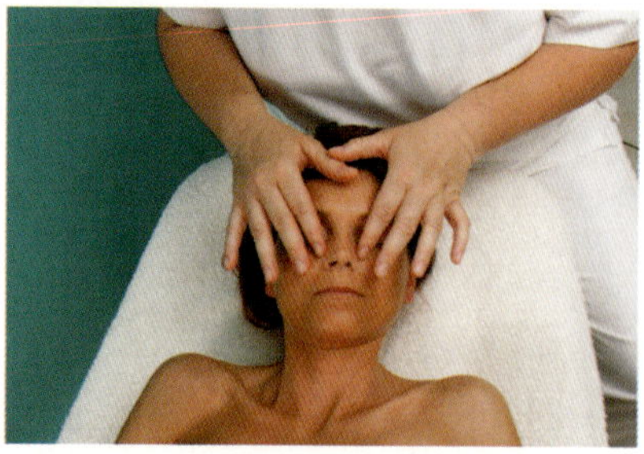

Abb. 5.7 b: Stehende Kreise Facialis

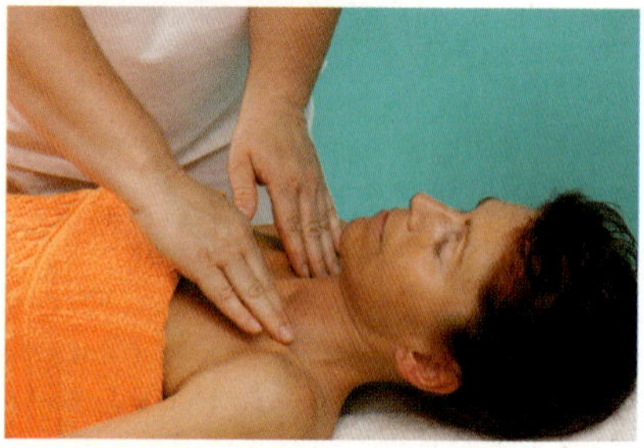

Abb. 5.7 c: Stehende Kreise Terminus

- **Spiralförmige Kreise:** Die Grundtechnik gleicht dem Griff der stehenden Kreise. Am Ende (in der Nullphase) eines beschriebenen Kreises gleiten die Hände hier jedoch um einige Zentimeter weiter. Es ist dabei auch möglich, mit auf- oder nebeneinander liegen-den Händen zu arbeiten. Wichtig: Immer in Abflussrichtung abdrainieren.

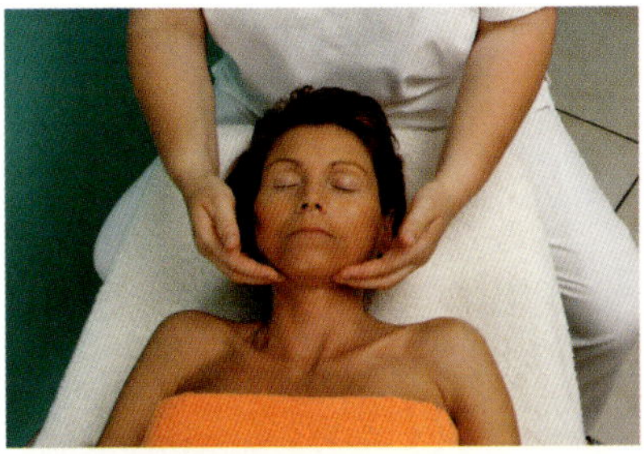

Abb. 5.8: Spiralförmige Kreise Submandibularis

- **Ausstreichgriffe:** Eine ML beginnt und endet immer mit dem Ausstreichgriff. Bei der Gesichts-ML wird mit dem Dekolletee begonnen. Hierbei streicht man dreimal fächerförmig mit dem Daumen über dem Brustbein beginnend zur Seite. Die letzte Streichung wird entlang des Schlüsselbeines ausgeführt. Zum Ende der Gesichts-ML wird der Ausstreichgriff dreifach ausgeführt: Über die Stirn, von der Nasenspitze in Richtung *Parotis* und vom Kinn in Richtung *Angulusregion*.

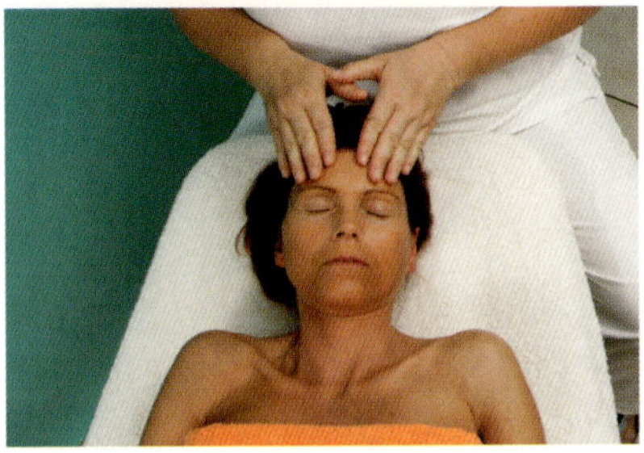

Abb. 5.9: Ausstreichgriff Stirn

Für eine Ganzkörper-ML werden auch Griffe der Pumptechnik, Schöpftechnik, Drehtechnik und das Daumenkreisen angewandt (→ Band C, LF 11, Kapitel 5).

Während der Behandlung sollten Sie darauf achten, dass Ihre Hände nicht über die Haut des Kunden gleiten. Verzichten Sie daher nach Möglichkeit auf den Gebrauch von Ölen oder anderen „gleitenden Massagemitteln".

Eine ML wird ohne gleitende Massagemittel, am besten auf trockener, gereinigter Gesichtshaut ausgeführt.

Die Wirkungsweise der Manuellen Lymphdrainage ist vielfältig:

- **Entschlackende und entstauende (entödemisierende) Wirkung**
  Durch die ML wirkt mit einer bestimmten Druckstärke eine Hautverschiebung auf das Bindegewebe ein. Hier werden störende Schlackenstoffe und überschüssige Flüssigkeit aus dem zu behandelnden Gewebe leichter gelöst und entfernt. Das Lymphgefäßsystem transportiert die Stoffe zu den Lymphknoten. Dort werden sie ggf. unschädlich gemacht (→ IMMUNSYSTEM, Band A, Grundlagen-Lexikon). Der Abtransport erfolgt über die Ausscheidungsorgane im Körper. Nach dem „Auslösen" von Schlackenstoffen und Flüssigkeit können die Zellen des Bindegewebes besser versorgt werden. Das Gewebe kann sich durch die ML besser regenerieren.
- **Wirkung auf das Immunsystem**
  Das Immunsystem ist ein Schutzsystem für unseren Körper. Da durch die ML der Lymphfluss angeregt wird, werden erkannte Fremdstoffe von den Lymphknoten schneller aufgenommen und Antikörper besser im Kreislauf (Flüssigkeitsräume und Körpergewebe) verteilt.
- **Wirkung auf das vegetative Nervensystem**
  Das vegetative Nervensystem wird durch die ML positiv beeinflusst, denn die Griffreihenfolge besteht aus monotonen, langsamen, rhythmischen und mit leichtem Druck ausgeführten Bewegungen. Dadurch kommt es zu einer für den Kunden parasympathisch ausgelösten, sehr beruhigenden Wirkung.

Wann ist die Durchführung einer ML im Gesicht sinnvoll?

Die Gründe (Indikationen) für die Anwendung der ML im Gesicht sind:

- **Unreine Haut und Akne**
  Klingt das Hautbild nach einer Aknetoilette langsam ab, kann eine ML als unterstützende Maßnahme durchgeführt werden. Im akuten Zustand sollte wegen der Gefahr einer Schmierinfektion keine ML durchgeführt werden.
- **Atrophische Haut**
  Auch auf reife, atrophische Haut wirkt sich die ML positiv aus. Hierbei kommt die entschlackende und entstauende Wirkung der Regeneration der Haut zugute. Es empfiehlt sich die ML zur Vorbereitung der Haut, um die Aufnahme der später aufgetragenen Wirkstoffe (in Masken, Ampullen oder Cremes) zu optimieren.
- **Tränensäcke**
  Durch die entschlackende und entstauende Wirkung der ML kann sie auch bei geschwollenen Tränensäcken angewandt werden.
- **Schönheits-OP**
  Die ML wird oft von plastischen Chirurgen als begleitende Behandlung nach Gesichts- und Schönheitsoperationen empfohlen, da hier häufig Schwellungen und Verfärbungen der Haut auftreten, die auf Störungen des Lymphabflusses zurückzuführen sind. Die ML verbessert den Abfluss der Lymphflüssigkeit wodurch der Gewebedruck sinkt, was abschwellend und schmerzlindernd wirkt. Das Gewebe wird besser durchblutet, damit auch besser mit Nähr- und Aufbaustoffen versorgt und heilt deshalb schneller ab. Wird mit der ML schon vier Wochen vor einem operativen Eingriff begonnen, so ist das Lymphsystem besser auf Schwellungen vorbereitet und lässt sie schneller abklingen. Zwei halbstündige Behandlungen pro Woche sind zur Vor- und Nachbereitung von Schönheitsoperationen optimal.

In folgenden Fällen darf keine ML vorgenommen werden:

- Bei **bösartigen Tumoren.** Hier könnten sich entartete Zellen durch den angeregten Lymphfluss im Körper ausbreiten.
- Bei **Herzerkrankungen.** Wasseransammlungen in Gesicht, Armen und Beinen sind häufige Begleiterscheinungen von Herzerkrankungen. Würden diese durch eine ML zum Abfließen angeregt, wäre der Herzmuskel nicht in der Lage, die anfallenden „Wassermengen" abzutransportieren. Die Folgen wären Atemnot und ggf. sogar ein Lungenödem.
- Bei **Thrombose mit Emboliegefahr.** Die ML kann unter Umständen das Lösen von Gefäßablagerungen begünstigen. Diese können eine Schlagader verstopfen (Embolie) und so zum plötzlichen Ausfallen der Blutversorgung in einem Körpergebiet führen (Infarkt).
- Bei **Leberflecken (Naevi).** Bestimmte Arten von „Muttermalen" sind in der Lage, sich in einen bösartigen Hautkrebs zu verwandeln (→ Band A, LF 2, Kapitel 4.9.3). Daher sollten diese niemals äußeren Einflüssen wie Druck, Reibung oder sonstigen mechanischen Beanspruchungen ausgesetzt werden.
- Bei **infektiösen Hauterkrankungen,** wie z. B. bei Herpes, bei akuten Entzündungen. Hier wird durch die ML der Lymphfluss angeregt und so können die Erreger im Körper verbreitet werden.
- **KeloideNarben** sollten in Ruhe gelassen werden, denn hier könnte es u. U. zu einer Reizung des Gewebes und zu noch weiter verstärkter Wucherung kommen.
- Auch ein vorhandenes **Lymphödem** liegt nicht in Ihrem Behandlungsbereich.

Für Sie als Kosmetiker/-in gilt grundsätzlich: Behandlungen nur am gesunden Menschen durchführen.

Deshalb ist eine genaue Anamnese in Form der Befragung des Kunden (kosmetische Hautbeurteilung → LF 2) vor der ML-Behandlung erforderlich.

Die folgenden Negativerscheinungen können immer während der ML auftreten:

- **Aufkommende Unruhe.** Menschen mit Funktionsbeeinträchtigungen der Schilddrüse empfinden die Behandlung im Halsbereich vereinzelt als unangenehm und klagen häufig über steigende Unruhe. Dies wird durch die erhöhte Ausschüttung von Schilddrüsenhormonen während der ML verursacht.

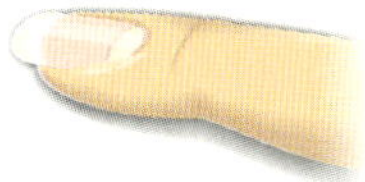

> In diesen Fällen die Behandlungszeit verkürzen. Profundus-Terminus-Griffe nur einmal durchführen, dafür Occiput-Terminus-Griffe mehrmals.

- **Auftretende Schmerzen.** Dieses Alarmsignal des Körpers ist stets ernst zu nehmen. Schmerzen können z. B. durch Stirnhöhlen- und Mandelentzündungen oder durch auf Eiter sitzenden Zähnen verursacht werden. Da auch in diesen Fällen die Gefahr der Streuung von Krankheitserregern besteht, darf keine ML durchgeführt werden, d. h., die ML-Behandlung sollte gestoppt werden.

Neben den richtigen Indikationen und der fachgerechten Ausführung erhöhen **günstige äußere Bedingungen** die Wahrscheinlichkeit für eine erfolgreiche ML-Behandlung. Hierzu gehören die im → Kapitel 3 u. a. genannte Gestaltung des Behandlungsraumes, die gute Vorbereitung, die richtige Arbeitskleidung, die fachgerechte Lagerung des Kunden und eine angemessene eigene Körperhygiene und Verhaltensweise.

Weitere besondere kosmetische Massagen für den Körper finden Sie im zweiten Teil dieses Lernfeldes 6 in → Band C beschrieben.

> Es wird eine Vielzahl an besonderen kosmetischen Massagen als Weiterbildungsmöglichkeit in Ihrem Berufsstand angeboten. Informieren Sie sich immer wieder über neue Angebote und Trends.

A Fragen Übungen Aufgaben

1. *Ist eine Bürstenmassage des Gesichts für sensible Haut geeignet? Begründen Sie Ihre Antwort. Welcher Kundin empfehlen Sie eine Bürstenmassage für das Gesicht?*
2. *Beschreiben Sie den Vorgang des Shirodara.*
3. *Überlegen Sie, warum die Manuelle Lymphdrainage für einen nervösen, sensiblen Hautzustand besser geeignet ist als eine normale Massage.*
4. *Was sind die Unterschiede zwischen einer ML im kosmetischen und im therapeutischen Bereich?*
5. *Was sind die Hauptunterschiede in Ausführung, Ziel und Wirkung zwischen ML und Massage?*
6. *Warum empfiehlt es sich Schönheitsoperationen durch manuelle Lymphdrainage vorzubereiten?*
7. *Welche besonderen kosmetischen Massageformen kennen Sie? Bitte beschreiben Sie diese mit Ihren eigenen Worten.*
8. *Welche Massageformen gelten als*
   a) entspannend *b) anregend* *c) oder reinigend?*

6 Apparative Methoden der Gesichtsmassage

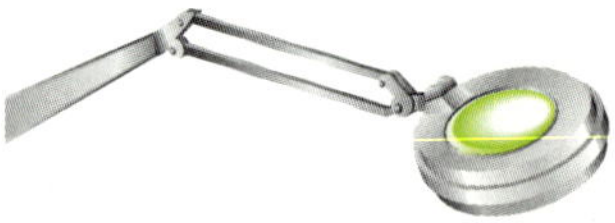

Katie behandelt ihre Kundin heute mit einem Saug-Pumpgerät. Da ihre Kundin eine stark atrophische, erschlaffte Gesichtshaut hat, beschließt Katie, die Durchblutung etwas stärker anzuregen. Katie schaltet das Gerät ein und setzt die Saugglocken auf den Wangen der Kundin auf. Da geht die Ladentür auf und Katie verlässt kurz den Raum – die Saugglocken halten ja von alleine auf den Wangen der Kundin. Als Katie zurückkommt, sieht die in den Glasglocken hochgezogene Haut feuerrot aus. Katie bekommt einen Schreck. Sie schaltet das Gerät aus und nimmt die Glocken ab. Auf den Wangen ihrer Kundin sind jetzt zwei kreisrunde, tief eingedrückte rote Flecken zu sehen!

Als Alternative zur manuellen Gesichtsmassage können auch apparative Methoden zur Massage angewandt werden. Diese werden entweder anstelle der manuellen Massage im Ablauf der Kosmetikbehandlung durchgeführt oder als eine Extradienstleistung, dann kostenpflichtig, gebucht.

Die folgende Tabelle zeigt einige Methoden und nennt die von den Herstellern dafür angebotenen Geräte.

Methode	Beispiel (Gerät)	Massagemittel	Stoffeinschleusungsverfahren	Körperbehandlung (→ Band C)
Unterdruck (Pneumatische Massage)	Pneumatisches Pulsationsgerät	Ölige oder dünnflüssige Konzentrate	PPM	X
Schallwellen (z. B. Ultraschall)	Ultraschallgerät	Kontaktgel mit Wirkstoffen	Phonophorese	X
Druckwellen (Mechanische Vibration)	Vibrationsgerät	Keine	Druckinjektion	X
Strom (Apparative Muskelstimulation bzw. Lymphmassage)	Mittelfrequenz (MF)-Gerät mit verschiedenen Funktionen	Keine	Elektroporation Iontophorese (Gleichstrom)	X

Tab. 6.1: Apparative Methoden der Massage

Bitte verwenden Sie zur Erarbeitung der physikalischen Grundlagen der einzelnen Behandlungsverfahren parallel das Grundlagen-Lexikon in → Band A dieses Lehrwerkes.

Nur nach ausreichender und gründlicher Herstellerschulung sollten diese Geräte angewandt werden und nicht ohne ohne eine gründliche Anamnese vor der Behandlung.

6.1 Pneumatische Massage

Die pneumatische (mit Luftdruck funktionierende) Massage verbindet als **Ansaugtechnik** die Wirkungen der Massage mit der Anwendung des Schröpfens. Das **Schröpfen** ist bereits seit dem Mittelalter bekannt und wurde von Ärzten und Badern zur Unterstützung auch des „Aderlasses" eingesetzt. Es wurde die Luft in Glasventousen mittels eines brennenden Spans erhitzt und somit verdrängt. Danach wurden die Ventousen auf die Haut aufgesetzt. Durch das relative Vakuum im Inneren wird die Haut „angezogen" (auch ➜ LF 3, Kapitel 5.4).

Abb. 6.2: Historisches Schröpffoto

Das Schröpfen findet heute meistens ohne das Öffnen der Haut Anwendung bei Durchblutungsstörungen, Verhärtungen in Haut und Unterhautgewebe, Muskelverspannungen, chronischen Kopfschmerzen usw. Heute werden die Schröpfköpfe auf die Haut aufgesetzt und mithilfe einer Ansaugvorrichtung entsteht darunter ein Vakuum. Der Sog auf die Haut führt zu einer Erweiterung der feinen Blutkapillare. Es entstehen nach wenigen Minuten blaue Flecken oder sogar Blasen unter dem Schröpfkopf. Durch Verschieben der aufgesetzten Glasventousen kann es zur Bildung eines Blutergusses kommen.

Die für die Gesichtsbehandlung verwendete **pneumatische Pulsationsmassage (PPM)** ist die schonendere Form des Schröpfens. Bis zu 200-mal in der Minute wird mithilfe eines Gerätes ein rhythmisch pulsierender Unterdruck erzeugt. Hierdurch ist es möglich, die Saugglocken über das Gewebe zu „bewegen", was dann einer Massage ähnlich ist.

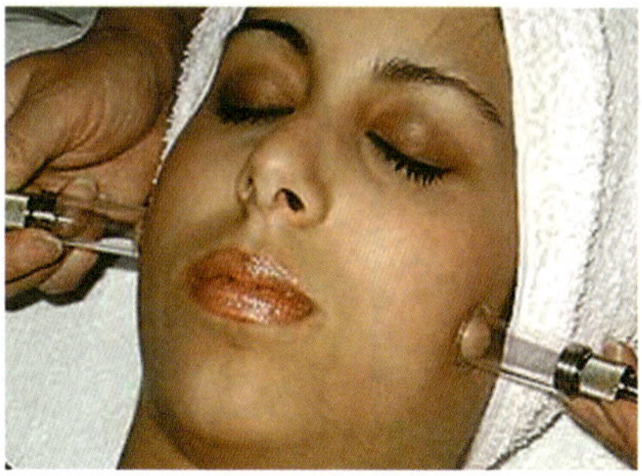

Abb. 6.3: Pneumatische Pulsationsanwendung im Gesicht (Demobild)

Das pneumatische Pulsationsgerät ist mit einem biegsamen Doppel- oder Einfachschlauch ausgestattet, an dessen Ende Acryl- oder Glasglocken angebracht werden. Diese sind in verschiedenen Ausführungen und Größen erhältlich.

Die bei dieser Methode entstehende Wechselwirkung von Unterdruck (Ansaugen) und atmosphärischem Druck (Loslassen) versetzt das Gewebe in permanente Schwingung. Die Schwingungen lockern das Gewebe und lösen lokal festgesetzte Schlacken und Schadstoffe leichter aus. Die Blutzirkulation wird angeregt, Gefäß-, Zell- und Gewebsflüssigkeiten werden „zum Fließen" gebracht. Durch die Anregung von Stoffwechsel und Lymphkreislauf werden freigesetzte Stoffe besser abtransportiert.

Die pneumatische Pulsation dient auch der **Einschleusung von Wirkstoffen** in die Haut. Ölige oder dünnflüssige Konzentrate werden vor der Anwendung auf die gereinigte Haut aufgetragen. Der Unterdruck sorgt dafür, dass die aufgetragenen Produkte besser in die obere Hautschicht eindringen können. Die Anwendung eines dieser Produkte ist außerdem notwendig, um die Haut für die Glocken „gleitfähiger" zu machen.

Bei fachgerechter Anwendung kommt es während des Ansaugens des Gewebes weder zu Punktblutungen noch zu Hämatomen unter der Hautoberfläche. Der behandelte Bereich ist aber gut durchblutet.

Für welche Hautzustände ist die Ansaugtechnik eher nicht geeignet?

Die Anwendung ist wegen ihrer auch schwach einstellbaren Frequenz für alle Hautzustände geeignet **außer** der **entzündeten** oder **infektiös** erkrankten Gesichtshaut.

Die Saugglocke/n müssen nach jeder Anwendung gründlich desinfiziert werden. Dazu verwenden Sie für die Glasglocken handelsübliche Desinfektionsmittel und für die Acrylglocken ein vom Hersteller speziell empfohlenes Desinfektionsmittel, das die Acrylschicht nicht angreift. Nach der Einwirkzeit des Mittels sollten die Glocke/n staubfrei in einer geschlossenen Box oder Ähnlichem bis zur nächsten Anwendung aufbewahrt werden.

6.2 Ultraschall

Als Ultraschall werden alle Schallwellen bezeichnet, die über dem menschlichen Hörbereich liegen, also im Bereich > 20.000 Hertz.

Ultraschallanwendungen werden im Kosmetikinstitut überwiegend zur Gesichts-, Hals- und Dekolleteebehandlung eingesetzt.

Der Ultraschallkopf enthält einen Kristall, z. B. Turmalin, der in der Lage ist den elektrischen Strom in Schallwellen umzuwandeln und auf eine dünne Platte am Ende des Schallkopfes zu übertragen. Diese kann z. B. aus Titan bestehen.

Die Ultraschallwellen werden über eine Membran, die in einem Handstück (Ultraschallkopf) eingearbeitet ist, auf die Haut geleitet.

Unter Verwendung eines Kontaktmittels (Gel oder Öl) werden die Ultraschallwellen vom Schallkopf auf die Oberfläche des zu behandelnden Hautareals übertragen. Das Kontaktmittel gleicht hierbei hautbedingte Unregelmäßigkeiten aus, sodass der Ultraschallkopf gut gleiten kann.

Das Kontaktmittel kann schon feuchtigkeitsspendende Wirkstoffe enthalten, die bei Anwendung in die Haut eingeschleust werden.

Das Kontaktmittel selbst sollte nicht in die Haut einziehen. Verwenden Sie daher lieber nur die vom Hersteller empfohlenen Mittel und keine „normale" Creme.

Die Ultraschallintensität nimmt beim Durchdringen weicher Gewebe (z. B. der Haut) durch Dämpfung, Reflexion und Streuung ständig ab. Dabei wird die Schallenergie in Wärme umgewandelt.

Ultraschallintensität = Schallenergiemenge, die pro Sekunde und Fläche in den Körper eingebracht wird

Die Eindringtiefe des Ultraschalls in das Gewebe ist abhängig von der Frequenz (gemessen in Megahertz, MHz). Dabei gilt:

Je höher die Frequenzzahl,
desto niedriger die Eindringtiefe und damit die Tiefenwirkung.

Die Eindringtiefe hängt auch von der Anwendungszeit, der behandelten Gewebeart und der Gewebedicke ab.

Mit dem Ultraschallgerät ist eine konstante Beschallung möglich, die einer Mikromassage ähnlich ist. Diese Wirkung beruht auf den abwechselnd Druck ausübenden und Unterdruck hervorrufenden Ultraschallwellen. Das Gewebe wird kurzzeitig zusammengedrückt und kehrt wieder in seine alte Lage zurück, wobei es verstärkt Nährstoffe aufnehmen kann (Stoffeinschleusung). Dieser Vorgang wird dann als ***Phonophorese*** bezeichnet. Als Wirkstoffe eignen sich flüssige Konzentrate, die auf den Hauttyp abgestimmt werden. Darüber muss dann aber vor der Beschallung noch das Kontaktmittel aufgetragen werden.

Phonophorese

Die **Wirkungen der Ultraschallanwendung** unterscheiden sich in eine

Mechanische Wirkung

Mikromassage zur Auflockerung des Gewebes, Tonisierung (Training) der Muskulatur, Stoffwechselanregung, Entschlackung und Zellstoffwechselförderung;

Thermische Wirkung

Durch Wärmeentwicklung Anregung der Gefäßtätigkeit und Durchblutung, Förderung des Lymphflusses, Stoffwechselanregung;

Physio-chemische Wirkung

Erhöhte Diffusionsgeschwindigkeit (Austausch von Stoffwechselprodukten), Anregung einer natürlichen Revitalisierung des Zellgewebes und dadurch Anregung z. B. der Kollagensynthese usw.

Kontraindikationen

- akute Entzündungserscheinungen der Haut
- infektiöse Erkrankungen
- Hautveränderungen (Muttermale usw.)
- Herzerkrankungen
- Störungen der Blutgerinnung
- Epilepsie
- Diabetis mellitus
- nach Röntgenbehandlungen
- bei Tumoren
- im Bereich von Gehirn, Augen und Rückenmark
- bei Schwangerschaft
- Gelenkrheuma, Magengeschwüre, Gefäßerkrankungen (z. B. Thrombosen), Tuberkulose

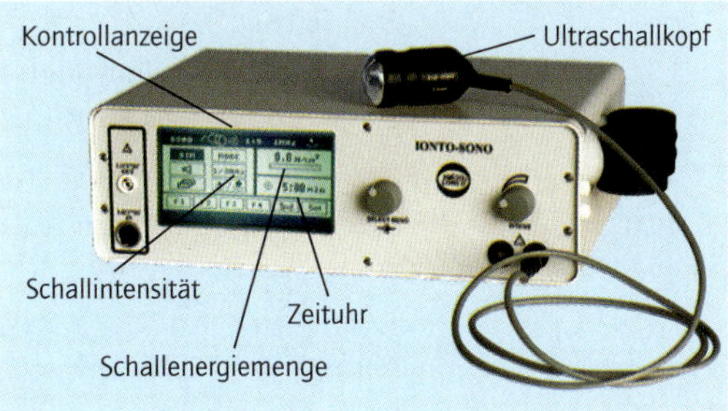

Abb. 6.4: Ultraschallgerät

Bei der Anwendung eines Ultraschallgerätes ist zu beachten:

Testen Sie die Kupplungskontrolle (Kontrollleuchte am Gerät, zeigt den Hautkontakt zum Ultraschallkopf mit Beleuchtung an) durch kurzes Abheben des Schallkopfes von der Haut.

Bleibt zwischen Haut und Ultraschallgerätekopf auch nur minimal Luft, werden die Ultraschallwellen vollständig reflektiert und bleiben für die Hautanwendung wirkungslos.

Kreisen Sie mit leichtem, gleichmäßiem Druck über das Gewebe oder führen Sie langsame Streichungen in Richtung der Lymphabflussbahnen (→ Kapitel 2.5) aus.

Verharren Sie nicht mit dem Schallkopf auf einer Hautstelle, ohne ihn zu bewegen. Es kann sonst zu einer unkontrollierten und unangenehmen Erwärmung dieser Partie kommen, es können Dampfblasen in den Gewebsflüssigkeiten entstehen (Kavitation) und es können sogar Bindegewebsschäden auftreten.

Der Ultraschall wird in der kosmetischen Gesichtsbehandlung angewandt zur Glättung und Verfeinerung des Hautreliefs, bei der Behandlung von Narben, Akne (Achtung, nicht auf entzündeter Haut!) und Pigmentflecken, zur Faltenstraffung und zur Regeneration der Haut.

Weitere Funktionen

Bei dem Ultraschallgerät gibt es auch den **Impulsschall** (Schallblock im Wechsel mit Pause), der bei sensibler Haut, Couperose und Teleangiektasien eingeschaltet werden kann. Die Intervalle sind dann kurz und sehr sanft in der Intensität und regen damit die Hautfunktionen nur mild an.

Übrigens: **Ultraschallwellen wirken auch reinigend** und werden deshalb in Ultraschall-Reinigungsgeräten eingesetzt (→ LF 2, Kapitel 1.1.1 und Band A, Grundlagen-Lexikon). Unter Zugabe von Desinfektionsmitteln kann gleichzeitig desinfiziert werden.

6.3 Mechanische Vibration

Diese apparative Massageanwendung basiert auf der natürlichen Funktion der Skelettmuskulatur, bei längerer Anspannung rhythmische Mikrovibrationen auszuführen, damit ein angespannter Muskel weiterhin durchblutet wird.

Mithilfe eines Handstückes, das über ein bewegliches Kabel mit dem Gerät verbunden ist, werden mechanische Vibrationen (Druckwellen mit einer Frequenz von 9 – 30 Hz) auf das zu behandelnde Hautareal geleitet.

Durch die Übertragung der mechanischen Schwingungen kommt es zu einer Längsschwingung des behandelten Muskels. Die Intensität und Wirkung hängt dabei von der übertragenen Frequenz ab.

Wird die Behandlung auf der vorgespannten bzw. gedehnten Muskulatur durchgeführt, ist sie **gleichzeitig** eine **Gesichtsgymnastik**. Die Übungen zur Anspannung der Gesichtsmuskulatur ähneln denen der Gesichtsgymnastik (→ Kapitel 7) und werden von der Kundin durchgeführt oder von der Kosmetikerin unterstützend mit der Hand ausgeführt. Der genaue Behandlungsplan, welche Übungen bei welcher Behandlung durchgeführt werden sollen, wird vom Hersteller mitgeliefert.

Die mechanische Vibration führt zu einer Durchblutungs- und Lymphflussanregung, Stoffwechselsteigerung, Auflösung von Muskelverspannungen und zum Training der Muskulatur.

Kontraindikationen

- akute Infektionen
- sensible Haut, Couperose, Teleangiektasien
- rheumatische Erkrankungen
- Entzündungen im Behandlungsbereich
- akute Allergien
- Schwangerschaft
- direkt nach Operationen
- bösartige Erkrankungen (z. B. Krebs)
- Zahnerkrankungen
- HIV-positiv-Befund
- Thrombosen
- Frakturen im Gesichtsbereich
- Gallensteine/Nierensteine
- diabetische Polyneuropathie
- Aneurysmen (Aussackung von Blutgefäßen) und/oder Schlaganfall

Die Behandlung dauert ca. 30 Minuten, wobei die zu behandelnden Hautareale jeweils nach Lage und Intensität 1–3 Minuten mit dem Handstück behandelt werden. Die Anwendungen sollten im Abstand von ca. vier Wochen regelmäßig wiederholt werden oder als Kur mit mehreren Anwendungen innerhalb einer kürzeren Zeitspanne durchgeführt werden.

6.4 Strombehandlung

Die Strombehandlung gehört als Verfahren in die Gruppe der Reiztherapien. Diese umfassen eine Vielzahl von gesundheitsfördernden Maßnahmen, die die Reaktionsweise, den Immunabwehrstatus und die gesundheitliche Leistungsfähigkeit des Körpers fördern sollen.

Unter Reiztherapie wird die Behandlung mit auf den Organismus reizverursachenden Mitteln verstanden.

Zu den **Reiztherapien** gehören die für die Kosmetiker durchführbare Strombehandlung der apparativen Muskelstimulation bzw. der Lymphmassage.

Die kosmetische Strombehandlung wird häufig mit Reizstrom durchgeführt. Als **Reizstrom** wird. u. a. Strom bezeichnet, der in Form von Einzelimpulsen oder Impulsserien zur Anwendung kommt. Während ein einzelner Impuls eine Muskelzuckung auslöst, führt Reizstrom in Form einer Impulsserie zu einer Kontraktion der Muskulatur. Diese erfolgt entweder durch den Muskel selbst oder durch Reizung eines Nervs, der den Muskel erregt und die Kontraktion auslöst (→ Band A, Grundlagen-Lexikon, ELEKTRISCHER STROM, REIZSTROM).

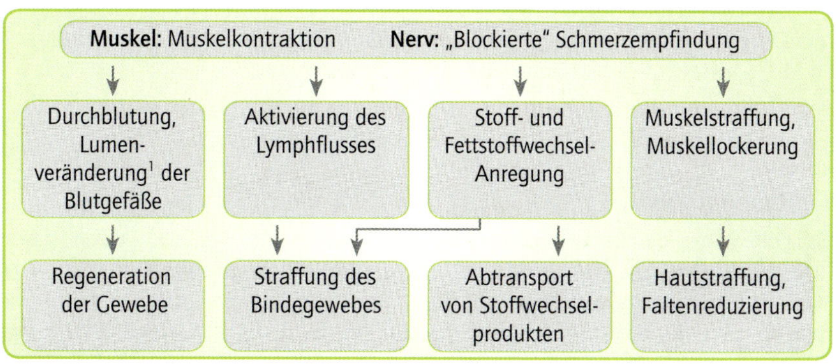

Abb. 6.5: Wirkungen von Strom auf Haut und Muskulatur

1 Lumen = Innendurchmesser

Die Wirkung des Stroms hängt dabei auch von der Frequenz ab (niedrige, mittlere, hohe Frequenz). **Impulsserien** mittlerer Frequenz sorgen dafür, dass die Nervenzelle nach Erregung nicht wieder in den Ruhezustand zurückkehren kann. Sie weist dann eine langanhaltende Erregung auf, sodass eine Schmerzempfindung während der Behandlung vorübergehend blockiert ist („Einschleicheffekt"). Für die Unterhautmuskulatur bedeutet die Dauererregung eine Dauerkontraktion und damit eine Stärkung der Muskulatur (Training).

Da besonders die Gesichtshaut mit vielen oberflächlich verlaufenden Nerven versehen ist, sind nicht alle Stromarten für die Gesichtsbehandlung gleich gut geeignet. Es werden überwiegend Geräte mit mittelfrequentem Impulsstrom eingesetzt. Ein kosmetisches Behandlungsgerät leitet über Kontaktelektroden den Strom durch die Haut auf die Nerven und auf die Muskulatur.

	Stromart	Funktion	Verwendungsbeispiel in der Kosmetikbehandlung
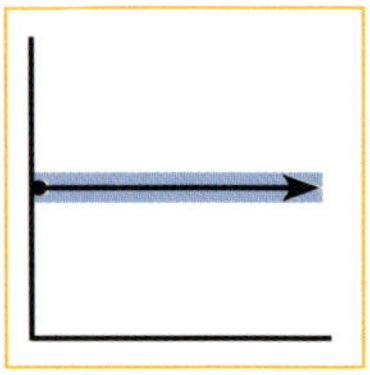	Gleichstrom (DC)	gleich bleibende Intensität, in eine Richtung fließend (galvanischer Strom)	Iontophorese (→ LF 7, Kapitel 3.5) zur Wirkstoffeinschleusung
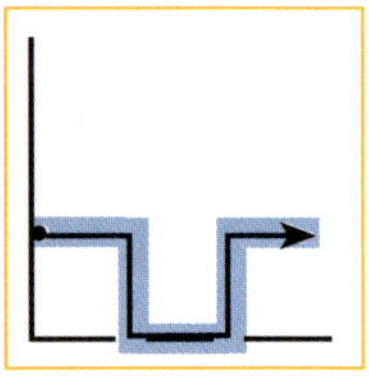	Niederfrequenter Impulsstrom (NF)	unterbrochener Gleichstrom 0–1 000 Hz	Für die Gesichtsbehandlung allein kaum einsetzbar.
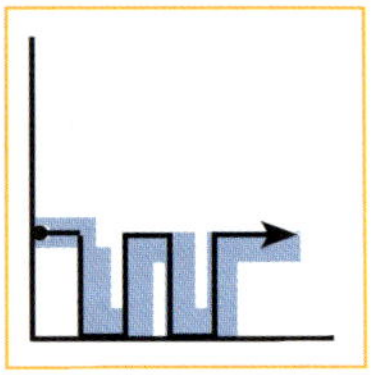	Mittelfrequenter Impulsstrom (MF)	unterbrochener Gleichstrom 1 000–300 000 Hz	Massagegeräte mit oder ohne apparative Muskelstimulation, z. B. zur Festigung/Straffung der Gesichtsmuskulatur, apparative Lymphmassage Elektroporation zur Wirkstoffeinschleusung
	Hochfrequenter Impulsstrom (HF)	unterbrochener Gleichstrom > 300 000 Hz	HF-Stab, z. B. zur Desinfektion nach der Ausreinigung (→ LF 3, Kapitel 5.3.4) oder zur Körperbehandlung, Wärmebehandlung bei schlecht durchbluteter Haut

Tab. 6.6: Beispiel für die Anwendung von Strombehandlungen in der Gesichtskosmetik

Elektroporation

Mit Hilfe eines Elektroporationsgerätes kann auch eine intensive Wirkstoffeinschleusung erfolgen. Das Gerät leitet über ein Handstück mit Metallring mittelfrequente, modulierte Ströme auf die Haut. Die Stromeinleitung in die obere Hautschicht verursacht vorübergehend winzige Öffnungen in Hornzellschicht und Zellmembranen.

5842168

Während einer kurzen Zeitspanne gelingt so das Einschleusen von Molekülen, auch von größeren, wie z. B. Kollagen. Die Wirkstoffe gelangen über den transzellulären Weg in das Zellinnere. Die Wirkstoffkomplexe sind dem jeweiligen Hautzustand angepasst. Ein *Anti-Aging*-Komplex enthält z. B. Koffein.

In der Regel sind die Programme vorwählbar und in Gesichts- und Körperbehandlung unterteilt. Zusätzlich kann bei manchen Geräten Licht an dem Handstück zugeschaltet werden, in den Farben Rot (stimulierend), Grün (beruhigend) und Blau (straffend).

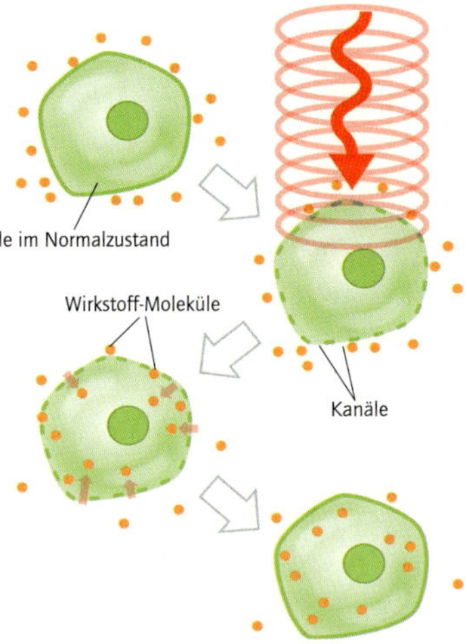

Abb. 6.7: Prinzip der Elektroporation

Anwendung

Nach der gründlichen Reinigung und einem hautzustandgerechtem Peeling wird das Gerät eingeschaltet und die Programmierung vorgenommen. Die Gegenelektrode kann auf dem Schulterblatt der Kundin angelegt werden.

Die Elektroden dürfen niemals auf die Augen oder Schleimhäute aufgebracht werden.

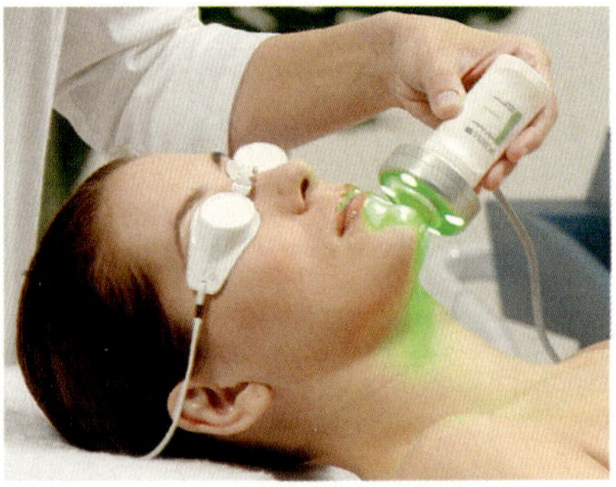

Abb. 6.8: Handstück mit aufgesetztem Behälter

Setzen Sie in das Handstück einen mit dem passenden Wirkstoffkomplex gefüllten Behälter mit Rollkopf ein. Mit kreisförmigen Bewegungen behandeln Sie nun für ca. 15 Minuten jede Gesichtshälfte. Drücken Sie dabei ab und zu den Behälter, damit immer wieder eine kleine Menge Konzentrat austritt.

Das Gerät erzeugt einen Summton, wenn die Behandlungszeit abgelaufen ist. Schalten Sie dann das Gerät aus und verteilen Sie die evtl. übrig gebliebene Restmenge des Konzentrates auf der Gesichtshaut.

Der Rollkopf wird anschließend mit einem feuchten Tuch gereinigt und der Behälter verschlossen. Da sein Inhalt für mehrere Anwendungen reicht, wird der Behälter mit dem Namen der Kundin/des Kunden versehen und bis zur nächsten Behandlung aufbewahrt.

Eine Nachbehandlung erfolgt i. d. R. nicht, aber eine Ruhezeit von 10-15 Minuten wird die Kundin/der Kunde gerne annehmen.

Die Anwendung der Elektroporation kann als Kur von vierwöchentlichen Sitzungen durchgeführt werden.

Die Geräte zur apparativen Massageanwendung sind mit einer Sicherheitsstufe versehen, die eine Stromintensität nur bis zu einer Maximalhöhe erlauben.

Kontraindikationen für Stromanwendungen

- Herzkrankheiten, Herzschrittmacher
- fieberhaften Infekten, akuten Entzündungen

- Verletzungen der Muskeln, Sehnen usw.
- postraumatischen oder rheumatischen Entzündungen
- Schwangerschaft
- Behandlungen im Halsbereich
- zerebralen Anfallsleiden (z. B. Epilepsie)
- Erkrankungen des Nervensystems
- Durchblutungsstörungen (z. B. Thrombosen oder Krampfadern)
- Hautkrebs/Tumoren.

Die **Elektroporation** darf zusätzlich nicht angewendet werden bei:

- eingesetzter Spirale
- Thrombose und Krampfadern
- zusätzlicher Lichtanwendung
- Behandlung mit fotosensibilisierenden Medikamenten
- Erkrankungen mit schmerzhafter Lichtempfindlichkeit.

6

Apparative Massageverfahren unterstützen und bereichern das Angebot eines Kosmetikinstituts an Gesichtsmassagen und können Sie in Ihrem Arbeitsalltag entlasten (weitere Srombehandlungen für den Körper → Band C). Aber: Einige Ihrer Kunden könnten die Arbeit Ihrer Hände – und damit die „Streicheleinheiten" speziell am Ende einer manuell durchgeführten Gesichtsmassage vermissen!

A Fragen Übungen Aufgaben

1. *Beschreiben Sie die Funktion der Ansaugtechnik und was bei unsachgemäßer Anwendung vorkommen kann.*
2. *Erklären Sie die Funktion des Gerätes für die pneumatische Pulsationsmassage. Welcher Kundin empfehlen Sie diese apparative Massageform?*
3. *Erklären Sie den Begriff Ultraschall.*
   a) Weshalb ist eine Ultraschallanwendung auch eine apparative Massageform?
   b) Was ist eine Mikromassage?
4. *Schlagen Sie den Begriff Kavitation in Lexika (→ Band A, Grundlagen-Lexikon, ULTRASCHALL) nach und erklären Sie den physikalischen Hintergrund. Wann könnte es einer Ultraschallanwendung zu einer Kavitation im Gewebe kommen?*
5. *Warum dürfen bei Hauterscheinungen wie Couperose und Teleangiektasien die Ultraschallwellen nicht mit normaler Intensität auf die Haut geleitet werden?*
6. *Erklären Sie die Wirkung einer apparativen Muskelstimulation:*
   a) Welche Funktionsweisen und deren Wirkungen vereinigt das Verfahren?
   b) Warum sollte es nicht bei Couperose, Teleangiektasien und sensibler Haut angewandt werden?
   c) Begründen Sie, warum vor der Anwendung die Gesichtsmuskulatur im behandelten Bereich angespannt werden soll.
7. *Was versteht man unter einer Reizstrombehandlung als Massagebehandlung? Was unterscheidet die Reizstrombehandlung von der Iontophoresebehandlung?*
8. *Vergleichen Sie die apparative Massage mit der manuellen Massage.*
   a) Nennen Sie die Vor- und Nachteile der jeweiligen Methode(n).
   b) Nach welchen Kriterien wählen Sie aus, ob eine manuelle oder eine apparative Massage angewandt werden soll?

5842170

7 Gesichtsgymnastik und Selbstmassage

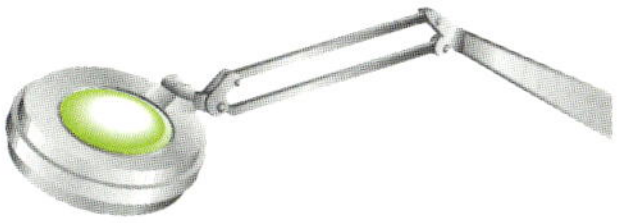

Katie führt mit einer Kundin die Mimogymnastik durch. Beide sitzen voreinander und schauen sich an. Katie beginnt mit der ersten Übung, sie muss ihrer Kundin helfen die Finger richtig anzulegen und den Mund zu öffnen. Starr und steif sitzt ihre Kundin jetzt mit weit aufgerissenem Mund vor ihr. Das sieht so komisch aus, dass Katie nun doch furchtbar lachen muss. Schon ist es mit der Konzentration vorbei und die Kundin muss mit der Übung von vorne beginnen ...

7.1 Gesichtsgymnastik

Die ***Mimogymnastik*** (Gesichtsgymnastik) wird auch als natürliches *Facelifting* bezeichnet.

engl. *face* = Gesicht, *lift* = anheben

Die mimische Muskulatur wird stark beansprucht, aber im Gegensatz zur Körpermuskulatur nicht extra trainiert. Der Alterungsprozess lässt die Gesichtsmuskulatur erschlaffen: Die Lippen werden schmaler, die Wangenpartie senkt sich, die Augenlider sinken stärker über die Augäpfel, der Hals zeigt verstärkte Faltenbildung. Die nachlassende Muskelspannung (Muskeltonus) ist eine der sichtbaren Alterserscheinungen der Muskulatur.

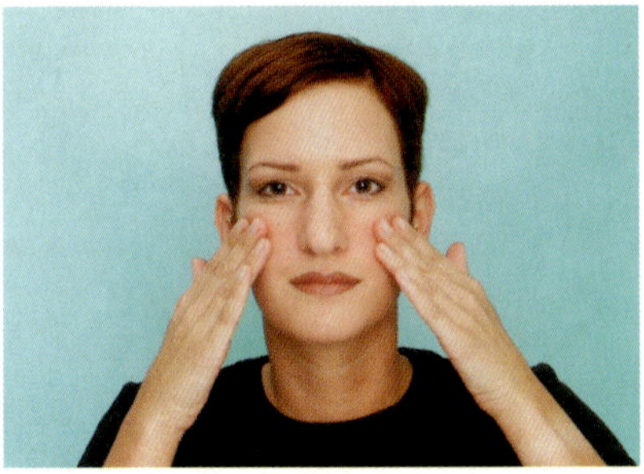

Werden die Gesichtsmuskeln durch gezieltes Anspannen (zur Verstärkung mit den Fingern durchführbar) und Loslassen trainiert, werden sie besser durchblutet, der Stoffwechsel angeregt und die Muskelspannung trainiert. Das führt bei fachgerechter und dauerhafter Anwendung zu einer Straffung der Gesichtsmuskulatur.

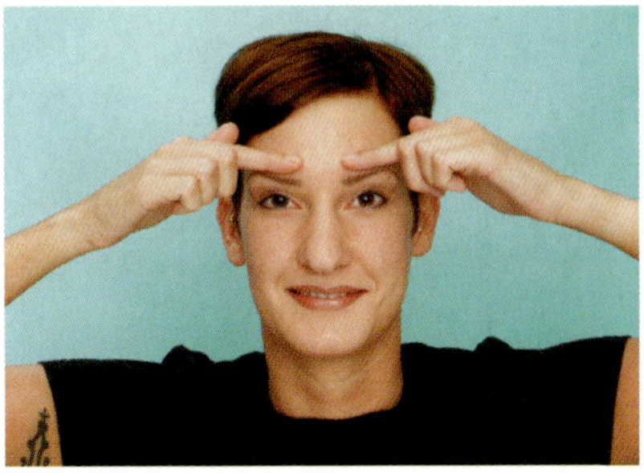

Abb. 7.1 a und b: Beispiele für Gesichtsgymnastik

Dazu müssen spezielle Übungen regelmäßig durchgeführt werden und nach genauer Anleitung, am besten vor dem Spiegel oder in einer Gruppe bzw. unter Ihrer Kontrolle als Kosmetiker eingeübt werden. Auch Sie selbst können die folgenden Übungen durchführen. Anleitungen dazu erhalten Sie in Seminaren oder im Fachbuchhandel.

Beginnen Sie wie auch bei einem normalen Training langsam und mit wenigen Übungen, sodass die Muskulatur nicht überlastet wird.

Im Folgenden einige **Übungen der Mimogymnastik**:

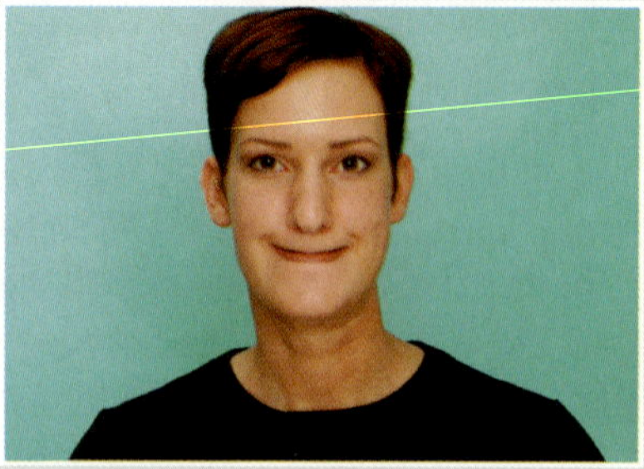
Abb. 7.2

A Zur Straffung erschlaffter Wangen ziehen Sie die Unterlippe über die Oberlippe. Spannen Sie die Lippen in drei Stufen zu einem breiten Lächeln an. Halten Sie diese Stellung mindestens 30 Sekunden. Anschließend lassen Sie die Spannung nach und nach abflachen, bis die Lippen wieder ihre normale Stellung erhalten.

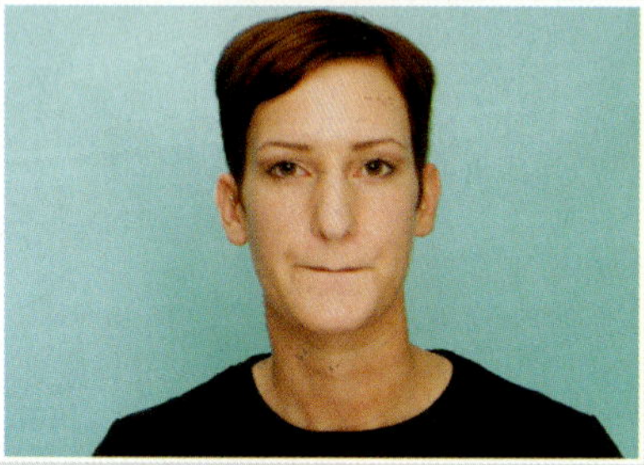
Abb. 7.3

B Pressen Sie die Lippen fest aufeinander und spannen Sie die Wangen- und Mundmuskulatur fest an. Halten Sie die Spannung ca. 15 Sekunden und lassen Sie dann wieder locker.

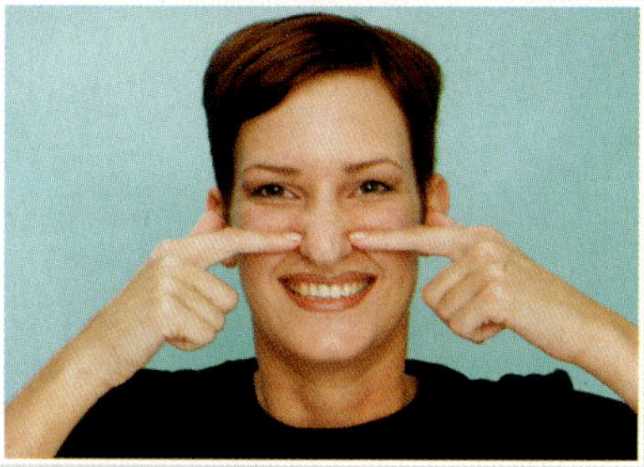
Abb. 7.4

C Setzen Sie Ihre Zeigefinger rechts und links neben die Nasenflügel. Blähen Sie die Nasenflügel auf. Spannen Sie den Mund zu einem breiten Lächeln und ziehen Sie die Oberlippe nach oben. Führen Sie die Anspannung in mehreren Stufen durch und lassen Sie auch in mehreren Stufen wieder locker.

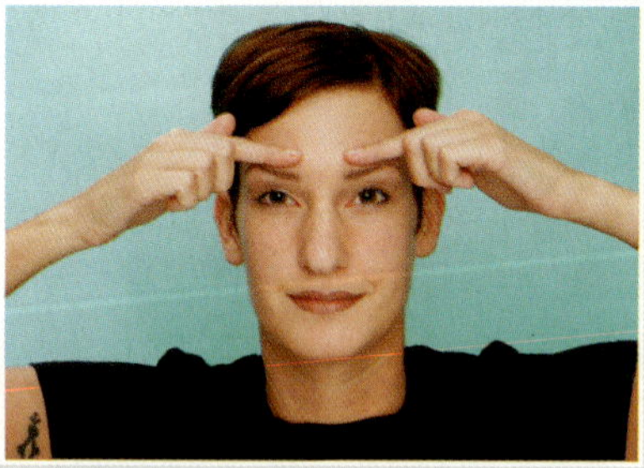
Abb. 7.5

D Legen Sie Ihre Zeigefinger über die Augenbrauen und üben Sie leicht Druck aus. Ziehen Sie gegen diesen Druck die Augenbrauen nach oben und lassen Sie wieder locker.

Übertreiben Sie die Übungen für sich und Ihre Kunden nicht, sondern führen Sie diese lieber regelmäßig aus.

7.2 Selbstmassage

Zu den Massageübungen, die Sie selbst durchführen können, gehören die Massage Ihrer Gesichtshaut und Ihrer Nacken-, Schulter- und Halspartie, mit und ohne Hilfsmittel. Selbstmassagen oder Gymnastik für Beine, Füße, Arme und Hände finden Sie in → Band C unter den jeweiligen Lernfeldern beschrieben.

Eine Selbstmassage Ihres Gesichts kann von Ihnen durchgeführt werden:

- nach Zeit und Notwendigkeit (z. B. verkrampfte Gesichtszüge, Faltenbildung);
- nach Ihrem individuellen Bedürfnis nach Entspannung und/oder Anregung.

Als Massagemittel eignen sich die gleichen, die Sie auch für Ihre Kunden anwenden (→ Kapitel 3.4).

Der Vorteil einer Selbstmassage ist Ihr individuelles Gefühl für die richtige Stärke des ausgeführten Griffs.

Die Selbstmassage des Gesichts kann zur Entspannung, aber auch zur Anregung oder Straffung im Gesicht durchgeführt werden.

Zur **Entspannung** wenden Sie lockernde und entkrampfende Massagegriffe an, denn entspannte Gesichtszüge unterstützen Ihr gutes Aussehen.

Die Massageanwendung kann von Ihnen zu Hause nach der Arbeit oder im Kosmetikinstitut, z. B. in der Mittagspause, angewandt werden. Die Selbstmassage kann auch über der Kleidung durchgeführt werden, z. B. die Übungen an den Schultern, dann ist aber mehr Druckaufwand erforderlich.

Nackenmassage

Die entspannende Nackenselbstmassage kann mehrmals wöchentlich oder auch täglich angewandt werden, wann immer Sie Verkrampfungen in der Nackenmuskulatur verspüren, oder auch vorbeugend. Beginnen Sie mit kräftig kreisenden Bewegungen am Haaransatz und führen Sie die Hände den Nacken herunter und herauf.

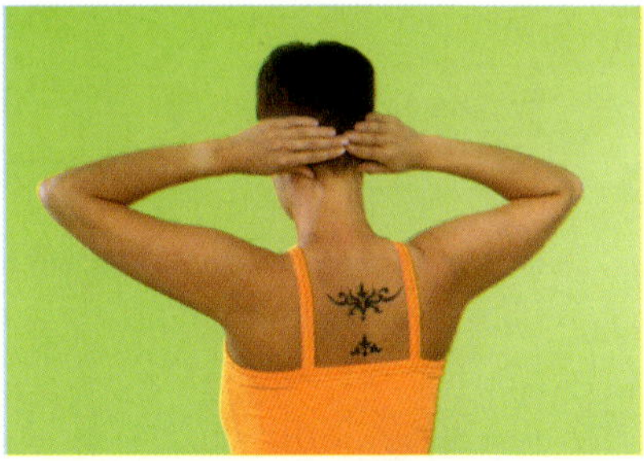

Abb. 7.6

Kneten Sie die Schulter-/Nackenpartie mit kräftigem Griff Ihrer anderen Hand nach außen durch. Streichen Sie danach fest mit der flachen Hand auf dem Schultergürtel zurück und beginnen Sie von vorne. Führen Sie anschließend den Knetgriff und die Streichung auf der anderen Seite durch.

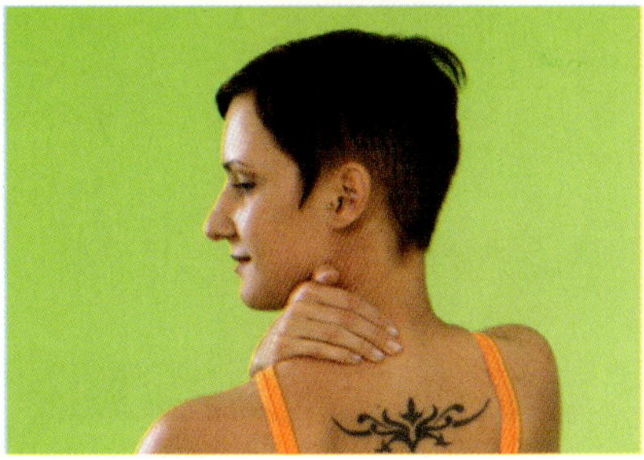

Abb. 7.7

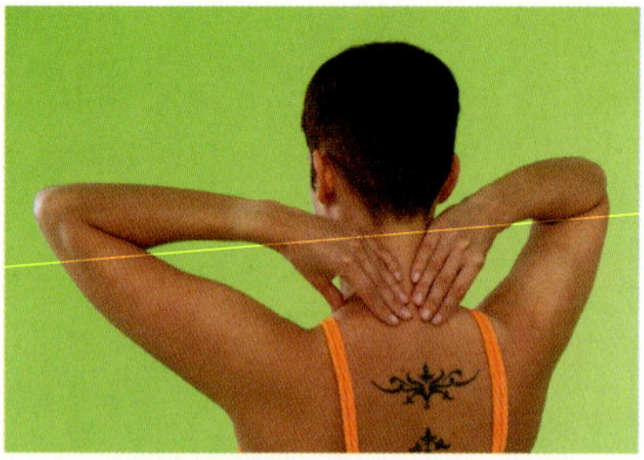

Abb. 7.8

Massieren Sie kreisförmig mit den Fingern beider Hände rechts und links die Nackenmuskulatur entlang der Halswirbelsäule. Bearbeiten Sie besonders zwischen Daumen und Fingern den Halsansatz mit kräftigen Knetgriffen.

Abb. 7.9

Setzen Sie die Hände seitlich am Hinterkopf an, sodass die Daumen Richtung Nacken zeigen. Massieren Sie mit sanftem Druck der Daumen den Bereich des Schädelansatzes. Dabei können Sie die Daumen auch in das Haar führen. Diese leichte Massage hilft auch bei Spannungskopfschmerzen.

Gesichtsmassage

Zur Gesichtsselbstmassage mit entspannender Wirkung können Sie Griffe aus Ihrer „Massage-Kür" auch selbst anwenden. Es eignen sich vor allem die Streichungen für Stirn, Wangen, um die Augen herum, um den Mund, für das Kinn und den Halsbereich (→ Kapitel 4). Folgen Sie bei der Verlaufsrichtung den angegebenen Massagerichtungen. Möglich sind auch sanfte Druckpunktstimulationen.

Zur **Anregung, Kräftigung und/oder Straffung** wenden Sie Massagegriffe zur Faltenminderung an. Diese führen Sie unbedingt in der Verlaufsrichtung der mimischen Muskulatur (→ Kapitel 2.2) aus.

Die Richtung der mimischen Faltenbildung verläuft quer zur mimischen Muskelfaserrichtung.

A Beispiele von Massagegriffen zur Kräftigung der Gesichtsmuskulatur (mimischen Muskulatur):

A1

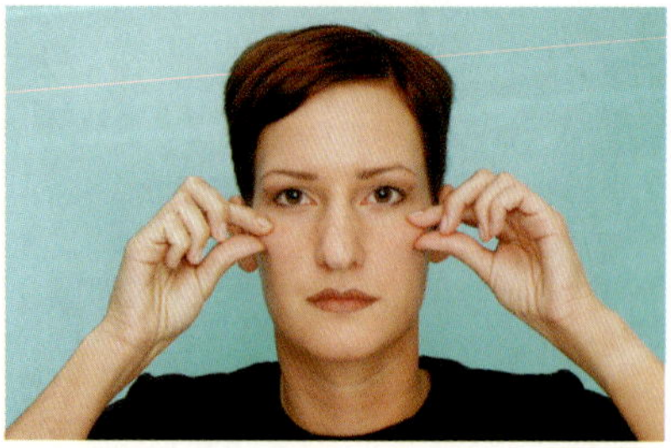

Greifen Sie seitlich und beidhändig im Verlauf der Jochbeinbogen zwischen Daumen und Zeigefinger eine Hautwulst und drücken Sie sie sanft zusammen. Nach dem Loslassen versetzen Sie die Finger, bis die Wangen durchgearbeitet sind. (**Achtung!** Nicht bei Couperose oder Teleangiektasien ausführen.)

A2

Setzen Sie Daumen und Zeigefinger am Beginn der Augenbrauen an und greifen Sie die Haut zwischen den Fingern. Drücken Sie die Hautwulst sanft. Versetzen Sie nach dem Loslassen die Finger immer ein kleines Stück nach außen, dem Verlauf der Augenbrauen folgend bis zu den Schläfen. Beginnen Sie von vorne.

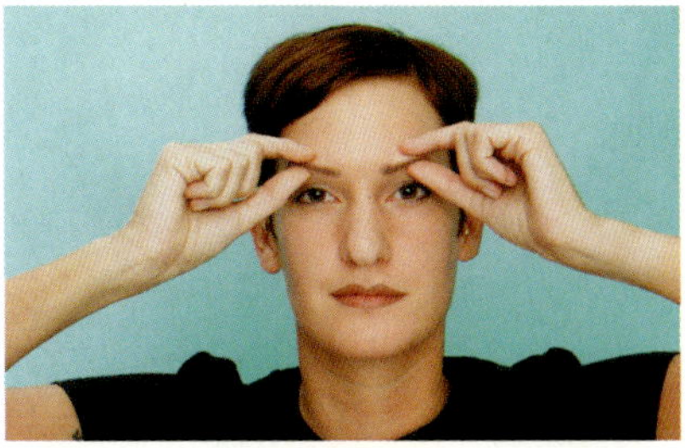

A3 Kinnrand

Setzen Sie die Finger einer Hand waagerecht auf den Kinnrand, sodass die Fingerspitzen zum Ohr zeigen. Nehmen Sie zwischen die Finger in Scherenform eine Hautwulst und lassen diese wieder los, bis Sie unterhalb des Ohres angekommen sind. Wiederholen Sie den Griff mit der anderen Hand auf der anderen Seite.

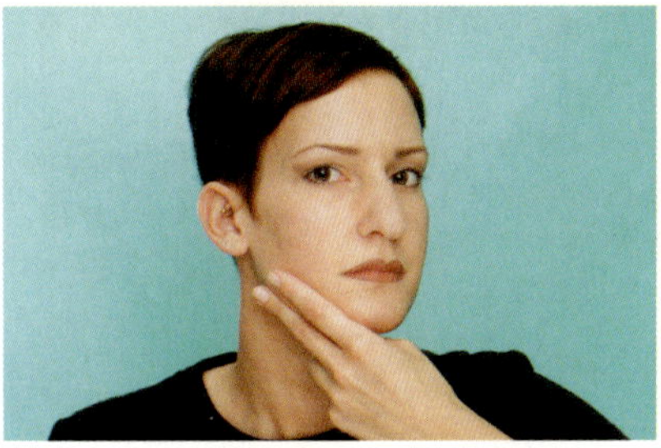

B Beispiele von Massagegriffen zur Faltenminderung der Gesichtshaut:

B1 Stirnfalte

Setzen Sie Daumen und Zeigefinger senkrecht zu den Stirnfalten und schieben Sie mit sanftem Druck die Haut zusammen. Führen Sie diese Übung im ganzen Verlauf der Stirnfalten durch.

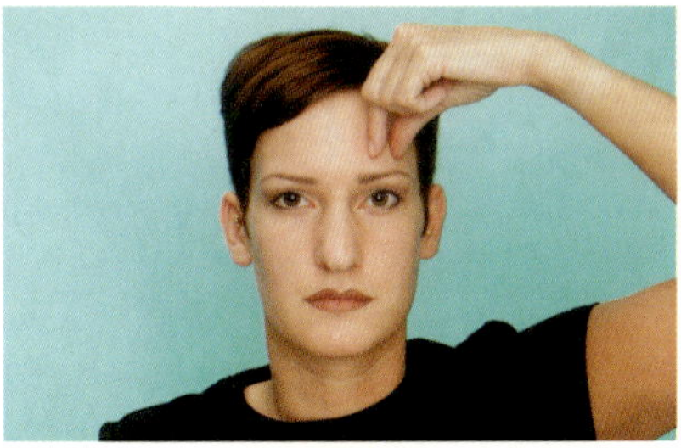

B2 Nasolabialfalte

Setzen Sie die Daumen und Zeigefinger beider Hände quer zur Nase an. Greifen Sie eine kleine Hautwulst an der Nasolabialfalte und drücken Sie diese leicht zusammen. Drehen Sie dann über dem Mundwinkel die Hände nach vorne, sodass Sie auch den Beginn der Falte behandeln können. Lassen Sie wieder los und setzen Sie die Finger etwas weiter unterhalb an.

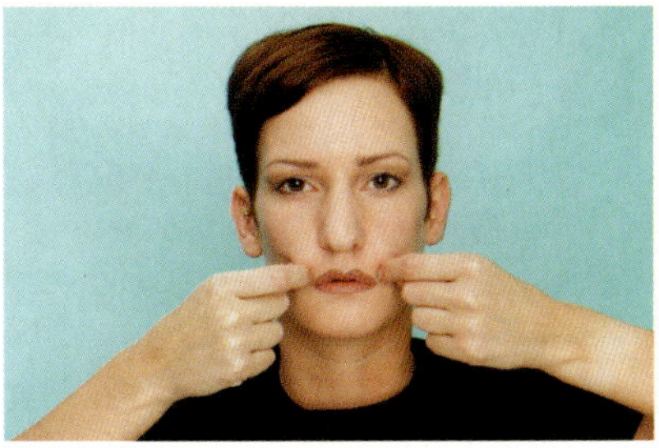

B3 Kinnfalte

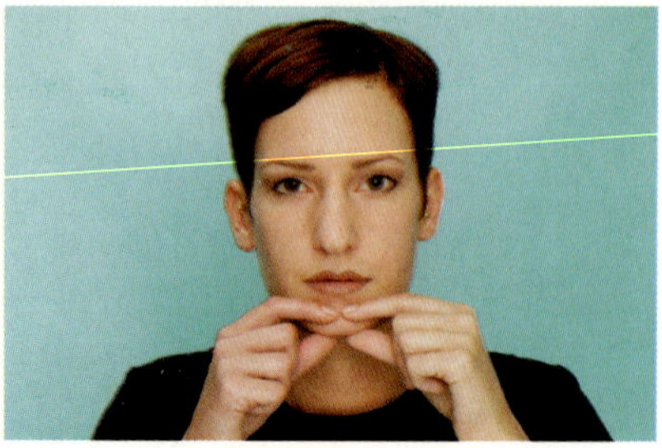

Setzen Sie Daumen und Zeigefinger beider Hände rechts und links am Kinnrand an, wobei die Zeigefinger oben liegen. Schieben Sie zwischen Daumen und Zeigefinger eine Hautwulst zusammen und lassen Sie wieder los. Führen Sie diesen Griff von der Kinnmitte bis zur Höhe der Mundwinkel aus.

B4 Halsfalten

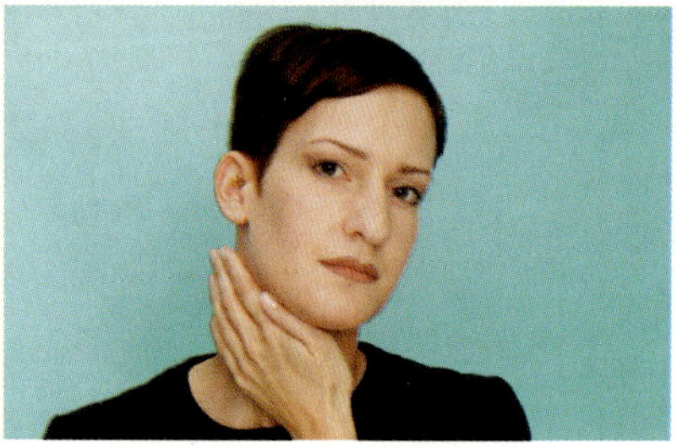

Streichen Sie kräftig von unten nach oben abwechselnd z. B. mit einer Halscreme mit den flachen Händen seitlich den Hals hinauf in Richtung Kinn, wobei die Fingerspitzen zum Ohr zeigen.

Führen Sie die Selbstmassage Ihrer Gesichtshaut genauso sorgfältig und fachgerecht durch, wie Sie es auch bei Ihren Kunden handhaben. Dann ist auch das Ergebnis positiv.

A Fragen Übungen Aufgaben

1. *Was verstehen Sie unter dem Begriff der Mimogymnastik und welche Funktion hat diese?*
2. *Trainieren Sie die Selbstmassage vor dem Spiegel, indem Sie sich aufrecht hin stellen und die einzelnen Griffe 3-5 mal wiederholen.*
   a) *Überlegen Sie, wann Sie während Ihres Arbeitstages Zeit haben könnten, eine Selbstmassage durchzuführen.*
   b) *Nach welchen von Ihnen durchgeführten Behandlungen kann das besonders sinnvoll sein?*
3. *Stellen Sie sich eine beruhigende Selbstmassage mit mindestens fünf Griffen aus Kapitel 4 zusammen.*
4. *Üben Sie unter Partnerkontrolle die Griffe A1 bis A4 zur Kräftigung der mimischen Muskulatur.*

5842176

Schützen und Pflegen der Haut

und geeignete Kosmetika (LF 7)

Der Vertrieb und die Herstellung von kosmetischen Mitteln unterliegt strengen gesetzlichen Vorschriften zum Schutz des Verbrauchers.

Die Abgrenzung zwischen Arzneimitteln und kosmetischen Mitteln muss von Ihnen verantwortungsbewusst eingehalten werden.

Die Einschätzung und die richtige Anwendung von Kosmetika sowie eine genaue Kenntnis über deren Wirkung auf die Haut ermöglichen Ihnen die kosmetische Behandlung mit dem Ziel, ein ästhetisch schönes, gepflegtes und gesundes Hautbild zu erreichen.

Unter Berücksichtigung der Systempflege und der manuellen und apparativen kosmetischen Intensivpflegebehandlungen kann dieses Ziel erreicht werden.

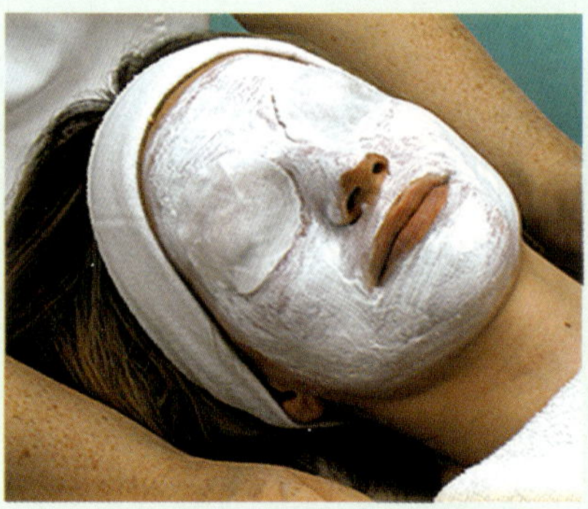

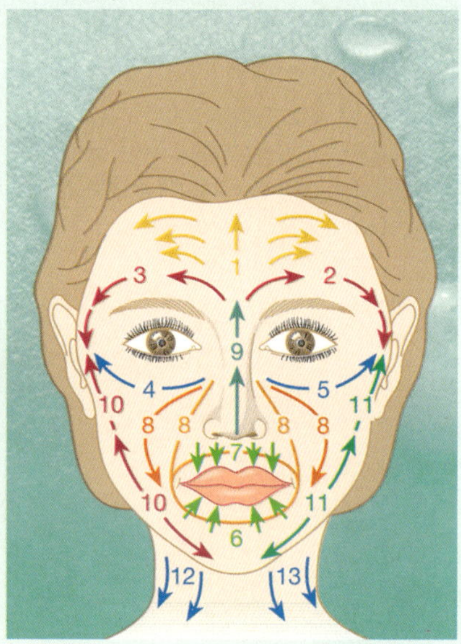

Schützen und Pflegen der Haut

1. *Kosmetische Mittel*
   Exkurse: Abgrenzung kosmetische Mittel und Arzneimittel
   Pflege und Hautschutz der Kosmetiker, vor allem ihrer Hände
2. *Kosmetische Basis- und Systempflege*
3. *Intensivpflegebehandlungen des Gesichtes*
4. *Systembehandlung der Akne im Institut*
5. *Abschlusspflege*

Anhang: Weitere kosmetische Mittel

1 Kosmetische Mittel

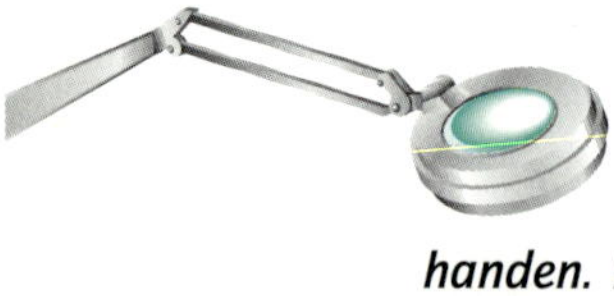

Katie hat gerade an ihre Kundin eine Tagescreme verkauft. Nun möchte die Kundin wissen, wie lange die Tagescreme haltbar ist. Katie weiß das; die Tagescreme muss mindestens 30 Monate haltbar sein, es sei denn, es wäre ein Mindesthaltbarkeitsdatum vorhanden. Katie schaut auf dem Tiegel nach. Da sind verschiedene Nummern aufgedruckt, aber kein Haltbarkeitsdatum. Nun möchte die Kundin auch noch wissen, welche Wirkstoffe in der Creme enthalten sind. Unter anderem steht auf dem Tiegel „Hippophae Rhamnoides".

Woher soll Katie nun wissen, was das für ein Stoff ist und was er bewirkt? Sie braucht dafür dringend ein Lexikon!

1.1 Was sind kosmetische Mittel?

Gesunderhaltung der Haut

Kosmetische Mittel sind alle Mittel der täglichen Gesichts- und Körperpflege und Körperhygiene. Sie dienen der Reinigung, der Pflege und dem Schutz der Haut und sind daher Mittel zur **Gesunderhaltung der Haut.**

- Reinigen (von Haut und Haar)
- Klären (pH-Wert wiederherstellen)
- Schützen (Sonnenschutz, Kälteschutz usw.)
- Vorbeugen (vor Austrocknung, Ekzemen usw.)

7

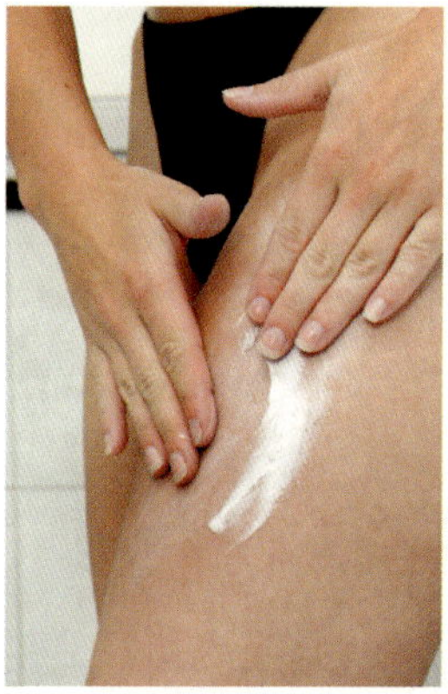

Abb. 1.1a und b: Beispiele zur Anwendung kosmetischer Mittel

Besonders die Gesichtshaut ist vielfältigen Umweltreizen ausgesetzt. Hinzu kommen endogene (innere) Faktoren, die das Gleichgewicht der Haut stören (z. B. durch Krankheiten, Stress, Hormone). Dadurch kann die Gesichtshaut empfindlicher und trockener werden, auch verstärkte Rötungen sind möglich.

Pflege der Haut

Daher sollen kosmetische Mittel zusätzlich

- reparieren/regenerieren (Faltenbehandlung, Narbenbehandlung usw.),
- eine gesteigerte Hautfunktion (z. B. verstärkte Talgproduktion) oder eine verminderte Hautfunktionen (z. B. verminderte Durchblutung) regulieren bzw. anregen,
- fehlende Hautinhaltsstoffe ersetzen.

Haut-Ästhetik

Außerdem können kosmetische Mittel dazu beitragen, das Hautbild im Sinne eines **ästhetisch schönen Aussehens** (z. B. gleichmäßiges Hautrelief, schöne Hautfarbe, klare Gesichtskonturen usw.) teilweise wiederherzustellen. Attraktivität und gutes Aussehen gelten auch als sichtbares Ergebnis von Körper- und Gesichtpflege. Der Verbraucher verwendet Kosmetika auch, um Sympathie auszustrahlen, attraktiv zu sein, das Selbstbewusstsein zu stärken (z. B. mit dekorativer Kosmetik) und das eigene Wohlbefinden zu steigern.

Auch das **Beduften** gehört zu den Mitteln, die das eigene Wohlbefinden steigern und gleichzeitig auch ein Kommunikationsmittel darstellen, um sich der Umwelt mitzuteilen.

Kosmetische Mittel können also auch:

- verändern (Haut[selbst]bräunung, Haarfärbungen, dekorative Kosmetik)
- beduften (Parfüm)

Welche Kosmetika verwenden Sie täglich?

Zu den kosmetischen Mitteln gehören daher:

A Sonnenkosmetika, Bräunungsmittel (in allen Formen, auch *After-sun*-Produkte)

B Haarkosmetika (Shampoo, Spülung, Haarkur, festigende Haarmittel usw.)

C Färbemittel und Bleichmittel (Haarfarben, Produkte zum Färben von Wimpern und Augenbrauen, Bleichmittel)

D Enthaarungsmittel (→ Band C, LF 11)

E Hautreinigungsmittel (Seifen und Syndets, Bademittel und Duschmittel

F Körperpflegemittel

G Deodorantien und Antitranspirantien

H Duftkosmetika (Parfüm, Duft- und Rasierwasser)

I Produkte der dekorativen Kosmetik (→ LF 12)

J Mund- und Zahnreinigungs- und pflegemittel (Mundwasser, Zahnpasta usw.)

Aus Gründen der Seitenzahlauslastung finden Sie hier nicht alle der gelisteten kosmetischen Mittel im Anhang an dieses Lernfeld beschrieben.

Kosmetische Mittel müssen absolut verträglich und hygienisch einwandfrei (d. h. frei von belastenden Keimen) sein. Bei kosmetischen Mitteln handelt es sich um Stoffe oder Stoffzubereitungen.

Gegenstände der Körperpflege, wie z.B. Massagebürsten, gehören nicht zu den kosmetischen Mitteln. Sie zählen zu den Bedarfsgegenständen.

1.2 Gesetzliche Vorschriften

Die Anforderungen für kosmetische Mittel sind in Deutschland genauso streng geregelt wie die für Lebensmittel.

Kosmetikprodukte fallen in Deutschland seit September 2005 unter das Lebensmittel-, Bedarfsgegenstände- und Futtermittelgesetzbuch (LFGB). In der Kosmetikverordnung (KVO) wird definiert, was Kosmetikprodukte sind und wie sie sich von Arzneimitteln und Lebensmitteln abgrenzen.

1.2.1 Das Lebensmittel-, Bedarfsgegenstände- und Futtermittelgesetzbuch (LFGB)

Das **LFGB** ist die rechtliche Grundlage für den umfassenden Schutz des Verbrauchers vor Gesundheitsschäden und Täuschung im Kontakt mit Lebensmitteln, Futtermitteln, kosmetischen Mitteln und Bedarfsgegenständen. Der Gesetzgeber geht davon aus, dass die beiden großen Bereiche der Kosmetik (Körperpflegemittel und Mittel der dekorativen Kosmetik) hinsichtlich des Schutzes der Gesundheit und dem Schutz vor Täuschung dem **LFGB** zu unterstellen sind. Dafür wurde der Begriff „Kosmetische Mittel" geprägt.

Der Grundsatz

Der **§ 2 des LFGB** definiert die grundlegenden Richtlinien für kosmetische Mittel:

Paragraf 2 Absatz 5
„Kosmetische Mittel sind Stoffe oder Zubereitungen aus Stoffen, die ausschließlich oder überwiegend dazu bestimmt sind, äußerlich am Körper des Menschen oder in seiner Mundhöhle zur Reinigung, zum Schutz, zur Erhaltung eines guten Zustandes, zur Parfümierung, zur Veränderung des Aussehens oder dazu angewendet zu werden, den Körpergeruch zu beeinflussen. (...)"

Prophylaxe

Im Sinne der Vorbeugung *(Prophylaxe)* lässt der Gesetzgeber kosmetische Mittel, wie z. B. Sonnenschutzmittel, welche die Haut vor Verbrennungen schützen, oder fluoridhaltige Zahnpasta zur Vorbeugung gegen Karies, zu.

Mittel zur Beeinflussung von Körperformen, z. B. Büstenmittel, sind keine kosmetischen Mittel, sondern zählen zu den Arzneimitteln. Der Grund für diese strikte Einordnung als Arzneimittel ist der tiefe Eingriff in die Körperfunktionen bei Mitteln mit körperformender Wirkung.

Der Gesundheitsschutz

Im Rahmen der Verwendung von kosmetischen Mitteln wird auch der Gesundheitsschutz im LFGB geregelt. Von den kosmetischen Mitteln selbst darf keinerlei Gefährdung der Gesundheit für den Menschen ausgehen.

Paragraf 26 LFGB verbietet:
1. kosmetische Mittel für andere derart herzustellen oder zu behandeln, dass sie bei bestimmungsgemäßem oder vorauszusehendem Gebrauch geeignet sind die Gesundheit zu schädigen.
2. Stoffe oder Zubereitungen aus Stoffen, die bei bestimmungsgemäßem oder vorauszusehendem Gebrauch geeignet sind die Gesundheit zu schädigen, als kosmetische Mittel in den Verkehr zu bringen.

Im Gesetzestext ist hier deutlich dargestellt, dass durch den bestimmungsgemäßen Gebrauch z. B. einer Zahnpasta keine Schäden an den Zähnen verursacht werden dürfen.

Auch der Gebrauch/die Anwendung des kosmetischen Mittels, z. B. die Aufnahme der Inhaltsstoffe durch die Mundschleimhaut während des Putzens, darf nicht zu gesundheitlichen Schäden führen.

Der Gesetzgeber geht davon aus, dass kosmetische Mittel ohne nähere Gebrauchsanleitung und ohne fachmännische oder ärztliche Kontrolle über viele Jahre hinweg unbedenklich angewandt werden können.

Der Schutz vor Täuschung

Zum Schutz des Verbrauchers vor Täuschung bei kosmetischen Mitteln hat der Gesetzgeber den **§ 27 des LFGB** eingeführt.

Der Hersteller darf weder in der Werbung noch beim Inverkehrbringen des kosmetischen Mittels von irreführenden Angaben, Bezeichnungen oder der Aufmachung Gebrauch machen.

Die Irreführung bezieht sich dabei auf:

- unrichtige oder umstrittene Behauptungen, die nicht ausreichend wissenschaftlich abgesichert sind. Alle Aussagen zu kosmetischen Mitteln sollen „belegbar" sein, z. B. darf ein kosmetisches Mittel nicht einfach als „hautverjüngend" beworben werden.
- Bezeichnungen, Aufmachung, Angaben oder Darstellung, die auf einen sicher zu erwartenden Erfolg hinweisen, wie z. B. die Aussage „in 10 Tagen 10 Jahre jünger aussehen".
- die Täuschung des Verbrauchers durch Verwendung von Bezeichnungen, Aufmachung und Angaben zum Hersteller (bezüglich seiner Person, seiner Vorbildung, seiner Erfolge), zum Erfinder oder für sie tätige Personen, wie z. B. „... Hersteller ist der bekannte Dermatologe Dr. Sowieso".
- die Täuschung des Verbrauchers durch Verwendung von Bezeichnungen, Aufmachung und Angaben zu Eigenschaften (z. B. Art und Zusammensetzung, Art der Herstellung) des kosmetischen Mittels, wie z. B. „reine Pflanzenkosmetik".
- die vorgesehene Verwendung, wenn das kosmetische Mittel dafür gar nicht geeignet ist, wie z. B. die Aussage „das Farbshampoo, das auch graue Haare abdeckt".

Der Paragraf 27 muss daher auch in Verbindung mit dem Gesetz **gegen den unlauteren Wettbewerb** gesehen werden (→ Band A, LF 9, Kapitel 8).

EXKURS: Abgrenzung kosmetische Mittel und Arzneimittel

Mit dem LFGB und dem AMG gibt es in Deutschland genaue rechtliche Regelungen und Gesetze, die für die Unterscheidung und Zuordnung von kosmetischen Mitteln und Arzneimitteln sorgen.

Die Abgrenzung erfolgt nach der Zweckbestimmung, welche der Sichtweise des Durchschnittsverbrauchers entspricht.

Es sind die Funktionen (Funktionsmerkmal), die für ein kosmetisches Mittel sprechen:

- die äußerliche Anwendung des Produktes im Gegensatz zu der für Arzneimittel typischen Form der Einnahme,
- die Zielsetzung der vorbeugenden Beeinflussung von Körperfunktionen (Reinigung, Pflege, Verbesserung des Aussehens) im Gegensatz zur Beseitigung störender körperlicher Veränderungen durch Arzneimittel,
- die für Kosmetika typischen Aufmachungen, Darreichungsformen und Verpackungen.

Das Arzneimittelgesetz (AMG)

Der Begriff eines Arzneimittels ist im § 2 AMG definiert:

Arzneimittel sind Stoffe und Zubereitungen aus Stoffen, die dazu bestimmt sind, durch Anwendung am oder im menschlichen oder tierischen Körper

1. Krankheiten, Leiden, Körperschäden oder krankhafte Beschwerden zu heilen, zu lindern, zu verhüten oder zu erkennen.
2. die Beschaffenheit, den Zustand oder die Funktionen des Körpers oder seelische Zustände erkennen zu lassen.
3. vom menschlichen oder tierischen Körper erzeugte Wirkstoffe oder Körperflüssigkeiten zu ersetzen.
4. Krankheitserreger, Parasiten oder körperfremde Stoffe abzuwehren, zu beseitigen oder unschädlich zu machen oder
5. die Beschaffenheit, den Zustand oder die Funktion des Körpers oder seelische Zustände zu beeinflussen.

Die Abgrenzung zum Arzneimittel stellt grundsätzlich sicher, dass verschreibungspflichtige Stoffe im Sinne des Arzneimittelgesetzes nicht zur Herstellung von kosmetischen Mitteln verwendet werden dürfen.

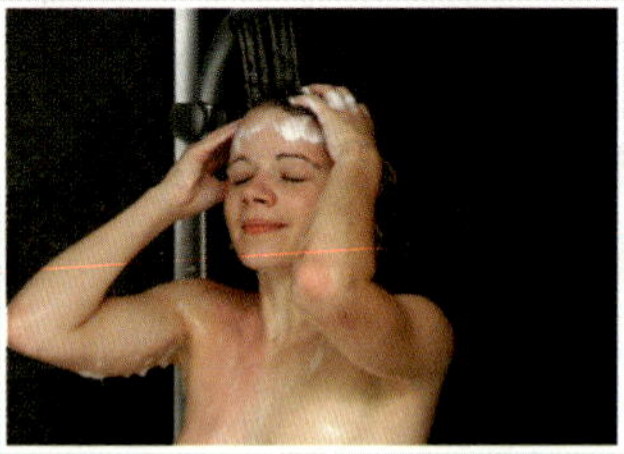

Beispiel 1

Zuordnung als kosmetisches Mittel

Ein Schuppenshampoo wird trotz seiner antimykotischen Inhaltsstoffe (*antimykotisch* = gegen Pilzerkrankungen) hauptsächlich zur Reinigung und Pflege des Haares verwendet und somit den kosmetischen Mitteln zugeordnet.

Beispiel 2

Zuordnung als Arzneimittel

Franzbranntwein ist aufgrund seiner Inhaltsstoffe als Mittel zur Beseitigung von Schmerzen bekannt und ist damit ein Arzneimittel, obwohl er auch zu erfrischenden Einreibungen des Körpers verwendet wird.

5842182

1.2.2 Die Europäische Richtlinie

Seit 1976 besteht eine EG-Kosmetikrichtlinie 76/768/EWG[1], um die unterschiedlichen und zum Teil gegensätzlichen Vorschriften zu kosmetischen Mitteln in den verschiedenen Mitgliedstaaten zu vereinheitlichen und damit zur Erleichterung und zum Funktionieren des gemeinsamen Marktes beizutragen.

Die EG-Kosmetikrichtlinie wird ständig überarbeitet und durch Änderungsrichtlinien erweitert bzw. geändert. – Zuletzt durch die 7. Änderungsrichtlinie 2003/15/EG vom Februar 2003. Sie wurde im März 2003 veröffentlicht.

Änderungsrichtlinien müssen dann in nationales Recht umgesetzt werden. Die rechtliche Gültigkeit bzw. das In-Kraft-Treten geschieht national mit der jeweiligen Veröffentlichung im Bundesgesetzblatt (BGBl).

Mehr Tierschutz und Gesundheitsschutz bei Kosmetika

Bonn, 14. März (bmvel) Am 11. März 2003 wurde die neue Richtlinie zur Änderung der Kosmetik-Richtlinie im Europäischen Amtsblatt veröffentlicht und tritt damit in Kraft. „Ich begrüße diese neue Richtlinie. Sie stärkt in den EU-Mitgliedstaaten den Schutz der Tiere bei der Prüfung kosmetischer Mittel. Sie verbessert außerdem die Vorschriften zum Verbraucherschutz bei kosmetischen Mitteln. Wir werden die Umsetzung der Richtlinie in deutsches Recht zügig voranbringen“, erklärte Bundesverbraucherministerin Renate Künast aus diesem Anlass in Berlin.

Die neue Richtlinie enthält Vorschriften, die dem vorbeugenden Schutz der Gesundheit von Verbraucherinnen und Verbrauchern dienen oder die dazu beitragen, die Informationen über die auf dem Markt angebotenen Kosmetika zu verbessern. (...)

(...) Mit der neuen Kosmetikrichtlinie wird in der Europäischen Union ein weiteres deutliches Zeichen gesetzt, dass dem Tierschutz ein hoher Stellenwert zukommt. In Deutschland gilt bereits ein generelles Verbot von Tierversuchen bei der Entwicklung kosmetischer Mittel. Dieses Verbot wird Deutschland bei Umsetzung der Richtlinie beibehalten, bis die Fristen in den oben genannten Übergangsvorschriften abgelaufen sind und das Gemeinschaftsrecht in gleicher Weise greift.

auszugsweise nach: www.verbraucherministerium.de, Informationen Nr. 11 vom 14. März 2003

Neben Vorschriften zum Gesundheitsschutz und der Kennzeichnung kosmetischer Fertigprodukte wird hauptsächlich die Inhaltstoffzulassung durch die EG-Richtlinie festgelegt. Sie besteht daher unter anderem auch aus Stofflisten.

Zum Schutz der Gesundheit des Verbrauchers finden sich Negativlisten und Positivlisten.

In den **Positivlisten sind erlaubte, oder mit Einschränkung zugelassene Stoffe,** Farbstoffe, Konservierungsstoffe, UV-Filter, Haarfarben und Antioxidantien aufgeführt. Diese Stoffe können bei unsachgemäßer Anwendung eine mögliche Gefährdung der Gesundheit bedeuten. Die **Negativlisten** benennen EU-weit verbotene Stoffe.

1 EWG = Europäische Wirtschaftsgemeinschaft, jetzt EG = Europäische Gemeinschaft; EU = Europäische Union

1.2.3 Die Kosmetikverordnung (KVO)

Die Kosmetikverordnung ist eine Umsetzung der EG-Kosmetikrichtlinie in nationales Recht.

Sie ist am 1. Januar 1978 in Kraft getreten und wurde immer wieder durch neue Ergänzungen erweitert (zuletzt im August 2007). Sie stellt eine Ergänzung zu den Bestimmungen des LFGB dar und muss immer in Zusammenhang mit diesem gesehen werden.

Letzte wichtige Änderung der Kosmetikverordnung (vom 15.10.2004)

Das Verbraucherministerium für Ernährung, Landwirtschaft und Verbraucherschutz (BMVEL) hat Vorschriften zur Umsetzung der vorgegebenen Änderungen der europäischen Richtlinie erlassen. Die Verordnung dient der Änderung der KVO und der Änderung von weiteren, lebensmittelrechtlichen Vorschriften (veröffentlicht im BGBl Teil 1 Nr. 54 vom 15.10.2004, S. 2580).

Umgesetzt wurden neben Ergänzungen zu verbotenen und eingeschränkt zugelassenen Stoffen, Farbstoffen, Konservierungsstoffen, UV-Filtern, Angaben zum Schutz der Gesundheit auch die folgenden:

§

Paragraf 3 c:

- Verbot des In Verkehr bringen von Kosmetischen Mitteln, deren Bestandteile und Kombinationen von Bestandteilen, wenn diese im Tierversuch getestet wurden. Diese dürfen nicht vertrieben werden, wenn es alternative, zugelassene Testmethoden gibt, unter Berücksichtigung der OECD-Bewertung für die entsprechenden Testmethoden (➜ Kapitel 1.2.7).
- Nach der Übergangszeit (diese endet am 11.03.2009) erfolgt ein Verkehrsverbot von kosmetischen Mitteln, deren Bestandteilen und Kombinationen von Bestandteilen, die im Tierversuch getestet wurden.
- Ausnahmen gelten nur bis zum 11.03.2013 für kosmetische Mittel, deren Toxizität in Tierversuchen getestet werden muss, bis eine zugelassene, alternative Methode besteht. (Ausnahmen müssen von der europäischen Kommission gewährt werden.)

§

Paragraf 5 mit Untergliederung:

- Der Hinweis auf tierversuchsfreie Kosmetika ist nach geänderter Neufassung des § 5 Abs. 4 der KVO (Etikettierung) durch den Hersteller zugelassen. Die Gestaltung dieses Hinweises liegt zurzeit noch nicht vor.
- Der Hersteller oder Vertreiber ist außerdem verpflichtet, alle Daten zu Tierversuchen bereit zu halten und den Zugang zu ermöglichen.
- Produkte, die länger als 30 Monate haltbar sind, müssen auf der Packung Angaben enthalten, wie lange das Produkt nach dem Öffnen noch haltbar ist (Symbol aus Anlage 8 a der KVO „geöffneter Cremetopf" mit den Monaten, Monaten und Jahren, oder in Jahren ➜ Haltbarkeitsdatum).
- Die in der KVO neu gelisteten Stoffe aus der Anlage 2 Teil A müssen als (unter bestimmten Vorraussetzungen) Allergie auslösend auf der Verpackung des kosmetischen Mittels gekennzeichnet werden (z. B. Riech- oder Aromastoffe sowie deren Ausgangsstoffe).
- Strenge Sicherheitsbewertung durch den Hersteller und Importeur von kosmetischen Mitteln zur Reinigung und Pflege des äußeren Intimbereichs und von Mitteln für Kinder unter drei Jahren.
- Der Hersteller oder Importeur muss dem Verbraucher Zugang zu Unterlagen gewähren, die Auskunft geben über das Vorkommen und den Gehalt von als gefährlich eingestuften Stoffen sowie unerwünschten Nebenwirkungen (fernmündlich, schriftlich, elektronisch).

In Deutschland gelten für kosmetische Inhaltsstoffe die Regeln aus LFGB und KVO. Zum Schutz der Gesundheit des Verbrauchers finden sich in der KVO ebenfalls Positivlisten und Negativlisten.

Verbotene Stoffe (Negativliste)

Die KVO enthält als Anlage 1 eine Liste von Stoffen, die zurzeit zur Herstellung von kosmetischen Mitteln nicht verwendet werden dürfen (z. B. Gifte). Spurenelemente der in der Liste genannten Stoffe können aus herstellungstechnischen Gründen (nur noch als technisch unvermeidbare und technologisch unwirksame Reste) zugelassen werden, wenn im Sinne des LFGB die menschliche Gesundheit nicht geschädigt wird.

Erlaubte oder mit Einschränkung zugelassene Stoffe (Positivliste)

Auch die erlaubten Stoffe müssen streng geregelt sein. Diese werden in verschiedenen Teilen der Anlage 2 aufgelistet.

Anlage 2 Teil A

Lfd. Nr.	Stoff	Anwendungsgebiet und/oder Verwendung	Zulässige Höchstkonzentration im kosmetischen Fertigerzeugnis	Weitere Einschränkungen und Anforderungen	Obligatorische Angabe der Anwendungsbedingungen und Warnhinweise auf der Etikettierung
a	b	c	d	e	f
1 a	Borsäure, Borate und Tetraborate	a) Puder b) Mittel für die Mundhygiene c) Zahnprothesen-Reinigungsmittel d) Andere Erzeugnisse (mit Ausnahme von Badezusätzen und Haarwellmitteln)	a) 5 % (m/m) berechnet als Borsäure b) 0,1 % (m/m) berechnet als Borsäure c) – d) 3 % (m/m) berechnet als Borsäure	a), b) und d) Nicht in Erzeugnissen für Kinder unter 3 Jahren verwenden a) und d) Wenn der Gehalt an freiem löslichen [illegible] 1,5 % [illegible]	a), b) und d) Nicht bei Kindern unter 3 Jahren anwenden a) und d) Nicht [illegible]
1 b	Tetraborate				

Abb. 1.2:
Liste der Stoffe, die in kosmetischen Mitteln nur unter Einhaltung der angegebenen Einschränkungen und sonstigen Bedingungen verwendet werden dürfen. Aus: Verordnung über kosmetische Mittel (KVO, Stand 2008)

Die Positivliste beinhaltet eine genaue Beschreibung des zugelassenen und überprüften Stoffes, seine chemischen Bezeichnung, seine zulässige Höchstkonzentration im Fertigprodukt, sein Anwendungsgebiet oder seine Verwendung.

Zusätzlich sind für den Stoff dann die erforderlichen weiteren Einschränkungen und Anforderungen aufgeführt. Warnhinweise zum Schutz des Verbrauchers müssen auf dem Etikett aufgedruckt werden (z. B. „Darf nicht in die Hände von Kindern gelangen", „Kontakt mit den Augen vermeiden" usw.).

Eine **spezielle, eingeschränkte Zulassung** von Stoffen (**→ Teil C der Anlage 2**) erfolgt immer dann, wenn es aus gesundheitsbedingten Gründen geboten scheint. Das Datum zeigt dann das Ende der eingeschränkten Zulassung an (z. B. den 31. Dezember 2007 für Oxidationshaarfärbemittel).

Anlage 2 Teil C

Lfd. Nr.	Stoff	Einschränkungen: Anwendungsgebiet und/oder Verwendung	Einschränkungen: Zulässige Höchstkonzentration im kosmetischen Fertigerzeugnis	Einschränkungen: Weitere Einschränkungen und Anforderungen	Obligatorische Angabe der Anwendungsbedingungen und Warnhinweise auf dem Etikett	Zulässig bis
a	b	c	d	e	f	g
1	Basic Blue 7 (CAS-Nr. 2390-60-5)	Nicht oxidierende Haarfärbemittel	0,2 %		Erzeugnis kann eine allergische Reaktion hervorrufen	31.12.2007
2	2-Amino-3-nitrophenol (CAS-Nr. 603-85-0) und seine Salze	a) Oxidationshaarfärbemittel b) Nicht oxidierende Haarfärbemittel	a) 3,0 % b) 3,0 %	in Verbindung mit Wasserstoffperoxid gilt eine Höchstkonzentration bei der Anwendung von 1,5 %	a) b) Erzeugnis kann eine allergische Reaktion hervorrufen	31.12.2007
3	4-Amino-3-nitrophenol (CAS-Nr. 610-81-1) und seine Salze	a) Oxidationshaarfärbemittel b) Nicht oxidierende Haarfärbemittel	a) 3,0 % b) 3,0 %	in Verbindu mit W		
4	2,7-Naphtha					

Abb. 1.3: Auszug aus: Verordnung über kosmetische Mittel (KVO, Stand 2008)

Die Regelung gilt auch für „zweckbezogene Einschränkungen" bzw. es sind dann die dafür zugelassenen Stoffe nur für bestimmte Verwendungs- und Anwendungsgebiete vorgesehen.

Es dürfen daher zum Zweck der Färbung nur die zugelassenen Farbstoffe, zur Konservierung nur die zugelassenen Konservierungsstoffe und zum Schutz der Haut vor Sonne nur die zugelassenen UV-Filter verwendet werden.

Farbstoffe für kosmetische Mittel (Anlage 3 KVO)

Die KVO lässt Farbstoffe zur Herstellung kosmetischer Mittel zu, die in der **Anlage 3 Teil A** aufgeführt sind. Dabei sind die angegebenen Anwendungsbereiche sowie Höchstmengen und Reinheitsanforderungen zu beachten. Die Regelung umfasst alle Farbstoffe zur Anfärbung des Fertigproduktes selbst und zur Farbgebung in dekorativer Kosmetik.

Diese Farbstoffe werden mit einer **Colour-Index-Nummer** (CI-Nummer) gekennzeichnet und teilweise mit Bezeichnungen entsprechend der EWG-Richtlinie von 1962 über Farbstoffe in Lebensmitteln belegt. Im Anhang der Farbstofflisten sind außerdem verschiedene mit Nummern gekennzeichnete Erklärungen, Einschränkungen der Zulassung sowie Untersuchungsmethoden aufgelistet.

Beispiele für Farbstoffe

Pigment Green	CI	10006	grün
Acid Green 1	CI	10020	grün

Färbemittel, die z. B. Keratin von Haut und Haaren anfärben können, unterliegen einer gesonderten Regelung und werden in → Anhang C zu diesem Lernfeld beschrieben.

Konservierungsstoffe (Anlage 6 KVO)

Es sind in dieser Anlage Stoffe zur Konservierung kosmetischer Mittel zugelassen. Der Gesetzgeber hat hier unter Abwägung der technisch erforderlichen und gesundheitlich duldbaren Höchstkonzentration die Zulassung erlaubt. Durch Konservierungsstoffe (in der Regel unter einem Prozent) sollen keine gesundheitlichen Beeinträchtigungen des Verbrauchers auftreten, aber ein haltbares und einwandfreies Produkt angewandt werden können.

UV-Filter (Anlage 7 KVO)

Es sind zurzeit Stoffe zugelassen, die als UV-Filter die Haut vor den schädlichen Strahlen der Sonne schützen sollen. Die Liste gibt Höchstmenge, Einschränkungen und Warnhinweise zu deren Verwendung an. Auch hier wird zwischen endgültig und vorläufig zugelassenen Stoffen unterschieden.

Diese werden überwiegend Sonnenschutzmitteln und ähnlichen Produkten (z. B. Tagescreme) hinzugefügt. Neue Einschränkungen, Höchstmengen und befristete Zulassung sind in der Änderung der KVO Stand 15.10.2004 geregelt.

Kennzeichnung (Anlage 5a KVO)

Zum Schutz des allergisch erkrankten Verbrauchers schreibt der Gesetzgeber weiterhin vor alle Stoffe auf der Verpackung anzugeben, die möglicherweise eine Allergie auslösen können (Hilfsstoffe → Kapitel 1.5.1).

Neben dieser den Allergiker schützenden Deklaration der Inhaltsstoffe und der Herstellerangabe muss jedes Produkt eine Codierung (*Chargen*nummer) aufweisen, die eine Identifizierung des jeweiligen Produktionsabschnittes erlaubt. Im Falle einer Gefahr für den Verbraucher, z. B. bei einer Fehlproduktion, kann die gesamte Produktion dieses kosmetischen Mittels sofort aus dem Handel gezogen werden (INCI-Deklaration → Kapitel 1.4, weitere Kennzeichnungsvorschriften für Sonnenschutzmittel → Anhang A).

Haltbarkeitsdatum (Anlage 5 (2a) KVO)

Ohne entsprechende Hinweise muss ein kosmetisches Produkt mindestens 30 Monate haltbar sein. Andernfalls ist der Hersteller verpflichtet ein Mindesthaltbarkeitsdatum auf der Verpackung anzubringen. Der Gesetzgeber versteht unter Mindesthaltbarkeitsdatum den Zeitraum, innerhalb dessen das kosmetische Mittel seinen Zweck erfüllt. Bei sachgerechter Aufbewahrung muss ein Sonnenschutzmittel also noch vor UV-Strahlen schützen und nicht nur die Haut pflegen.

Nach der neuen Ergänzung der KVO vom 15.10.2004 muss bei länger haltbaren kosmetischen Mitteln zusätzlich angegeben werden, wie lange diese nach dem Öffnen der Verpackung noch ohne Beeinträchtigung verwendet werden können.

Warum kann diese Ergänzung zum Schutz des Verbrauchers beitragen?

1.2.4 Ergänzende Vorschriften und freiwillige Vereinbarungen

Bei der Herstellung von kosmetischen Mitteln müssen zusätzliche Vorschriften aus anderen gesetzlichen Bereichen beachtet werden. Hier einige Beispiele:

A Das **Chemikaliengesetz** zum Schutz der Menschen und der Umwelt vor schädigenden Wirkungen gefährlicher Stoffe. Das Gesetz betrifft zwar nicht die kosmetischen Fertigprodukte, aber neue kosmetische Inhaltsstoffe, welche dann zunächst als Chemikalien angesehen werden. Sie sind auch so zur Zulassung anzumelden.

B Die **Gesetze und Vorschriften zur biologischen Abbaubarkeit** von Grenzflächen- und waschaktiven Substanzen aus dem **Waschmittelgesetz** treten in Kraft, z. B. bei Inhaltsstoffen in Shampoos und Duschgels.

C Als Zusatz zur **Kennzeichnungsvorschrift** sind dann auch die **Gesetze des Eichamtes** zum Schutz vor Täuschung des Verbrauchers und die **Fertigverpackungsordnung** geltend. Darin enthalten sind genaue Vorgaben zu Füllmengen, Mengenkennzeichnung und Packungsgestaltung. **Paragraf 5 des LFGB** regelt die äußere Gestaltung von Produkten (Form, Farbe, Geruch), damit sie nicht mit Lebensmitteln verwechselt werden können. Das dient dem Schutz des Verbrauchers (vor allem der Kinder) vor unsachgemäßem Gebrauch.

D Die **Druckbehälterverordnung** bei der Herstellung von Aerosolen (z. B. bei Deodorantien), das **Branntweinmonopol** bei der Verwendung von Alkoholen (z. B. Ethanol und Propanol als Lösungsmittel) und das **Tierschutzgesetz bei der gesundheitlichen Absicherung** von kosmetischen Mitteln.

7

1.2.5 Das Meldeverfahren kosmetischer Rahmenrezepturen

CTPA = *Cosmetic, Toiletry and Perfumery Trade Association*

Mit der 6. Änderungsrichtlinie der EG-Kosmetikrichtlinie (76/768/EWG → Kapitel 1.2.2) konnte EU-weit ein einheitliches Meldeverfahren kosmetischer Mittel an die Giftinformationszentralen eingeführt werden. Vergiftungen mit kosmetischen Mitteln kommen zwar nicht häufig vor, aber im Fall einer Vergiftung müssen zum Schutz des Verbrauchers die Daten kosmetischer Rezepturen schnell verfügbar sein.

Damit nicht jedes einzelne kosmetische Mittel mit seiner Vielzahl an Inhaltsstoffen gemeldet werden muss, hat man sich für so genannte Rahmenrezepturen entschieden.

Das **Konzept der Rahmenrezepturen** gründet auf einem System, das in Zusammenarbeit zwischen der britischen **CTPA** *(Cosmetic, Toiletry and Perfumery Trade Association)* und dem **Giftinformationszentrum** des Londoner *Guy Hospital* entwickelt wurde.

Dabei gibt die Rahmenrezeptur eine detaillierte Beschreibung der Typen von Inhaltsstoffen und ihre maximalen Gehalte in dem jeweiligen kosmetischen Mittel an.

5842188

Beispiel

Rahmenrezeptur Nr.: 1.12–2000

GESICHTSMASKE

INHALTSSTOFFE	Höchstwerte (Gewichts-%)
Wachse (z. B. Bienenwachs), Öle (mineralische und pflanzliche) und Fette	90
Viskositätsregler (z. B. BENTONITE, CARBOMER, Cellulose-Ether)	60
Feuchthaltemittel (z. B. GLYZERIN, PROPYLENE GLYCOL)	40
Füllstoffe (z. B. Stärke, Zinkoxid, KAOLIN)	30
Emulgatoren, Tenside (z. B. GLYCERYL STERATE, SODIUM LAURETH SULFATE)	25
Ethanol (ALCOHOL, ALCOHOL DENAT.)	20
Weitere Inhaltsstoffe (z. B. Pflanzenextrakte, UV-Filter, Antioxidanzien)	5
Hautpflegestoffe (z. B. ISOPROPYL MYRISTATE)	5
Konservierungsstoffe, antimikrobielle Stoffe	2
Parfümöle	1
Kosmetische Farbstoffe	1
Chelatbildner	0,5
Wasser	bis 100

Die Hersteller kosmetischer Mittel müssen seit November 2002 die Meldungen kosmetischer Rahmenrezepturen an das **Bundesamt für Verbraucherschutz und Lebensmittelsicherheit (BVL)** senden.

Bundesamt für Verbraucherschutz
und Lebensmittelsicherheit (BVL)
Dienststelle Berlin
Diedersdorfer Weg 1
12277 Berlin-Marienfelde

Zentralstelle für Vergiftungen beim
Bundesinstitut für Risikobewertung (BfR)
Thielallee 88 - 92
14195 Berlin
E-Mail: Kosmetik-Meldungen@bfr.bund.de
Tel. 069 25561330
Fax 069 250345

Das BVL leitet die Meldung an die für Deutschland genannte **Zentralstelle für Vergiftungen** weiter. Dort können alle deutschen Giftinformationszentralen ihnen noch fehlende Daten anfordern bzw. von dort erhalten. So kann dann letztlich im Falle einer Vergiftung mit kosmetischen Mitteln bei den jeweiligen Giftinformationszentralen die entsprechende Rahmenrezeptur erfragt werden.

Seit 1976 besteht eine freiwillige Vereinbarung der Körperpflegemittelindustrie (Industrieverband Körperpflege- und Waschmittel e. V. = IKW) zur Vorsorge. Alle am Markt befindlichen kosmetischen Mittel sind mithilfe eines Meldeverfahrens der Rahmenrezepturen an den Giftzentralen der Länder sofort abrufbar.

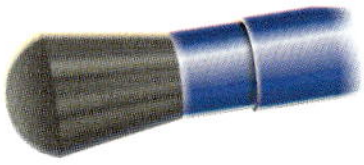

Das Meldeverfahren für Deutschland wurde vom IKW-Verband erarbeitet. Die Hersteller kosmetischer Mittel nutzen zur Meldung ihrer Rezepturen die vorgedruckten Meldeformulare des IKW oder eine extra dafür entwickelte *Software* (engl., Anwenderprogramm) für den Computer.

Der IKW stellt außerdem kostenlos Broschüren zu den Funktionen von kosmetischen Inhaltsstoffen zur Verfügung.

Die Liste der Giftinformationszentralen kann beim IKW angefordert werden.

Die Adresse des IKW lautet:

Industrieverband Körperpflege- und Waschmittel e. V. (IKW)
Karlsstraße 21
60329 Frankfurt am Main

Informieren Sie sich regelmäßig z. B. im Internet über neue Erweiterungen und Ergänzungen zur Kosmetikverordnung und EU-Richtlinie.

1.2.6 Weitere Vereinbarungen für die Herstellung

Galenik = nach dem Arzt Galen benannte Lehre der natürlichen (pflanzlichen) Arzneimittel und damit Teilgebiet der Pharmazie

Immer aktuellere und bessere Techniken zur Herstellung von Kosmetika und eine hoch entwickelte Galenik und neue chemische Wirkprinzipien ermöglichen immer neuere kosmetische Effekte:

Zahnpasten enthalten abrasive Putzkörper zur Entfernung von Zahnbelag, Sonnenpräparate ermöglichen Selbstbräunung zu jeder Zeit und Sonnenschutz vor Strahlung, zur Haargestaltung ist vieles möglich (Dauerwelle, Färben, Blondieren).

Diese Entwicklung hatte ihren Ursprung im Erfindergeist der letzten zwei bis drei Jahrhunderte und bietet heute den Vorteil, dass kosmetische Mittel im Gegensatz zu früher gesundheitlich unbedenklich sind, geschützt von einer Vielzahl an Gesetzen.

Umweltschonende Herstellungspraktiken, der verantwortungsbewusste Umgang mit Ressourcen und Rohstoffen aus der Natur und ökologisch-sozial verträgliche Arbeitsabläufe und Entlohnung spielen auch bei der Herstellung von Kosmetika mittlerweile eine große Rolle.

Good Manufactoring Practice

Auf internationaler Ebene wurden Richtlinien für die Herstellung von Arzneimitteln festgelegt. Diese Richtlinien werden als **„Gute Herstellungspraxis für Arzneimittel"** oder englisch ***Good Manufactoring Practice*** **(GMP)** bezeichnet und finden auch Anwendung für die Herstellung von kosmetischen Mitteln. Sie geben Grundsätze zur hygienischen Herstellungspraxis in der Körperpflegemittel-Industrie an. Eingeschlossen sind Empfehlungen zu Personalhygiene, Desinfektion, Konservierung, Rohstoffüberprüfung, Endproduktüberprüfung, Verpakkung, Produktionsanlagen und Produktionskontrollen der verwendeten Rohstoffe (*organoleptisch* = Geruch, Farbe Geschmack, physikalisch – chemisch) und der Endprodukte (zusätzlich mikrobiologisch).

Eigene, gesetzlich festgelegte Regeln zu Kosmetik GMP sind bis jetzt nur z. T. in der KVO enthalten (vgl. § 5 b „Bereithaltung von und Zugang zu Unterlagen" und § 5 c „Gute Herstellungspraxis und Sachkenntnis"). Beim IKW kann die Broschüre „Kosmetik GMP - Leitlinien zur Herstellung kosmetischer Mittel" mit weiteren Empfehlungen zu gesetzlichen Vorgaben kostenlos angefordert werden.

Good Laboratory Practice

Zusätzlich werden Richtlinien aus der **„Guten Laborpraxis"** oder englisch ***Good Laboratory Practice*** **(GLP)** zur Laboruntersuchung von bei der Herstellung verwendeten chemischen Substanzen auf ihre Eigenschaften und/oder Unbedenklichkeit angewandt.

Alle diese Maßnahmen sichern die qualitativ hochwertige Produktion und die hygienisch als einwandfrei zu bezeichnende Zusammensetzung von kosmetischen Mitteln.

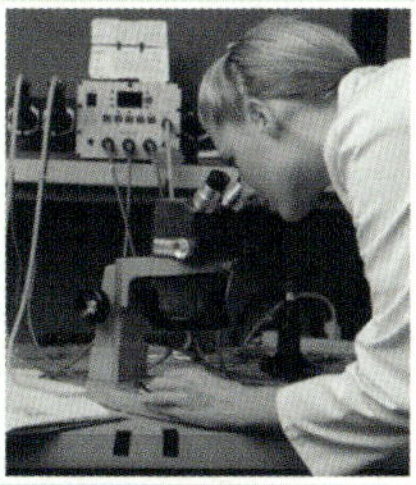

Entwicklung:
Bevor eine Creme oder ein anderes Kosmetikprodukt auf den Markt kommt, wird es vielfach getestet. Stabilitätskontrollen unter Extrembedingungen, bakteriologische Untersuchungen sowie praktische Anwendungstests.

Wirkstoffe:
Beste Qualitäten der Rohstoffe und sorgfältig komponierte Rezepturen zeichnen die Produkte aus.

Produktion:
Hat ein Produkt alle Tests bestanden, folgt die Herstellung unter strengen Hygienebedingungen und laufenden Qualitätskontrollen jeder einzelnen Charge.

Abb. 1.4:
Quelle: être belle beauty system 2004

1.2.7 Tests zu Verträglichkeit und Wirksamkeit

Zur Absicherung möglicher Schadwirkungen müssen Substanzen wissenschaftlich getestet werden. Nur so können indirekte und direkte schädliche Wirkungen einer Substanz und damit verbundene gesundheitliche Risiken für den Verbraucher in der Anwendung aufgezeigt werden.

Das bedeutet:

- Verträglichkeitsprüfungen müssen unter anderem bei Stoffen erfolgen, die zur Herstellung von kosmetischen Mitteln dienen.
- Neue kosmetische Rohstoffe müssen zur Abwendung gesundheitlicher Gefahren geprüft werden.

Verträglichkeitstests

Art und Umfang der Verträglichkeitsprüfungen (toxikologischen Untersuchungen) ergeben sich aus der europäischen Richtlinie (EU-Direktive) und deren Umsetzung in nationales Recht, z. B. in der Kosmetikverordnung (KVO).

Die zur Prüfung erforderlichen Methoden richten sich nach den wissenschaftlich anerkannten Richtlinien der OECD. Die entsprechenden Anforderungen können z. B. im Internet unter den Adressen www.eudra.org bzw. www.oecd.org nachgelesen werden.

griech. *tox* = Wortbildungselement mit der Bedeutung von Gift/Vergiftung, z. B. Toxikologie = Lehre von den Wirkungen der Gifte

Die ***Toxikologie*** befasst sich mit der Erforschung von Giften und Vergiftungen. Giftwirkungen können schwere gesundheitliche oder tödliche Folgen für den menschlichen (oder tierischen) Körper haben. Deshalb müssen auch kosmetische Inhaltsstoffe toxikologische Prüfungen durchlaufen.

Die Giftigkeit eines Stoffes wird in **LD** angegeben. Das ist die Menge des Stoffes pro Kilogramm eines Tieres, die bei mindestens der Hälfte der Versuchstiere den Tod verursacht hat **(LD-50-Wert).** Versuchstiere sind hauptsächlich Ratten und Mäuse.

LD = letale, tödliche Dosis

Ein **giftiger Stoff** kann über den **Mund** (bis zum Magen) oder durch **Einatmen** oder über die **Haut und Schleimhaut** aufgenommen werden. Er wird dann über das Blut zu den Organen transportiert. Daher gibt es zwei „Stufen":

kanzerogen = Krebs erregend

mutagen = erbgutverändernd

teratogen = den Embryo, die „Leibfrucht" schädigend

- Prüfung auf **akute Toxizität:** Stoffe werden nur einmalig appliziert (z. B. oral, dermal), um die toxische Reaktion zu testen. Dieser Test wird definitiv für kosmetische Inhaltsstoffe benötigt!
- Prüfungen auf **subakute, subchronische und chronische Toxizität** stellen Ergebnisse durch wiederholte perorale Applikation dar. Kurzzeittests (28 Tage/90 Tage = subakut/subchronisch) und Langzeittests (> 6 Monate, chronisch) lassen mögliche systemisch-toxische Wirkung (auf Organe) einer Substanz nachweisen.

Weitere Prüfungen werden zur Feststellung von Kanzerogenität, Mutagenität und auf Embryotoxizität durchgeführt (C/M/R-Tests).

Nach der neuen Kosmetik-Richtlinie 2003/15/EG (umgesetzt in der Änderung zur KVO vom 15.10.2004) ist die Verwendung von Stoffen, die nach chemikalienrechtlichen Bestimmungen als Krebs erzeugend, erbgutverändernd oder fortpflanzungsgefährdend (C/M/R) eingestuft sind, in kosmetischen Mitteln verboten. Stoffe der Kategorie 3 dürfen unter der Voraussetzung einer günstigen Risikobewertung durch den zuständigen **wissenschaftlichen Ausschuss der EU** (SCCP) als Bestandteile von kosmetischen Mitteln zugelassen werden.

Bei den Prüfungen wird zwischen Untersuchungen des Inhaltsstoffes und des Fertigproduktes unterschieden.

Vorgeschriebene toxikologische Prüfungen (EU und OECD)

Einmalige Applikationen (Kurzzeittests)

Akute Toxizität, dermal und oral

1 Augenreizung
2 Hautreizung
3 Ätzwirkung an Haut und Schleimhaut
4 Sensibilisierung und Fotosensibilisierung
5 Fototoxizität
6 Hautpenetration (*Penetration* = Durchdringung)

(→ Diese Tests finden Sie im Infokasten der nächsten Seite genauer erklärt.)

Mehrfache Applikationen (Langzeittests)

- **subakute Toxizität**
- **subchronische Toxizität**
- **chronische Toxizität**

Spezielle und organspezifische Tests

- **Kanzerogenität**
- **Mutagenität**
- **Embryotoxizität**

Wenn es eine systemische Wirkung gibt, d. h. der Stoff die Haut durchdringt und resorbiert (vom Körper aufgenommen) wird, oder sich bei anderen Tests Verdachtsmomente für unerwünschte Wirkungen ergaben, schließen sich weitere Prüfungen an (diese werden in der Regel aber nur für ein Arzneimittel angeordnet und durchgeführt):

Spezielle und organspezifische Tests

- **Nierenschädigungen**
- **Leberschädigungen**
- **Nervenschädigungen**
- **Hirnschädigungen**
- **Immunschädigungen**

Info

1 Augenreizung

Hier wird der so genannte „Draize-Test" am Auge z. B. eines Kaninchens durchgeführt. Dabei wird in einer verdünnten Lösung der zu prüfende Stoff in die Schleimhaut des Auges eines Kaninchens geträufelt und die darauf erfolgenden Reaktionen beobachtet.

Er wird eingesetzt zur Prüfung von Stoffen auf

- Unbedenklichkeit (am Auge),
- auf geringe und auf stark augenreizende Eigenschaften.

Zusätzlich werden im „Draize-Test" Reaktionen an verschiedenen Organteilen des Auges (Bindehaut, Hornhaut und Linse) bewertet. Dieser Test sollte bis Ende 2006 abgeschafft werden. In Europa wurden bereits eine große Anzahl von Alternativmethoden (z. B. HET-CAM-Test, ICE-Test) zum Ersatz des Draize-Tests entwickelt und validiert. Diese können bis auf weiteres den Tierversuch aber nicht vollständig ersetzen.

2 Hautreizung

Hier werden Stoffproben auf die ungeschützte Haut aufgebracht. Die Reaktion der Haut wird nach bestimmten Zeiträumen überprüft. Die Hautverträglichkeit wird in Deutschland an Tieren durchgeführt, da Prüfungen am Menschen bisher als ethisch nicht vertretbar abgelehnt wurden. In anderen EU-Ländern wird diese Prüfung auch am Menschen bzw. tierversuchsfrei vorgenommen. Seit dem Jahr 2003 wird eine internationale Studie zur Erforschung von Alternativmethoden an menschlichen Hautzellen durchgeführt. Alle wichtigen Kosmetikhersteller sind an dieser Studie beteiligt. Seit 27.04.2007 sind Alternativmethoden von der ECVAM (Europäisches Zentrum zur Validierung alternativer Methoden) freigegeben und ersetzen den Tierversuch.

3 Ätzwirkung an Haut und Schleimhaut

Seit 2002 hat die Expertenkommission der OECD eine spezielle Methode zur Prüfung auf Ätzwirkung mit menschlichen Hautmodellen für die weltweite Anwendung akzeptiert.

Unter der Leitung des deutschen Validierungszentrums ZEBET (Zentralstelle zur Erfassung und Bewertung von Ersatz- und Ergänzungmethoden zum Tierversuch) wurde die in-vitro-Methode mit dem Hautmodell EpiDerm (TM) entwickelt und ersetzt den Tierversuch.

4a Sensibilisierung

Die sensibilisierende bzw. allergisierende Wirkung ist die häufigste unerwünschte Eigenschaft chemischer Stoffe. Sensibilisiernde Eigenschaften bei Stoffen, die in Kosmetika enthalten sind, sind nicht akzeptabel.

Auf die sicherheitstoxikologische Prüfung zur Sensibilisierung durch Kosmetika kann deshalb nicht verzichtet werden. Bisher wurde dieser Test an Meerschweinchen durchgeführt, indem die zu testende Substanz zur Reaktionsverstärkung in die Haut gespritzt wurde. An der immunologischen Reaktion der geschädigten Haut des Meerschweinchens wurde die Reaktion geprüft.

Seit 2001 akzeptieren die EU-Mitgliedstaaten, die USA und alle OECD-Mitgliedstaaten den weniger belastenden LLNA-Test (engl. *local lymphnode assay*), der am Ohr-Lymphknoten von Mäusen durchgeführt wird. Der LLNA ist kein reiner in-vitro-Test, sondern ein „ex-vivo-Test".

4b Fotosensibilisierung

Diese wird durchgeführt, um zu testen, ob ein Stoff auf der Haut unter Einwirkung von Sonnenlicht allergische Reaktionen hervorruft. Der Test wurde bisher am Meerschweinchen durchgeführt. Die EU und OECD haben eine Ersatzmethode zugelassen (TG432) die den Tierversuch ersetzt.

5 Fototoxizität

Die Fototoxizitätsprüfung oder fotoallergische Prüfung wird durchgeführt, um zu testen, ob ein Stoff, der auf der Haut verbleibt, unter der Einwirkung von Sonnenlicht toxische Reaktionen hervorruft. Tests zu dieser Untersuchung dürfen nicht mehr mit Tierversuchen durchgeführt werden. Im Jahr 2000 hat die EU-Kommission den in-vitro-Toxizitätstest mit der Nummer 3T3 NRU PT, der an der Fibroblastenzelllinie der Maus durchgeführt wird, als einzigen Fototoxizitätstest in den Anhang V der Gefahrenstoffverordnung aufgenommen. Ab 2002 hat eine Expertenkommission der OECD den Test als offizielle weltweite Prüfmethode zur Fototoxizitätsprüfung akzeptiert.

Der Test ist der erste in-vitro-Toxizitätstest, der nach erfolgreicher experimenteller Validierung weltweit für behördliche Zwecke akzeptiert wird.

6 Kutane Resorption (Hautpenetration)

Das resorptive Verhalten kosmetischer Inhaltsstoffe, die mit Schleimhaut oder Haut in Berührung kommen, muss getestet werden.

Die EU-Expertenkommission für Kosmetika (SCCP) hat grundsätzlich entschieden, dass kosmetische Inhaltsstoffe toxikologisch nicht auf systemische Wirkung geprüft werden müssen, wenn sie nicht durch die Haut aufgenommen werden (→ „Vorgeschriebene toxikologische Prüfungen").

Im Juni 2001 hatte die OECD die Prüfung auf Hautpenetration mit menschlicher Haut, die aus Operationsmaterial stammt, als einen der ersten weltweit gültigen in-vitro-Toxizitätstests zur Anerkennung empfohlen.

Informieren Sie sich regelmäßig über die Erweiterungen der Gesetze, die kosmetische Mittel betreffen (z.B. im Internet), sodass Sie für sich und Ihre Kunden immer auf dem Laufenden sind, was Inhaltsstoffe, Schutz vor Versuchstieren, neue zugelassene Testmethoden usw. angeht.

in vitro = im Labor, Reagenzglas

in vivo = im lebenden Organismus (Tier)

ex vivo = getestet am lebenden Tier, danach Organentnahme

Schritt für Schritt weg vom Tierversuch

Das **Tierschutzgesetz** von 1986 schränkte Tierversuche bereits für Tests von kosmetischen Mitteln ein. Diese werden nur noch dann durchgeführt, wenn es unbedingt für die Unbedenklichkeit eines Stoffes für den Menschen notwendig ist. Die Aufnahme des Tierschutzes ins Grundgesetz erfolgte am 21. Juni 2002.

Weitere Forderungen zur **Vermeidung** von **Tierversuchen** sind in der EG-Richtlinie 86/609/EWG zum Umgang mit Versuchstieren (basierend auf dem Deutschen Tierschutzgesetz) dargestellt. Nach **Artikel 7.2** darf *„ein Tierversuch nicht durchgeführt werden, wenn eine wissenschaftlich fundierte, tierversuchsfreie Methode zur Verfügung steht, die in der Praxis erprobt ist".* (Zitat aus einem Vortrag von Dr. Horst Spielmann, 2005)

In Deutschland besteht bereits seit 1989 eine Zentralstelle zur Erfassung und Bewertung von Ersatz- bzw. Ergänzungsmethoden zum Tierversuch (ZEBET).

Kosmetische Fertigprodukte dürfen deshalb seit der *Novellierung* (Änderung eines Gesetzes oder dessen Ergänzung) des Tierschutzgesetzes im Jahre 1987 in Deutschland nicht mehr im Tierversuch getestet werden.

Diese gesetzliche Vorgabe wird aufgrund einer freiwilligen Selbstverpflichtung der Kosmetikindustrie (seit 2000) in allen EU-Mitgliedsstaaten eingehalten. Das gilt vor allem auch für Waschmittel und dekorative Kosmetik.

Tierversuche für Kosmetika werden in der EU nun stufenweise abgeschafft. Mit der in Kraft getretenen 7. Änderung der EG-Kosmetikrichtlinie soll es nach und nach zu einem Vermarktungsverbot für Kosmetika kommen, deren Inhaltsstoffe in Tierversuchen geprüft wurden.

Es existiert ein so genannter Fahrplan:

Seit 2003: Tierversuchsfreie Prüfung von Fertigprodukten und Inhaltsstoffen auf Penetration durch die Haut (**6**), auf Haut- und Schleimhaut ätzende (**3**) und auf fototoxische Eigenschaften (**5**).

▼

Seit 2007: Verzicht auf Tierversuche zur Prüfung auf hautreizende (**2**) und fotosensibilisierende (**4b**) Wirkungen.

▼

Bis 2013: Durchführung weiterer Entwicklungsstudien zu alternativen Testmethoden auf augenreizende (**1**) und sensibilisierende (**4a**) Wirkung, tierversuchsfreie Prüfungen auf embryotoxische Wirkungen.

Die Genehmigung für Tierversuche wird nur dann erteilt, wenn wissenschaftlich oder ethisch die Notwendigkeit begründet ist und nur wenn der verfolgte Zweck des Ergebnisses nicht durch andere Testverfahren erreicht werden kann.

Bei dem Deutschen Tierschutzbund kann eine so genannte Kosmetik-Positivliste angefordert werden. Die dort aufgeführten Kosmetikhersteller und Geschäfte erfüllen die **Richtlinien** des Deutschen Tierschutzbundes für **heute** tierversuchsfreie Kosmetika. Die Positivliste kann als Broschüre unter der Internetadresse bg@tierschutz.de angefordert werden oder bei folgender Adresse:

Deutscher Tierschutzbund e. V.
Baumschulallee 15
53115 Bonn

Die Hersteller kosmetischer Mittel dieser Positivliste können ihre kosmetischen Mittel mit dem rechtlich geschützten Warenzeichen „Kaninchen unter der schützenden Hand" kennzeichnen.

Wirksamkeitstests

Der Nachweis bzw. der Begriff der **Wirksamkeit** eines **Wirkstoffes** in kosmetischen Mitteln ist durch den **§ 27 LFGB** geschützt.

Auszug:
„Eine Irreführung liegt insbesondere dann vor, wenn einem kosmetischen Mittel Wirkungen beigelegt werden, die ihm nach den Erkenntnissen der Wissenschaft nicht zukommen oder die wissenschaftlich nicht hinreichend gesichert sind, ... "

Das bedeutet, dass beworbene Wirkungen in kosmetischen Mitteln nachgewiesen sein müssen. Das gilt nicht nur für den Wirkstoff allein, sondern auch für das Fertigprodukt.

Eine **Wirkung** (engl. *effect*) ist das Hervorrufen eines objektiv feststellbaren und/oder subjektiv erlebbaren veränderten Zustands. Wirkung ist auch eine Veränderung in einem biologischen System, das durch einen Reiz hervorgerufen wird. Wirkungen sind also auch messbare, fühlbare oder sonstige, erkennbare Reaktionen.

effect

Die **Wirksamkeit** eines kosmetischen Mittels ist nur bedingt wissenschaftlich nachweisbar. Tests zur Messung der Wirksamkeit sind dann z. B. die Evaporimetrie (Messung des transepidermalen Wasserverlustes, TEWL → LF 2, Kapitel 2), der Elastizitäts-Test (zur Messung der Hautelastizität), die Korneometrie (Test zur Messung der Hautfeuchtigkeit) die Replika-Methode (zur Messung der Hautglätte und Hautrauigkeit) usw.

Schwieriger zu belegen ist das subjektive Erlebnis des Verbrauchers bei Anwendung eines kosmetischen Mittels, z. B.

- die Weichheit und Geschmeidigkeit der Haut nach dem Auftragen einer Creme;
- ein erfrischendes Gefühl nach der Anwendung eines Sportduschgels.

Mithilfe von Untersuchungen mit Fragebögen lassen sich objektivere Ergebnisse ermitteln.

Die gesetzlichen Vorschriften zu Herstellung und Vertrieb kosmetischer Mittel bieten dem Verbraucher ein hohes Maß an Sicherheit vor gesundheitlichen Schäden. Vor der Herstellung und Produktion sowie der Zulassung von Inhaltsstoffen stehen daher zur Sicherheit des Verbrauchers eine Menge Prüfungen.

Bei sachgemäßer Anwendung eines kosmetischen Mittels darf es zu keinerlei unerwünschten Wirkungen kommen.

Ein Kosmetikum hat keine heilenden Wirkungen, daher werden unerwünschte Wirkungen vom Verbraucher nur schlecht toleriert.

Sollte es bei Ihrer Kundin zu einer unerwünschten Wirkung kommen, kann sie gezielt beim Hersteller des Kosmetikproduktes nachfragen. Bekannte **unerwünschte Wirkungen** werden in so genannten *Dossiers* (Produktdokumentationen des Herstellers) gesammelt.

Dossiers

1.3 Konservierung und Verderb

Kosmetische Mittel enthalten zugelassene **Konservierungsstoffe** (KVO, Anlage 6), die ein Verderben des kosmetischen Produkts verhindern sollen.

Können Sie sich eine Reaktion der Gesichtshaut auf eine „verdorbene" Creme vorstellen? Wie verderben Kosmetika?

kontaminiert

Konservierungsstoffe sind Stoffe in der Kosmetik, die ein unerwünschtes Wachstum von Mikroben in und auf kosmetischen Mitteln verhindern und damit deren Haltbarkeit verlängern. Die Wirkung der Konservierungsstoffe beruht auf der Hemmung von lebensnotwendigen Stoffwechselvorgängen bei Bakterien, Hefe- oder Schimmelpilzen. Die Anwendung der Konservierungsstoffe ist notwendig, da *kontaminierte* (verunreinigte) kosmetische Mittel auf der Haut Infektionen und Unverträglichkeitsreaktionen hervorrufen.

Nur wenige Konservierungsstoffe sind toxikologisch als unbedenklich einzustufen, da sich die abtötende Wirkung nicht nur auf die Mikroorganismen bezieht, sondern auch auf andere Zellen.

Kontamination = Verseuchung durch Kontakt mit verunreinigenden Keimen

Daher muss ein ausgewogenes Verhältnis zwischen der gerade noch wirksamen Einsatzmenge des Konservierungsstoffes und der Vermeidung von möglichen Zellschädigungen gefunden werden.

Jede kosmetische Rezeptur benötigt eine individuelle „Konservierung", schon bei den geringsten Schwankungen der Zusammensetzung ist die Haltbarkeit sonst nicht mehr gewährleistet. Die Zulassung der Konservierungsstoffe ist gesetzlich geregelt (→ Kapitel 1.2.3).

Woran erkennen Sie ein verunreinigtes kosmetisches Produkt?

Konservierungsstoffe in kosmetischen Mitteln sorgen für eine lange Haltbarkeit des Produktes.

Mikrobiologischer Verderb von kosmetischen Mitteln

Der Verderb von kosmetischen Mitteln kann durch verschiedene Kontaminationsarten geschehen.

A Kontamination bei der Gewinnung oder Aufbereitung der Rohstoffe und/oder durch Verpackungsmaterialien

Zum Beispiel kann der Rohstoff beim Durchlaufen der Aufbereitungssysteme verunreinigt werden und entsprechende Mikroorganismen enthalten. Bakteriensporen sind daher die wichtigsten Kontaminationsquellen bei Rohstoffen. Beim Verpacken muss bei Papier und Pappe auf Schimmelpilzbefall geachtet werden.

B Kontamination während des Produktionsvorgangs

Wenn z. B. die Abfüllanlagen nicht gründlich nach jedem Produktionsgang entleert, vollständig gereinigt und desinfiziert werden, kann es zur Kontamination der folgenden Produktion(en) in den Anlagen kommen. Als potenzielle Kontaminationsquellen gelten auch Klimaanlagen mit mangelnder Wartung oder keimhaltige Transportanlagen. Beide können Verunreinigungen in die Produktionskette tragen. Auch das an der Produktion beteiligte Personal muss entsprechende hygienische Vorkehrungen treffen und sich nach den vorgegebenen Hygieneplänen richten.

C Kontamination durch den täglichen Gebrauch des kosmetischen Mittels

Direkt durch jeden Kontakt des Präparates mit der Luft – in eine offene Cremedose gelangen in der Luft befindliche Keime, Sporen und Staub, die alle zu einer Verunreinigung führen.
Dazu kommen Kontaminationen, die über die Haut, vor allem die Hände des Verbrauchers, in das Präparat hineingetragen werden, z. B., wenn mit den Fingern die Creme aus der Dose entnommen wird.
Über ungereinigte Gegenstände zum Gebrauch eines kosmetischen Mittels kann es ebenfalls zu Verunreinigungen des Präparates kommen. Dies geschieht z. B., wenn die Zahnbürste in die Öffnung der Zahnpastatube gedrückt wird oder Creme mit einem ungereinigten Spatel aus dem Tiegel entnommen wird.
Wird ein kosmetisches Mittel von mehreren Verbrauchern gemeinsam benutzt, besteht die Gefahr der Keimübertragung von einer Person auf die andere.
Für Kontaminationen besonders empfänglich sind deshalb alle Arten an Dosen oder Tiegeln wegen größerer Produktfläche/Kontaktfläche und längerer Gebrauchsdauer. Etwas weniger kontaminationsgefährdet sind Flaschen und Tuben wegen ihrer kleinen Austrittsöffnung (außer bei o. g. Anwendung, z. B. der Zahnpasta).
Bei unkonservierten kosmetischen Produkten kann es zu einem schnelleren Verderb kommen, als das Mindesthaltbarkeitsdatum aussagt. Achten Sie deshalb besonders auf den hygienischen Gebrauch des Produktes.

Je nach **Art der Verunreinigung** kommt es zu physikalisch-chemischen Veränderungen des Produktes. Sie erkennen die negativen Veränderungen an:

- einem unangenehmen, z. T. stechenden oder sauren Geruch im Tiegel,
- Flecken auf der Produktoberfläche (z. B. Schimmel),
- einer auffälligen Veränderung der Farbe der Produktmasse,
- der veränderten Konsistenz, wenn sich z. B. wässrige und ölige Phasen des Produktes trennen und ablagern,

- der Veränderung von Duft, Geschmack und Konsistenz bei Produkten der dekorativen Kosmetik (z. B. Mascara kann klebrig werden oder stechend riechen, Lippenstifte können trockener werden und unangenehm schmecken),
- wenn wässrige Substanzen beim Herausdrücken der Produktmasse aus einer Tube ablaufen und erst dann die feste Masse bröckelig oder krümelig austritt.

Massive (d.h. bereits äußerlich wahrnehmbare) Veränderungen des Produktes können auf eine Kontamination und damit Verderb hinweisen.

Wegen des gesundheitsgefährdenden direkten Kontakts zur Haut sollte ein solches Produkt sofort aus dem Verkehr gezogen werden.

Beachten Sie deshalb während Ihrer Arbeit im Kosmetikinstitut:

- Verschließen Sie alle Dosen/Tiegel, Tuben und Flaschen nach jedem Gebrauch.
- Entnehmen Sie Produktmasse nur mit einem Spatel.
- Überprüfen Sie regelmäßig die Frische Ihrer angewandten Produkte.

1.4 Die INCI-Deklaration

INCI ist die Abkürzung für ***International Nomenclatur of Cosmetic Ingredients*** (engl.; Internationale Bezeichnung von kosmetischen Inhaltsstoffen).

Die INCI-Bezeichnungen für pflanzliche Inhaltsstoffe werden in lateinischer Sprache wiedergegeben. Diese Bezeichnungen gehen zurück auf den schwedischen Naturforscher Carl von Linné.

Carl von Linné gilt heute noch als der Begründer der systematischen Botanik und entwickelte das heute noch gültige System zur Benennung, Anordnung und Klassifizierung von Organismen.
In seinem System hat jede Pflanzen- oder Tierart einen Doppelnamen aus zwei lateinischen Begriffen (binomische Nomenklatur). Der erste Name gibt die Gattung an, der zweite die Art innerhalb der Gattung. So steht z. B. für Bestandteile der Zitronen die INCI-Deklaration CITRUS LIMONUM oder Limette als CITRUS AURANTIFOLIA. Beide gehören zur Gattung der Citruspflanzen (erster Teil des Namens CITRUS), die Art (LIMONUM, AURANTIFOLIA) ist dann unterschiedlich innerhalb der Gattung benannt.

In erster Linie dient die genaue Inhaltstoffangabe dem Informationszweck des **Verbrauchers** und der Vermeidung von **allergieauslösenden** Stoffen für den Verbraucher. Der Gesetzgeber sieht in der Volldeklaration kosmetischer Mittel eine Stärkung des Verbraucherschutzes.

Seit Juni 1999 gilt für alle EU-Länder, dass auf allen Kosmetika nicht nur die vollständige Zusammensetzung des Produktes aufgelistet wird, sondern es werden jetzt auch für jeden Bestandteil einheitliche Begriffe gebraucht.

Die Inhaltsstoffauflistung muss immer unmittelbar am Produkt (auch bei Proben, Testern und Sondergrößen) auf der äußeren Umhüllung erfolgen. Das kann die Faltschachtel (Umkarton), der Beipackzettel in der Faltschachtel oder die Verpakkung selbst (Cremedose, Tube, Flasche usw.) sein.

Produkte, deren Größe keine Deklaration ermöglicht (z. B. bei einem Eyeliner) oder die sich nur in Folien oder Cellophan verpackt im Handel befinden (z. B. eine Stückseife), dürfen auf andere Weise deklariert werden. Die Deklaration erfolgt dann durch offene Packungsbeilagen, z. B. zusammengefaltet und aufgeklebt auf dem Produkt, oder separat am Verkaufsdisplay als Liste ausgehängt. Auf der Verpackung selbst muss ein Symbol aufgedruckt sein (eine Hand, die im offenen Buch blättert).

Da ab und zu INCI-Bezeichnungen ergänzt werden, z. B. durch die Aufnahme neuer Stoffe, sollte Ihre Kundin regelmäßig ihren Allergiepass beim Hautarzt überprüfen und die INCI-Bezeichnungen, falls nötig, ändern lassen. Das bedeutet auch für Ihre Arbeit größere Sicherheit.

Ingredients

Die Deklaration der Bestandteile (engl. *ingredients*) jedes kosmetischen Mittels ist in der Kosmetikverordnung geregelt (→ Kapitel 1.2.3):

Nach § 5 a soll die **Aufzählung** der Inhaltsstoffe des Produktes in **abnehmender** Reihenfolge ihres **Gewichtes** erfolgen. Alle Inhaltsstoffe, die unter oder bis ein Prozent enthalten sind, sind ohne Einhaltung der Reihenfolge **am Ende der Deklaration** aufgezählt.

Farbstoffe müssen mit *Color-Index*-(CI) Nummern gekennzeichnet sein. Hier können bei Produkten einer Serie, die sich nur in der Tönung unterscheiden (z. B. Lippenstifte, Nagellacke), die unterschiedlichen Farbstoffmischungen dieser Gruppe in eckige Klammern gesetzt werden. Die „CI-Bezeichnungen" werden mit einem [+] versehen bzw. einem [–], wenn einzelne Farbstoffe fehlen, z. B. (+ CI 15 580).

Warum kann für den Verbraucher auch das Fehlen eines Farbstoffes von Interesse sein?

Nach den Gesetzen müssen allergieauslösende Wirkstoffe auf dem Präparat gekennzeichnet sein.

Zum Schutz des Verbrauchers vor allergischen Reaktionen durch Riech- und Aromastoffe (Duftstoffe) müssen die in der KVO gelisteten jetzt genau deklariert werden. Sie sind ab einer bestimmten Konzentration in kosmetischen Mitteln als Bestandteil aufzuführen. Bis vor kurzem reichte die Gruppenbezeichnung „Aroma" oder „Parfüm" für alle „Beduftungen" aus.

Duftstoffe

Das Rohstoffinventar (Liste der in Europa gültigen Kosmetikbezeichnungen)

Die EU-Kommission stellt sicher, dass die Bezeichnungen für die Inhaltstoffdeklaration einheitliche Namen erhalten. Alle Rohstoffproduzenten sollen für neue Kosmetiksubstanzen eine zugelassene Bezeichnungsweise bei den zuständigen Gremien beantragen. Für die Definition der zugelassenen Bezeichnungen gibt es weltweit zwei Gremien: das sind der europäische Dachverband **LCLN** und in den USA das **INC**, eine Institution der **CTFA** *(Cosmetic Toiletry and Fragrance Association).*

LCLN = *Liaison Committee on Labeling Nomenclature*

In den EU-Ländern einigte man sich auf ein englischsprachiges Vokabular. Der Europäische Industrieverband für Kosmetik, Körperpflege und Parfüm, **COLIPA** genannt, ist dabei nicht allen Bezeichnungen gefolgt, die von der CTFA vorgeschlagen wurden.

INC = *International Nomenclature Committee*

Unterschiede gibt es dann, wenn eine chemische Bezeichnung, ein von der Weltgesundheitsorganisation WHO nicht geschützter Name (engl. = ***INN***; ***I***nternational ***N***onproprietary ***N***ame), eine Bezeichnung nach dem Europäischem Arzneibuch oder eine sonstige Bezeichnung zur Identität des Bestandteils (nach Zulassung) gewählt wird.

Beispiele für die INCI-Deklaration (Auszüge):

Überlegen Sie, welche Art eines kosmetischen Mittels diese Wirkstoffe enthalten könnte?

INGREDIENTS:
WATER engl. (lat. AQUA) = Wasser
GLYZERIN = chem. Bezeichnung, Feuchthaltefaktor
PROPYLENE GLYCOL = Lösungsmittel
FRAGRANCE = PARFÜM
TETRASODIUM EDTA = Komplexbildner/Chelatbildner
METHYLPARABEN = Konservierungsmittel
CITRIC ACID = pH-Regulierungsmittel
CI: 17200 = Farbstoff Acid Red 33
(= ein Gesichtswasser)

HIPPOPHAE RHAMNOIDES lat. = botanischer Name für Sanddorn
FUCUS VESICULOSUS = Blasentang
BUTYROSPERMUM PARKII = Shea-Butterbaum
CARTHAMUS TINCTORIUS = Färberdistel
PERSEA GRATISSIMA = Avocado
(= eine Nachtcreme)

In den USA kann noch der englischsprachige, botanische Name verwendet werden, aber der lateinische Name in Klammern zugesetzt sein.

Beispiel

Kamillenextrakt = CHAMOMILLA RECUTICA nach Linné und MATRICARIA (CHAMOMILLA RECUTICA) EXTRACT in den USA.

Auf einem kosmetischen Produkt können daher sowohl englische als auch lateinische INCI-Bezeichnungen aufgeführt sein.

Dossier

Die EU-Mitgliedstaaten sollen bestimmte Angaben, die Hersteller bzw. Importeure von kosmetischen Mitteln bisher nur in den **Produktdokumentationen** (franz. *Dossiers*) den Behörden zur Einsichtnahme zur Verfügung stellen müssen, nun auch öffentlich zugänglich machen. Dies betrifft den Einsatz von Stoffen, die nach den chemikalienrechtlichen Kriterien als gefährlich eingestuft sind, und Angaben über **unerwünschte Wirkungen**, die ein kosmetisches Mittel bei seiner Anwendung hervorgerufen hat.

Die Hersteller müssen zukünftig Auskunft geben, wenn Verbraucher schriftlich, über E-Mail oder Fax gezielt nach bekannten unerwünschten Wirkungen fragen. Die COLIPA erwägt daher die Veröffentlichung von Adressenlisten der Kosmetikhersteller, sodass für Verbraucher auch die entsprechenden Adressen schnell zu finden sind. Würde es zu vielen unerwünschten Wirkungen kommen, wäre das ein Zeichen, dass die bei der Entwicklung und Herstellung durchgeführten Tests nicht aussagekräftig sind.

Die **INCI-Liste** enthält alle Inhaltsstoffe des kosmetischen Präparates in alphabetischer Reihenfolge in einem Lexikon zum Nachschlagen.

Sie gibt zusätzlich zu der lateinischen oder englischen Bezeichnung der Inhaltsstoffe auch fast immer deren Wirkungsweise oder Verwendung im Produkt (z. B.: Schaumbildner, Hilfsstoff usw.) an.

Beispiel

- BUTYROSPERMUM PARKII (nach Linné) = Shea-Butterbaum
- HYDROGENATED TALLOW GLYCERIDE = Emulgator

- Der erste Inhaltsstoff ist mit einen lateinischem Namen versehen, denn nach der KVO müssen natürliche Pflanzenwirkstoffe mit ihren botanischen Namen in lateinischer Sprache bezeichnet werden.
- Der zweite Inhaltsstoff ist eine englische Bezeichnung für einen Hilfsstoff.

Die Angaben der INCI-Deklaration spielen eine wichtige Rolle bei der Einschätzung der Wirkung des Produktes auf der Haut.

Die INCI-Deklaration gibt keine Wertung über die aufgeführten Inhaltsstoffe ab und listet auch nicht deren Anteil am Produkt in Prozent. Trotzdem können Sie anhand der Aufführungsreihenfolge abschätzen ob z. B. ein kosmetisches Präparat für eine ölige Haut geeignet ist oder nicht. Als Kosmetiker verlassen Sie sich nicht nur auf die vorgegebene Einteilung der Produktanwendung durch den Hersteller (z. B. Produkt für fettende Haut, Mischhaut). Viele Inhaltsstoffe in kosmetischen Mitteln üben mehrere Funktionen aus. So wirkt Fruchtsäure z. B. nicht nur pH-Wert regulierend, desinfizierend und Hornschüppchen lösend, sondern auch feuchtigkeitsbindend.

Nutzen Sie für die Einschätzung der Wirkung von kosmetischen Mitteln die INCI-Liste im → Anhang des Buches oder die Systempflegetabellen in → Kapitel 2.4. Nutzen Sie die Ihnen zugänglichen Medien zum Thema Funktionen von kosmetischen Inhaltsstoffen. Broschüren sind z. T. kostenlos, z. B. beim IKW erhältlich.

Beispiel zur Abbildung

HUMULUS LUPULUS = Hopfen; verw. Parfümstoff
HYDROGENATED COCO-GLYCERIDES = Kokosöl-mono-, -di-, -triglyceride; verw. Emollient (Mittel zur Glättung und für Geschmeidigkeit der Haut)
ETHOXYDIGLYCOL = Lösungsmittel
PROPYLENE GLYCOL = feuchtigkeitsspendende Komponente

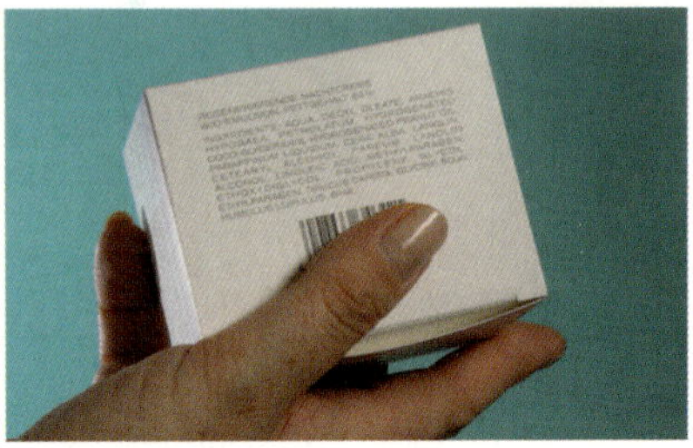

Abb. 1.5: Beispiel Inhaltsstoffangabe

Sind zu Beginn der INCI-Deklaration auf einem kosmetischen Präparat mehrere Öle und Fette gelistet, sollten Sie für Ihre Kundin entscheiden können, ob das Präparat geeignet ist oder ein anderes Präparat wählen.

Erst aufgrund späterer Erfahrungswerte im Kosmetikinstitut wird es Ihnen möglich sein, eine sinnvolle und Ihrer Firmenphilosophie entsprechende Pflegeauswahl für Ihre Kunden mithilfe der INCI-Angaben auf den Produkten zu treffen.

Eine alphabetische Auflistung der in diesem Kosmetiklehrwerk verwendeten kosmetischen Inhaltsstoffe nach INCI finden Sie am Ende dieses Bandes B im angehängten → Glossar.

1.5 Inhaltsstoffe von Kosmetika

1.5.1 Unterscheidung nach Funktion

Es werden verschiedene Inhaltsstoffklassen unterschieden: Basisstoffe, Wirkstoffe und Hilfsstoffe.

Basisstoffe

Basisstoffe umfassen alle Substanzen, die in der Haut natürlich vorkommen und die jede Haut zur gesunden Funktion braucht. Sie stellen den Hauptteil der Zusammensetzung der Inhaltsstoffe in einem kosmetischen Mittel und werden in ihrer Gesamtheit auch als Bindemittel oder Trägerstoff bezeichnet.

Die Basisstoffe richten sich nach der ungefähren Zusammensetzung des Hydrolipid-Films auf der Haut und der Barriereschicht (des *Stratum Korneum*).

Das Sebum stellt die fettige Phase des **Hydrolipid-Films** der Hautoberfläche. Die wässrige Phase bildet der Schweiß. Er besteht zum Großteil aus Wasser. (→ Aufbau und Funktion des Hydrolipid-Films der Haut sind in LF 3, Kapitel 3.1 ausführlich beschrieben.)

Abb. 1.6: Wasserperlen auf der Hautoberfläche

In den oberen Schichten der Epidermis („ziegelmauerartige" Anordnung der Korneozyten → Band A, LF 2, Kapitel 1.1) sind so genannte **Barrierelipide** und **Feuchthaltestoffe** in der Haut vorhanden. Diese werden in ihrer Gesamtheit als der natürliche Feuchthaltefaktor (engl. ***Natural Moisturizing Factor,*** **NMF**) der Haut bezeichnet. Der NMF ist ein Substanzgemisch im Keratin-Netzwerk der Hornschicht, der – wie ein Schwamm Wasser aufsaugt – Feuchtigkeit in den oberen Epidermisschichten binden kann.

Der natürliche NMF besteht aus ca.:

25 % Triglyceride
20 % freie Fettsäuren
18 % Ceramide
1 % Cholesterin
11 % Kohlenwasserstoffe
(und je nach Hautzustand bis zu 12 % Wasser)

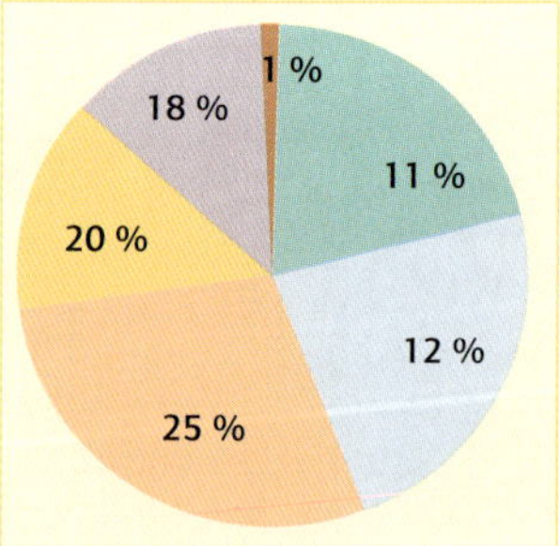

Bei Funktionsstörungen des NMF wird die Haut „brüchig", d. h., sie wird trocken und angreifbar.

Die Gesamtheit bzw. unterschiedlichen Mischungen der Basisstoffe befähigt Kosmetika, Defizite auf bzw. in der Haut an Fettstoffen, Fettsäuren und Feuchthaltefaktoren zu verhindern bzw. auszugleichen.

Basisstoffe schützen die Haut, indem sie

- den Hydrolipid-Mantel der Haut verstärken,
- den NMF der Haut verstärken,
- damit die Funktionen der Haut und die Strukturen der Dermis schützen.

Basisstoffe wirken Funktionsunterstützend und vorbeugend, also schützend und pflegend.

Beispiele für Basisstoffe

Wasser (INCI-Bezeichnung AQUA/WATER) und Fette, z. B.
Triglyceride - INCI-Bezeichnung TRISTEARIN oder
Shea-Butter - INCI-Bezeichnung BUTYROSPERMUM PARKII, sowie
Alkohol - INCI-Bezeichnung ETHANOL

Wirkstoffe

Damit kosmetische Mittel auf der Haut eine Wirkung erzielen können, müssen entsprechende Wirkstoffe enthalten sein.

Wirkstoffe werden den Basisstoffen des kosmetischen Präparates zugesetzt, um bestimmte Wirkungen zu erzielen, z. B. wenn einer trockenen Haut Feuchtigkeit und Fett wieder zugeführt werden sollen. Die Wirkstoffe zeigen dann z. B. den Effekt, dass die damit gepflegte Haut wieder geschmeidiger ist und glatter aussieht.

Beispiele für Wirkstoffe

Vitamin C (engl. *Ascorbic Acid* = Askorbinsäure) ist ein Antioxidanz zur Bekämpfung freier Radikale, Milchsäure (engl. *Lactic Acid*) ist ein Hautbefeuchter, *Menthyl PCA* = Feuchtigkeitsspender zur Bewahrung oder Wiederherstellung der Hautfeuchtigkeit.
SACCHARIDE ISOMERATE = feuchtigkeitsspendende Komponente
ROSA MOSCHATA (Moschusrose) = Komponente zur Glättung und für die Geschmeidigkeit der Haut (Emollient)
RUBUS IDAEUS (Himbeere) = abrasive Komponente

Ascorbic Acid
Lactic Acid

Wirkstoffe helfen der Haut, ihre natürlichen Funktionen und den Hautzustand zu erhalten, zu verbessern und die Hautstrukturen zu schützen.

Der Einsatz von Wirkstoffen in kosmetischen Mitteln ergibt sich notwendigerweise aus den vielfältigen Belastungen der Haut durch die Umwelt, z. B. Sonnenbestrahlung und Klimaschwankungen, durch mechanische Beanspruchung (wie Rasieren), biologische Reize (z. B. durch Keimbesiedelung mit Mikroorganismen) und durch endogen bedingte Hautveränderungen (→ Band A, LF 2, Kapitel 4). Kosmetische Wirkstoffpräparate können in der Kosmetikbehandlung helfen diese Defizite (Mängel) und Störungen der Haut aufzufangen und die Haut zu „regenerieren". Wird dies systematisch betrieben, sprechen Sie auch von kosmetischer Systempflege (→ Kapitel 2.4).

Mithilfe von Wirkstoffen können verschiedene Produkteigenschaften hergestellt werden. Diese können hauttyp- und hautzustandsgerecht zusammengestellt werden.

Hilfsstoffe

Hilfsstoffe werden kosmetischen Präparaten zugesetzt, um physikalische, chemische und mikrobiologische Stabilität und/oder längere Haltbarkeit zu ermöglichen. Die folgenden Hilfsstoffe werden beispielsweise verwendet, als:

Emulgatoren	nicht mischbare Flüssigkeiten mischen.
Konservierungsstoffe *(z. B. Antioxidantien)*	Präparate vor dem Verderb schützen.
Schaumbildner	sorgen für die für die Hautreinigung wichtige Schaumbildung
Konsistenzgeber und Stabilisatoren	Präparate dickflüssig oder dünnflüssig herzustellen.
Feuchthaltemittel	Präparataustrocknung zu verhindern.

Hilfsstoffe haben keine positive Wirkung auf die Funktion der Haut. Außerdem werden nicht alle der zurzeit in Kosmetika eingesetzten Hilfsstoff als unbedenklich bewertet.

Duftstoffe
Farbstoffe

Häufig werden kosmetischen Mitteln zusätzliche Stoffe wie Duftstoffe, Aromen und Anfärbemittel beigefügt. Diese haben die Aufgabe, das Kosmetikpräparat für den Kunden attraktiver in Aussehen und Duft (und auch, wie z. B. bei Zahnpasten, im Geschmack) zu machen.

Auf die Haut haben diese keine positive Wirkung – im Gegenteil: Mehrere der zurzeit verwendeten Stoffe stehen im Verdacht, Allergien auszulösen oder auch di Wahrscheinlichkeit für Krankheiten wie Krebs zu erhöhen.

Information ist alles, deshalb informieren Sie sich regelmäßig, welche dieser Stoffe verdächtigt werden, schädlich zu sein, als schädlich eingestuft werden und verboten werden sollen.

1.5.2 Unterscheidung nach Ursprung

Eine Unterscheidung der kosmetischen Inhaltsstoffe ist auch nach ihrem Ursprung bzw. nach ihrer Herstellungsart möglich. Sie unterscheiden **pflanzliche, synthetische, biosynthetische, tierische und mineralische** Stoffe, genauso wie aber auch **natürliche** und **naturidentische** Stoffe.

Unter die **natürlichen** (alle in der Natur vorkommenden) Stoffe zählen z. B. Pflanzenextrakte, tierische und mineralische Stoffe.

Sie unterscheiden bei natürlichen Stoffen nach dem Ursprung:

pflanzliche Stoffe	tierische Stoffe	mineralische Stoffe
pflanzliche Öle (z. B. Macadamiaöl oder Jojobaöl) Pflanzenextrakte Vitamine Algen(extrakte)	Panthotensäure (Vitamin B_5 aus tierischem Gewebe) Talg (z. B. Rinder- oder Hammeltalg) Squalan (Haifischlebertran)	Moorschlamm Schlick Meersalz

Sie unterscheiden Inhaltsstoffe insgesamt nach den Herstellungsarten:

Inhaltsstoffe von Kosmetika

natürliche Stoffe	biosynthetische Stoffe	naturidentische Stoffe	synthetische Stoffe
• in der Natur vorkommend (z. B. Phytohormone, Vitamine, Algen • Gewinnung durch Extraktions- oder Destillationsverfahren	• auf organischem Material oder über Organismen gezüchtet • nach natürlichen Vorbild (z. B. Phytohormone, Algen)	• synthetisch hergestellt • nach natürlichem Vorbild (z. B. Vitamine)	• synthetisch hergestellt • kein natürliches Vorbild vorhanden (z. B. Vaseline)

Biosynthetische Stoffe als Inhaltsstoffe von Kosmetika können z. B. Proteine (Kollagen/Elastin usw.) oder Fette sein. Biosynthese bedeutet den Aufbau (oder die Zucht) organischer Substanzen im lebenden Organismus (in-vivo-Biosynthese) oder in zellfreien Systemen durch die entsprechend isolierten Zellkomponenten (in-vitro-Biosynthese). So kann z. B. Kollagen als Wirkstoff biosynthetisch hergestellt werden.

Naturidentische Stoffe Pflanzen z. B. produzieren oft mehrere Stoffe nebeneinander, die nützlich und giftig sind. Hier kann die chemische Industrie die nützlichen Stoffe extrahieren und sie synthetisch (chemisch, im Labor) nachproduzieren. So werden z. B. viele Vitaminprodukte hergestellt und diese sind für die kosmetische Anwendung genauso wertvoll.

Synthetische Stoffe sind künstlich hergestellt. Sie kommen so nicht in der Natur vor, z. B. Vaseline. Ihre gleich bleibenden Eigenschaften in Zusammensetzung und Konzentration sind ein Vorteil, da sie z. B. bei natürlichen Wirkstoffen schwanken können. Sie sind im Gegensatz zu natürlichen Stoffen nicht den Klimabedingungen unterworfen und können jederzeit produziert werden. Verunreinigungen durch Umweltgifte sind kaum zu befürchten. Isopropylmyristat (IPM) ist z. B. ein synthetisch hergestelltes, wasserhelles, praktisch geruchloses, sehr dünnflüssiges Öl. In der Kosmetik wird es anstelle von natürlichen Ölen angewandt, es lässt sich gut verteilen, ist nicht klebrig und zieht gut ein.

Zum besseren Überblick über Gewinnung und Herstellung von kosmetischen Inhaltsstoffen in Produkten empfiehlt sich die Anschaffung von weiterführender Fachliteratur, besonders wenn Kosmetika selbst hergestellt werden sollen.

1.5.3 Am häufigsten eingesetzte Inhaltsstoffe *(Ingredients)*

Da die Funktion und Wirkung eines kosmetischen Mittels direkt mit dessen Zubereitungsform (→ Kapitel 1.6) und der Verwendung von hautähnlichsten und bestverträglichsten Inhaltsstoffen zusammenhängt, eignen sich die Stoffe am besten, die sich nahtlos in die natürlichen Hautfunktionen einfügen. Im Folgenden finden Sie die kosmetischen Funktionen häufig verwendeter Inhaltsstoffe aufgeführt:

A Wasser

Durch seine einzigartigen chemischen Eigenschaften (→ Band A, Grundlagen-Lexikon) ist WASSER ein wichtiger, vielseitig einsetzbarer Basisstoff in kosmetischen Mitteln. Leitungswasser enthält immer Mineralsalze, Kalkablagerungen und z. T. Bakterien. Für die Verwendung in Kosmetika wird daher speziell aufbereitetes Wasser verwendet, das vorher entmineralisiert und destilliert wird. Spuren von Schwermetallen im Wasser könnten z. B. zur Zersetzung von Wirkstoffen führen oder das Ranzigwerden von zugesetzten Fetten verursachen. Demineralisiertes (oder entsalztes) Wasser erhält man durch Überleiten von normalem Leitungswasser über Ionenaustauscher. Hier werden die gelösten Mineralien (auch Schwermetallsalze) durch Bindung an das Ionenaustauscherharz entfernt. Die Reinheit des Wassers, d. h. die Abwesenheit von salzartigen Bestandteilen (→ ELEKTROLYTE, Grundlagen-Lexikon), wird dann durch die Messung des elektrischen Leitvermögens überprüft. Diese wird mit zunehmender Reinheit geringer (→ Iontophorese, Kapitel 3.5). Organische Verbindungen verbleiben aber im Wasser (z. B. Bakterien). Daher wird zusätzlich zur Herstellung von reinstem Wasser (destilliertes Wasser) das Verkochen (Verdampfen) und Abkühlen durchgeführt.

Wasser = Basisstoff; wird mit anderen Inhaltsstoffen kombiniert

Wasser ist in vielen Kosmetika Hauptbestandteil und steht bei der INCI-Deklaration auf Gesichts- und Körperpflegepräparaten daher häufig an erster Stelle. Wasser ist pH-Wert-neutral und daher gut verträglich. Es reinigt die Haut und spendet der oberen Hornschicht kurzfristig Feuchtigkeit, trocknet und laugt sie aber auch aus, da es schnell wieder verdunstet und dabei hauteigene Stoffe mitnimmt. Wasser wird daher immer mit anderen Inhaltsstoffen kombiniert.

Wasser ist Basisstoff, Feuchtigkeitsspender und/oder Verdünnungsmittel.

B Öle

Sie haben eine hautglättende Wirkung, indem sie mikroskopisch winzige Vertiefungen der Hautoberfläche auffüllen. Zusätzlich senken sie den transepidermalen Wasserverlust (TEWL) und sorgen damit für ein Verbleiben der Feuchtigkeit in der Haut. Die Haut glättet sich und wird weich und geschmeidig.

Öle glätten die Haut

Öle sind Basisstoffe für Kosmetika. Hauptbestandteile pflanzlicher Öle sind die Triglyzeride (ESTER, FETTE → Band A, Grundlagen-Lexikon). Sie können Öle auf der Basis von gesättigten, aber auch einfach- bis mehrfach ungesättigten Fettsäuren sein. Je geringer der Sättigungsgrad, desto wertvoller ist das Öl und es wird dann als kosmetischer Wirkstoff für trockene Hautzustände eingesetzt.

Ein großer Vorteil der natürlichen Öle ist ihr Gehalt an Vitaminen, essenziellen (lebensnotwendigen) Fettsäuren und Phytosterolen (Pflanzenfetten). Beispiele für kosmetisch eingesetzte natürliche Öle sind Avocadoöl, Olivenöl, Mandelöl und die tierischen Öle, z. B. Fischleberöl *(Piscum Lecur)*.

Fischleberöl

Zu unterscheiden sind hiervon die **ätherischen Öle,** welche aus Pflanzen- oder Pflanzenteilen durch Destillation/Extraktion gewonnen werden und keine Hautpflegewirkung haben, sondern hochpotente Wirkstoffe durch ihren Gehalt an Vitaminen, essenziellen Fettsäuren und Phytosterolen darstellen.

Sie finden Anwendung in kosmetischen Mitteln wie Gesichts- und Körperpflegeprodukten, Massageölen usw. Sie werden dann in Basisstoffen (in diesem Fall in ein Öl, z. B. Jojobaöl) verdünnt angewandt. Unter anderem finden sie auch als Duftstoff Anwendung (→ Anhang H).

C Mineralische Öle und Fette

Hier werden vor allem *Paraffinöl (Paraffinum Liquidum)* und *Vaseline* wegen ihrer fettenden und reinigenden Eigenschaften in kosmetischen Abschminkmitteln eingesetzt. Sie ziehen im Gegensatz zu natürlichen Ölen nicht in die Haut ein und haben daher keine pflegende Wirkung. Sie sind nicht teuer in der Herstellung und stellen in manchen Kosmetika den Basisstoff. Sie behindern Wärme- und Feuchtigkeitsregulationsmechanismen der Haut, indem sie die Haut schützen. (Im Winter als Basisstoff in Kälteschutzcremes gut einsetzbar.) Vorteilhaft schließen sie, z. B. als Maskenpräparate, Wirkstoffe in der Haut ein und schützen diese vor dem Verdunsten. Mineralische Öle und Fette entstehen durch Raffinieren von Erdöl.

Paraffinum Liquidum, Vaseline

Paraffin „dichtet" die Haut ab

Ist in Ihrer Hautcreme auch Paraffinum liquidum enthalten?

D Fette

Fette sind hauptsächlich Glyzerinester, die in der Natur in flüssiger Form (Öl), fester oder halbfester Form vorkommen, die chemische Bezeichnung lautet Triglyceride.

Triglyceride sind butter- oder wachsartige, feste/schmalzartige, z. T. gelbliche fette Massen, die als Basisstoffe in der Kosmetik Anwendung finden, z. B. *Shea-Butter* oder Kokosöl *(Cocos nucifera)*.

Shea-Butter

Kokosöl

Fettalkohole (Polyole oder mehrwertige ALKOHOLE → Band A, Grundlagen-Lexikon) finden als Hilfsstoffe in kosmetischen Mitteln Anwendung. Sie sind ölige Flüssigkeiten, die z. B. als Konsistenzgeber zur Verdickung einer dünnflüssigen Emulsion zur Creme oder als Emulgatoren selbst verwendet werden. In Wasser sind sie kaum löslich, dafür in Fetten oder Alkohol. Sie werden synthetisch aus Fettsäuren oder Paraffinkohlenwasserstoffen hergestellt. Fettalkohole binden Wassermoleküle (griech. *hygroskopisch*) und haben daher eine hautbefeuchtende Wirkung.

Fettalkohole sind Hautbefeuchter

E Alkohole

Alkohole (mit kurzem Alkyl-Rest = *hydrophile Substanzen*) finden in der Kosmetik Anwendung als Basisstoff (dann oft mit Wasser verdünnt), als Desinfektionsmittel (z. B. als Hautdesinfektionsmittel) und Lösungsmittel (z. B. für Kräuterextrakte, Haarwasser oder *Eau de Toilette*). Alkohol wird wegen seiner, je nach Konzentration auftretenden, kühlenden, erfrischenden, konservierenden und desinfizierenden Wirkung eingesetzt. Er wird mit einem Vergällungsmittel ungenießbar gemacht, damit er nicht mit dem trinkbarem Alkohol verwechselt werden kann.

F Wachse und wachsähnliche Stoffe

Wollwachs *(Lanolin)* z. B. ist ein wasserfreies Wollfett aus dem Wollschweiß von Schafen und wird häufig in W/O-Emulsionen zur Festigung und besseren Haftung der Crememasse verwendet (z. B. in Babycreme). Verwendet werden auch z. B. Bienenwachs oder Carnaubawachs als Gleitmittel für öllösliche Stoffe. Wachse und wachsähnliche Stoffe sind deshalb Gleitmittel, weil sie nach Verdunsten des Lösungsmittels einen undurchlässigen Film auf der Haut bilden.

Lanolin

Wachse sind Gleitmittel

G Harze

Harze, wie z. B. *Kolophonium* finden in der Kosmetik Anwendung als Filmbildner (z. B. in Haarspray oder als Fixierspray (→ LF 12, Kapitel 2.3.4).

Kolophonium

H **Wasserbindende Stoffe**

Sie kommen im Interzellulärraum der Haut natürlich vor. Ein Mangel an den Grundstoffen, vor allem an Protein, führt u. a. zu einer trockenen, dünnen Haut mit Faltenbildung und schlaffem Bindegewebe.

NMF

Die Kosmetikindustrie bezeichnet das Stoffgemisch, das dem natürlichen Vorbild in der Haut (natürlicher NMF) am nächsten kommt, auch als ***Natural moisturizing Factor*** **(NMF)**. Es beinhaltet Substanzen wie Glyzerin, Aminosäuren, Harnstoff, Salze usw. Die Wirksamkeit des kosmetischen NMF hat Grenzen. Zum Beispiel reicht die Wasserbindefähigkeit dieser Stoffe bei extrem niedriger Luftfeuchtigkeit im Winter in beheizten Räumen nicht aus, um den TEWL niedrig zu halten. Hier müssen zusätzliche Präparate über die kosmetischen Mittel mit diesen Wirkstoffen aufgetragen werden, um eine schnelle Abdunstung zu verhindern.

TEWL = Transepidermaler Wasserverlust

Proteine = Quellmittel

Proteine wie Kollagen und Elastin kommen in unserem Organismus natürlich vor und sind ein wichtiger, faseriger Bestandteil der Haut (Dermis). Natürliches **Kollagen** ist ein Makromolekül, das mit dem Zusatz von Wasser die Hornschicht aufquellen lässt. Es kann nicht in die tieferen Schichten der Epidermis eindringen und wird deshalb in der Kosmetikbehandlung (z. B. in Vliesmasken) zur Durchfeuchtung der oberen Hautschicht eingesetzt.

Kollagen

Kosmetisch genutzte Kollagenarten

Kollagenart	Einsatzgebiete
nativ, löslich (Tropokollagen)	Wirkstoff zur Haar- und Hautpflege
nativ, lyophilisiert (Kollagenmatrices)	Hautpflege und medizinische Wundbehandlung
hydrolisiert (Kollagenhydrolysat)	Haarpflege, Hautreinigung und -pflege
denaturiert (Gelatine)	Viskositätsregler und Filmbildner
acetyliert (Atelokollagen)	Hautpflege, u. a. Hydrogele

(verändert nach: KI-Magazin 04/2005)

Die **Faltenunterspritzung** mit Kollagen ist rechtlich gesehen eine medizinische Behandlung und damit dem Arzt vorbehalten. Sie dient aber keinem therapeutischen Zweck. Die Kosmetikerin darf keine Faltenunterspritzung vornehmen es sei denn, es besteht zusätzlich eine Ausbildung zum Heilpraktiker.

Informieren Sie sich genau über die rechtlichen und gesetzlichen Vorschriften die Faltenunterspritzung betreffend!

Elastin

Elastin ist ein weiteres Protein mit hautbefeuchtenden Eigenschaften. Es kann nur in hydrolisierter Form (d. h. gespalten in kleine Peptide und Aminosäuren) in die Epidermis dringen. Unverändert verbleibt es auf der Hautoberfläche als hautquellendes, feuchtigkeitsspendendes Mittel.

Enthält Ihre Anti-Aging-Creme auch natürliches Kollagen?

Schleimstoffe

Sie binden Wasser und bilden einen Feuchtigkeitsfilm auf der Haut. **Hyaluronsäure** wirkt als Glykoprotein oder Proteoglykan → Band A, Grundlagen-Lexikon) als natürliches Feuchthaltemittel in der Dermis. Als Inhaltsstoff in Kosmetika wirkt sie auf die Epidermis hautglättend und straffend.

Schleimstoffe sind Wirkstoffe, die in vielen kosmetischen Präparaten eingesetzt werden (z. B. in Hydrogelen oder in feuchtigkeitspendenden Fluids). Um eine schnelle Abdunstung zu verhindern, werden sie oft unter andere Präparate, z. B. unter Tages- oder Nachtcreme, aufgetragen.

Schleimstoffe = Wirkstoffe

1 Vitamine

Sie werden in der Kosmetik überwiegend als Wirkstoffe und in Wirkstoffträgern eingesetzt. Vitamine sind dann haltbarer und stabiler gegenüber Luftsauerstoff. Vitamine werden zum großen Teil synthetisch hergestellt und bestehen dann aus einer einzelnen Substanz. Aber sie kommen auch natürlich z. B. als Vorformen des Vitamin A *(Beta-Carotin)* vor. Vitamine werden in fett- und wasserlöslich unterteilt. Zu der Gruppe der wasserlöslichen Vitamine gehören z. B. das Provitamin B_5 *(Panthenol)* oder das Vitamin C. Zu den fettlöslichen Vitaminen gehören z. B. der als Q10 *(Coenzym Q10)* bekannte Anti-Aging-Wirkstoff oder die Vitamine A *(Retinol)* und E *(Tokopherol)*, die als Antioxidanzien Anwendung finden. Fettlöslich ist auch das hautberuhigende Vitamin K.

Vitamine sind Wirkstoffe

Beta-Carotin
Panthenol G
Vitamin C
Coenzym Q10
Retinol
Tokopherol
Vitamin K

J Pflanzenextrakte

Das sind Pflanzenauszüge (z. B. aus Rinde und Blättern des Hamamelisstrauches) und damit charakteristische und komplexe Gemische verschiedener Substanzen.

Pflanzenextrakte enthalten hautwirksame pflanzliche Stoffe, die eine positive Wirkung auf die verschiedenen Hautzustände haben können. Zum Beispiel der pflanzliche Wirkstoff *Allantoin* unterstützt aufgrund seiner stimulierenden Wirkung das Wachstum gesunder Zellen z. B. bei rauer und geschädigter Gesichtshaut.

Pflanzenextrakte sind Wirkstoffe

Allantoin

7

K Gerbstoffe

Die Gerbstoffe *(Tannine)* entfalten auf der Haut eine *adstringierende* (zusammenziehende), entzündungshemmende und tonisierende Wirkung, z. B. in Gesichtswasser. Aus Extrakten von Blättern und der Rinde z. B. der ***Hamamelis virginiana*** wird der tanninhaltige Extrakt Hamamelis gewonnen. Auch die ***Rosa rubiginosa*** liefert einen adstringierenden Wirkstoff. Gerbstoffe werden in Präparaten für ölige, grobporige Haut verarbeitet.

Gerbstoffe wirken adstringierend

Hamamelis
Rosa rubiginosa

L Phytohormone

Kosmetische Mittel enthalten wegen ihrer massiven Auswirkungen auf den menschlichen Organismus heute **keine tierischen Hormone** mehr. Stattdessen werden pflanzliche Wuchsstoffe, *Phytohormone* (griech. *phyton* = Pflanze) oder *Auxine* (griech.; Wachstum) eingearbeitet. Das aus Getreidekeimlingen gewonnene Öl ist z. B. ein Wirkstoffträger für regenerierende Hautcremes. Pollenextrakte sollen z. B. auf geschädigte oder empfindliche Haut positive Wirkung haben.

Phytohormone

M Wirkstoffträger

Das **Liposom** (Fettkörperchen) ist ein Transportmittel zum Einschleusen von Wirkstoffen in die Haut. Liposome sind winzige Fetthohlkügelchen. Sie entstehen durch Vermischen von wässrigen Lösungen mit Phospholipiden (z. B. Sojalecitin). Der flüssige Kern und seine lipophile Hülle lassen sich mit Wirkstoffen anreichern. Wegen ihres Aufbaus sind nur die kleinsten der Liposome in der Lage, die Hornschicht zu überwinden. Dort entfalten sie ihre Wirkung, indem sie die wirksamen Substanzen freigeben und die Haut mit Fettstoffen anreichern.

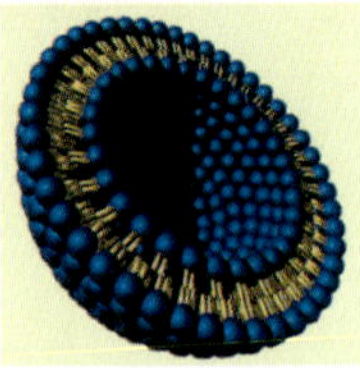

Die größeren der Liposome dienen lediglich dem Schutz der Wirkstoffe, da sie nicht in die Barriereschicht eindringen und die Keratinozyten auch nicht passieren können. Liposome werden aus Sojalezithin oder synthetisch (dann heißen sie **Niosome**) hergestellt.

Die Weiterentwicklung der Liposomen sind **Sphingosome** und **Nanosome.** Sphingosome sind aus hautähnlichen Fettstoffen hergestellt und beständiger als die Liposome. Nanosome eignen sich als Träger für öllösliche Wirkstoffe. Im Gegensatz zu den Liposomen können Nanosome mit der dreißigfachen Menge an öllöslichen Stoffen beladen werden. In eine wasserhaltige Phase eines kosmetischen Mittels können so z. B. öllösliche winzige Moleküle in die Haut eingeschleust werden.

Wirkstoffträger schleusen Wirkstoffe ein

Wirkstoffträger haben den Vorteil, dass verkapselte Wirkstoffe die oberen Hautschichten transportiert werden, ohne dass sie vorher verdünnt oder abgebaut werden. Empfindliche Stoffe, wie z. B. Vitamine, die in Wirkstoffträger eingearbeitet sind, werden so vor der Einwirkung des Luftsauerstoffs geschützt.

Weitere Inhaltsstoffe werden im Verlauf der folgenden Kapitel dieses Lernfeldes oder im → Glossar am Ende dieses Bandes dargestellt.

Können Sie die auf einer Cremedose aufgedruckten Inhaltsstoffe zuordnen?

1.6 Kosmetische Zubereitungsformen

appliziert

Damit kosmetische Mittel auf eine dosierbare, sparsame, bequeme und kosmetisch ansprechende Weise auf die Haut *appliziert* (aufgetragen) und von dieser mehr oder auch weniger stark aufgenommen werden können, müssen sie in bestimmten Zubereitungsformen erscheinen und als solche angeboten werden.

Die richtige Zubereitungsform sorgt auch dafür, dass alle Inhaltsstoffe eines kosmetischen Mittels stabil und sorgfältig aufeinander abgestimmt bleiben und keine unerwünschten Veränderungen auftreten (z. B. die stabile Mischung von Wasser und Öl in einer Emulsion – es sei denn, die Phasentrennung ist erwünscht, wie bei einem 2-Phasen-Produkt).

In der Kosmetik verwendete Zubereitungsformen sind physikalisch-chemisch als **Stoffgemische** (→ Band A, Grundlagen-Lexikon) zu bezeichnen.

In einem Stoffgemisch liegen Substanzen homogen (gleichmäßig verteilt) vor. Die Substanz, die in der größten Menge im Stoffgemisch vorliegt, wird als Lösungsmittel oder Dispersionsmittel bezeichnet.

Abb. 1.7 a und b: Cremes und Puder

In der Kosmetik arbeiten Sie hauptsächlich mit den folgenden Stoffgemischen:

Bezeichnung	Suspension	Aerosol	Schaum
Aggregatszustände	fest in flüssig	fest oder flüssig in Gas	Gas in flüssig
Beispiel	abrasives Peeling	Glitter-/Haarspray	Rasierschaum
dispergierte Substanz	abrasive Körper	Wasser und Alkohol, Filmbildner, Partikel	Luft
Lösungsmittel	Wasser oder Öl	Luft	Wasser

Bezeichnung	Emulsion	Puder
Aggregatszustände	flüssig in flüssig	fest in fest
Beispiel	Creme, z. B. Tagescreme	loser Puder
innere Phase	Öl oder Wasser	farbige Pigmente
Lösungsmittel	entsprechend Wasser oder Öl	Talkum

Tab. 1.8: Kosmetische Stoffgemische

7

Fast alle kosmetischen Dispersionen und Stoffgemische brauchen **Tenside,** die sie stabilisieren. Tenside sind oberflächenaktive Substanzen, die in der Hautreinigung (→ LF 3), aber auch für die Rezepturgrundlagen in der Hautpflege als Emulgatoren eine wichtige Rolle spielen (TENSIDE → Band A, Grundlagen-Lexikon).

Die folgenden Zubereitungsformen lassen sich für kosmetische Mittel unterscheiden:

Creme – eine Emulsion

Eine *Creme* (griech.-lat. *chrisma* = Salbe/gall.-lat. *crama* = Sahne) ist eine streichfähige Salbe mit besonders weicher Konsistenz und einem Anteil an Wasser. Die unterschiedlich hohen Anteile aus Wasser und Öl, Fett und/oder Wachs ergeben die entsprechende Emulsionsform (W/O- oder O/W-Emulsion, Mischemulsionen). Die wichtigste Aufgabe einer Creme ist es, den Hydrolipid-Mantel der Haut zu verstärken und so die Funktionen der Haut als Organ zu bewahren. Durch Zusätze von Wirkstoffen werden für verschiedene Hautzustände und Hauttypen unterschiedliche Arten an Cremes hergestellt. Je höher der Anteil an Wasser ist, desto dünnflüssiger wird das Präparat.

chrisma
crama

Die **Salbe** unterscheidet sich von der Creme, indem sie kein Wasser enthält. Die Wirkstoffe sind in der fettigen Salbengrundlage fein verteilt. Sie dient auch als Grundlage zur Arzneimittelherstellung (dann auch zur lokalen und haftenden Anwendung auf der Haut oder Schleimhaut, z. B. in einer Hautschutzcreme). Als Salbengrundlage dienen Fette, Öle, auch Vaseline, Paraffine oder Wachse (z. B. Kälteschutzcreme). In der Kosmetik wird die Bezeichnung „Salbe" in der Regel nicht verwendet, sondern durch die Bezeichnung „Creme" bzw. eine Funktionsbezeichnung der Creme ersetzt.

Vaseline
Paraffin

paste

Die **Paste** (griech. *paste* = Brei) enthält einen hohen Anteil an unlöslichen Pulversubstanzen, die in einer flüssigen oder salbenartigen Grundlage eingearbeitet sind z. B. Zahnpasta, Handwaschpaste, Schlammpackung, Heilerde-Maske, Sun-Blocker usw.

Welche Arten von Cremes kennen Sie?

In der Kosmetik lautet die Funktionsbezeichnung einer Creme z. B. Anti-Aging-Creme oder Hautschutzcreme, ohne dass hier auf einzelne Wirkstoffe eingegangen wird und ohne dass sich daraus auf die Zusammensetzung schließen lässt. Trotzdem ist erkennbar, welche Art Schutz, Pflege und mehr, also welche **Funktion** von der Creme erwartet werden kann.

Für Cremes werden bzgl. ihrer Funktionen die folgenden Formen hauptsächlich unterschieden:

Bezeichnung	Funktion
Tagescreme auch *Moisturizing Creme*, Hydratantcreme, Feuchtigkeitscreme	O/W Emulsion mit hohem Wasseranteil und mittlerem Wirkstoffanteil, durchfeuchtend, daher Verhornung vorbeugend, mattierend, daher als Make-up-Unterlage geeignet, oft UV-Filter eingearbeitet, daher leichter Schutz vor Sonne.

In der Regel bildet die Tagescreme nur einen dünnen Film auf der Haut und zieht rasch ein. Sie muss den Hautschweiß ungehindert austreten lassen, sonst kann es, gerade im Sommer, zu einem unangenehmen Wärmestau unter der Haut kommen.

NMF, Phytohormone, Coenzym Q10

Lotion auch Gesichtsmilch, Schönheitsmilch	Stark verdünnte Tagescreme und/oder dünnflüssige Creme mit hohem Wasser- und geringem Wirkstoffanteil.
Nachtcreme	W/O Emulsion mit hohem Fettanteil oder als O/W Emulsion feuchtigkeitshaltig, hoher Wirkstoffanteil zur Hautregeneration (z. B. *NMF, Phytohormone, Coenzym Q10*, Antioxidanzien).

Speziell in der Nacht darf die Haut in ihrer Stoffwechselfunktion, die dann auf Regeneration eingestellt ist, nicht behindert werden. Daher sind hier paraffinhaltige Produkte nicht gut geeignet.

Vitamin E, C

Kollagen, Elastin

Vitamincreme	Hohe Konzentration an eingearbeiteten Vitaminen (z. B. *Vitamin E, C*), als Tages- oder Nachtcreme
Anti-Aging-Creme	Hohe Konzentration an „aufpolsternden" und regenerierenden Wirkstoffen (z. B. *Kollagen, Elastin*, Phytohormone, Antioxidanzien, Coenzym Q10, Vitamine).

Tab. 1.9: Funktionsarten von Cremes

Die Hautalterung kann nicht gestoppt oder behoben werden. Machen Sie Ihrer Kundin keine falschen Versprechungen, was die Wirkung Ihrer Produkte angeht. Beraten Sie lieber fachgerecht und kompetent.

Obwohl irreführende Bezeichnungen, z. B. „Nährcreme", verboten sind, werden mitunter zu Werbezwecken Bezeichnungen eingesetzt, die für den Verbraucher verwirrend sein können: Nach wie vor kann jeder Hersteller die Zusammensetzung der Inhaltsstoffe eines z. B. als „Anti-Falten-Creme" bezeichneten Präparates (im Rahmen der jeweiligen Rahmenrezeptur) frei wählen.

Prüfen Sie deshalb für Ihre Glaubwürdigkeit den Kunden gegenüber selbst die Wirkung einer entsprechend angebotenen Creme.

Wird aber ein Präparat mit einem einzelnen Wirkstoff oder nach der hauptsächlichen Funktion unterschieden und beworben (z. B. eine Creme mit konzentrierter Fruchtsäure wird als AHA-Creme beworben oder ein Präparat wird als Kamillen-Creme bezeichnet), dann sorgen die geltenden Gesetze zur Kosmetikherstellung dafür, dass die bezeichneten Präparate auch den entsprechenden Wirkstoff enthalten (Schutz vor Täuschung des Verbrauchers → Kapitel 1.2).

Gele

sind halbfeste, formbeständig-elastische, transparente kosmetische Präparate. Sie werden in Spendern oder Tuben angeboten.

7

Ein **Gel** wird aus einer **kolloidalen Lösung (Sol)** mithilfe einer Zustandsänderung (z. B. durch Temperatur oder Zusatz eines Agens = Gelbildner, z. B. Calciumionen, *Algin*) hergestellt. Im Gegensatz zu einer kolloidalen Lösung, die flüssig ist und keine Fließgrenze hat, bleibt das Gel halbfest auf der Haut liegen. Dies führt zu der intensiven Durchfeuchtung der obersten Hautschicht. Durch Ausbildung eines dreidimensionalen, lockeren Netzwerkes aus Geliermittelmolekülen können wässrige oder ölige Moleküle angelagert werden. Dadurch erhält das Gemisch einen gewissen Halt und bleibt trotzdem elastisch. Genau das machen sich z. B. die *Peel-Off* Masken (→ Kapitel 3.2.5) zunutze, indem sie einen elastischer Film auf der Haut bilden.

Algin

- Sie unterscheiden die **Oleogele** (wasserfreien Gele), die eine leicht ölige Konsistenz aufweisen und auf der Haut einen seidigen, schützenden und rückfettenden Film hinterlassen (lipophiles Netzwerk, in dessen „Maschen" sich die ölige Flüssigkeit verteilt).
- Das **Hydrogel** ist dagegen frei von Ölen (das Netzwerk ist hydrophil und die sich darin verteilende Flüssigkeit von wässrigem, alkoholischem oder zuckermolekülartigem Aufbau), also ein kühlendes, feuchtigkeitsspendendes Gel, welches, ohne Rückstände auf der Haut zu hinterlassen, sofort einzieht. Es ist daher als Make-up-Grundlage gut geeignet, hat aber aufgrund des fehlenden Fettanteils nur geringe hautpflegende Wirkung und bietet alleine der Haut keinen Schutz vor Austrocknung.
- So genannte **O/W-Gele** sind milchig-transparent und haben ebenfalls eine kühlende, feuchtigkeitsspendende Wirkung. Sie werden auch als **Creme-Gele** bezeichnet und benötigen in der fertigen Mischung einen Emulgator.

2-Phasen-Produkte

Eine Sonderform der kosmetischen Zubereitungsformen bietet das 2-Phasen-Produkt, das keinen Emulgator enthält. Es ist ein lipophiler und hydrophiler Teil im Spender übereinander geschichtet. Vor der Anwendung wird das Präparat durch kräftiges Schütteln kurzfristig gemischt.

Ein 2-Phasen-Produkt ist daher geeignet für Kunden, die allergisch auf Emulgatoren reagieren.

Bi-Phasic Tanning Lotion
LSF 6+12

Ein zweiphasiges Sonnenprodukt für Gesicht und Körper. Nichtfettende und leichte Lotion, die eine tiefe dunkle und anhaltende Bräune fördert. Die Haut bleibt geschmeidig und ihre Feuchtigkeit wird erhalten. Diese Lotion schützt vor UV-Strahlen und gegen freie Radikale durch die Verwendung von Pflanzenextrakten mit hohem Anteil an Vitamin E. Die Konsistenz ist wasserresistent, parfümfrei, ohne Emulgator und kann auch als Sonnenschutz für Haare und Kopfhaut verwendet werden.

Abb. 1.10: Beispiel für ein 2-Phasen-Produkt

Der Puder

pulvis

Puder (lat. *pulvis* = Staub) und ist allgemein die Bezeichnung für eine feine, pulverförmige, unlösliche Substanz.

Beispiele:

Talkum

Kampfer

Puder werden als Zubereitungsform in vielen kosmetischen Mitteln eingesetzt, z. B. als Körperpuder, Deopuder oder als Maskengrundlagen (dann fein- oder grobkörnig). Sie können aufgrund ihres Hauptbestandteils *Talkum* speziell fettige Ausscheidungen gut adsorbieren (aufnehmen) oder neutralisieren (Wirkung aufheben, z. B. Schweißbildung). In der dekorativen Kosmetik sollen sie, verstärkt durch farbige Pigmente, mattieren und den Fettglanz der Haut zurücknehmen (→ LF 12). Als Fußpuder in der Pediküre werden sie u. a. mit schweißhemmenden Bestandteilen (z. B. *Kampfer*) und Riechstoffen angeboten (z. B. als Deo-Fußpuder → Band C, LF 8, Kapitel 5.4.3).

Puder kommen lose oder gepresst vor. Für letzteren, den **Kompakt-Puder,** ist die Zugabe von Bindemitteln nötig, die das Gemisch aus Puder und Fett haltbar machen.

Zum besseren Überblick über die Herstellung von kosmetischen Zubereitungsformen empfiehlt sich auch hier die Anschaffung von weiterführender Fachliteratur.

Weitere kosmetische Mittel werden, da sie die Gesichtskosmetik nicht direkt betreffen, aber zur Erarbeitung des vollständigen Lernfeldes erforderlich sind, im → Anhang dargestellt.

1.7 Wirkung kosmetischer Mittel auf die Haut

1.7.1 Aufnahme von Stoffen in die Haut

Bestimmte Hautfunktionen lassen einen Stoffaustausch der Hautoberfläche mit der „Außenwelt" zu. Aufgrund zweier Funktionen der Haut können nun kosmetische Mittel zum Einsatz auf der Haut kommen: Stoffaufnahme und Stoffeinschleusung.

Stoffaufnahme

Die Haut kann aufgetragene kosmetische Mittel in die obere Hautschicht eindringen lassen.

Mit der Tiefe des Eindringens unterscheidet man zwischen Penetration, Permeation und Resorption (→ auch Band A, LF 2, Kapitel 1.5.1):

- Bei der *Penetration* (lat.; eindringen) wird die Hornschicht überwunden und die Zellschichten des Stratum spinosum erreicht.
- *Permeation* (lat.; durchdringen, durchlassen) drückt das Erreichen der Dermis aus.
- Von *Resorption* (lat.; aufnehmen) wird gesprochen, wenn es zu einer Aufnahme des Stoffes/der Substanzen durch die Blut- oder Lymphgefäße in der Dermis kommt.

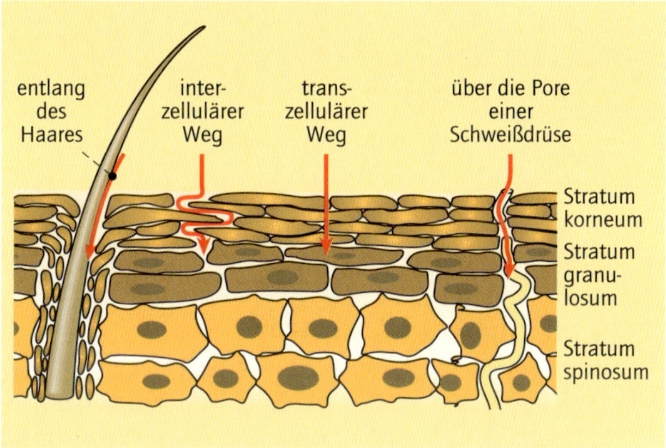

Abb 1.11: Eindringen von Stoffen in die Haut (Penetration)

Der Begriff der "Stoffaufnahme" ist in Verbindung mit Kosmetika irreführend, denn der für das Eindringen von Kosmetika relevante Vorgang ist die Penetration. Jede Stoffaufnahme in der Dermis fällt bereits unter das AMG!

Die **Penetration** erfolgt auf verschiedenen Wegen in die Haut:

- Die Hornschicht selbst erlaubt Diffusionsvorgänge zum einen als interzellulären Weg (d. h. zwischen den Zellen) und als transzellulären Weg (durch die Zellen). Der interzelluläre Weg ist dabei für *lipophile* lösliche Substanzen möglich, der transzelluläre Weg für wasserlösliche Substanzen. Beide Wege werden als **transepidermale Penetration** bezeichnet.
- Das kosmetische Mittel penetriert aber auch durch die „Gänge der Haut", die von innen nach außen führen. Das sind die Talgdrüsengänge entlang des Haares und die Schweißdrüsengänge (Poren). Diese Art der Penetration wird auch als **transfollikuläre Penetration** (lat. *Follikel* = kleiner Schlauch, Säckchen, Drüsenbläschen) bezeichnet.

transfollikuläre Penetration

Die erfolgreiche Penetration von Wirkstoffen hängt ab

- von dem **Zeitpunkt** des Auftragens (vor oder nach der Hautreinigung),
- von der **Art des Auftragens** (durch Unterstützung von kosmetischen Apparaten oder manuell),
- von der aufgetragenen **Stoffklasse** (*lipophil* oder *hydrophil*),
- der **Zusammensetzung (Inhaltsstoffe)** und der **Zubereitungsform** des kosmetischen Mittels.

Die eindringenden Wirkstoffe müssen möglichst so aufbereitet sein, dass sie einem hautähnlichen Zustand entsprechen.

Gesetzliche Vorschriften regeln, welche Inhaltsstoffe für den Vorgang der Penetration zugelassen sind. Die eindringenden Stoffe dürfen keinerlei Gesundheitsgefährdung verursachen.

Stoffeinschleusung

Der intakte Hautschutzfilm und die Barrierelipide verhindern das Eindringen von Fremdstoffen (und damit auch von manchen Inhaltsstoffen in Kosmetika) in tiefere Hautschichten.

Mit Hilfe moderner Verfahren oder Wirkstoffträgern (→ Kapitel 1.5.3, Tabellenabschnitt M) ist es möglich, bestimmte, von der Haut so nicht aufnehmbare Stoffe in die Haut zu bringen. Die Wirktiefe hängt dabei immer vom Verfahren und von der Molekülgröße ab. Die Wirkstoffe werden einmassiert oder mithilfe apparativer kosmetischer Behandlungen (→ Kapitel 3.5) in die Haut eingeschleust.

1.7.2 Pflegen und Schützen

Je nach Zusammensetzung des Hydrolipid-Films bildet sich auf der Hautoberfläche eine natürliche O/W-Emulsion oder eine W/O-Emulsion.

Die Zusammensetzung des Hydrolipid-Films ist genetisch bedingt und kann von außen sowohl positiv durch fachgerechte Pflege als auch negati durch unsachgemäße Pflege beinflußt werden.

Trocknet die Hornschicht aufgrund fehlender Feuchtigkeit aus, verliert sie ihre Schutzfunktionen für die darunter liegende Hautschicht und damit nachhaltig auch ihre Elastizität.

Warum muss die Schutzfunktion der Haut wiederhergestellt werden?

Für kurze Zeit werden bei der Hautreinigung alle **hautschützenden Substanzen aus Hydrolipid-Mantel und NMF entfernt.** Dabei verschiebt sich der pH-Wert der Haut in den alkalischen Bereich (→ LF 3, Kapitel 3.1). Der ständig erhöhte transepidermale Wasserverlust (TEWL) muss mit den auf die Hautreinigung erfolgenden schützenden und pflegenden kosmetischen Mitteln aufgefangen und vermindert werden, sonst sinkt die Hautfeuchte immer weiter ab.

Die Anwendung kosmetischer Mittel übt unterschiedliche Funktionen aus:

- Nach den Reinigungsvorgängen (→ LF 3) soll die Haut **geschützt** werden vor z. B. Kälte, Sonneneinstrahlung, Mikroorganismen, hautschädigenden Substanzen (wie Chemikalien) usw.
- Sie soll **vorbeugend gepflegt** werden gegen Hauterkrankungen und Barrierestörungen, sodass damit verbunden Hautrötungen, Juckreiz, Austrocknen der Haut und dadurch bedingte trockene Ekzeme, Entzündungen und Verhornungsstörungen (z. B. wie bei Akne) vermieden werden.
- Die Haut soll **geglättet** und damit verbunden auch die **Hautrauigkeit** gemindert werden. Dies geschieht durch die gezielte Entfernung von Hautschüppchen und/oder stärkeren Verhornungen (z. B. durch ein Peeling), Narbenglättung, Schließen von aufgesprungener und wunder Haut (z. B. nach Hauterkrankungen) usw.
- Sie soll **regeneriert** werden durch positive Unterstützung der hauteigenen Funktionen und es soll mit kosmetischen Mitteln die Faltenstraffung, Anregung der Durchblutung und Zellregeneration, Erhöhung der Hautfeuchte und positive Beeinflussung der Hautelastizität (Anti-Aging) gefördert werden.

Die Pflege der Haut, speziell der Gesichtshaut, trägt erheblich zum Wohlgefühl Ihres Kunden bei. Sie als Kosmetiker haben es bei der Haut mit einem lebenden, komplexen Organ zu tun, das gesund erhalten werden muss. Ihre Aufgabe ist es, mithilfe genauer Kenntnisse über Wirkung und Anwendung kosmetischer Mittel der Haut zur Gesundheit und dem Kunden damit zum Wohlbefinden zu verhelfen.

EXKURS: Pflege und Hautschutz der Kosmetiker, vor allem ihrer Hände

Die Hände der Kosmetiker sind täglichen Belastungen während ihrer Arbeit ausgesetzt. Die hohe Hautbelastung entsteht durch den häufigen **Kontakt mit Wasser und kosmetischen Reinigungsmitteln** aller Art (auch mechanische Peelings), die z. T. nicht nur auf der Gesichtshaut der Kundin, sondern auch auf der Haut der Kosmetiker-Hände entfettend wirken. Dadurch kommt es zu einem ständigen Auswaschen der hauteigenen Schutzstoffe. Auch die dauernde **Anwendung von kosmetischen Mitteln mit problematischen Inhaltsstoffen** (z. B. bei dem Durchführen einer Kräutertiefenschälkur) ist strapazierend für die Hände und kann auf Dauer zu berufsbedingten Ekzemen führen.

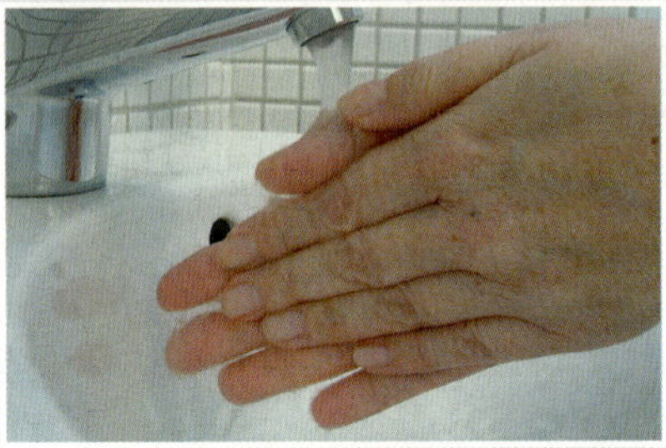

Abb.: Beim Händewaschen

Das **Tragen von Handschuhen** bei bestimmten Tätigkeiten wie kosmetischer Ausreinigung, Erstellen eines Permanent Make-ups, Maniküre (Nagelmodellage), Pediküre usw. führt zu feuchten, mitunter schwitzenden Händen im Handschuh. Die Hornschicht der Handhaut quillt auf. Dadurch ist die Barrierefunktion der Haut geschädigt, der TEWL steigt an, die Hornschicht wird durchlässiger. So kommt es dann anschließend zu einer mangelnden Widerstandsfähigkeit der Haut z. B. gegen Infektionen. Zusätzlich können bei oben genannten Vorgängen Allergene, z. B. bei einer Latexallergie, in die geschädigte Haut eindringen und dort Sensibilisierungen hervorrufen.

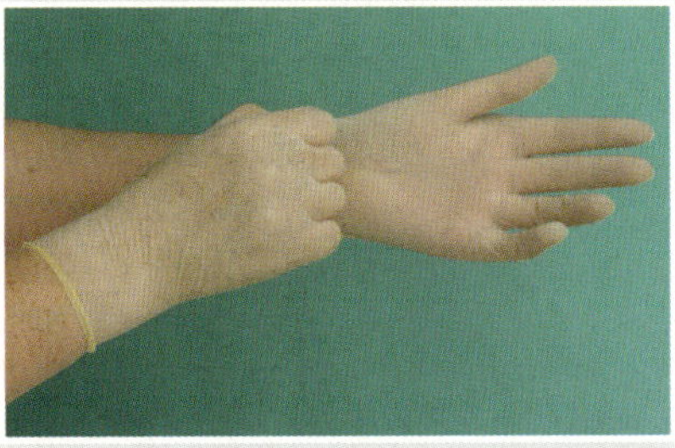

Abb.: Einmalhandschuhe

Zur Vermeidung von hautreizenden und hautschädigenden Arbeitsabläufen wurden spezielle Regeln zum Hautschutz erlassen. Diese können beim Landesgesundheitsamt angefordert werden. (Internetadresse: www.Landesgesundheitsamt.de oder Suchmaschine Stichwort „TRGS".

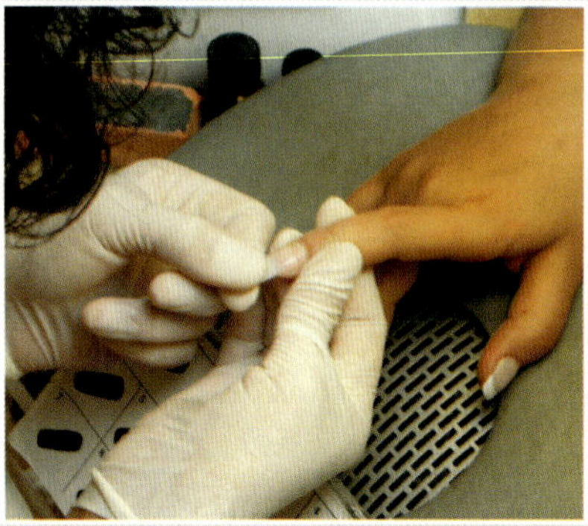

Abb:
Bei der Nagelmodellage

- **Technische Regeln für Gefahrstoffe (TRGS)**
- gegen „die Gefährdung der Haut durch Arbeiten im feuchten Milieu (TRGS 531)"
- gegen „sensibilisierende Stoffe (TRGS 540)"
- Die TRGS werden vom **Ausschuss für Gefahrstoffe (AGS)** aufgestellt und der Entwicklung entsprechend angepasst. Sie werden vom Bundesministerium für Arbeit und Sozialordnung im Bundesarbeitsblatt (BArb B1) bekannt gegeben und enthalten Merkblätter, unter anderem zu Ersatzstoffprüfung, zu Schutzmaßnahmen, einen Hautschutzplan (mit tätigkeitsbezogenen Pflegemaßnahmen für die Haut), persönliche Schutzausrüstung (z. B. Gummihandschuhe), Hygiene, Betriebsanweisung und Unterweisung für/von Mitarbeiter(n).

Schutz Ihrer Hände während und nach der Arbeit

Schutz =
Vermeidung,
Schutzschicht,
Hautpflege

Für Sie als Kosmetiker ist es nicht möglich, eine der üblichen Hautschutzsalben, die in der Regel stark fettend sind, während oder zwischen den Behandlungen aufzutragen. Sie können daher den nötigen Hautschutz nur bedingt ausüben.

- Wenn Sie selbst allergisch oder sensibel auf kosmetische Inhaltsstoffe (z. B. Konservierungsstoffe oder Kräuterauszüge) reagieren, wählen Sie kosmetische Sortimente für die Kabinen-Behandlung und den Verkauf, die auf die entsprechenden Inhaltsstoffe verzichten.
- Führen Sie Massagen mit für Sie hautverträglichen Präparaten durch, z. B. mit einer rückfettenden Nachtcreme (das ist aber nur bei Kundinnen mit entsprechendem Hauttyp möglich).
- Arbeiten Sie viel mit Hilfsmitteln, die einen dauernden Kontakt zu den Präparaten vermeiden, indem Sie konsequent z. B. Maskenpinsel oder Spatel beim Auftragen von Masken und Packungen zum Verteilen verwenden.
- Beachten Sie beim Auftragen kosmetischer Mittel die Reihenfolgen aus den Systempflegetabellen (→ Kapitel 2.5).
- Pflegen Sie Ihre Hände nach den Behandlungen abends konsequent mit entsprechenden Pflegemitteln aus Ihrem Sortiment (Handcreme, Handpackung usw.). Manche kosmetische Mittel aus der Gesichtsbehandlung eignen sich auch zur Pflege Ihrer Hände, die ja besonderen Beanspruchungen ausgesetzt sind.

Warum kann eine Kosmetikerin ihren Beruf mit einem Abnutzungsekzem nicht ausüben?

Vor allem aus hygienische Gründen ist eine Ausübung des Berufes der Kosmetikerin mit Abnutzungsekzem problematisch.

Jede notwendige Händedesinfektion und Handreinigung strapaziert die Hände noch mal zusätzlich und ist dann auch schon schmerzhaft, je nachdem, wie schwer die Haut geschädigt ist.

Die durch das Ekzem bedingte rote und rissige Haut sieht nicht nur unästhetisch für die Kundin aus, Ihre Hände können sich auch rau anfühlen. Das ist besonders unangenehm für die Kundin während der Massage. Zusätzlich ist u. U. jede Bewegung Ihrer Hände schmerzhaft und führt im schlimmsten Falle zu weiteren Rissen.

Daher gilt auch für Ihre Hände: Vorbeugung ist der beste Weg zur Gesunderhaltung!

A Fragen Übungen Aufgaben

1. *Was sind kosmetische Mittel? Welche Funktion erfüllen sie und welche gehören dazu bzw. nicht dazu?*
2. *Was ist das LFGB?*
3. *Seit wann gibt es die Kosmetikverordnung und wann wurde die letzte wichtige Änderung durchgeführt?*
   a) *Durch welchen Gesetzesakt treten Änderungen in Kraft?*
   b) *Nennen Sie die Inhalte der Änderung vom Oktober 2004.*
4. *Was ist ein Meldeverfahren für kosmetische Rahmenrezepturen und warum gibt es diese?*
5. *Welche Kontaminationsarten gibt es bei der Herstellung und Verwendung kosmetischer Mittel und woran erkennen Sie den Verderb?*
6. *Nennen Sie die vorgeschriebenen toxikologischen Prüfungen (nach EU und OECD).*
7. *Nennen Sie den Fahrplan zum Ausstieg aus den Tierversuchen für kosmetische Mittel.*
8. *Was ist die INCI-Deklaration?*
9. *Was ist ein Rohstoffinventar, warum können INCI-Bezeichnungen sowohl englische als auch lateinische Namen haben und wo stammen die lateinischen Namen für pflanzliche Inhaltsstoffe her?*
10. *Welche besonderen Anforderungen muss Wasser zur Verwendung als Inhaltsstoff in kosmetischen Mitteln erfüllen?*
11. *Erklären Sie die Funktion von Liposomen in Ihren eigenen Worten.*
12. *Warum können Sie mit einem Abnutzungsekzem an den Händen Ihren Beruf nicht ausüben?*
13. *Welche Maßnahmen können Sie als vorbeugenden Hautschutz Ihrer Hände ergreifen?*
   a) *Nennen Sie mindestens drei Beispiele.*
   b) *Welche Vor-/Nachteile ergeben sich durch das Tragen von Handschuhen?*
14. *Inhaltsstoffe in kosmetischen Mitteln werden unterteilt in Basisstoffe, Wirkstoffe und Hilfsstoffe. Erstellen Sie eine Tabelle mit den Inhaltsstoffgruppen und deren Funktion in kosmetischen Mitteln, und nennen Sie je zwei Beispiele. Mustertabelle:*

Inhaltsstoff	Basisstoff	Wirkstoff	Hilfsstoff
Funktion			
Beispiele			

15. *Nennen Sie die Unterscheidungsmöglichkeiten von kosmetischen Inhaltsstoffen nach ihrem Ursprung.*
16. *Welche Herstellungsarten werden nach natürlichem Vorbild des Stoffes und welche nach nicht natürlichem Vorbild ausgeführt? Bitte beschreiben Sie diese Verfahren mit Ihren eigenen Worten.*
17. *Nennen Sie mindestens fünf verschiedene, am häufigsten eingesetzte Inhaltsstoffe und deren kosmetische Funktion.*
18. *Warum werden in der Kosmetik Tages- und Nachtcreme unterschieden? Beschreiben Sie deren Unterschiede.*
19. *Was ist der Unterschied zwischen einem Gel und einem Sol?*
   a) *Erklären Sie die Funktion eines Gels.*
   b) *Für welche Hautzustände ist ein Oleogel geeignet bzw. nicht geeignet?*
20. *Erklären Sie anhand einer Zeichnung den transzellulären und interzellulären Weg bei der Stoffaufnahme in die Haut.*

2 Kosmetische Basis- und Systempflege

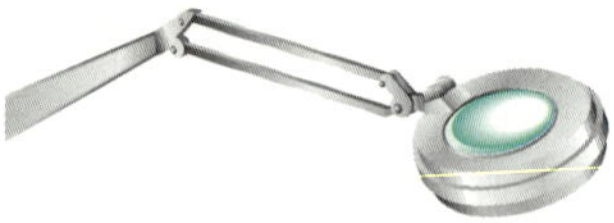

Katie darf heute bei ihrer älteren Kundin eine „Straffungsbehandlung" durchführen. Sie hat sich schon mal alle Produkte, die sie dafür braucht, zurechtgestellt. Alles läuft gut, sie ist schon bei der Ampulle angelangt, als es an der Tür klingelt. Eine Kundin möchte einen Gutschein kaufen. Bis Katie den nach den Wünschen der Kundin fertig geschrieben und verpackt hat, vergehen fast 15 Minuten. Sie kehrt an ihren Platz zurück und überlegt: Hat sie jetzt schon die Ampulle aufgetragen, vielleicht auch schon das Liftingserum? Beides zieht in die Haut ein, ohne Rückstände zu hinterlassen. Wenn sie beides noch mal aufträgt, schimpft die Chefin mit ihr „Das ist zu teuer", wenn sie jetzt darauf verzichtet, wirkt die Behandlung eventuell nicht!

2.1 Kosmetische Beratung, kosmetische Dienstleistung

Nach der hauttypgerechten Reinigung der Gesichtshaut sollten Sie der Kundin/dem Kunden ein oder mehrere passende Angebote aus der Vielzahl der kosmetischen Weiterbehandlungsmöglichkeiten auswählen.

Die während der Anamnese und kosmetischen Hautbeurteilung erhobenen Daten sind für Sie die ersten "Puzzlesteine", mit deren Hilfe Sie beginnen für Ihren Kunden einen individuellen Behandlungsplan zu gestalten.

Dabei sind z. B. folgende Faktoren zu berücksichtigen:
- Handelt es sich um einen Neukunden/Stammkunden/Laufkundschaft?
- Wird es eine Einmal- Entspannungsbehandlung/regelmäßige Behandlung?
- Ist der Zustand der Haut sehr/normal/wenig pflegebedürftig?
- Sind Hautveränderungen vorhanden/nicht vorhanden?
- Hat der Kunde keine/genaue Wünsche und Vorstellungen?
- Ist der Kunde zahlungskräftig/mit geringem Budget?

Bieten Sie dann in einem **Beratungsgespräch** eine oder mehrere Dienstleistungen aus Ihrem Behandlungsangebot an. Das Gespräch läuft nach den Regeln eines Verkaufsgespräches ab (→ Band A, LF 1, Kapitel 5 und LF 9, Kapitel 8.3.2):

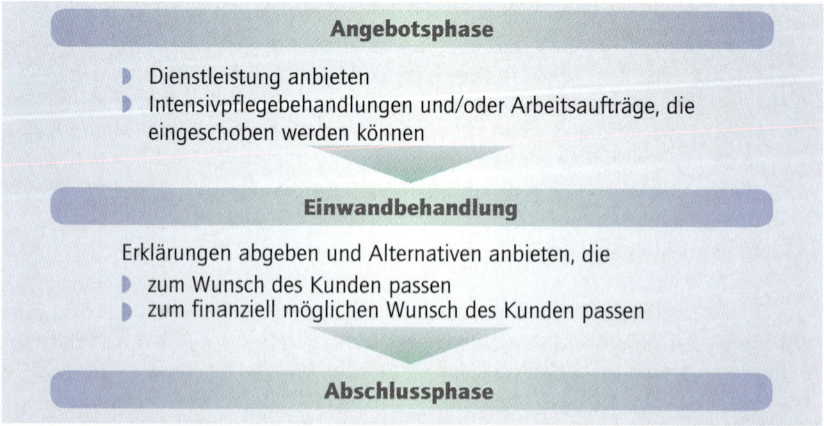

Abb. 2.1: Ablauf eines Beratungsgespräches

Informieren Sie, z. B. während Sie das Gesichtswasser auftragen, über die von Ihnen vorgeschlagene Dienstleistung bezüglich Dauer, Art und Zweck der Anwendung, Preis usw.

Beispiel 1

„Können wir Ihrer Haut heute etwas Gutes tun? Sie ist stark von der Sonne strapaziert, daher empfehle ich Ihnen die beruhigende und kühlende Crememaske mit Kollagen."

Überfordern Sie Ihre Kunden nicht gleich mit zu vielen Angeboten Ihrer Dienstleistung, sie könnten sonst alle Zusatzleistungen ablehnen.

Beispiel 2

Eine Intensivpflegebehandlung können Sie entweder als ein Komplettangebot unterbreiten, z. B. eine Vitamin C-Behandlung, in der Peeling, Ampulle und Spezialmaske zu einem Festpreis angeboten werden.

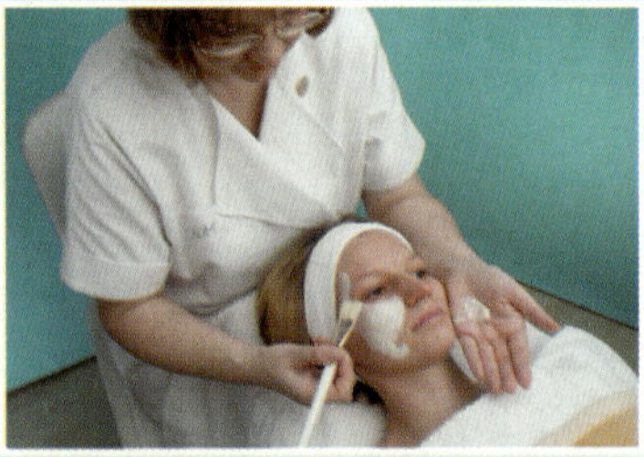

Abb. 2.2: Auftragen einer Maske

Oder Sie bieten die einzelnen Dienstleistungen „Schritt für Schritt" an, immer dann, wenn es in den Behandlungsablauf passt. Das hängt auch vom Naturell Ihres Kunden ab, es gibt zögernde und spontan entscheidungsfreudige Kunden. Die einen sind finanziell bereit „alles", was Sie empfehlen, machen zu lassen, sofern es der Haut gut tut . Andere wollen sich z. B. erst während der Massage überlegen, ob sie eine Spezialmaske (die dann extra bezahlt wird) möchten oder nicht.

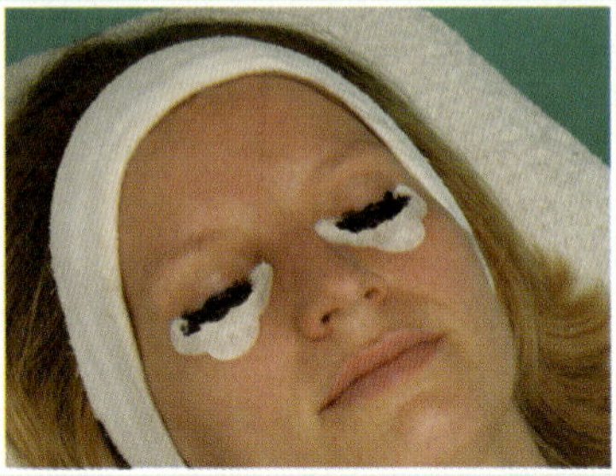

Abb. 2.3: Wimpernfärben

Reagieren Sie auch dann flexibel, wenn eine Kundin zu einer angebotenen Leistung schon ja gesagt hat, diese dann aber doch nicht möchte und umgekehrt, das heißt wenn sie zusätzlich eine Leistung möchte, die ihr kurzfristig einfällt. Sie kann z. B. erst nachdem die Maske abgenommen wurde fragen, ob Sie ihr noch die Wimpern färben können. Überlegen Sie dann, ob dafür bis zum nächsten Termin noch Zeit genug ist. Wenn nicht, ob Sie Ihrem nächsten Kunden die zusätzlich entstehenden zehn Minuten Wartezeit zumuten können.

Reagieren Sie mit Ihren Angeboten immer individuell und flexibel auf die Bedürfnisse auch Ihrer Stammkunden. Ebenso bei diesen kann sich von Termin zu Termin der Kundenwunsch verändern.

Bei einem Kunden, der Ihnen bereits bekannt oder Stammkunde bei Ihnen ist, sind diese Abläufe mitunter bereits eingespielt. Bei einem Neukunden oder bei Laufkundschaft sollten Sie die richtige Behandlung für den Kunden finden.

Nach welchen Gesichtspunkten würden Sie weitere kosmetische Behandlungen anbieten?

Bevor Sie sich mit den nächsten Kapiteln immer weiter in die individuellen Behandlungspläne und in die hauttypgerechte Pflege der Haut einarbeiten, gibt es zwei **grundsätzliche Gesichtspunkte zur Weiterbehandlung:**

Zur Gesunderhaltung, Stabilisierung (besonders bei durch Hauterkrankungen und Allergien strapazierter Haut) und Straffung sollen

alle zu Beginn der Behandlung **geröteten Hautzustände** mit kühlenden, beruhigenden, entquellenden (oder abschwellenden) kosmetischen Maßnahmen weiterbehandelt werden.

alle zu Beginn der Behandlung **schlecht durchbluteten Hautzustände** anregende, die Durchblutung fördernde kosmetische Behandlungen erhalten.

7

Da alle Vorgänge schonend für die Haut vorgenommen werden sollen und auch, um eine Gegenreaktionen der Haut zu vermeiden gilt es, auf dem Weg zum individuellen Behandlungsplan für Ihren Kunden neben der richtigen Anwendung auch die richtige Dosierung zu wählen.

2.2 Die Dosierung

Besonders bei pflegenden Anwendungen kann es bei allen trockenen Hautzuständen und bei der sensiblen Haut dazu kommen, dass Sie ein Pflegepräparat mehrmals dünn auftragen müssen, bis es die Haut „sättigt". Sie sehen die Hautsättigung daran, dass ein Präparat nicht mehr einzieht, sondern auf der Hautoberfläche „liegen bleibt" und damit einen fühlbaren und/oder glänzenden Film auf der Haut hinterlässt.

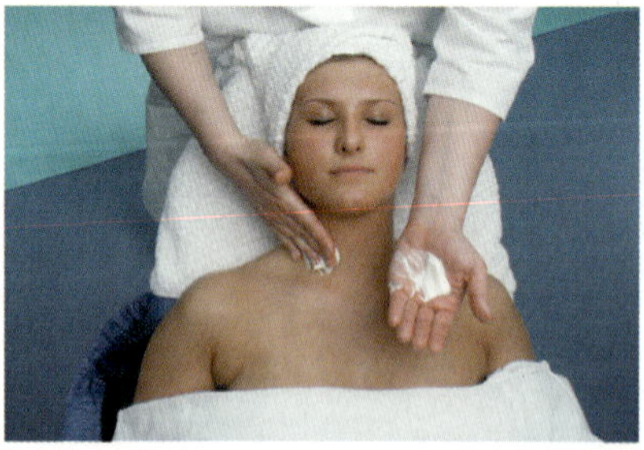

Abb. 2.4: Cremeauftrag am Hals

Gerade bei allen sensiblen Hautzuständen kann die Haut nur „kleine" Mengen an Pflege aufnehmen, daher ist das häufige dünne Auftragen an Pflegeprodukten anstatt einer dick aufgetragenen Menge anzuraten.

Während der Gesichtsmassage, wenn Sie z. B. mit einer beruhigenden Nachtcreme massieren, kann es vorkommen, dass bei den trockenen Hautzuständen ein Teil der Nachtcreme schon in die obere Hautschicht einzieht. Cremen Sie dann (unter Beachtung der Hygieneempfehlungen zur Präparatentnahme) noch einmal nach.

Das Gleiche gilt für Packungen (Crememasken), wenn Sie beobachten, dass an bestimmten Stellen ein Teil der Packungsmasse schon vor Ablauf der Einwirkzeit eingezogen ist. Tragen Sie dann an diesen Stellen das Produkt noch einmal auf.

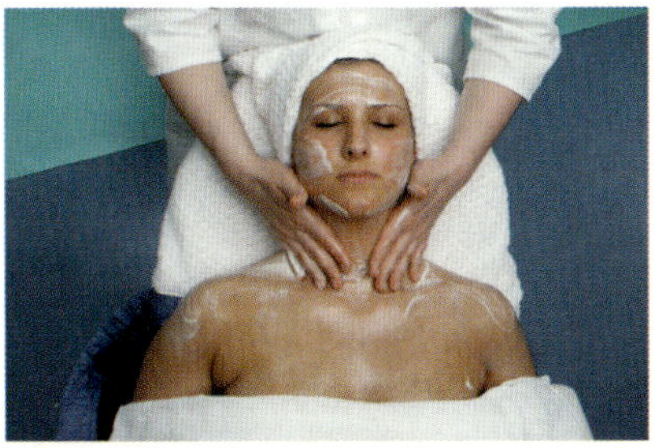

Abb. 2.5: Überdosierter Cremeauftrag

Bei Ampullen-Behandlungen ist die Dosierung vorgegeben und sollte auch so eingehalten werden, damit die Ampulle ihre Wirkung voll entfalten kann.

Auch bei den Maskenanwendungen ist die zu verwendende Menge meist vorgegeben.

Bei der Abschlusspflege wird nach Hautzustand dosiert aufgetragen. Auch hier gilt: **beobachten!** Zieht das aufgetragene Pflegeprodukt schnell ein und hinterlässt keine Rückstände auf der Haut, können Sie noch einmal eine dünne Schicht auftragen. Führen Sie dies mehrmals durch, bis die Creme „spürbar" und/oder sichtbar auf der Haut verbleibt. Erst dann ist die endgültig schützende und pflegende Schicht (→ auch Kapitel 1.7) erreicht. Sollten Sie eine Schicht zu viel aufgetragen haben und die Haut einen glänzenden, manchmal weißlichen Film zeigen, kann mit einem aufgelegten Kosmetiktuch der Überschuss abgenommen werden.

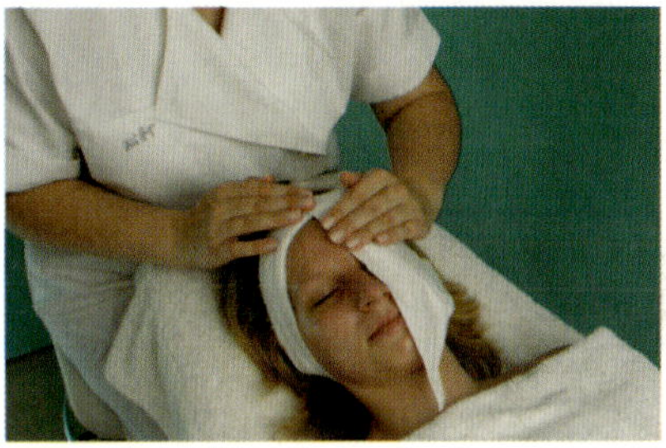

Abb. 2.6: Abnahme von Cremeüberschuss

Zu welchen Reaktionen der Haut kann es bei unsachgemäß dosierter Pflegeanwendung kommen?

Wenn die Gesichtshaut nicht fachgerecht, also „über- oder unterdosiert" mit kosmetischen Präparaten behandelt wird, kann das unangenehme Folgen für die Haut haben:

Es kann auch durch den unsachgemäßen Gebrauch von Kosmetika zu einer **sensiblen Reaktion** kommen, die noch nicht unbedingt gleich eine allergische Reaktion bedeutet. Wenn der Haut zu viel und nicht dem Hautzustand entsprechende Pflegeprodukte aufgetragen werden, kann es zu einem Wärmestau und damit zu Rötung und Schwellung der Gesichtshaut kommen.

Beispiel

Wenn z. B. der Hauttyp einer Seborrhoe sicca (→ Kapitel 2.5.3) nicht von Ihnen erkannt wurde und der Kundin aufgrund des Aussehens und unsachgemäßer Anamnese eine Pflege für trockene Haut empfohlen und angewandt wurde, kommt es zu den oben genannten Reaktionen. Zusätzlich bleiben die pflegenden (synthetischen) Öle, die oft positiv in Pflegelinien für trockene Haut eingesetzt werden, als nicht einziehender, erkalteter, zäher Film auf der Haut liegen (→ LF 7, Kapitel 1.5.3 Hautreinigung).

Erhält die Haut zu wenig Pflege, bleibt zum Abschluss der Behandlung das sichtbare, positive Ergebnis aus bzw. kann die Kundin über ein unangenehmes Spannungsgefühl klagen.

Besonders auch bei der Behandlung der sensiblen Haut (→ Kapitel 2.5.6) ist zu beachten:

Eine **Reizung** der Haut kann neben ihren positiven Aspekten für die Haut wie (z. B. bei der Reizstrombehandlung oder Fruchtsäurebehandlung herbeigeführt) auch negative Reaktionen hervorrufen.

In der Regel geschieht das in Bezug auf kosmetische Mittel bei der Anwendung von Stoffen, die auf die Haut und Schleimhaut entzündungserregend und toxisch wirken. Diese generellen Wirkungen sollen durch die Einhaltung der entsprechenden Gesetze verhindert werden (→ Kapitel 1).

Nicht durch Gesetze zu verhindern ist aber die fehlerhafte Anwendung von hautreizenden Stoffen, die bei falscher Einschätzung des Hauttyps oder bei Überdosierung zu schweren Reizungen und damit verbundenen Gewebeschädigungen (im schlimmsten Fall zu Verbrennungen) führen können.

Die Dosierung der anzuwendenden Präparate muss sorgfältig während aller Behandlungen beachtet und deren Wirkung auf die Haut genau beobachtet werden. Ebenso ist die genaue Hautdiagnose ein wichtiger Faktor für die richtige Wahl des Präparates und die erfolgreiche kosmetische Behandlung.

Damit eine Unter- oder Überdosierung oder Hautreizung vermieden und eine erfolgreiche Behandlung gewährleistet werden kann, gibt es die kosmetische Basis- und Systempflege, innerhalb derer die jeweiligen schützenden und pflegenden individuellen Behandlungsmaßnahmen fachgerecht dosiert durchgeführt werden.

2.3 Die Basispflege

Während Ihrer Arbeit im Kosmetikinstitut müssen Sie viele verschiedene Produkte richtig anwenden können, die sich in ihrer positiven Wirkung auf die Haut ergänzen. Mit der Basispflege sind bereits bestimmte Grundbausteine eines Systems (Systempflege → Kapitel 2.4) zur Hautpflege vorhanden.

Abb. 2.7:
Beispiel Basispflegeset

Die Basispflege wird häufig und von vielen Verbrauchern angewandt, auch von denen, die nicht zu Ihren Kunden gehören. Die Basispflege gehört mittlerweile zu den als selbstverständlich geltenden Körper- und Gesichtspflegeanwendungen.

Die Basispflege in der Kosmetikbehandlung und für die Kundin zu Hause besteht aus den vier verschiedenen Behandlungen und Produkten:

- Reinigung (inkl. Ausreinigung, wenn notwendig)
- Tonisierung mit Gesichtswasser zur Wiederherstellung des pH-Wertes
- Tagescreme zum Schutz der Haut und/oder als Make-up-Unterlage
- Nachtcreme zur Regeneration und/oder zum Schutz

Die Basispflege beschränkt sich in ihrer Funktion auf die für die Gesunderhaltung und für den Schutz und die Pflege der Haut notwendigen Produkte und deren Anwendung.

5842224

2.3.1 Tages- und Nachtpflege

Die Basispflege für die Haut unterscheidet zwischen Tagescreme und Nachtcreme.

Abb. 2.8: Tageshaut

Warum gibt es diese Unterscheidung?

Die wichtigste Aufgabe der **Tagescreme** ist neben den in Tabelle 1. genannten Punkten der Schutz der Haut vor Sonneneinstrahlung (UV-Schutz) und der Schutz vor Umweltbelastungen (wie Abgasen, Staub, Schmutz). Die **Nachtcreme** soll dagegen die Regeneration der Haut über Nacht unterstützen und somit hauptsächlich eine pflegende Wirkung ausüben.

Der Hautstoffwechsel folgt, wie alle anderen Organe auch, einer „inneren" Uhr. Die Zellteilung in der Keimschicht der Epidermis sorgt für eine ständige Erneuerung der gesamten Oberhaut, sofern diese ohne Störungen, z. B. durch Hauterkrankungen wie Psoriasis usw. (→ Band A, LF 2, Kapitel 4.6.2), funktioniert.

Abb. 2.9: Nachthaut

Tagsüber verläuft dieser Teilungsprozess mit eingeschränkter Kraft, erst gegen Abend beschleunigt er sich und erreicht zwischen 22 und 24 Uhr seinen Höhepunkt. Wissenschaftlich belegt ist dieser Vorgang durch die Chronobiologie.

Die **Chronobiologie** erforscht rhythmische Abläufe in der Natur, bei Menschen, Tieren und Pflanzen. Der Chronobiologe spezialisiert sich auf die rhythmischen Abläufe im menschlichen Organismus und befasst sich mit deren Einfluss auf das menschliche Leben.

Der somit entstandene Biorhythmus hat folgende Auswirkungen:

- tagsüber werden überwiegend Muskeln (Bewegung) und innere Organe (Nahrungsaufnahme) mit Energie versorgt;
- nachts werden diese Funktionen nur eingeschränkt benötigt, sodass jetzt Nähr- und Aufbaustoffe für die Zellneubildung und für „Reparaturarbeiten" zur Verfügung stehen können.

Für die optimale Tages- und Nachtpflege der Haut ist jeweils das passende Präparat zum Hauttyp und zum Hautzustand zu verwenden. Zum Beispiel kann die Haut nach einer Erkrankung trockener geworden sein und bedarf dann mittelfristig einer fettreicheren Pflege in Form von z. B. einem ölhaltigen Konzentrat und/oder einer reichhaltigen Nachtpflege.

Kosmetische Mittel können bei den nachts ablaufenden „Reparaturarbeiten" an der Haut nur unterstützend wirken, da sie nicht bis an die Keimschicht, und damit an den Ort der Zellneubildung, vordringen können.

Gibt es weitere Biorhythmen mit Auswirkungen auf die Hautfunktion?

Besonders bei einer reichhaltigen Nachtcreme kann es bei fettigen Hautzuständen leicht zu nachteiligen Reaktionen der Haut kommen: Ist die Nachtcreme zu fetthaltig für den Hauttyp oder wird sie zu dick aufgetragen, kommt es zu einen Wärmestau und damit zu einer Behinderung der nächtlichen Schweißabsonderung. Dadurch bedingt kommt es zu einer leichten Schwellung der Haut und/oder zu Rötung. Bei normalen und fettigen Hautzuständen sollte überlegt werden, ob eine Nachtcreme sinnvoll ist, da hier der u. U. entstehende Schaden durch „überpflegen" den Nutzen, der durch die reichhaltigeren Inhaltsstoffe entstehen kann, nicht ausgleicht.

2.3.2 Sommer- und Winterhaut

Im **Winter** liegt der Pflegeschwerpunkt für die Haut auf dem Schutz vor der Kälte und den damit verbundenen Temperaturschwankungen von kalter – warmer Luft (z. B. beim Betreten eines geheizten Raumes von draußen) und warmer – kalter Luft (z. B. beim Verlassen eines geheizten Raumes nach draußen). Durch diesen häufigen Umgebungswechsel, durch häufigeren Wechsel der Witterung, kalten Wind und niedrige Temperaturen und – im Verhältnis zum Sommer – weniger starke Sonneneinstrahlung verändern sich die Haut und ihre Schutz- und Ausgleichsfunktionen.

Folgende Auswirkungen hat der Winter auf die Gesichtshaut:

- Der Schutz des Körpers vor niedrigen Temperaturen und damit verbundener Auskühlung ist eine verminderte Durchblutung der äußeren Extremitäten (Hände, Füße usw.) und der Haut, einschließlich Nase und Ohren.
- Die Erneuerung der oberen Hautschichten erfolgt langsamer, Regenerationsvorgänge der Haut finden vermindert statt.
- Durch das Betreten eines geheizten Raumes nach einem Aufenthalt draußen kommt es zu einer sofortigen stärkeren Durchblutung der Haut (rote Ohren und Nasen usw.). Reflektorisch (und gesteuert vom VEGETATIVEN NERVENSYSTEM → Band A, Grundlagen-Lexikon) werden auch die Hautgefäße wieder geöffnet und erweitern sich. Eine gesunde Haut kann diesen Prozess ohne Schäden überstehen; sind aber schon Hautfunktions- bzw. Gefäßfunktionsstörungen vorhanden, z. B. wie bei Couperose (→ Kapitel 2.6.2) und/oder Teleangiektasien, werden diese noch verstärkt auftreten.
- Es kommt zu einer zusätzlichen Austrocknung der Haut durch kalte Winde. Diese kühlen die Hauttemperatur weiter ab und beschleunigen so den Austrocknungsprozess (sinkender TEWL).

Durch den auftretenden Fett- und Feuchtigkeitsmangel wird die Haut

Abb. 2.10: Winterhaut

- rot, rau, rissig (z. B. aufgesprungene Lippen), also trocken.
- Die Hautschutzfunktion ist durch Risse in der Haut gestört.
- Sie wird anfälliger für Hautinfektionskrankheiten (z. B. durch Pilze infizierte Ekzeme).
- Anlagebedingte Hauterkrankungen können schubweise verstärkt ausbrechen auch bedingt durch die warme und luftabschließende Kleidung.
- Die Haut kann bei Sportarten im Freien, z. B. Skilaufen, zusätzlich durch Sonnenbrand geschädigt werden.

Für den Winter liegt der Schwerpunkt der Behandlungen auf wärmenden und hautschützenden kosmetischen Anwendungen (unter Berücksichtigung des aktuellen Hautzustandes) sowohl in der Kabine als auch für die Kundin zu Hause.

Spezielle Hautschutzcremes können über die Tagescreme aufgetragen werden. Sie legen hauptsächlich eine dicke Schicht über vor allem empfindliche, trockene und allergisch vorbelastete Haut. Sie enthalten überwiegend Wasser, *Petrolatum, Paraffinum Liquidum* und Bienenwachs (zur besseren Haftung).

Petrolatum Paraffinum Liquidum

Im **Sommer** liegt der Pflegeschwerpunkt auf dem Sonnenschutz und den damit verbundenen *regenerativen* (wiederherstellenden) Maßnahmen.

regenerativ

In der Regel übt die Sonnenbestrahlung eine positive Wirkung auf den Hautstoffwechsel aus (➜ Band C, LF 11, Kapitel 1.2). Im Sommer treten aber vermehrt Hautschäden auf durch die übermäßige Sonnenbestrahlung, die z. B. zu Sonnenbrand führen kann. Wärme und Feuchtigkeit (vermehrtes Schwitzen) begünstigen Hautinfektionen, z. B. durch Bakterien/Viren und Pilzerkrankungen. Durch die strahlungsbedingte Bildung freier Radikale (z. B. durch UVA-Strahlung aktivierter, reaktiver Sauerstoff), kommt es zu einem beschleunigtem Alterungsprozess (➜ Band A, LF 2, Kapitel 3.3).

Abb. 2.11: Sommerhaut

UVA- und UVB-Strahlung provozieren biochemische Prozesse im Bindegewebe, speziell durch UVA-Strahlung werden zellschädigende freie Radikale und bestimmte Enzyme freigesetzt, die kollagene und elastine Fasern angreifen und zerstören. Dadurch bedingt lässt die Elastizität der Haut nach.

Als „Gegenmittel" werden **Antioxidanzien** in kosmetischen Mitteln eingesetzt, welche die schädlichen Auswirkungen der freien Radikalen abfangen bzw. vermindern sollen. Die häufigsten kosmetisch eingesetzten Antioxidanzien sind *Vitamin C, Vitamin E* und *Beta-Carotin*, eine Vorstufe des Vitamin A (Freie Radikale und Antioxidanzien ➜ auch Band A, LF 10, Kapitel 8.3).

Freie Radikale sind Moleküle, die durch Sonneneinwirkung, aber auch Umweltgifte (z. B. Ozon, Stickoxide und Rauchen) aktiviert werden.

Was glauben Sie, sind Vitamincremes oder vitaminreiche Nahrungsmittel im Kampf gegen freie Radikale unterschiedlich erfolgreich?

Mögliche Reaktionen der strapazierten Sommerhaut:

- Sie kann sonnengeschädigt, gerötet, faltig und trocken sein,
- mit verdickter Hornschicht (Lichtschwiele) und dadurch grau/gelblich und/oder schuppig aussehen,
- durch Wärme bedingt aufgequollen und gerötet sein,
- sie kann allergische Reaktionen zeigen (z. B. Mallorca-Akne, „Sonnenallergie" ➜ Band A, LF 2, Kapitel 4.1.1 und 4.5.2).

Der Schwerpunkt der Kosmetikbehandlung liegt im Sommer auf kühlenden, regenerierenden, feuchigkeitszuführenden, entquellenden kosmetischen Maßnahmen für die Kabine und zu Hause unter Beachtung des aktuellen Hautzustandes.

Entsprechende Empfehlungen für Pflegepräparate und Anwendungen finden Sie in die Behandlungspläne nach Hauttypen (➜ Kapitel 2.5) eingearbeitet.

2.4 Systempflege

Mithilfe der Systempflege können Sie saisonal und individuell auf die sich verändernden Hautzustände der Kunden eingehen.

Basis- und Systempflege

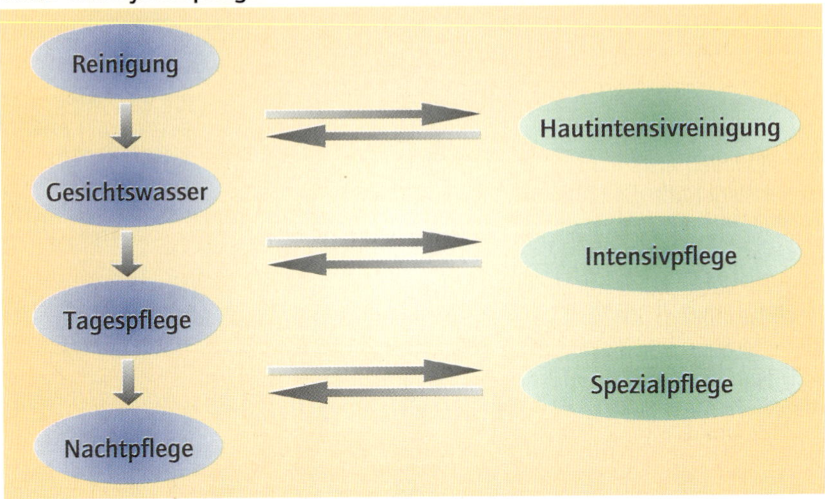

Abb. 2.12: Basis- und Systempflege

7

Ein System (griech. = *Systema*) ist ein aus mehreren Teilen zusammengesetztes, gegliedertes Ganzes.

Die Systempflege wird eingesetzt, um einen Hautzustand systematisch zu verbessern. Dabei unterscheiden Sie:

- Das **kurzfristig und schnell zu erreichende Ziel** innerhalb des Behandlungsablaufes, indem Sie überschießende Hautfunktionen beruhigen, z. B. bei Schwellungen und Rötungen entquellen oder kühlen oder bei Entzündungen (bei Akne) ausreinigen und die Talgproduktion reduzieren oder auch anregen, wenn es nötig ist. Das erreichte Ziel lässt sich aber nicht dauerhaft beibehalten, wenn Kunden nicht zu Hause entsprechend weiterpflegen und mithilfe konsequenter Behandlungstermine das langfristig zu erreichende Ziel angesteuert wird.
- Das **langfristig zu erreichende Ziel,** nämlich die Hautfunktionen zu regulieren, das Hautbild dauerhaft wieder zu regenerieren und zu verbessern (indem Sie z. B. den Hautzustand mithilfe kosmetischer Mittel langfristig beruhigen oder die Durchblutung anregen, der dauernden Verhornung vorbeugen, die weitere Ausbreitung z. B. von Teleangiektasien verhindern, eine Teintaufhellung erreichen usw.), muss auch individuell dem Hautzustand immer wieder angepasst werden.

Das jeweilige Ziel sollte dann mithilfe der Kosmetikbehandlungen (manuell/apparativ) und den angewandten Produkten erreicht werden.

Je weiter der aktuelle Hautzustand von dem einer normal funktionierenden Haut entfernt ist, desto konsequenter, eventuell auch in kürzeren Abständen, müssen die Behandlungen und die Präparateanwendungen unter Beachtung der Dosierung erfolgen.

Inwiefern sich Ihr Kunde in ihrer/seiner Haut „wohl fühlt", ist individuell verschieden. Als Kosmetikerin müssen Sie mit Feingefühl und Takt die Bedürfnisse Ihrer Kunden und deren Haut erkennen und entsprechend reagieren.

Die Systempflege ist dann nicht gut an die Bedürfnisse der Haut Ihres Kunden angepasst, wenn Ihr Kunde mit dem kurzfristigen/langfristigen Ergebnis nicht zufrieden ist/war, direkt nach der Behandlung oder beim nächsten Termin,

- weil sie/er mehr erwartet hat; dann waren Ihre Erklärungen zu Anwendung/Dienstleistung nicht verständlich genug,
- weil Sie zu viel versprochen oder zugesagt haben; über die Wirkung einer Anwendung (z. B. „nach dieser Behandlung sind Ihre Falten verschwunden"), die dann nicht eintreten kann (Falten können nicht verschwinden, sondern nur „aufgepolstert" werden),
- wenn eine allergische Reaktion vorkommt,
- wenn Sie nicht fachgerecht behandelt haben.

Stellen Sie entsprechend der Zielerreichung die Behandlung und Pflege im Institut und für den Pflegeplan des Kunden zu Hause um.

Besonders bei Hauterkrankungen, die eine ausgetrocknete und strapazierte Haut hinterlassen (z. B. nach einer allergischen Reaktion wie Heuschnupfen und in Folge trockene, faltige Haut um die Augen durch ständiges Tränen, trockenes Ekzem auf den Augenlidern, gerötete, gereizte Haut um Nase und Lippen) oder Neurodermitis bzw. bei trockenen Ekzemen (→ Band A, LF 2, Kapitel 4.6) kann in den krankheitsbedingten schubfreien (damit auch entzündungsfreien) Zeiten durch fachgerechte systematische Pflege und Kosmetikbehandlungen eine vorübergehende, deutliche Besserung des Hautzustandes erreicht werden. Die Haut ist damit wieder besser geschützt, auch vor Krankheiten, die durch gestörte Barrierefunktionen auftreten.

Die Wiederherstellung und Stabilität der hautfunktionen, vor allem der Schutzfunktion, ist dann langfristig die Aufgabe der Systempflege durch Sie als Kosmetiker.

Basierend auf der Wirkungsweise der einzelnen kosmetischen Präparate sind **bestimmte Reihenfolgen** in der Anwendung der Produkte notwendig, um eine entsprechende Wirkung (d. h. Stoffaufnahme in die Haut → Kapitel 1.7) nach ihrer Anwendung zu zeigen.

Aufgrund der Physiologie der Haut können Wirkstoffe nur bestimmte Eindringtiefen auf bestimmten Wegen erreichen (→ Abb. 1.10).

Sinnvoll ist es daher, den in der tiefen Epidermis wirkenden Stoff (*hydrophil – transzellulär* oder *lipophil – interzellulär*) zuerst auf die gereinigte Haut zu applizieren, dann erst schützende und ausgleichende Stoffe, die in der oberen Epidermisschicht wirken. So können verschiedene „Lagen" an Wirkstoffen in den oberen Hautschichten eingeschlossen werden und auf die Haut wirken.

Oft werden die Wirkstoffe flüssiger Präparate durch zusätzlich aufgetragene Cremepräparate noch verstärkt.

Damit eine sofortige Abdunstung des Wirkstoffes in einem flüssigen Kosmetikpräparat beim Auftragen auf die Haut verhindert wird, sollte darüber ein pflegendes Präparat aufgetragen werden.

Beispiele für Anwendungsreihenfolgen:

Beispiel 1

Unter eine Gesichts-Paraffin-Maske wird zuerst eine Wirkstoffampulle aufgetragen, darüber ein Basispflegepräparat passend zur Paraffin-Maske. Dann erst erfolgt der luftdichte Abschluss durch warmes Paraffin.
Hier wird das flüssige Konzentrat zuerst aufgetragen, darüber eine mit pflegenden Wirkstoffen versehene Basiscreme. Umgekehrt wäre diese Anwendung nicht sinnvoll. Das flüssige Konzentrat kann nicht einziehen, wenn zuerst eine fetthaltige Schicht auf die Haut aufgetragen wird.

Beispiel 2

Ein flüssiges Konzentrat wird vor der Gesichtsmassage aufgetragen (zur Durchfeuchtung transzellulär), darüber folgt ein Hydrogel zur Durchfeuchtung der oberen Hautschicht, dann kann eine Massage mit einer reichhaltigen Nachtcreme erfolgen.
Hier werden zwei feuchtigkeitshaltige Präparate (Ampulle – Hydrogel) mit unterschiedlichen Eindringtiefen übereinander aufgetragen, z. B. bei trockener Haut.

Beispiel 3

Ein Liposomengel wird in die Haut einmassiert, darüber folgt eine Feuchtigkeitsmaske, nach der Einwirkzeit wird ein Oleogel aufgetragen.
Hier wird ein feuchtigkeitsspendender Wirkstoff mit einem ölhaltigen Präparat vor der Abdunstung geschützt (z. B. bei Couperose).

Beispiel 4

Vor der Iontophorese-Anwendung (→ Kapitel 3.5.4) können Sie keine fettreiche Creme auftragen, da diese Anwendung eine fettfreie Haut erfordert. Zum Abschluss der Iontophorese-Behandlung ist das Auftragen einer Creme jedoch sinnvoll, um die Haut weiterhin zu schützen.

Abb. 2.13: Beispiel einer Produktlinie

Produktlinien erleichtern Ihnen hier die Arbeit. Auch in der Reihenfolge der Anwendungen sind sie Hilfsmittel zur Unterstützung der Systempflege (→ Kapitel 2.4.2).

Damit die Präparate-Anwendungen in der Systempflege etwas einfacher nachzuvollziehen sind, gibt es Behandlungsanleitungen.

2.4.1 Behandlungsanleitungen

Eine **Behandlungsanleitung** ist eine Tabelle der Kosmetikhersteller oder -vertreiber, die Ihnen genaue Arbeitsschritte in der richtigen Reihenfolge angibt. Diesen gegenübergestellt ist dann das entsprechende Produkt oder auch mehrere, wenn es verschiedene Möglichkeiten gibt.

Aufgeführt sind in der Regel zuerst die Basispflegeprodukte und dann die Zusatzprodukte (für z. B. Cellulite-Behandlung oder Augenfältchen-Behandlung).

Eine Behandlungsanleitung kann z. B. folgendermaßen aussehen:

ANLEITUNG

Gesichtsbehandlung für die reife Haut

Karteikarte ausfüllen und Behandlungsprodukte festlegen.

Arbeitsschritte	Produkte
Reinigung der Haut	Reinigungsmilch oder Waschlotion
Peeling	Peeling abrasiv, 3 Min., manuell oder mit Bürste anwenden
Bedampfung	10 Min. mit Kamille
Ausreinigen, Tonisieren	Gesichtswasser
Maske auftragen	Collagenmaske 15 Min. einwirken lassen
Maske abnehmen	mit Wasser
Massage	Nachtcreme
Tagesschutz	Tagescreme getönt

Die Behandlung dauert ca. 60 MInuten.

Abb. 2.14: Muster einer Behandlungsanleitung eines Herstellers

Links auf den Seiten wird die Anwendung aufgezählt, rechts das entsprechende Produkt bzw. die Anwendungsdauer.

Behandlungspläne dagegen können auch von Ihnen individuell erstellt werden. Dann wählen Sie die Produkte und die Anwendungen für die individuelle Behandlung Ihres Kunden aus (→ Kapitel 2.5).

Halten Sie sich zu Beginn Ihrer Tätigkeit als Kosmetiker an die vorgeschlagenen Behandlungsanleitungen der Firmen. Diese sind in der Regel ausgewogen ausgearbeitet und nach Hauttypen geordnet.

Eigene Erweiterungen oder Änderungen von vorgegebenen Behandlungsanleitungen können nach Berufserfahrung später in Form von individuellen Behandlungsplänen erfolgen.

2.4.2 Produktlinien

Innerhalb eines Depots, in diesem Fall als Bezeichnung für komplette oder vorgegebene Teilsortimente (➜ Band A, LF 5, Kapitel 7.1.3), bieten Kosmetikhersteller oder Vertreiber Produktlinien an, die entweder nach kosmetischen Hauttypen und Hautzuständen oder Funktionen (z. B. Pflegeserie Hals und Dekolletee) bezeichnet sind.

Die Produktlinie bietet Ihnen, auch zur Vermeidung von Fehlern in der Anwendung, in der richtigen Reihenfolge alle für die Behandlung aller Hauttypen und Hautzustände aufeinander abgestimmten Präparats.

Abb. 2.15: Anderes Beispiel für eine Produktlinie

Die Produktlinie ist wie ein **Baukasten.** Verschiedene aufeinander abgestimmte Präparate können in den dafür vorgesehenen Anwendungs-Reihenfolgen eingesetzt werden. Nach Möglichkeit sollte dieses innerhalb eines Kosmetikdepots erfolgen. Die Mischung unterschiedlicher Präparate von unterschiedlichen Kosmetikherstellern **kann** zu unangenehmen, auch ggf. allergischen Reaktionen führen. Innerhalb des Systempflegeprogramms eines Herstellers ist das eher selten.

Können Sie Produkte weglassen?

In einer **Produktlinie** sind die vier Produkte der Basispflege und viele verschiedene Ergänzungsprodukte enthalten. Die Auswahl an zusätzlichen Produkten zur Intensivreinigung, Intensiv- und Spezialpflege ist sehr groß und ergibt damit die zur Systempflege geeignete Produktlinie mit aufeinander abgestimmten Präparaten, Inhaltsstoffen und Wirkstoffen.

Vorteil

Der Vorteil einer Produktlinie ist, dass jedes Produkt der Linie in seinen Inhaltsstoffen aufeinander abgestimmt ist. Ein weiterer Vorteil ist auch ihre individuelle Anwendbarkeit, d. h., es können Produkte weggelassen werden, ohne dass die angewandten in ihrer Wirksamkeit Einbußen erleiden oder die veränderte Reihenfolge unangenehme Folgen für die Kunden hat.

Nachteil

Ein Nachteil der Produktlinien ist, dass die konsequente Anwendung aller Produkte nach dem vorgegebenen Behandlungsplan, ohne den aktuellen Hautzustand zu berücksichtigen, leicht zu einer Überdosierung führen kann. Es kann z. B. zum Ende der Behandlung im Behandlungsplan als Abschlusspflege eine fettreiche Creme angegeben sein. Sie sehen aber, dass die Haut der Kundin schon nach der Packungsanwendung gesättigt ist. Dann würde die Anwendung der fettreichen Creme zu einem glänzendem Film auf der Haut führen.

In der Produktlinie ist es ein Vorteil, dass nicht immer alle Produkte einer Linie angewandt werden müssen, wenn der aktuelle Hautzustand den Verzicht auf ein oder mehrere Produkte erfordert.

Die **Kabinenware** innerhalb einer Produktlinie umfasst ebenfalls alle Verkaufsprodukte (und zusätzliche Spezialprodukte), ist aber in größeren Verpackungsgebinden für Ihren Gebrauch in der Kosmetikkabine zu bestellen. Ein Reinigungspräparat wird für die Kabinen-Behandlung z. B. mit 500 ml Inhalt angeboten, das gleiche Reinigungspräparat für den Verkauf dagegen in einer 250-ml-Verpackung.

2.4.3 Behandlungspakete

Von den Kosmetikfirmen gibt es zur Erleichterung Ihrer Arbeit auch ganze Behandlungspakete, die Ihnen die richtige Anwendung ermöglichen.

Behandlungsaspekte der kosmetischen Hersteller enthalten für eine bestimmte Kabinen-Behandlung alle dafür notwendigen Materialien für eine oder mehrere Anwendungen.

Beispiel

Es könnte für eine straffende Hals- und Dekolletee-Behandlung folgendes Behandlungspaket vom Hersteller angeboten werden:

- ✔ eine 1-kg-Dose mit Maskenpulver für 25 Anwendungen und der passende Messbecher zum Anrühren des Pulvers
- ✔ eine Flasche straffendes Wirkstoffkonzentrat 25 ml für mind. 15 Anwendungen
- ✔ 25 Stück Abdeckfolie zur Abdeckung der Maske und damit erwärmendem Effekt
- ✔ 5 Schwämmchen zur Abnahme der Maske

eine schriftliche Anleitung mit Maßangaben, Inhaltsstoffen, Anwendungsfotos, Eignung der Hauttypen für die Anwendung und/oder Schulungsvideo, Werbeflyer für das Angebot im Institut usw.

Mitgeliefert werden zusätzlich in einer Mappe die Bestell- und Preislisten und die Zahlungs- und Lieferbedingungen des jeweiligen Herstellers, außerdem saisonale Angebote und der aktuelle Waren- und/oder Gerätekatalog, fünf Proben des neuesten Körperpflegeprogramms usw.

Die Abfolge der vorgegebenen Anwendungen von Behandlungspaketen sollte nur von erfahrenen Kosmetikerinnen verändert werden, da sonst die Wirkung der Anwendung ausbleibt oder es zu unangenehmen Nebenwirkungen kommen kann.

Zum Beispiel wenn die Thermo-Modellage-Maske in den Haaransatz gerieben wird, ohne dass vorher wie beschrieben der Haaransatz geschützt wurde (mit Watteband). Es kommt dann zu einem unangenehmen Verkleben der Haare mit der Gipsmasse.

Wenn Sie sich für eine Produktlinie, ein Behandlungspaket, ein Sortiment oder Depot einer oder mehrerer Kosmetikhersteller entschieden haben, können Sie firmeninterne Basisschulungen besuchen oder es werden Schulungen in Ihrem Kosmetikinstitut vorgenommen (das gilt auch für die Gerätehersteller).

Sie erhalten Schulungsmaterialien in schriftlicher Form, diese können dann als Nachschlagewerk Ihre Arbeit im Kosmetikinstitut erleichtern. Die Schulungsmappe enthält in der Regel die Erklärung aller Produkte des Depots und deren Inhaltsstoffe einschließlich der INCI-Deklarationen. Zusätzlich gibt es Behandlungspläne für bestimmte Anwendungsabläufe im Institut.

2.4.4 Der Pflegeplan für die Kundin zu Hause

Wenn die Kundin neben der Basispflege Spezialprodukte aus den Produktlinien anwendet, sollten Sie ihr einen Behandlungsplan für die Pflegeanwendung zu Hause ausstellen. Dieser kann handschriftlich oder mit dem Computer gefertigt werden und kann z. B. gleichzeitig als Werbung für Ihr Institut dienen, wenn der Briefkopf, Ihr Institutszeichen usw. darauf abgebildet sind (→ Band A, LF 9, Kapitel 8.1).

Die Pflege zu Hause gestalten Sie für die Kundin nach der Systempflege, die Sie für die Kosmetikbehandlung verwendet haben.

Sie sind dann sicher, dass die Kundin die angewandten Präparate gut vertragen hat und die Präparate den Hautzustand verbessert haben (sichtbar auch für die Kundin). Auch die positive Wirkung der Kosmetikbehandlung wird „verlängert" bzw. zu Hause weitergeführt.

Pflegeplan
für reife Haut

Kunde:
Adresse:

	Produkt	Anwendung	Umstellung
Reinigung	Produkt A	2-mal täglich	
Gesichtswasser	Produkt B	2-mal täglich	
Peeling	Produkt C (dann nach Reinigung)	1-mal wöchentlich	
Konzentrate/ Gele (Ampullen)	Produkt D	1- bis 2-mal wöchentlich, 10 Min.	
Maske/ Packung	Produkt E	statt Konzentrat 1- bis 2-mal wöchentlich	
Tagespflege/ Fluid	Produkt F	täglich morgens	
Nachtpflege	Produkt G	täglich abends	
Augenpflege	Produkt H	täglich	
Hals/Dekolletee	Produkt I	täglich	

Abb. 2.16: Beispiel für einen Pflegeplan für zu Hause für reife Haut

Tragen Sie dann Ihrer Kundin alle Produkte ein und fügen Sie die Anwendungsanleitung dazu.

Markieren Sie deutlich sichtbar, wann Intensivpflegebehandlungen eingefügt werden. Damit schließen Sie Pflegefehler aus, die zu unerwünschten Hautreaktionen führen können oder die Anwendung der Präparate wirkungslos macht.

Besonders für Präparate, die nicht zur Basispflege gehören, also auch im täglichen Gebrauch der Kundin nicht unbedingt bekannt sind, ist das wichtig. Zum Beispiel wenn die Kundin die Cremepackung, da diese eingezogen ist, nicht abwäscht. Es bleiben dann trotzdem Rückstände auf der Haut und die darüber aufgetragene Nachtcreme kann ihre Wirkung nicht voll entfalten.

Für die Vermeidung von Pflegefehlern ist ein Pflegeplan zu Hause sinnvoll.

Der Pflegeplan für die Kundin zu Hause muss nach dem aktuellen Hautzustand bei Behandlung erstellt werden. Sie behalten sich eine Kopie dieses Pflegeplanes und den individuellen Behandlungsplan für die Kundin in Ihrer Karteikarte. So können Sie ihr z. B. ein Angebot machen, wenn Sie wissen, dass die verwendete Pflege bald aufgebraucht ist.

Wie entscheiden Sie, ob der Pflegeplan für die Kundin verändert werden muss?

Beachten Sie immer den aktuellen Hautzustand, wenn die Kundin zu ihrem Termin erscheint. Achten Sie auf Äußerungen, die auf Hautveränderungen hindeuten, z. B. wenn die Kundin darüber klagt, dass die Haut in letzter Zeit (Zeitspanne erfragen!) spannt, sich öfter rötet oder den ganzen Tag glänzt oder ihrer Meinung nach neue Fältchen dazugekommen sind.

Reagieren Sie auch entsprechend, wenn die Kundin anruft und Hautprobleme anspricht.

Bitten Sie die Kundin dann außerhalb ihres turnusmäßigen Termins vorbeizukommen, um den Hautzustand selbst zu prüfen und die Pflege eventuell umzustellen.

- Empfehlen Sie ihr zuerst eine **Veränderung der Zusatzprodukte** zur Hautintensivpflege (z. B. für flüssige Konzentrate/Gele, Maske/ Packung), die dann entweder mehr pflegende Inhaltsstoffe und häufigere Anwendung oder andere Inhaltsstoffe, z. B. talgreduzierende, enthalten.
- Verändern Sie die **Basispflege** (Reinigung, Gesichtswasser, Tages- und Nachtpflege) **nur dann,** wenn sich aufgrund der oben genannten Maßnahmen der Intensivpflegeumstellung der Hautzustand nicht positiv verändert hat.

Erklären Sie Ihrer Kundin mit Fachwissen und Kompetenz, warum eine Umstellung erforderlich ist und dafür auch andere Produkte erworben werden sollen. Bleiben Sie dabei glaubwürdig in Ihrer Argumentation. Ein ständiger Wechsel der Produkte ist für die Kundin nicht nachvollziehbar, wenn kein System dahinter steht.

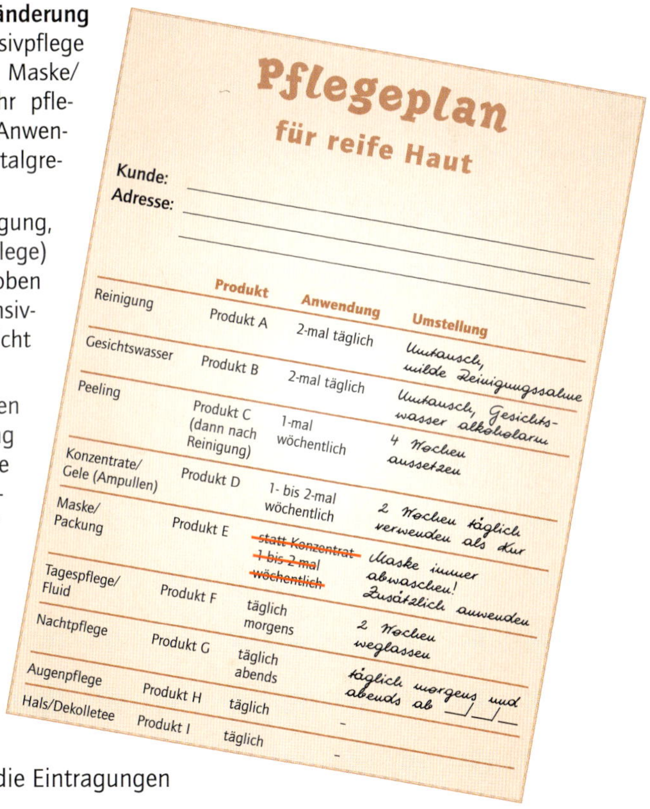

Pflegeplan
für reife Haut

Kunde:
Adresse:

	Produkt	Anwendung	Umstellung
Reinigung	Produkt A	2-mal täglich	Umtausch, milde Reinigungssahne
Gesichtswasser	Produkt B	2-mal täglich	Umtausch, Gesichtswasser alkoholarm
Peeling	Produkt C (dann nach Reinigung)	1-mal wöchentlich	4 Wochen aussetzen
Konzentrate/ Gele (Ampullen)	Produkt D	1- bis 2-mal wöchentlich	2 Wochen täglich verwenden als Kur
Maske/ Packung	Produkt E	~~statt Konzentrat 1-bis 2-mal wöchentlich~~	Maske immer abwaschen! Zusätzlich anwenden
Tagespflege/ Fluid	Produkt F	täglich morgens	2 Wochen weglassen
Nachtpflege	Produkt G	täglich abends	täglich morgens und abends ab __/__/__
Augenpflege	Produkt H	täglich	–
Hals/Dekolletee	Produkt I	täglich	–

Abb. 2.17: Beispiel für einen umgestellten Pflegeplan für zu Hause für reife Haut

Ändern Sie dann auch entsprechend die Eintragungen in der Karteikarte der Kundin.

Passen Sie den Pflegeplan für zu Hause auch dem zunehmendem Alter der Kundin an, da aufgrund der nachlassenden Hautfunktion die Zusatzprodukte immer öfter angewendet werden müssen.

Was ist, wenn der Kundin bisher eine Reaktion auf einen kosmetischen Inhaltsstoff nicht bekannt war und diese jetzt auftritt?

Es kommt dann entweder zu einer akuten Reaktion oder zuerst zu einer Sensibilisierung nach längerer Anwendungszeit (Allergien → Band A, LF 2, Kapitel 4.5).

Sollten Sie bei Ihrer Kundin nach der Anwendung von Pflegeprodukten auftretende Rötungen oder sogar Schwellungen beobachten oder von ihr davon erfahren, setzen Sie die bis dahin verwendeten Pflegeprodukte zu Hause und im Institut sofort ab. Überlegen Sie dann, ob Sie aus Kulanzgründen eines oder mehrere Produkte der Kundin zurücknehmen und durch neu ausgesuchte zumindest teilweise austauschen (Umgang mit Reklamationen → Band A, LF 9, Kapitel 8.5).

Nur durch eine Minimalpflege und/ oder Umstellung bzw. Verzicht kann das verursachende Produkt erkannt werden.

Eine **Minimalpflege** besteht aus einem anderen Reinigungsprodukt, einem anderen Gesichtswasser und, je nach Hautzustand, einem Fluid oder Gel. Da bei diesen Produkten, anders als z. B. bei einer Nachtcreme, nur wenige Substanzen zugesetzt sind, ist die Wahrscheinlichkeit etwas geringer, dass der auslösende Stoff dann noch enthalten ist.

Durch Beobachtung über mehrere Wochen, in denen Sie die Gesichtshaut Ihrer Kundin regelmäßig ansehen, kann eine Besserung beurteilt werden. Bitten Sie in dieser Zeit Ihre Kundin, nicht die Präparate zu wechseln oder andere, dazugekaufte (z. B. aus Drogerie- oder Supermarkt) gleichzeitig zu verwenden. Eine dann auftretende Reaktion kann sonst schlecht nachvollzogen werden.

2.5 Behandlungspläne nach kosmetischen Hauttypen und Hautzuständen

Sie unterscheiden verschiedene **kosmetische Hauttypen** nach ihren Funktionen von Talgdrüsen, Schweißdrüsen und ihrem Durchfeuchtungsgrad (Wassergehalt, → Band A, LF 2, Kapitel 2.1). Dabei ist immer der **aktuelle Hautzustand** für die Entscheidung über die weitere kosmetische Behandlung ausschlaggebend und wird genau betrachtet.

Da die Haut sich durch viele verschiedene Einflüsse bedingt verändern kann, muss der Hautzustand immer wieder vor der Kosmetikbehandlung geprüft werden (→ LF 2, Kapitel 2).

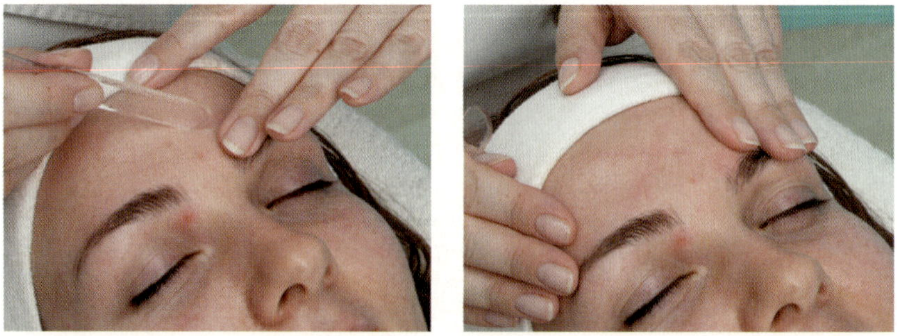

Abb. 2.18 a und b: Hautbeurteilung

5842236

→ Die aufgeführten Tabellen geben Ihnen einen **Überblick über alle zu verwendenden Präparate**, passend zum Hautzustand, aus denen Sie jeweils eines oder mehrere anwenden können, vor allem, wenn Ihre Kosmetikfirma keine Behandlungsanleitungen zu den Produkten mitliefert.

→ Die als geeignet eingetragenen Wirkstoffe bieten Ihnen eine **Auswahl der möglichen Wirkstoffe,** wegen ihrer Vielzahl können nicht immer alle geeigneten genannt werden.

2.5.1 Seborrhoe oleosa

Seb. oleosa = fettfeuchter Hautzustand

Dieser Hauttyp wird von einem glänzenden, öligen Hauterscheinungsbild geprägt und befindet sich in einem fett-feuchten Zustand. Das heißt, der Hydrolipid-Mantel und der pH-Wert sind stabil. Dieser Hauttyp bildet fast immer eine Vorstufe der Akne. Die Haut neigt zu Unreinheiten oder kann sich bis zur Akne verändern.

Die Hornschicht ist verdickt und neigt zu wenig Faltenbildung.
Die Talgdrüsenproduktion ist gesteigert und als öliger Überzug auf der Haut zu erkennen und zu spüren (→ LF 2, Kapitel 2.2).

Aufgrund der verstärkten Talgproduktion und einer verstärkten Verhornung kann es zu Verstopfungen der Follikelöffnungen kommen. Der Talgabfluss ist nicht mehr gewährleistet und es kommt zur Bildung von Komedonen, die sich entzünden können. Die Haut wirkt grobporig, mit Unreinheiten versehen, blass, fahl und schlecht durchblutet, unempfindlich.

Der Hauttyp ist konstitutionell (z. B. durch genetische Faktoren) bedingt oder aber es erfolgte keine Reduktion der Talg- und Schweißdrüsenüberfunktion nach der Pubertät. Stoffwechselstörungen und hormonelle Störungen können zur Verstärkung der genannten Ausprägungen des Hautzustandes beitragen.

Tab. 2.19

Empfehlenswerte Präparateanwendungen für Seborrhoe oleosa

Reinigung	Hautintensivreinigung	Gesichtswasser	Flüssige Konzentrate/Gele	Maske/Packung
Waschgel Reinigungsmilch	abrasives oder Enzympeeling Kräutertiefenschälkur/ Fruchtsäurepeeling Desinkrustation mit Iontophorese Mikrodermabrasion	alkoholisch	ölfreie Ampulle, auch mit Iontophorese möglich, oder Hydrogel/Fluid	Heilerde Vliesmaske (auch als Massagegel) Gelpackung *Peel-Off*-Maske
Abschlusspflege Nachtpflege Augenpflege	mattierende Tagespflege/Fluid/Hydrogel Fluid/Hydrogel Augengel, Augenpads			
Geeignete Wirkstoffe	NMF, Schwefel oder Methioninderivate, Zink, Fruchtsäuren, pflanzliche Extrakte von tanninhaltigen (adstringierend) Pflanzen (z. B. Hamamelis, Johanniskraut)			
Zu vermeidende Inhaltsstoffe	Paraffine, Fette, Öle			

Mithilfe der Systempflege wird kurzfristig und langfristig die übermäßige Talgproduktion und Überverhornung „gedrosselt", damit sich möglichst keine Akne aus dem vorhandenen Hautbild entwickeln kann. (Behandlungspläne und Weiterbehandlung der Akne → Kapitel 4).

2.5.2 Mischhaut

T-Zone = Stirn, Nase, Kinn

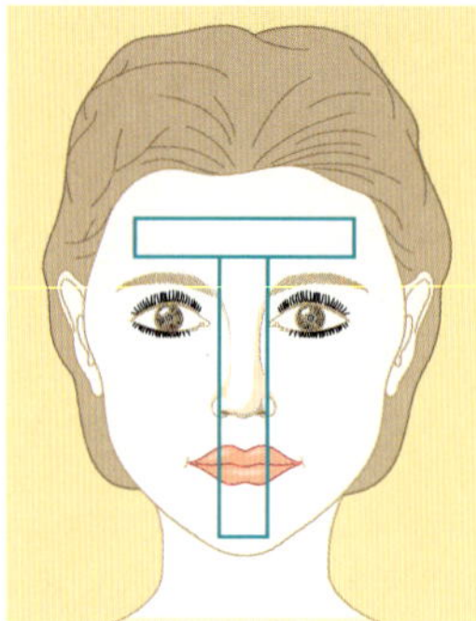

Abb. 2.20 a: T-Zone

Anhand der typischen, glänzenden T-Zone können Sie die Mischhaut gut erkennen. Die T-Zone umfasst Stirn, Nase und Kinnpartie. Hautunreinheiten sind oft nur in der T-Zone zu finden, die Haut ist hier großporig und eher unempfindlich. An diesen Stellen ist der typische ölige Fettfilm zu sehen und zu ertasten.

Die übrige Haut um die Augen und die Wangenpartie ist dagegen eher trocken, manchmal gereizt und gerötet, feuchtigkeitsarm und fettarm. Die Kundin klagt in der Regel über ein Spannungsgefühl auf den Wangen.

Aufgrund der Trockenheit bilden sich um die Augen herum schnell „Krähenfüße". Typisch sind daher Austrocknungsfältchen auf den trockenen Hautpartien der Mischhaut, die auch altersunabhängig auftreten.

Oft wird die Mischhaut zu wenig gepflegt aus Sorge, die T-Zone zu verstärken.

Auch hier spielt die genetische Konstitution eine Rolle.

Tab. 2.20 b

Empfehlenswerte Präparateanwendungen bei Mischhaut

Reinigung	**Hautintensiv-reinigung nur T-Zone**	**Gesichts-wasser**	**Flüssige Konzentrate**	**Maske/Packung**
Reinigungscreme Waschgel Reinigungsmilch	abrasives Peeling oder chemisches Peeling	T-Zone alkoholisch Wangen alkoholfrei oder alkoholarm	T-Zone ölfreie Ampulle oder Hydrogel/Fluid ganz oder trockene Wangen Ölkapsel/oder ölhaltige Ampulle/Oleogel	Vliesmaske (auch als Massagegel) Gesichtsparaffin *Peel-Off*-Maske Gelmaske Feuchtigkeitspackung ganz oder nur T-Zone, dann die Wangen mit Cremepackung
Abschlusspflege Nachtpflege Augenpflege	Fluid/Hydrogel auf das ganze Gesicht, Wangen zusätzlich mit Tagescreme ausgleichende und beruhigende, leichte Nachtcreme Augencreme/Augenpads			
Geeignete Wirkstoffe	Für die Wangen pflanzliche Öle, Fette, Vitamine, Kollagen, für die T-Zone Zink, Harnstoff, Hyaluronsäure, Elastin			
Zu vermeidende Inhaltsstoffe	Fruchtsäuren und talgreduzierende Wirkstoffe auf den Wangen, fetthaltige Wirkstoffe (Öle) in der T-Zone			

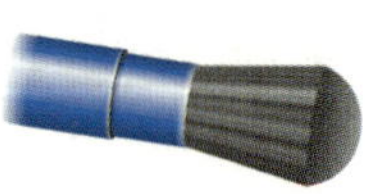

Bei der kosmetischen Behandlung von Mischhaut arbeiten Sie „zweiteilig": Die Wangen- und Augenpartien pflegen Sie mit fettreicheren Produkten, als die Partien von Stirn, Nase und Kinn.

Das gilt auch für die Pflege der Kundin zu Hause. Geben Sie ihr deshalb einen besonders ausführlichen Pflegeplan mit.

Das zu erreichende Ziel der Systempflege liegt kurzfristig auf der Beruhigung der Unter- bzw. Überproduktion der einzelnen Hautbereiche. Langfristig liegt das Ziel bei der konstanten Regulierung und Annäherung beider unterschiedlicher Hautareale an eine normale Haut.

5842238

2.5.3 Seborrhoe sicca

Seb. sicca = fett-trockener Hautzustand

Die Seborrhoe sicca wird auch als fett-trockener Hautzustand bezeichnet.

Die Hautfunktion ist gekennzeichnet durch das frühe Austrocknen der Hornzellen. Das Wasserbindevermögen in der Haut ist stark herabgesetzt. Das führt trotz ausreichender Talgproduktion zu einem feuchtigkeitsarmem Hautzustand.

Die Haut ist aufgrund ihrer zähen, trockenen Hornschicht grau und/oder fahl, blass und schlecht durchblutet. Die normale Abschuppung der oberen Hautschicht findet deutlich langsamer statt. Achten Sie während der Hautdiagnose deshalb auch auf eine verstärkte, weißliche Hautschuppenbildung, die auch den Haaransatz betreffen kann. Zusätzlich sind viele, kleine Komedonen vorhanden, deren Talgpfropfen fest und zäh in den „Poren" sitzen. Gleichzeitig kann die Haut empfindlich auf mechanische Reize reagieren.

Vor allem verträgt der fett-trockene Hautzustand kein abrasives Peeling, das die trockenen Hornschüppchen schlecht löst und die Haut unnötig reizt. Nur mit Hilfe eines Enzym- oder Fruchtsäurepeelings kann die übermäßig verklebte Verhornung reduziert oder abgetragen werden.

Beachten Sie dies bei der Auswahl des Peelingpräparates.

Wie bei allen Hauttypen kommt als Ursache für die Entstehung hier die generelle Konstitution zum Tragen. Zusätzlich können Hormone und Hormonschwankungen (z. B. Pilleneinnahme oder Wechseljahre) die Veränderung begünstigen. Aber auch durch jahrelange, austrocknende Pflege kann aus einer ehemaligen Seborrhoe oleosa eine Seborrhoe sicca werden.

Empfehlenswerte Präparateanwendungen für Seborrhoe sicca

Reinigung	Hautintensiv-reinigung	Gesichts-wasser	Flüssige Konzentrate, Gele	Maske/Packung
Waschgel	abrasives Peeling Fruchtsäurepeeling Enzympeeling Desinkrustations Ampulle mit Iontophorese Mikrodermabrasion	alkoholarm	Ampullen, auch mit Iontophorese möglich, Fluid Hydrogel	Vliesmaske (auch als Massagegel) Gesichtswärmemaske Gesichtsparaffin *Peel-Off*-Maske Gelmaske Thermo-Modellage Feuchtigkeitspackung
Abschlusspflege Nachtpflege Augenpflege	mattierendes Fluid, Hydrogel, leichte Tagescreme regenerierend, nicht zu fetthaltig Augencreme/Augenpads/Augengel			
Geeignete Wirkstoffe	Vitamine, NMF, Fruchtsäuren, Harnstoff, Kollagen, Elastin, pflanzliche Öle, Algenextrakte			
Zu vermeidende Inhaltsstoffe	fettreiche Wirkstoffe, Fette, synthetische Öle			

Tab. 2.21

Die Systempflege setzt bei der Sebhorrhoe sicca zuerst auf die Reduzierung der zähen Hornschicht. Diese muss immer wieder entfernt werden. Erst dann ist die Haut aufnahmefähig für die nachfolgenden Wirkstoffe. Das langfristige Ziel ist mithilfe von Anwendungen und Präparaten eine ständige Überverhornung zu verhindern und eine gleichzeitige Intensivierung des Feuchtigkeitsgehaltes zu begünstigen.

2.5.4 Sebostase

Sebostase = trocken-fettarmer Hautzustand

Als sebostatisch bezeichnet man den trockenen und fettarmen Hautzustand. Er ist gekennzeichnet durch eine zarte, dünne, feinporige, manchmal leicht schuppende Hautstruktur. Aufgrund des mangelnden Wasserbindevermögens und der verminderten Talgproduktion bildet dieser Hauttyp ganz früh „Knitterfältchen" aus. Stärker als bei Mimikfalten sind hier feine Rillen in der Haut zu erkennen.

Aufgrund ihrer Trockenheit neigt sie im schlimmsten Fall zu Hautrissen. Diese können auch bei einem atopischen Ekzem vorkommen (→ Band A, LF 2, Kapitel 4.6.1). Die gestörte Barrierefunktion der Haut fördert die Ausbildung von Allergien oder allergischen Reaktionen, z. B. auf Duftstoffe. Häufig klagen die Kunden auch über ein unangenehmes Spannungsgefühl und Hautjucken.

Die sebostatische Haut kann sehr empfindlich reagieren und muss vorsichtig behandelt werden. Aufgrund ihres trockenen Hautzustandes reagiert sie empfindlich auf mechanische Reize. Sie neigt zu roten Flecken oder allgemeiner Rötung. Sie ist außerdem sehr sonnenempfindlich.

Die Sebostase ist genetisch bedingt, kann sich aber durch unsachgemäße Pflege oder Hauterkrankungen erheblich im Hautzustand verschlechtern. Auch eine vorzeitige Alterung oder Wechseljahre beeinflussen den Hautzustand negativ.

Der Hautzustand einer durch Allergie oder Ekzem strapazierten Haut gleicht dem der Sebostase und kann auch nach diesem Systempflegeplan behandelt werden. Eine Behandlung ist dann allerdings nur während der schub- und entzündungsfreien Zeit durchzuführen.

Empfehlenswerte Präparateanwendungen für Sebostase

Reinigung	Hautintensiv-reinigung	Gesichts-wasser	Flüssige Konzentrate/Gele	Maske/Packung
Reinigungscreme Reinigungssahne Reinigungsöl	Enzympeeling chemisches Peeling	alkoholfrei	ölhaltige Ampulle Oleogel	Vliesmaske (auch als Massagegel) Gesichtsparaffin *Peel-Off*-Maske Gelmaske Feuchtigkeitspackung Cremepackung
Abschlusspflege Nachtpflege Augenpflege	Oleogel oder Fluid und pflegende Tagescreme, im Winter Kälteschutzcreme fettreich, regenerierend, beruhigend Augencreme, Augenpads			
Geeignete Wirkstoffe	pflanzliche Öle, (z. B. Leinöl, Avocadoöl, Arganöl, Macadamiaöl, ...) Fette, Vitamine, beruhigende Kräuterextrakte, Panthenol, Paraffinum Liquidum			
Zu vermeidende Inhaltsstoffe	Fruchtsäure, durchblutungsanregende Wirkstoffe wie Zimt oder Koffeein, adstringierende (Hamamelis) und talgreduzierende Wirkstoffe, z. B. Salbei			

Tab. 2.22

Die Sebostastische Haut muss immer mit fett- und feuchtigkeitshaltigen Anwendungen und Präparaten versorgt werden, sie reguliert sich in der Regel nicht mehr in ihren Hautfunktionen und muss deshalb immer unterstützt werden. Mithilfe der ausgleichenden Pflege kann eine gute Stabilisierung der Sebostase kurzfristig und langfristig erreicht werden. Damit lassen sich auch sensible Reaktionen etwas eindämmen.

2.5.5 Normale Haut

Normale Haut = Fett und Feuchtigkeit im Gleichgewicht

Die normale Haut zeichnet sich durch ein stabiles Gleichgewicht zwischen Talgproduktion und Wasserbindevermögen aus. Sie ist rosig, glatt, ohne Unreinheiten und neigt nicht vorzeitig zur Faltenbildung. Sie wirkt nicht müde, empfindlich, angespannt oder reizanfällig. Sie zeigt das ideale Hautbild.

Das Gleichgewicht kann aber gestört werden durch falsche, intensive Pflege, Umweltverschmutzung, zu viel Sonnenlicht, Erkrankungen, Rauchen usw. Geraten Fett- und Feuchtigkeitshaushalt der Haut aus dem Gleichgewicht, kann es zu einem sensiblen, trockenen und gereizten Hautzustand kommen. Auch die Entstehung einer Kosmetikakne ist möglich, wenn der normalen Haut auf Dauer zu fetthaltige/paraffinhaltige Präparate aufgetragen werden. Die normale Haut ist in ihrer Stabilität konstitutionell oder erblich bedingt.

Durch ausgeglichene Ernährung, Bewegung, hauttypgerechte Pflege und gesunde Lebensweise kann die Gesichtshaut lange ausgeglichen und schön bleiben.

Auch kurzfristige Hautprobleme können so nachhaltig verbessert werden.

Empfehlenswerte Präparateanwendungen für normale Haut

Reinigung	Hautintensivreinigung	Gesichtswasser	Flüssige Konzentrate/Gele	Maske/Packung
Reinigungsmilch Waschgel Reinigungscreme	nur bei Verhornungen anwenden	alkoholarm	Feuchtigkeitsampulle Fluid Hydrogel	Vliesmaske (auch als Massagegel) Gesichtsparaffin *Peel-Off*-Maske Gelmaske Thermo-Modellage Feuchtigkeitspackung Cremepackung
Abschlusspflege Nachtpflege Augenpflege	Tagescreme, wenn erforderlich, z. B. im Winter nur bei Bedarf, feuchtigkeitshaltig nur bei trockener Augenumgebung: Augencreme			
Geeignete Wirkstoffe	NMF, pflanzliche Öle, Vitamine, Flavonoide			
Zu vermeidende Inhaltsstoffe	Lanolin, Vaseline, Fette			

Tab. 2.23

Das Ziel der Systempflege ist hier die Erhaltung der gesunden Hautfunktionen, die ab und zu leichten Schwankungen unterliegen, z. B. durch Witterungseinflüsse oder nach einem Sonnenbad. Diese werden dann mithilfe der Systempflege wieder ausgeglichen.

2.5.6 Sensible Haut

Die sensible Haut reagiert am heftigsten auf Staub, Abgase, Lufttrockenheit und Sonnenlicht, aber auch auf starke seelische Impulse (Stress/Freude/Ärger usw). Häufig klagen Kunden über Trockenheits- und Spannungsgefühl.

Hypersensibilität
hyper
sensibilitas

Diese so genannte „dünne Haut" reagiert auf jegliche Art von Reizimpulsen. Dieser Unruhezustand nervöser Hochspannung wird als *Hypersensibilität* (griech. *hyper* = über, lat. *sensibilitas* = Empfindsamkeit) bezeichnet oder aber als passive, erhöhte Empfindlichkeit gegenüber Reizeinwirkung.

Nach einer individuell unterschiedlichen Zeit kommt es je nach Abwehrfähigkeit in den meisten Fällen zu einer übersteigerten, außerordentlichen Reaktionsbereitschaft der Haut, bei der sie mit plötzlicher, fleckenartiger Rötung unterschiedlicher Größe und schwankender Intensität reagiert.

Hypersensibilität = Überempfindlichkeit gegen Reize aller Art

Die sensible Haut neigt zu Rötungen, Entzündungen, Erweiterung der Blutgefäße, Störungen der Talgdrüsentätigkeit, Verdickung der Hornschicht (Schuppung) und zu verminderter Durchblutung. Sie kann zu Komedonen neigen. Bei der Ausreinigung kommt es häufig an den behandelten Stellen zu Quaddelbildungen (→ Band A, LF 2, Kapitel 3.1). Eine hervorgerufene Rötung kann je nach Stärke der Einwirkung lange zu sehen sein (z. B. nach dem Augenbrauenzupfen). Der Dermografentest zeigt eine starke Schwellung und/oder Rötung.

Empfehlenswerte Präparateanwendungen für sensible Haut

Reinigung	Hautintensivreinigung	Gesichtswasser	Flüssige Konzentrate/Gele	Maske/Packung
Reinigungscreme Reinigungssahne Reinigungsmilch	Enzympeeling chemisches Peeling	alkoholfrei	ölhaltige Ampulle Fluid Oleogel	Vliesmaske (auch als Massagegel) Kautschukmaske Gelmaske Cremepackung Feuchtigkeitspackung
Abschlusspflege Nachtpflege „Erste-Hilfe-Pflege"	Konzentrate und Oleogel bzw. Tagescreme reichhaltige Nachtcreme (zum Ausgleich kann zusätzlich eine ölhaltige Ampulle aufgetragen werden) Heilerde, Vliesmaske, Feuchtigkeitspackung (kühlend/entquellend)			
Geeignete Wirkstoffe	pflanzliche Öle (Weizenkeimöl, Macadamia usw.), Fette, Ceramide, NMF, Vitamine, Squalen, Fettalkohole, Paraffinum Liquidum			
Zu vermeidende Inhaltsstoffe	Fruchtsäuren, durchblutungsanregende Wirkstoffe, Hyaluronsäure, adstringierende Wirkstoffe, z. B. Hamamelisextrakt, Hilfsstoffe, wegen z. T. allergischem Potenzial			

Tab. 2.24

Die sensible Haut muss beruhigt werden, nicht nur kurzfristig, sondern auch lang-fristig in ihren überschießenden Reaktionen stabilisiert werden. Die dazu beitragenden inneren Reaktionen können nur begrenzt eingeschränkt werden, z. B. durch Entspannungsübungen (→ Band C, LF 10, Kapitel 4). Die äußere Empfindlichkeit auf Reize kann nur mithilfe der ausgleichenden Präparateanwendungen und mit wenig Druck ausgeführten Kosmetikbehandlungen etwas herabgesetzt werden. Da dieser Hautzustand oft Schwankungen unterliegt, muss, je nach Stärke der dadurch entstandenen Hautreaktion, unter Umständen der Pflegeplan häufiger umgestellt werden. Dabei kommen dann auch häufiger die „Erste-Hilfe"-Pflegepräparate (→ Tabelle oben) zur Anwendung, um akute Reaktionen schneller zu beruhigen.

2.6 Behandlungspläne für problematische Haut

Bei der Behandlung der problematischen Haut muss unterschieden werden zwischen den Ursachen:

- Ein dauerhafter, problematischer Hautzustand (reife Haut, Ekzemhaut, Raucherhaut), der nicht so schnell zu regulieren ist und damit nicht oder nur begrenzt in seinen Hautfunktionen wiederhergestellt werden kann, oder aufgrund einer Erkrankung (z. B. Couperose, Rosazea) nicht dauerhaft wieder regeneriert werden kann.
- Ein kurzfristiger, problematischer Hautzustand (Kosmetikakne, Mallorca-Akne, sonnengeschädigte bzw. sonnenstrapazierte Haut), der nach Absetzen der Ursache oder nach Abklingen der Symptome wieder zu seinem ursprünglichen Hauttyp zurückkehrt (u. U. etwas abgeschwächt in seinen Funktionen). Dieser Hautzustand kann wieder mit den bereits beschriebenen hautzustandsgerechten Plänen behandelt werden.

Abb. 2.25 a – d: Beispiele für problematische Haut

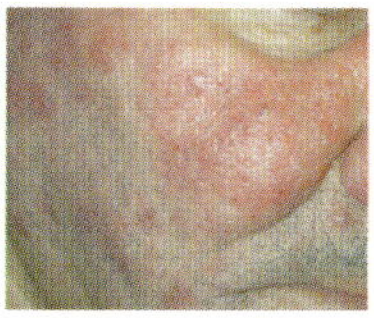

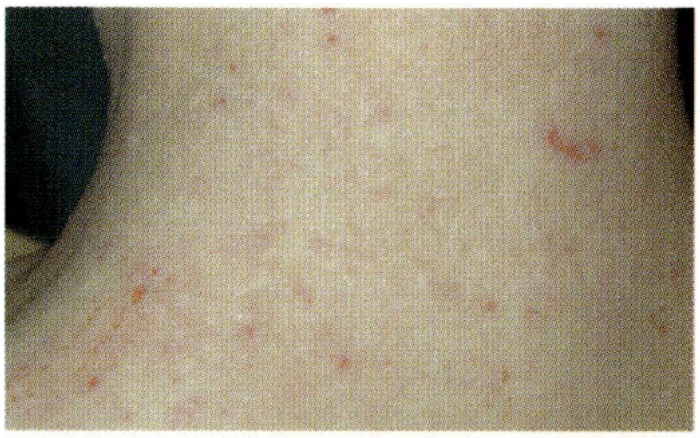

a oben: Akute Rosazea
b links: Akutes atopisches Ekzem

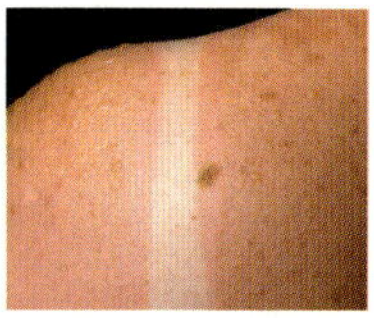

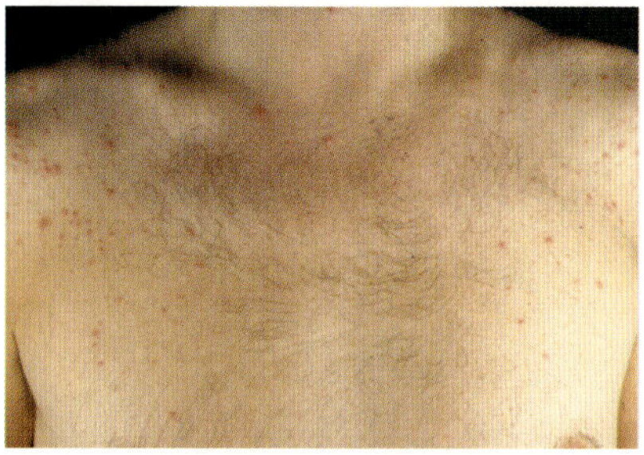

c oben: Akuter Sonnenbrand Grad 2

d links: Mallorca-Akne

Beispiel

für einen kurzfristigen, problematischen Hautzustand: Sonnengeschädigte Haut mit verdickter Hornschicht

Die sonnengeschädigte Haut sieht mittel bis stark gerötet aus und zeigt verstärkte Faltenbildung bzw. Trockenheitsfältchen, vor allem, wenn ein Sonnenbrand gerade abgeheilt ist. Sie ist i. d. R. ausgetrocknet und fettarm. Sie wird dann mit den empfehlenswerten Präparaten aus der → Tabelle 2.24, sensible Haut, behandelt.

Hat sich eine Lichtschwiele aufgebaut, sieht die Haut trotz ihrer Bräunung fahl und erschlafft aus und ist mit Faltenbildung belastet (vor allem die reife, sonnengeschädigte Haut). Sie zeigt die Zeichen der mangelnden Hautfunktionen und hat damit Ähnlichkeit mit der Raucherhaut (→ Kapitel 2.6.1), nur, dass hier noch der Aspekt der frühzeitigen Alterung durch Lichtschäden zum Tragen kommt. Sie kann deshalb mit den Produktempfehlungen aus der → Tabelle 2.27 behandelt werden.

Das kurzfristig zu erreichende Ziel ist die Entfernung der Überverhornung und die Durchfeuchtung von Gesichtshaut und Dekolletee. Danach sollte mit Wirkstoffen gegen freie Radikale (→ LF 7, Kapitel 2.3.2) eine Regeneration angestrebt werden. Langfristig wird die Haut nach dem Abklingen der „Sonnenschäden" wieder nach ihrem ursprünglichen, kosmetischen Hauttyp behandelt.

Im weiteren Kapitelverlauf werden Zustände dauerhafter, problematischer Haut und ihre professionelle Pflege dargestellt.

2.6.1 Die Raucherhaut

Die Raucherhaut ist schlecht durchblutet, die Sauerstoffkonzentration im Blut vermindert. Aufgrund dessen ist die Gesichtshaut blass, atrophisch, schlaff und müde, außerdem ausgetrocknet und feuchtigkeitsarm. Oft befinden sich Komedonen auf der Gesichtshaut, auch um die Augenpartie. Die Wangen können gerötet, empfindlich und gefäßlabil mit Couperose/Teleangiektasien belastet sein (→ Abb. 2.28). Die Hornschicht ist verdickt und fühlt sich zäh und verhärtet an. Die Raucherhaut neigt sehr früh zur Faltenbildung und altert vorzeitig.

Abb. 2.26: Rauchende

kanzerogen

Während des Rauchens findet eine Verbrennung statt, unter Entstehung von mehreren hundert bekannten, aber auch unbekannten Stoffen und auch freier Radikale. Diese atmet der Raucher ein. Viele davon wirken zellschädigend oder *kanzerogen* (Krebs auslösend) und schädigen nachhaltig Gewebe und Organe – auch die Haut.

Zusätzlich legen sich die winzigen Partikel des Rauches über den Hydrolipid-Film der Haut und bilden so eine undurchdringliche Schicht schädigender Substanzen, die vermehrt zur Bildung von Komedonen und Eiterpusteln führen kann.

Empfehlenswerte Präparateanwendungen der Raucherhaut

Reinigung	Hautintensiv-reinigung	Gesichts-wasser	Flüssige Konzentrate/Gele	Maske/Packung
Waschgel Reinigungsmilch	Desinkrustations-Ampulle mit Iontophorese abrasives Peeling Enzympeeling Mikrodermabrasion	alkoholarm	Feuchtigkeitsampulle Ampullen mit Iontophorese möglich Fluid Hydrogel	Vliesmaske (auch als Massagegel) Gesichtswärmemaske Gesichtsparaffin Kautschukmaske Gelmaske Thermo-Modellage Feuchtigkeitspackung
Abschlusspflege Nachtpflege Augenpflege	Hydrogel und/oder Tagescreme feuchtigkeitsspendende Nachtcreme Augenpads, Augengel			
Geeignete Wirkstoffe	Fruchtsäure, Vitamine, pflanzliche Öle, z. B. Weizenkeimöl, Algenextrakte, Kollagen, Elastin, NMF, Hyaluronsäure, Flavonoide, Harnstoff			
Zu vermeidende Inhaltsstoffe	Vaseline, Paraffine, adstringierende und talgreduzierende Wirkstoffe			

Tab. 2.27

Die Raucherhaut muss kurzfristig von ihrem fahlen Aussehen, verursacht durch mangelnde Durchblutung und oft Überverhornung, befreit werden. Das langfristige Ziel ist die Durchblutung der Haut immer wieder anzuregen und die Haut gut zu durchfeuchten. Aufgrund der durch das Rauchen früh einsetzenden Faltenbildung sollten langfristig straffende Wirkstoffe und zur Glättung der unregelmäßigen Hautstruktur pflegende Öle eingesetzt werden.

Sollte die Kundin mit dem Rauchen aufhören, bleibt trotzdem die verstärkte Faltenbildung zurück.

2.6.2 Couperose-belastete Haut

Erythrosis facialis

Die Couperose (lat. *Erythrosis facialis*) ist als dauerhafte Rötung der Gesichtshaut (auch nur partienweise, vorwiegend der Wangen- und Nasenpartie) zu sehen. Sie kann bei einem gleichzeitig sehr trockenen Hautzustand auftreten. Innerhalb der flächenhaften Rötung sind fadenförmige Teleangiektasien zu sehen. Deren Ursache liegt in einer direkten Schwächung der feinen Blutgefäße der Dermis, die durch Blutandrang, z. B. Hitzewallung und Blutstau, eine Gefäßerweiterung erfahren haben.

Die Gefäßerweiterungen verlaufen stets parallel zur Hautoberfläche und sind dann als deutlich erkennbare Verästelungen, auch Ausstülpungen oder bläulich-rot geschlängelte Bahnen zu sehen. Couperose-belastete Haut ist anfällig für mechanische, thermische oder chemische Reize und reagiert dann mit Rötung und Wärme.

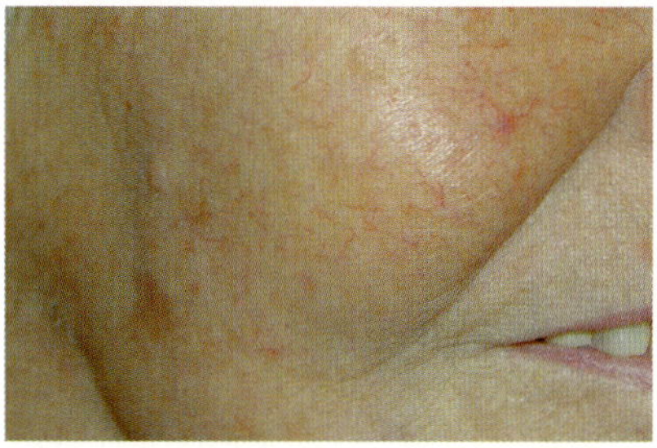

Abb. 2.28: Teleangiektasien der Wangenhaut

Teleangiektasien = erweiterte Äderchen

Die Couperose-belastete Haut kann erblich bedingt sein, indem die Veranlagung zu einem weichen, wenig widerstandsfähigem Bindegewebe und schwachen Gefäßwänden vorgegeben ist. Es bildet sich daraus im Laufe der Zeit eine Stauung des Blutflusses im Gefäßsystem bzw. sind die Wände der kleinen Blutgefäße geweitet. Die Gefäße der Betroffenen reagieren stärker auf z. B. Witterungseinflüsse, Heiß-Kalt-Wechsel oder Durchblutungsanregung über Reize von innen (Genuss von starkem Kaffee usw.).

Beim Vorliegen einer Couperose klagt Ihr Kunde öfter über Hitze und „Brennen" im Gesicht.

Empfehlenswerte Präparateanwendungen für Couperose-belastete Haut

Reinigung	Hautintensivreinigung	Gesichtswasser	Flüssige Konzentrate/Gele	Maske/Packung
Reinigungscreme oder Reinigungssahne	Enzympeeling	alkoholfrei	Feuchtigkeitsampulle Oleogel Fluid	Vliesmaske (auch als Massagegel) Gelmaske Feuchtigkeitspackung
Abschlusspflege Nachtpflege Zusätzlich Augenpflege	Fluid und/oder Tagescreme, Oleogel (im Winter Schutzcreme) reichhaltige Nachtcreme spezielle Pflege gegen Couperose als Konzentrat oder Creme Augengel, Augencreme, Augenpads			
Geeignete Wirkstoffe	pflanzliche Öle, z. B. Calendula, und Fette, Vitamin K, Leinöl NMF, Proteine, Glykoproteine, Aloe Vera, Harnstoff			
Zu vermeidende Inhaltsstoffe	stark durchblutungsanregende Stoffe, fetthaltige Cremes ohne Feuchtigkeitszusätze, z. B. lanolinhaltig			

Tab. 2.29

Die Couperose-belastete Haut muss kurzfristig erst gekühlt und beruhigt werden. Zur Verbesserung des Hautbildes muss dann dauerhaft eine feuchtigkeitshaltige Intensivpflege und spezielle Pflege gegen Couperose aufgetragen werden, die unter einer Tagescreme o. Ä. wirkt. Langfristig muss die Haut zusätzlich gegen thermische Reize von außen geschützt werden, die dann eine plötzliche Weitstellung der Gefäße verhindert, z. B. bei Betreten eines geheizten Raumes im Winter.

2.6.3 Reife, alternde, anspruchsvolle Haut

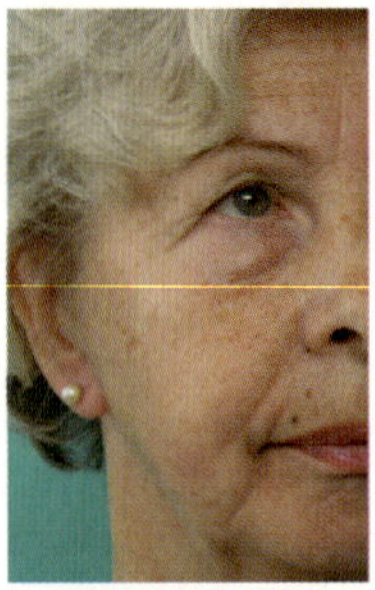

Die reife Haut ist atrophisch, fahl, schlecht durchblutet (oder sebostatisch ➔ Pflegeplan Sebostase, Kapitel 2.5.4) und zeigt in der Regel eine ausgeprägte Faltenbildung. Sie ist feuchtigkeitsarm und kann stellenweise ein schuppiges Aussehen haben. Gleichzeitig kann sie sensible Reaktionen zeigen und auf mechanische Reize, wie Peelingbehandlungen mit Schwellung und Rötung reagieren. Sie neigt häufig zu Pigmentstörungen, die auch als „Altersflecken" bezeichnet werden.

Abb. 2.30 a und b: Altershaut

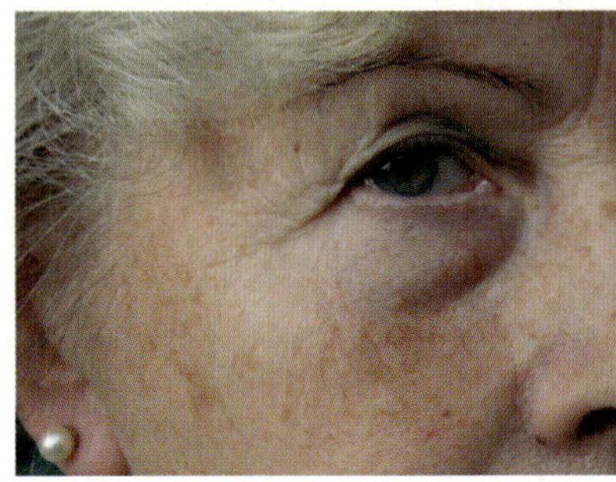

Aufgrund der Licht- und Zeitalterung (➔ Band A, LF 2, Kapitel 3.5) kommt es zu einer Verlangsamung der Hautfunktionen, die Zellregeneration lässt nach, das kollagene und elastine Gewebe verhärtet sich und ist nicht mehr geschmeidig, zusätzlich kann Feuchtigkeit in der Haut nicht oder nur begrenzt gespeichert werden. Die Talgproduktion ist stark eingeschränkt.

Empfehlenswerte Präparateanwendungen für reife Haut

Reinigung	Hautintensivreinigung	Gesichtswasser	Flüssige Konzentrate/Gele	Maske/Packung
Reinigungsmilch oder Waschgel	Desinkrustation mit Iontophorese abrasives Peeling Enzympeeling chemisches Peeling Kräutertiefenschälkur oder Mikrodermabrasion	alkoholarm	Ampulle mit Iontophorese möglich Fluid Hydrogel	Vliesmaske (auch als Massagegel) Gesichtswärmemaske Gesichtsparaffin Kautschukmaske Gelmaske Thermo-Modellage Feuchtigkeitspackung Cremepackung
Abschlusspflege Nachtpflege Augenpflege	Konzentrate und feuchtigkeitsspendende Tagescreme Konzentrate zusätzlich zur Nachtcreme Augengel, Augenpads			
Geeignete Wirkstoffe	Vitamin E- und C-Kombination, Koenzym Q 10, Polyphenole, Phytohormone, Flavonide , Allantoin, Arganöl, Retinol (Vitamin A), Fruchtsäuren , pflanzliche Öle, z. B. Macadamia, Nachtkerze			
Zu vermeidende Inhaltsstoffe	adstringierende Wirkstoffe, z. B. Rosskastanie, Johanniskraut, und talgreduzierende Wirkstoffe wie Schwefel, Methioninderivate			

Tab. 2.31

Das Ziel in der kosmetischen Behandlung der reifen Haut liegt in der Unterstützung der eingeschränkten Hautfunktionen, indem fett- und feuchtigkeitshaltige Präparate zur Anwendung kommen. Auch eine Milderung der vorhandenen Faltenbildung kann angestrebt werden. Das setzt voraus, dass die Kundin auch zu Hause aktiv mitarbeitet.

Bei der alternden Haut gibt es auch den sebostatischen Hauttyp, dieser wird wie die Sebostase behandelt.

2.7 Männerhaut

Erst seit ca. 1980 rückt auch der Mann wieder in die nähere Umgebung der Kosmetik. Der moderne und erfolgreiche Mann legt wieder mehr Wert auf seine äußere Erscheinung, das Schönheitsideal fordert den Gang ins Fitnessstudio und Sonnenstudio (gebräunt, muskulös – gesund!).

Und so finden auch Männer zunehmend den Weg in Kosmetikinstitute oder *Day Spas*. Denn es werden nicht nur Gesichtsbehandlungen gebucht, sondern der männliche Kunde nimmt auch gerne eine Maniküre, eine Fußpflege oder eine *Wellness*behandlung (➜ Band C in unterschiedlichen LF) in Anspruch. Dabei sind nicht nur lange Aufenthalte gefragt, sondern gerade die kurzen, intensiven Behandlungen, z. B. in der Mittagspause oder zwischen zwei Terminen.

Dieser Trend spiegelt sich im speziell für die Bedürfnisse dieses Kundenkreises erweiterten Behandlungsangebot vieler Kosmetikinstitute wieder.

Spezielle Männerkosmetik wird am Kosmetikmarkt intensiv beworben und findet immer mehr Akzeptanz. Der Umsatz mit dem Verkauf dieser Produkte steigt, wenn Sie den Herrn fachgerecht und kompetent beraten.

Abb. 2.32: Beispiele Dienstleistungsangebote für Männer

Aussehen und Funktion der Männerhaut

Sie ist in der Regel grobporiger, mit dicker Hornschicht versehen, relativ unempfindlich und manchmal schlecht durchblutet. Sie neigt zur Überverhornung und insgesamt nicht so früh zur Faltenbildung.

Der Hautzustand der Männerhaut gehört in der Regel zum normalen bis öligen Bereich. Komedonenbildung ist möglich.

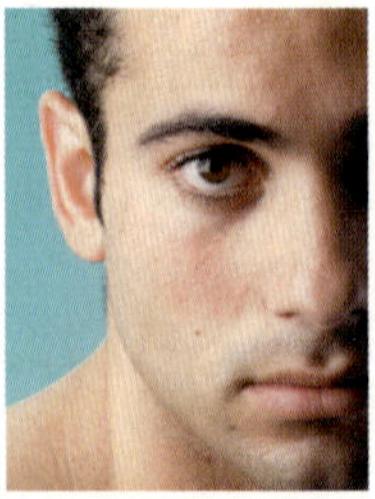
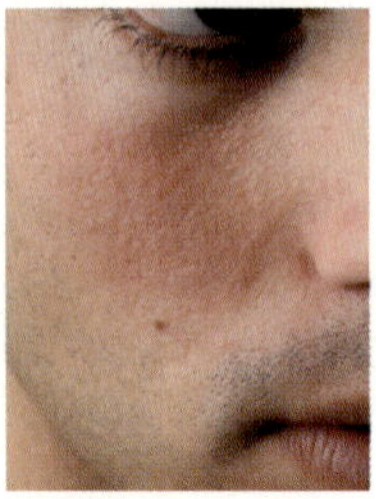

Abb. 2.33 a und b: Männerhaut

Die Männerhaut kann trotzdem feuchtigkeitsarm sein. Es kann z. B. aufgrund von Erkrankungen den trockenen oder auch den allergisch/-ekzematösen Hautzustand geben. Dieser wird nach der Systempflegetabelle der Sebostase behandelt (→ Tabelle 2.22).

Die Epidermis hat beim Mann mehr Zellschichten und in der Dermis gibt es mehr kollagene Fasern, daher ist die Männerhaut ca. 20 % dicker als die der Frauen.

Ihr schützender Hydrolipid-Mantel ist stabiler. Die im Bindegewebe verlaufenden kollagenen und elastischen Fasern verlaufen kreuzweise (bei Frauen fast parallel), was die weniger ausgeprägte Faltenbildung bewirkt.

Empfehlenswerte Präparateanwendungen für normale bis ölige Männerhaut

Reinigung	Hautintensiv-reinigung	Gesichts-wasser	Flüssige Konzentrate/Gele	Maske/Packung
Waschgel	Fruchtsäure Peeling abrasives Peeling Desinkrustation mit Iontophorese Mikrodermabrasion	alkoholhaltig	ölfreie Konzentrate, auch mit Iontophorese Fluid Hydrogel	Gelmaske Vliesmaske (auch als Massagegel) Gesichtswärmemaske *Peel-Off*-Maske Paraffinmaske Thermo-Modellage Feuchtigkeitspackung
Abschlusspflege Nachtpflege Augenpflege Pflege nach Rasur	Hydrogel oder Fluid ölfreies Konzentrat oder Hydrogel Augengel, Augenpads Hydrogel, desinfizierende Aftershavelotion, Fluid			
Geeignete Wirkstoffe	Antioxidantien, Fruchsäure, Algenextrakte, adstringierende, talgreduzierende Wirkstoffe, durchblutungsanregende Stoffe			
Zu vermeidende Inhaltsstoffe	Fette und Öle			

Tab. 2.34

Das Ziel der Behandlung der Männerhaut ist die Hautfunktionen auszugleichen, z. B. die Verhornungen und evtl. Talgdrüsenüberfunktion zu regulieren. Gleichzeitig kann die Durchblutung immer wieder etwas angeregt werden.

Männer bevorzugen unkomplizierte und schnell wirksame Behandlungen, vor allem, wenn der Zeitrahmen begrenzt ist. Schlagen Sie zur Anregung der Durchblutung daher z. B. eine hautzustandgerechte Reinigung, gefolgt von einer intensiven oder besonderen Gesichtsmassage(form) vor (→ LF 6, Kapitel 4 und 5). Kosmetikprodukte mit entsprechenden Inhaltsstoffen für die weitere Pflege zu Hause unterstützend das angestrebte Behandlungsziel.

Männer legen im Gegensatz zu Frauen großen Wert auf klare Aussagen, in Bezug auf Behandlungskonzept und Institutsatmosphäre und in Bezug auf die Dauer einer Behandlung und ihren Preis. Das gilt auch für ein kurzes Verkaufsgespräch. Bewerben Sie daher unter Angabe einer klaren Zielformulierung; vermeiden Sie Aussagen, wie z. B. „Hawaii-Traumbehandlung", wählen Sie statt dessen z. B. „Vitamin C-Behandlung gegen Falten".

Abb. 2.35: Werbung für Männerkosmetik

Selbst Make-up für Männer (→ LF 12, Kapitel 5.8) kann, richtig beworben, ankommen!

Der Erfolg der kosmetischen Systempflege zeigt sich immer dann, wenn sich (problematische) Hautzustände verbessern lassen. Durch Ihre fachgerechte Pflege, die Mitarbeit des Kunden zuhause und die richtige Anwendung kosmetischer Präparate kann das kurzfristig, aber auch langfristig erreicht werden.

A Fragen Übungen Aufgaben

1. *Üben Sie eine Gesprächssituation, indem Sie der Kundin ein Behandlungspaket anbieten.*
2. *Warum ist es sinnvoll, dass die Kundin die Pflegeprodukte aus der Systempflege auch zu Hause anwendet?*
3. *Beschreiben Sie die beiden grundsätzlichen Gesichtspunkte zur Weiterbehandlung der Gesichtshaut.*
4. *Beschreiben Sie den Unterschied zwischen einer sensiblen Reaktion und einer Reizung der Gesichtshaut.*
5. *Was sind freie Radikale und wie heißt die Gruppe der Wirkstoffe, die deren schädigende Wirkung eingrenzen (drei Beispiele dieser Wirkstoffe nennen)?*
6. *Erstellen Sie anhand einer Produktlinie eines Kosmetikherstellers oder -vertreibers Ihrer Wahl einen Kundenpflegeplan für reife Haut.*
7. *Recherchieren Sie die aus der für Aufgabe 6 gewählten Produktlinie angegebenen Inhaltsstoffe mithilfe der INCI-Deklaration. Beschreiben Sie für alle Stoffe deren Inhaltsstoffklasse, Aufgabe und Wirkungsweise im Produkt.*
8. *Welche Ursachen kann es haben, wenn eine Systempflege nicht den gewünschten Erfolg bringt?*
9. *Beschreiben Sie Aussehen und Ursache für die Couperose-belastete Haut.*
10. *Was sind Teleangiektasien?*
11. *Vergleichen Sie die Tabelle der Seborrhoe oleosa mit der der Tabelle der Sebostase. Welche Unterschiede in den Wirkstoffen gibt es und warum?*
12. *Versuchen Sie mithilfe der Erkrankungsbeschreibungen in → Band A, LF 2, Kapitel 4, einen Systempflegeplan für*
    a) Rosazea-belastete Haut
    b) allergische und trockene, Ekzem-belastete Haut
    mithilfe der hier bewährten Tabellen zu entwickeln.
13. *Zu welchen Zeiten dürfen Sie die in Frage 12 genannten Hautveränderungen kosmetisch behandeln?*

3 Intensivpflegebehandlungen des Gesichtes

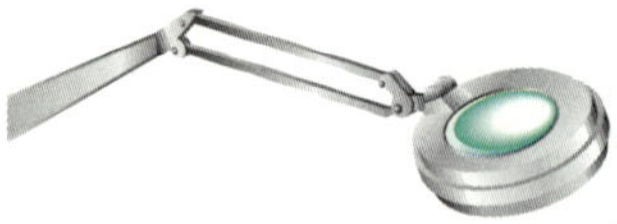

Katie muss jetzt eine Ampulle für die weitere Behandlung ihrer Kundin aussuchen. Sie hat sich für die Produktlinie der trockenen, reifen Haut entschieden, ihre Kundin ist ja auch schon älter. Sie nimmt eine Weizenkeimölkapsel und schneidet sie auf. Muss sie jetzt den Inhalt in ein Schälchen füllen? Das muss sie dann aber hinterher sauber machen. Eigentlich kann sie doch das Öl direkt auf das Gesicht der Kundin gießen. Der feine Ölstrahl trifft unter der Nasenspitze die Haut der Kundin und läuft ganz schnell über die Lippen und das Kinn. Die Kundin prustet und spuckt! Das Weizenkeimöl schmeckt doch gar nicht so schlecht!

Die kosmetische Basisbehandlung (Reinigung, ggf. Bedampfung und Ausreinigung, Abschlusspflege) kann mit den Intensivpflegebehandlungen – und entsprechend der Zielerreichung der Systempflege – nach Hautzustand und Firmenangeboten erweitert werden. Auch zusätzliche Arbeitsaufträge können eingeschoben werden.

Eine erweiterte Kosmetikbehandlung sieht dann z. B. folgendermaßen aus:

- Reinigung (→ LF 3)
- Hautintensivreinigung (→ LF 3)
- Ausreinigung (→ LF 3)
- Gesichtsmassage (→ LF 6)
- Intensivpflegebehandlungen
- Abschlusspflege

Arbeitsaufträge (wie z. B. Damenbart entfernen usw.) werden vor oder nach der Hautintensivreinigung oder vor der Gesichtsmassage eingeschoben.

Zur Verstärkung der kosmetischen Basisbehandlung sind Intensivbehandlungen erforderlich, um:

- die Haut nach den Reinigungsvorgängen zu beruhigen
- zu entquellen (abzuschwellen)
- die Durchblutung anzuregen
- zu kühlen oder zu erwärmen
- Hautprobleme zu verbessern (z. B. Fältchen , Couperose)
- die Entspannung zu fördern
- die Hautfunktionen zu erhalten und zu steigern
- der lichtbedingten und biologischen Hautalterung entgegenzuwirken
- übermäßige und verminderte Hautfunktionen auszugleichen (z. B. Akne/Sebostase)

Um diese Ziele zu erreichen, gibt es für die Gesichtsbehandlungen spezielle Anwendungen und Präparate, die nach dem Reinigungsvorgang die Pflege und den Schutz der Gesichtshaut ermöglichen (Systempflege → Kapitel 2.4 und 2.5).

3.1 Konzentrate

Konzentrate werden in verschiedenen Formen angeboten, in der Kabinenbehandlung verwendet und auch für die Kundin zu Hause.

Konzentrate werden nach der Reinigung, Hautintensivreinigung und nach dem Gesichtswasser aufgetragen. Sie können vor der Massage angewandt werden oder vor einer Masken- bzw. Packungsanwendung erfolgen.

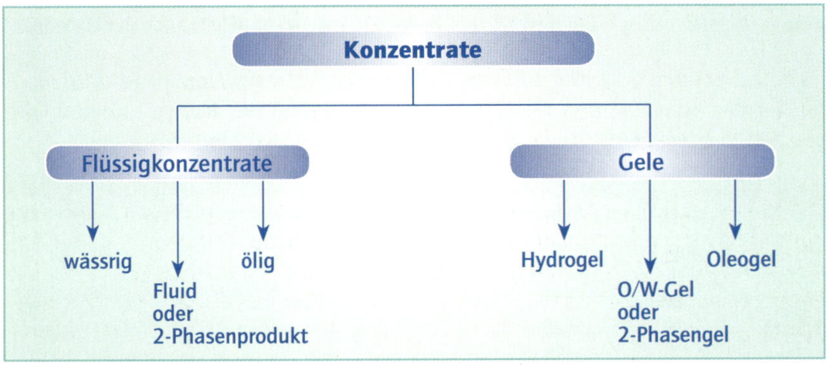

Abb. 3.1: Einteilung von Konzentraten

Sie können **flüssig** (wässrig, ölig) oder als **Gele** angeboten werden.

Die hochkonzentrierten Wirkstoffe darin werden sowohl im Spender (Kunststoff- oder Glasflasche) zur Mehrfachanwendung als auch als Einmaldosis (z. B. Ampulle) angeboten.

Für besonders lichtempfindliche Wirkstoffe, wie Vitamine oder schnell ranzig werdende Öle eignen sich dann die lichtundurchlässigen **Kapseln**, braungefärbte Glasampullen oder Kunststofffläschchen. Die Kapseln werden von den Kosmetikherstellern auch als *Ceramide* oder Perlen (engl. *Pearls*) bezeichnet.

Ceramide
Pearls

Der Begriff **„Serum"** oder Komplex wird ebenfalls von Kosmetikherstellern für ein flüssiges Konzentrat zur Mehrfachanwendung im Pumpspender oder einer Pipettenflasche gebraucht. Beide bieten dem Hersteller die Möglichkeit, Werbung, Angaben zu Produktfunktion und/oder zur Handhabung auf der Flasche darzustellen. Das kann verkaufsfördernde Wirkung haben.

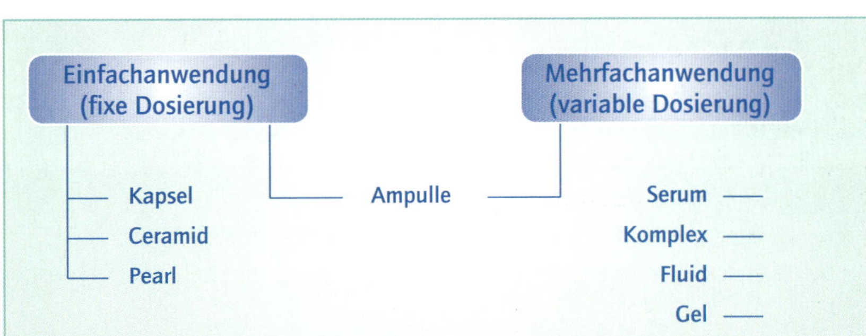

Abb. 3.2: Anwendungsformen von Konzentraten

Die Konzentrate werden von der Kosmetikerin entweder mit den Händen, einem Fächerpinsel oder direkt aus einer Pipette/Ampulle auf die Haut gegeben.

Die jeweiligen Konzentrate erfüllen unterschiedliche **Funktionen** in der Hautintensivpflege:

Anwendungsform	Beschreibung oder Funktion	Wirkung
Flüssigkonzentrat wässrig	Transzelluläre Aufnahme durch DIFFUSION (→Band A, Grundlagen-Lexikon)	feuchtigkeitsspendend, zieht ohne Rückstände auf der Haut schnell ein
Flüssigkonzentrat ölig	Penetration interzellulär, Senkung des TEWL	Hautglättend durch Ausfüllen der Vertiefungen der Hautoberfläche und der noch haftenden Hornschüppchen; rückfettend, bildet schützenden Film auf der Haut, eventuell glänzend
Fluid	dünnflüssig, auf der Basis einer O/W Emulsion	gleichzeitig fett- und feuchtigkeitsspendend, zieht schnell ein
2-Phasen-Produkt	ohne Emulgator, für Allergiker besonders geeignet	feuchtigkeitsspendend, rückfettend, zieht schnell ein
Oleogel	wasserfrei, kann über ein wässriges Flüssigkonzentrat aufgetragen werden, Senkung des TEWL	seidiger, schützender Film auf der Haut, zieht gut ein
Hydrogel	ölfrei, hoher Anteil an Wassermolekülen, Epidermis befeuchtend	feuchtigkeitsspendend, zieht ohne Rückstände ein
Cremegel	O/W Gel, hohe Menge an Emulgator ist notwendig	feuchtigkeitsspendend, rückfettend, zieht leicht ein
2-Phasen-Gel	O/W Gel ohne Emulgator, muss vor Auftrag geschüttelt werden	feuchtigkeitsspendend, rückfettend, zieht schnell ein

Tab. 3.3: Funktionen verschiedener Konzentrate

Je nach Funktion des Konzentrates wird der Inhalt auf das Gesicht, ggf. auch auf Hals und Dekolletee, oder nur lokal auf die entsprechend zu behandelnde Hautpartien aufgetragen. Bei z. B. Couperose wird ein Konzentrat lokal auf die Wangenpartie gegeben.

Ampullen (griech.-lat. = kolbenförmiges Gefäß) sind kleine, zugeschmolzene Glasröhrchen.

Einmalanwendung

Die Einmalanwendung eines Konzentrates (fixe Dosierung, Einmaldosis) wird am Beispiel einer Glasampulle erklärt. Die Glasampulle hat die Form einer kleinen Flasche mit vorgeritztem Flaschenhals (markierter Ring). Nehmen Sie die Ampulle in die Hand und greifen Sie mit einem Handtuch die Spitze des Glasgehäuses über dem Rand.

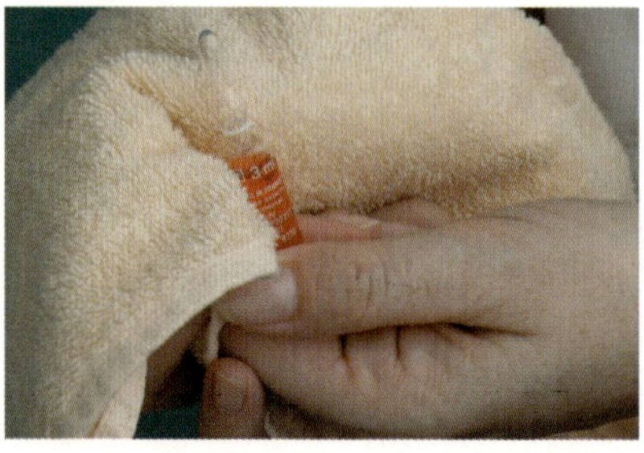

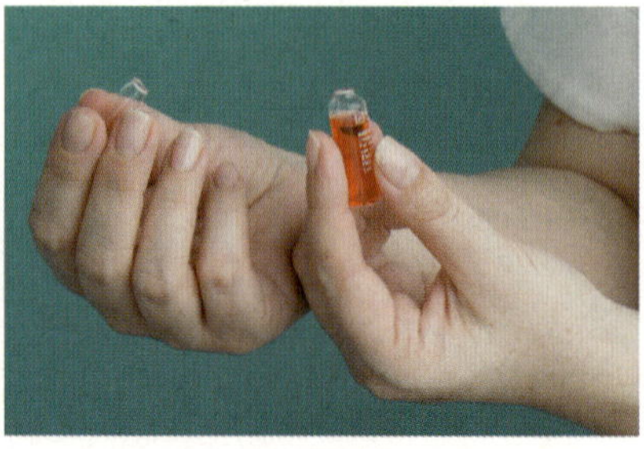

Abb. 3.4 a und b: Öffnen einer Glasampulle

Halten Sie die Flasche senkrecht und brechen Sie den Kopf beherzt ab.

Geben Sie den Glaskopf in einen separaten Behälter zur Entsorgung (Abfall) und zur Sicherheit das Handtuch zur Wäsche. Es kann weder für die Kundin genommen werden, noch sollte es von Ihnen weiter verwendet werden, z. B. zum Hände abtrocknen (Hygiene, Glassplitter!). In der Regel ist der Glasrand aber so vorgefertigt, dass keine Glassplitter beim Abbrechen des Glaskopfes entstehen.

Konzentratkapseln schneiden Sie an dem vorgezogenen Kapselrand auf.

Schütten Sie einen Teil des Wirkstoffkonzentrates in die Handfläche. Verteilen Sie das Konzentrat schnell in den Händen und streichen Sie dann das Präparat zügig (→ Auftragemuster Reinigungspräparate LF 3, Kapitel 3.7) auf die Haut. Wiederholen Sie den Vorgang mehrmals und beziehen Sie auch Hals und Dekolletee mit ein. Hals und Dekolletee können aber auch mit speziellen Ampullenpräparaten extra behandelt werden.

Verteilen Sie den Rest aus der Ampulle, bis das Konzentrat aufgebraucht ist. In der Regel dauert es bei ölfreien Konzentraten nur kurze Zeit, bis die Haut das Konzentrat aufgenommen hat. Ölhaltige Konzentrate benötigen etwas länger und können noch nach dem Auftragen für ca. 1–2 Minuten einmassiert werden.

Die Menge des Konzentrates ist so berechnet, dass die Einmaldosis nur vollständig aufgetragen ihre erwünschte Wirkung zeigt. Eine Rötung beruhigt sich bei Couperose z. B. nach dem Auftragen einer entsprechenden Ampulle. Tragen Sie weniger auf, ist auch die Wirkung entsprechend geringer.

Einmalampullen dürfen nicht geöffnet bleiben, da der Inhalt durch die Luft kontaminiert werden kann.

Mehrfachanwendung

Bei den mehrfach verwendbaren Konzentraten bemessen Sie die aufzutragende Menge nach den Kriterien der Systempflege (→ Kapitel 2.4). Je nach Hautzustand geben Sie ein- bis mehrmals aus dem Spender oder dem Fläschchen **Flüssigkeit in die Handfläche** und tragen sie schnell und zügig auf.

Warum tropfen Sie das Konzentrat nicht direkt auf die Haut?

Tropfen Sie die Flüssigkeit nicht direkt auf das Gesicht, es kann der Kundin/dem Kunden aufgrund des Temperaturunterschiedes zwischen warmer oder erwärmter Gesichtshaut unangenehm sein, wenn die kühle Flüssigkeit direkt auf die Haut getropft wird. Zusätzlich können die Tropfen selbst als unangenehm empfunden werden. Ähnlich wie bei Wasserspritzern zuckt die Kundin/der Kunde zusammen.

Wässrige Flüssigkonzentrate können auch mithilfe einer apparativen Behandlung eingeschleust werden.

Beachten Sie bei der Behandlungsplanung, ob und welche apparativen Verfahren (→ Kapitel 3.5) Sie zur Stoffeinschleusung von Flüssigkonzentraten und anderen Intensivbehandlungsprodukten einsetzen möchten. Nicht immer ist nach der Anwendung eine Maske oder Packung notwendig!

3.2 Masken und Packungen

Masken und Packungen bilden einen wichtigen Bestandteil der kosmetischen Intensivbehandlung.

Masken bestehen aus einer Maskengrundlage in Creme- oder Pulverform, in die Wirkstoffe und/oder pflegende Substanzen bereits eingearbeitet sind oder direkt zugefügt werden.

Masken sind breiartige Massen, die entweder kalt oder warm mit einem Spatel oder Pinsel auf die gründlich gereinigte Haut aufgetragen werden. Es werden weichbleibende Masken (dann als **Packungen** bezeichnet), hautkühlende und hauterwärmende Masken unterschieden.

Tab. 3.5: Einteilung von Masken

Masken	
hauterwärmende Masken, die durch okklusiven Abschluss porenerweiternd wirken und die Haut mehr oder weniger erwärmen	hautkühlende Masken/Packungen, die durch Verdunstungskälte der Haut Wärme entziehen und dadurch abschwellend wirken
▸ Thermo-Modellage-Maske ▸ Paraffin-Gesichtsmaske ▸ Reinigungsmaske ▸ Gesichtswärmemaske (apparativ) ▸ *Peel-Off*-Maske	▸ Crememaske (Packung) ▸ Gelmaske ▸ Vliesmaske (auch als Massagegel)

Sie unterscheiden unter Beachtung des kurzfristigen/langfristigen Ziels der Systempflege (→ Kapitel 2.4), welche Konzentrate und welche Masken für welchen Hautzustand geeignet sind.

Die von den Herstellern angebotenen Kombinationen aus Wirkstoffkonzentraten und passenden Masken sorgen wegen ihrer aufeinander abgestimmten Wirkstoffe für ein minimales Unverträglichkeitsrisiko. Mischen Sie deshalb nicht die jeweils passenden Konzentrate mit anderen Masken.

3.2.1 Crememasken und Gelmasken

Weich bleibende Masken (Packungen) sind luftdurchlässig und in der Regel fertig angerührt in Dosen oder Tuben vorrätig. Die Masse sorgt **nicht für einen wärmenden Effekt** und ist deshalb für alle Hautzustände, besonders für empfindliche Hautzustände geeignet. Die Packungsmasse bleibt weich und geschmeidig, sie wirkt dadurch kühlend und entquellend, reizlindernd und beruhigend. Sie sorgt für eine Kapillarverengung und damit verbunden für eine Rötungsminderung (z. B. bei Couperose).

In der Regel wirken Packungen ca. zehn Minuten ein und werden dann mit warmen, feuchten Kompressen abgenommen.

Die Inhaltsstoffe sind vielfältig und nach Hauttypen abgestimmt, z. B.:

Zinkoxid
Hamamelis

- Eine Packung für unreine, grobporige Haut enthält z. B. *Zinkoxid*, Feuchtigkeitsfaktoren (NMF) und Kräuterauszüge (z. B. *Hamamelis*) zur Adstringation (Zusammenziehen).

Weizenkeimöl
Avocadoöl

- Eine Packung für trockene Haut enthält z. B. *Weizenkeimöl*, *Avocadoöl* und Feuchtigkeitsfaktoren.

5842254

Die Herstellerkataloge geben Ihnen die genauen Zuordnungen nach Hauttypen/ Hautzuständen („Packung für trockene Haut", „... sensible Haut") oder die Wirkstoffkombinationen (z. B. „Weizenkeim-Creme-Packung") an.

Gelmasken gehören zu den kühlenden „Frischmachern" in der Kosmetikbehandlung. Sie bestehen aus einem klaren, fettfreien, straffenden und feuchtigkeitsspendenden Gel. Sie sind aufgrund ihrer verschiedenen Inhaltsstoffe für alle Hauttypen geeignet.

Die Inhaltsstoffe sind in der Regel Kollagen, *Hyaluronsäure, Algenextrakte,* Minze usw.

Hyaluronsäure
Algenextrakt

Nach der Einwirkzeit von ca. zehn Minuten werden sie mit lauwarmen Kompressen abgewaschen und danach eine Abschlusspflege aufgetragen.

3.2.2 Vliesmasken

Gefriergetrocknete Vliese werden durch eine spezielle Produktion hergestellt. Das Wasser wird den Inhaltsstoffen auf schonende Weise durch Gefriertrocknung (*Lyophilisation*) entzogen. Es entsteht ein mikroporöses, seidenweiches, feinporiges Vlies.

Lyophilisation

Warum hat eine kühlende Maske eine positive Wirkung auf gerötete und gereizte Haut?

Vliesmasken wirken abschwellend, kühlend und beruhigend. Es erweitern sich kurzfristig die Blutgefäße und ziehen sich dann aufgrund der Verdunstung (in diesem Fall der Wärmeabgabe der Haut) wieder zusammen. Die Haut beruhigt sich und wird blasser.

Aufgrund dieser Eigenschaften kann die Vliesmaske für alle Hauttypen und Hautzustände angewandt werden. Sie kann auch zur Beruhigung von Schwellungen (z. B. bei Tränensäcken) oder nach der kosmetischen Ausreinigung aufgetragen werden. Wegen ihrer fettfreien Wirkstoffe wirkt sie nicht *komedogen.* Die Inhaltsstoffe insgesamt sorgen für ein glattes, gestrafftes, beruhigtes, abgeschwollenes, durchfeuchtetes Hautbild.

komedogen

Der **Basisstoff (90 %)** dieser Masken besteht aus Kollagen, ohne Konservierungsstoffe. Da keinerlei Parfümstoffe zugesetzt werden, erhalten Sie eine Maske, die auch für allergiegefährdete oder Ekzemgeschädigte Hautzustände verträglich ist.

Wirkstoffe (10 %) sind z. B. Kollagen, Elastin, *Panthenol, Allantoin, Aloe Vera, Kaviarextrakt, Algenextrakt,* z. T. hautbleichende Zusätze, z. T. *AHA-Zusätze* zur Hauterneuerung.

Panthenol
Allantoin
Aloe Vera
Kaviarextrakt
Algenextrakt
AHA-Zusätze

Anwendungsformen:

Die angebotenen Vliesmasken ermöglichen eine individuelle Anpassung an die Gesichtsformen oder Körperpartien Ihrer Kunden.

Sie werden einzeln, trocken oder feucht, in hygienisch verpackten Cellophanbeuteln angeboten.

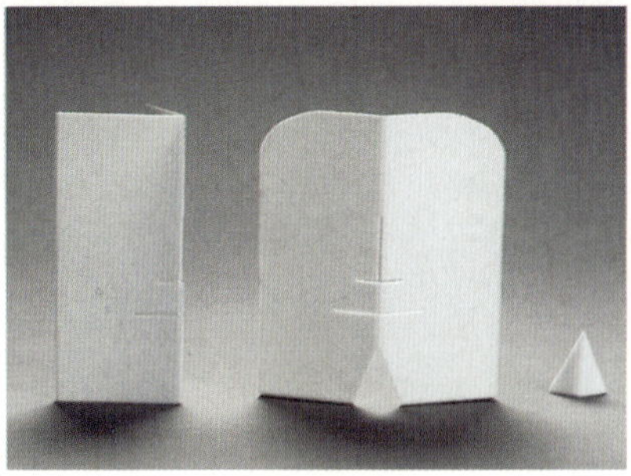

Abb. 3.6: Trockenes Gesichtsvlies (vorgestanzt)

- fertiges A4 großes Vlies mit ausgestanzten Gesichtsöffnungen
- A4-Vlies zum Zurechtschneiden (auch für Körperbehandlungen geeignet)
- Vlies zur Verarbeitung als Massagegel
- Streifen für einzelne Gesichtspartien oder Teilkörperbehandlungen (fertig gebogen oder vorgeformt)
- Augenpads (der Augenform angepasst, → Kapitel 3.3)

Anwendung trockenes Vlies

Legen Sie das Maskenblatt auf dem Gesicht der Kundin kurz an und markieren Sie, falls nötig, die Gesichtsöffnungen.

Nehmen Sie das Vlies wieder ab und schneiden Sie die Markierungen für Augen, Mund, Nase aus. Bei der vorgestanzten Maske ist das nicht notwendig.

Tragen Sie je nach Hautzustand (z. B. bei sensibler Haut, Kapitel 2) auf Wunsch der Kundin eine Wirkstoffampulle oder ein Konzentrat zusätzlich auf die Haut auf.

Manche Kundinnen mögen die Maske über den Augen geschlossen. Bitte erfragen Sie vorher, ob die Augen frei bleiben sollen.

Warum sollten Sie vor der Maskenanwendung ein flüssiges Wirkstoffkonzentrat auftragen?

So wird mit einer flüssigen Lösung transzellulär die obere Hautschicht mit Feuchtigkeit versorgt, was durch die Anwendung der Vliesmaske noch verstärkt wird.

Geben Sie die vom Hersteller empfohlene Aktivlösung (enthält Wasser und 10 % des Wirkstoffes) in ein Schälchen. Diese befeuchtet das Vlies und aktiviert die im Vlies enthaltenen Wirkstoffe. In der Regel sind die flüssigen Wirkstoffgemische in größeren Flaschen erhältlich.

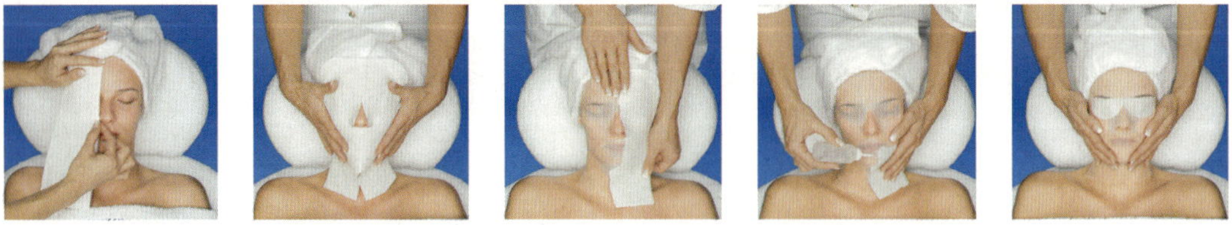

Abb. 3.7 a – e: Auftragen einer Vliesmaske

Nehmen Sie mit einem Schwämmchen die Lösung auf. Tupfen und durchfeuchten Sie mit dem Schwämmchen die Maske. Bilden sich kleine Blasen, streichen Sie diese mit dem feuchten Schwämmchen zur Seite aus.

Anstelle des Anfeuchtens mit dem Schwämmchen kann auch eine Pipettflasche verwendet oder ein feuchtes, in Lösung oder Wasser getauchtes Kompressentuch über das Vlies gelegt werden. Je nach Jahreszeit kann das Tuch mit lauwarmem oder kaltem Wasser getränkt sein.

Nehmen Sie dann wirklich nur lauwarmes Wasser, denn zu heißes Wasser zerstört das Vlies.

Legen Sie das Tuch vom Kinn beginnend seitlich nach oben und falten es über der Stirn. Nase und/oder Mund bleiben frei. Drücken Sie das Tuch leicht an, bis das Vlies durchfeuchtet ist. Nehmen Sie es dann wieder ab und wiederholen Sie den Vorgang, bis die Matrix wie eine zweite Haut auf dem Gesicht liegt. Geben Sie das Kompressentuch danach in die Wäsche.

Sind die Augen unter der Maske verborgen, feuchten Sie diese Partie ebenfalls an. Bleiben die Augen frei, legen Sie der Kundin mit beruhigender Augenlotion (→ Kapitel 3.3) getränkte Wattepads auf die Augenlider.

Anwendung feuchtes Vlies

Schneiden Sie den Cellophanbeutel auf und nehmen Sie das feuchte Vlies heraus. Es ist bereits fertig getränkt mit der Aktivlösung. Legen Sie das Vlies auf dem Gesicht der Kundin an. Drücken Sie das Vlies mit den Fingerspitzen etwas zurecht, sodass es sich geschmeidig, flächig auf die Haut legt (z. B. an den Nasenflügeln).

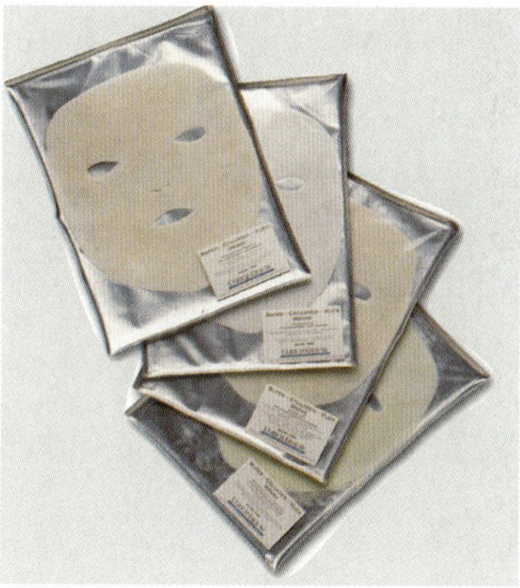

Behandeln Sie auf Wunsch der Kundin nach gleicher Vorgehensweise Hals und Dekolletee mit. Lassen Sie die Maske 15–20 Minuten einwirken. Die Maske wird dann in einem Stück an der Stirn beginnend abgezogen. Die Haut muss nicht mehr nachgereinigt werden, da keine Maskenrückstände bleiben. Setzen Sie die Behandlung mit der Abschlusspflege fort.

Abb. 3.8: Feuchtes Vlies (vorgestanzt)

Anwendung der Vliesmaske als Massagegel

Verschiedene Hersteller bieten das Vlies als Massagemittel an (ebenfalls für alle Hauttypen/-zustände geeignet). Es ist dann im Gegensatz zu dem trockenen und feuchten Vlies mit lamellaren Strukturen versehen, z. B. auf der Basis von hochkonzentrierten *Algenderivaten*. Durch die Zugabe der entsprechenden Flüssigkeit verändert diese ihre Konsistenz in ein gleitfähiges Gel. Das durch die Aktivlösung aufgelöste Vlies ist dann Massagemittel und Wirkstoffträger (z. B. für *Aloe Vera*). Im Moment der Flüssigkeitszugabe werden die eingearbeiteten Wirkstoffsubstanzen aus dem Vlies freigesetzt.

Algenderivate

Aloe Vera

Führen Sie nach der Gelbildung eine sanfte Massage (→ LF 6, Kapitel 4) durch. Feuchten Sie Ihre Hände immer wieder mit Wasser an, damit die Gleitfähigkeit während der Massage erhalten bleibt.

Im Sommer verwenden Sie dafür kaltes Wasser, im Winter und nach Hautzustand können Sie auch mit lauwarmem Wasser nachfeuchten.

Nach der Massage wird in der Regel keine Ruhezeit mehr möglich sein, denn das Gel trocknet auf der Haut, wenn es nicht mehr befeuchtet wird. Das kann sich für die Kundin unangenehm anfühlen.

Waschen Sie daher die Reste des Gels mit warmem Wasser ab und tragen Sie die passende Abschlusspflege nach Hauttyp auf.

3.2.3 Die heizbare Gesichtswärmemaske

Die Gesichtswärmemaske ist innen mit einem Frotteeüberzug und einer Polsterung versehen, Nase und Mund sind ausgeschnitten und bleiben während der Behandlung frei. Die Gesichtswärmemaske wird hinter dem Kopf mit Klettverschlüssen angelegt. Sie können mit einem Schalter die Heizleistung anstellen. Als Grundlage für eine **heizbare kosmetische** Gesichtswärmemaske können auch die Vliesmasken verwendet werden. Alle anderen Maskengrundlagen hinterlassen Reste im Frotteeüberzug! Bei allen Hautzuständen, die eine wärmende Behandlung vertragen, eignet sich diese Kombination gut zur regenerativen Behandlung:

- bei reifer, alternder, atrophischer Haut und Raucherhaut,
- bei Seborrhoe sicca,
- bei Männerhaut,
- gegen Falten und bei sonnengeschädigter Haut.

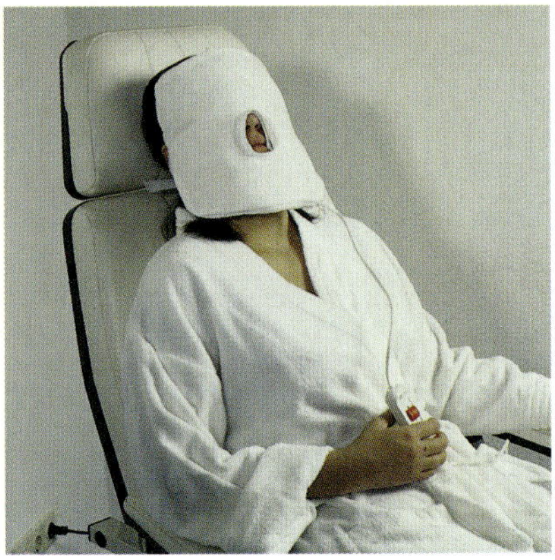

Abb. 3.9: Gesichtswärmemaske

7

Anwendung:

Berechnen Sie eine Aufwärmzeit für die Stoffmaske von ca. fünf Minuten.

Sie ist in zwei Stufen regulierbar, wobei die zweite Stufe eine Höchsttemperatur von 40 Grad Celsius erreicht.

Nach der Reinigung der Haut wird eine Ampulle auf die Haut aufgetragen und sanft einmassiert. Darüber legen Sie das fertige Kollagenvlies (entweder vorgestanzt oder durch Ihre Bearbeitung ausgeschnitten) und drücken es leicht an. Da die Haut noch vom Auftragen der Ampulle leicht feucht ist, haftet das Vlies etwas an. Nehmen Sie dann das angefeuchtete Maskentuch und legen es über das Vlies.

Das Maskenabdecktuch wird in der Regel mit der Ausstattung der Gesichtswärmemaske mitgeliefert. Es dient der hygienischen Abdeckung des Gesichtes zur Gesichtswärmemaske. Es verfügt über die gleiche Mund-Nase-Öffnung wie die Gesichtswärmemaske. Das Tuch muss nach jeder Anwendung gewaschen werden.

Legen Sie dann die geheizte Gesichtswärmemaske an und schließen Sie die Klettverschlüsse hinter dem Kopf des Kunden. Fragen Sie nach, ob der Kunde während der Einwirkzeit lieber in eine halb sitzende Position gestellt werden möchte.

Lassen Sie sich bei allen apparativen Anwendungen gründlich von den entsprechenden Hersteller- oder Vertriebsfirmen schulen. Beachten Sie unbedingt die Warnhinweise der Hersteller zur Nutzung der elektrischen Geräte.

Da das Gesicht außer den Atmungsorganen völlig abgedeckt ist, kann der Kunde evtl. Angstgefühle entwickeln. Geben Sie ihr/ihm deshalb den Ausschalter für die Maske in die Hand. So kann sie/er selbst die Wärmezufuhr unterbrechen, wenn Sie den Raum verlassen oder sie/ihn nicht gleich hören.

Die Einwirkzeit der Präparate unter der Gesichtswärmemaske beträgt je nach Präparat 15 – 30 Minuten. Außer der Vliesmaske können auch Wirkstoffkonzentrate alleine unter das Maskentuch gegeben werden, die Wirkung ist dann weniger intensiv.

Nehmen Sie dann die Maske ab. Entfernen Sie das Maskentuch mit dem Vlies, indem Sie es abziehen. Tragen Sie anschließend eine zum Hauttyp passende Abschlusspflege auf.

Die Wärmemaske gibt es auch für Hals- und Nacken- sowie Dekolletee-Behandlungen. Die Anwendungsweise ist die gleiche wie für das Gesicht.

3.2.4 Gesichtsparaffinmaske

Die Gesichtsparaffinmaske gehört zu den hauterwärmenden und okklusiv wirkenden Masken.

Festwerdende Masken erstarren während der Einwirkzeit zu einer undurchlässigen Schicht, die **Feuchtigkeit und Wärme staut.** Dadurch wird die Durchblutung der Haut angeregt, die Wasserbindung der Haut verbessert sich, Wirkstoffe unter der Maske ziehen gut ein und es kommt zu einem straffen, frischen Aussehen der Gesichtshaut durch Aufquellen der Hornschicht.

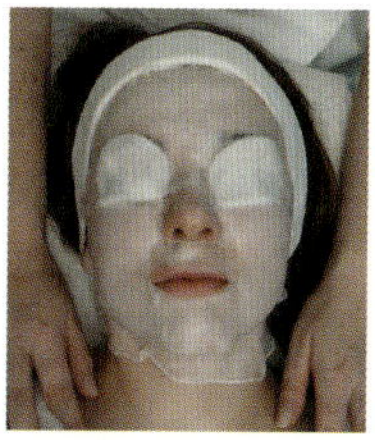

Abb. 3.10: Paraffinmaske

Die Paraffinbehandlung sorgt durch einen okklusiven Abschluss der Hautoberfläche für eine Erwärmung der Haut. Die Schweißdrüsen werden aktiviert und Wärme und Feuchtigkeit bleiben auf der Haut. Das abdichtende Paraffin unterstützt die Einschleusung von flüssigen Wirkstoffen in die obersten Hautschichten und unterstützt damit die Nährstoffaufnahme und Regeneration der Haut. Das Paraffin selbst wird nicht von der Haut aufgenommen.

Die Paraffinmaske ist für die Hauttypen Seborrhoe oleosa (nicht bei Akne!), Mischhaut, Seborrhoe sicca, Sebostase, normale Haut, Raucherhaut und reife Haut geeignet.

Paraffin ist ein Mineralfett auf Erdölbasis.

Zum Maskenzubehör gehört ein kleines elektrisch beheizbares Gerät (ähnlich einem Heißwachsgerät → Band C, LF 11, Kapitel 3.4). Das Paraffin selbst wird in Metalldosen geliefert. Diese müssen Sie geöffnet in das Paraffinwärmegerät stellen.

Beachten und planen Sie die längeren Schmelzzeiten bei vollen Paraffindosen vor der Maskenbehandlung ein.

Das Gesichtsparaffin ist für die Mehrfachanwendung geeignet, während die meisten anderen Masken nur zum einmaligen Gebrauch bestimmt sind.

Sie müssen bei der Anwendung deshalb genau auf die Hygiene achten, damit es nicht zu einer Verschmutzung des flüssigen Paraffins kommt. Nur so bleibt das Paraffin haltbar.

Anwendung

Bereiten Sie die Haut der Kundin mit Reinigung und/oder hautzustandsgerechtem Peeling vor. Tragen Sie eine Ampulle oder ein anderes flüssiges Wirkstoffkonzentrat auf die Gesichtshaut auf. Bedecken Sie die Augenlider bis zu den Augenbrauen mit einem feuchten Wattepad (mit Wasser, Gesichtswasser oder beruhigender Augenlotion angefeuchtet). Legen Sie die durchsichtige, luftdurchlässige Gaze über das ganze Gesicht der Kundin, bis zum Hals.

Die Paraffingeräte erreichen während der Aufwärmphase eine maximale Temperatur, die noch für die Gesichtshaut der Kundin verträglich ist. So ist die Gefahr einer Verbrennung der Haut durch heißes Paraffin ausgeschlossen, sofern das Gerät ohne Störungen funktioniert. Prüfen Sie trotzdem zur Sicherheit immer die Temperatur des Paraffins vor dem Auftragen, indem Sie mit dem sauberen Spatel einen Klecks Paraffin auf Ihren Handrücken geben. Ist die Temperatur angenehm, können Sie mit dem Auftragen beginnen.

Streichen Sie das flüssige Paraffin mit einem sauberen Maskenpinsel auf die Gaze. Sparen Sie die Nasenlöcher aus, wenn es die Kundin wünscht auch die Mundpartie. Zwei bis drei Schichten Paraffin sollten pro Behandlung aufgestrichen werden, damit eine festere Maske entsteht.

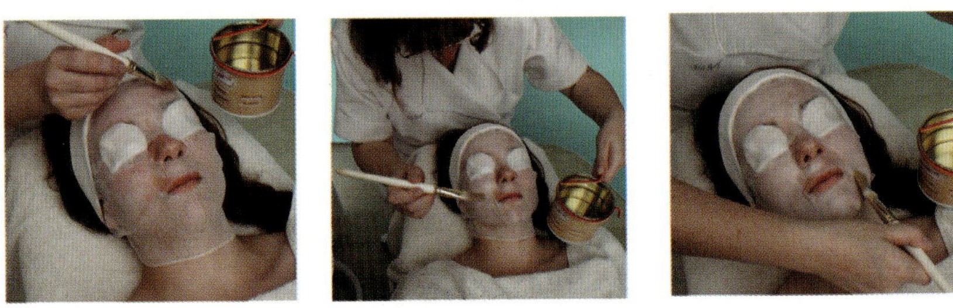

Abb. 3.11 a – c: Auftragen von Paraffin

Nach 15 – 20 Minuten kann die Maske in einem Stück, verbunden mit der Gaze, vom Hals ab nach oben abgezogen und in den Müll gegeben werden.

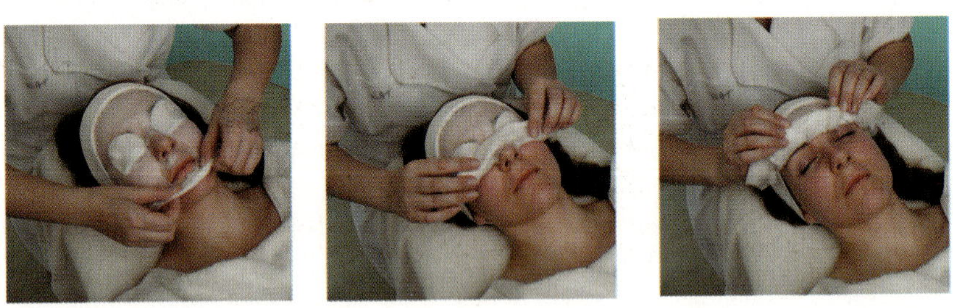

Abb. 3.12 a – c: Abnahme der getrockneten Paraffinmaske

Entfernen Sie eventuelle Reste der Maske vorsichtig mit einem feuchten Tuch. Tragen Sie dann die Abschlusspflege auf, nach Kundenwunsch auch ein Make-up.

Alte Paraffinreste vom gebrauchten Pinsel dürfen nicht wieder eingeschmolzen werden, damit die Paraffinmasse sauber bleibt.

Nach jeder Behandlung muss der Pinsel mit einem vom Hersteller speziellem Paraffinreiniger von Maskenresten befreit werden.

Paraffinwärmegeräte sind von ihrer Heizleistung Strom sparend und können während Ihrer Öffnungszeiten angeschaltet bleiben. Angeboten werden auch Hand- und Fußparaffingeräte (➜ Band C, Maniküre, LF 4 und Pediküre, LF 8).

3.2.5 Peel-Off- und Modellagemasken

Die *Peel-Off-* und Modellagemasken bestehen aus einer feinen, pulverigen Masse, die nach Herstellerangaben mit Wasser angerührt werden muss. Die Masse bildet nach dem Auftragen auf das Gesicht einen elastischen Film.

Die Masken nutzen die Eigenwärme der Haut, die durch den okklusiven Abschluss aufquillt und eine Wirkstoffaufnahme ermöglicht. Die angerührte Masse wird nach dem System (Muster) der ➜ Abb. 3.16 aufgetragen.

Die *Peel-Off*-Maske

Inhaltsstoffe der *Peel-Off*-Masken können z. B. Siliciumdioxid (*Solum Diatomeae*, ein rein weißes, feines Pulver), *Algin* (Bindemittel), *Calciumsulfate* (Gips) und Farbstoffe sein. **Wirkstoffe** können z. B. in Form von Vitaminen, Feuchtigkeitsfaktoren, *Aloe Vera, Ginseng, Hamamelis* oder *Azulen* zugesetzt sein.

Siliciumdioxid
Algin
Calciumsulfate
Aloe Vera
Ginseng
Hamamelis
Azulen

Diese Maskenart ist geeignet für:

- gerötete, gereizte, empfindliche Haut, Mischhaut
- feuchtigkeitsarme, reife Haut, trockene Haut
- ölige Haut, Seborrhoe sicca, normale Haut
- strapazierte, sonnengeschädigte Haut, Raucherhaut
- Teilkörperbehandlungen für Hände/Hals/Dekolletee

Die Thermo-Modellage-Maske

Sie basiert auf dem Prinzip, dass sich die Haut unter luftdichtem Abschluss lokal bis auf 40 Grad Celsius erwärmt. Durch die im Gegensatz zur Paraffin- und *Peel-Off*-Maske langsame, beständige und höhere Wärmeentwicklung sorgt diese Maske für eine gute Hautdurchblutung und regt den Stoffwechsel an.

Gleichzeitig modelliert und strafft sie die abgedeckten Hautpartien. Die Gesichtsmuskeln werden durch die Ruhigstellung in der Maske sehr angenehm entspannt und ermüdete oder erschlaffte Gesichtskonturen auf sanfte Weise geglättet und gestrafft.

Die **Inhaltsstoffe** der pulverförmigen weißen, grauen oder orangefarbenen Mischung sind rein mineralisch auf der Basis von Gips oder *Bolus Alba* (weiße Tonerde).

Bolus Alba

Die Thermo-Modellage-Maske bietet sich für Hauttypen an, die eine hohe Wärmeentwicklung und eine Durchblutungsanregung vertragen.

Überlegen Sie, ob die Thermo-Modellage auch für empfindliche, gereizte und gerötete Haut geeignet ist?

Anwendung und Auftragetechnik:

Decken Sie die Haare der Kundin mit einem Häubchen ab oder verwenden Sie ein Haarband. Bereiten Sie das Gesicht der Kundin mit Reinigung und hautzustandsgerechtem Peeling vor. Klären Sie mit Gesichtswasser und tragen Sie eine Wirkstoffampulle auf.

Als Grundlage für die Peel-Off-Maske eignen sich fettfreie, flüssige Konzentrate.

Sollte stellenweise stärkere Gesichtsbehaarung vorhanden sein, bestreichen Sie vor der Anwendung der ***Peel-Off*-Maske** diese Gesichtspartie lokal mit einer dünnen Schicht Fettcreme. So verhindern Sie, dass Härchen in der antrocknenden Masse „festkleben" und während des Abziehens der Maske „ziepen".

Für die Thermo-Modellage-Maske tragen Sie die vom Hersteller empfohlenen **Basiscremes** mit pflegenden Wirkstoffen (z. B. *Azulen* oder Vitaminen) auf. Sie bildet eine Schicht zwischen der Gipsmasse und der Haut. Da der Thermo-Modellage im Gegensatz zu anderen Masken in der Grundmasse keine pflegenden Wirkstoffe beigesetzt sind, müssen Sie diese vorher auf die Haut der Kundin auftragen. Die Basiscremes enthalten Wachs, das hitzebeständig auf der Haut liegen bleibt. Die enthaltenen Wirkstoffe lösen sich durch die Erwärmung aus der Wachsgrundlage und dringen in die oberste Hautschicht ein.

Verwenden Sie für die Thermo-Modellage-Maske nur die vom Hersteller empfohlenen Basiscremes. Alle anderen Pflegepräparate würden bei einer Erwärmung auf 40 Grad regelrecht „davonfließen".

Besprechen Sie mit der Kundin die Anwendung der Maske und erfragen Sie, ob außer Augen und Nasenlöcher auch der Mund frei bleiben soll. Lassen Sie auf Wunsch der Kundin auch die Halspartie aus oder den Kehlkopf frei.

Mischen Sie das Pulver genau mit der vorgegebenen Wassermenge. Rühren Sie kräftig und schnell, bis eine geschmeidige Masse entsteht.

Beginnen Sie mit dem Auftragen zuerst auf den flacheren Gesichtsteilen.

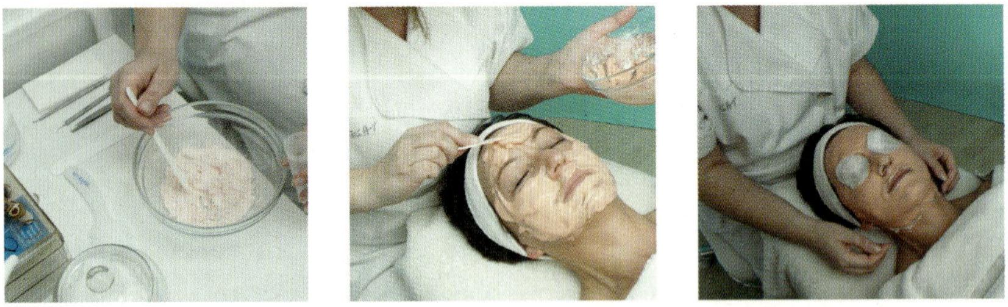

Abb. 3.13 a – c: Auftragen der *Peel-Off*-Maske

Die Zubereitung von *Peel-Off*- und Modellagemasken muss genau nach Herstellerangaben erfolgen. Da die Masse schnell erkaltet und erstarrt, kann sie dann nicht mehr verarbeitet werden.

5842262

Da die Masse dickflüssig bis zäh ist, lässt sie sich gut verteilen. Nehmen Sie löffelweise die Masse auf und geben sie auf die Stirn **(1, 2, 3)** und verstreichen diese flächig. Streichen Sie die oberen Wangenknochen **(4, 5)** ein, dann das Kinn **(6)** und um den Mund **(7)** herum. Streichen Sie mit der Löffelrückseite die Masse bis zum Lippenrand (Straffung der Lippenrand-Fältchen) und vom Kinn aus zum unteren Lippenrand. Geben Sie löffelweise Masse rechts und links der Nasenflügel **(8)** sowie auf den Nasenrücken **(9)**.

Die Nasenlöcher bleiben frei. Verbinden Sie die Masse bis zu den Wangen und Stirn.

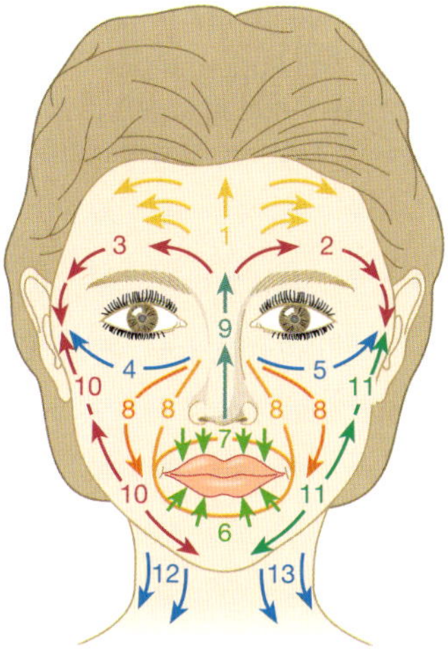

Abb. 3.14: Auftragemuster *Peel-Off*- und Modellagemaske

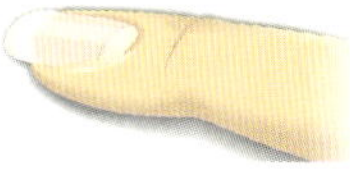

Achten Sie darauf, dass keine Maskenreste in den inneren Augenwinkel „abrutschen", streichen Sie lieber noch mal die Masse seitlich zum Nasenrücken nach oben.

Verbinden Sie mit dem Löffel vom Kinn aus die untere Wangenpartie **(10, 11)**, sodass keine Öffnungen bleiben.

Wünscht die Kundin auch eine Halsbehandlung, nehmen Sie löffelweise noch Masse auf und streichen diese seitlich die Halsstränge hinunter **(12, 13)**.

Achten Sie darauf, dass die Maske ca. 1 cm dick (!) aufgetragen wird. Der Maskenrand sollte auch verdickt sein. Das erleichtert Ihnen später das Abnehmen der Maske.

Arbeiten Sie schnell und konzentriert. Sobald der Trocknungsprozess eingesetzt hat, läßt sich die Maske nicht mehr verarbeiten.

Die Maske sollte gut flächig verbunden sein und an den Rändern einen etwas dickeren Rand aufweisen. Bedecken Sie die Augenpartie inklusive der Augenbrauen mit einem feuchten Wattepad.

Nach der vorgeschriebenen Einwirkzeit nehmen Sie die *Peel-Off*-Maske unten beginnend, in einem Stück ab.

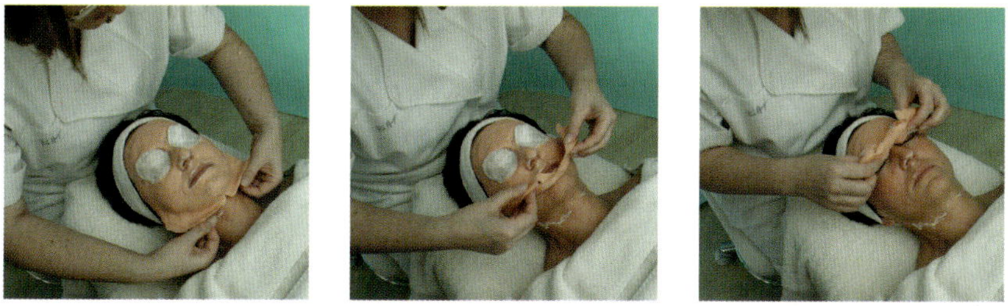

Abb. 3.15 a – c: Abnahme der getrockneten Kautschuk-*Peel-Off*-Maske

Bei der Thermo-Modellage-Maske greifen Sie erst seitlich unter die Maske bis nach oben und dann nach unten. Lösen Sie die Maske in einem Stück ab. Entfernen Sie die Maskenrest mit warmem Wasser und fahren Sie mit der Behandlung fort.

3.3 Augenpflege

Die Pflege der Augenpartie wird in der Systempflege der einzelnen Hauttypen und Hautzustände eingefügt und kann mit speziellen Präparaten als Intensivpflege die Systempflegewirkung verstärken.

In der Regel werden die Augenpflegebehandlungen vor den Einwirkzeiten von z. B. Masken oder Packungen aufgetragen.

Sowohl während der normalen Gesichtsreinigung (z. B. mit Augen-Make-up-Entferner) als auch in der Tages-, Intensiv- und Abschlusspflege wird die Augenpartie mit behandelt.

Eine Behandlung der Augen kann nicht erfolgen bei allen Augenerkrankungen, vor allem der infektiösen (z.B. der eitrigen Bindehautentzündung). Diese müssen erst ärztlich behandelt werden und dann ausgeheilt sein, bevor eine Kosmetikbehandlung durchgeführt wird.

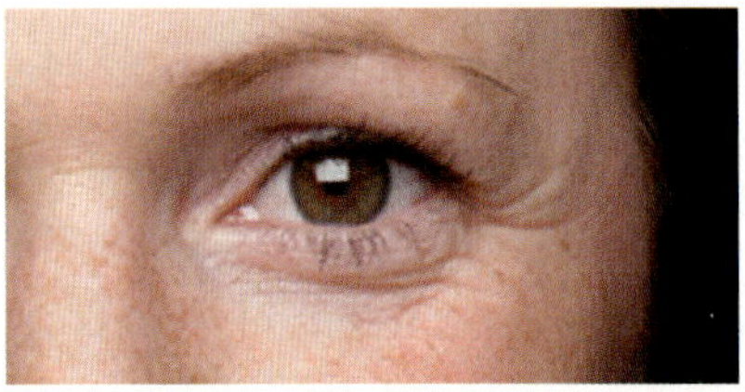

Abb. 3.16: Augenfältchen

Im Bereich der Augen fällt die **Alterung der Haut** besonders schnell auf. Die Epidermis um die Augen ist um die Hälfte dünner als im übrigen Gesicht. Der Augenbereich gehört zu den besonders stark bewegten Gesichtsbereichen und wird deshalb z. B. durch Gefühlsäußerungen wie Freude, Anstrengung, Schmerz, Zusammenkneifen der Augen **(„Krähenfüße")** in die Mimik mit einbezogen.

7

Geschwollene Augen entstehen durch Flüssigkeitsansammlungen, bedingt z. B. durch Allergien wie Heuschnupfen. Schwillt die Haut dann wieder ab, ist sie rau, gerötet und strapaziert. Auch Krankheiten, Rauchen oder Alkoholkonsum lassen die Augenumgebung anschwellen („Tränensäcke", geschwollene Lider).

Dunkle Augenringe sind dagegen teilweise erblich bedingt, können aber auch auf Erkrankungen oder Schlafmangel hinweisen. Sie werden durch sauerstoffarmes Blut verursacht, das nicht hell und rot, sondern bläulich wirkt. Es schimmert dunkler durch die Haut, da unter den Augen die Haut sehr dünn und blutgefäßreich ist. Auch das subkutane Fettgewebe ist hier sehr dünn. Dunkle Augenringe sind mit dekorativer Kosmetik (→ LF 12, Kapitel 4.1) gut abzudecken, aber nur bedingt mit Kosmetika zu behandeln.

Bei den Anwendungsmöglichkeiten unterscheiden Sie zwischen **Augenpads** (Kompressenanwendung) oder dem **Pflegemittelauftrag.**

Kamille

Feuchte Wattepads oder Vliespads, zur Erfrischung mit Wasser oder Augenlotion (diese enthält z. B. beruhigende Zusätze wie *Kamille*) getränkt, können während der Einwirkzeit von Masken oder Packungen auf die geschlossenen Augen aufgelegt werden.

Der Pflegemittelauftrag erfolgt auf die Haut der Augenumgebung:

- unter dem Auge
- seitlich Richtung Schläfe
- teilweise auf dem geschlossenen Augenlid.

Da Masken und Packungen nur bedingt über die Augenpartie aufgetragen werden können, muss die Pflege der Augenpartie im Institut oder durch die Kundin zu Hause mit speziellen Produkten erfolgen.

Augenpflegeprodukte werden in verschiedenen Präparateformen angeboten:

- Fluid mit straffenden Wirkstoffen oder Gel im Spender, z. B. mit *Vitamin C*, Kollagen, *Hyaluronsäure*
- Augencreme oder Augenlotion mit beruhigenden, abschwellenden Inhaltsstoffen, wie z. B. *Aloe Vera*, Vitamine, *Hamamelis*, *Kamille*
- Augenpads aus gefriergetrocknetem Vlies, angereichert z. B. mit Kollagen

Vitamin C
Hyaluronsäure
Aloe Vera
Hamamelis
Kamille

Alle ölhaltigen Konzentrate können nicht zu Augenpflege verwendet werden, da die Öle in die Augen "fließen" können und dann zu geröteten und geschwollenen Augen führen bzw. einen "Film" auf dem Augapfel hinterlassen.

Bei der Augenpflege liegt der Behandlungsschwerpunkt auf der Intensivpflege der dünnen Augenhaut und deren Straffung.

Teilweise kommen auch abschwellende kosmetische Behandlungen infrage.

Augenpflege gegen	Augencreme Augenpads Augengel	Konzentrat (ölfrei)	Peel-Off-Maske	Creme-packung	Heilerde (nach Ausreinigung)
geschwollene Lider, Tränensäckchen	X	X		X	X
strapazierte, gerötete, empfindliche Augenumgebung	X	X		X	X
schlecht durchblutete, abgespannte, müde Augenumgebung	X	X	X	X	
Faltenbildung	X	X	X	X	

Tab. 3.17: Behandlungsschwerpunkte der Augenpflege

Manche Kundinnen reagieren auf reichhaltige Augenpflegepräparate empfindlich. Wählen Sie dann zur Pflege ein fettfreies Augengel.

Eine zusätzlich kühlende oder wärmende Anwendung bietet die Augenbrille, die entweder gekühlt (im Kühlschrank) zur Abschwellung oder erwärmt (heißes Wasserbad) für müde Augen angewandt wird.

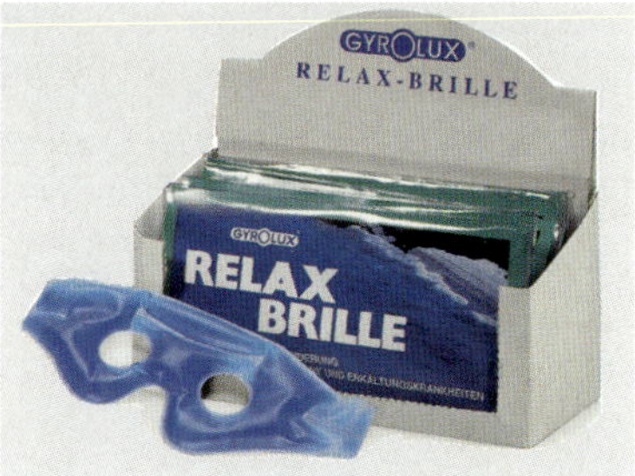

Abb. 3.18: Augenbrille

Durch Augenpflege kann die Haut um die Augen herum und auf dem Augenlid besonders bei strapazierter und geröteter Haut (z. B. nach abgeklungener allergischer Reaktion) wieder beruhigt werden. Auch in schubfreien Erkrankungszeiten, wenn die Augenpartie mitbetroffen war (z. B. bei Neurodermitis → Band A, LF 2, Kapitel 4.6.1), kann mithilfe der Augenpflege eine Stabilisierung der Haut wieder erreicht werden.

3.4 Die Hals- und Dekolletee-Behandlung

Im Kosmetikinstitut kann die Hals- und Dekolletee-Behandlung in Verbindung mit der Gesichtsbehandlung oder während einer Körperbehandlung durchgeführt werden. Sie ist aber auch als einzelne Behandlung zu buchen.

Die Haut an Hals und Dekolletee gehört zu den lichtexponierten Hautarealen und unterliegt damit auch der lichtbedingten Hautalterung. Das ist besonders am Hals sehr schnell zu sehen. Zusätzlich gehört der Hals zu den talgdrüsenarmen Hautarealen und verfügt so mit zunehmendem Alter immer weniger über Fett und Feuchtigkeit. Der Hals hat außerdem wenige Fettpolster, er wird lediglich von der Halsmuskulatur gestützt. Dieser gehört zu den stark beanspruchten Skelettmuskeln, jede Kopfbewegung muss von ihm mitgetragen werden. So kommt es zu einer ausgeprägten, ringförmigen Faltenbildung.

Die **Faltenbildung am Hals** verläuft in ringförmigen Linien, auch umgangssprachlich als „Venus-Collier" bezeichnet. Dann gibt es die geometrisch verlaufenden Linien im Nackenbereich, verursacht durch jahrelange Sonneneinstrahlung, und die kleinen Fältchen *(„Crepes")* am Halsansatz, die auf die ständige Reibung der Kleidung am Hals zurück zuführen sind.

Straffende und pflegende Hals- und Dekolletee-Behandlungen sind deshalb als Zusatzangebot im Kosmetikinstitut sehr beliebt.

Einteilung nach Hautzustand und Jahreszeit

7

Bei der Entscheidung, welches Peeling Sie z. B. für die Intensivreinigung auftragen sollen, spielt der aktuelle Hautzustand eine wichtige Rolle. Dieser wird stark durch die jeweilige Jahreszeit beeinflusst:

- Die durch die **kalte Jahreszeit** bedingte warme, teils undurchlässige Kleidung sorgt im Herbst und Winter für eine schlecht durchblutete, fahle Hals- und Dekolleteehaut, die auch zu Unreinheiten neigen kann.
- Im **Frühling und Sommer** unterscheiden Sie zu Beginn der wärmeren Jahreszeiten mit Sonnenbestrahlung die empfindliche und eventuell durch Sonne gerötete Haut, vor allem am Dekolletee.
- Zum **Ende des Sommers** zeigt die Haut am Dekolletee stärkere Verhornungen (z. B. nach Aufbau der Lichtschwiele) und evtl. auch Komedonen.

Jahreszeit	Behandlungsziel	Hautzustand	Intensiv-reinigung	Konzentrate	Maske/Packung
Frühling	rötungs-mindernd, beruhigend, Fett zuführend	trocken, gerötet, empfindlich (auch Früh-sommer)	Enzympeeling, chemisches Peeling	ölhaltig, pflegend, beruhigend	Gel- oder *Peel-Off*-Maske Paraffinmaske Vliesmaske Körperpackung (ölhaltig/fettreich)
Spätsommer Winter	durchfeuchtend, durchblutungs-anregend	fahl, schlecht durchblutet, verhornt	abrasives Peeling, z. T. mit Bürstenschleif-gerät	anregend, durch-blutungsfördernd straffend	Thermo-Modellage (im Winter) Vliesmaske Körperpackung

Tab. 3.19: Behandlungsschwerpunkte der Dekolleteepflege

Sie können die Hals- und Dekolletee-Behandlung in den Gesichtsbehandlungsablauf integrieren, indem Sie die jeweiligen Anwendungen zuerst im Gesicht, dann am Hals und dann am Dekolletee durchführen. Sie „verlängern" die Gesichtsbehandlungen auf diese Bereiche.

Für die Behandlung decken Sie die Kundin mit einem Handtuch bis zum Brustansatz zu, darüber die Wolldecke.

Die **Reinigung und Intensivreinigung** des Hals- und Dekolletee-Bereiches erfolgt im Ablauf der Gesichtsreinigung (→ LF 3) oder als zusätzlich gebuchte Dienstleistung.

Tragen Sie dann ein Hautintensivpflegeprodukt auf, z. B. eine Ampulle mit straffenden Wirkstoffen.

Die anschließende **Massage** von Hals und Dekolletee wird dann mit speziellen Massagegriffen (→ LF 6, Kapitel 4) durchgeführt. Als Massagemittel eignen sich für Hals und Dekolletee vor allem Emulsionen oder pflegende Öle.

Für die Hals- und Dekolletee-Behandlung gibt es Kosmetikpräparate und Behandlungspakete mit Konzentraten im Spender (ca. 50 – 100 ml) und spezielle Cremepackungen oder **Körpermasken** (zum Anrühren oder bereits fertig gemischt).

Masken für das Dekolletee

Als weitere Anwendung eignet sich z. B. auch eine Algenpackung. Diese besteht aus einem algen- und proteinreichem Pulver. Die Packung spendet Feuchtigkeit und glättet die Haut. Sie enthält z. B. Meersalz, Meeresalgenkalk, Milchproteine und pflanzliche Ölkörper.

Das Pulver wird mit heißem Wasser angerührt (im Sommer mit kaltem Wasser) und zügig mit dem Maskenpinsel auf Hals und Dekolletee aufgetragen.

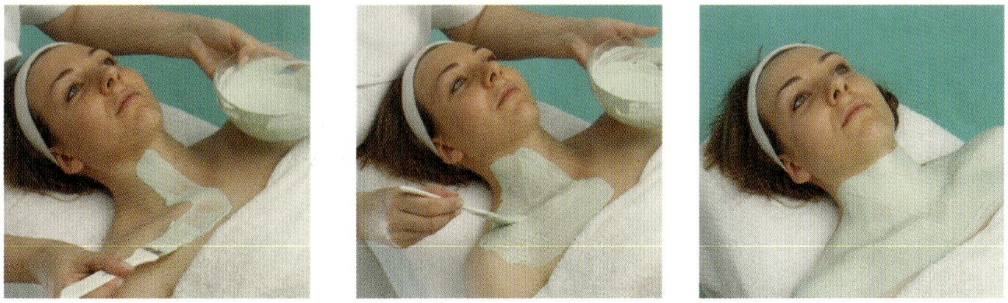

Dann wird der Hals mit einem Baumwolltuch und die übrige Haut mit einer Plastikfolie abgedeckt. Das führt zu einer okklusiven Erwärmung der Haut (und schont Ihre Handtücher).

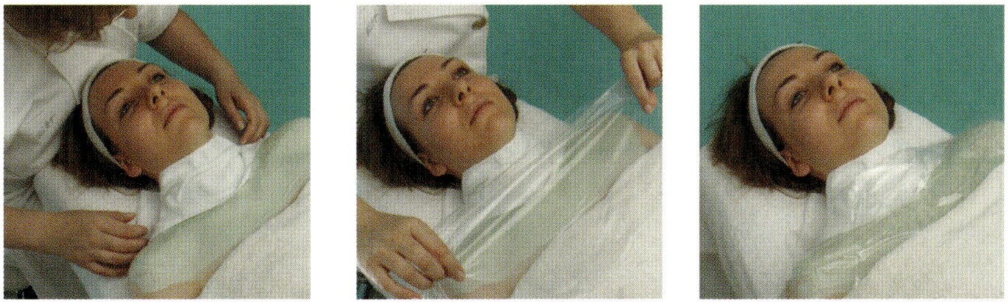

Abb. 3.20 a – f: Auftragen und Abdecken am Dekolletee

Die Packung verbleibt 20 Minuten auf der Haut. Dann wird die Folie abgezogen und die Haut mit feuchten Schwämmchen abgewaschen.

Alternativ eignet sich auch (als wärmende Maskenanwendung) die elektronisch beheizbare Wärmemaske (→ Kapitel 3.2.3). Hier wird über das Wirkstoffkonzentrat entweder noch ein Wirkstoffvlies oder nur das Maskenabdecktuch gegeben. Zur intensiven Erwärmung der Haut wird dann die Stoffmaske als Halswickel angelegt und eingeschaltet.

Auch die Thermo-Modellage-Maske kann für Teilkörperbehandlungen angewandt werden, wie z. B. für Hände, Dekolletee, Hals (Kehlkopf aussparen!) und Busen.

Abschlusspflege

Für die Abschlusspflege kann eine spezielle Hals- und Dekolletee-Creme verwendet werden, die besonders reichhaltig an straffenden Zusätzen ist.

Es eignen sich auch eine Körperlotion oder eine leichte Feuchtigkeitsemulsion.

Pflege für die Kundin zu Hause

Repair-Komplex
Hyaluronsäure
Aloe Vera

Als Pflege für die Kundin zu Hause eignen sich Ampullen und Konzentrate zur Hals- und Dekolleteepflege. Sie enthalten wertvolle Öle, *Repair-Komplex,* Kollagen, *Hyaluronsäure* und andere feuchtigkeitsspendende Wirkstoffe, wie *Aloe Vera,* und können täglich aufgetragen werden.

Jojobaöl
Vitamine A, E, F

Über die Konzentrate sollte die Kundin eine spezielle Hals- und Dekolletee-Creme auftragen. Diese kann ebenfalls feuchtigkeitspendende Zusätze (z. B. *Aloe Vera,* Kollagen), pflegende Öle (z. B. *Jojobaöl*) und Vitamine (z. B. *Vitamine A, E, F*) enthalten. Für die besonders anspruchsvolle, reife oder trockene Haut am Hals sollte diese Art an Pflegeprodukten täglich angewandt werden.

In der Regel ist die im Kosmetikinstitut erfolgte Intensivreinigung für mehrere Wochen wirkungsvoll. Die Kundin kann aber – hautzustandsgerecht – zusätzlich ein Duschpeeling oder Körperpeeling zu Hause anwenden.

Die Intensivpflegebehandlungen von Gesicht, Hals und Dekolletee werden unter der Zielerreichung der Systempflege jeweils hautzustandsgerecht eingesetzt.

Ihr Fachwissen über den Einsatz der entsprechenden Anwendungen und der Präparate sorgen dann für eine zusätzliche Verbesserung des Hautzustandes, sodass Ihre Kunden von dem Ergebnis überzeugt sein können.

3.5 Apparative Stoffeinschleusungsverfahren

Neue Techniken haben gerade bei den kosmetische Intensivbehandlungen die Möglichkeiten der Einbringung von Wirkstoffen in die Haut extrem erweitert. Was früher noch als „exotisch" galt, sind heute mehr und mehr gebuchte Verfahren der Intensivkosmetik des Gesichtes. Daher finden Sie im weiteren eine Auswahl der gängigsten Verfahren, die ihren Einzug in moderne Kosmetikinstitute halten.

Ohne ausführliche Schulung sollten Sie diese Verfahren nicht anwenden!

Die rechtliche Seite der apparativen Anwendungen mit Nadeln ist nicht eindeutig geklärt und kann länderabhängig variieren. Erkundigen Sie sich deshalb vorher bei Ihrem Ordnungs- oder Gesundheitsamt nach den aktuellen Rechtsvorschriften.

5842268

3.5.1 Mikroinjektion

Mesotherapie

Die als „kosmetische *Mesotherapie*behandlung" bezeichnete Mikroinjektion sorgt für eine lokale, intensive, oberflächliche Stoffeinschleusung, die auch in der Medizin zur konzentrierten Einspritzung von Medikamenten Verwendung findet. Die Behandlung dient überwiegend der Straffung von Gesichtsfalten, indem der Wirkstoffkomplex direkt in das Faltengewebe injiziert wird.

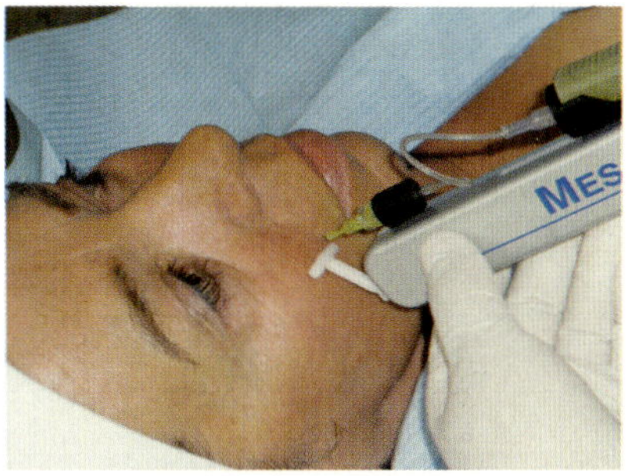

Abb. 3.21 Handstück mit Injektionsnadel

Ein Handstück (auch als *„Mesogun"* bezeichnet) wird auf die Haut aufgesetzt. Das Handstück schießt die Injektionsnadel mit einer vorgegebenen Geschwindigkeit und Tiefe (max. 1 mm) in die Hautoberfläche ein und setzt den Wirkstoffkomplex aus der angeschlossenen Kanüle frei. Ein Abstandshalter aus Kunststoff sorgt automatisch für den richtigen Abstand zur Haut und verhindert aus hygienischen Gründen den Kontakt des Kanülenkopfes mit der Haut.

Das Verfahren der Mikroinjektion unterscheidet sich von den Verfahren der Faltenunterspritzung und Tätowierung dahingehend, dass maximal 1 mm tief in die Haut injiziert wird.

Nach gründlich erfolgter Anamnese und Hautanalyse und nach erfolgtem Beratungsgespräch muss die Kundin/der Kunde eine Informationserklärung unterschreiben. Mit der Unterschrift wird u. a. bestätigt, das Sie über eventuelle Nebenwirkungen informiert haben.

Mögliche Nebenwirkungen:

- Es kann während der Behandlung, besonders bei sensibler Haut, zu kleinen Punkblutungen und/oder Blutergüssen sowie Schwellungen an der behandelten Hautpartie kommen.
- Auch eine allergische Reaktion ist möglich. Bitten Sie die Kundin/den Kunden, dann sofort einen Arzt aufzusuchen.

Bei folgenden **Kontraindikationen** darf die Mikroinjektion nicht durchgeführt werden:

- regelmäßige Einnahme von blutverdünnenden Mitteln, z. B. von Aspirin,
- Einnahme von Kortisonpräparaten,
- Auto-Immunerkrankungen, wie z. B. Rheuma,
- Schwangerschaft und Stillzeit,
- Hauterkrankungen, wie z. B. Psoriasis
- virale (z. B. *Herpes simplex*) oder entzündungsbedingte Erkrankungen,
- instabiler Diabetes.

Lidocain

Nachdem die Kundin/der Kunde auf der Behandlungsliege Platz genommen hat, waschen und desinfizieren Sie gründlich Ihre Hände (→ LF 2, Kapitel 1.1.4). Reinigen und desinfizieren Sie anschließend die Gesichtshaut mit einem zugelassenen Hautdesinfektionsmittel. Tragen Sie eine Betäubungscreme mit einem Spatel auf die zu behandelnde Hautstelle auf. Sie enthält *Lidocain*, ein freiverkäufliches Arzneimittel.

Decken Sie die mit Betäubungscreme bestrichene Hautpartie mit einer kleinen Plastikfolie ab. Die Einwirkzeit beträgt aufgrund der okklusiven Wirkung der Folie nur ca. 15 Minuten.

Hyaluronsäure

Während dessen werden von Ihnen die Wirkstoffe mit Hilfe einer Spritze aus fünf verschiedenen Einmalampullen nacheinander aufgezogen (bis max. 10 ml Gesamtmenge). Die Ampullen (Füllmenge je ca. 2 ml) enthalten z. B. *Hyaluronsäure*, Vitamine und Antioxidanzien.

Anschließend wird eine Schutzkappe auf die Nadel gesetzt und die Spritze kräftig geschüttelt, sodass sich die Wirkstoffe gut mischen lassen. Die überschüssige Luft muss vorsichtig herausgedrückt werden. Die Nadel wird abgezogen und entsorgt. Die jetzt oben offene Spritze wird dann in das Handstück eingesetzt und mit der Kanüle verbunden, an deren Ende eine frische Injektionsnadel sitzt.

Tragen Sie während der Behandlung Handschuhe!

Anwendung:

Anhand einer Vorlage mit Gitterabbildung können Sie die zu bearbeitenden Hautfelder für sich markieren und so z. B. einem kompletten Faltenverlauf folgen. Außerdem können Sie für sich dokumentieren, welche Hautpartien von Ihnen bereits behandelt wurden. Die Dokumentation verbleibt in der Karteikarte bis zur nächsten Behandlung.

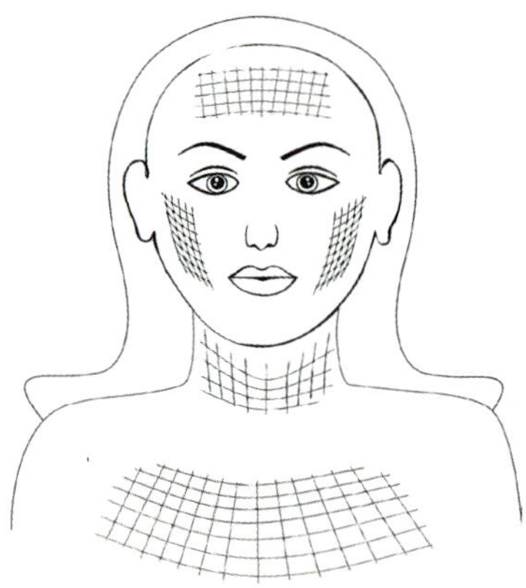

Abb. 3.22 Dokumentationsvorlage zur Mikroinjektion

Die Augenpartie wird in einem Abstand von ca. 1 cm rund um das Auge herum ausgespart, die injizierten Wirkstoffe verteilen sich noch in der Haut weiter.

Die Behandlung dauert ca. 20 Minuten. Auf die behandelte Haut kann eine beruhigende Packung, z. B. mit Vitamin K, aufgetragen werden.

Anschließend entsorgen Sie die gebrauchte Spritze in einem bruchsicheren Behälter und desinfizieren und waschen Ihre Hände. Das Handstück wird mit einem handelsüblichen Desinfektionsmittel abgerieben.

Eine Kurbehandlung von fünf wöchentlichen Sitzungen wird vom Hersteller empfohlen.

3.5.2 Mikroperforation

Bei diesem mechanischen Stoffeinschleusungsverfahren wird ein mit feinsten Nadeln (von 0,02 mm Länge) besetztes Kissen in Hubbewegung (pro Minute ca. 60 mal) versetzt. Die Nadeln sind *konisch* (kegelförmig) und glatt geformt, sodass sie nicht in der Hautoberfläche hängen bleiben und Verletzungen verursachen können.

konisch

Auf die Gesichtshaut aufgesetzt, wird die Epidermis oberflächlich *perforiert* (lat., durchlöchert). Die so verursachten „Mikroöffnungen" schließen sich nach 2–3 Stunden und die Haut erholt sich.

perforiert

Der Rahmen des Kopfstücks vibriert zusätzlich in einer schnellen Frequenz. Dieser mechanische Reiz überlagert den leichten Schmerz durch die Nadelung, sodass die Kundin/der Kunde nur ein Wärmegefühl verspürt (auf Grund der lokal angeregten Durchblutung). Damit erzielt diese Anwendung auch eine zusätzliche Massagefunktion (Mechanische Vibration → LF 6, Kapitel 6.3).

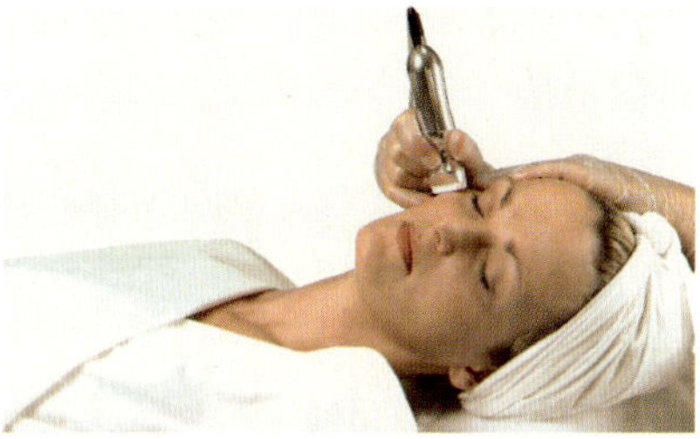

Abb. 3.23 Anwendung des Handstücks

Die Mikroperforation darf nicht auf Hautveränderungen, wie z. B. Muttermalen oder erkrankter Haut, durchgeführt werden. Bei sensibler Haut kann es außerdem zu leichten Schwellungen kommen.

Anwendung:

Führen Sie die Gesichtreinigung und das Peeling durch. Setzen Sie den jeweils steril verpackten Einmalnadelkopf auf das Handstück und schalten Sie das Gerät ein.

Setzen Sie das Handstück auf die trockene Gesichthaut. Mit langsamen Streichbewegungen werden die einzelnen Gesichtspartien behandelt.

Anschließend wird der zum Hautzustand passende Wirkstoffkomplex von Ihnen aufgetragen (z. B. ein Komplex mit Antioxidanzien, wie Q10, *Arganöl*), der so die Epidermis besser durchdringen kann. Der Augenbereich wird großzügig ausgespart.

Coenzym Q10
Arganöl

Tragen Sie während der Behandlung Handschuhe!

Nach der Behandlung nehmen Sie den Nadelkopf ab und entsorgen ihn in einem bruchsicheren Behälter. Desinfizieren Sie das Handstück und legen Sie erst kurz vor der nächsten Behandlung einen neuen (steril verpackten) Nadelkopf ein.

Eine Massage wird als Nachbehandlung nicht mehr zusätzlich durchgeführt, aber eine beruhigende Packung kann der Kundin aufgetragen werden. Der Hersteller empfiehlt als Kur mehrere wöchentliche Behandlungen.

3.5.3 Druckinjektion

Bei diesem Verfahren wird gepulster reiner Sauerstoff (O_2, patentiertes Verfahren N. Bode) mit einer Stärke von 2 bar (DRUCK → Band A, Grundlagen-Lexikon) auf die Haut geleitet.

Hyaluronsäure
Squalan

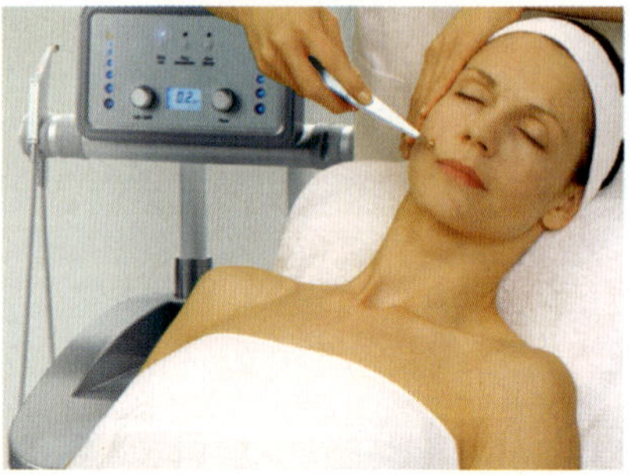

Abb. 3.24: Druckinjektion an der Nasolabialfalte

Ein zuvor aufgetragener Wirkstoffkomplex wird mit der Druckwelle in die Haut geschleust und bildet dort ein Wirkstoffdepot. Der Wirkstoffkomplex ist auf den Hautzustand abgestimmt und enthält z. B. *Hyaluronsäure* oder *Squalan* als hydrophile oder lipophile Wirkstoffe. Eine Massagefunktion wird über die pulsierenden Druckwellen zusätzlich erreicht.

Die Druckinjektion **darf nicht angewendet werden** bei Hauterkrankungen wie Rosazea, Hautkrebs und bakteriellen oder viralen Erkrankungen der Haut.

Anwendung:

Nach der Reinigung der Gesichtshaut wird das Konzentrat auf die zu behandelnde Hautpartie aufgetragen. Das Handstück wird von Ihnen senkrecht, dem Faltenverlauf folgend, immer wieder auf die Haut aufgesetzt und mit einem Hebel betätigt. Ein seitliches Entweichen des Sauerstoffs ist durch den Düsenkopf nicht möglich.

Die Druckinjektion darf nicht auf den geschlossenen Augen ausgeführt werden. Vom unteren und oberen Lidbereich ist ein Abstand von mind. 1 cm einzuhalten.

Zur Nachbehandlung kann eine Sprühbehandlung mit Sauerstoff, Vitaminen und feuchtigkeitsspendenden Wirkstoffen zur Anwendung kommen. Dazu wird ein weiteres Handstück verwendet, das zusätzlich einen kleinen Behälter mit einem Wirkstoffkomplex an seiner Düse enthält. Mit dem Sauerstoff wird gleichzeitig das Konzentrat versprüht.

Die Sprühbehandlung ist eine Zusatzfunktion des Gerätes, die wegen ihrer desinfizierenden Wirkung (mit entsprechendem Konzentrat) auch gerne nach einem Peeling (→ LF 3, Kapitel 4) oder einer anderen hautirritierenden Maßnahme angewendet werden kann.

3.5.4 Iontophorese

Iontophorese, griech. = Transport elektrisch geladener Teilchen

Die *Iontophorese* ist eine Gleichstrombehandlung (→ Band A, Grundlagen Lexikon, ELEKTRISCHER STROM) zur intensiven Einschleusung von Wirkstoffen in die obersten Schichten der Epidermis.

Als apparative, kosmetische Pflegeintensiv-Anwendung wirkt sie außerdem **lokal durchblutungsanregend** und **aktiviert den Zellstoffwechsel.** Das erhöht im Weiteren das Wasserbindevermögen der Haut und des Gewebes und regt die Regenerationsfähigkeit der Zellen an.

Wegen der dadurch bedingten Gefäßerweiterung sollte sie aber **nicht** bei *Couperose* oder ähnlichen Hauterkrankungen (z. B. *Rosazea*) und auch nicht bei sehr empfindlichen Hautzuständen angewandt werden.

Weitere Kontraindikationen

- lokale, entzündliche Erkrankungen der Haut (z. B. bei *Akne pustulosa*)
- Schwangerschaft
- Tumore
- Metallimplantate, metallhaltige Spirale (zur Empfängnisverhütung), Endoprothese (z. B. künstliches Hüftgelenk)
- Erkrankungen des Nervensystems (z. B. Parkinson/Epilepsie)
- Embolie, Krampfadern und Thrombosen
- fiebrige Erkrankungen und Kreislaufschwäche
- größere, offene Wunden
- Herzschrittmacher und Herzrythmusstörungen (und auch: Bypasspatienten!)

Die Iontophorese ist für die Hauttypen Seborrhoe oleosa, Seborrhoe sicca, Raucherhaut, reife Haut, auch bei sonnengeschädigter Haut und Männerhaut geeignet. Die außerdem mögliche Anwendung einer **Desinkrustation mit Iontophorese** ist keine pflegende, sondern eine reinigende Behandlung ähnlich dem Peeling (→ LF 3 Kapitel 4.4).

Das **Iontophorese-Gerät** kann für Körper- und Gesichtsbehandlungen gleichermaßen eingesetzt werden.

Es besteht aus einer Basisstation, an welcher die Stromstärke (engl. *Intensity*) und die Polarität (als PLUS bzw. MINUS) eingestellt werden können. Die Polarität eines Wirkstoffes ist auf den Ampullen oder Wirkstoffkonzentratflaschen angegeben und muss am Gerät entsprechend eingestellt werden.

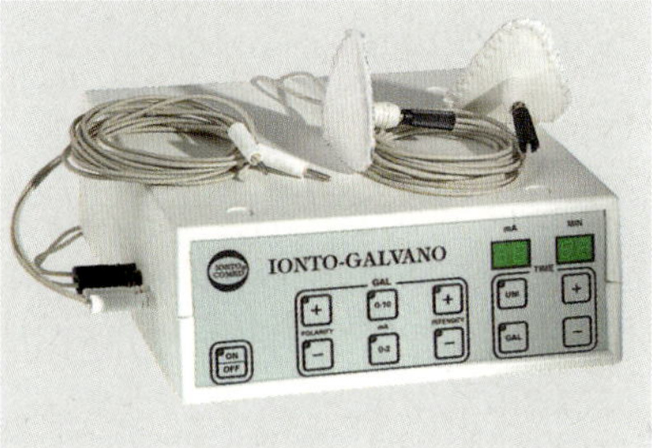

Abb. 3.25: Iontophoresegerät

Die Ladung des Wirkstoffes spielt eine große Rolle bei der Anwendung: Wirkstoffe mit positiver Ladung müssen unter die positive Elektrode (Anode) gegeben werden und umgekehrt, nur so kommt es zu der durch Abstoßung gleicher elektrischer Ladungen erwünschten Wanderung der ionisierten Wirkstoffe. (→ Band A, Grundlagen-Lexikon, ELEKTROLYSE).

Behandlungszeit und Stromintensität bei der Iontophorese verstärken die Eindringtiefe der Wirkstoffe in die Haut.

Anwendung:

Reinigen Sie die Gesichtshaut mit hauttypgerechtem Reinigungspräparat. Verwenden Sie ein hornlösendes Peeling (→ LF 3 Kapitel 4). Klären Sie die Haut mit Gesichtswasser.

Nur auf fettfreier Haut kann mithilfe der Elektroden ein Wirkstoff eingeschleust werden.

Das Wirkstoffkonzentrat wird auf die Haut und das Vlies oder auf den Schwammüberzug der Arbeitselektrode gegeben. Bei großflächigeren Anwendungen (z. B. bei der Maskeniontophorese) ist die Auflagenfläche zwar größer, die Konzentration und damit die Wirkung der eingeschleusten Substanzen dafür aber schwächer.

Die Arbeitselektrode wird auf der Haut durch Festhalten oder entsprechende Gurte (für Körperbehandlungen) fixiert und dann bewegt, sodass ein gleichmäßiger Auflagedruck gewährleistet ist. Die Gegenelektrode kann an einer beliebigen Stelle des Körpers angebracht werden, da sie nur der Rückführung des Stromes dient (Schließung des Stromkreises).

Die Elektroden dürfen nicht ohne Überzüge auf die Haut aufgelegt werden, da es sonst zu Verätzungen kommt.

Verätzungen sind eine Schädigung der Haut oder Schleimhäute durch Einwirkung von ätzenden Mitteln. (Säure-/Laugeeinwirkung auf die Haut → Band A, LF 2, Kapitel 1.5.2.)

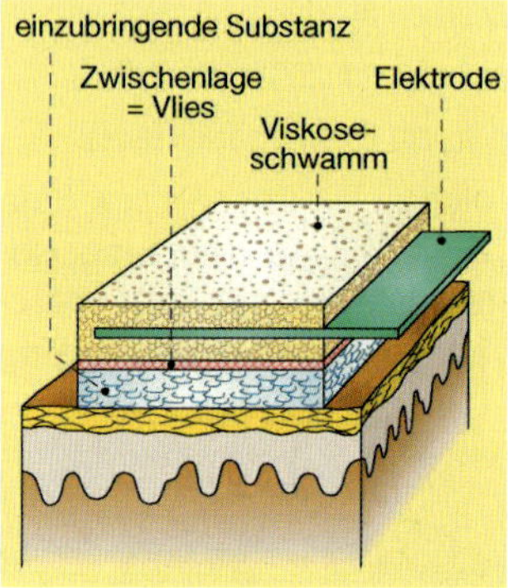

Abb. 3.26: Auflageschichten bei der Iontophoreseanwendung

Achten Sie daher immer darauf, dass die Zwischenlagen zwischen Haut und Arbeitselektrode ausreichend groß sind.

Die Dauer der Behandlung im Gesicht sollte nach Herstellerangaben eingehalten werden. In der Regel sind das zehn Minuten. Setzen Sie die Behandlung nach dem Systempflegeplan fort.

Das Gerät muss nach den Herstellerangaben regelmäßig auf seine Funktion von Ihnen oder vom Hersteller gewartet und überprüft werden. Das gebrauchte Vlies unter den Elektroden oder der Gesichtsmaske wird entsorgt (Abfall), die Maske selbst wird gut an der Luft getrocknet (Wildleder). Eine Kontamination ist aufgrund der Vlies- und/oder Schwammzwischenlagen ausgeschlossen.

Die Schwammüberzüge oder Schwammplatten der Elektroden müssen nach jeder Anwendung in der Waschmaschine gewaschen werden.

Warum können die Schwämme nicht nur mit Wasser und Desinfektionsmittel ausgewaschen werden?

Es besteht die Möglichkeit, dass Reste des Desinfektionsmitels im Schwamm verbleiben und bei der nächsten Iontophorese-Behandlung eventuell dann mit eingeschleust werden. Die Iontophorese wird als apparative Intensivpflegebehandlung in den Systempflegeplan eingefügt (→ Kapitel 2.4).

Einige der in → LF 6, Kapitel 6 vorgestellten apparativen Massageverfahren eignen sich ebenso zur Wirkstoffeinschleusung. Hierzu können die **Pneumatische Pulsationsmassage (PPM),** die auf Ultraschall basierende ***Phonophorese*** und die mittelfrequenten Impulsstrom nutzende ***Elektroporation*** genannt werden.

Alle apparativen Verfahren sind auch zur Behandlung von Hals und Dekolletee geeignet, beachten Sie aber dazu die jeweiligen Kontraindikationen.

A Fragen Übungen Aufgaben

1. *Wann sind Hautintensivbehandlungen nach den Reinigungsvorgängen nötig und sinnvoll?*
2. *Welche Anwendungsformen an Konzentraten gibt es?*
3. *Warum müssen bestimmte Stoffe vor Licht geschützt werden? Nennen Sie zwei Beispiele lichtempfindlicher Stoffe und zwei Beispiele für vor Licht schützende Anwendungsformen.*
4. *Bitte beschreiben Sie die unterschiedlichen Wirkungen von Masken und Packungen auf die darunter liegende Haut.*
5. *Beschreiben Sie die Anwendung einer gefriergetrockneten Maske und der Thermo-Modellage-Maske, erläutern Sie die Unterschiede.*
6. *Erklären Sie die Funktion der Peel-Off-Maske und deren Anwendung. – Warum ist diese in der Anwendung sanfter für die Haut als eine Thermo-Modellage?*
7. *Wann darf eine Augenpflege nicht durchgeführt werden?*
8. *Was sind „Augenringe"?*
9. *Beschreiben Sie die Hals- und Dekolletee-Behandlung mit einer Körpermaske. Welche Funktionen erfüllt die Plastikfolie während der Anwendung?*
10. *Suchen Sie ein Beispiel für ein Behandlungspaket Hals- und Dekolleteepflegebehandlung von einem Kosmetikhersteller (Abbildung, Preise, Behandlungsvorschläge). Erläutern Sie die einzelnen Präparate in ihrer Anwendung und die Inhaltsstoffe (mit INCI-Bezeichnung) mit deren Ziel.*
11. *Welche kosmetischen Intensivbehandlungen würden Sie einer Kundin nach einem Sonnenbrand empfehlen?*
12. *Erklären Sie den Vorgang der Iontophorese und die Einschleusung eines Wirkstoffes in die oberen Hautschichten.*
13. *Welche Kontraindikationen gibt es für die Anwendung der Iontophorese? Für welchen Hauttyp/Hautzustand ist sie nicht zu empfehlen?*
14. *Erstellen Sie eine Tabelle in hier abgebildeter Form, und nennen Sie die Unterschiede zwischen Iontophorese und Elektroporation (→ LF 6, Kapitel 6). Für welche Hautzustände sind die Verfahren jeweils geeignet?*

Verfahren	*Iontophorese*	*Elektroporation*
Stromart		
Funktion		
Zusätzliche Massagefunktion		
Geeignet für Hautzustand		

15. *Warum ist die Mikroperforation in der Anwendung schmerzfrei für den Kunden?*
16. *Bei welchen der in → Kapitel 3.5 genannten apparativen Stoffeinschleusungsverfahren müssen Handschuhe getragen werden und warum?*
17. *Welche besonderen Vorsichtsmaßnahmen sind für die Arbeit mit Strom wichtig? Lesen Sie dazu auch den Exkurs „Der richtige Umgang mit Strom" (→ LF 2, Kapitel 2.3).*
18. *Recherchieren Sie im Grundlagen-Lexikon (→ Band A) die Definitionen von DRUCK und bar.*

4 Systembehandlung der Akne im Institut

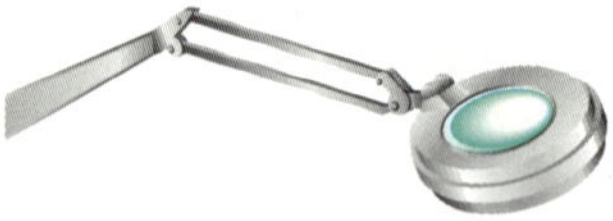

Katie ist ganz stolz auf ihre junge Kundin, die Akne-Toilette zeigt Erfolg, das Hautbild hat sich nach sechswöchiger Behandlung verbessert. Jetzt war die Kundin zwei Wochen im Sommerurlaub am Meer und kommt zum Ausreinigungstermin. Als die Tür aufgeht und Katie ihre Kundin sieht, ist sie entsetzt! Das Gesicht ihrer Kundin ist mit Pickelchen übersät. Während des Gesprächs über den aktuellen Hautzustand erfährt Katie, dass ihre Kundin eine fettreiche Sonnencreme, die sie dort gekauft hat, aufgetragen hat. Durch die Anwendung der fettreichen Sonnencreme hat sich die Gesichtshaut ihrer Kundin sehr verschlechtert. Jetzt muss Katie mit der Akne-Toilette wieder von vorne anfangen!

Nachdem Sie die Akne-Toilette durchgeführt haben (→ LF 3, Kapitel 5.1), sollte eine genaue Betrachtung der ausgereinigten Hautpartien erfolgen.

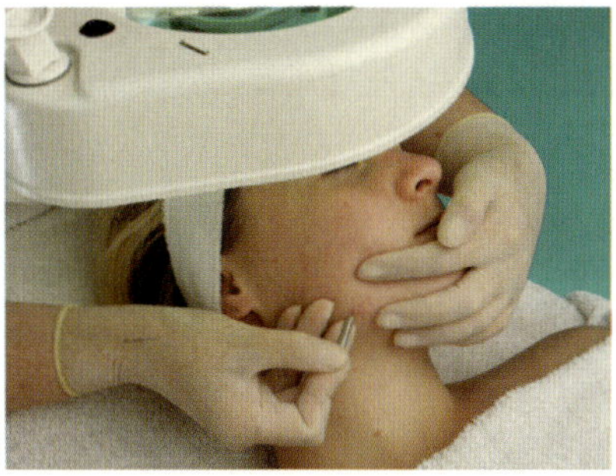

Abb. 4.1: Kosmetische Ausreinigung

Aufgrund der Ausreinigung der eitrigen Effloreszenzen muss beobachtet werden, ob die ausgereinigten Stellen gut verheilen. Falls sich dort neue Entzündungen bilden, müssen diese einige Tage später wieder desinfiziert und ausgereinigt werden.

Neue Entzündungen innerhalb der nächsten Tage nach der Ausreinigung können folgende Ursachen haben:

- durch Aufkratzen und/oder Manipulieren des/der Jugendlichen selbst
- durch unsauberes Arbeiten Ihrerseits während der Ausreinigung (z. B. die Blutlanzette wurde nicht nach jedem Hautkontakt desinfiziert)
- durch unsorgfältiges Ausreinigen (Talgreste in den Poren wurden übersehen)
- durch mangelnde Hautdesinfektion der ausgereinigten Gesichtshaut

Das desinfizieren ist notwendig, damit sich die ausgereinigten Hautareale nicht wieder neu entzünden.

Kontrollieren Sie auch, ob die meisten ausgereinigten Stellen kleine Krusten bilden, und bitten Sie speziell Ihre junge Kundschaft, diese unbedingt unversehrt zu lassen.

Jedes Abkratzen von Krusten führt zu einem neuen Aufreißen der Hautstellen, die gerade in der Abheilung begriffen sind. Dadurch können neue Entzündungen entstehen und sich Narben bilden.

Die Jugendlichen können den Vorgang der Hautbildverbesserung unterstützen durch Hygieneregeln, die sie zu Hause beachten. Mit den Hygienemaßnahmen muss nach dem ersten Ausreinigungstermin sofort begonnen werden, damit sich nicht ständig neue Entzündungen bilden.

5842276

Hygienemaßnahmen zur Einhaltung zu Hause

- Während der akuten Phase der Akne, in der sie noch stark entzündet ist, sollte der Kopfkissenbezug täglich gewechselt werden. Nachts können eitrige Pusteln aufgerieben werden – dies führt an sich schon zu Schmierinfektionen. Zusätzlich sollten aber auch Verschmutzungen durch auf dem Kopfkissen befindliches Haarfett, Staub, Schweiß, Hautpartikel usw. vermieden werden.
- Sollte der Rücken und das Dekolletee auch von Akne-Pusteln betroffen sein, empfiehlt sich auch hier ein häufiger Wechsel der Nachtwäsche.
- Die Hände sind vor jedem Hautkontakt gründlich mit Seife aus einem Seifenspender zu reinigen und abzutrocknen.
- Nach Anwendung des Waschgels sollte die Haut mit einem Einmaltuch vorsichtig trockengetupft werden. Starkes Reiben ist zu vermeiden, da gerade verheilte Stellen und reife Pusteln aufplatzen könnten.
- Alle Tücher, die für das Gesicht und den Körper zu verwenden sind, sollten nach einmaligem Gebrauch gewaschen oder entsorgt werden.
- Alle Pflegepräparate müssen mit dem sauberen Spatel entnommen werden, damit Verunreinigungen vermieden werden.
- Alle Schwämmchen und Pinsel müssen nach jedem Gebrauch gewaschen werden.

Diese und weitere Hygienemaßnahmen bez. Wäsche, Instrumenten und Hilfsmittel gelten selbstverständlich und gerade für das Arbeiten im Kosmetikinstitut (→ Hygienevorschriften LF 2, Kapitel 1).

Entziehen Sie der Haut mit diesen Hygienemaßnahmen konsequent ihre Infektionsfaktoren.

Bevor Sie mit den Akne-Behandlungsplänen beginnen, hier noch ein Akne-Sonderfall:

Die **Kosmetikakne** entsteht durch Pflegefehler. Wenn dauerhaft zu fetthaltige und/oder paraffinhaltige Produkte, die nicht zum Hautzustand (z. B. ölige Haut) passen, angewendet werden, reagiert die Haut mit verstärkter Pustel- und Komedonenbildung. Außerdem sind eine gerötete Gesichtshaut (Reizung → Kapitel 2.2) und übermäßige Trockenheitsfältchen zu erkennen Die Kunden klagen über ein Spannungsgefühl und Hautjucken. Der Hautzustand ist dem einer Akneerkrankung sehr ähnlich. Die Pustelbildung klingt aber bereits kurz nach dem Absetzen der auslösenden Produkte wieder ab.

4.1 Akne-Behandlungspläne zu Beginn

Der Behandlungsplan der Akne sorgt für ein schnelles Abheilen und dient der Vorbeugung von neuen, entzündeten Akne-Effloreszenzen. Auch Narbenbildung durch wiederholte Entzündungen der gleichen Hautstellen werden seltener. Das Hautbild klärt sich und Unreinheiten heilen schneller ab. Der Leidensdruck lässt bei Jugendlichen wie Erwachsenen nach. Nach den ersten Ausreinigungsterminen können Sie erkennen, dass die ausgereinigten Stellen verheilen und neue Entzündungen weniger oft vorkommen.

Generell unterscheiden Sie zu Beginn der Akne-Behandlung zwei verschiedene Hautzustände bei Jugendlichen in der Pubertät: den fett-öligen oder den trockenen Hautzustand.

4.1.1 Behandlungsplan für einen fett-öligen Hautzustand bei Akne

Befindet sich die Haut zu Beginn Ihrer Behandlung im fett-öligen Zustand, müssen von Ihnen talgreduzierende Pflegemaßnahmen getroffen werden.

Hamamelis
Rosskastanie
Tonerde
Kaolin

In der akuten Phase kommen deshalb zur Hautreinigung desinfizierende, talgreduzierende (auch austrocknende) und entzündungshemmende Gelpräparate zur Anwendung. Diese Präparate enthalten Inhaltsstoffe wie pflanzliche, tanninhaltige Extrakte (***Hamamelis, Rosskastanie*** usw.), Schwefel, talgabsorbierende Substanzen (z. B. ***Tonerde, Kaolin***), Zink usw. Die Gesichtshaut muss mit einem solchen fettfreien Reinigungspräparat gereinigt werden.

Eine Intensivreinigung erfolgt entsprechend dem Hautzustand, das heißt, wenn keine Entzündungen vorliegen, abrasiv oder chemisch. Ist eine Ausreinigung erforderlich, wird sie dann durchgeführt. Die Hautdesinfektion erfolgt unter der Verwendung von Alkohol vorher und nachher.

Als Intensivpflegebehandlung eignet sich eine **Heilerde-Maske,** die auch als Packung mit Kompressen feucht gehalten werden kann. Tragen Sie nach der Desinfektion eine Heilerde-Maske auf die behandelten Stellen auf. Diese beruhigt Schwellungen, kühlt die gereizte Haut und lindert den Schmerz.

Kieselgur, Kaolin
Bolus Alba

Inhaltsstoffe: Meer- oder Thermalschlamm, *Kieselgur, Kaolin, Bolus Alba.*

Nehmen Sie mit einem sauberen Spatel etwas Heilerde-Masse aus dem Tiegel und geben Sie diese in eine Porzellanschale. Nehmen Sie mit dem Maskenpinsel die Masse auf und streichen Sie diese auf das Gesicht des jungen Kunden.

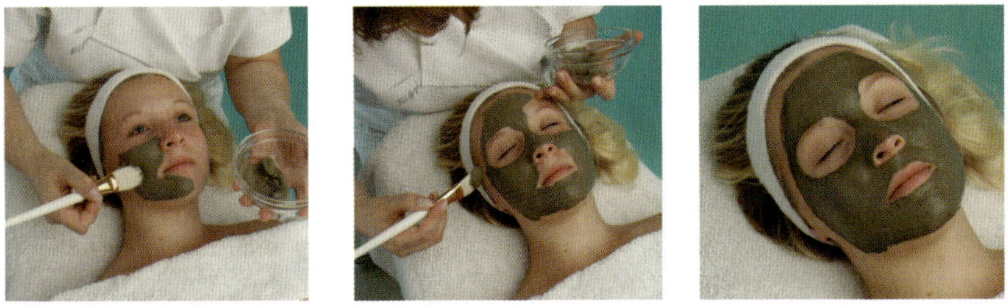

Abb. 4.2 a – c: Auftragen der Heilerde-Maske

Legen Sie ein feuchtwarmes Kompressentuch auf das Gesicht mit der Maske, damit diese nicht fest antrocknet. Die Heilerde-Maske kann ihre Wirkung unter Feuchtigkeit am besten entfalten.

Abb. 4.3 a – e: Auflegen des Kompressentuchs

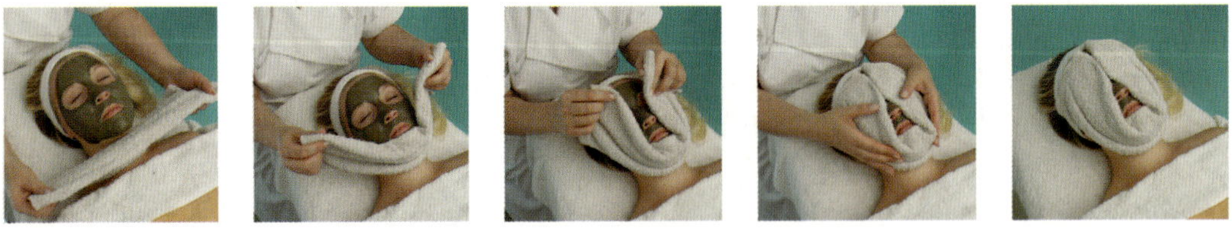

Manche Hersteller bieten eine Heilerde mit Feuchthaltefaktoren an. Diese muss dann nicht mit Kompressentüchern oder einem Bedampfungsgerät feucht gehalten werden.

Nach der Einwirkzeit von zehn Minuten waschen Sie die Maske vorsichtig ab, indem Sie das Tuch immer wieder gut anfeuchten und auflegen. Nur mit minimalen Druckbewegungen soll die Maske entfernt werden.

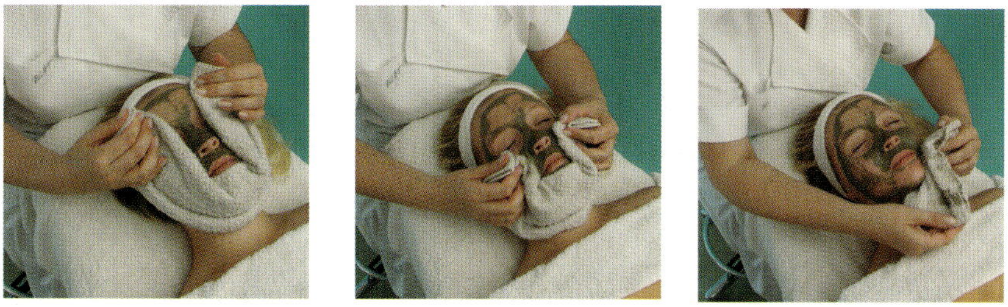

Abb. 4.4 a – c: Abnahme der Heilerde-Maske

Wechseln Sie dabei häufig die Tücher, um neue Schmierinfektionen zu vermeiden (z. B. durch noch austretende Flüssigkeit oder Blutströpfchen aus einer gereinigten Hautstelle). Verwenden Sie lauwarme oder kühle Tücher, das ist angenehmer für die Kundin.

Lassen Sie die Heilerde-Maske nicht trocknen, sonst würden beim Abwaschen gerade geschlossene Hautpartien wieder aufreißen. Das führt unweigerlich zu neuen Entzündungen und Reizungen der ausgereinigten Hautstellen.

Pflegeplan für den Kunden zu Hause (Jugendliche/Erwachsene)

	Reinigung	Gesichtswasser	Intensivreinigung	Pflege
Morgen	Waschgel	Alkohol zur Hautdesinfektion		mattierende Feuchtigkeitsemulsion
Abend	Waschgel	Alkohol zur Hautdesinfektion	nach Hautzustand ca. 2-mal wöchentl. abrasives Peeling, wenn keine – oder chemisches Peeling, wenn Entzündungen vorliegen	mattierende Feuchtigkeitsemulsion

Tab. 4.5

Ist die Talgreduzierung erreicht, können Sie das bei jedem Ausreinigungstermin an dem fehlenden öligen Überzug, der weicheren Hautoberfläche, dem Rückgang der Komedonen-Neubildung und der Abheilung der vorhandenen Akne-Effloreszenzen erkennen.

Reduzieren Sie dann die talgvermindernden Behandlungsvorgänge, indem Sie die austrocknenden Pflegepräparate umstellen in feuchtigkeitsspendende Präparate (wie für 4.1.2, den eher ausgetrockneten Hautzustand bei Akne, oder → in Kapitel 4.2 für die Übergangsphase beschrieben). Für Ihre Kunden und für den Pflegeplan für zu Hause bedeutet das:

- Alkohol zur Hautdesinfektion nur noch lokal, also auf den entzündeten Hautarealen (→ auch Abb. 4.6) auftragen,
- danach zusätzlich ein Gesichtswasser mit Alkoholanteil 16–18 % zur Wiederherstellung des natürlichen pH-Wertes der Haut anwenden.

Stellen Sie den Pflegeplan für Ihren Kunden zu Hause entsprechend um.

Verwenden Sie für die Abheilungsphase (→ auch Kapitel 4.3) dieses Akne-Hauttyps statt der austrocknenden Heilerde-Maske nach der Ausreinigung eine feuchtigkeitsspendende Packung.

4.1.2 Behandlungsplan für einen ausgetrockneten Hautzustand bei Akne

Liegt zu Beginn der Akne-Behandlung ein eher ausgetrockneter Hautzustand vor, muss erst eine Wiederherstellung der nicht von Akne-Effloreszenzen betroffenen Hautareale vorgenommen werden.

Da Sie gleichzeitig die Akne-Effloreszenzen desinfizieren, ausreinigen und austrocknen müssen, kommt hier eine **zweigeteilte Behandlung** zur Anwendung:

Wählen Sie für die Reinigung die auch für den fettig-öligen Hautzustand vorgesehenen Präparate. Das führt vorübergehend zu einer Rötung der ausgetrockneten Hautstellen. Desinfizieren Sie die auszureinigenden Hautstellen daher nur **lokal** (z. B. mit alkoholgetränkten Wattestäbchen) und nicht über die ganze Gesichtshaut.

Calendula Zea Mays Palmkernöl

Tragen Sie dann ebenfalls lokal die Heilerde-Maske nur für kurze Zeit auf die ausgereinigten Stellen auf (sie darf nicht austrocknen).

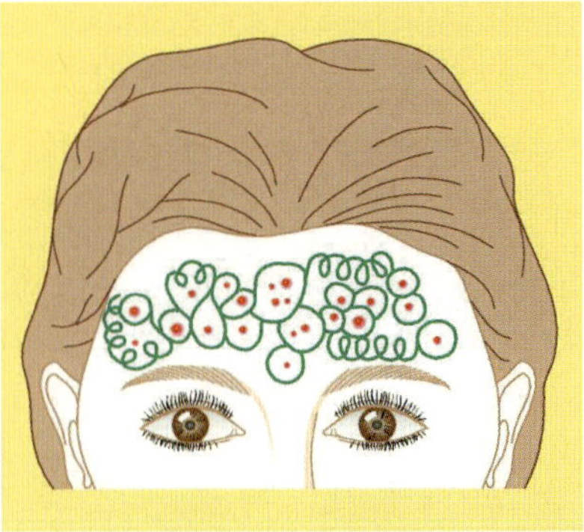

Abb. 4.6: Cremeauftrag bei ausgetrockneter Akne-Haut

Cremen Sie die übrige Haut zwischenzeitlich mit einer Pflegeemulsion gegen Couperose ein. Inhaltsstoffe der Pflege für Couperose-Haut sind z. B. **Calendula-Extrakt, Zea Mays (Feuchtigkeitsspender), Palmkernöl** usw.

Der ausgetrocknete Hautzustand ist unabhängig vom Alter, kommt also auch bei jugendlichen Kunden vor, und muss schnell reguliert werden. Die Austrocknung führt je nach Schweregrad zu einer wunden, z. T. rissigen Gesichtshaut. Neue Entzündungen und Reizungen können dann auftreten und den Hautzustand nochmals verschlechtern (→ Kapitel 4.2).

Betrachten Sie während die Heilerde-Maske einwirkt die übrigen eingecremten Hautstellen. Zieht das Pflegepräparat innerhalb weniger Minuten vollständig ein, sollten Sie erneut eincremen. Führen Sie das so oft durch, bis das Pflegepräparat nicht mehr vollständig einzieht.

Entfernen Sie lokal mit einem feuchten Tuch die Heilerde und lassen Sie die ausgereinigten Stellen frei von Pflegepräparaten.

Im Laufe der nächsten Termine können Sie dann die Abheilung auch des ausgetrockneten Hautzustandes erkennen, denn die gerötete Haut wird blasser, die Austrocknungsfältchen mindern sich, das Spannungsgefühl wird weniger. Für die Pflege zu Hause gilt dann auch, dass die nicht von Akne betroffenen Stellen öfter eingecremt werden. Bis eine wirkliche Sättigung der Haut erreicht ist, kann es mehrere Tage dauern. Erst danach bleibt die Pflege auf der Haut „liegen" und zieht nicht mehr so schnell ein. Dann genügt das Eincremen morgens und abends.

Tab. 4.7

Pflegeplan für den Kunden/die Kundin zu Hause (Jugendliche/Erwachsene)

Basispflege	Reinigung	Gesichtswasser	Pflege	Intensivpflege
Morgen	Waschgel	wenig Alkoholanteil	mattierend, feuchtigkeitsspendende Tagescreme	
Abend	Waschgel	wenig Alkoholanteil	beruhigend, feuchtigkeitspendende Nachtcreme	nach Hautzustand 1- bis 2-mal wöchentlich Feuchtigkeitspackung

Die von Akne betroffene Haut darf keinesfalls unter dem Pflegepräparat "schwitzen". Die dadurch bedingte Wärmeentwicklung und Schweißbildung führt zu einer Verschlechterung des Hautbildes.

Ist die Akne-Haut nun schon in der Übergangsphase zur Abheilung oder nicht?

Wenn Ihre Kunden zu den ersten Ausreinigungsterminen kommen, müssen Sie die Gesichtshaut immer auch auf den Grad der Austrocknung überprüfen. (Manuelle Hautbeurteilung: Empfindlichkeit, Wasserbindevermögen, Feuchtigkeits- und Fettgehalt → LF 2). Nur so lässt sich erkennen, wann die Haut sich wirklich in der Übergangsphase zur Abheilung befindet.

Das kann unterschiedlich lange dauern, von einigen Wochen bis zu einigen Monaten. Je konsequenter die Termine zur kosmetischen Behandlung eingehalten, die Hygieneempfehlungen angenommen und der Behandlungsplan im Institut und zu Hause durchgeführt werden, umso schneller erfolgt die Übergangsphase zur Abheilung.

4.2 Pflegefehler und Übergangsphase

Ist die Gesichtshaut zusätzlich zu den Akne-Erscheinungen immer wieder stark ausgetrocknet und gerötet, können Sie von einer unsachgemäßen Pflege durch den Betroffenen ausgehen. Erfragen Sie bei Ihren Kunden Pflegeverhalten und welche Produkte wie oft verwendet werden.

Eine starke Austrocknung ist oft auf den unsachgemäßen bzw. zu häufigen Gebrauch von Alkohol, stark austrocknenden Reinigungsmittel (z. B. Seife) oder mechanischen Peelingpräparaten zurückzuführen, wenn diese nicht zum Hautzustand passen. Auch austrocknende und schälende dermatologische Mittel können diese Hauterscheinungen hervorrufen, wenn sie zu lange oder zu intensiv angewandt wurden.

Die **Austrocknung** ist an folgenden Merkmalen zu erkennen:

- unangenehmes Spannungsgefühl
- starke Rötung der Gesichtshaut, auch der nicht von Akne betroffenen Hautareale
- feine Rillen und Fältchen auf Stirn, Nase, Kinn und um die Augen herum, die altersunabhängig auftreten
- eine verhärtete, feste, gespannte Hautoberfläche, vor allem bei den öligen Hauttypen

Es ist eher untypisch für ein fünfzehnjähriges Mädchen, wenn sich auf der Stirn feine, senkrecht zur Nasenwurzel verlaufende Trockenheitsfältchen bilden!

Eine zu starke Austrocknung der Gesichtshaut bei Jugendlichen oder Erwachsenen kann zu Hautschäden und trockenen Ekzemen/Reizungen führen.

Pflegefehler führen auch zur Kosmetik-Akne. Daher ist es wichtig, dass Sie Ihre Kunden immer wieder motivieren, die Pflegepläne einzuhalten und Sie selbst die Wirkung der Präparate regelmäßig kontrollieren bzw. anpassen.

Speziell in der **Übergangsphase** der Abheilung müssen Sie deshalb auf feuchtigkeitsspendende, ausgleichende, beruhigende und fettfreie Präparate umstellen.

Im Unterschied zur Akne-Toilette, bei welcher der Schwerpunkt der Behandlung auf der Reinigung und Ausreinigung liegt, muss bei der Weiterbehandlung der Akne im Institut der Schwerpunkt auf der **Wiederherstellung der Hautfunktionen und deren Pflege** liegen.

Sie verwenden dann im Institut bei **Erwachsenen** Intensivpflege in Form von Konzentraten (z. B. ölfreie Ampullen) und/oder Hydrogelen und Feuchtigkeitspakkungen. Der Feuchtigkeitsgehalt der Haut muss schnellstmöglich wieder reguliert werden und dauerhaft zusätzliche Austrocknung vermieden werden.

Bei **Jugendlichen** werden die Hautfunktionen mithilfe der Pflegeprodukte nur so lange unterstützt, bis die Haut ihre normale Funktion wieder selbstständig ausüben kann (regulierter TEWL und Talgproduktion). Hier reicht neben den Reinigungsprodukten oft die Pflege mit einer Creme für Couperose-geschädigte Haut aus.

Tab. 4.8

Pflegeplan für den Kunden/die Kundin zu Hause (Jugendliche/Erwachsene)

Basispflege	Reinigung	Gesichtswasser	Pflege	Intensivpflege (Erwachsene)
Morgen	Waschgel	mild	mehrmals täglich nachcremen, Couperose-Creme	Feuchtigkeitsampulle oder Hydrogel
Abend	Waschgel	mild	mehrmals abends nachcremen, Couperose-Creme	Feuchtigkeitsampulle 2- bis 3-mal wöchentlich Feuchtigkeitspackung

Make-up in der Übergangsphase

Camouflage

Das Make-up während einer Akne-Erkrankung bei Jugendlichen sollte aufgrund der oft öligen Bestandteile (→ LF 12, Kapitel 2.3) nur begrenzt eingesetzt werden oder ein ölfreies Make-up bzw. *Camouflage* oder Abdeckstift angewandt werden.

Bei entsprechenden Pflegemaßnahmen, speziell auch der abendlichen gründlichen Reinigung und Nachtpflege, und unter Beachtung der Hygieneempfehlungen schadet das der Gesichtshaut nicht.

Während der akuten Phasen der Akne sollte aber besser auf Make-up verzichtet werden.

Die einzelnen Make-up-Anwendungen finden Sie in → LF 12 beschrieben.

Abb. 4.9: Jugendliche Haut

Geben Sie Ihren jugendlichen Kunden (oder auch den Erwachsenen) für die Anwendung von abdeckenden Mitteln und Pflegepräparaten Hygiene-Tipps, damit kann der Vorgang der Hautbildverbesserung unterstützt werden.

Hygiene-Empfehlungen in der Übergangsphase

- Hände vor jedem Hautkontakt gründlich mit flüssiger Seife waschen
- Abdeckstift/-präparat nur mit einem Spatel abnehmen, dann erst von diesem mit den Fingerspitzen auf die Haut tupfen. Nicht den Abdeckstift selbst auf die Haut schmieren, um Verunreinigungen der Produktmasse und Schmierinfektionen zu vermeiden!
- Nicht von der Freundin schnell zwischendurch deren Puderschwämmchen oder Abdeckstift usw. verwenden (Infektionsgefahr beidseitig). Also keine bereits in Gebrauch befindliche Kosmetika von anderen anwenden!
- Schwämmchen (verunreinigt durch Hautfett, Schmutz, Bakterien) nach jedem Hautkontakt in die Wäsche geben und wechseln, um Verunreinigungen auch der Produktmasse zu vermeiden.
- Alle Präparate aus Tiegeln mit einem sauberem Spatel entnehmen und den Tiegel sofort wieder verschließen.
- Make-up-Utensilien wie Schwämmchen und Pinsel sind regelmäßig zu waschen.

Bei **Jugendlichen** kann nach dem Abheilen der Akne die Anwendung von Pflegepräparaten (nicht aber die Reinigungspräparate und das Gesichtswasser) ganz oder teilweise zurückgenommen werden. Stellen Sie dann entsprechend die Pflegemaßnahmen um.

Bei **erwachsenen** Akne-Kunden erfordert die abgeheilte Aknehaut eine andauernde kosmetische Intensivpflege.

4.3 Intensivpflegebehandlungen bei Akne

Ihre Aufgabe als Kosmetiker besteht in der Reparatur und Wiederherstellung der geschädigten Haut (Systempflege). Mithilfe Ihrer Behandlungen können Sie die Balance der Haut wiederherstellen.

Dies dauert in der Regel länger und ist schwieriger als der talgreduzierende und austrocknende Vorgang. Indem Sie die schützenden Hautfunktionen aktivieren und unterstützen, kann die Haut ihren Schutz gegen eindringende Mikroorganismen wieder selbst ausüben. Dazu muss vor allem der Hydrolipid-Mantel wiederhergestellt werden.

Da sich der Übergang von der akuten Akne-Phase in die Abheilungsphase auch zwischen den Reinigungsterminen abzeichnen kann, müssen Sie die Veränderungen genau beobachten.

Mithilfe von hautzustandsgerechter Pflege im Institut und zu Hause kann der starken Hautaustrocknung der im Abheilen begriffenen Akne entgegengewirkt werden.

Der Grad der Austrocknung bestimmt Ihren Behandlungsplan für das Institut und die Pflege der Kunden zu Hause.

Die Haut einer erwachsenen Kundin oder eines erwachsenen Kunden ist nicht so schnell wieder in ihrer Balance und schützenden Funktion herzustellen wie die eines jugendlichen Kunden.

Im Gegensatz zu der Weiterbehandlung von Jugendlichen können bei erwachsenen Akne-Kunden die Pflegeanwendungen nur umgestellt, nicht aber reduziert oder ganz zurückgenommen werden.

Aufgrund der verschiedenen und wechselnden Hautzustände während der Akne-Erkrankung haben sich individuell zusammengestellte Behandlungspläne als hautbildverbessernd bewährt:

A Konzentrate

Unterscheiden und behandeln Sie die Akne entsprechend des Hautzustandes, wie in → Kapitel 4.1 beschrieben.

Bei öligem Hautzustand sollten fett- und ölfreie Ampullen mit hochkonzentrierten, feuchtigkeitszuführenden Zusätzen nach der Ausreinigung zur Anwendung kommen. Bei starker Austrocknung sollten Sie lieber mit straffenden und regenerativen Wirkstoffen (z. B. Kollagen oder Elastin) behandeln.

B Gesichtsmassage

Verwenden Sie für eine Massage der Gesichtshaut (Achtung: entzündete Stellen aussparen!) statt einer fetthaltigen Massagecreme lieber eine leichte Nachtcreme. Da aus der Nachtcreme während der Massage ein Teil des Feuchtigkeitszusatzes in die Haut einzieht, wird hier schon eine Beruhigung und Durchfeuchtung der Gesichtshaut vorgenommen (→ auch LF 6, Kapitel 3.4).

Eventuell müssen Sie deshalb während der Massage mehrmals nachcremen. (Beachten Sie hierbei die Hygienevorschriften!)

C Maske

Nach dem Abwaschen des Massagepräparates können folgende Masken oder Packungen angewandt werden: Vliesmasken, Heilerde-Maske mit feuchtigkeitsspendenden Zusätzen und leichte Creme-Packungen für ölige, strapazierte Haut.

Alle erwärmenden Masken sind für Akne-Haut generell kritisch zu betrachten, da sie die Durchblutung anregen.

Bei entzündeten Hautzuständen muss das vermieden werden. Also eignen sich wärmende Masken nur für die Komedonen-Akne, wenn keine Entzündungen vorliegen und gleichzeitig ein schwach durchbluteter Hautzustand und eine verdickte Hornschicht beobachtet werden kann oder vorhanden ist.

D Augenpflege

Besondere Beachtung ist bei der Intensivpflegebehandlung der Akne-Haut der Augenpflege zu schenken: Bei Erwachsenen kommt es auch hier zur Komedonenbildung um den äußeren Augenring.

Nach der Ausreinigung sind diese Stellen in der Regel geschwollen und rot. Verwenden Sie hier während der Einwirkzeit z. B. einer Packung spezielle Augenpflegeprogramme (→ Kapitel 3.3). Zur Anwendung können z. B. Augenpads, straffendes Augengel/-fluid und/oder Augencreme kommen.

E Abschlusspflege

Entscheiden Sie nach Hautzustand und nach der Anwendung der Packung, welche Abschlusspflege Sie auftragen:

- bei empfindlicher, geröteter, gereizter Haut tragen Sie eine milde und beruhigende Feuchtigkeitspflege in Form eines Fluids auf.
- bei stark-von Austrocknung durch vorhergehende Maßnahmen geröteter Haut sollten Sie eine Pflegeemulsion für strapazierte, gerötete, unter Umständen für Couperose-Haut geeignete Pflege auftragen oder eine O/W-Emulsion mit z. B. den Wirkstoffen *Panthenol, Calendula,* NMF, *Hyaluronsäure* usw.

Panthenol
Calendula
Hyaluronsäure

- bei öliger, fettender Haut sollten Sie als Abschlusspflege ein fettfreies, mattierendes, talgreduzierendes Gelpräparat auftragen.

  Die Haut muss sich an den ausgereinigten Stellen erst schließen, dann regenerieren und abheilen. Eine Pflegecreme auf diese Areale aufgetragen würde diesen Prozess erst einmal aufhalten.

  Unterstützen Sie den Prozess der Abheilung aber auf den bereits geschlossenen, jedoch noch geröteten Hautarealen, die diese Pflege zur Regeneration gut auf nehmen können.

Der beste Schutz der Haut gegen neue Entzündungen ist ihre eigene Funktion der Hautschutzbarriere.

Tragen Sie die Abschlusspflege nach dem in → Abb. 4.6 dargestellten Auftragemuster auf.

Bei Kundinnen kann auf deren Wunsch ein Tages-Make-up aufgetragen werden oder die noch geröteten, ausgereinigten Stellen mit Abdeckstift kaschiert werden.

F **Nachtpflege**
Als Nachtpflege für die Kunden zu Hause eignen sich Präparate für Couperosebelastete Haut oder leicht feuchtigkeitshaltige Präparate mit straffenden und beruhigenden Inhaltsstoffen wie Elastin, Kollagen, *Algenextrakten* usw.

Algenextrakt

4.4 Die Behandlung nach abgeklungener Akne-Erkrankung

Sie haben den Kunden/die Kundin über einen längeren Zeitraum während der Akne-Erkrankung behandelt. Die Besserung des Hautbildes ist an folgenden Merkmalen zu erkennen:

Die Haut wird durch zugeführte fachgerechte Pflege blasser, der hohe Feuchtigkeitsverlust (TEWL) reguliert sich langsam. Die Akne-Effloreszenzen sind abgeheilt, es bilden sich kaum noch neue Entzündungen.

Die Haut kann sich aber auch dadurch verbessert haben, dass die Vorgänge hormoneller Umstellung, wie z. B. Pubertät, Pilleneinnahme, Schwangerschaft oder Wechseljahre, abgeschlossen sind.

Generell sind aber die Pflegefehler behoben, die Hautfunktionen ausgeglichen und die talgreduzierenden und entzündungshemmenden Maßnahmen haben Erfolg gehabt.

Entsprechend beginnt die Haut, sich zu erholen. Aufgrund der Strapazen für die Haut bleibt – gerade bei weiblichen Kundinnen – die Haut noch lange dünn und über den ehemals entzündeten Stellen sehr empfindlich. Wählen Sie daher für die Weiterbehandlung im Institut Intensivpflegebehandlungen mit überwiegend feuchtigkeitshaltigen Wirkstoffen.

Narbenbehandlung

Fast alle Akne-Effloreszenzen führen zu Narbenbildung, besonders nach der Abheilung von Pusteln. Sie unterscheiden verschiedene Narbenformen:

- die *kelloide* Narbe als nach außen gewölbtes, erhöhtes Narbengewebe
- einfallende, trichterförmige Narben

kelloide Narbe

- oberflächliche, flache, rötlich-bräunliche Flecken, die umgangssprachlich auch als „Narben" bezeichnet werden (Verfärbungen der Haut nach Abheilung von entzündeten Komedonen, Pusteln)

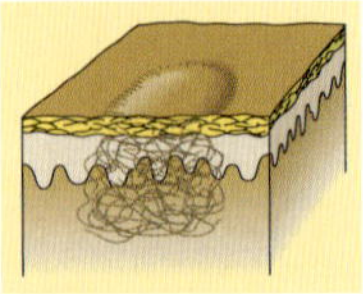

Abb. 4.10: Narbe

Eingeschränkt kosmetisch behandelbar ist die erstgenannte Form, die *kelloide* Narbe. Sie kann apparativ durch Dermabrasion (→ LF 3, Exkurs in Kapitel 4.5) oder mithilfe einer ästhetisch-plastischen Operation beseitigt werden. Dies geschieht durch einen Dermatologen oder plastischen Chirurgen.

Es kann auch, z. B. die zweitgenannte Form, also bei trichterförmigen Narben, das die Narbe umgebende Hautrelief minimal durch kosmetische Mikrodermabrasion bzw. durch dermatologische Dermabrasion abgetragen werden, sodass die Vertiefung weniger auffällt. Durch das Abtragen der leicht erhöhten Narbenränder kann ein etwas gleichmäßigeres Aussehen der Gesichtshaut erreicht werden. Je jünger die Haut ist, desto leichter gleichen sich Hautumgebung und Narbenrand wieder an. Mit zunehmendem Alter ist dieser Prozess verlangsamt oder nicht mehr möglich.

Im Institut behandelt werden können nur die oberflächlichen, flachen bis leicht vertieften Narben. Diese weisen nach ihrer Abheilung für unterschiedlich lange Zeit die rötlich-bräunlichen Verfärbungen auf. Nach ca. drei Monaten beginnen die Verfärbungen zu verblassen. Zurück bleiben Flecken mit unregelmäßiger Hautstruktur.

Das Narbengewebe kann aber auch von Ihnen mithilfe der Massagetechnik behandelt werden: **Manuelle Lymphdrainage** – die Entstauung nimmt Druck von dem die Narbe umgebenden Gewebe und fördert so die Heilung (→ LF 6, Kapitel 5.2).

Panthenol

Leichte Massage – streichende und leicht ziehende Griffe lindern die Vernarbung mit den darunter liegenden Hautschichten. Als Massagemittel eignen sich spezielle kosmetische Narbenpflegemittel, die meist hohe Konzentrationen von *Panthenol* und anderen feuchtigkeitsspendenden Wirkstoffen aufweisen.

Eine kosmetische Narbenbehandlung sollte frühestens ein halbes Jahr nach der Abheilung vorgenommen werden. Die von Akne betroffene Haut bleibt noch lange empfindlich und sollte nicht gleich mit neuen Maßnahmen geglättet werden. Die Gesichtshaut sollte zu Beginn der Behandlung nicht mehr empfindlich reagieren und keine Austrocknungserscheinungen mehr zeigen.

Eine unsachgemäße Behandlung der Akne kann zu schlimmen Infektionen der Gesichtshaut führen und damit verbunden zusätzliche Narben hervorrufen.

Hoch konzentrierte **Fruchtsäurepräparate, die eine hautschälende Wirkung aufweisen** (→ LF 3, Kapitel 4.4.1), sind nur in Absprache mit einem Dermatologen und nach ausführlicher Herstellerschulung anzuwenden.

Für das Kosmetikinstitut werden von verschiedenen Herstellern Produktlinien mit Fruchtsäure angeboten. Hier ist die Fruchtsäure geringer konzentriert und benötigt längere Anwendungszeiten als hoch konzentrierte Fruchtsäurepräparate. Dafür kommt es nicht zu einer Rötung und Abschälung der Haut, da die Fruchtsäuren in Cremegrundlagen eingearbeitet sind und diese zusätzlich feuchtigkeitsspendende Wirkstoffe enthalten. Die **Fruchtsäurebehandlung hat in dieser Anwendungsform bleichende Funktion** (→ Anhang, Kapitel C.2).

Bleiben Sie auch hier innerhalb einer Produktlinie eines Herstellers, so werden Unverträglichkeiten durch Präparateanwendung verschiedener Hersteller vermieden.

5842286

Zwei verschiedene Systeme werden angeboten für normale/ölige und normale/empfindliche Haut. In der erstgenannten Serie werden überwiegend feuchtigkeitsspendende Wirkstoffe zugesetzt, in der zweitgenannten auch leicht überfettende Wirkstoffe.

Die Kundin führt zur erfolgreichen Narbenbehandlung für ca. drei Monate die Fruchtsäurebehandlung mit den entsprechenden Produkten zu Hause weiter.

Die Möglichkeiten der Narbenbehandlung nach einer Akneerkrankung sind:

- Fruchtsäure-Schälkuren in Absprache mit dem Dermatologen oder von ihm durchgeführt (→ Band A, LF 2, Kapitel 4.1.1 und auch LF 3, Kapitel 4.4)
- Mikrodermabrasion in Absprache mit dem Dermatologen oder von ihm durchgeführt (→ LF 3, Kapitel 4.5)
- kosmetische Fruchtsäurebehandlung mit Bleicheffekt (→ Anhang C.2)
- kosmetische Abdeckung (franz. *Camouflage* → LF 12, Kapitel 1.2.4)
- Farbanpassungen mit Hilfe von Permanent Make-Up (→ LF 12, Exkurs in Kapitel 4)

Camouflage

Die Pflege der Akne-Haut erfordert aufgrund der hohen Entzündungsbereitschaft dieser Haut besondere Sorgfalt. Kein anderes Hautbild, mit dem Sie in Ihrem Kosmetikinstitut zu tun haben, ist so anspruchsvoll in Reinigung und Pflege.

Sie können aufgrund Ihres Fachwissens und Ihrer Arbeit im Kosmetikinstitut eine sichtbare Verbesserung des Hautbildes erwirken.

7

A Fragen Übungen Aufgaben

1. *Welche Fragen werden nach der Ausreinigung häufig von Mädchen im Teenageralter gestellt?*
2. *Spielen Sie in Partnerarbeit eine Situation zwischen junger Kundin und Kosmetikerin zum Pflegeverhalten durch. Sie müssen Ihre Kundin dabei überzeugen, dass die tägliche Hautreinigung zu Hause sehr wichtig ist!*
3. *Welche Erkenntnisse ergeben sich aus folgenden Äußerungen und wie müssen Sie beratend darauf reagieren?*
   a) *„Ich verwende täglich die gleiche Gesichtsbürste zur Verstärkung der Reinigung, muss ich die auch mal waschen?"*
   b) *„Meine Freundin hat gesagt, wenn ich jeden Tag Peeling mache, gehen die Pickel weg."*
   c) *„Ich schminke mich nach der Disco nie ab, warum auch, die Pickel decke ich ab."*
4. *Welche Akneformen darf die Kosmetikerin nicht behandeln bzw. erst nach gründlichem Abheilen aller Symptome?*
5. *Welche kosmetischen Pflegeansätze braucht eine abgeheilte Erwachsenen-Akne-Haut im Gegensatz zu einer jugendlichen Akne-Haut und warum?*
6. *Woran können Sie den Unterschied zwischen einer Seborrhoe oleosa und einer Kosmetikakne erkennen?*
   a) *Beschreiben Sie die Unterschiede bei der Hautbeurteilung.*
   b) *Vergleichen Sie mögliche Behandlungspläne und Systempflegeansätze und zählen Sie deren Unterschiede auf.*
7. *Welche kosmetischen Behandlungsmöglichkeiten gibt es für Narben? Welche davon können von Ihnen als Kosmetiker durchgeführt werden?*

5 Abschlusspflege

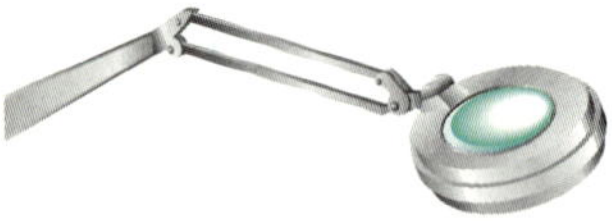

Heute ist es kalt draußen; Katie hat die Gesichtsbehandlung ihrer Kundin zu Ende geführt. Die ältere Dame ist wirklich nett und bittet Katie, ihr heute zum Abschluss ein Tages-Make-up aufzutragen. Katie freut sich darüber, sie schminkt sehr gerne.

Während sie die Farben für das Make-up absprechen, trägt Katie die Abschlusspflege auf. Da die Kundin eine sehr trockene, reife Haut hat, verwendet Katie ein Oleogel und trägt darüber eine Kälteschutzcreme auf. Dann beginnt sie mit dem Make-up. Aber die Grundierung will nicht richtig auf der Haut haften – kein Wunder, Katies Kundin glänzt über das ganze Gesicht!

Mit der Abschlusspflege wird die kosmetische Basis- oder Intensivpflegebehandlung im Institut abgeschlossen.

Die Abschlusspflege dient einem abschließenden Hautschutz und einer abschließenden Hautpflege

Abschlusspflege = Pflege-„Polster"

Die Auswahl der richtigen Abschlusspflege erfolgt immer nach kosmetischem Hauttyp bzw. aktuellem Hautzustand, danach tageszeitabhängig (z. B. eignet sich abends als Abschlusspflege auch eine Nachtcreme) oder witterungsbedingt (z. B. im Winter eine Kälteschutzcreme, im Sommer eine Tagescreme mit Lichtschutz). ➜ Diese Möglichkeiten sind in den Tabellen des Kapitels 2.5 aufgeführt.

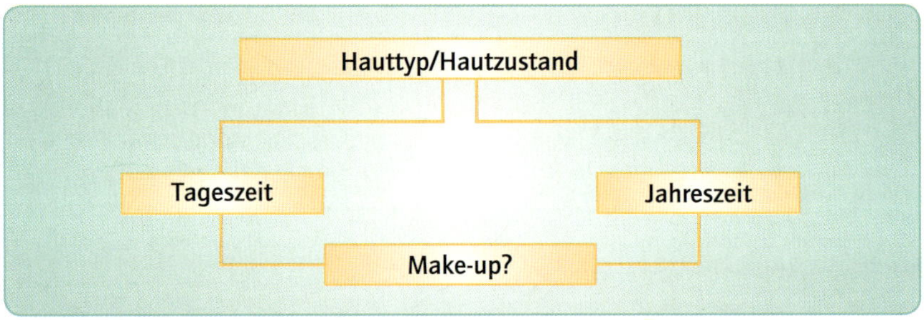

Abb. 5.1: Einflussfaktoren bei der Wahl der Abschlusspflege

Wählen Sie die Abschlusspflege nach den Gesichtspunkten der Systempflege und dem zu erreichenden Ziel, indem Sie das entsprechende Präparat auftragen, das noch für Stunden nach der Behandlung ein „Pflegepolster" schafft.

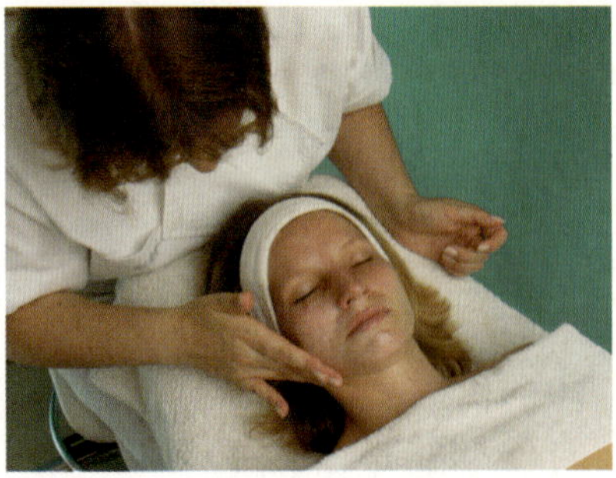

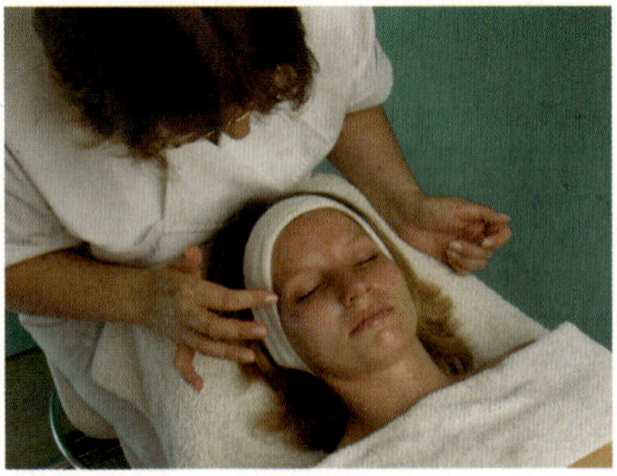

Abb. 5.2 a und b: Cremeauftrag

Beispiel

Sie können z. B. den schnell wieder eintretenden Verlust des TEWL bei einer trockenen Haut mit der Abschlusspflege in Form eines Oleogels aufhalten. Sie können umgekehrt die überschüssige Talgproduktion mit einer mattierenden Tagespflege drosseln.

Stören Sie nicht mit unsachgemäßer Abschlusspflege den Erholungsprozess der Gesichtshaut nach der Kosmetikbehandlung, nämlich durch Anwendung einer nicht zum Hautzustand passenden Pflege!

Sehen Sie die Abschlusspflege als Bindeglied zwischen Ihrer Behandlung und der Anwendung der Präparate Ihrer Kundin zu Hause, die diese dann konsequent weiterführt.

Beachten Sie, dass jede kosmetische Behandlung mit einer entsprechenden Abschlusspflege zu beenden ist.

Nur so ist die Haut der Kunden wieder geschützt und versorgt.

kosmetische Behandlung
↓
Abschlusspflege
↓
Pflege zu Hause

Beispiel

Die Kundin erhält eine Cellulite-Behandlung – es erfolgt eine Körperabschlusspflege, dann erhält sie anschließend eine Gesichtsbehandlung – es erfolgt eine Gesichtsabschlusspflege.

Die Abschlusspflege ist auch für die Kundin der Punkt, sich auf das Ende der kosmetischen Behandlung einzustellen.

Sprechen Sie die Kundin freundlich darauf an, dass Sie jetzt die Abschlusspflege auftragen möchten. Manche Kunden wissen nicht, an welchem Behandlungspunkt Sie gerade arbeiten, oder sind tief entspannt, eventuell sogar „eingenickt" (vor allem während der Ruhezeiten von z. B. Masken und/oder nach Massagen). Fragen Sie Ihre Kundin, welche Abschlusspflege sie wünscht bzw. was sie heute noch vorhat.

Wünscht die Kundin kein Finish oder Make-up, erfolgt die Abschlusspflege nach den oben aufgeführten Gesichtspunkten.

Wünscht die Kundin ein Make-up, ist die Abschlusspflege die Vorbereitung oder die Unterlage für dieses oder stattdessen kann auch eine getönte Tagescreme aufgetragen werden. Erfragen Sie daher immer die Make-up-Wünsche der Kundin (Möglichkeiten → LF 12, Kapitel 1.3).

Ist die getönte Tagescreme eher eine pflegende Anwendung oder ein Make-up?

Achten Sie bei den anzuwendenden dekorativen Produkten auf die richtige, zum Hautzustand passende Auswahl: Eine z. B. ölige Haut sollte möglichst mit einem ölfreien Make-up grundiert werden, eine trockene Haut z. B. mit einem cremigen Make-up-Produkt usw.

Wünscht die Kundin ein aufwändiges Make-up (Abend- oder Braut-Make-up), das mehrere Stunden perfekt aussehen soll, ersetzen Sie hautzustandsgerecht die Abschlusspflege-Tagescreme durch ein Konzentrat, das die Haut durchfeuchtet.

5.1 Abschlussphase

Während Sie die Abschlusspflege auftragen, können Sie mit der Kundin ein **positiv verstärkendes Gespräch** führen, welches die Effekte der vorgenommenen Behandlungen noch bestätigen kann.

Beispiel

„Die Behandlung hat Erfolg gezeigt, Ihre Haut ist jetzt wunderbar weich/glatt/frisch/gesättigt/strahlend." usw.

Daraus kann sich dann von Ihnen eingeleitet schon eine Empfehlung für die weitere Pflege zu Hause anschließen.

„Die Ampulle hat Ihrer Haut sehr gut getan, die Rötung der Wangen hat sich beruhigt, wir sollten überlegen, ob Sie diese Ampullenkur zu Hause fortführen möchten."

Abschlussbehandlung, Finish oder Make-up können dann erfolgen, wenn die Kundin auf dem Behandlungsstuhl aufgerichtet sitzt.

Alternativ kann die Kundin aber auch den Behandlungsstuhl verlassen. Nehmen Sie ihr dann das Haarband oder Häubchen ab und entfernen Sie Handtuch und Decken. Helfen Sie beim Aufstehen, wenn es erforderlich ist, z. B. bei älteren Kundinnen. Reichen Sie dann auch z. B. die abgelegte Brille, Gehhilfen oder Ähnliches.

Abb. 5.3 a und b: Aufgeräumte Kabine und Verkaufsgespräch

Während der Kunde/die Kundin sich ankleidet, können Sie schon die verschmutzte Wäsche entfernen und die Wolldecke zusammenlegen. Räumen Sie die Kabine schon ein wenig auf.

Legen Sie sich auch noch einmal die Karteikarte bereit, um notfalls Verkaufsdaten nachzuschauen (z. B. möchte Ihre Kundin einen bestimmten Lippenstift nachkaufen, sie weiß aber die Nummer nicht mehr).

Begleiten Sie Ihre Kundin zum Schminktisch oder erwarten Sie Ihren Kunden/Ihre Kundin in der Nähe Ihres Verkaufsregals oder Präsentationsständers usw. Hier kann dann auch ein Verkaufsgespräch stattfinden bzw. fortgesetzt werden (➜ Band A, LF 9, Kapitel 8.4).

Falls Sie während der Behandlung bereits das ein oder andere Produkt erwähnt hatten, präsentieren Sie diese ansprechend und machen Sie auch auf Sonderaktionen, Neuheiten, Trend-Farben usw. aufmerksam.

Überlegen Sie vorher, was Sie zum Verkauf anbieten möchten, Ihre Kundin sollte nicht mit Angeboten „überschüttet" werden.

Findet ein Verkauf statt, verpacken sie die Ware in einer mit Ihrem Institutszeichen oder -namen bedruckten Tasche. Fügen Sie eine passende Pflegeprobe mit kurzer Information und Prospektmaterial hinzu.

5.2 Terminvereinbarung und Verabschiedung

Erfragen Sie, ob eine neue Terminvereinbarung gewünscht wird bzw. empfehlen Sie einen Termin-Abstand passend zum Wunsch, zum Behandlungsziel und zum Budget des Kunden.

Vergeben Sie den neuen Termin **flexibel** und in **kurzen** Abständen, wenn:

- der Pflegeplan für die Kundin gerade umgestellt wurde.
- eine Akne-Toilette noch kurze Abstände erfordert.
- die Kundin „außer der Reihe" einen Termin im kürzeren Abstand wünscht (z. B. noch mal vor Urlaubsantritt).
- wenn gerade ein erkrankungsfreier Hautzustand (allergie- und ekzemfreie Zeit) vorliegt und die Kundin öfter kommen möchte.

Vergeben Sie den Termin in **konsequenten** Abständen, wenn:

- die Kundin lieber regelmäßig zum Termin kommt (z. B. nach 4, 6 oder 8 Wochen usw.).
- sie eine Mehrfachbehandlung gebucht hat, z. B. eine Kräutertiefen-Schälkur, die noch ein- oder zweimal nachbehandelt werden muss.
- Sie ihr ein Abonnement verkauft haben (z. B. fünf Behandlungen bezahlt, die sechste für die Hälfte).
- bei schlechtem Hautzustand (z. B. Raucherhaut) eine Kosmetikbehandlung konsequent regelmäßig durchgeführt werden muss oder es der Systembehandlungsplan zur Pflegezielerreichung erfordert.
- wenn ein Massageplan erstellt wurde und mehrere Termine in Folge empfehlenswert sind.

Tragen Sie den oder die neuen kosmetischen Behandlungstermine in Ihren Institutsterminplaner und in den Terminpass des Kunden (oder auch auf einen Merkzettel für den Kunden mit Ihrer Institutsanschrift) ein.

Weisen Sie jetzt Ihre Kundin schon auf Instituts-Aktionen hin oder übergeben Sie einen Aktionsbrief.

Abb. 5.4: Terminbucheintrag

Es erfolgt der **Bezahlvorgang.** Sorgen Sie für die richtige Platzierung von z. B. Kartenlesegeräten usw. und assistieren Sie, wenn nötig. Lassen Sie „Spardosen" für freiwillige „Trinkgelder" an Sie oder auch für Ihre Angestellten ebenfalls hier aufstellen. Ist der Bezahlvorgang abgeschlossen, helfen Sie Ihrer Kundin/Ihrem Kunden, wenn erforderlich, in Jacke oder Mantel und reichen Sie persönliche Gegenstände - nicht die Handtasche! -, sondern Stock, Schirm oder Hut.

Verabschieden Sie sich mit persönlicher Ansprache, wie z. B. „Ich freue mich, dass es Ihnen bei mir gefallen hat, Frau Sowieso, ich wünsche Ihnen noch einen schönen Nachmittag!"

Begleiten Sie Ihre Kunden zur Tür und registrieren Sie mit ungeteilter Aufmerksamkeit „Aufträge" für den nächsten Besuch, wie z. B. „... beim nächsten Mal probiere ich die Schokoladen-Behandlung!", zum Eintrag in Ihre Kundenkarteikarte.

5.3 Vorbereitung auf den nächsten Kunden

Hat die Kundin Ihr Kosmetikinstitut verlassen, tragen Sie alle (bisher noch nicht dokumentierten) Arbeitsgänge in die Kundenkarteikarte oder Ihr Computersystem ein.

Dies betrifft alle Arbeitsgänge, die nach der fachlichen Hautbeurteilung bis zum eventuellen Verkauf erfolgt sind (also alle kosmetischen Anwendungen = **Pflegedaten**).

Behandlungen

Datum:	Reinigung	Peeling	Spezial	Maske	Massage	Sonstiges
..-12-16	Sahne X4	Enzym	Weizenkeimöl-kapsel und Augenpads	Paraffin	mit Nachtcreme Abschluss:	Wimpern färben HD-Packung Couperose + Tagescreme X4
..-02-16	Sahne X4	—	Kollagen-Ampulle Augencreme X4	Peel-Off	mit Nachtcreme Abschluss:	Wimpern färben HD-Packung Couperose + Kälteschutz
..-03-18	Sahne X4	Enzym	Aloe Vera Ampulle	Feucht-Packung X4	—	HD-Packung Abend Make-up

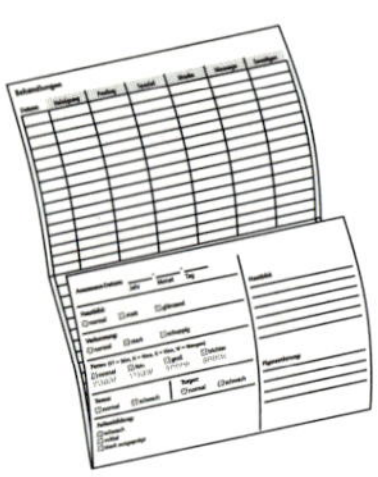

Anamnese-Datum: .. (Jahr) – 12 (Monat) – 16 (Tag)

Hautbild:
☐ normal ☒ matt ☐ glänzend

Verhornung:
☒ normal ☐ stark ☐ schuppig

Poren: (ST = Stirn, N = Nase, K = Kinn, W = Wangen)
☒ normal STNKW ☒ fein STNKW ☐ groß STNKW ☐ trichter STNKW

Tonus:
☐ normal ☒ schwach

Turgor:
☐ normal ☒ schwach

Faltenbildung:
☐ schwach
☒ mittel
☐ stark ausgeprägt

Hautanomalien:
Teleangiektasien
Nase + Wangen
erhöhter Leberfleck linkes Ohr

Pigmentierung:
schwach/sehr helle Haut

Abb. 5.5: Ausgefüllte Karteikarteninnenseite

Vermerken Sie zusätzlich Besonderheiten, die Ihnen aktuell während der Behandlung aufgefallen sind (z. B. dass der Kundin die erstmals ausprobierten Augenpads wegen der kühlenden Wirkung besonders gut gefallen haben), oder auch Hinweise, die Ihre Kundin während der Behandlungen geäußert hat (z. B. „wenn ich das nächste Mal komme, brauche ich wieder mein Augengel"). Zum nächsten Termin können Sie dann entsprechende Angebote machen.

Präparate - Einkauf

Datum:			Datum:		
..-12-16	Reinigungssahne X4 Art. 1518				
	Tagescreme X4 Art. 1519				
	Rich Night Creme X4 Art. 1520				
..-12-23	Couperosecreme Art. 1420				
	Hals- u. Dekolleteecreme Art.	1310			
..-02-16	Kälteschutzcreme X4 Art. 1330				
	Augencreme X4 Art. 1340				
..-03-18	Lippenstift Nr. 15 X4				
	Kajal Nr. 9 X4				

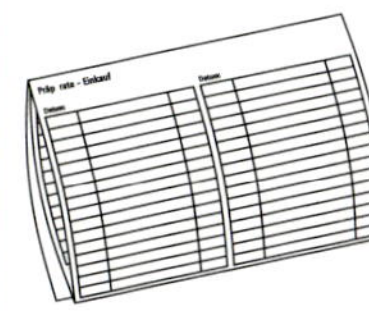

Abb. 5.6: Ausgefüllte Karteikartenrückseite

Bereiten Sie sich und den Arbeitsplatz auf Ihren nächsten Kunden vor (→ LF 2, Kapitel 1.2).

Sie haben jetzt, zum Ende des Lernfeldes 7, die fachgerechten Voraussetzungen erhalten, die eine erfolgreiche Kosmetikbehandlung ermöglichen. Das positive Ergebnis Ihrer Arbeit und die Freude Ihrer Kunden darüber sollte dann der schönste Lohn für Sie sein.

A Fragen Übungen Aufgaben

1. *Nach welchen Gesichtspunkten wählen Sie die Abschlusspflege aus?*
2. *Eine Kundin mit allergisch vorbelasteter Haut klagt zum Abschluss Ihrer Kosmetikbehandlung noch über ein Spannungsgefühl. Welche Ursache kann das haben und wie gestalten Sie die Abschlusspflege (→ Systempflegetabellen, Kapitel 2.4)?*
3. *Welches Konzentrat eignet sich für ölige Haut als Abschlusspflege vor einem Make-up?*
4. *Gestalten Sie in Partnerarbeit ein Abschlussgespräch mit Terminvereinbarung.*
5. *Trainieren Sie ein Abschlussgespräch:*
   a) Mit Verkauf eines Augenpflegeproduktes.
   b) Mit einem Gutschein für den Geburtstag der Freundin.
6. *Nach welchen Gesichtspunkten vergeben Sie einen Behandlungstermin?*
7. *Warum sollte bei einem schlechten Hautzustand der Terminabstand konsequent festgelegt werden?*

7

Anhang:

Weitere kosmetische Mittel*

A Sonnenkosmetika und Bräunungsmittel
- *A.1 Sonnenschutzmechanismen der Haut*
- *A.2 Der Lichtschutzfaktor*
- *A.3 Wie wirken Sonnenschutzmittel?*
- *A.4 Wahl und Anwendung eines Sonnenschutzmittels*
  Exkurs: Sommersprossen – nein danke?
- *A.5 After-sun-Präparate*
- *A.6 Künstliche Hautbräunung*

B Haarkosmetika
- *B.1 Haarwaschmittel*
- *B.2 Haarpflegemittel*

C Färbemittel und Bleichmittel
- *C.1 Haarfärbemittel, Haarbleichmittel*
- *C.2 Hautbleichmittel*

E Hautreinigungsmittel
- *E.1 Seifen*
- *E.2 Was ist ein Syndet?*
- *E.3 Bademittel*
- *E.4 Duschmittel*

F Körperpflegemittel

G Deodorantien und Antitranspirantien

H Duftkosmetika
- *H.1 Parfüms und Duftwässer*
  Exkurs: Kulturgeschichte des Parfüms
- *H.2 Ätherische Öle*

Naturkosmetika

Fragenkatalog

** Enthaarungsmittel, Massagemittel, dekorative Kosmetika, Hand- und Fußcremes werden in den jeweiligen Kapiteln erklärt.*

5842294

A Sonnenkosmetika und Bräunungsmittel

Sonnenstrahlen können neben ihrer **positiven** Wirkung (Vitamin D-Bildung, Calziumeinlagerung) auch **negative** Einflüsse auf die Haut ausüben. Hierunter sind der Sonnenbrand, der Hitzschlag, die Hautalterung und zuletzt auch der Hautkrebs zu erwähnen (→ Band A, LF 2, Kapitel 3.3, 3.5 und 4.9).

A.1 Sonnenschutzmechanismen der Haut

Die Haut selbst besitzt verschiedene schützende Eigenschaften:

Die Haut bildet nach längerem Kontakt mit der Sonne Bräune aus. Diese wird hervorgerufen durch den **Hautfarbstoff Melanin.** Er entsteht in speziellen, pigmentbildenden Zellen der Oberhaut, in den so genannten Melanozyten.

Die Funktion der Pigmentzellen wird hormonell gesteuert. Dafür verantwortlich sind zum einen die Keratinozyten der Haut selbst und zum anderen die Hirnanhangdrüse (Hypophyse → Band A, Grundlagen-Lexikon, Immunsystem). Eins der aktivierenden Hormone bezeichnet man als Melanotropin (melanozytenstimulierendes Hormon).

Die Melanozyten geben das Melanin an die Hornzellen der oberen Hautschichten ab.

Das Melanin erfüllt dort mehrere Funktionen:

- Es dient als Hitzeschutz, denn es nimmt die Energie der sichtbaren und nicht sichtbaren, infraroten Sonnenstrahlen auf, wandelt sie in einer fotochemischen Reaktion in Wärme um und strahlt sie wieder ab.
- Es schützt die darunter gelegenen Zellkerne der Hautzellen und verhindert, dass die ultraviolette (UV-)Strahlung das Erbmaterial schädigt.
- Es dient als „Fänger" für freie Radikale, die als Folge der UV-Bestrahlung im Hautgewebe entstehen. Freie Radikale gelten als aggressive, schädigende Substanzen für Zellmembran und Zellkern.

Je nach der Stärke der Melaninneubildung werden verschiedene dermatologische Hauttypen für die Anwendung von Sonnenschutzmitteln unterschieden (→ Band A, LF 2, Kapitel 2.2).

Abb. A.1: Hauttypen nach Sonnenempfindlichkeit

Typ 1 Keltischer Typ

Typ 2 Mitteleuropäer

Typ 3 Südländischer Typ

Typ 4 Arabischer Typ

Typ 5 Afrikanischer Typ

Während des natürlichen Vorgangs der Bräunung wird **direkte (Sofortpigmentierung)** und **indirekte Pigmentierung (Spätpigmentierung)** unterschieden.

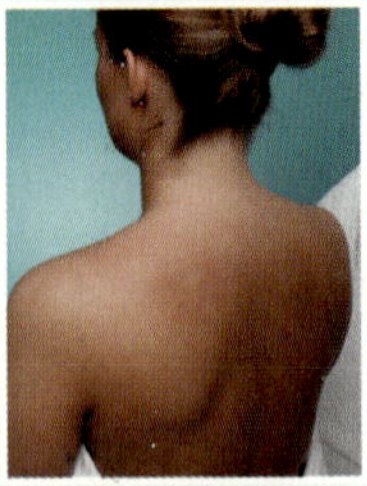

Abb. A.2: Sonnenbräune

Der bleibende Effekt der **sichtbaren Sonnenbräune,** die bei der direkten und indirekten Pigmentierung entsteht, entspricht (als eine ausgebildete Bräune der Haut) ungefähr dem Lichtschutzfaktor 10.

Eine weitere hauteigene Schutzfunktion ist der Aufbau einer **Lichtschwiele.** Hier bildet die Haut mehr Hornzellen, sodass die Hornschicht dicker wird. Diese filtert, streut und reflektiert dann die UV-B-Strahlung so stark, dass gut die Hälfte der Strahlen abgehalten werden. Ihre endgültige Dicke erreicht sie bei dauernder Sonnenbestrahlung nach ca. drei Wochen. Die Lichtschwiele entspricht in etwa einem Lichtschutzfaktor von 4.

Beide Mechanismen, also die Stärke der Hautpigmentbildung und der Aufbau einer Lichtschwiele, haben zusammen eine Lichtschutzfaktor-Wirkung und bieten so der Haut eine so genannte **Eigenschutzzeit.** Ist die Pigmentbildung schwach, z. B. bei sehr hellhäutigen Typen, ist auch die Eigenschutzzeit niedrig.

Eine nasse, verdickte Hornschicht lässt mehr UV-Strahlung durch als eine trockene. Daher sollte nach dem Baden im Freien die Haut besser abgetrocknet werden.

Die Eigenschutzzeit umfasst den Zeitraum, in welchem Sie sich ultravioletter Strahlung aussetzen können, bis gerade die erste Rötung auftritt. Diese wird auch MED (minimale Erythemodis) genannt.

A.2 Der Lichtschutzfaktor

Der Lichtschutzfaktor (LSF) gibt in Verbindung mit der Eigenschutzzeit der Haut an, wie lange die Haut Bestrahlung, insbesondere UV-B-Strahlen ertragen kann, ohne zu verbrennen. Wenn diese Grenze überschritten ist, funktionieren die Schutzfunktionen gegen Sonnenstrahlen nicht mehr und die Haut beginnt sich zu röten.

Beträgt Ihre Eigenschutzzeit bis zur Rötung der Haut z. B. zehn Minuten und Sie wählen ein Sonnenschutzmittel mit LSF 15, so können Sie 15-mal länger in der Sonne bleiben als bei ungeschützter Haut. In dieser Zeit werden die UV-Strahlen zu 95 % Prozent von der Haut absorbiert. Je höher der LSF ist, umso intensiver ist der Strahlungsschutz.

PPD = *Persistant Pigment Darkening,* engl., sinngemäß dauerhafte Pigmentierung

Der IKW hat neue Empfehlungen zur Deklaration des LSF im April 2007 veröffentlicht, die sich an den Empfehlungen der EU-Kommission vom 22.09.2006 bezüglich der Sonnenschutzmittel orientieren. Diese sollen zum Jahr 2010 durch die Hersteller von Sonnenschutzmitteln einheitlich umgesetzt werden.

Dabei wird u. a., die Bezeichnung „UVA-Schutzfaktor" zukünftig durch PPD-Schutzfaktor ersetzt. Der **PPD-Schutzfaktor** muss mindestens ein Drittel des angegebenen LSF ausmachen, d. h., je höher der zukünftig angegebene LSF, desto höher der UVA-Schutz. Das abgebildete Symbol soll die Vorgabe bestätigen.

- Zukünftig dürfen Produkte mit LSF 2 und 4 nicht mehr die Bezeichnung „Sonnenschutzmittel" tragen, da die überwiegende Zweckbestimmung, also der Sonnenschutz, nicht mehr erreicht werden kann. Die Produkte sind als **„Hautpflegeprodukte mit Lichtschutzwirkung"** zu deklarieren. Erst ab LSF 6 darf die Bezeichnung „Lichtschutzfaktor" angegeben werden.
- Verboten sind Angaben wie „erneutes Auftragen des Produktes nicht erforderlich" oder „bietet Schutz für den ganzen Tag" aus Gründen der **Irreführung des Verbrauchers.** Auch Aussagen wie „100 % UV-Schutz" oder „*Sunblocker*" sind zukünftig verboten.

Abb. A.3: Kennzeichen der UVA-Schutzleistung

Lichtschutzfaktor	Schutzklasse
6, 10	niedrig
15, 20, 25	mittel
30, 50	hoch
50+	sehr hoch

Der Lichtschutzfaktor verlängert die Eigenschutzzeit der Haut um die angegebene Zeit.

Tab. A.4:
Empfehlungen der EU-Kommission zur Einteilung des LSF

Der Lichtschutz selbst ist aber nicht verlängerbar! Wenn also die Eigenschutzzeit und die durch den LSF verursachte zeitliche Verlängerung (z. B. durch das Auftragen eines Sonnenschutzmittels) erreicht sind, sollte der Haut eine Sonnenpause gegönnt werden.

A.3 Wie wirken Sonnenschutzmittel?

Sonnenschutzmittel gehören zu den kosmetischen, künstlichen Lichtschutzmitteln. Sie schützen vor dem UV-A-Bereich der Sonnenstrahlen und filtern aus dem UV-B-Bereich so viel heraus, dass kein Sonnenbrand entsteht.

Nur Lichtschutzpräparate mit hohem LSF und einer Zusammensetzung entsprechend den Vorgaben der EU-Kommission sorgen für einen besseren Schutz vor Zellschädigung und Hautverbrennung. In der Regel haben diese Sonnenschutzmittel einen hohen bis sehr hohen LSF von 30 – 50+.

Die Substanzen, die für den Lichtschutz sorgen, nennt man Lichtschutzfilter (UV-Filter) oder Reflexionsmittel.

Die Zulassung der Inhaltsstoffe für Sonnenschutzmittel und damit der Lichtschutzsubstanzen ist in der KVO geregelt.

Zusätzlich liegen bei dem IKW und den Giftinformationszentralen die Rahmenrezepturen für Sonnenschutzmittel vor (➜ Kapitel 1 dieses Lernfeldes).

Die Rahmenrezeptur für Sonnenschutzcreme und -lotion zeigt die **Höchstkonzentration** der jeweiligen **Inhaltsstoffe** an.

Zwei Arten Lichtschutzsubstanzen werden unterschieden und auf der Grundlage von Cremes, Lotionen und Emulsionen eingesetzt:

SONNENSCHUTZCREME UND -LOTION

Inhaltsstoffe	Höchstwerte (Gewichts-%)
Wachse, Fette, Öle (mineralische und/oder pflanzliche und/oder Silikon)	70
Feuchthaltemittel (z. B. GLYZERIN, Polyethylenglykol)	30
Reflexionsmittel (z. B. Titandioxid, Zinkoxid)	20
UV-Filter	15
Emulgatoren (z. B. GLYCERYL STEARATE, PEG-100 STEARATE	10
Hautpflegestoffe (z. B. Fettsäureester)	10
Weitere Inhaltsstoffe (z. B. BISABOLOL, Vitamine)	6
Filmbildner (z. B. Polyvenylpyrrolidon [PVP])	5
Viskositätsregler (z. B. STEARALKONIUM HECTORITE)	5
Parfümöle	3
Konservierungsstoffe, antimikrobielle Stoffe	2
Kosmetische Farbstoffe	1
Wasser	bis 100

Tab. A.5:
Rahmenrezeptur Nr. 9.1–2000

UV-Filter = chemischer Lichtschutz

Hier erfolgt durch einen fotochemische Reaktion die Umwandlung der auftreffenden verschiedenen Strahlen in Wärme, die wieder abgestrahlt wird.

p-Aminobenzoesäure
Octyl Methoxycinnamate
Vitamin E

Die verschiedenen Substanzen lassen sich in ihrem Absorptionsspektrum in UV-B-Filter, UV-A-Filter und Breitbandfilter unterteilen. Sie sind nach dem Auftragen auf die Haut nicht sichtbar. Die zulässigen Wirkstoffe sind durch EG-Bestimmungen geregelt (➜ Kapitel 1 dieses Lernfeldes). Beispiele sind *PABA* (*p-Aminobenzoesäure*, UV-A-Filter), *Octyl Methoxycinnamate* (UV-B-Filter). Zusätzlich sind den Sonnenschutzmitteln Antioxidantien zugesetzt, z. B. *Vitamin E* fängt die erzeugten freien Radikale ab und verzögert die Erythembildung.

UV-Filter werden auch in Tagescremes, Puder, Make-up usw. als geringer Strahlenschutz eingearbeitet.

Reflexionsmittel = mineralischer Lichtschutz

Kaolin, Titanoxid, Zinkoxid, Eisenoxid, Talkum, Magnesiumoxid

Diese Substanzen sorgen durch Reflexion und Streuung der auftreffenden Strahlen für eine undurchlässige Schicht auf der Haut. Aufgrund der Inhaltsstoffe (z. B. kleinste Partikel von *Kaolin, Titanoxid, Zinkoxid, Eisenoxid, Talkum, Magnesiumoxid*) bildet sich nach dem Auftragen eine weißliche Schicht auf der Haut (z. B. Sonnenstifte für Skifahrer, zu sehen als weiße Streifen auf Nase und Wangen). Diese so genannten mineralischen Filtersubstanzen werden – aufgrund der allergiegefährdenden Wirkungen von manchen UV-Filtern – heutzutage bevorzugt eingesetzt.

Sonnenschutzmittel werden in Tuben, Tiegeln, Pumpzerstäubern und Flaschen angeboten.

7

A.4 Wahl und Anwendung eines Sonnenschutzmittels

Damit ein Sonnenschutzmittel seine Wirkung voll entfalten kann, sollten folgende Hinweise beachtet werden:

Abb. A.6:
Auftrag von Sonnenschutzmittel

- hautzustandsgerechte Auswahl des Sonnenschutzmittels treffen
- Pigmentierungstyp/Sonnenempfindlichkeit (Hauttyp) richtig einschätzen lernen bzw. erfragen
- Stand der Vorbräunung (Hautkolorit), Ort der Bestrahlung (z. B. Berge, Strand), Verstärkung der Strahlung (durch Schnee, Sand, auch Wasser) und die durch die Jahreszeiten bedingte natürliche Strahlung beachten und aus diesen Faktoren den geeigneten LSF ermitteln (➜ Tab. A.7).
- Gesicht und Körper gründlich vor dem Auftragen des Sonnenschutzmittels reinigen. Präparate- oder Cremereste verhindern ein vollständiges Eindringen des Sonnenschutzmittels in die obere Hautschicht.
- Das Mittel nicht zu sparsam auftragen, sonst werden stellenweise Körperpartien vergessen und nicht ausreichend geschützt.

5842298

		Punkte
Empfindlichkeit gegen Sonne (Deutschland)	**sehr groß,** sofort Sonnenbrand, selten Bräunung	6
	groß, leicht Sonnenbrand, aber auch Bräunung	4
	normal, selten Sonnenbrand, ausreichende Bräunung	2
	gering, praktisch nie Sonnenbrand, sofort braun	0
Hautkolorit (Erscheinungsbild)	**blass,** sonnenentwöhnt, Sommersprossen, rote Haare, helle Haut, blaue Augen	5
	normaler Teint, sonnengewöhnt	3
	vorgebräunt	1
	tiefbraun	0
Ort der Bestrahlung	**Meereshöhe bis ca. 500 m:**	
	Skandinavien	0
	Bretagne, Deutschland, Vancouver	1
	Azoren, Griechenland, Mallorca, Japan New York, Portugal, Sardinien, Süditalien, Türkei, San Francisco	2
	Florida, Israel, Kairo, Kanarische Inseln, Spanien, Marokko, Tunesien, Kalifornien	3
	Acapulco, Amazonas, Bombay, Karibik, Madagaskar, Südafrika	4
	Australien, Bangkok, Caracas, Sri Lanka Indonesien, Phillipinen, Togo	5
	Kenya, Malediven, Seychellen	6
	Bergland	
	500 bis 2 000 m	3
	2 000 bis 3 000 m	5
	höher 3 000 m	6
Verstärkung der Strahlen	Schnee	5
	heller Sand	3
Jahreszeit am Urlaubsort	Hochsommer	4
	Frühjahr, Herbst	2
	Winter	1

Auswertung

Punkte	Lichtschutzfaktor	Punkte	Lichtschutzfaktor
bis 8	0	19 - 20	8
9 - 12	2	21 - 23	10
13 - 15	3 - 4	über 23	(10 - 20)
16 - 18	5 - 6		UV-Blocker

Tab. A.7: Ermittlung des geeigneten Lichtschutzfaktors (nach Grimmel/Jung Sonne und Solarium)

- Die Lippen verfügen über keine natürliche Schutzschicht, sie sollten deshalb mit einem Spezial-Lippenstift als Sonnenschutz gepflegt werden.
- Sonnenschutzmittel auch beim Aufenthalt im Schatten auftragen, denn ein Teil der Strahlung erreicht die Haut immer. Hier hängt die Strahlung auch von der Umgebung und dem Schatten spendendem Material ab. Liegen Sie direkt am Pool unter dem Sonnenschirm, erreicht die Strahlung den Körper immer noch ganz gut. Sitzen Sie z. B. unter einem sonnengeschütztem Teil des Hauses, gelangt weniger Strahlung an den Körper.
- Nach dem Sonnenbad eine gründliche Körper- und Gesichtsreinigung durchführen und Sonnenschutzmittelreste gründlich entfernen, bevor eine nachfolgende Pflege der Haut erfolgt.

Bestimmte kosmetische Inhaltsstoffe können in Verbindung mit Sonnenstrahlen unangenehme Reaktionen hervorrufen.

Abb. A.8: Sonnenregeln

Die Haut vergisst nichts

Zu viel UV-Strahlung fördert Hautkrebs und lässt die Haut frühzeitig altern

Die **„10 goldenen Sonnenregeln"**
Ziel: möglichst jede Hautrötung vermeiden

1. Die Haut im Urlaub oder Frühling langsam an die Sonne gewöhnen (Schatten und hoher Lichtschutzfaktor).
2. Die kräftige Mittagssonne zwischen 11 Uhr und 15 Uhr immer meiden.
3. Leichte, weite Kleidung (am besten aus speziellen engmaschigen Sonnenschutzstoffen), Hut und Sonnenbrille tragen.
4. Alle unbedeckten Körperstellen und besonders die empfindlichen Sonnenterrassen des Körpers – Stirn (Glatze), Nasenrücken, Ohren, Lippen, Kinn, Schultern, Nacken, Brüste, Gesäß, Kniekehlen und Fußrücken – mit einem Sonnenschutzmittel eincremen.
5. Der Lichtschutzfaktor des Sonnenschutzmittels sollte sich nach der Empfindlichkeit der Haut und der Strahlungsintensität richten. Die Strahlung ist in Südeuropa zum Beispiel höher als in Deutschland, im Gebirge höher als in der Ebene; sie wird durch Reflektion (Spiegelung) am Wasser, im Sand und im Schnee verstärkt. Strahlung kommt auch durch Wasser (beim Schwimmen und Tauchen) hindurch, durch Wolken und Nebel, wenn auch in geringerem Maße! Gefährlich ist auch Wind. Er lässt uns die Sonne weniger spüren.
6. Sonnenschutzmittel mindestens 30 Minuten vor dem Sonnenbad, möglichst im Schatten auftragen.
7. Über den Tag immer wieder neu eincremen; auch wasserfeste Sonnenschutzmittel werden durch Schwitzen, Hautkontakt und Abtrocknen abgerieben. Nachcremen erhält die Schutzwirkung, verlängert sie aber nicht.
8. Keine Parfüms und Deos in der Sonne, sie können zu bleibenden Pigmentflecken führen.
9. Vorsicht bei der Einnahme von Medikamenten; manche machen die Haut besonders lichtempfindlich und können lichtbedingte Allergien auslösen.
10. Pro Jahr nicht mehr als 50 Sonnenbäder (Solarien inklusive).

S0278

7

EXKURS: Sommersprossen – nein danke?

Epheliden

Mit der Hautbräunung durch Sonnenbestrahlung werden auch Sommersprossen dunkler. Sommersprossen werden auch als *Epheliden* (griech.; „über die Sonne kommend") bezeichnet.

Abb.: Abgedeckte Sommersprossen

Sommersprossen sind kleine Melanininseln verteilt über Hautstellen, die der Sonne am häufigsten ausgesetzt sind. Dazu gehören Gesicht, Hände, z. T. Unterarme und Dekolletee. Sie treten überwiegend bei hellhäutigen Menschen auf.

Zur Vermeidung oder Abschwächung von Sommersprossen gibt es verschiedene Möglichkeiten:

- Sonne meiden, um die Pigmentierung nicht anzuregen,
- immer einen hohen LSF verwenden,
- die Anwendung von abdeckenden Mitteln (franz. *Camouflage*, → LF 12, Kapitel 2.3); für eine Komplettabdeckung von Sommersprossen ist eine medizinische *Camouflage* zu verwenden,
- das Bleichen.

Eine Bleichung von Sommersprossen oder auch von anderen Pigmentflecken kann mithilfe spezieller Bleichcremes erfolgen (→ C.2 Hautbleichmittel).

A.5 After-sun-Präparate

After-sun-Präparate (engl.; nach der Sonne) sollen die Haut nach dem Sonnenbad kühlen, beruhigen, regenerieren und hydrieren, d. h. ihr Feuchthaltevermögen (Funktion des NMF → Kapitel 1 dieses Lernfeldes) verbessern.

Sie werden in Form von dünnflüssigen O/W-Emulsionen als Lotionen (oder Sprays), als Gele mit wenig Fettanteil, oder als Creme mit höherem Fettanteil angeboten. Ihre Hauptbestandteile sind: Wasser, *Butylene Glycol* (Lösungsmittel), *Xanthan Gum* (Bindemittel), *Cetearyl Alcohol* (Verdickungsmittel).

Butylene Glycol
Xanthan Gum
Cetearyl Alcohol

Der Kühleffekt auf der Haut erfolgt aufgrund des hohen Wassergehaltes der Präparate und teilweise aufgrund des zugesetzten Alkohols, der eine Verdunstungskälte auf der Haut entstehen läßt.

Entzündungshemmende und **beruhigende Substanzen** (wie z. B. *Panthenol, Bisabolol* oder *Aloe Vera* lassen ein entstandenes Erythem (Hautrötung) oder gar einen leichten Sonnenbrand schneller abklingen. Das geschieht einerseits, indem die stärkere Durchblutung, bedingt durch die Reizung der Haut, mithilfe der kühlenden *After-sun*-Präparate zurückgenommen wird und andererseits durch die intensive Durchfeuchtung der Epidermis. Im Falle eines Sonnenbrands sind Zusätze von **heilenden Substanzen** wie *Allantoin* und *Zinkoxid* oder auch ein **Lokalanästhetikum** (ein nur auf den aufgetragenen Hautarealen wirkendes Betäubungsmittel) wie *Lidocain* oder *Xylocain* aus der Apotheke sinnvoll.

Panthenol
Bisabolol, Aloe Vera
Allantoin, Zinkoxid
Lidocain, Xylocain

Ein **Sonnenbrand** ist eine mehr oder weniger schmerzhafte Gewebsschädigung, die das dafür typische Erythem (griech. *erythema* = Rötung, Entzündung) aufweist, kann aber auch schlimmere Schäden zeigen, z. B. Blasenbildung (→ Band A, LF 2, Kapitel 3.1 und 3.3). Inwiefern die an den Zellkernen entstandenen Sonnenschäden der Haut „repariert" bzw. „regeneriert" werden können, ist fraglich. Nur oberflächliche Schäden können gemildert werden.

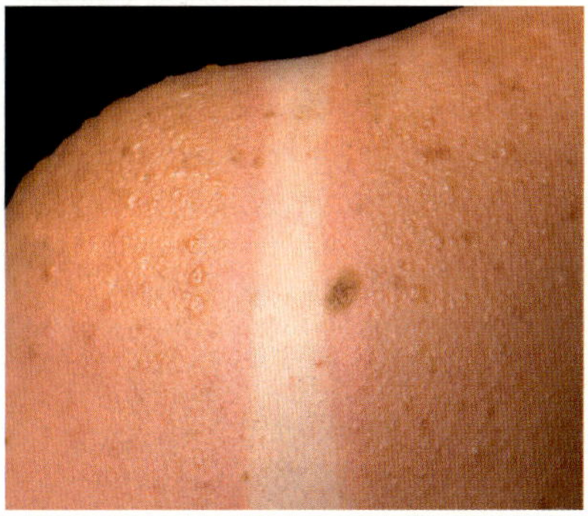

Abb. A.9: Sonnenbrand

Zur **Regeneration** der Haut nach dem Sonnenbad sollten außerdem in den *After-sun*-Präparaten auch folgende Wirkstoffe enthalten sein:

Flavonide (z. B. Rutin, Quercetin), die zu den pflanzlichen Antioxidantien gehören, und *Harnsäure,* die Feuchtigkeit in der Haut bindet. Wirkstoffe wie *D-Panthenol* unterstützen den Regenerationsvorgang der Epidermis, indem sie die Abheilung oberflächlicher Hautschädigungen (z. B. Sonnenbrand) fördern. Als **Feuchtigkeitsspender** werden Feuchthaltemittel wie z. B. *Glyzerin, Aloe Vera* oder Kollagen zugesetzt.

Flavonide
Harnsäure
D-Panthenol
Glyzerin, Aloe Vera

Für die Anwendung der *After-sun*-Präparate kann empfohlen werden diese möglichst zeitnah nach dem Sonnenbad und der darauf erfolgten Hautreinigung aufzutragen und dies mehrmals zu wiederholen.

Bei schwer sonnenbrandgeschädigter Haut empfiehlt sich der Gang zum Dermatologen. Für sonnengeschädigte, trockene Haut oder Haut mit verdickter Hornschicht empfiehlt sich eine Systempflege im Kosmetikinstitut (→ Kapitel 2.6 dieses Lernfeld).

A.6 Künstliche Hautbräunung

Sonnengebräunte Haut gilt im Sinne der Freizeitgesellschaft als ästhetisch schön. Gebräunte Haut wird außerdem mit Sport und Gesundheit assoziiert. Gleichzeitig wird aber auch aktive Aufklärung durch die Dermatologen in Bezug auf Sonnenschäden betrieben. So kommen Mittel ins Gespräch, die eine künstliche Hautbräune ermöglichen, ohne die Haut den Gefahren der natürlichen Sonne auszusetzen. (Die Hautbräunung mit künstlichen Strahlen finden Sie unter Solarium → Band C, LF 11, Kapitel 1.2 UV-Lichtanwendungen.)

Selbstbräuner

Aldole, Ketole

Dihydroxyaceton

Selbstbräuner enthalten Wirkstoffe (z. B. *Aldole, Ketole*), die ohne Sonnenbestrahlung zu einer Bräunung der Haut führen. Diese Verbindungen werden **Melanoide** genannt. Der Grundstoff des Selbstbräuners, **DHA *(Dihydroxyaceton)***, reagiert mit Proteinen und Aminosäuren der Hornschicht und führt in Folge zu einer bräunlichen Färbung der Haut. Je nach unterschiedlicher Anwendungsweise und nach Hornschichtdicke ergeben sich auch verschiedene und unterschiedlich intensive Brauntöne, manchmal sogar gelbliche Färbungen.

Selbstbräuner gibt es in verschiedenen Anwendungsformen. Für das Gesicht werden selbstbräunende Präparate aus der Tube, getönt und ungetönt, angeboten. Für Gesicht und Körper gibt es sie als flüssige Lotionen, meistens schon getönt, als Bräunungsmilch oder Spraylotion.

Die Bräunung tritt ungefähr zwei bis vier Stunden nach dem Auftragen auf. Die Verfärbung hält ca. drei bis vier Tage an und verblasst. Es sei denn, das Präparat wird erneut aufgetragen. Der Selbstbräuner färbt nur die Aminosäuren und Proteine in den oberen Hornschüppchen ein. Diese werden dann auf natürliche Art regelmäßig abgetragen.

Ein getöntes Produkt erleichtert Ihnen das Auftragen, denn Sie können genau sehen, welche Hautareale noch nicht behandelt sind.

7

Vorteile des Selbstbräuners

Er kann jederzeit und ohne Sonneneinstrahlung angewandt werden. Er ist also wetterunabhängig und bringt Bräune zum erwünschten Termin (z. B. vor einem festlichen Anlass).

Nachteile des Selbstbräuners

Ist die Haut nicht vollkommen glatt, bilden sich an rauen Stellen (z. B. Ellenbogen) unschöne braune Flecken. Das kann auch auf der Gesichtshaut vorkommen, wenn diese schuppig oder rau ist. Zusätzlich werden vorhandene offene Komedonen dunkler gefärbt und sind dann deutlicher zu sehen. Ungleichmäßig aufgetragener Selbstbräuner führt ebenfalls zu einem ungleichmäßigen Bräunungseffekt. Ebenso wenn die Handinnenflächen nicht sofort nach dem Auftragen gründlich gewaschen werden. Selbstbräuner haben keinerlei Sonnenschutzwirkung.

Bräunungsdusche oder *Spray tanning*

engl. *spray* = zerstäuben, besprühen, *tan* = Bräune

Das *Spray tanning* ist eine Methode, Selbstbräuner, (der auch DHA enthält und nur die oberste Hornschicht färbt), in einer geschlossenen/halb offenen Kabine mit Luftdruck oder manuell mit Sprühpistole aufzutragen. Die Idee der Bräunungsduschen und deren technische Umsetzung stammen aus Amerika.

Die Kabine verfügt über ein Abluftsystem, das sowohl die Haut des Kunden trocknet als auch Sprayreste aus der Luft entfernt. Die Bräunung ist sofort zu sehen und nach zwölf Stunden voll entwickelt.

Über Nebenwirkungen, z. B. nach dem Einatmen des Sprühnebels, sind noch keine genaueren Erkenntnisse vorhanden.

5842302

B Haarkosmetika

Das Haar ist ein Anhangsgebilde der Haut und wird in den Haarfollikeln (Haarbalg) gebildet. Dort befinden sich auch die **Melanozyten,** die mit den durch sie entwickelten Pigmenten die **Haarfarben** braun bis schwarz und blond (gelb) bis rot mit all ihren Schattierungen ergeben.

Der aus der Hautoberfläche herausragende Teil des Haares, der Haarschaft, ist tot. Er besteht vollständig aus Keratin (Hornstoff). Das Haar besteht von außen nach innen aus den drei Schichten: Schuppenschicht („Keratinschüppchen"), Faserschicht und Mark. Zu jedem Haarbalg gehört eine Talgdrüse, die das Haar mit Fett versorgt. Das Fett macht das Haar geschmeidig und wasserabweisend.

Das Haar und die Kopfhaut müssen regelmäßig von Staub und Schmutz sowie abgestoßenen Hornschüppchen und Talg gereinigt werden.

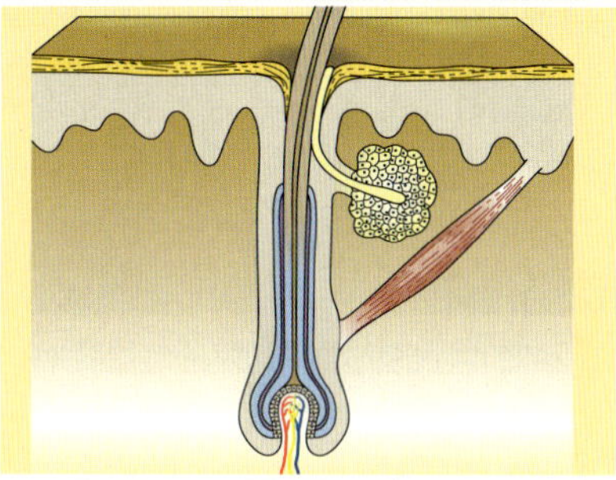

Abb. B.1: Aufbau eines Haares

Zusätzlich zu dem ästhetischen Aspekt (frischer Geruch, Schüppchenglättung und dadurch Glanz) kommt hier auch der gesundheitliche Aspekt zum Tragen, nämlich dass auch die **Kopfhaut mit behandelt wird** bei:

- Schuppenbildung (z. B. durch den Schuppenpilzerreger *Pityrosporon ovale*) oder wenn bei der Erkrankung der Psoriasis (→ Band A, LF 2, Kapitel 4.6.2) eine verstärkte Schuppenbildung vorhanden ist.
- Eine Überfettung durch gesteigerte Talgproduktion vorliegt.

Nach genetischer Veranlagung und nach äußeren sowie inneren Faktoren unterscheiden Sie folgende **Haartypen:**

- Das **fettige Haar** entsteht bei übermäßiger Talgproduktion z. B. während der Pubertät. Selbst nach dem Waschen ist schon nach ein bis zwei Tagen ein Nachfetten der Haare zu erkennen (diese sehen dann z. B. strähnig aus). Bei schnell fettendem Haar lassen sich die Haare nicht zu einer Frisur formen, da das Fett die Haare stark glättet.
- Das **normale Haar** ist weder zu trocken noch zu fettig und stellt das Haar in seinem „Gleichgewichtszustand" zwischen „gefettet" und „entfettet" oder auch zwischen Beanspruchung und Pflege dar. Die Keratinschüppchen liegen an- und aufeinander und das Haar glänzt. Oft ist auch die Haarlänge ein wichtiger Faktor zum Erhalt von normalem Haar, denn wird das Haar zu lang, wird es durch Beanspruchung und Reinigung auch schneller „ausgelaugt", trocken und glanzlos.
- Das **trockene Haar** ist in der Regel auch fein und/oder brüchig. Die Keratinschüppchen liegen nicht aneinander, das Haar erscheint glanzlos. Es wird entweder nicht ausreichend mit Fett versorgt oder es wird zu stark bzw. zu oft gereinigt oder ist auch zu lang. Trockenes Haar braucht intensive Pflege und einen regelmäßigen Haarschnitt, sodass sich die Keratinschüppchen anlegen und die Spitzen nicht „splissen").

engl. *split* = [auf-]spalten

Den Zustand des **strapazierten Haares** gibt es bei allen Haartypen. Die Schuppenschicht ist stark aufgeraut, dadurch verliert das Haar seine Glätte und seinen Glanz. Es wirkt grau, stumpf und „verfilzt". Es lässt sich schwer durchkämmen und frisieren. Oft sind die Haarspitzen gespalten.

Das Haar ist wie die Haut den Umwelteinflüssen ausgesetzt. In der Regel strapazieren und trocknen Sonnenlicht, Wind, Kälte, aber auch ständiges Föhnen und übermäßiges Bürsten das Haar aus.

Die inneren Einflüsse auf das Haar sehen wir an den Erscheinungsbildern wie Haarausfall (bedingt durch verschiedene Erkrankungen) und Alterung (Grauwerden). Deren Ursachen, Behandlung und Verläufe werden → in Band A, LF 2, Kapitel 4.7.2 beschrieben.

B.1 Haarwaschmittel

Shampoos

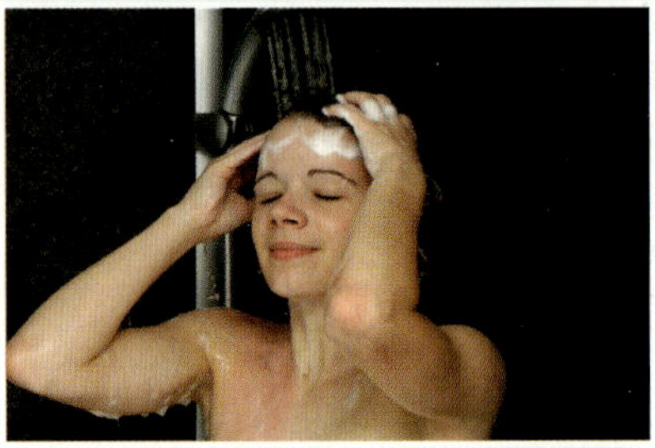

Abb. B.2: Shampooanwendung

Zur Reinigung des Kopfhaares ist eine Auswahl an flüssigen *Shampoos* (engl., Haare waschen) auf dem Markt.

Der Hauptbestandteil von Shampoos ist – bis auf wenige Ausnahmen: Wasser. Danach folgen Chelatbildner (Stabilität), Konservierungsstoffe, antimikrobielle Stoffe (zur Minderung der Aktivitäten von Mikroorganismen), Viskositätsregler (für zähflüssige Konsistenz des Produktes) und anionische Tenside (grenzflächenaktive Verbindungen → Band A, Grundlagen-Lexikon, TENSIDE).

Shampoos müssen das Haarfett, abgestorbene Hornschüppchen und Schmutz von der Kopfhaut und aus dem Haar und Reste von anderen Haarbehandlungsmitteln (z. B. Haarspray) entfernen. Die Reinigungskraft des Shampoos besteht hauptsächlich in den *waschaktiven Substanzen (WAS)*, speziellen Tensiden, die keine Kalkseife (→ Kapitel E.1) bilden und das Haar somit nicht austrocknen und stumpf aussehen lassen. Rückfettende Substanzen können natürliche Öle oder *Ethoxylate* sein, diese dienen der Vorbeugung einer zu starken Entfettung der Kopfhaut.

Ethoxylate

Haarwaschmittel gehören zu den kosmetischen Mitteln und dienen der Reinigung des Kopfhaares.

Sie können teilweise – wie andere Hautreinigungsmittel – den pH-Wert des Haares vom neutralen in den schwach alkalischen Bereich verschieben, sodass eine anschließende Haarspülung sehr zu empfehlen ist.

Shampoos gibt es in verschiedenen Duftnoten und für verschiedene Haartypen. Die Unterscheidung wird nach der Funktion und den sich daraus ergebenden Inhaltsstoffen vorgenommen.

Shampoo ist heute nicht mehr nur ein Reinigungsmittel, sondern spricht verschiedene Sinne, vor allem den Geruchssinn und das ästhetische Empfinden des Verbrauchers an. Auch wird erwartet, dass die Haare nach der Anwendung gepflegt aussehen; es soll gleichzeitig bestimmte Produktanforderungen erfüllen. Aus diesen Gründen enthalten Shampoos heute z. B. auch noch:

- **Konditionierstoffe:** Das sind Hilfsstoffe, die sich am Haar anlagern und auch nach dem Ausspülen dort verbleiben. Sie sorgen für Glanz und eine bessere Kämmbarkeit.
- **Duftstoffe:** Zur Geruchsüberlagerung der Shampoo-Grundlage und werbeunterstützend werden z. B. Parfümöle eingesetzt, um Wohlgefühl beim Verbraucher zu erzeugen (*Wellness*-Trend!).

- **Perglanzmittel:** Sie sollen in erster Linie für den Verbraucher ein schönes Aussehen des Produktes herstellen.
- **Spezielle Wirkstoffe:** Diese haben vielfach regulierende Funktion und sind in nachfolgender → Tab. B.3 mit aufgeführtige

Tab. B.3: Shampoo-Unterscheidungen

medizinisches Shampoo	mit Zusätzen gegen Schuppen/Pilzerkrankungen und Zusätzen bei entzündlichen Kopfhauterkrankungen (auch Kopflaus).
„pflegendes" Shampoo	mit teilweise rückfettenden Inhaltsstoffen, wie Öle, Wachse, Hautpflegestoffe, z. B. *Glycerylcocoate, Panthenol, Bisabolol.* Sie sind in der Regel für normales und trockenes Haar, feines und dickes Haar, lockiges und glattes Haar und für alle strapazierten Haarzustände geeignet.
Shampoo gegen fettiges Haar	enthält in der Regel gerbstoffhaltige Kräuterzusätze wie *Huflattich, Minze, Melisse* u. Ä. Sie sorgen für eine adstringierende Wirkung auf die Kopfhaut und rauen die Oberfläche des Haares auf.
Babyshampoo	ist besonders mild und oft parfümneutral. Wegen seiner sehr hautschonenden Wirkung ist es auch für die Haarpflege im Alter gut geeignet. Es brennt nicht in den Augen und ist daher schleimhautverträglich. Alle notwendigen Hilfsstoffe werden unter dem Aspekt der Milde und Hautverträglichkeit ausgesucht oder sogar weggelassen (z. B. Parfüm).
Tönungs-shampoo	ist eine Kombination aus reinigendem Haarwaschmittel und Haartönungsmittel. Neben der Reinigungswirkung kann der Naturton des Haares aufgefrischt, belebt oder nuanciert werden.
Farbshampoo	enthält neben den reinigenden Substanzen pflanzliche Farbextrakte. Die Farbwirkung ist gering und wird erst nach wiederholter Anwendung sichtbar.
Trocken-shampoo	Es wird auf das trockene Haar aufgestäubt oder gesprüht und nach der Einwirkzeit ausgebürstet. Es enthält Fett aufsaugende Substanzen wie z. B. *Kieselgur* und *Talkum*. Es hinterlässt auf dem Haar immer einen leicht weißlichen Schimmer. Es kommt zur Anwendung, wenn keine Nasshaarwäsche erfolgen kann, z. B. bei Schwerkranken.

Glycerylcocoate
Panthenol
Bisabolol

Huflattich
Minze
Melisse

Kieselgur, Talkum

B.2 Haarpflegemittel

Haarpflegemittel sorgen mithilfe ihrer Inhaltsstoffe für eine Glättung der Haaroberfläche und den Glanz der Haare. Es ist dann besonders schön anzusehen.

Die folgenden Arten von Haarpflegemitteln sind zu unterscheiden:

Haarkur

Durch häufiges Haare waschen, Bürsten, Föhnen und chemische Behandlungen (wie z. B. Färben → Kapitel C.1) werden Haar und Kopfhaut besonders strapaziert. Dadurch verliert das Haar seinen Glanz und wird stumpf, spröde und brüchig. Neben dem Haare schneiden können deshalb auch Haarkuren angewandt werden.

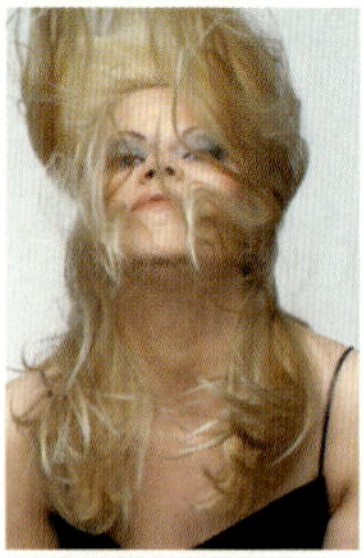

Abb. B.4 a und b: Gepflegte Haare

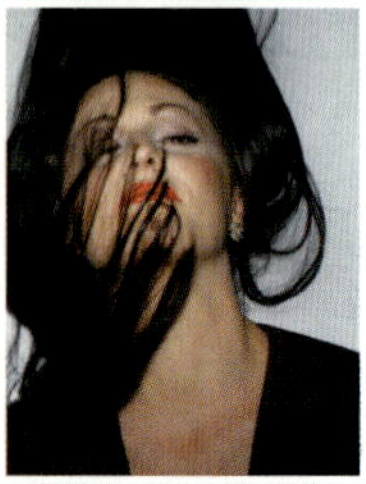

Haarkuren sind folgendermaßen zusammengesetzt:

Sie enthalten Öle, Wachse (mineralische und pflanzliche), *Silicone* und Fettalkohole (z. B. Petrolatum), Ethanol (Alkohol) und Emulgatoren zu maximal 20 %, Tenside und weitere Inhaltsstoffe, wie z. B. Proteine und Perlglanzmittel, zu maximal 10 %, Polymere und Harze, Hautpflegestoffe und Feuchthaltemittel, UV-Filter, Konservierungsstoffe, Parfümöle usw. und Wasser.

Haarkuren werden in der Regel in Tuben oder Dosen angeboten.

Sie enthalten als **pflegende und rückfettende Wirkstoffe** auch z. B. *Prunus Dulcis* oder *Triticum Vulgare* zur Regeneration des strapazierten Haarzustandes. Die Wirkstoffe glätten das Haar und lassen es glänzen.

Haarspülung

Zwischen Shampoo und Haarkur existieren noch Haarspülungen. Diese sind von ihren Wirkstoffen her den Haarkuren ähnlich, unterscheiden sich aber von diesen sowohl in ihrer Funktion zur Wiederherstellung des hautneutralen pH-Wertes nach der Reinigung mit Shampoo als auch in ihrer Zusammensetzung:

Die Hauptbestandteile sind Wasser, Fettalkohole (Verdickungsmittel), Konservierungsstoffe, Parfüm. Sie glätten die Schuppenschicht, machen das Haar geschmeidig, glänzend und sorgen für ein leichtes Durchkämmen der Haare nach dem Waschen.

Dipalmitoyl Cystine

Bei feinem Haar verhindern sie zusätzlich die statische Aufladung (das „Fliegen") der Haare durch Zusätze von Antistatika/Kämmbarkeitshilfen (z. B. *Dipalmitoyl Cystine*). Diese verringern die elektrostatische Aufladung der Haaroberfläche. Dies kann aber auch durch die Benutzung von Haarbürsten mit Naturborsten und z. B. echten Hornkämmen verhindert werden.

7

Haarwasser

Haarwasser soll mithilfe seiner Inhaltsstoffe (ohne reinigende Wirkung) „Funktionsstörungen an Haar und Kopfhaut" verbessern. Der Hauptbestandteil eines Haarwassers ist Wasser, außerdem Ethanol (Alkohol), Parfümöle, Vitamine, Pflanzenextrakte, Konservierungsstoffe usw.

Glycyrrhicin
Cysteinsäurederivate
Kampfer

Darüber hinaus können sie desinfizierende Substanzen gegen Schuppenbildung und schnell fettendes Haar enthalten. Hier wären als Beispiele *Glycyrrhicin* oder *Cysteinsäurederivate* zur Verhinderung der schnellen Nachfettung der Kopfhaut zu nennen. Auch durchblutungsfördernde Substanzen wie Brennnessel, Birkensaft oder *Kampfer* werden eingearbeitet.

Es gibt sie aber auch als reine Dufthaarwässer zum Beleben. Sie enthalten dann Wasser, Alkohol und Parfüm.

Haarfestiger

Polyvinyl Acetate (PVP)

Propylene Glycol

Flüssige Haarfestiger enthalten Filmbildner (z. B. *Polyvinyl Acetate* oder *PVP*), die auf dem Haar einen Film hinterlassen, der die fertige Frisur vor dem „auseinder fallen" (z. B. durch Wind) schützt. Außerdem sind Basisstoffe Gemische aus Alkohol und Wasser sowie Parfüm, Konservierungsstoffe und Feuchthaltemittel (z. B. *Propylene Glycol*) enthalten.

Manchen Haarfestigern sind als **Farbfestiger** farbunterstützende Stoffe zugesetzt. Sie haben aber keine färbende Wirkung.

Haarfestiger werden als Schaum in Spendern (der jetzt gebräuchlichere **Haarschaum**) oder in flüssiger Form in Flaschen angeboten.

5842306

Haarspray

Zur Fixierung der Frisur kann zusätzlich Haarspray aufgesprüht werden. Haarsprays sind ***Aerosole,*** bei welchen sich der Flüssigbestandteil (hauptsächlich Wasser und Alkohol) mit Luft vermischt.

Haarspray in Metalldosen enthält ein Treibgas. Hierfür wurden meist **FCKWs (Fluorchlorkohlenwasserstoffe)** verwendet, welche als Hauptverursacher für das Ozonloch der Erde und die damit verbundene immer weiter fortschreitende Einbuße unseres Schutzschildes vor UV-Licht gelten. FCKW wurde inzwischen durch andere Stoffe wie *Dimethylether* oder andere KOHLENWASSERSTOFFE (→ Band A, Grundlagen-Lexikon) ersetzt.

Dimethylether

Haarspray wird auch in Pumpzerstäubern angeboten. Hier übernimmt eine mechanische Pumpvorrichtung die Verteilung der Flüssigkeit in die Luft.

Haarsprays sorgen für einen festen, wasser- und schmutzabweisenden, glänzenden Film auf dem Haar. Es soll verhindern, dass die Haare „fliegen". Die festigende Eigenschaft erhält das Haarspray durch die so genannten Filmbildner.

Das Einatmen der Dämpfe gilt als problematisch. Haarsprays sollten auch besser nicht in die Schleim- und Hornhaut der Augen gelangen.

In der Kosmetikindustrie ist der Haarkosmetikbereich (Haarreinigungs- und Haarpflegemittel) der umsatzstärkste, der auch in den Medien sehr aktiv beworben wird.

Wie viele Fernsehwerbespots für Haarkosmetika fallen Ihnen auf Anhieb ein?

Zur Pflege des Haares gehört auch das tägliche **Kämmen oder Bürsten.** Es reinigt mechanisch und befreit das Kopfhaar von Verfilzungen, Schmutz und Staub. Auch die Barthaare eines stehenden Bartwuchses bei Männern sollten in die tägliche Reinigung mit Kamm oder Bürste mit einbezogen werden.

Empfehlenswert sind dafür Haarbürsten mit Naturborsten, die das Haar nicht so stark statisch aufladen wie z. B. Nylonborsten. Zusätzlich haben Naturborsten (z. B. Dachs- oder Ziegenhaar) keine Pressnähte, die während des Bürstens die Haaroberfläche schädigen/aufreißen können. Das Gleiche gilt für Kämme aus Naturmaterialien (z. B. Horn), auch hier besteht gegenüber den künstlich hergestellten keine Gefahr durch Aufreißen der Haaroberfläche.

Abb. B.5: Haarbürsten

Empfehlenswert ist das gründliche Haare kämmen/bürsten morgens und abends. Auch sollten die Haare dann durchaus über den Kopf nach unten kräftig gebürstet/gekämmt werden, eventuell sogar die berühmten hundert Bürstenstriche am Tag.

Gesundes Haar ist sicherlich durch regelmäßige Reinigung und Pflege zu erreichen, gleichzeitig aber auch dem maßvollen Einsatz von chemischen Mitteln zur Frisurengestaltung (z. B. Dauerwellen) und Haarfärbemitteln.

C Färbemittel und Bleichmittel

Färbemittel

Färbemittel und Bleichmittel gehören zu den beliebtesten kosmetischen Mitteln zur Veränderung und/oder Optimierung von Erscheinungsbild und Persönlichkeits-/Typwirkung.

C.1 Haarfärbemittel, Haarbleichmittel

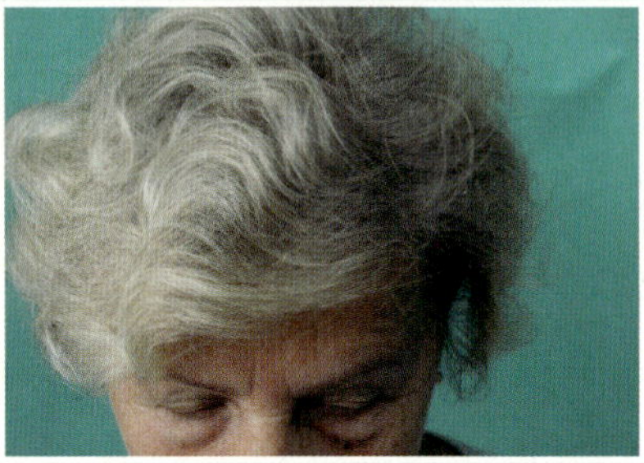

Abb. C.1: Ergrautes Haar

Mit zunehmendem Alter verringert sich im Zuge allgemeiner Rückbildungserscheinungen auch die Zahl der Melanozyten in den Haarfollikeln. Dadurch bedingt kommt es zu einem Pigmentmangel, der das Haar (im optischen Zusammenspiel mit den noch pigmentierten Haaren) allmählich grau erscheinen lässt. Wenn die Pigmentbildung ganz aufhört, erscheint das Haar weiß. Graue Haare gelten als Alterszeichen und werden in der heutigen Gesellschaft mithilfe von Haarfarben eher verdeckt. Haarfarben können zur Vollfärbung auf das ganze Haar aufgetragen werden oder als Strähnchen in Teilfärbung.

Als abdeckende Maßnahmen für farbverändertes, ergrauendes und/oder ergrautes Haar können Haarfärbemittel eingesetzt werden. Diese eignen sich auch zu modischen Farbveränderungen des normalen Haartons.

7

Wasserstoffperoxid

Die **oxidativen Haarfarben** verändern die natürliche Haarfarbe durch einen Oxidationsprozess. Mithilfe der chemischen Substanz ***Wasserstoffperoxid*** (H_2O_2) werden farblose Substanzen, die so genannten Farbbasen, aus dem Färbemittel entwickelt. Die Färbelösung durchdringt die Schuppenschicht des Haares und gelangt in dessen Faserschicht. Dort färbt sie dauerhaft und lichtecht den gewünschten Farbton ein. Künstliche Haarfarben sind farbbeständig, das heißt, die Farbtöne werden nicht mit jeder Anwendung dunkler. Diese Vorgänge benötigen Zeit, d. h., kosmetische Haarfärbemittel benötigen vorgegebene mittlere bis längere Einwirkzeiten.

Ammoniak
Monoethanolamin

Inhaltsstoffe der künstlichen Haarfarben sind Wasserstoffperoxid in Verbindung mit *Ammoniak* oder *Monoethanolamin* sowie die für die Oxidation geeigneten Farbstoffe, z. B. Anilinrot, Braun, Blauviolett usw. Zusätzlich enthalten sind u. a. Perlglanzmittel, Alkohol und Emulgatoren.

Achtung! Oxidative Haarfarben stehen aufgrund ihrer Inhaltsstoffe in ständiger Diskussion, Krebs auslösend und allergiegefährdend zu sein. In der **KVO** sind Haarfärbemittel in der **Anlage 2 Teil C** mit Warnhinweisen und eingeschränkter, zeitlich begrenzter Zulassung aufgeführt.

Haarfarben sind nicht auswaschbar, sie müssen herauswachsen. Ständige chemische Behandlungen wie Färben mit Oxidationshaarfarben und auch Haarbleichungen schädigen die Haarstruktur nachhaltig.

Wimpernfärbemittel gehören zu den Haarfarben, die mit einer Oxidationslösung gemischt und aktiviert werden. Inhaltsstoffe und Farbstoffe sind ebenfalls in Anlage 2 der KVO aufgeführt und mit der zulässigen Höchstkonzentration und mit Warnhinweisen versehen (z. B. „nicht zur Färbung von Wimpern und Augenbrauen für Privatpersonen"). Zur gewerblichen Verwendung, z. B. durch Sie als Kosmetikerin dürfen Sie – fachgerecht – angewendet werden (→ LF 12, Kapitel 4.3.3).

Haarbleichmittel werden dann eingesetzt, wenn aus ästhetischen Gründen eine Aufhellung des natürlichen Haartons gewünscht ist. Das Haarbleichmittel hellt das Haar um bis zu sechs Töne auf. Die mehr oder weniger starke Aufhellung ist von der Menge des enthaltenen *Ammoniaks* und der zugefügten *Wasserstoffperoxid*konzentration abhängig. Es verändert die Haarfarbe durch einen **Oxidationsprozess.** Mithilfe einer wasserstoffperoxidhaltigen Lösung wird unter Zugabe von ammoniakhaltigem Pulver eine Aktivlösung hergestellt. Diese bewirkt eine **Zerstörung der Haarpigmente,** die in der Haarrinde abgelagert sind.

Ammoniak
Wasserstoffperoxid

Das Bleichen der Haare zerstört immer einen Teil der *Kutikula.* Die Haare werden bei länger andauernder Anwendung dünner, poröser und zerbrechlicher.

Das Haarbleichmittel sollte nicht zur Bleichung des Damenbartes verwendet werden, es kann an dieser empfindlichen Hautstelle zu einer allergischen Reaktion führen (auf der Kopfhaut aber übrigens auch).

C.2 Hautbleichmittel

Eine Bleichung von Sommersprossen oder anderen Pigmentflecken kann mithilfe spezieller **Bleichcremes** (engl. ***Whitening***- oder ***Bleaching***-Produkte) erfolgen.

whitening
bleaching

Besonders in asiatischen Ländern gilt blasse Haut als Schönheitsideal. Auch in den afrikanischen Ländern wird dieser Trend zur Hautbleichung immer größer. Die dort verwendeten Bleichcremes enthalten unter anderem ***Hydrochinon* (oder Koji-Säure),** das in Deutschland als toxikologisch und kanzerogen (Stufe 2) ermittelt wurde. Daher ist die Substanz in Hautbleichmitteln seit Juni 2000 verboten.

Hydrochinon

Abb. C.2: Hellhäutige Asiatin

Hautbleichmittel sind in Deutschland im freien Handel in der Regel mit **natürlichen Wirkstoffen,** wie z. B. Brunnenkresse, Vitamin C, Gurkenextrakt, Malve, Pfefferminze usw. zu erhalten. Die Wirksamkeit dieser Hautbleichmittel ist jedoch nicht mit Sicherheit nachgewiesen. Die Wirkung liegt, ähnlich wie bei fruchtsäurehaltigen Produkten, im Abtragen der oberen Hornschicht.

Brunnenkresse
Gurkenextrakt
Malve
Pfefferminze

Für das Bleichen im Kosmetikinstitut und für das Fortführen der Behandlung für die Kundin zu Hause werden von verschiedenen Herstellern Produktlinien mit **Fruchtsäuren** angeboten (→ Narbenbehandlung, Kapitel 4.4). Die in diesen Präparaten gering konzentrierte Fruchtsäure hat bleichende Wirkung, indem sie die obere Hautschicht schneller abträgt. Dabei werden auch dunkler gefärbte Hornschüppchen schneller abgetragen (wie bei Hyperpigmentierungen sichtbar → Band A, LF 2, Kapitel 4.8.1). Die Aufhellung der Haut ist dabei nicht vollständig zu erreichen, sondern nur teilweise. Das gilt auch für Hautbleichmittel, die als „Sommersprossenmittel" verwendet werden (→ Exkurs in Kapitel A.4).

Fruchtsäuren

Krankhaft veränderte Pigmentflecken sollten nicht mit Hautbleichmitteln behandelt werden.

Hautbleichmittel müssen regelmäßig und längerfristig angewandt werden, da sonst die bleichende Wirkung ausbleibt. Während des Bleichungsvorgangs sollte die Haut vor Sonnenbestrahlung mit einem hohen LSF geschützt werden und mit einem gut deckenden *Camouflage*-Präparat (→ LF 12, Kapitel 2.3) abgedeckt werden.

(Unter ◗ genannte Enthaarungsmittel sind in → Band C, LF 11 beschrieben.)

E Hautreinigungsmittel

Als Reinigungsmittel für die Haut eignen sich in erster Linie stückförmige oder flüssige **Seifen, Syndets, Reinigungspräparate für die Gesichtshaut** (→ LF 3), **Zahnreinigungsmittel,** aber auch **Körperreinigungsmittel** wie Bademittel und Duschmittel. (Zahnreinigungsmittel werden hier aufgrund der Seitenzahlauslastung nicht dargestellt.)

E.1 Seifen

Eine Seife entsteht bei der Reaktion (Verseifung) eines Fettes mit einer Lauge (→ Grundlagen-Lexikon, Band A, TENSIDE). Als Fette werden bei der Seifenherstellung überwiegend Rindertalg, Palmkernöl oder Kokosöl eingesetzt.

Die Seifenherstellung:

- beginnt mit dem Verkochen von pflanzlichen und tierischen Fetten und Ölen mit Natron-, Kalilauge oder Sodalösung im offenen Siedekessel bei 80 – 100 Grad Celsius.
- Dann folgt die Trennung der Seife nach dem Erhitzen von der Unterlauge, die aus Wasser, *Glyzerin,* überschüssigem *Alkali* und Verunreinigungen der Fette besteht, durch Zugabe einer konzentrierten Kochsalzlösung. Die in ihr unlösliche Seife schiebt sich als „Seifenleim" an die Oberfläche, die Unterlauge wird abgelassen und aus ihr Glyzerin gewonnen.
- Es folgt die Reinigung des „Seifenleims" mit heißer Kochsalzlösung, wodurch er sich in Seifenkern und Leimniederschlag trennt.
- Das Reinigen des Seifenkerns durch Entfernen des restlichen Alkaliüberschusses erfolgt in einem gesonderten Kessel.

Glyzerin, Alkali

7

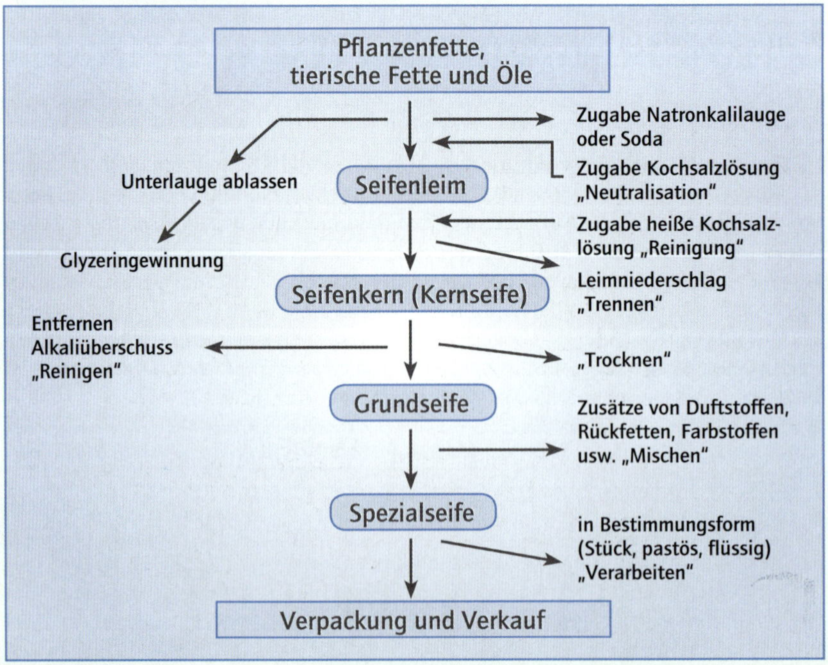

Abb. E.1: Schema zur Seifenherstellung

5842310

- Danach folgt das Trocknen des Seifenkerns und der Zusatz der kosmetischen Stoffe (wie Duftstoffe, rückfettende Substanzen usw.).
- Die Seife wird in speziellen Maschinen zu ihrer Bestimmungsform verarbeitet, z. B. in feste, pastöse oder flüssige Seife.

Nach Inhaltsstoffen unterscheiden Sie verschiedene Spezialseifen:

A Feinseifen:

- Die so genannte **Toilettenseife** gehört zu den Feinseifen. Mit den Zusätzen von rückfettenden Substanzen, Parfümölen, Schaumbildnern (für feinen, duftenden Schaum) und durch die KVO zugelassenen Farbstoffen wird die Toilettenseife hauptsächlich zur Händereinigung benutzt.

Abb. E.2: Seifen

- **Transparentseifen** (Glyzerinseifen) fallen durch ihre Durchsichtigkeit auf. Es handelt sich hier um erstarrte, gekühlte Seifenlösung, deren Kristallisation durch Zusätze von Glyzerin oder ähnlichen Stoffen verhindert worden ist.
- **Luxusseifen** werden auf der Grundlage von Toilettenseifen zusätzlich mit einer hohen Konzentration an Parfümstoffen versetzt (bis ca. 5 %).
- **Cremeseifen** sind Toilettenseifen mit besonders hohem Anteil an rückfettenden oder hautcremenden Substanzen.
- **MedizinischeSeifen** werden nach ärztlicher Empfehlung mit Zusätzen von Schwefel, *Ichthyol®*, *Teer* usw. versehen, um Hauterkrankungen zu behandeln oder vorzubeugen.

Schwefel
Ichthyol®, Teer

- **Babyseifen** sind gut rückfettende Toilettenseifen, in der Regel ohne Parfüm- und Farbstoffe, manchmal mit natürlichen, beruhigenden Wirkstoffen (z. B. *Kamille*).

Kamille

- **Deoseifen** – Hier wird der Seifengrundlage ein Deowirkstoff (z. B. *CTFA Triclocarban*), zugesetzt, der das schweißzersetzende Bakterienwachstum (→ Deodorantien, Kapitel G) hemmt und damit den unangenehmen Körpergeruch verhindert.

CTFA

- **Seifenplättchen** sind dünn ausgewalzte und auf wasserlöslichem Material aufgebrachte kleine Seifenstückchen. Sie sind Platz sparend auf Reisen und zum einmaligen Gebrauch bestimmt.

B Haushaltsseifen:

- **Abrasivseifen** sind Haushaltsseifen. Hier werden der Seifengrundlage abradierende Substanzen (z. B. Quarzsand, Mandelkleie) zugesetzt zur Entfernung von grobem Schmutz (Teer, Kohle, Motoröl) usw. Abrasivseifen werden auch in pastöser Form als Handwaschpasten aus der Tube angeboten.
- **Handwaschpaste** findet außerdem Verwendung bei allen fett-öligen Verschmutzungen in Handwerk und Hobby (hier mit oder ohne Abrasivkörper).
- **Kernseife** ist eine einfache Haushaltseife ohne den Zusatz von Parfümölen, Farbstoffen und rückfettenden Substanzen. Sie dient überwiegend der Händereinigung, aber auch der Handwäsche von Textilien. (Eine weitere Form ist die handelsübliche Schmierseife zur Haushaltsreinigung.)

Viele dieser Seifenarten werden auch als **flüssige Seifen,** in der Regel im Spender, angeboten und dienen je nach zugesetzten Wirkstoffen der intensiven oder der normalen bzw. schonenden Händereinigung.

Die **Wasserhärte** wird nach deutschen Härtegraden (d) gemessen. Die Einheit 1d besagt, dass ein Liter Wasser 10 mg Calciumoxid (CaO) enthält. Die Wasserhärte lässt sich in folgender Tabelle erklären:

Härtebereich	Härtegrad	Wassercharakter
1	0 – 7	weich
2	7 – 14	mittel
3	14 – 21	hart
4	über 21	sehr hart

Tab. E.3: Wasserhärtegrad und Wassercharakter

Ein Nachteil bei der Verwendung von Seifen ist die Bildung der so genannten **„Kalkseife"** in hartem Wasser. Kalkseife ist ein unlösliches, schmierendes, nicht reinigendes und nicht schäumendes Reaktionsprodukt. Es entsteht als Ablagerung (Rand) im Waschbecken bei Verwendung von Alkaliseifen in hartem Wasser.

Je höher der Härtegrad des Wassers liegt, umso größer ist der Kalkanteil im Wasser und die Reaktion, bei der sich Kalkseife bildet. Damit die Seife aber doch ihre schmutzlösende Wirkung entfalten kann, wird die Oberflächenspannung des Wassers mithilfe von **waschaktiven Substanzen** (*Amphotere, anionische Tenside* → Band A, Grundlagen-Lexikon) herabgesetzt und die Kalkseife kann sich nicht bilden.

Amphotere anionische Tenside

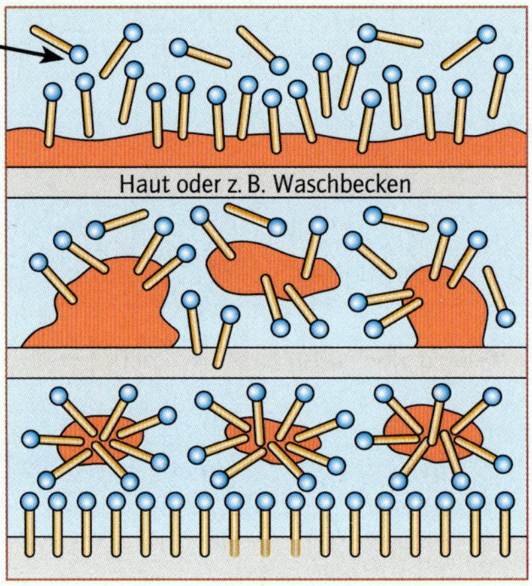

Abb. E.4: Wirkung von Tensiden auf die Haut

Die Kalkseife hinterlässt Rückstände auch auf der Haut. Das kann in einzelnen Fällen zu unangenehmen Reaktionen wie Spannungsgefühl, Juckreiz, Hautirritationen usw. führen.

Die Nachteile der Alkalität (der sich während des Reinigungsvorgangs einstellende pH-Wert der Seifenlösung von 8–10 und die daraus resultierende Haut-pH-Wertverschiebung) und die Empfindlichkeit gegenüber Wasserhärte haben zur Entwicklung von seifeähnlichen Produkten geführt.

E.2 Was ist ein Syndet?

Syndet

Das *Syndet* (engl. *synthetic detergent* = künstliches Reinigungsmittel) unterscheidet sich durch seine chemische Zusammensetzung von der Seife.

Dem Syndet werden statt natürlicher Tenside durch chemische Synthese hergestellte Tenside als Schaum- und Reinigungskomponenten zugesetzt, z. B. hautverträgliche *Sulfobernsteinsäureester*.

Sulfobernsteinsäureester

Das Syndet verändert nicht den pH-Wert der Haut. Es schäumt bei jeder Wasserhärte und besitzt eine hervorragende Reinigungskraft.

Das Syndet trocknet die Haut eher aus, da die Fettkomponenten leichter aus der obersten Hautschicht herausgelöst werden als durch Seife.

Jojobaöl, Squalan

Daher werden den Syndets vermehrt rückfettende Substanzen (z. B. Triglyzeridmischung, *Jojobaöl, Squalan* usw.) zugesetzt. Außerdem erhalten sie durch Parfümstoffe, zugelassene Farbstoffe usw. die gleichen Funktionen, die auch eine Seife bietet.

Angeboten werden Syndets als feste Stücke, aber sehr oft eher flüssig im Spender.

Im Handel angeboten werden außerdem so genannte **Halbseifen** (das sind Seifen mit synthetischen Tensiden) und Hartwasserseifen, die auch noch bei einem hohen Härtegrad des Wassers ihre waschaktive Leistung entfalten, d. h. noch schäumen und keine Kalkseife bilden.

Seifen und Syndets gehören aufgrund ihrer Reinigungskraft zu den am häufigsten verwendeten kosmetischen Körperreinigungsmitteln. Außer bei unsachgemäßer Anwendung, wie zu oft, zu lange und mit zu heißem Wasser verwendet (was alles zusätzlich zu den waschaktiven Substanzen entfettet), treten keine Probleme bei der Anwendung auf.
Für Allergiker und empfindliche Haut bieten sich Babyseifen oder Kernseife an.

Wie neutral ist hautneutral?

Die oberste Schicht unserer Haut hat einen pH-Wert von etwa 5.
Dieser Säureschutzmantel schützt die Haut vor Bakterien und Pilzen.
Da der pH-Wert einer Seifenlösung bei etwa 9 liegt, wird der Säureschutzmantel der Haut zeitweise zerstört, wenn man sich mit Seife wäscht. Bei gesunder Haut stellt sich der Schutz nach etwa einer Stunde wieder ein.
In den letzten Jahren erhielt die Seife Konkurrenz durch **synthetische waschaktive Substanzen,** für die mit der Bezeichnung hautneutral geworben wird. Hautneutral bedeutet, dass der pH-Wert der waschaktiven Substanz dem pH-Wert der Haut entspricht. Synthetische waschaktive Substanzen verändern den pH-Wert der Haut also nicht. Dafür sind sie aber stärker fettlösend als Seifen. Die Haut trocknet daher leichter aus.

E.3 Bademittel

Das Baden ist eine Bezeichnung für das Eintauchen des Körpers oder Teile des Körpers (z. B. Fußbad) in Wasser mit unterschiedlicher Temperatur (z. B. Wechselbad, Vollbad, kaltes Bad zur Abhärtung, Kreislaufanregung). Der Begriff Bad findet aber auch umgangssprachlich im Saunabad, Sonnenbad oder Dampfbad usw. Anwendung.

Das **Warmbad** (ca. 35–36 °Celsius) erweitert durch seine Temperatur die Gefäße und Kapillaren der Dermis, dadurch wird die gesamte Haut besser durchblutet. Das wirkt erwärmend auf die Haut und kann je nach Badezusatz auch kreislaufanregend sein. Der Wasserdruck wirkt außerdem auf die oberflächlichen Venen wie eine milde Massage. Auch die Muskulatur entspannt sich, denn im Wasser lastet viel weniger Gewicht auf dem Körper (Hydrotherapie → Band C, LF 11, Kapitel 2).

Abb. E.5: Schaumbad

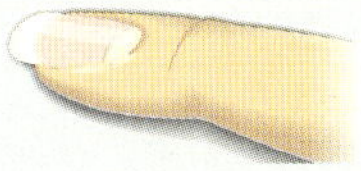

Die Badedauer sollte 10 – 15 Minuten nicht überschreiten, da es sonst zu einer Quellung der Haut kommt und diese dann stark entfettet wird.

An die zugesetzten Badepräparate sind nicht nur wegen der Zweckbestimmung nach den heutigen gesetzlichen Vorschriften (LFGB, KVO) verschiedene **Anforderungen** gestellt:

- Sie sollen schmutzlösende Hautreinigungsmittel mit geringen irritativen Wirkungspotenzialen sein. Daher finden sich in guten Badezusätzen keine Alkan- oder Alkylbenzolsulfonate wegen ihrer stark entfettenden Wirkung.
- Durch Zusätze von Tensiden sollen sie reinigen, ohne die Haut stark zu entfetten. Daher werden z. B. haut- und schleimhautverträgliche Eiweiß- Fettsäure-Kondensate der Carboxylgruppe eingesetzt. Das Gleiche gilt z. B. auch für Aminobetaine.
- Die einzelnen Wirkstoffe dürfen nur ein geringes Penetrationsvermögen in die Haut haben und auch nur eine geringe Toxizität. Denn der Kontakt des Bademittels mit der Haut ist ungleich länger als z. B. mit einer Seife und das Bad „umspült" auch mit Schleimhaut ausgekleidete Körperzonen, z. B. den Intimbereich.

- Zusätzlich müssen allergieauslösende Stoffe vermieden werden, wie bei anderen kosmetischen Mitteln auch. Eine allergische Reaktion würde ansonsten am ganzen Körper auftreten.
- Die Haut darf nicht zu stark aufquellen, sonst wird zu viel Hautfett herausgelöst und der Hydrolipid-Mantel zerstört. Bei gestörten Hautfunktionen (z. B. bei einem atopischen Ekzem) führt dies dann zu weiteren unangenehmen Hautreaktionen.

Bäder sind im Gegensatz zum Duschen zeitaufwändiger. Der Verbraucher verbindet aber mit dem Baden gleichzeitig ein Gefühl von Luxus, Entspannung und Vergnügen. Dazu gehört auch der Einkauf der Badepräparate. Diese sind oft in farb- und formschönen Flakons mit Flüssigbademittel oder Badesalz abgefüllt und bilden einen dekorativen Blickpunkt im Badezimmer. Auch sind flüssige Bademittel als kleine Kügelchen (Badeperlen) erhältlich.

Kosmetische Bäder dienen je nach ihrer Bestimmung der Reinigung und/oder der Pflege der Körperhaut (auch im Kosmetikinstitut).

E.4 Duschmittel

Duschmittel haben ähnlich wie Bäder eine reinigende und pflegende, z. T. erfrischende Wirkung.

Sie sind etwas fester in ihrer Konsistenz, sodass sie beim Auftragen in der Dusche nicht sofort vom Wasser abgespült werden.

Sie werden statt des Badens angewandt, da das Duschen viel zeit- und wassersparender ist. Außerdem ermöglicht das handliche, kleine, unzerbrechliche Duschgel die schnelle und kurzfristige Reinigung des Körpers z. B. nach dem Sport oder einer anderen Freizeitaktivität.

Das Duschen ist hautschonender, wenn es nicht zu oft und zu lange durchgeführt wird. Badezusätze sind konzentrierter und auf die Menge des Badewassers abgestimmt, deshalb eignen sie sich nicht zum Duschen.

Menthol

Neben Schaumbildnern und Farbstoffen unterscheiden sich Duschmittel nach Parfümierung, erfrischenden Zusätzen (z. B. *Menthol* im Sportduschgel, rückfettenden und pflegenden Substanzen (z. B. pflanzlichen Ölen) und z. T. nach Peelingzusätzen zur kräftigen Reinigung der Haut.

Magnolienblüte
Seidenprotein
Ingwer
Bambus
Aloe Vera

Abb. E.6: Duschbad

Neuester Trend bei Duschmitteln sind die sogenannten **„*Wellness*-Duschen"**, mit Zusätzen, wie *Magnolienblüte, Seidenprotein, Ingwer* und *Bambus* oder *Aloe Vera*. Dem Verbraucher soll vermittelt werden, dass Duschen Erholung und Entspannung für Körper und Geist, den gleichen Erholungsfaktor wie ein Vollbad bietet. Hierzu werden ganze Befindlichkeitsserien kreiert, die Belebung, Inspiration, Sinnlichkeit oder Entspannung schenken und deren Inhalts- und Duftstoffe besonders beworben werden.

Der Begriff „Dusch-Shampoo" soll dem Verbraucher vermitteln, dass dieses Präparat zur Reinigung auch des Kopfhaares gedacht ist und er nicht zwei Produkte, z. B. zum Sport oder auf Reisen, mitnehmen muss.

F Körperpflegemittel

Körperpflegemittel werden in der Regel nach der Hautreinigung aufgetragen. Sie pflegen die Haut, durchfeuchten und fetten sie wieder ein.

Sie sind in unterschiedlichen Behältnissen wie Spendern, Flaschen, Dosen, Tiegeln, Tuben, Pump-zerstäubern usw. zu haben und werden für die unterschiedlichsten Zwecke geeignet angeboten. Nach den zugesetzten Wirkstoffen und ihrem „Einsatzgebiet" werden unterschieden:

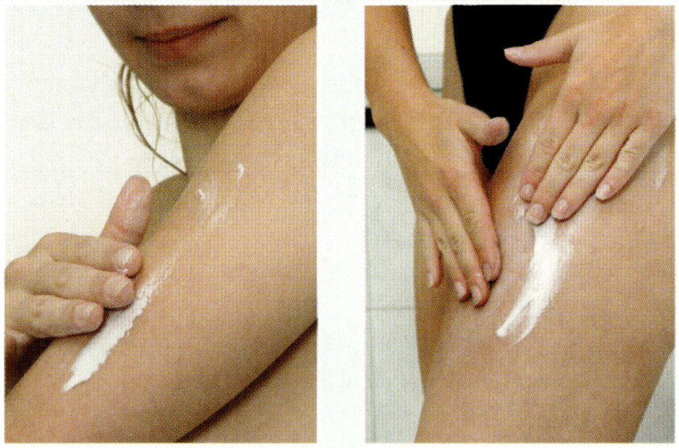

Abb. F.1 a und b: Eincremen der Haut

- die dünnflüssigen **Körperlotionen** (O/W-Emulsionen), die feuchtigkeitsspendend wirken, aber nur wenige rückfettende Substanzen enthalten, was die Haut teilweise auch schnell wieder austrocknen lässt. Die Körperlotion ist daher weniger für sehr trockene Haut geeignet, sondern findet Anwendung, wenn z. B. durch den hohen Wassergehalt eine Kühlung der Haut erwünscht ist (z. B. nach der Sonne). Auch wenn die Lotion schnell einziehen soll, ohne Öl- oder Fettrückstände auf der Haut zu hinterlassen, ist sie das Mittel der Wahl.
- cremige, dickflüssige **Körperlotion** (W/O-Emulsion); sie enthält zusätzliche rückfettende Substanzen und/oder pflegende natürliche Öle zur Pflege der trockenen, auch der empfindlichen Haut. Achten Sie auf zusätzlich feuchtigkeitsspendende Inhaltsstoffe wie z.B. *Algenextrakte.*
- **Hautöle** auf natürlicher Basis (z. B. *Mandelöl*), die auf die noch feuchte Haut nach dem Baden oder Duschen aufgetragen werden. Sie verhindern damit eine weitere Abdunstung der Hautfeuchtigkeit. Sie können auch im Rahmen der täglichen Körperpflege auf die trockene Haut aufgetragen werden. Sie benötigen keine Emulgatoren und sind daher eine hautverträgliche und intensiv pflegende Alternative.
- **Körpercreme und Körperbutter** sind verdickte W/O-Emulsionen, deren Nutzen wie bei der Körpermilch in der Beruhigung und Pflege sehr trockener und empfindlicher Hautzustände liegt. Die Inhaltsstoffe sind der Körpermilch ähnlich, zusätzlich werden Verdickungsmittel zugegeben (wie auch bei der *After-sun*-Creme).
- **Körperpuder** dient dem Aufsaugen von Schweiß (→ Deodorant, Kapitel G) und damit weniger der Pflege als der „Besänftigung" und dem Schutz z. B. einer empfindlichen, aber nicht trockenen Haut.

Algenextrakt

Mandelöl

In Körperpflegemitteln werden Zusätze an Farb- und Duftstoffen (z. T. passend zu einer Duftserie) eingearbeitet. Manche enthalten zusätzlich glänzende Partikel, die der Haut einen leichten Schimmer verleihen *(Shimmering Bodylotion)*. Diese sind allerdings nicht geeignet für Kunden mit empfindlicher, trockener Haut, da die Farbpigmente und Parfümstoffe auch Allergien auslösen können.

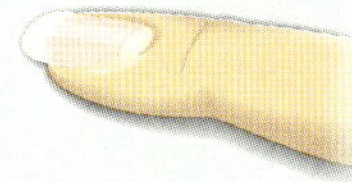

Besonderes Augenmerk ist auf die Inhaltsstoffe von Körperpflegemitteln zu richten, denn nicht alles darin ist auch für die Haut gut: Achten Sie darauf, dass z. B. mineralische Öle (sie bilden einen undurchdringlichen Film auf der Haut), durch pflanzliche Öle ersetzt sind. Immerhin wird das Körperpflegemittel auf den ganzen Körper aufgetragen.

Generell müssen Körperpflegemittel nur dann benutzt werden, wenn die Haut durch verschiedene Einflüsse bedingt ausgetrocknet ist. So z. B. durch Sonnenbaden, Meerwasser, Schwimmbad usw., aber auch durch Hauterkrankungen strapaziert bzw. durch Alterung in ihren Hautfunktionen gestört und ausgetrocknet ist. In allen Fällen dann lieber unparfümierte Präparate mit reizlindernden Wirkstoffen (wie z. B. *Panthenol*) vorziehen.

Panthenol

Für eine normal funktionierende, gesunde Haut sind Körperpflegemittel nicht unbedingt von Nutzen. Es kann sogar zu sensiblen Reaktionen kommen, wenn immer eine zu fettreiche Körperpflege aufgetragen wird.

Trotzdem wirkt aber eine frisch eingecremte Körperhaut ohne Frage immer gepflegt und attraktiv.

G Deodorantien und Antitranspirantien

Sie dienen der Verhinderung oder Vorbeugung von unangenehmem körpereigenem Geruch. (Bitte lesen Sie zum besseren Verständnis die Beschreibung der Drüsen der Haut und die Zusammenhänge von Schweißabsonderung, Temperaturregulation und natürlicher bakterieller Hautflora im → Band A, LF 2, Kapitel 1.4.3 und 1.5.2 nach.)

Verursacht wird der hauptsächlich

- von den *apokrinen* Duftdrüsen deren Absonderung milchig und zähflüssig ist,
- von *ekkrinen* Schweißdrüsen, die über den ganzen Körper verteilt sind und deren Schweißabsonderung eine farblose, wässrige Flüssigkeit ist, die der Temperaturregulation des Körpers dient.

7

Die Anwesenheit und Kombination dieser Sekrete und die zersetzende Tätigkeit von auf der Haut befindlichen Bakterien verursachen den Körper- bzw. Schweißgeruch.

Dem Schweißzersetzungsprozess durch Bakterien kann mit normalen Reinigungsmitteln (Seife, Duschgel usw.) entgegengewirkt werden. Aber nur mithilfe von desodorierenden oder antitranspirierenden kosmetischen Mitteln kann die dabei entstehende unangenehme Geruchsentwicklung eingedämmt oder unterbunden werden.

Deodorantien

lat. *de* = weg, *odor* = Geruch

Deodorierende kosmetische Mittel enthalten keimhemmende Substanzen. Diese verhindern die Entwicklung und Vermehrung der schweißzersetzenden Hautbakterien und beugen so der Entwicklung der Geruchsstoffe vor.

Deodorantien sind "Desinfektionsmittel" zur Abtötung schweißzersetzender Bakterien. Deodorantien enthalten keine schweißhemmenden Mittel.

Dichlorophen
Hexachlorophen

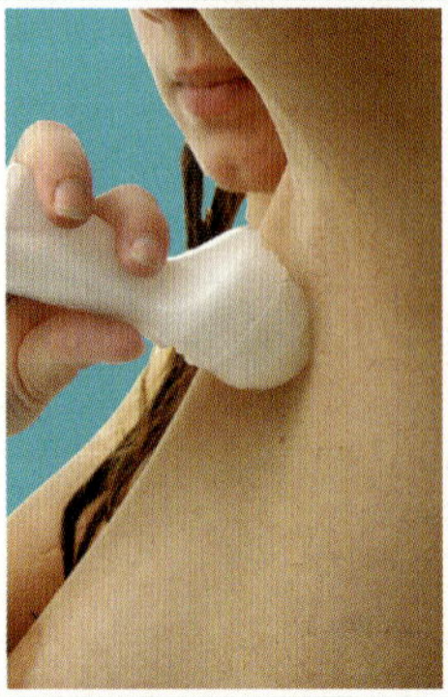

Abb. G.1: Auftragen von Deodorant

Als bakterienhemmende Wirkstoffe werden z. B. *Dichlorophen* oder *Hexachlorophen* zugesetzt. Die Wirkstoffe müssen in den gesetzlichen Verordnungen zugelassen sein (→ KVO, Kapitel 1.2.3 dieses Lernfeldes). Sie bringen bei zu häufiger oder zu hoch dosierter Anwendung die natürliche Hautflora ins Ungleichgewicht und zerstören so den natürlichen biologischen „Abwehrschutz" der Haut.

Die zugesetzten Parfümstoffe sollen statt des körpereigenen Geruches lang anhaltend zu riechen sein.

Glyzerin

Deodorantien enthalten außerdem Hautpflegestoffe, wie z. B. *Glyzerin*, Öle und Wachse (zur besseren Haftung), aber auch Konservierungsstoffe, Emulgatoren und Wasser.

Antitranspirantien (oder Antiperspirantien)

Antitranspirantien enthalten ein schweißhemmendes Salz, z. B. *Aluminiumchlorohydrate (ACH)*. Dieses ist ein so genanntes *Adstringenz* (lat., entzündungshemmendes, zusammenziehendes Mittel). Adstringenzien hemmen die Aktivität der Schweißdrüsen, indem sie deren Ausführgänge verengen. Somit kommt weniger Sekret auf die Haut und kann auch nicht von den Hautbakterien zersetzt werden.

Aluminiumchlorohydrate (ACH)

lat. *anti* = gegen, *perspirare* = hier: schwitzen, eigentlich: Abgabe von Stoffen durch die Haut

Antitranspiration (oder Antiperspirantien) enthalten Stoffe, die den Schweißfluss hemmen.

Antitranspirantien enthalten zusätzlich Geruchsabsorptionsmittel, wie z. B. *Zinc Ricinoleate.* Dieser Wirkstoff verringert die Geruchsentwicklung oder überdeckt diese. Außerdem sind zur Überdeckung der Körpergerüche noch Parfümstoffe zugesetzt sowie Wasser, Konservierungsstoffe, Ethanol und antimikrobielle Stoffe usw.

Zinc Ricinoleate

Anwendung

Das jeweils zu verwendende Mittel sollte nur auf die frisch gereinigte und trockene Haut aufgetragen werden, da es sonst auf der Haut zu einer unangenehmen Reizung kommen kann.

Hat die Körpergeruchsentwicklung schon begonnen, z. B. während des Sports, ist ein Deodorant nicht mehr wirkungsvoll, sondern mischt sich im Duft mit dem bereits entstandenen Geruch.

Ebenso kann das Deodorant durch starkes Schwitzen „abgewaschen" werden, sodass nach einiger Zeit die Wirkung stark nachlässt.

Aufgrund der empfindlichen Haut der Achselhöhle sollte eine übermäßige Anwendung eines Deodorants oder Antitranspirants überlegt werden. Die tägliche Körperpflege reicht normalerweise aus, um keinen unangenehmen Körpergeruch freizusetzen, außer nach größerer körperlicher Anstrengung.

Auch wenn ein Zuviel an Schwitzen unästhetisch ist, und zusätzlich hässliche Schweißflecken auf der Kleidung verursachen kann, darf die Schweißbildung nicht völlig unterbunden werden (z. B. möglich durch Medikamente)! Das führt zu schweren gesundheitlichen Schäden, denn es kommt zu einem Wärmestau im Körper, wenn die Temperaturregulierung mithilfe des Schweißes nicht mehr erfolgen kann. (Im schlimmsten Fall kommt es zu einem Hitzschlag.)

Deodorantien und Antitranspirantien gibt es in Form von flüssigen Lotionen (Deoroller), als Deostifte, Deopuder, Aerosol oder Pumpspray, als Deostein oder in Form von Deotüchern für die Reise bei fast gleicher Rezeptur. Bei Deocreme sind die Wirkstoffe und Duftstoffe in eine Cremebasis eingearbeitet.

Deo-Puder oder Körperpuder ist geeignet, wenn jemand stark schwitzt und gleichzeitig eine empfindliche Haut hat. Die Pudergrundlage saugt dabei einen Teil des austretenden Schweißes auf. Auf der Grundlage von *Talkum* werden dem Körperpuder Parfümstoffe zugesetzt, die dann statt des Körpergeruchs zu riechen sind. Auch Konservierungsstoffe, Farbstoffe und *Kaolin* können enthalten sein.

Talkum

Kaolin

Schweißhemmende Mittel sollten nur begrenzt eingesetzt werden, eine normale Schweißbildung gehört zur Gesundheit des Körpers dazu.

H Duftkosmetika

H.1 Parfüms und Duftwässer

fumare
parfumer

Abb. H.1: Parfümflakons

Parfüm (lat. *fumare* = dampfen, rauchen; franz. *parfumer* = durchduften) ist die Bezeichnung für ölige oder wässrig-alkoholische Lösungen mit einem hohen Gehalt (meist 15 – 30 %) an Parfümölen.

Parfümöle sind den Geruchssinn anregende Duftkompositionen, die aus pflanzlichen Rohstoffen, wie z. B. ätherischen Ölen, tierischen Sekreten oder synthetischen Riechstoffen (→ Duftstoffe, Kapitel 1.5 dieses Lernfeldes) hergestellt werden.

(EXTRAKTION, DESTILLATION → Grundlagen-Lexikon, Band A).

Die Komposition eines Parfüms ist ein aufwändiger Prozess, der von so genannten *Parfümeuren* erarbeitet wird.

Duftkosmetika werden in verschiedenen Formen angeboten: in schmückenden, exklusiven Flakons, zum Tropfen oder Sprühen. Oft sind passend zum Parfüm auch ganze Körperpflegeserien zu erhalten.

EXKURS: Kulturgeschichte des Parfüms

Während der Zeit der Hochkulturen in Vorder- und Ostasien wurde duftendes Räucherwerk zu Ehren der Götter abgebrannt. Balsam, Myhrre, Weihrauch und Sandelholz sind einige Beispiele dafür.

Bereits die Ägypter verwendeten z. B. Lilienessenzen in Öl. In der Antike wurden besonders parfümierte Salben und Öle für kosmetische Zwecke und während religiöser Riten verwendet.

Die DESTILLATION (→ Band A, Grundlagen-Lexikon) von aromatischen Ölen und Wässern unter Verwendung von Alkohol geht auf die Araber zurück (8. bis 11. Jahrhundert). Über die Kreuzzüge im Mittelalter gelangten die Herstellungsverfahren und Anwendungen von Parfüm nach Europa.

Der Handel mit Parfüm lag im Mittelalter besonders in den Händen der Venezianer, Genueser und Florentiner. Ab dem 16. Jahrhundert wurde Frankreich in der Parfümindustrie führend, nachdem Katharina von Medici ihren Hofkosmetiker aus Italien mitgebracht hatte. Im 18. Jahrhundert wurde von den damaligen Ärzten Parfüm als Schutz gegen Pest, Pocken und andere Infektionskrankheiten empfohlen.

Ende des 19. Jahrhunderts begann die moderne Parfümherstellung in Verbindung mit der Isolierung und chemischen Synthese der Riechstoffe (Duftstoffe).

Parfüms haben einen bestimmten Geruchsablauf, sobald sie aus einem verschlossenen Gefäß an die Luft oder auf die Haut gelangen. Sie unterscheiden dabei:

- die **Kopfnote** (franz. *Tête*) oder den Angeruch; das sind frische, leicht flüchtige und schnell wahrnehmbare Duftstoffe, wie z. B. Zitrone oder Orange.
- die **Herznote** (franz. *Bouquet*) oder Mittelnote; das sind mäßig flüchtige Duftstoffe, die nach dem Verfliegen der Kopfnote wahrnehmbar werden, wie z. B. Jasmin oder Rosenöl.
- die **Basisnote** (franz. *Fond*) oder Nachgeruch; das sind die stark haftenden Duftstoffe, die den eigentlichen Charakter des Parfüms bestimmen, wie z. B. Extrakte aus tropischen Hölzern wie Sandelholz.

Tête

Bouquet

Fond

Nach den überwiegenden **Duftstoffen** lassen sich verschiedene Gruppen an Düften erkennen. Es gibt frisch-fruchtige Duftkompositionen (z. B. die typischen Sommerdüfte) und so genannte Grünnoten aus herb-frischen Duftkompositionen, z. B. für Herren. Blumige Parfüms enthalten in der Regel Gemische aus Blütenblattölen sowie synthetisch hergestellte Duftstoffe. Würzig-krautige Parfüms enthalten u. a. Lavendelextrakte, Moosextrakte oder Gewürze wie z. B. Zimt. Orientalische Duftkompositionen haben einen schweren und süßlichen Duft und sind häufig mit tierischen Duftstoffen verstärkt.

Nach der Konzentration an Parfümölen unterscheiden Sie:

- Das reine ***Parfüm*** enthält die höchste Konzentration an Parfümölen (15 – 30 %). Es haftet nach dem Auftragen auf die Haut am längsten.
- Das ***Eau de Parfüm*** ist ein mit Ethylalkohol verdünntes Parfüm mit 8 – 10 % konzentrierter Parfümöle.
- Das ***Eau de Toilette*** enthält nur noch 5 – 10 % Parfümöle, es dient eher der zurückhaltenden Parfümierung der Haut.
- Das ***Eau de Cologne*** dient im Gegensatz zum „schmückenden Parfüm" eher der Erfrischung und Belebung. Durch seinen hohen Alkoholgehalt ist es angenehm belebend und erfrischend. Es sind aber nur 2 – 4 % Duftöle und -essenzen enthalten. Es kann daher großzügiger angewandt werden als Parfüm. Die bekanntesten Eau de Cologne sind das berühmte Kölnisch Wasser 4711 und das Lavendelwasser.

7

Erfrischungssprays sind Duftwässer, die mit Pumpzerstäuber als Aerosol angeboten werden. Sie dienen der Erfrischung und kühlen kurzfristig durch ihren Alkohol- und Wassergehalt die Haut. Oft enthalten sie Zitrusdüfte (Orange oder Zitrone). Aus ca. 30 cm Entfernung werden sie auf die Haut- oder z. T. auch auf das Gesicht gesprüht.

Neben dem Hauptinhaltstoff Wasser und Parfümöl sind z. B. *Propylene Glycol* (Feuchtigkeitsspender und gleichzeitig Lösungsmittel), *Calendula*, *Phenoxyethanol* (Konservierungsstoff) usw. enthalten.

Propylene Glycol
Calendula
Phenoxyethanol

Rasierwasser für Herren dienen ähnlich dem *Eau de Cologne* der Erfrischung und Belebung. Oft enthalten sie zur Beruhigung der Haut nach der Rasur adstringierende und desinfizierende Bestandteile (40 – 50 % Alkohol) und z. T. auch beruhigende Substanzen wie *Kamille* für empfindliche Haut. Als Wirkstoffe werden dann anstelle der Duftstoffe z. B. *Alaun*, *Borsäure* oder *Kampfer* hinzugefügt.

Kamille
Alaun, Borsäure
Kampfer

Abb. H.2: Rasierwasser

Manchmal wird das Parfüm auch als *Cremeparfüm* angeboten. Dann ist das konzentrierte Parfümölgemisch in einer gut haftenden Grundlage – z. B. in Bienenwachs – eingearbeitet und lässt sich dann auf die Haut verstreichen. Inhaltsstoffe sind außer den Parfümgemischen selbst Ethanol (Alkohol), UV-Filter, Hautpflegstoffe wie z. B. *Glyzerin*, Emulgatoren wie z. B. *PEG-6*, *Rizinusöl*, Antioxidanzien usw.

Glyzerin
PEG-6
Rizinusöl

Parfüm sollte nicht an sonnenexponierten Hautarealen aufgetragen werden. Besonders hoch konzentrierte Duftstoffe können auf der Haut unerwünschte, schwer entfernbare dunkle Pigmentflecken, die sogenannte Berloque-Dermatitis (→ Band A, LF 2, Kapitel 4.5.2).

Sprühen Sie das Parfüm dann lieber in die Haare oder aus weiterem Abstand auf die Kleidung. Auch ein Tupfer auf durch Kleidung bedeckte Hautstellen ist möglich.

H.2 Ätherische Öle

Abb. H.3: Ätherische Öle und Duftlampe

Ätherische Öle bilden einen großen Teil der natürlichen Duftstoffe in Kosmetika und finden verdünnt in vielen Bereichen der Kosmetikbehandlung Anwendung (→ LF 6 in diesem Band und → Band C, LF 6 und LF 10). Sie werden aus Wurzeln, Rinden/Holz, Blüten oder Schalen von Früchten, aus Stängeln oder Blättern usw. herausgelöst. (PRESSUNG, DESTILLATION, EXTRAKTION → Band A, Grundlagen-Lexikon.)

Das ätherische Öl verbreitet seine Wirkung überwiegend über den Geruchssinn und über die Haut. Es wird bei der Anwendung in die Haut aufgenommen und über die Nase eingeatmet (→ Band C, LF 10, Kapitel 4.3).

Ätherische Öle finden oft Verwendung in der **Produktidentifikation** durch den Verbraucher, indem er einen typischen Duft mit dem entsprechenden Produkt in Verbindung bringt.

Das Merkmal eines natürlichen ätherischen Öls besteht darin, dass es keinen „Fettfleck" auf dem Papier hinterlässt.

Dabei kann der Duft eines natürlichen ätherischen Öls vom Verbraucher kaum vom Duft eines synthetisch hergestellten Aromastoffes unterschieden werden.

Naturprodukte wie ätherische Öle sind immer auch komplexe Gemische aus vielen verschiedenen Einzelstoffen. Somit ist die Wirkung des gesamten Produktes oft anders als die eines einzeln herausgelösten konzentrierten Duftstoffes. Denn dieser kann sensibilisierend wirken und muss als „Sensibilisierung durch Hautkontakt möglich" und „Berührung mit der Haut vermeiden" gekennzeichnet werden. Das gilt speziell z. B. für die natürlichen Duftstoffe *Geraniol* oder *Eugenol*.

Geraniol
Eugenol

Ätherische Öle sind gegen Licht- und Sauerstoffeinwirkung empfindlich und werden deshalb z. T. in dunklen, möglichst vollständig aufgefüllten Flaschen oder in verpackten bzw. lichtundurchlässigen Verpackungen angeboten.

In Kosmetikpräparaten finden ätherische Öle als natürliche Aromastoffe, Wirkstoffe und Duftstoffe Verwendung.

5842320

(Unter 1 genannte Produkte der dekorativen Kosmetik sind in → LF 12 beschrieben, unter 3 genannte Mund- und Zahnreinigungs- und pflegemittel konnten aus Gründen der Seitenzahlauslastung nicht beschrieben werden.)

Naturkosmetika

Kräuter, Öle und Pflanzenextrakte gelten seit jeher als Heil- und Pflegemittel. Mit der Zunahme der Allergien auf chemische Zusatzstoffe in Kosmetika und dem gleichzeitig wachsenden Bewusstsein des Verbrauchers für ökologische Zusammenhänge entstand hier ein Kosmetikmarkt mit zunehmenden Wachstumsraten.

> ***Welches Produkt besteht wirklich aus Naturstoffen und welches wird lediglich so genannt?***

Als **Naturstoffe** können Substanzen bezeichnet werden, die aus natürlichen Quellen und Materialien gewonnen und ohne chemische Veränderungen verarbeitet werden.

Abb. K.1: Natürliche Öle und Essenzen

Bei pflanzlichen Produkten sind Schwankungen in Qualität und Zusammensetzung möglich. Klimaeinflüsse und dadurch veränderte Wachstumsbedingungen, der Zeitpunkt der Ernte und die Bodenbeschaffenheit beeinflussen diese. Mineralische Naturstoffe, wie z. B. Talk, Lehm usw., sind ebenfalls von der Art der Lagerstätte und der mineralogischen Beschaffenheit der nächsten Umgebung abhängig. Aufgrund dieser Schwankungen ist es schwierig, einen einheitlichen **Qualitätsstandard für Naturkosmetik** zu erstellen.

Zumindest was die Herstellung der pflanzlichen Naturstoffe angeht, hat die **EG-Kosmetikrichtlinie** hier Regelungen getroffen:

Die Rohstoffe für Naturkosmetika werden mit dem aus kontrolliert biologischem Anbau (kba) stammenden Saat- oder Pflanzgut angebaut. Die Verwendung von künstlich hergestellten Düngemitteln oder der Einsatz von Pflanzenschutzmitteln sind nicht gestattet. Gentechnisch veränderte Pflanzenarten sind verboten. Die Ausgangsrohstoffe sollen, wenn möglich, zertifiziert worden sein nach der **EG-Bio-Verordnung** (VO 2092/91/EWG). Sie regelt seit 1992 neben den Erfordernissen im ökologischen Anbau die Mindestanforderungen für Erzeugung und Kontrolle von Öko-Produkten zum Schutz des Verbrauchers vor Irreführung bzw. unlauterem Wettbewerb. Die EG-Bio-Verordnung gilt für alle Länder der EU als verbindliches Recht.

Abb. K.2: Blüten

Bio nach EG-Öko-Verordnung

Folgende Kennzeichnungen gelten für die so hergestellten Produkte:

„Bio", „aus kontolliert biologischem Anbau (kba)", „kontr.-ökologisch", „EWG Kontrollverfahren".

> **Ein Kosmetikprodukt ist nicht gleich Naturkosmetik, wenn es z. B. ein paar Tropfen Kamilleöl enthält. Achten Sie daher auf Siegel und Seriosität der Hersteller.**
> **Und es genügt z. B. nicht, wenn ein Naturkosmetikprodukt zwar keine chemischen Konservierungsstoffe enthält, dafür aber die Rohstoffe schadstoffbelastet sind.**

Auch der **Bundesverband deutscher Industrie- und Handelsunternehmen für Arzneimittel und Körperpflegemittel e.V. (BDIH)** hat Richtlinien zusammengestellt, die Standards für Naturkosmetikprodukte beschreiben. Sie beziehen sich auch auf die Herstellung der Rohstoffe, die Gewinnung bzw. Erzeugung der Kosmetikgrundstoffe sowie auf deren Verarbeitung.

- Eingriffe durch Genmanipulation in das Erbgut von Tieren und Pflanzen werden abgelehnt.
- Bei der Gewinnung der Rohstoffe wird darauf geachtet, dass die Belange des Tier- und Artenschutzes beachtet werden.
- Pflanzliche Rohstoffe sollen aus kba oder kontrolliert biologischer Wildsammlung unter Berücksichtigung von Qualität und Verfügbarkeit eingesetzt werden.
- Weder bei der Herstellung, noch bei der Entwicklung oder Prüfung der Endprodukte dürfen Tierversuche durchgeführt oder in Auftrag gegeben werden.

Zitat aus den Richtlinien des BDIH:

„Rohstoffe, die vor dem 01.01.1998 noch nicht im Markt vorhanden waren, dürfen nur dann verwendet werden, wenn sie nicht im Tierversuch getestet worden sind. Außer Betracht bleiben hierbei Tierversuche, die durch Dritte durchgeführt wurden, die weder im Auftrag noch auf Veranlassung des Auftraggebers gehandelt haben, noch mit diesen gesellschaftsrechtlich oder vertraglich verbunden sind. (...) Der Einsatz von Rohstoffen toter Wirbeltiere (z. B. *Walrat*, Schildkrötenöl, *Nerzöl*, Murmeltierfett, tierische Fette, tierisches Kollagen und *Frischzellen*) ist nicht gestattet."

Walrat
Nerzöl
Frischzellen

7

Quelle: www.kontrollierte-naturkosmetik.de/richtlinie

Die komplette Liste der Richtlinien des BDIH und weitere Informationen erhalten Sie bei dieser Adresse:

BDIH, L1120–22, 60161 Mannheim.

Abb. K.3: Naturkosmetikserie

Naturstoffe und Kosmetikarezepturen daraus sind durch **mikrobiologischen Verderb** genauso gefährdet wie chemische Rezepturen und müssen konserviert werden. So neigen z. B. natürliche Fette und Öle wegen ihres hohen Anteils an ungesättigten Fettsäuren zu Ranzidität. Emulgatoren werden hier aus natürlichen Rohstoffen wie Milch, Bienenwachs oder Kakao zugegeben.

Benzoesäure

Vom BDIH wird u. a. eine Regelung zur Konservierung vorgesehen, in welcher natürliche und bestimmte naturidentische Konservierungsmittel zugelassen sind. Dazu gehören z. B. *Benzoesäure*, ihre Salze und Ethylester. Der Einsatz des jeweiligen Konservierungsstoffes muss mit „konserviert mit (Name des Stoffes)" gekennzeichnet sein.

Eine Entkeimung von organischen Rohstoffen und kosmetischen Endprodukten mithilfe radioaktiver Bestrahlung ist nach den Richtlinien des BDIH nicht gestattet. Die Ausgangsrohstoffe sollen, wenn möglich, nach der **EG-Bio-Verordnung** zertifiziert worden sein.

5842322

Merkmale von Naturkosmetika:

- Die **Unterscheidung der Rohstoffe nach ihrem Ursprung** (→ Kapitel 1.5.2 dieses Lernfeldes) spielt eine große Rolle.
- Natürliche Rohstoffe wie Basisöle- und -fette, Wirkstofföle und ätherische Öle sowie Pflanzenextrakte aus **zertifiziertem Anbau** (kba) müssen Verwendung finden.
- **Farbstoffe** sollen ebenfalls aus Naturstoffen bestehen. Da diese aber nicht unbegrenzt in ihrer Farbwahl zur Verfügung stehen und andererseits das Produkt so naturbelassen wie möglich bleiben soll, kann auf diese nicht oft genug verzichtet werden.

Abb. K.4: Naturkosmetikserie, dekorative Kosmetik

- Die **Parfümierung** ergibt sich aufgrund des Gebrauchs ätherischer Öle, künstliche Duftstoffe müssen nicht zugesetzt werden.
- Auch **recyclebare (wiederverwertbare) Verpackungen** oder ein Minimum an Verpakkung und schonende Herstellungsverfahren spielen bei dem ökologischen Ansatz der Naturkosmetik eine große Rolle.

Naturkosmetika konnten früher in „Bio-Läden", „Öko-Läden" oder Reformhäusern erworben werden. Mittlerweile werden sie auch von Drogerieketten, Supermärkten und Discountern geführt. Aber Vorsicht:

Nicht alles ist „Natur", wenn „Bio" draufsteht! Dies gilt umso mehr für Kosmetikprodukte, die einen einzigen biologischen Inhaltsstoff aus zertifiziertem Anbau (kba) aufweisen und damit werben. Der Begriff „Bio" ist nicht geschützt!

Auch für die Kosmetikerin gibt es viele Naturkosmetikhersteller, die Naturkosmetikserien für das Kosmetikinstitut anbieten.

Bei der Anschaffung einer Naturkosmetikserie für Ihr Institut sollten Sie auf die entsprechenden Vorgaben und Siegel achten. Das verschafft Ihnen ein gewisses Maß an Sicherheit bei der Auswahl, denn Ihre Glaubwürdigkeit steht auf dem Spiel.

Echte Naturkosmetik hat sicher den Vorteil, dass ohne den Zusatz künstlicher Inhaltsstoffe eine gewisse Sicherheit für den Verbraucher vorliegt. So z. B., dass eine geringe Schadstoffbelastung gewährleistet ist und dass mit der Natur schonend „gewirtschaftet" wurde. Ein **Allergiepotenzial** für den Verbraucher ist bei der Verwendung von Naturkosmetika aber ebenfalls vorhanden, da dieses immer bei Stoffgemischen zur Verwendung auf der Haut besteht.

Der Allergiker muss deshalb trotzdem die INCI-Deklaration auf seine ihn gefährdenden Stoffe überprüfen. Unter Umständen ist dann ein synthetisch hergestelltes Kosmetikpräparat eine gute Lösung, wenn ein Allergiker gleichzeitig auf mehrere Naturstoffe allergisch reagiert.

(Weitere Informationen bei verschiedenen Naturkosmetik-Anbietern, z. B. auch unter www.natur-kosmetik.de.)

Fragen
Übungen
Aufgaben
A

Fragen zum Thema Sonnenkosmetika und Bräunungsmittel

1. *Erklären Sie den Vorgang der Bräunung der Haut durch Sonnenstrahlen.*
2. *Erklären Sie den Lichtschutzfaktor und die Eigenschutzzeit.*
3. *Welche Inhaltsstoffe nach Funktionen enthält eine Rahmenrezeptur für Sonnencreme?*
4. *Welchen LSF empfehlen Sie einer Kundin mit heller, ungebräunter Haut, die*
   a) im Winter zum Skifahren in die Berge
   b) im Sommer an das Mittelmeer
   c) im Frühjahr in die Berge
   d) im Herbst zum Tauchen
   in Urlaub fährt?
5. *Erklären Sie den Vorgang der Bräunung der Haut mit künstlichen Mitteln. Was sind jeweils deren Vor- und Nachteile?*
6. *Welche Eigenschaften sollten After-sun-Präparate erfüllen und mit welchen Inhaltsstoffen kann dies erreicht werden? Nennen Sie jeweils ein Beispiel.*

Fragen zum Thema Haarkosmetika

1. *Nennen Sie drei verschiedene Haartypen und deren Besonderheiten.*
2. *Aus welchen Stoffen besteht in der Regel ein Shampoo und was ist seine Aufgabe?*
3. *Welche Funktion haben Haarspülungen?*
4. *Erklären Sie die Funktion eines Haarwassers.*
5. *Wie ist ein Haarpflegemittel zu beurteilen, das mit der Aussage „für gesund aussehendes Haar" wirbt?*
6. *Was macht ein Haarspray zum Aerosol und was ist beim Kauf und bei der Verwendung eines solchen zu beachten?*

7

Fragen zum Thema Färbe- und Bleichmittel

1. *Aus welchen Gründen wird ein Haarfärbemittel angewandt?*
2. *Mit welchen Substanzen kann Wasserstoffperoxid zur Aktivierung gemischt werden?*
3. *Wie läuft der Vorgang der Haarfärbung ab?*
4. *Welche „schonenden Varianten" der Farbveränderung für das Haar gibt es?*
5. *Welche Unterschiede bestehen zwischen einer Haarfarbe und einer Wimpernfarbe? Dürfen Sie Haarfärbemittel auch zum Wimpernfärben verwenden?*
6. *Was passiert mit dem Haar, wenn ein Haarfärbe- oder -bleichmittel dauerhaft angewandt wird?*
7. *Was sind Sommersprossen (→ Exkurs in Kapitel A.4) und welche Mittel gibt es zu deren Bleichung?*

Fragen zum Thema Hautreinigungsmittel

1. *Aus welchen Grundstoffen besteht Seife und wie wird sie hergestellt?*
2. *Was ist Kalkseife und wie entsteht sie?*
3. *Was ist eine Abrasivseife und wann empfehlen Sie deren Anwendung?*
4. *Was ist ein Tensid?*
5. *Was unterscheidet das Syndet von der Seife? Nennen Sie Vor- und Nachteile beider Hautreinigungsmittel.*

6. Was verstehen Sie unter dem Begriff „Baden"?
7. Welche Anforderungen werden an Bademittel gestellt?
8. Was unterscheidet ein Duschmittel von einem Bademittel?

Fragen
Übungen
Aufgaben

Fragen zum Thema Körperpflegemittel

1. Nennen Sie vier verschiedene Körperpflegemittel und deren Funktionen.
   a) Welche dieser Körperpflegemittel sind für die Anwendung auf der Gesichtshaut ungeeignet?
   b) Welche sind zur Pflege von Hals und Dekolletee geeignet?
   c) Welche können gut nach dem Sonnenbaden angewendet werden?
2. Warum ist eine Körperlotion zur Pflege trockener Haut nicht unbedingt geeignet?
3. Vergleichen Sie die Inhaltsstoffe eines Körperpuders mit denen eines Deo-Puders. Welche Basisstoffe sind ähnlich oder gleich?

Fragen zum Thema Deodorantien und Antitranspirantien

1. Erklären Sie die Funktionsweise und den Unterschied zwischen Deodorant und Antitranspirant.
2. Welchen besonderen Wirkstoff enthalten Antiperspirant-Sprays?
3. Wie sind diese Mittel richtig anzuwenden?
4. Fordern Sie beim IKW (Adresse → Kapitel 1) die Rahmenrezeptur für ein Deodorant Roll-on und für ein Antitranspirant Roll-on an.
   a) Welcher Inhaltsstoff ist jeweils für die desinfizierende Wirkung verantwortlich?
   b) Welcher für die Geruchsabsorption?
   c) Welcher für die schweißhemmende Wirkung?

Fragen zum Thema Duftkosmetika

1. Nennen Sie den Unterschied zwischen Kopfnote und Herznote bei einem Parfüm.
2. Wie hoch ist die Konzentration an Parfümölen bei einem Parfüm?
3. Recherchieren Sie über das Stammhaus der Firma 4711 in Köln, seit wann es besteht und seit wann dort das Kölnisch Wasser hergestellt wird?
4. An welchen Hautarealen sollte Parfüm nicht aufgetragen werden und warum?
5. Was sind die Unterschiede in der Zusammensetzung?
   a) zwischen Parfüm und Eau de Parfüm?
   b) zwischen Eau de Parfüm und Eau de Cologne?
6. Warum muss in einem Eau de Parfüm ein Emulgator enthalten sein?
7. Was ist ein Rasierwasser und welche Funktionen erfüllt es?
8. Was unterscheidet ein ätherisches Öl von anderem Öl?
9. Zählen Sie kosmetische Anwendungen auf, bei welchen ein ätherisches Öl zum Einsatz kommen kann.

Fragen zum Thema Naturkosmetika

1. Was sind Naturstoffe?
2. Wie können Sie mithilfe der Verpackung „Blender" von „echten" Naturkosmetikprodukten unterscheiden?

Fragen
Übungen
Aufgaben
A

3. Was bedeutet die Abkürzung „kba“ und wer regelt die dafür notwendigen Voraussetzungen?

4. Beschreiben Sie die Merkmale von Naturkosmetika in eigenen Worten.

a) Nennen Sie mehrere Beispiele für Farbstoffe aus Naturstoffen.

b) Aus welchen Materialien können recyclebare Verpackungen bestehen?

c) Welche schonenden Herstellungsverfahren gibt es z. B. zur Gewinnung von Kräuterextrakten? Recherchieren Sie dazu in → Band A, Grundlagen-Lexikon, DESTILLATION, EXTRAKTION und PRESSUNG und erklären Sie mindestens zwei Verfahren in eigenen Worten.

Anhang: Internetadressen „Rund um Kosmetika“

www.dermaviduals.de/hautschutz	Hautschutz, apparative Hautanalyse, Wirkstoffkunde
www.haut.de	Informationsportal Haut und Körperpflege
www.meinekosmetik.de	Kosmetik zum Selbermachen
www.farbundstilverband.de	Interessenverband deutscher Farb- und Stilberater e. V. (ifs)

Gesetze und rechtliche Regelungen

www.hygieneinspektoren-rlp.de/gesetze/trgs531.pdf	Technische Regeln für Gefahrstoffe → Gefährdung der Haut durch Arbeiten im feuchten Milieu (Feuchtarbeit)
www.chemie-vorschrift.de/d_dienstleistung.html	Gesetzestext Kosmetikverordnung (→ Gutachten → für Kosmetikverordnung)
www.bfr.bund.de	Bundesministerium für Risikobewertung gibt Empfehlungen für Gesetzesänderungen und Bewertungen u. a. für kosmetische Mittel (auch Inhaltsstoffe) und deren Anwendung heraus (→ Kosmetische Mittel)
www.ikw.org	Industrieverband Körperpflege- und Waschmittel e. V.: Information zu kosmetischen Inhaltsstoffen und Überblick über gesetzliche Regelungen, Rahmenrezepturen und ein INCI-Lexikon
www.tierschutzbund.de	u. a. aktuelle Ergebnisse zu tierschutzrechtlichen Maßnahmen, auch die Kosmetik betreffend (→ Kampagnen und Aktionen)

Gestalten mit dekorativer Kosmetik

(LF 12)

In diesem Kapitel erlernen Sie die Grundlagen und Techniken zur Erstellung eines professionellen Make-up. Freude im Umgang mit Farben und Formen sowie das praktische Handwerkszeug und die Theorie geben Ihnen die Möglichkeiten, mit dekorativer Kosmetik vielfältig zu gestalten.
Die Erstellung eines ästhetisch schönen und fachgerecht ausgeführten Make-ups, setzen eine genau Kenntnis der dazu gehörenden Materialien und dekorativen Kosmetika voraus.

Dieser Bereich Ihrer Ausbildung fordert Ihre Kreativität, Ihre Ideen und bietet Ihnen vielfältige Möglichkeiten zum Experimentieren.

Viel Spaß beim Üben!

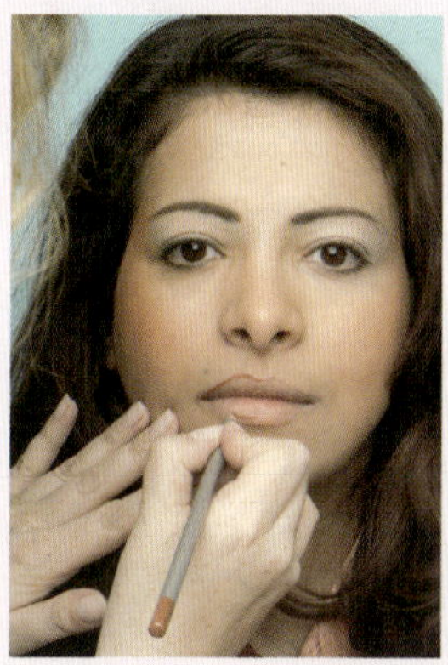

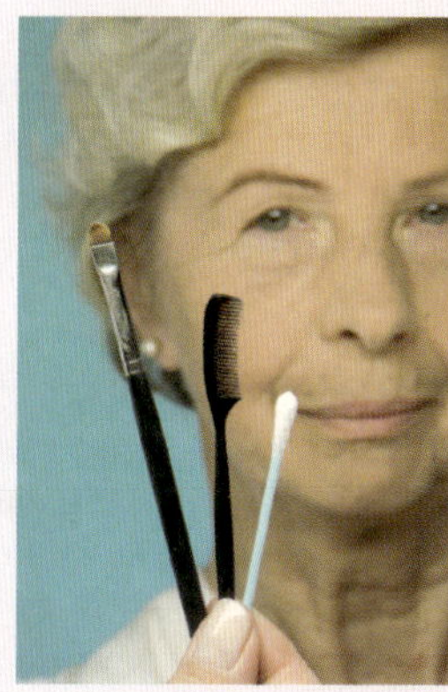

Gestalten mit dekorativer Kosmetik

1. *Geschichte und Aufgaben der dekorativen Kosmetik*
   Exkurse: Schönheitsideale im 20. Jahrhundert
   Computerprogramme – „Apparative" dekorative Beratung?
2. *Schminktechnik und Produktkunde*
3. *Farben und Farbberatung*
4. *Techniken der Modellage und Camouflage*
   Exkurs: Permanent Make-up
5. *Das besondere Make-up oder das Make-up für besondere Anlässe*
   Exkurs: Bodypainting

1 Geschichte und Aufgaben der dekorativen Kosmetik

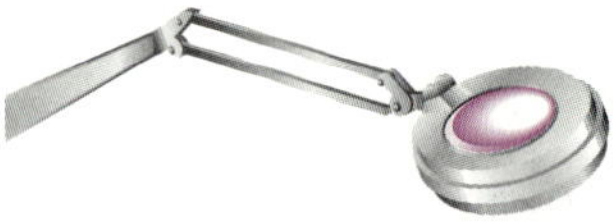

Katie darf heute ein typgerechtes Make-up erstellen. Ihre Chefin hat ihr genau erklärt, wie sie ein Gesicht „gedanklich" vermessen muss, um die ideale Schminktechnik für diesen Typ zu finden. Das findet Katie schwierig, sie nimmt lieber ein Maßband zur Hilfe. Erwartungsvoll sitzt ihre Kundin vor dem Schminktisch. Katie erklärt ihr, dass sie zuerst das Gesicht vermessen muss. Sie legt der Kundin das Maßband am Haaransatz an und zieht es fest über die Nase zum Kinn. Die Nase der Kundin ist jetzt aber plattgedrückt. Die Kundin schnauft leicht empört, aber das muss so sein, oder?

1.1 Streifzug durch die Geschichte der dekorativen Kosmetik

Seit Tausenden von Jahren ist der Wunsch des Menschen, schöner und attraktiver auszusehen, ein fest verankertes Bedürfnis. Die Mittel zur Erreichung dieses Zieles und auch die Schönheitsideale unterliegen jedoch dem Wandel der Zeit. Viele wertvolle Funde der Vergangenheit geben heute noch Zeugnis von der Anwendung kosmetischer Präparate zur Pflege und vom Gebrauch von Schminke zur Gestaltung des Aussehens.

Ab dem 3. Jahrtausend v. Chr., Ägypten

Archäologische Grabfunde aus dem 3. Jahrtausend v. Chr. zeigten Salben in gebrannten Tontiegeln und kunstvoll ausgearbeitete Schieferplatten als Schminkpaletten. Die Schminkpaletten wurden zum Anrühren der fein gemahlenen Farbpigmente mit der Salbengrundlage verwendet. Bei den Ägyptern wurde die Schminkkunst angewandt, um „gottähnlicher" auszusehen. Die Herstellung von Salben, Schminkmitteln und duftenden Ölen lag in den Händen der Priester. Zu dieser Zeit verfügten die Herrscher/Pharaonen über Spezialisten, die ihnen die Augenbrauen nachzeichneten, die Haut tönten, Perücken herstellten und viele andere Verschönerungstechniken kannten. Die Ägypter schminkten sich Wangen und Lippen rot. Die Lippenfarbe bestand aus einer Paste mit rotem Ocker und wurde mit einem Schilfrohrzweig aufgetragen. Sie färbten sich auch die Augenlider mit einer Schminkpaste, deren grüner Pigmentstoff aus dem Mineral Malachit gewonnen wurde. Sie zogen die Augenbrauen z. B. mit *Stibium* nach und färbten den Augenrand mit schwarzer Augenfarbe, dem „kohl", der ursprünglich vor Augenkrankheiten schützen sollte. Der Lidstrich wurde fein um das Auge herum und schlitzförmig am Augenwinkel nach außen gezogen. Die schwarze Augenschminke wurde aus *Bleisulfid*, dem schwarzen Eisenoxid *Magnetit* oder aus Ruß hergestellt. Die pulverisierten Kristalle wurden

Abb. 1.1: Büste der Nofretete

Stibium

Bleisulfid
Magnetit
Ruß

mit pflanzlichen Ölen zu einer feinen Paste verrieben. Die Ägypter betrieben einen ausgeprägten Totenkult mit Balsamierungstechniken, die heute noch bewundert werden (Nekrokosmetik). Sie erstellten bemalte, geschminkte Masken mit stark ausgeprägter Augenkontur.

Ein bekanntes Beispiel für ein perfektes Make-up dieser Zeit ist die Büste der Nofretete. Nofretete war eine ägyptische Königin im 14. Jahrhundert v. Chr. und die Frau des Pharaos Amenophis IV (Echnaton). Ihre bemalte Modellbüste aus Kalkstein wurde 1912 bei Ausgrabungen in Amarna gefunden. Das „Make-up" der Nofretete zeichnet sich z. B. durch die exakte und dunkel gefärbte „ausgeschwungene" Augenkontur aus. Ihre Augenbrauen sind mit dunkler Farbe exakt nachgezogen und die Lippen bräunlich eingefärbt.

Ab dem 5. Jahrhundert v. Chr., Handelszentren der Antike

Athen

galt als der führende Standort für die Anwendung griechischer Kosmetik. Aus Ägypten kamen in lebhaftem Handel Hautsalben, Schminke in Töpfchen, Spiegel und kostbare Seifen. Die Griechinnen zogen mit dunkler Farbe ihre Augenbrauen und die Augenkontur nach. Eine scheinbar reinweiße Haut verschafften sie sich mit dem Auftragen von Bleiweiß *(Bleikarbonat)*, u. a. nach dem Vorbild der Göttin Aphrodite. Rote Gesichtsschminke enthielt unter anderem Ocker und den Farbstoff der Purpurschnecke. Die Verwendung von Schwermetallen in Schminke muss schon zu dieser Zeit gesundheitliche Probleme verursacht haben.

Bleiweiß

Die Griechen und Römer erlangten ihre Kenntnisse im kosmetischen Bereich über die Ägypter, deren Rezepturen v. a. in dem **Papyrus Ebers** (16. Jahrhundert v. Chr.) überliefert sind.

Abb. 1.2: Griechische Büste

12

Rom

Im Römischen Reich benutzte man das Wort *decoratio* (das Hervorheben des Schönen), das den heutigen Begriff der dekorativen Kosmetik mitgeprägt hat.

decoratio = das Hervorheben des Schönen

Plinius der Ältere (23 – 79 n. Chr.) schrieb eine Enzyklopädie, die außer pharmazeutischen und botanischen Inhalten auch kosmetische Formulierungen und Parfümkompositionen enthielt.

Galenus von Pergamon (~129 – 199 n. Chr.), ein berühmter Arzt, stellte schon Zubereitungen (Galenik) pharmazeutischer und kosmetischer Art her.

Römerinnen benutzten zum Schminken neben Bleipulver auch getrockneten Krokodilkot, um die gewünschte Hautblässe zu erhalten. Den Römerinnen galt neben heller Haut auch blondes Haar als besonders erstrebenswert und es wurden zum Zwecke der Haaraufhellung schon natürliche Mittel angewandt (z. B. Kamille). Germanischen Sklavinnen wurden die blonden Haare abgeschnitten und in die Frisuren der Römerinnen eingeflochten. Besonders kunstvoll gesteckte Frisuren galten als schön.

Kamille

Im **„Europa" des 9. bis 12. Jahrhunderts** verrichteten Bader, die umherzogen oder in den öffentlichen Badestuben tätig waren, den größten Teil der „Schönheitspflege" (hierzu zählten neben dem Waschen/Baden auch Haare entfernen und Zähneziehen), – Schminke wurde aber nicht, sehr wenig oder nur von Schaustellern und Artisten verwendet.

Ab dem 11. Jahrhundert

Im so genannten **Mittelalter** wurde durchaus Schminke angewandt. Männer und Frauen der hohen Gesellschaftsschichten schminkten sich Lippen und Wangen rot, meistens mit dem Farbstoff der Schildlaus *(*Karminrot, franz. *Cochenille).* Die Augenbrauen wurden in Form gebracht und mithilfe von Weizenschrot und Bleiweiß wurde die Haut gebleicht.

Karminrot

Aber bereits im 13. Jahrhundert zeichnete sich, bedingt durch den christlichen Glauben, ab, dass Schminke nicht mehr akzeptiert wurde.

15. bis 16. Jahrhundert

Das Christentum gewann im Abendland (Europa) die Oberhand, infolge dessen wurde unter dem Einfluss der Kirchenväter die Körperbetonung verpönt und damit auch die Anwendung von dekorativer Kosmetik. Der Lippenstift wurde als heidnisch verdammt. Trotzdem ließ sich die Anwendung von dekorativer Kosmetik nicht mehr aufhalten. In der Renaissance (15. Jahrhundert) wurde das Schminken des Gesichts wieder zur Selbstverständlichkeit. In dem von Cennino Cennini geschriebenen Text über die Malerei heißt es:

„Als Manne der Praxis wird es dir manchmal begegnen, dass du lebendiges Fleisch, zum Beispiel Gesichter von Männern und Frauen, zu färben oder zu bemalen hast. Du kannst zu diesem Zwecke die Farben mit Ei mischen oder wenn Du lieber willst, mit Öl ... ." *(Zitat aus: Erika Thiel, Geschichte des Kostüms)*

12

Bleiweiß

Nach wie vor wurde zur Bleichung der Haut das giftige Bleiweiß angewandt, obwohl der Humanist L. B. Alberti vor der Anwendung der giftigen Schwermetallpomade warnte.

17. und 18. Jahrhundert

Der Arzt Johann Peter Frank kritisierte 1733 das Schminken bei Männern und Frauen. Vor allem die Frauen warnte er vor dem ständigen Bemalen von Gesicht, Brust und Armen mit Pasten. Die Haut würde durch den „Überzug" verstopft und das in den Pasten enthaltene Quecksilber lasse die Haut faltig werden, führe zu Entzündungen und lasse die Augen triefen.

Quecksilber

In Frankreich erreichte zur Zeit des Sonnenkönigs Ludwig XIV. der Gebrauch an kosmetischen Mitteln einen Höhepunkt an Übertreibung. Die Haare wurden mit Perücken, die immer höher und auffälliger waren, abgedeckt. Pickel und Pustel wurden unter Schönheitspflästerchen, so genannten *Mouches* (franz.), versteckt, die Hautunreinheiten entstanden oft durch den übermäßigen Gebrauch der Bleiweiß-Schminke. Lippen und Wangen wurden von Männern und Frauen mit roter Schminke betont. Mit stark parfümiertem Puder wurden Gesicht, Perücken und Kleider bestäubt, um den Körperschmutz und -geruch zu überdecken, da zu dieser Zeit wochenlang nicht gebadet wurde.

Mouches

Spätbarock (1720–1780)

Zur Zeit des **Rokoko** bestand das Make-up in einer maskenhaften Gestaltung des Gesichtes mit Hilfe von Bleiweiß, Fett und Puder aus Reismehl zur Weißfärbung der Haut, Zinnober zur Färbung der Wangen und Lippenstiftfarbe aus Ocker und *Karminrot*. Diese Art des Schminkens signalisierte die Zugehörigkeit zum adeligen Stand und kennzeichnete damit ein luxuriöses Leben. Die Schminkpasten, Puder und auch Parfüm waren kostspielig und das Wissen um die Anwendung der teilweise aufwendigen Schminkregeln nicht jedem zugänglich.

Karminrot

Da zu dieser Zeit der Glaube herrschte, dass Waschen mit Wasser (z. B. auf Grund der Pesterfahrung) krankheitserregend sei (→ Band A, LF 1, Kapitel 2), stand das Schminken und Parfümieren im Gegensatz zu Gesundheit und Hygiene im Vordergrund.

Der Einsatz von Gesichtsschminken sollte ein Gefühl von Sauberkeit und Gesundheit vermitteln.

19. Jahrhundert

Mitte des 19. Jahrhunderts kam es zu ersten Kritiken gegen die Anwendung von Schminke. In dieser Zeit gewann die bürgerliche Gesellschaft immer mehr an Bedeutung und der „eitle Putz" wurde immer stärker kritisiert.

Jakobine Weiler stellte 1833 im Dienste einer aufklärenden Gesundheitspolitik ein Buch vor, in dem sie auf die Gefährlichkeit der verwendeten Inhaltsstoffe damaliger Schminke hinweist.

„Wer sich schminken muss oder will, bedient sich besser einer selbst verfertigten Schminke, indem die zum Verkaufe gemachten oft die stärksten, schädlichsten Gifte enthalten, wie Arsenik und dergleichen. Will man diese gekauften Schminken prüfen, so lasse man nur ein bisschen davon auf glühende Kohlen fallen. Verbreitet sich ein Geruch nach Knoblauch, so ist Arsenik, ein fürchterlich ätzendes Gift zur Erhöhung der roten Farbe beigemischt."

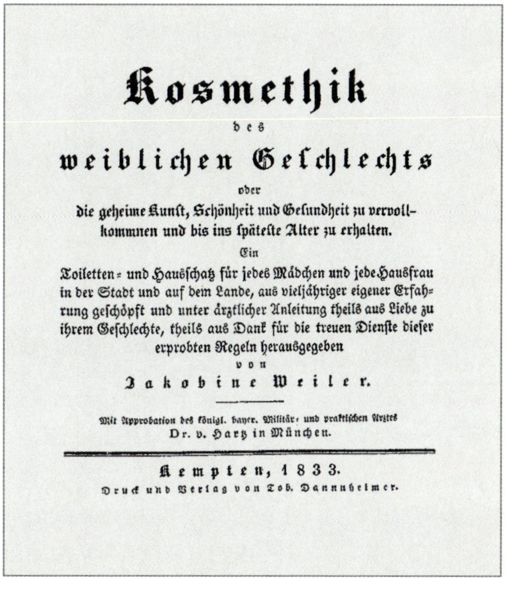

Kosmethik
des
weiblichen Geschlechts
oder
die geheime Kunst, Schönheit und Gesundheit zu vervollkommnen und bis ins späteste Alter zu erhalten.
Ein
Toiletten- und Hausschatz für jedes Mädchen und jede Hausfrau in der Stadt und auf dem Lande, aus vieljähriger eigener Erfahrung geschöpft und unter ärztlicher Anleitung theils aus Liebe zu ihrem Geschlechte, theils aus Dank für die treuen Dienste dieser erprobten Regeln herausgegeben
von
Jakobine Weiler.

Mit Approbation des königl. bayer. Militär- und praktischen Arztes
Dr. v. Hartz in München.

Kempten, 1833.
Druck und Verlag von Tob. Dannheimer.

Abb. 1.3: Kosmetikratgeber von 1833

Alkonawurzel

Sie lieferte auch ein Rezept für eine gesunde, wahrscheinlich kaum färbende Lippenpomade aus Butter, Schmalz, Bienenwachs, Rosinen, Alkonawurzel und Orangen- oder Rosenwasser.
Auch die vorher bewusste körperliche Selbstinszenierung der Adligen kam für bürgerliche Männer nun nicht mehr in Frage, der Einsatz von Schminke für Männer war nicht mehr denkbar. Damit blieben Mode und Schminke Darstellungsmöglichkeiten für Frauen.

Stylo d'Amour

Ende des 19. Jahrhunderts , im Jahre 1883, wurde erstmals auf der Weltausstellung in Amsterdam von Pariser Parfümeuren ein aufregendes Schminkprodukt vorgestellt , der Lippenstift. Für heute umgerechnet ca. 50 Euro war dieser Luxusartikel nicht unbedingt für jeden erschwinglich und dessen Handhabung schwierig. Der *Stylo d'Amour* (franz., Stab der Liebe) war nur mit Seidenpapier umwickelt, das vor dem Auftragen immer ein Stückchen abgewickelt wurde.

Ab 1890 ließ sich die Anwendung von dekorativer Kosmetik nicht mehr aufhalten, auch wenn diese sozusagen „unter der Hand" in Schönheitssalons verkauft und heimlich angewandt wurde.

Quecksilber, Borax
Bleichpulver

Gewünscht und angesehen war dagegen die Herstellung von hausgemachter Schminke, sie galt für die Frauen als „lobenswerte Beschäftigung". Die dafür verwendeten Stoffe waren aber oft hautreizende, z. T. auch giftige Substanzen wie Quecksilber, Borax und Bleichpulver. Die meisten dieser hausgemachten Bleichmittel waren von zäher und klebriger Konsistenz, sodass die jeweiligen Trägerinnen oft von dem damals als schön geltenden, natürlichen Aussehen weit entfernt waren.

Karminrot

Rouge wurde wenig verwendet. Wer darauf nicht verzichten wollte, konnte nach erhaltenen Rezepturen *Rouge* aus natürlichen Stoffen wie Karminrot, Erdbeersaft, rote Beete herstellen. Cremerouge gab es fertig zu kaufen, in Kugeln aus Seide oder Gaze auf Holz- oder Elfenbeinstäbchen gesteckt. Vor der Anwendung wurden diese in warmes Wasser oder Alkohol getaucht.

12

20. Jahrhundert

1900

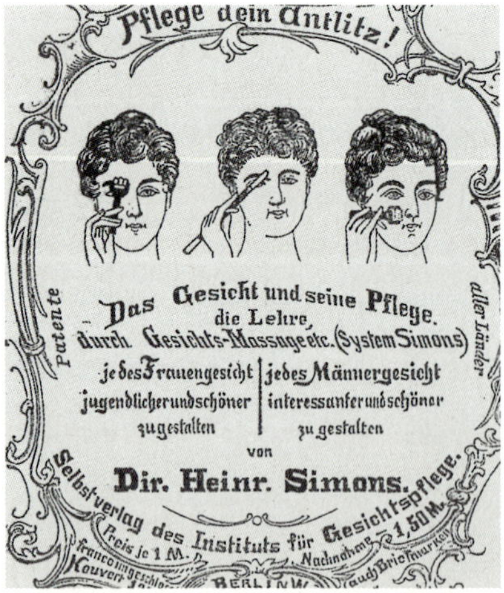

Abb. 1.4:
Kosmetik-Werbung 1895

Eine strenge Kleiderordnung im bürgerlichen Leben zu Beginn des 20. Jahrhunderts bestimmte die Geschlechtertrennung: die Männer in dunklen Anzügen, die Frauen geschminkt und geschmückt, aber auch aller Rechte enthoben (Ausschluss aus dem politischen, produktiven und öffentlichen Leben).

Zu Beginn des 20. Jahrhunderts waren immer noch flüssige Bleichmittel in Mode, es gab aber auch schon Talkumpuder, der mit Braun, Gelb oder Rottönen gemischt war. Puderbeschichtetes Papier fand reißenden Absatz. Zum Tönen der Wangen wurde wieder eher Fettrouge angewandt. Für die Augenbrauen und Lippen gab es spezielle Stifte zum Nachzeichnen.

1909 gab es das erste Kaufhaus, in dem dekorative Kosmetika nicht unter der Theke lagen, sondern Puder, Lippenbalsam und Rouge auf dem Ladentisch ausgestellt waren und auch ausprobiert werden konnten. **1909**

1910 begann der Siegeszug der Filmindustrie mit schwarz-weißen Stummfilmen. Hier wurden die Darstellerinnen für die Filmaufnahmen geschminkt. Damit der Kontrast zwischen der weißen Haut und den Augenkonturen besonders kräftig zu sehen war, wurde die Haut blass, ohne Rouge, aber mit kräftigem Lippenstift geschminkt. Mit schwarz umrandeten Augen sowie schwarz gezeichneten Augenbrauen konnte jede Mimik besonders ausdrucksvoll dargestellt werden. **1910**

Abb. 1.5: Stummfilm-Make-up

Noch heute wird diese Schminktechnik teilweise für die Schwarz-Weiß-Fotografie verwendet, nur etwas dezenter in der Ausführung.

1920 zeigte der Modeschöpfer Poiret in seinen Modezeichnungen übertrieben glamourös gezeichnete und exotisch geschminkte Gesichter. **1920**

Die Augenlider waren blau geschminkt und mit dunkler Augenkontur umrandet. Der Mund zeigte in der Schminktechnik erstmals einen „Amorbogen", bei dem die Oberlippe mit einem weichen Bogen überzeichnet wird und in der Mitte eine kleine, herzförmige Ausbuchtung zeigt. So wurde der Mund zum Blickfang.

Max Factor entwickelte in dieser Zeit das erste Make-up, das auch für Filmaufnahmen geeignet war. Er führte die bis dahin unbekannte Farbharmonie im Make-up Bereich ein, nach welcher die Frauen in Farbtypen eingeteilt wurden (→ Kapitel 3). Das ermöglichte ihm, Lippenstift, Puder und Rouge im Set und passend zum Farbtyp zu verkaufen.

1930 wurde bereits die Anwendung dekorativer Kosmetik so akzeptiert, dass die Frauen sich gut geschminkt zeigten und sich in ihren Schminktechniken an den Stars und Schauspielerinnen aus der Filmindustrie orientierten. **1930**

Die Firma Revlon entwickelte einen haftfesten, farbigen Nagellack und führte jahreszeitenabhängige Modefarben ein. Ende 1930 präsentierte sie farblich aufeinander abgestimmte Nagellacke und Lippenstifte.

Elizabeth Arden brachte ein aus sechs Lippenstiften bestehendes Set heraus und nannte es die „Lippenstift-Garderobe". Später kamen passende Lidschattenpasten und farblich abgestimmtes Rouge dazu.

Max Factor entwickelte das *„Pancake-Make-up"*, das dem heutigen Kompaktpuder entspricht. ***Pancake-Make-up***

Abb. 1.6: Historische Make-up Werbung

1940 1940 kamen aus der Filmindustrie Hollywoods neue, dekorative Produkte nach Europa auf den Markt: künstliche Wimpern, Flüssig- und Kompakt-*Eye-Liner,* Lidschatten in Stift- und Cremeform, wasserfeste Wimperntusche und Wimpernzangen. In Frauenzeitschriften wurden auch Schminktechniken erklärt, mit denen die Beine geschminkt wurden und die Strumpfnaht aufgemalt wurde, da es kaum oder nur sehr kostspielige Seidenstrümpfe zu kaufen gab.

1948 1948 kam der erste Konturenstift auf den Markt.

1950 1950 gab es die ersten Lippenstifte mit Drehmechanik, wie wir sie heute kennen.

1960 1960 waren nur wenige verschiedene Make-up-Farben erhältlich, aber gegen Ende des Jahrzehnts wurden viele exotische Farben auf den Markt gebracht, die auch zur Körperbemalung (engl. *Bodypainting*) eingesetzt wurden. Der Schlager waren jedoch die künstlichen Wimpern, die es nicht nur in Schwarz, sondern auch in bunten Farben und Gold gab. Make-up für die Beine wurde nach wie vor angeboten und angenommen, damit unter dem Minirock die Beine nicht zu weiß aussahen.

Bodypainting

1970 1970 trugen Stars und Sänger z. B. wie David Bowie oder Kiss starkes Make-up, regelrechte Gesichtsbemalungen, auf der Bühne. Erstmals wurde von Kosmetikexperten empfohlen, die Gesichtskonturen mit Farbschattierungen zu modellieren. Der weiße *Highlighter* unter den Augenbrauen sowie das *Lipgloss* gehörten zum modischen Make-up und mit dem Discofieber kamen auch jede Menge dekorative Kosmetika mit Leucht- oder Glimmereffekt auf den Markt.

Highlighter
Lipgloss

1980 Ab 1980 setzte sich ein befreiender Trend zum eher natürlichen Schminken, zum Individualismus und zum Experimentieren mit dekorativer Kosmetik durch. Berufe, die mit der Kunst des Schminkens zu tun haben, sind bis heute gefragt. Dazu gehören Visagisten, Make-up-Artisten, Stylisten und Maskenbildner, die ihre Künste in Theorie und Praxis zeigen. Die Medien berichten über und zeigen regelmäßig Schminktechniken und informieren über dekorative Kosmetik.

12

EXKURS: Schönheitsideale im 20. Jahrhundert

Das Schönheitsideal hat sich besonders in den letzten 100 Jahren vielfach verändert. Es wird beeinflusst vom jeweiligen Trend sowie den Strömungen der Zeit, aber auch z. B. von wirtschaftlicher Not und Krieg. Mode, Frisuren und dekorative Kosmetik spiegeln auch die technischen Entwicklungen des entsprechenden Zeitabschnitts wieder.

1900 bestand das Schönheitsideal in dem zarten Aussehen der Frauen. Betont wurde ein „schwanenlanger" Hals, indem die Haare hochgesteckt wurden und mit großen Hüten bedeckt waren, sodass die Trägerin noch zerbrechlicher wirkte.

1910 galten die Frauen, die in der Rüstungsindustrie oder im Hospital arbeiteten und sich aus praktischen Gründen die Haare kürzer schneiden ließen, als engelhafte, verehrungswürdige und verletzliche Wesen.

1920 setzte sich der Trend zu einer weniger bedeckenden Mode durch. Die Kleidung wurde glatt und ohne Taille getragen. Das erforderte schon eine schlanke Silhouette. Aus dem Jahrzehnt davor blieben die modischen, oft gerade geschnittenen Kurzhaarfrisuren und Hüte erhalten.

1930 wurde das Schönheitsideal von Schauspielerinnen und Filmstars geprägt, die feminin, unnahbar und ätherisch schön wirkten, wie z. B. Marlene Dietrich und Greta Garbo.

1940 zeichneten die Frauen die Augenbrauen schwarz und schmal nach, modisch war der rot geschminkte Mund. In diesen Jahren stand für die Frauen die Berufstätigkeit im Vordergrund. Daher musste ein einfacher, praktischer Stil in Mode und Frisur her.

1950 wurden wieder gerne vollschlanke Figuren und kurzes, lockiges Haar gesehen, das auf Gesundheit und Wohlstand schließen ließ. Weibliche Rundungen wie sie bei Marilyn Monroe zu sehen waren, galten als erstrebenswert. Das Idealbild der Frau war eine vorbildlich gepflegte und geschminkte Hausfrau, die gleichzeitig auch großartige Gastgeberin war und/oder beruflich Karriere machen sollte.

Der Schwerpunkt des Gesichts-Make-up verlagerte sich auf die Augenpartie. Mithilfe des Eye-Liners wurde eine schwarze, verlängerte Linie auf das Oberlid gezeichnet, die Augenbrauen wurden nicht mehr so schmal gezupft.

Abb.:
Marilyn Monroe

Abb.: Audry Hepburn

Berühmte Schauspielerinnen setzten zu dieser Zeit aber auch entgegengesetzte Maßstäbe, nämlich für zarte und zierliche Frauen. Beispiel hier ist Audry Hepburn.

1960 setzte sich der „Püppchen-Look" im Schminken durch. Er bestand aus schwarz geschminkten Augenkonturen, die, kräftig aufgemalt, die Augen größer erscheinen ließen, künstlichen Wimpern und dazu wieder ein blasser Teint und blass geschminkte Lippen.

Es galt das Schönheitsideal des zerbrechlich wirkenden, mageren jungen Mädchens „von nebenan" mit großen Augen, zierlichem Gesicht und feingliedriger Figur, wie das britische Modell Twiggy.

1970 begann eine Zeit, die von ausgesprochener Farbenvielfalt im Make-up- und Modebereich geprägt war. Ein Trend jagte den nächsten, aber grundsätzlich blieb das Schönheitsideal der superschlanken Figur. War 1960 noch die kindlich-ungelenkige Figur ideal, galten dann große Frauen mit spindeldürren Gliedmaßen als schön. Dieses Schönheitsideal löste eine Welle der Magersucht aus, um die vorpubertäre Figur wieder zu erreichen.

12

1980 gaben Frauen wie Raquel Welch vor, wie das Figurideal mit Hilfe von Fitnesstraining zu erreichen sei. Man experimentierte mit Stilrichtungen und provozierte mit Farbkombinationen. Im Verlauf wurden die vorher eher starken Modellagetechniken zur Konturierung der Gesichtszüge strikt abgelehnt und das Make-up wieder natürlicher. Die berufstätige, karrierebewusste Frau verwendete Schminktechniken, die ein natürliches Aussehen ermöglichten. Hauttongerechtes Make-up und sanfte Farben galten als modischer Trend, der sich bis heute erhalten hat.

1990 kam es zu einem kurzen *revival* (engl. = Rückkehr) der Magersucht. Models wie Kate Moss prägten den superdünnen, fast knabenhaften, kindlichen Stil. In diesem Jahrzehnt gab es einen Wandel zu einem individuelleren Schönheitsideal: Es bestand in der Freiheit, sich selbst mithilfe von Mode und Frisuren sowie Make-up darzustellen. ***revival***

Im Jahr 2000 näherten wir uns der goldenen Mitte. Schlanke, aber natürliche Figuren und natürliches Make-up zur Unterstreichung der Schönheit wurden bevorzugt, bevor dann Filmstars wie Angelina Jolie mit schmalen Hüften und schlanker Taille, aber kräftiger Oberweite das Schönheitsideal bis zur heutigen Zeit prägten.

Als schön gilt nach wie vor der trainierte, sportlich aussehende und ständig gebräunte Körper. Heute kann das Schönheitsideal mithilfe von Schönheitschirurgie und Unterspritzungen am Körper fast unbegrenzt „künstlich" hergestellt werden. Ob das immer sinnvoll ist, sollte einer kritischen Betrachtung unterworfen werden.

1.2 Aufgaben der dekorativen Kosmetik

kosmeo

Kosmetik ist die Kunst des Schmückens (griech. *kosmeo*), die allgemein die Körper- und Schönheitspflege beinhaltet.

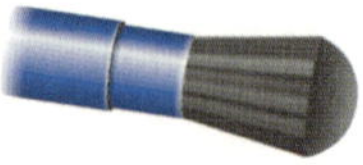

Dekorative Kosmetik ist das Hervorheben des Schönen (lt. = *decoratio*) und auch die darüber hinausgehende Kunst der Verschönerung, vor allem des Gesichts, nach dem jeweiligen Schönheitsideal.

lat. *idealis* = Inbegriff der Vollkommenheit, auch Wunschbild/Vorbild, als höchster Wert anerkanntes Ziel.

1.2.1 Schönheit und Schönheitsideal

Schönheit gilt als ein ursprüngliches Bedürfnis des Menschen. In allen Kulturen ist Schönheit und die ideale Form davon (das Schönheitsideal), wenn auch unterschiedlich definiert, kulturellen, religiösen und ästhetischen Vorstellungen und dem zeitlichen Wandel unterlegen.

Was als Schönheit und Schönheitsideal bezeichnet wird, unterliegt dem ständigen Wandel der Zeit und den Bedürfnissen (dem Geschmack) der jeweiligen Gesellschaften.

Abb. 1.7 a – c: Tätowierung, Narben, Gesichtsbemalung

So waren und sind auch die Schönheitsideale in den verschiedenen Kulturen und Religionen sehr unterschiedlich. Es gibt Naturvölker, deren Schönheitsideal Narben auf Brust und Rücken fordert, kunstvoll und beabsichtigt angelegt, als Zeichen vollkommener Schönheit. Ebenso bekannt sind Anleitungen für Körperbemalungen, z. B. mit *Henna* oder Tätowierungen, Körperschmuck, Bekleidung, Haarschmuck, Frisuren usw., die als Ausdrucksformen Verwendung finden, dem jeweiligen Schönheitsideal möglichst nahe zu kommen.

Henna

Abb. 1.8: Punker Lady

So unterschiedlich die Vorstellungen von der idealen Schönheit immer waren und sind, eines haben vergangene und heutige Zeiten, „exotische" und „moderne" Kulturen gemeinsam: In jedem Fall ist das Gesicht der ausdrucksstärkste Teil des Körpers und somit auch der, welcher am meisten verändert und verschönert wird.

Die dekorative Kosmetik dient der visuellen Kommunikation mit der Umwelt und der Selbstdarstellung, und weist als äußeres Zeichen auf die Zugehörigkeit zu einer Gruppe, einem Kulturkreis oder einer Region hin.

1.2.2 Ästhetik und Idealgesicht

Der Begriff *Harmonie* (griech. = Übereinstimmung/Einklang) steht allgemein für ein ausgewogenes, ausgeglichenes Verhältnis. Harmonia galt nach griechischem Mythos als Mutter der *Musen* (griech. = Schöne Künste) und als Sinnbild für Ordnung und Eintracht.

Harmonie

Musen

Von Klarheit, Symmetrie und Proportion bestimmt, ist Harmonie ein kennzeichnendes Merkmal der formalen (auf Formen bezogen) Ästhetik.

Ästhetik ist die Lehre vom sinnlich Wahrnehmbaren oder die Lehre vom Schönen.

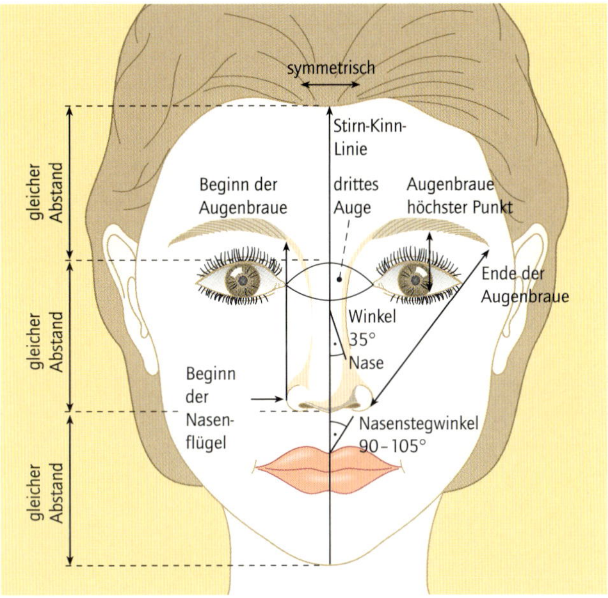

Abb. 1.9: Grafik Idealgesicht

In der klassischen Ästhetik, die besonders seit der Renaissance bis ins 19. Jahrhundert hinein für die Kunstauffassung maßgebend war, entspricht Harmonie dem Begriff des Schönen.

In Proportionsstudien aus der Renaissance, vor allem durchgeführt von dem Wissenschaftler und Maler Leonardo da Vinci, wurden einzelne Teile des als schön geltenden Gesichts in bestimmte, geometrische Beziehungen zueinander gesetzt, die auch heute noch Gültigkeit haben.

Das Idealgesicht lässt sich in drei Abschnitte gliedern, die gleich hohe Abmaße besitzen:

- Der Abschnitt vom Haaransatz bis zur Nasenwurzel soll genauso hoch sein, wie der Abstand von der Nasenwurzel zum Nasensteg.
- Der dritte Abschnitt soll dann vom Nasensteg bis zur Kinnspitze ebenso hoch sein.

Eine weitere Linie in der Mitte des Gesichtes ist die senkrecht verlaufende Stirn-Kinn-Linie. Der Nasenrücken bildet mit dieser Linie einen Winkel von 35 Grad. Der Nasensteg steht zur Stirn-Kinn-Linie in einem Winkel von 90 bis 105 Grad.

Proportionsbetrachtung

Führen Sie folgende visuelle Kurzprüfung schon zu Beginn der Behandlung durch oder wenn die Kundin zur Tür hereinkommt:

- Merken Sie sich zuerst offensichtliche, markante Punkte im Gesicht. Das können z. B. ein stark ausgeprägtes Kinn, eine lange Nase oder ausgeprägte Wangenknochen sein.
- Betrachten Sie dann die Grundform des Gesichts (→ Kapitel 4.2.1), zuerst den äußeren Gesichtsrand: Ist dieser rundlich oder eher rechteckig, trapezförmig oder herzförmig? Wie gleichmäßig sind die Proportionen verteilt? Ist das Gesicht länglich, verkürzt oder ausgeglichen in seinen Proportionen?

  Planen Sie dann schon gedanklich Zeit für Modellagetechniken ein.

Fallen Ihnen solche Punkte nicht gleich ins Auge, ist zumindest die Gesichtsform annähernd ausgeglichen in den Proportionen.

- Auf dieselbe Art und Weise betrachten Sie dann die Abstände von Auge zu Auge und beider Augen zu den Augenbrauen sowie das Abstandsverhältnis dieser zum Mund. Fallen Ihnen hier Abweichungen auf, müssen Sie genauer messen, da Sie mit Hilfe von Modellagetechniken hier auch Korrekturen vornehmen können.

Natürlich können Sie Ihrer Kundin kein Maßband über das Gesicht legen, um die jeweiligen Abstände zu messen, aber mit einem Hilfsmittel, z. B. einem langstieligen, dünnen Lippenpinsel (oder Bleistift) lassen sich Abweichungen und, daraus ergebend, Anhaltspunkte für mögliche Korrekturen finden. Erklären Sie dann Ihrer Kundin, dass Sie für die Abmessung und für eventuelle, spätere Korrekturen der Augenbrauen möglichst einen genauen Anhaltspunkt brauchen und deshalb ein Hilfsmittel benötigen.

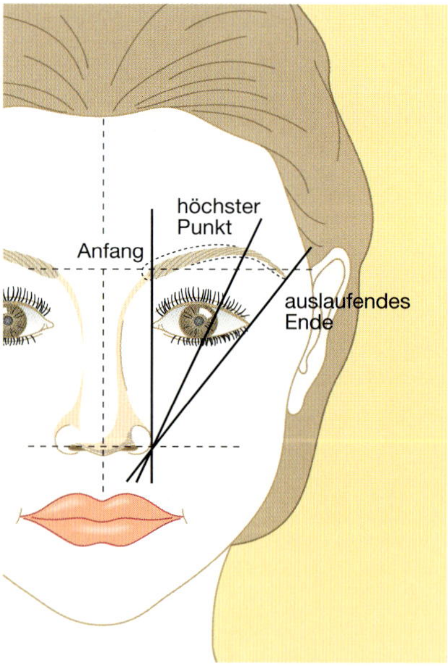

Abb. 1.10: Abmessung Augenbrauen

Der **ideale Augenabstand** findet sich, wenn ein gerader Stift am Nasenflügel angelegt wird und in verlängerter Linie den Beginn der Augenbraue zeigt.

Der Augenbrauenbogen sollte mit seinem höchsten Punkt im zweiten Drittel nach außen liegen und in sanftem Bogen auslaufen. Legt man einen Stab vom Nasenflügel aus schräg am äußeren Ende des Auges an, so findet sich hier auch in der Verlängerung das ideale äußere Ende der Augenbraue.

Der Augenabstand ist dann ideal, wenn dazwischen noch ein Auge passen würde.

Abweichungen von diesen Proportionen werden oft als unschön empfunden und können teilweise mit kosmetischen Mitteln korrigiert, modelliert oder kaschiert werden.

Es ist die Aufgabe der dekorativen Kosmetik, gezielt auf das ideale Gesicht hinzuarbeiten und sich den Idealproportionen anzunähern.

Im Laufe Ihrer Ausbildung haben Sie noch viele Möglichkeiten, die verschiedenen Gesichtsformen zu betrachten und zuzuordnen.

1.2.3 Typgerechtes Make-up und Typveränderung

Das Make-up kann/soll allgemein:

- den (natürlichen) Typ unterstreichen
- Hautveränderungen abdecken (Feuermale, Narben, Pigmentstörungen, Altersflecken, Hauteffloreszenzen usw.)
- blasse Haut auffrischen
- unregelmäßige Konturen ausgleichen (z. B. Augenbrauenkorrektur mit Augenbrauenstift, Lippenkorrektur mit Lippenkonturenstift usw.)
- zum Wohlbefinden beitragen
- schützend wirken
- den modischen Stil unterstreichen
- Schönheit verstärken
- Unregelmäßigkeiten ausgleichen (z. B. Schlupflider)
- den (natürlichen) Typ verändern
- den Farbtyp unterstreichen

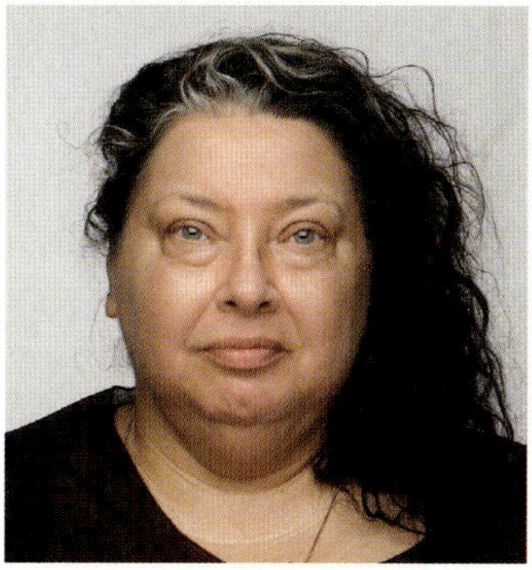

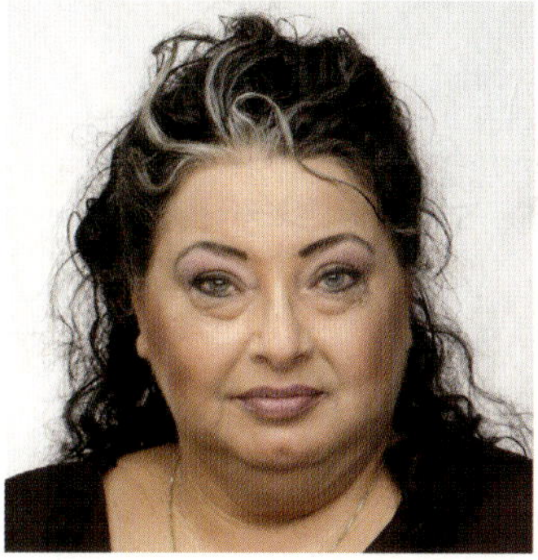

Abb. 1.11 a und b: Ohne und mit typgerechtem Make-up

Es wird abgestimmt auf:

- den Anlass (Hochzeit, Bühne usw.), den Berufsalltag, die Lebensbedingungen
- das Alter
- den (natürlichen) Typ
- die gewünschte Wirkung

Das typgerechte Make-up richtet sich nun einerseits nach den Gegebenheiten des Gesichts mit Hautfarbe, Augen- und Brauenfarbe und Lippenfarbe , also nach der Farbtypeneinteilung (→ Kapitel 3), und andererseits nach dem Gesamterscheinungstyp der Kundin und dem Anlass.

Was ist ein Typ?

Typ, Typologie

Der *Typ* (lat. *Typus* = Grundform, Muster, Modell) ist Gegenstand der *Typologie* (Typenlehre). Sie stellt die allgemeine Lehre vom Typus dar, also eine wissenschaftliche Beschreibung und Einteilung eines Gegenstandsbereiches nach Gruppen von einheitlichen Merkmalskomplexen.

Idealtypus

Die Typologie unterscheidet den häufig vorkommenden Durchschnittstyp *(Realtypus)* und den *Idealtypus,* der die wesentlichen Eigenschaften und Beziehungen darstellt und in der Praxis immer nur annähernd verwirklicht werden kann.

Mischtypen zeigen einzelne Merkmale unterschiedlicher Typen.

Ein typgerechtes Make-up hat das Ziel, die Persönlichkeit hervorzuheben und zur Geltung zu bringen.

Das Ziel ist dann erreicht, wenn die Kundin sich mit dem Ergebnis identifizieren kann und der Kosmetiker/die Kosmetikerin typgerecht eine möglichst genaue Annäherung an die ideale Gesichtsform erreicht hat.

Abb. 1.12:
Positive Ausstrahlung

Das typgerechte Make-up kann unabhängig von wechselnden modischen Trends gestaltet werden oder diese typgerecht beinhalten.

Die positive Ausstrahlung mit Hilfe eines fachgerechten Make-ups wirkt nicht nur auf die Kundin selbst und vermittelt ihr mehr Selbstbewusstsein, sondern sie wirkt auch auf die Umgebung und strahlt auf Mitmenschen aus.

Die Typveränderung findet in der Regel mit äußerlich anzuwendenden dekorativen Techniken statt und kann auch die Annäherung an ein gerade bestehendes Schönheitsideal bedeuten.

Die Typveränderung ist auch möglich

- durch andere Kleidung,
- durch die Veränderung der Frisur (natürlich oder künstlich als Haarteil, Perücke usw.) und der Haarfarbe,
- mit Hilfe von Accessoires wie Handtasche, Schmuck, Tücher, Brille usw.,
- durch andere Maßnahmen, wie z. B. farbige Kontaktlinsen.

Über eine Typveränderung kann während der dekorativen Beratung (→ Kapitel 1.3) und der Farbberatung (→ Kapitel 3.2.3) gesprochen werden.

Zusätzlich kann eine **Stil- und Imageberatung** eine harmonische Typveränderung unterstützen.
Dabei spielen der Bekleidungsstil (Form der Bekleidung und Anpassung an die Figur), ein gutes Aussehen und die Umgangsformen besonders im Berufsleben eine große Rolle. Der Bekleidungsstil vermittelt als visuelles Ausdrucksmittel die Zugehörigkeit zu einer bestimmten Berufsgruppe, Kultur und/oder Religion, dient aber auch der persönlichen Darstellung.

Die in den weiteren Kapiteln folgenden Anleitungen des typgerechten- oder verändernden Schminkens sind auch eine Aufforderung zum Experimentieren. Für ein gekonntes Make-up gibt es vielfältige Möglichkeiten.

Für Sie als Kosmetikerin/Kosmetiker beinhaltet die dekorative Kosmetik alle Maßnahmen, die ein Gesicht verschönern und verändern können.

Der Begriff *Make-up* (engl., Aufmachung) oder *Maquillage* (franz., Schminken) steht für die Verschönerung des Gesichtes und ist gleichzeitig der Ausdruck für die dazu bestimmten kosmetischen Präparate.

Auch Produkte, mit denen eine farbliche Veränderung der Haare und Nägel erreicht werden kann, sind im weiteren Sinne unter der Bezeichnung dekorative Kosmetik zusammengefasst.

1.2.4 Das Wiederherstellen von Schönheit – dekorative Kosmetik als begleitende Rehabilitationsbehandlung

Rehabilitation (lat. *rehabilitatio* = Wiederherstellung einer Fähigkeit oder Unversehrtheit)

Dekorative Kosmetik hat aber nicht nur die Aufgabe, im kosmetischen Sinne zu verändern, zu unterstreichen und zu verschönern. Sie kann helfen, bestehende oder nach schweren Erkrankungen entstandene Hautanomalien oder Entstellungen im Gesicht und/oder am Körper zu kaschieren und so Schönheit wiederherzustellen.

Oft ist sie (ggf. zusammen mit der kosmetischen Chirurgie) die einzige Möglichkeit, die durch Hautanomalien oder Entstellungen hervorgerufenen psychischen Belastungen der Kunden oder Patienten zu lindern und ihnen ein normales Lebensgefühl und Selbstbewusstsein zu geben bzw. wiederzugeben.

Die Technik und die passenden Kosmetika dazu werden unter dem Begriff *Camouflage* zusammengefasst.

Ist die Gesichtshaut nachhaltig geschädigt durch Operationen (z. B. durch Entfernung eines bösartigen Hauttumors) oder verstärkte Narbenbildung (z. B. nach Gesichtsverbrennungen), kann mit Hilfe spezieller dekorativer Kosmetik (Anwendung medizinische/kosmetische *Camouflage* → Kapitel 4.1) zumindest eine stundenweise Angleichung an normale Gesichtsfarben versucht werden. Das gelingt durch die hohe Deckkraft der entsprechenden Make-up-Präparate, die ca. 40 – 45 % Pigmente als Inhaltsstoffe aufweisen. Diese werden durch spezielle Puder fixiert und haltbar gemacht. So ist das erstellte Make-up wisch- und wasserfest, sogar ein Schwimmbadbesuch ist dann möglich. Es ist auch hitzebeständig und schützt vor UV-Strahlung (auch bei Lichtdermatosen → Band A, LF 2, Kapitel 3.3 u.a.).

Fehlende Gesichtsfarbe oder Pigmentstörungen (z. B. bei *Vitiligo* → Band A, LF 2, Kapitel 4.8.3) können mit diesen speziellen dekorativen Mitteln „nachgezeichnet" und so optisch wiederhergestellt werden.

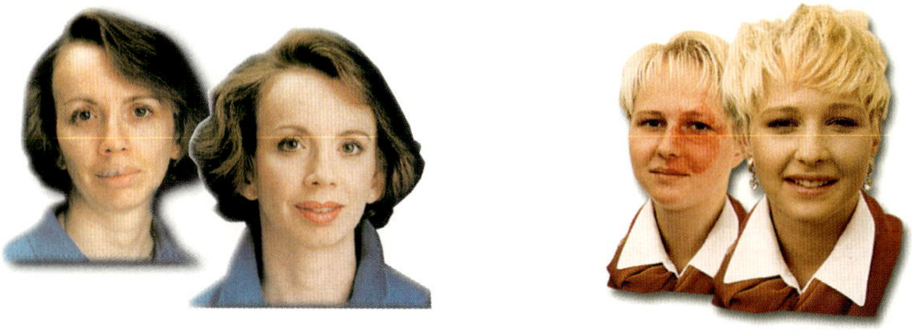

Abb. 1.13 a und b Anwendungsbeispiel für medizinische Camouflage

Überpigmentierung (z. B. Altersflecken) kann abgedeckt werden, aber auch störende Tätowierungen, Hautanomalien wie Feuermale, Leberflecken und *Rosazea, Teleangiektasien* und Krampfadern.

Auch der Ausfall von Augenbrauenhaaren oder der Verlust der Pigmentierung von Augenbrauenhaaren und Wimpern durch Alterung oder Erkrankung kann teilweise mit den entsprechenden Produkten und Schminktechniken optisch ausgeglichen werden.

Für die Patienten oder Kunden bedeuten diese optischen Hilfen in der Regel eine Erleichterung und eine Stärkung des Selbstbewusstseins.

1.3 Arbeitsplanung und dekorative Beratung

Die Kundin, die ein *Make-up* wünscht, kann nach der Behandlung aufstehen und sich zuerst wieder ankleiden, bevor sie am Schminktisch Platz nimmt.

Erfragen Sie, welches Make-up die Kundin heute wünscht: ein *Mini-Finish* oder ein Tages-*Make-up* (beide → Kapitel 2.4), ein *Trend-Make-up* (→ Kapitel 5.6) oder ein *Make-up* „wie immer"?

Das Make-up nach Karteikarte:

Wenn die Kundin Ihnen schon bekannt ist und ein *Make-up* „wie immer" wünscht oder unter Umständen schon *Make-up*-Produkte bei Ihnen gekauft hat, können Sie die Daten aus der Kundenkarteikarte (bzw. aus dem darin befindlichen *Make-up*-Pass, siehe Abbildung unten) oder entsprechend aus Ihrem Computer-Programm entnehmen.

Make-up-Pass

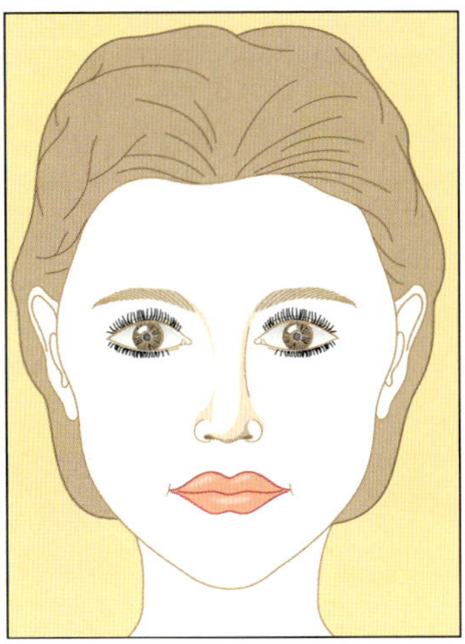

Grundierung	
Abdeckstift/ Abdeckcreme	
Make-up	
Puder	
Lidschatten	1.
	2.
	3.
	4.
Lidstrich	1.
	2.
Kajal	1.
	2.
Wimperntusche	
Augenbrauen	
Mund	1. Kontur
	2. Lippenstift
	3. Lippenpflege
Rouge	
Nagellack	

Abb. 1.14: Beispiel-Make-up-Pass

Bereiten Sie die zu verwendenden Farben und Arbeitsmaterialien nach den eingetragenen Daten vor. Legen Sie die *Make-up*-Produkte und alle Arbeitsmaterialien auf dem Arbeitstisch oder Schminktisch bereit.

Dies können Sie gut während der Ruhezeiten von Pflegeanwendungen durchführen (z. B. während die Packung einzieht). So sparen Sie Zeit.

Sie kennen die Make-up-Wünsche der Kundin nicht:

Planen Sie dann für Beratung und Gestaltung eine halbe Stunde Zeit ein, am besten bereits bei der Terminbuchung.

Betrachten Sie schon während der kosmetischen Behandlungen das Gesicht Ihrer Kundin genau, einzelne Hautveränderungen können Sie im Ablauf der Behandlung bereits erkennen. Achten Sie auf unregelmäßige Konturen, die Farbe von Haut, Lippen und Augen und die Lippen- und Augenform.

Registrieren und „fotografieren" Sie gedanklich die später vorzunehmenden Korrekturen im Gesicht Ihrer Kundin.

Dekorative Beratung

Folgender Punkt muss von Ihnen zuerst erfragt werden: Verträgt die Kundin grundsätzlich dekorative Produkte oder sind Unverträglichkeiten/Allergien bekannt, z. B. auf Inhaltsstoffe, die in *Mascara* vorkommen? Dann können Sie diese Produkte gezielt vermeiden.

Vermerken Sie diesen Punkt direkt in der Kundenkarteikarte, falls Sie ihn während der Anamnese noch nicht erfragt haben.

Sind Erkrankungen der Augen bzw. der Lippen für Sie offensichtlich zu sehen (z. B. Herpesbläschen), müssen Sie ein Make-up ablehnen!

Die dekorative Beratung beeinhaltet alle Vorschläge zu farblichen Veränderungen, die am Gesicht vorgenommen werden, sowie zu der von Ihnen ausgesuchten Schmink- bzw. Modellagetechnik (*Modellage* und *Camouflage* → Kapitel 4). Die dekorative Beratung findet in der Regel am Schminktisch statt.

Falls kein Schminktisch vorhanden sein sollte, setzen Sie die Kundin auf den aufgerichteten Behandlungsstuhl und führen Sie die Beratung im Stehen durch.

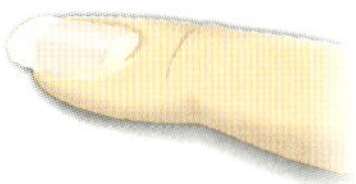

Notieren Sie alle Absprachen im *Make-up*-Pass der Kundin.

Besprechen Sie mit der Kundin, ob das ***Make-up* für einen bestimmten Anlass** (z. B. als ein Abend-*Make-up* für eine Veranstaltung, ein Braut-*Make-up* für eine Hochzeit usw.) angefertigt werden soll. Ist das der Fall, erfragen Sie gezielt die „Rahmenbedingungen" (was für eine Veranstaltung, welche Farbe das Abendkleid oder der Brautstrauß haben wird usw.) und ob die Kundin selbst bestimmte Vorstellungen zu diesem *Make-up* hat. Vereinbaren Sie einen separaten Termin oder führen Sie direkt ein Probe-*Make-up* an der Kundin durch (Techniken des *Make-ups* für bestimmte Anlässe → Kapitel 5). Notieren Sie die entsprechenden Daten im *Make-up*-Pass.

Gibt es **keinen bestimmten Anlass,** beraten und schminken Sie nach dem Jahreszeiten-Farbtyp (→ Kapitel 3.3.1).

- Wenn die Kundin schon eine Farbberatung hat durchführen lassen, planen Sie das Make-up für den entsprechenden Farbtyp.
- Ist noch keine Farbberatung erfolgt oder ist der Farbtyp für Sie nach klassischen Merkmalen nicht sofort zu erkennen, sollten Sie besser selbst zuerst eine Farbberatung (oder eine Farb- und Stilberatung → Kapitel 3.3.2) bei der Kundin durchführen.
- Ist die Kundin sehr unsicher und möchte Ihnen keine genauen Angaben zur Erstellung des *Make-ups* geben („ich weiß nicht, das ist mir zu viel Farbe ...") haben Sie die Möglichkeit, ein *Mini-Finish* zu erstellen (→ Kapitel 2.4).

Erklären Sie Ihrer Kundin, welche Schminktechnik Sie bei ihr anwenden werden. Wählen Sie dazu die passenden Tester aus und zeigen Sie ihr, z. B auf einem Kosmetiktuch oder auf der Wange den Farbton. Wählen Sie dann die Farbprodukte (Lidschattentöne, Kajalstift, Lippenstifte, *Rouge* usw.) aus. Zeigen Sie diese Ihrer Kundin nacheinander und lassen Sie Ihre Kundin die Auswahl der Farben auf jeden Fall mitbestimmen.

Die Kundin sollte mit der Farbwahl einverstanden sein und sich nach Fertigstellung des *Make-ups* mit dem Ergebnis identifizieren können.

EXKURS: Computerprogramme – „Apparative" dekorative Beratung?

Computerprogramme zur Erstellung eines Make-ups sind für den Endverbraucher über das Internet oder entsprechende Software zugänglich. Sie ermöglichen der Kundin, verschiedenen *Make-up*-Farben am Bildschirm zu testen. Eigene Fotos können bei manchen dieser Computerprogramme eingescannt und dann mit den Make-up-Farben versehen werden.

Bei den unten genannten Firmen ist eine kostenlose Registrierung erforderlich.

Abb. a und b: Beispiele für Internet Beauty-Styler

Interaktive Beauty-Styler

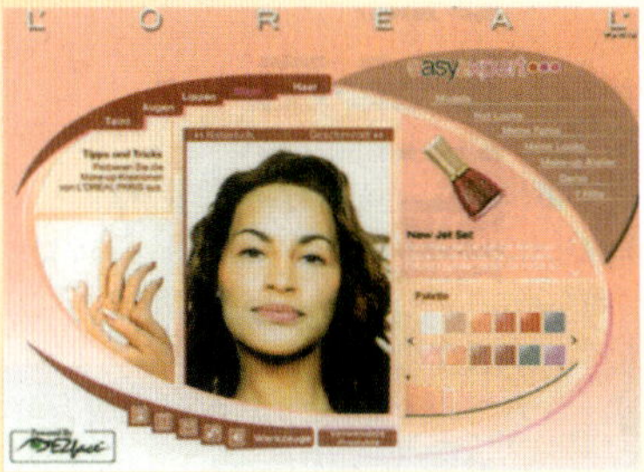

Welcher Look passt zu mir? Eine Frage, die viele Frauen beschäftigt. Deshalb sind Vorher-Nachher-Beratungen in TV-Shows oder Frauenzeitschriften gefragt. Die Kosmetikhersteller haben diesen Trend erkannt und bieten im Internet virtuelle Beauty-Styler an. Bei www.nivea.de kann man im Make-up-Studio an verschiedenen Models die aktuellen Farbtrends für Augen, Lippen und Nägel ausprobieren. Unter www.maybelline.de gibt es nicht nur verschiedene Modellfotos, man kann auch ein eigenes Foto in das virtuelle Make-up-Studio laden. Entweder man schminkt die Fotos mit Hilfe von fertigen Trend-Looks oder man kreiert seinen eigenen Lieblings-Look. Ähnlich funktioniert das Beauty-Center von L'Oréal (www.lorealparis.de), denn auch hier können Make-up-Produkte am Model oder am eigenen Foto getestet werden.

Wer auf der Suche nach einer neuen Frisur ist, der kann diese im Multi-Styler von www.womensnet.de schon mal vor dem Friseurbesuch risikolos testen. Sowohl für Männer als auch Frauen gibt es hier Modelfotos, aber auch eigene Fotos können verwendet werden. Mit ein paar Mausklicks passt man die Höhe, Breite und Haarfarbe der verschiedenen Frisur-Perücken an das Foto an. Auch trendige Brillenmodelle kann man in die Fotos einfügen.

Zwar können die Online-Beauty-Styler keine professionelle, individuelle Beratung ersetzen, für eine jugendliche Zielgruppe ist das virtuelle Schminken der Fotos aber sicher eine nette Idee.

aus: Kosmetik International Magazin 09/2004, (Internetadressen Stand 01/2008)

Informieren Sie sich regelmäßig im Internet, ob solche Programme auch für den professionellen Kosmetikbetrieb angeboten werden. In der normalen Betriebssoftware ist so ein Programm nicht enthalten. Bedenken Sie, falls Sie Überlegungen zur Anschaffung eines solchen Programms für Ihr Kosmetikinstitut anstellen, dass die Software depotgebunden sein wird/muss, um die Möglichkeiten der Make-up-Farben darstellen zu können. Oft werden gleichzeitig oder in einer extra Software auch Programme zur Frisurengestaltung angeboten. Nicht immer sind diese Dienste im Internet kostenlos zu nutzen, deshalb sollten Sie die Benutzerangaben genau lesen.

Computerprogramme für die Erstellung eines *Make-ups* ersetzen eine persönliche, fachgerechte Beratung nicht.

Erfragen Sie das Schminkverhalten Ihrer Kundin und ob sie bestimmte Vorlieben hat, z. B. dass die Lippen besonders kräftig nachgezeichnet werden.

Beispiel

Beachten Sie von Beginn an Einwände Ihrer Kundin bezüglich des zu erstellenden *Make-ups* (z. B. „Lila Lippenstift passt nicht zu meinen Zähnen") oder zu geplanten Arbeitsvorgängen („Ich vertrage heute keine Wimperntusche, meine Augen tränen zu sehr."). Auch bei Äußerungen bezüglich der Produktwahl (z. B. „Heute möchte ich statt der Grundierung lieber nur einen getönten Puder") sollten Sie aufmerksam zuhören.

Wählen Sie die entsprechenden *Make-up*-Produkte und -Farben zu den jeweiligen Arbeitsgängen aus und schlagen Sie der Kundin dann eine oder mehrere Farbvarianten vor. So vermeiden Sie Missverständnisse bezüglich der Art des gewünschten *Make-up* und der Farbzusammenstellung:

- Farben, die nicht gewünscht werden oder sich später nicht in das fertige *Make-up* einfügen, kommen erst gar nicht in die Auswahl.
- Das farbliche Ergebnis wird dann später zur Kleidung passen.
- Lidschatten- und Augenfarbe werden sich nicht „beißen".
- *Rouge* und Lippenstift werden gut zusammenpassen.

Behalten Sie immer das fertige Ergebnis im Auge, sodass die verwendeten Farben zum Abschluss miteinander harmonieren.

ErklärenSieIhrerKundin,bevorundwährendSiearbeiten,dieeinzelnenArbeitsschritte so , dass die Kundin zu Hause ihr *Make-up* auch selbst anwenden kann.
Geben Sie der Kundin dann zur Kontrolle der jeweiligen Schritte einen größeren Handspiegel.
Sagen Sie ihr z. B., wie sie ihre Augenbrauen mit einem Augenbrauenstift nachzeichnen sollte.
Beginnen Sie dann mit dem *Make-up.* Ihr Einfühlungsvermögen und Taktgefühl helfen Ihnen, das passende *Make-up* für Ihre Kundin zu erstellen.

Tragen Sie alle verwendeten *Make-up*-Elemente (Kontur ja/nein), Farben und Produkte sorgfältig in den *Make-up*-Pass der Kundin ein. Auch Veränderungen im *Make-up* – und gerade diese – sollten ihren Eintrag finden.

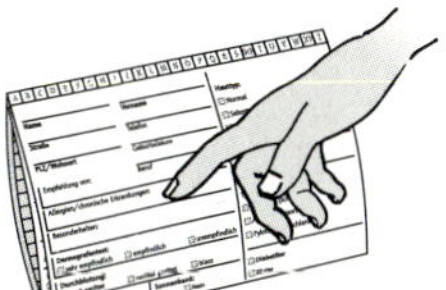

Später wird der ausgefüllte Pass wieder in die Kundenkarte der Kundin eingelegt bzw. für diese Kundin notierte Daten werden in das Computersystem des Instituts eingegeben.

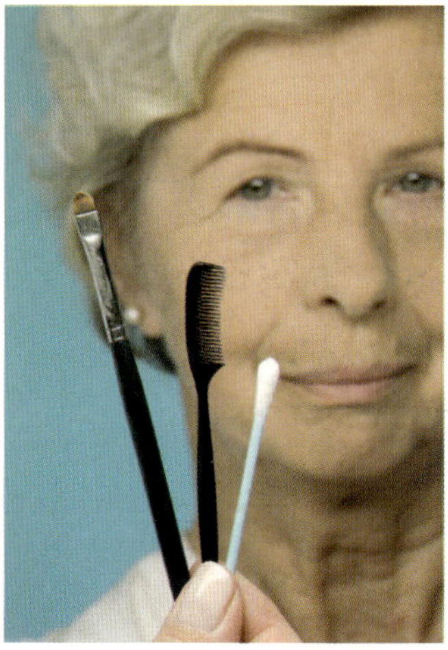

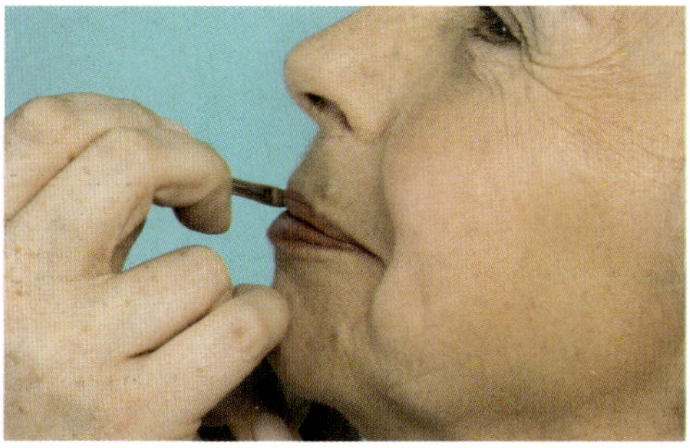

Abb. 1.15 a und b: Dekorative Beratung

Ihre dekorative Beratung für die Kundin ist dann glaubwürdig, wenn Sie selbst ein perfektes und farbtypgerechtes Make-up tragen. Stimmen Sie deshalb Ihr eigenes Make-up genauso gut ab, wie das Ihrer Kundin und führen Sie es sorgfältig und gründlich aus. Ein regelmäßiger Kontrollblick in den Spiegel während Ihres Tagesablaufes gehört dazu.

Ihr schönes Make-up ist gleichzeitig eine gute Werbung für Ihr Können und Ihre Produkte.

Fragen
Übungen
Aufgaben

1. *Welche dekorativen Mittel verwendeten bereits die Ägypter?*
2. *Warum gilt das „Make-up" der Nofretete heute noch als schön?*
3. *Woher erhielten die Griechen und Römer u. a. ihre Rezepte für Gesichtsschminke, und wie nennt sich die bekannteste alte Rezeptsammlung dazu?*
4. *Nennen Sie die Bestandteile der „Unguentum refrigerans" des Galenus von Pergamon. Wann hat er gelebt und welchen Beruf übte er aus? Welches Forschungsgebiet war sein Spezialgebiet?*
5. *Beschreiben Sie die Anwendung von Schminke im Zeitalter des Rokoko (Spätbarock, von 1720 bis 1780). Warum wurde das Waschen mit Wasser zu der Zeit abgelehnt?*
6. *Welche Aufgaben hat die dekorative Kosmetik?*
7. *Was ist ein Schönheitsideal? Was versteht man unter dem idealen Gesicht?*
8. *Was verstehen Sie unter dem Begriff „Rehabilitation" in Verbindung mit dekorativer Kosmetik? Mit welchen Mitteln aus der dekorativen Kosmetik kann diese unterstützend durchgeführt werden?*
9. *Was ist ein Typ?*
10. *Was alles beinhaltet Ihrer Meinung nach eine dekorative Beratung?*
11. *Informieren Sie sich im Internet über das Berufsbild des Stil- und Imageberaters:*
    a) *Was ist der Unterschied zu einer Farbberatung?*
    b) *Was verstehen Sie unter Stil?*
    c) *Welches Image vermittelt Ihr Ausbildungsbetrieb?*
    d) *Suchen Sie ein Beispiel in einer Zeitung für die Imagewerbung eines Unternehmens und begründen Sie, warum dieses Inserat bereits eine Imagewerbung ist.*
12. *Beschreiben Sie Ihre mögliche Vorgehensweise beim Planen eines Make-ups. Spielen Sie diesen Vorgang in Partnerarbeit praktisch durch.*

2 Schminktechnik und Produktkunde

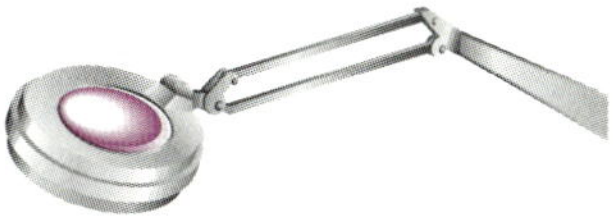

Katie wird jetzt ein Abend-Make-up schminken, darauf freut sie sich sehr. Sie hat alles gut vorbereitet und sich überlegt, welche Farben für die Kundin geeignet sind. Die Kundin ist mit ihren Vorschlägen einverstanden und sitzt jetzt erwartungsvoll vor dem Schminktisch. Sie ist bereits fertig angezogen. Schick sieht sie aus, mit ihrem schwarzen Hosenanzug. Katie hat die Foundation mit dem Schwämmchen fertig aufgetragen, jetzt wird sie das Make-up mit einem glänzenden, losen Puder fixieren. Katie nimmt schwungvoll mit dem dicken Pinsel Pudermasse auf und stäubt das Gesicht der Kundin gründlich ein. Sanft rieselt der Puder auf das Gesicht und die Schultern und den Kragen und die ganze vordere Seite der schwarzen Jacke!

2.1 Vorbereitungen

Die Vorbereitungen für die Erstellung eines *Make-ups* sollten schon vor Ladenöffnung oder dem Eintreffen der Kundin abgeschlossen sein. Diese betreffen den Arbeitsplatz und die Arbeitsmaterialien.

2.1.1 Vorbereitung des Arbeitsplatzes

Auf dem Schminktisch müssen bereitliegen:

- die Arbeitsmaterialien wie frische Schwämmchen in einer Dose, saubere Pinsel verschiedener Größen, Kosmetiktücher, Wattestäbchen (zur Korrektur)
- die Karteikarte oder der *Make-up*-Pass der zu erwartenden Kundin (Achtung: erst kurz vorher – Datenschutz!)
- die dekorativen Produkte/Testerpaletten sowie Spatel zur Entnahme von Produktmasse
- ein sauberes Haarband (zum Schutz der Haare) und ein frisches Handtuch (um die Kleidung zu schützen)

Ein Abfalleimer gehört in unmittelbare Nähe.

Es ist sinnvoll, alle Arbeitsmaterialien und Tester gleich zur Hand zu haben, da es sonst zeitaufwändig und unruhig im Arbeitsablauf für Sie und die Kundin wird, wenn Sie immer erst alles im Regal holen müssen.

Der Spiegel ist ein wichtiges Arbeitsrequisit. Er ermöglicht der Kundin, Ihre Arbeitsschritte zu verfolgen, und dient auch Ihrer Kontrolle des zu erstellenden *Make-ups*. Während die Kundin auf einem Stuhl sitzt, können Sie vor ihr stehend arbeiten. Der Spiegel kann über oder an einem Schminktisch befestigt sein, und dieser sollte möglichst in Fensternähe platziert sein, um das Tageslicht zu nutzen. Dies ist besonders wichtig für die Erstellung eines Tages-*Make-ups*. Für das Abend-*Make-up* wiederum sollten Schminktisch (und Spiegel) unbedingt mit entsprechenden Lichtquellen ausreichend künstlich beleuchtet sein.

Es werden auch mobile Schminktische mit Spiegel auf Rollen angeboten, die dann in Fensternähe platziert werden können.

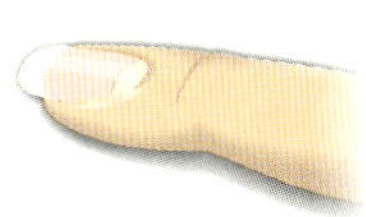

Wichtig ist, dass Ihr Schmink-Arbeitsplatz von allen Seiten gleichmäßig beleuchtet wird. Das Anbringen von Lampen möglichst rund um den Spiegel ist daher anzuraten. Vorteilhaft sind klare, frei liegende Glühbirnen oder Leuchtstoffröhren, ideal sind auch Opalkugelleuchten. Rot- oder blaustichiges Licht lässt die Gesichtsfarbe blass erscheinen und verleitet deshalb zu starkem Schminken, ist also nicht empfehlenswert. Weiß-gelbliches Licht lässt das Gesicht sanft und weich erscheinen. Dadurch wird allerdings das *Make-up* in den Farben verfälscht: Die Wirkung der aufgetragenen Farben im Tageslicht ist dann zu kräftig.

Das Tages-*Make-up* wirkt am natürlichsten, wenn es bei Tageslicht aufgetragen wurde.

Abb. 2.1
Schminktisch

Ein Schminktisch sollte außerdem ausreichend Platz auf der Arbeitsfläche bieten, um mehrere Testerpaletten oder einen kleinen Aufsteller mit Verkaufsware zu platzieren. Natürlich müssen auch die Arbeitsmaterialien abgelegt werden können. Sinnvoll sind auch kleine Ablagefächer unter dem Schminktisch, in denen weitere Testerpaletten oder Arbeitsmaterialien, aber auch Karteikarte, Make-up-Pass usw. abgelegt werden können.

Schminktisch und Spiegel müssen wie alle anderen Arbeitsflächen nach Hygieneplan täglich und immer nach Verunreinigung gereinigt werden.

2.1.2 Arbeitsmaterialien und deren Pflege

Zur Erstellung eines *Make-ups* benötigen Sie Hilfsmittel, die Ihnen das gleichmäßige und feine Auftragen der dekorativen Produkte oder deren Korrektur ermöglichen.

Sorgen Sie für ausreichend viele Arbeitsmaterialien, die Sie im Wechsel benutzen können, z. B. 8 – 10 Schwämmchen (werden oft im 10er-Paket angeboten), 5 – 10 verschiedene Größen an Pinseln und Lidschattenapplikatoren sowie mindestens zwei Puderquasten.

Die Arbeitsmaterialien Spatel oder Pinsel ermöglichen eine hygienische Entnahme und ein sauberes Auftragen der Produkte. Sie schonen gleichzeitig Ihre Hände (ständiges Händewaschen – Hautschutz!) und die Präparate vor Verunreinigungen.

Würden Sie auch mit den Fingerspitzen ein gleichmäßiges Auftragen der Produkte erreichen?

Zu den benötigten Arbeitsmaterialien zählen:

- Schminkschwämmchen in verschieden Größen (schmale Schwämmchen für die schwieriger zu erreichenden Hautpartien z. B. unter dem Lidrand)
- Puderpinsel (groß und rund oder leicht schräg angeschnitten; so wird ein gleichmäßiges Auftragen des Puders ermöglicht)
- Puderquaste (aus feinem Samt gefertigtes Pad zum Auftragen des Puders)
- *Rouge*pinsel (ist kleiner als der Puderpinsel)
- Lippenpinsel (besteht aus festem Haar und ist formstabil und gerade geschnitten, sodass ein genaues Ausfüllen der Lippen auch ohne Lippenkontur möglich ist)
- Lidschattenpinsel (besteht aus weichem, abgerundetem Haar; „Katzenzungenform" oder abgeschrägt; mit ihm werden ein gleichmäßiges Auftragen des Lidschattens und weiche Übergänge ermöglicht; Lidschattenpinsel kann auch stufig abgesetzt sein = *Facon*-Form, d. h. die Pinselhaare sind nicht in gleichen Längen in die Pinselhülle gezogen)

Facon-Form

- Schaumstoffapplikator für Lidschatten und für das Zeichnen von Konturen (runde bzw. spitze Applikatorform; er besteht aus Moosgummi, Velour- oder Schwammmaterial)
- Lidstrichpinsel (mit feiner, spitzer Pinselform)
- Wimpernzange sowie Wimpern- und Brauenbürstchen

Wattestäbchen zur Korrektur verschmierter Farbreste, z. B. nach Auftragen der Wimperntusche, ebenfalls bereitlegen.

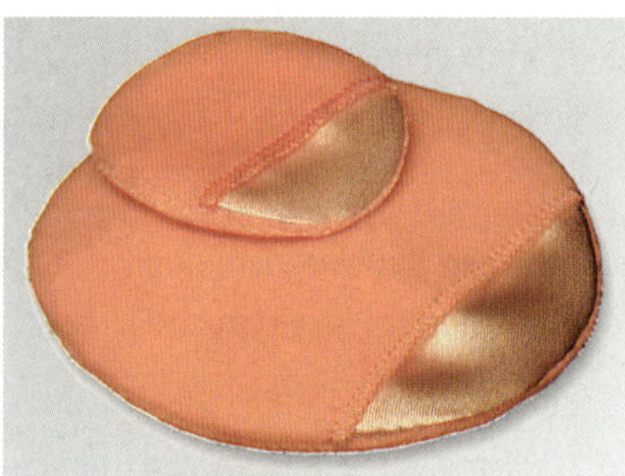

Abb. 2.2 a: Puderquaste mit Grifftasche

Abb. 2.2 b: Kosmetikschwamm oval

Abb. 2.2 c: Schaum-Schwammecke

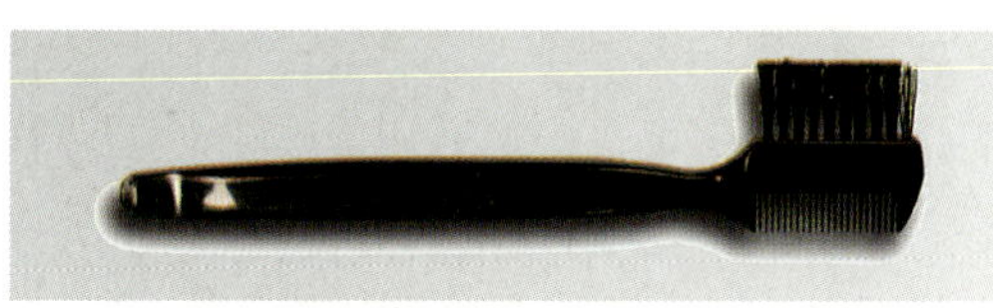

Abb. 2.2 d: Wimpernkamm

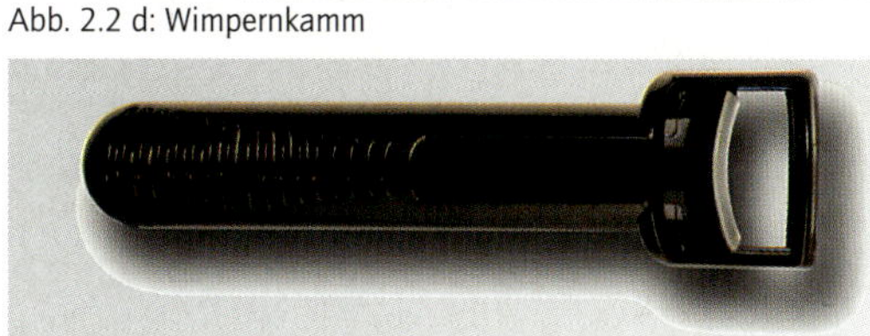

Abb. 2.2 e: Wimpernformer

Schminkpinsel

Schminkpinsel sind so geformt, dass sie beim Auftragen von Präparaten nahtlose Übergänge zwischen verschiedenen Farbabtönungen erleichtern. Das ist wichtig bei der Anwendung von verschiedenen Lidschattenfarben. Sie erreichen zur vollständigen Farbabdeckung auch kleinste Hautfalten, ohne die Haut zu verschieben. Dies ist sinnvoll beim Schminken des Auges und speziell dann, wenn schon ausgeprägte Lidfältchen auf dem Oberlid vorhanden sind.

Die aufzutragenden Präparate werden gleichmäßig verteilt und genau dosiert. Mit den Fingern kann das mit etwas Übung auch erreicht werden, aber gerade bei gepressten Produkten bleibt Hautfett auf der Produktmasse liegen und „versiegelt" diese, sodass die Masse nicht mehr mit einem Pinsel aufgenommen werden kann. Die „Versiegelung" ist dann als speckig-öliger Fleck auf der Produktmasse zu sehen, wovon auch aus hygienischen Gründen (Verderb kosmetischer Mittel → LF 7, Kapitel 1.3) abzuraten ist.

Zur Aufnahme farbiger Produkte müssen Hilfsmittel verwendet werden.

Pinsel bestehen aus Naturhaaren (z. B. Rotmarderhaar, Rinderhaar, Iltis- oder Dachshaar) oder Synthetikhaaren (z. B. Nylon-, Perlonfäden). Sie werden mit der Hand in Form gebracht und in Metallzwingen gezogen. Diese Metallzwingen bestehen aus Weißblech oder Messing. Die Griffe der Pinsel bestehen aus natürlichem oder lackiertem Holz oder Kunststoff.

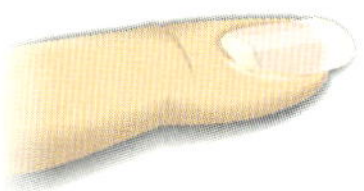

Da der Stiel des Pinsels als Gegengewicht dient, achten Sie bei der Auswahl auf die richtige Stiellänge. Probieren Sie die passende Länge aus. Kurze, buschige Pinsel liegen z. B. nicht so griffsicher in der Hand wie lange Pinsel.

Pinsel werden in verschiedenen Haarstärken angeboten, auch die Länge der Haare und der Stiele sind unterschiedlich, teilweise ist das Kunsthaar bunt eingefärbt.

Fächerförmige Pinsel aus Natur- oder Kunsthaar eignen sich, um beim Auftragen herabgefallenen Puder oder Lidschattenreste von der Haut abzustreifen.

Für die Kosmetikerin werden neben einzeln erwerbbaren Pinseln auch Pinselsets angeboten, die in einer Aufbewahrungstasche geliefert werden.

Abb. 2.3: Verschiedene Pinsel

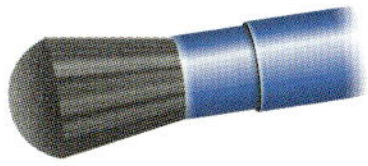

Alle Arbeitsmaterialien müssen nach der Anwendung gründlich gereinigt werden.

Schwämmchen und Puderquaste werden in der Waschmaschine gewaschen und danach zum Trocknen aufgehängt. Alle Pinsel (auch Lidschattenapplikatoren) werden regelmäßig mit einer verdünnten Shampoo-Lösung ausgewaschen, in ein frisches Handtuch eingeschlagen und das überschüssige Wasser aus dem Pinselhaar sanft herausgedrückt.

Nach dem Trocknen muss dann anschließend noch eine Sprühdesinfektion angewandt werden.

Die Pinsel können auch mit einem speziellen, alkoholhaltigen Pinselreiniger gereinigt werden. Der Pinselreiniger ist eine Lösung, die Farb- und Fettreste aus Pinselhaar entfernt. Sie enthält u. a. *Isopropylalkohol* und *Petroleum-Distillates*. Die Pinsel werden für die vorgegebene Einwirkzeit in die Lösung getaucht und danach mit einem trockenen Tuch abgewischt.

Isopropylalkohol
Petroleum-Distillates

In einen Behälter gestellt, kann das Pinselhaar an der Luft gut trocknen. Werden Pinsel längere Zeit nicht benutzt, sollten sie nach dem Trocknen in einer Pinseltasche o. Ä. aufbewahrt werden.

Vor und nach dem Gebrauch werden auch Wimpernzange und Bürstchen mit einer hautverträglichen Schnelldesinfektion eingesprüht (Achtung: Einwirkzeit beachten!).

Wie pflegen und säubern Sie Ihre Arbeitsmaterialien?

2.1.3 Vorbereiten des Gesichts

Das Make-up kann nur gleichmäßig und glatt aufgetragen werden, wenn die Gesichtshaut sorgfältig gepflegt wurde. Unter das *Make-up* gehört deshalb immer eine **Tagespflege** (→ LF 7, Kapitel 5) oder ein Konzentrat. Für alle öligen Hauttypen eignen sich mattierende Tagesfluids oder auch *Oil-Reducer* (stark mattierendes Gel oder Fluid), für alle trockenen und empfindlichen Hauttypen dagegen normale Tagescreme.

Oil-Reducer

Besonders auf rauer und schuppiger Haut kann das *Make-up* nicht gleichmäßig aufgetragen werden. Die Farbpigmente haften dann verstärkt an der ungleichmäßigen Hautoberfläche und sehen fleckig aus.

Führen Sie dann vor dem Schminken die hautzustandsgerechte **Reinigung** durch und ein hautzustandsgerechtes Peeling. Tonisieren Sie mit dem passenden Gesichtswasser und tragen Sie die passende Tagespflege auf (Dauer ca. 15 Minuten).

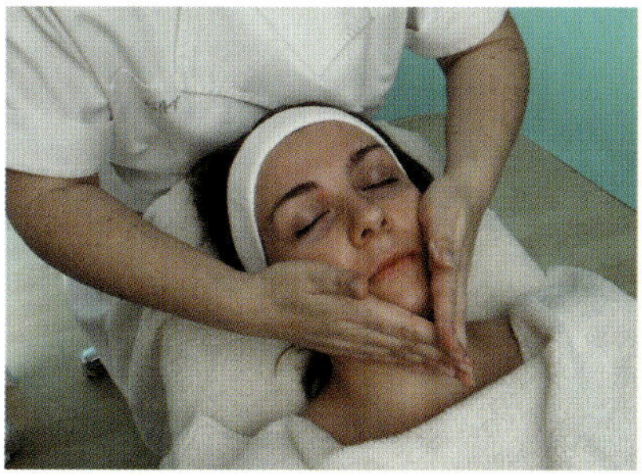

Abb. 2.4: Reinigung vor dem Make-up

Was können Sie tun, wenn Ihre Kundin zum Schminken kommt und schuppige Stellen auf der Stirn hat?

Tagespflege oder Reinigung, Tonisierung und Tagespflege können und sollten Sie auf dem Behandlungsstuhl ausführen, um die Kleidung der Kundin nicht zu verschmutzen.

Kommt Ihre Kundin müde und erschöpft zum Schminken, z. B. für ein Abend-Make-up, tragen Sie zusätzlich eine erfrischende Gelmaske auf (→ LF 7, Kapitel 3.2.1) bevor Sie mit dem Schminken beginnen. Diese „Frischmacher" sorgen schon nach wenigen Minuten für eine rosige und glatte Haut.

Die zusätzliche Ruhepause trägt auch zur Kurzerholung Ihrer Kundin und deren Haut bei. (Dauer dann insgesamt ca. 25 Minuten).

Wird keine Vorbehandlung des Gesichtes vorgenommen, nimmt die Kundin direkt am Schminktisch Platz.

2.2 Auftragen von Schminkprodukten

Schminken Sie die Kundin im Sitzen.

Beginnen Sie mit den abdeckenden Präparaten, die Sie mit einem Pinsel oder mit einem weichen Schwämmchen auftragen.

Und warum nicht mit den Fingern?

2.2.1 Verwendung von Abdeck- und Aufhellprodukten

Abdeckprodukte dienen der Angleichung von farblich veränderten Hautpartien. Sie haften gut auf der Haut und werden vor der Grundierung und/oder Fixierung aufgetragen.

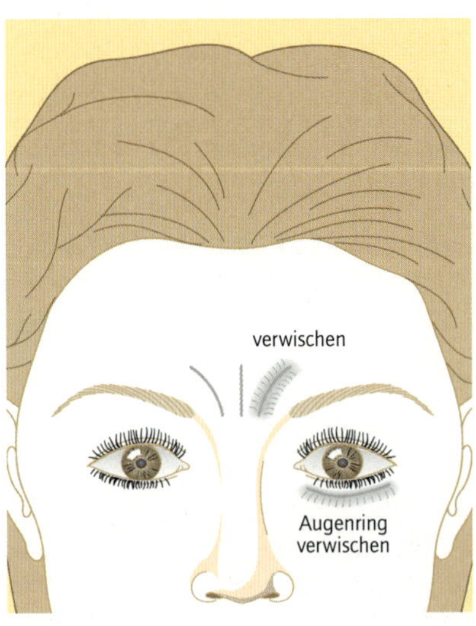

Abb. 2.5: Verwischtechnik

Abb. 2.6: Abdeckprodukte

Nehmen Sie mit dem Spatel etwas Abdeckmasse aus dem Tiegel oder vom Stift ab. Tupfen oder streichen Sie das Abdeckprodukt auf die betreffenden Stellen auf: In Vertiefungen und Falten ziehen Sie helle Linien mit dem Pinsel oder einem Korrekturstift (ähnlich dem Kajalstift). Diese werden seitlich mit den Fingerspitzen oder einem weichen Pinsel/Schwämmchen verwischt.

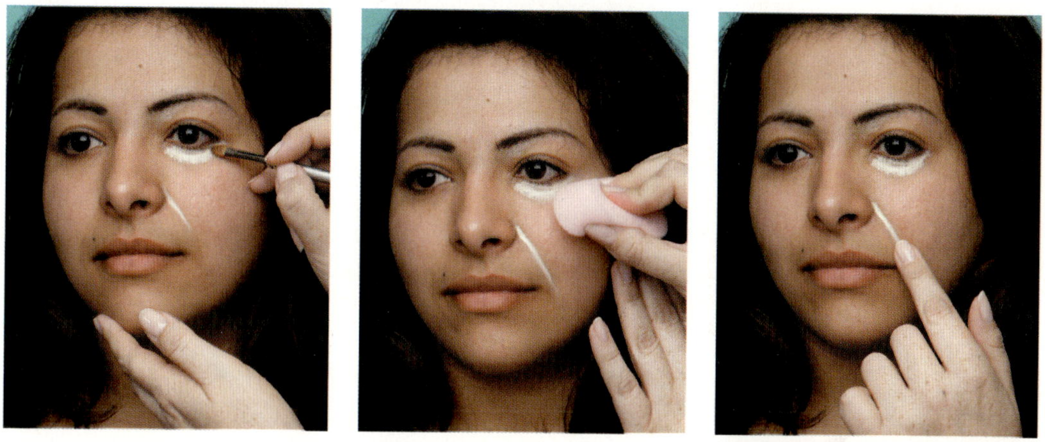

Zum Aufhellen der Augenringe geben Sie etwas von einem flüssigen oder cremigen Abdeckprodukt auf ein Schwämmchen. Bitten Sie die Kundin, die Augen nach oben zu öffnen, sodass sich der untere Lidrand gut mit der schmalen Seite des Schwämmchens erreichen lässt. Tupfen Sie die Augenringe ab und verwischen Sie leicht die Ränder. Manche flüssigen Abdeckpräparate müssen kurz (30 Sekunden bis 1 Minute) antrocknen, bis das *Make-up* darüber aufgetragen werden kann. Statt mit einer Abdeckcreme können Sie auch mit einem Ab-deckstift in der gleichen Technik arbeiten.

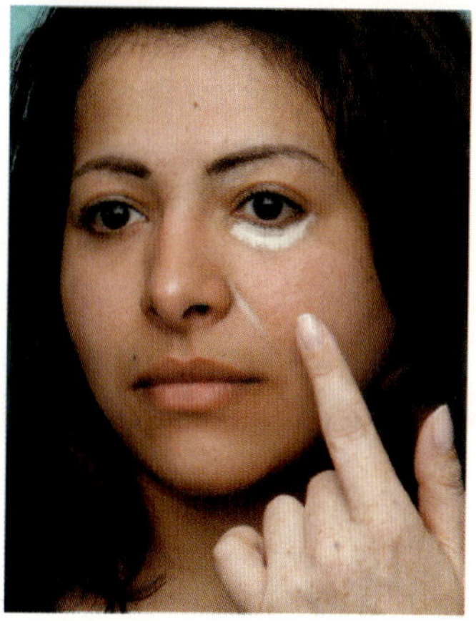

Abb. 2.7 a – d:
Auftragen und Verwischen von Abdeckprodukten

Das grünliche, flüssige Abdeckfluid wird mit den Fingerspitzen auf die geröteten Hautstellen getupft und muss ca. 30 Sekunden antrocknen.

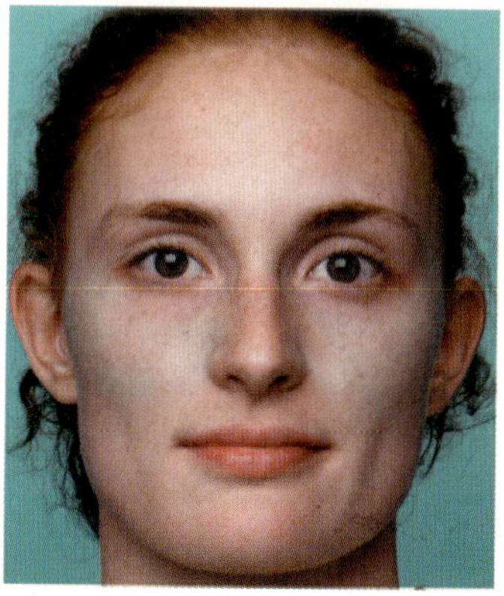

Abb. 2.8:
Abdeckfluid auf geröteten Wangen

Weshalb deckt Grün Rot ab?

Wird ein grünes Abdeckprodukt über die gerötete Hautpartie aufgetragen, decken nicht nur die Anzahl und Dichte der Pigmente die rote Färbung ab, sondern für das Auge wird zusätzlich die Farbe Grün reflektiert. Bei auftreffendem Licht kommt es auf diese Weise zu einer Mischreflexion (➜ Band C, LF 11, Kapitel 1.3.2).

Da Abdeckprodukte gut haften und trocken auf der Haut liegen, sind sie weniger gut für die empfindlichen Augenlider und Lippen geeignet, außer wenn eine starke Abdeckung erforderlich ist.

2.2.2 Grundierung

Wählen Sie zuerst den Farbton der Grundierung passend zum Hautton oder dem erwünschten Effekt (z. B. für ein Bühnen-*Make-up*) aus, indem Sie einen kleinen Tupfer Farbe auf die Wange der Kundin geben.

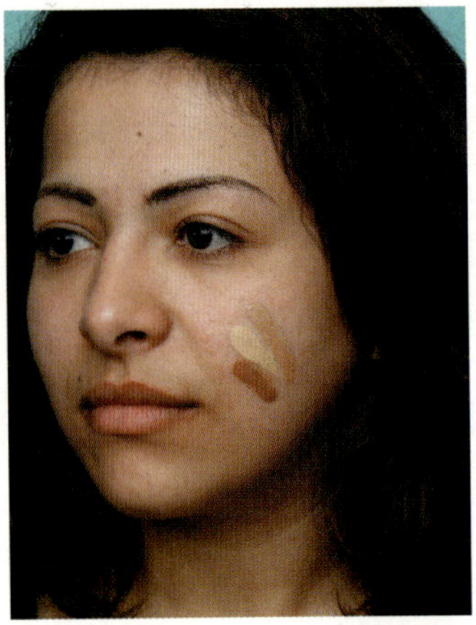

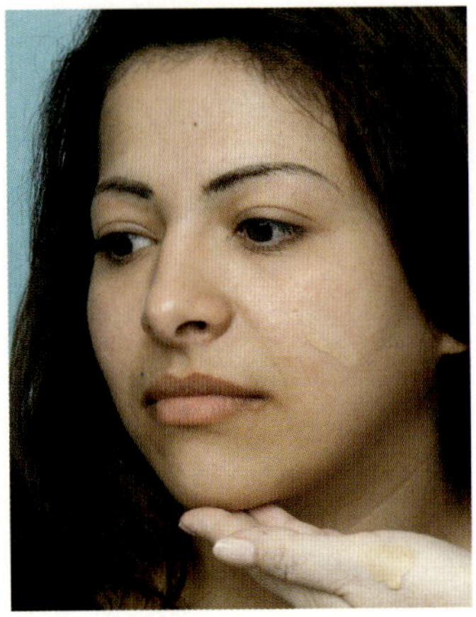

Abb. 2.9 a und b: Auswahl der Grundierung

Die Auswahl des Farbtones orientiert sich so weit wie möglich an der natürlichen Hautfarbe, abends eine Nuance dunkler, tagsüber gleich getönt oder ein wenig heller.

Die Auswahl des Farbtones wird auf der Gesichtshaut durchgeführt, so kann der Farbton direkt verglichen werden. Die Angleichung des Farbtones ist besonders wichtig für ein natürliches und gleichmäßiges Aussehen, denn der Farbunterschied zur Haut am Hals und Dekolletee ist sonst zu stark zu sehen, vor allem unter dem Kinnrand.

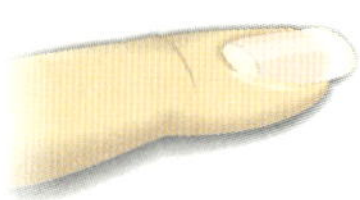

Wenn die Kundin zu einem besonderen Anlass trotzdem einen dunkleren Farbton wünscht, müssen Hals, Ohrläppchen (bei Hochsteckfrisuren oder bei kurzen Haaren) und auch der Nackenbereich sowie das Dekolletee (u. U. auch Hände und Arme) mitgeschminkt und fixiert werden.

Warum kann der Make-up-Farbton nicht auf dem Handrücken getestet werden?

Beginnen Sie dann mit dem Auftragen der jeweiligen Grundierung. Die normalen *Make-up*-Präparate werden mit einem trockenen Schwämmchen aufgetragen. Geben Sie dazu etwas Produktmasse auf das Schwämmchen und beginnen Sie die Gesichtshaut einzustreichen. Arbeiten Sie dabei ohne Druck, damit Sie nicht die gerade aufgetragenen Abdeckungen wieder wegwischen.

Kräftiges Wischen mit dem Schwämmchen rötet die Haut zusätzlich. Das ist besonders bei senibler Haut nicht erwünscht.

Arbeiten Sie bei schwer zugänglichen Gesichtspartien (z. B. an den Nasenflügeln oder am Augeninnenrand) mit der schmalen Seite eines Schwämmchens, sodass Sie diese Vertiefungen gut erreichen. Kontrollieren Sie die Übergänge der aufgetragenen Grundierung zum Gesichtsrand, also den Haaransatz, die Ohren und den Bereich unter dem Kinn.

Alternativ kann auch ein *Make-up*-Pinsel zum Auftragen der Grundierung verwendet werden. Dieser saugt im Gegensatz zum Schwämmchen, kaum Grundierung auf und ermöglicht so ein sparsames Auftragen.

Tragen Sie auch die Grundierung auf die Augenlider bis zur Augenbraue auf, wenn sich der natürliche Farbton des Augenlids stärker von dem der übrigen

Haut unterscheidet, z. B. bei sehr bräunlichen oder geröteten Augenlidern. Grundieren Sie auch die Lippen und den Lippenrand mit, wenn die eigene Lippenfarbe vollkommen abgedeckt werden soll. Das ist z. B. der Fall, wenn für ein bestimmtes *Make-up* ein hellrosa Lippenstift erforderlich ist, die natürliche Lippenfarbe aber kräftig rot ist oder eine Korrektur der Lippenform vorgenommen werden soll.

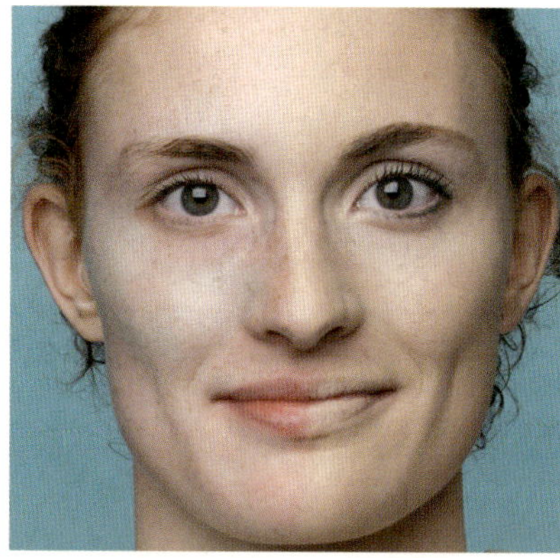

Abb. 2.10: Grundierung halb aufgetragen, Lippen mit grundiert

Fettschminke (Theaterschminke)

Nach dem gleichen System tragen Sie Fettschminke mit einem trockenen Schwämmchen oder Pinsel auf. Weitere farbige Elemente wie Konturzeichnungen werden dann mit einem trockenen, schmalen Pinsel auf die Haut aufgezeichnet. Die einzelnen Schichten lassen sich gut übereinander malen, ohne zu verwischen.

Auch hier ist die Kontrolle der Übergänge besonders wichtig, wenn z. B. ein bis zwei Töne dunkler geschminkt wird und Hals, Dekolletee, Nacken und Hände nicht mitgeschminkt werden. Fettschminke muss nach dem Auftragen mit Puder fixiert werden, da sie sonst nicht wischfest bleibt.

Abb. 2.11: Beispiel für Fettschminkearbeit

Nass-Schminke

Sie wird mit einem mit Wasser angefeuchteten Schwämmchen oder Pinsel aufgetragen. Die einzelnen Farbschichten müssen gut trocken sein, bevor Sie weitere Konturen mit einem Pinsel aufzeichnen.

Nach dem Trocknen wird sie nur sanft mit einem weichen Tuch überrieben oder mit Fixierspray haltbar gemacht, aber nicht abgepudert.

Kompaktpuder/Augenbrauenpuder

Diesen tragen Sie mit einem Pinsel gleichmäßig auf die Gesichtshaut bzw. Augenbrauen (dann mit einem Wimpernbürstchen oder Lidschattenpinsel) auf.

Achten Sie auch auf die Augenpartie. Sollten schon kleine Fältchen vorhanden sein, spannen Sie diese Hautpartie vorsichtig mit den Fingerspitzen leicht an und geben dann den Puder darüber. So bleiben keine „weißen" Streifen nach dem Auftragen des Kompaktpuders. Achten Sie auf einen gleichmäßig starken Farbauftrag und einen guten Übergang zum Hals.

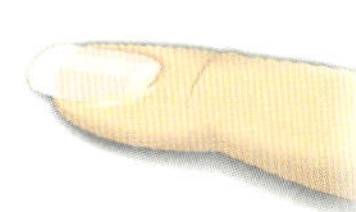

Cake-Make-up

Der Kompaktpuder wird auch in einer speziellen Form angeboten, nämlich als eine farbstarke Variante, die besonders stark die Haut tönt (wie bei einer Grundierung). Er wird mit einem mit Wasser angefeuchteten Schwämmchen gleichmäßig aufgetragen und muss nach dem Trocknen nicht mehr zusätzlich fixiert werden. Er wird deshalb auch oft für die Erstellung eines Körper-*Make-ups* verwendet.

Bei allen Grundierungen gilt: Wenn der Farbton etwas dunkler gewählt ist als der Hautton, müssen die Übergänge zum Hals und zum Dekolletee sowie Nacken, Ohrläppchen und eventuell auch die Hände mitbearbeitet werden.

2.2.3 Fixierung

Wenn eine Fixierung erfolgen soll oder muss, beachten Sie die Reihenfolge der Anwendung des jeweiligen Fixierungsprodukts:

A Abdeckprodukt – **Fixierungslotion** – Grundierung

Under Base Lotion

Die Fixierung erfolgt **vor** dem Auftragen der Grundierung, indem eine **fettfreie Lotion** (wird teilweise auch engl. als *Under Base Lotion* bezeichnet) von Ihnen mit den Fingerspitzen auf die Gesichtshaut aufgetragen wird. Diese verbleibt als dünner, durchsichtiger, geschmeidiger Film auf der Haut und sorgt für eine bessere Haftung der Grundierung auf der Haut. Die Fixierungslotion muss ca. 30 Sekunden antrocknen, bevor Sie weiterarbeiten können.

B **Lidschattenfixierungscreme** – Lidschatten

Eye-Fix-Product

Die Lidschattenfixierungscreme (engl. *Eye-Fix-Product*) wird mit den Fingerspitzen oder einem Lidschattenapplikator dünn auf das Oberlid bis zu den Augenbrauen hinauf aufgetragen. Sie sollte ebenfalls für ca. 30 Sekunden antrocknen, bevor Lidschatten aufgetragen wird.

12

C Abdeckprodukt – Grundierung – **Puder**

Der lose oder gepresste Transparentpuder wird mit einem dicken, weichen Puderpinsel oder einer Puderquaste aufgenommen.

Klopfen Sie nach Aufnahme des Puders den Pinsel auf dem Handrücken ein- bis zweimal aus, so fällt der überschüssige Puder ab und es gelangt nicht zu viel auf die Gesichtshaut.

Stäuben Sie dann die Gesichtshaut ein, indem Sie den Puder von der Stirn aus nach unten verteilen. Möglicher Überschuss wird entweder mit einem Fächerpinsel, einer Ziegenhaarbürste oder einem großen Pinsel abgewischt. Der Puder saugt sofort nach dem Aufstäuben die Feuchtigkeit aus dem *Make-up* auf und sorgt so für ein mattes Aussehen.

Die Fixierung der Grundierung mit Puder kann von der Kundin nach mehreren Stunden noch einmal durchgeführt werden. So lässt sich eventuell entstandener Fettglanz, z. B. auf der Nase oder auf der Stirn, noch einmal mattieren.

Empfehlen Sie Ihrer Kundin, vor dem erneuten Abpudern das Gesicht mit einem saugfähigen Kosmetiktuch abzutupfen.

Auch eine aufgetragene Augenkontur kann am unteren Lidrand fixiert werden, indem Transparentpuder mit einem Wattestäbchen auf die gezeichnete Kontur aufgetupft wird.

5842356

Fettschminke muss mit Puder fixiert werden.

Da Fettschminke kräftiger abgepudert werden muss als normales *Make-up*, eignet sich zum Entfernen der überschüssigen Puderreste eine weiche Ziegenhaarbürste oder eine Babybürste.

Pudern Sie bei Fettschminke erst das vollständig erstellte *Make-up* ab, denn auf gepuderter Haut kann keine weitere Fettschminke mehr aufgetragen werden.

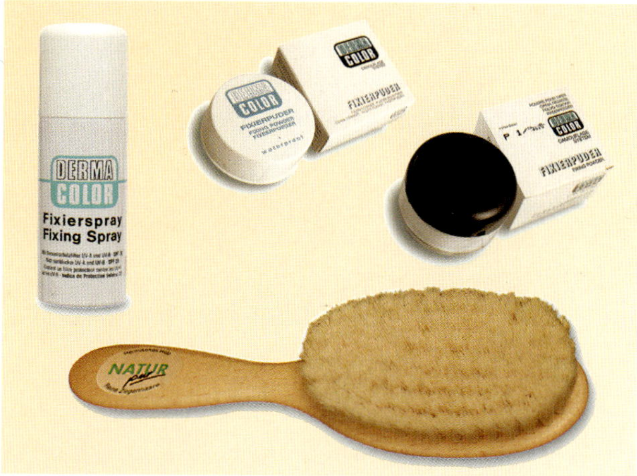

Abb. 2.12: Fixierpuder und -spray und Puderbürste

D Als Abschluss über das fertige *Make-up* – **Fixierspray**

Das Fixierspray wird aus kurzer Entfernung auf das fertige Make-up gesprüht. Bitten Sie dazu Ihre Kundin, die Augen zu schließen. Halten Sie die Sprühdose in einer Entfernung von ca. 30 Zentimetern senkrecht zum Gesicht der Kundin. Besprühen Sie dann schnell und kurz hintereinander die Gesichtshaut.

Bei Fettschminke wird nach dem Abpudern mit Fixierspray fixiert, bei Nassschminke wird nach dem Trocknen mit Fixierspray fixiert.

E Als Abschluss über die fertig geschminkten Lippen – **Lippenfixierungslack**

Der Lippenfixierungslack (engl. *Lip-Fix*) wird nach dem Auftragen von Lippenstift mit einem Pinsel aufgetragen und muss für ca. 30 Sekunden antrocknen.

Lip-Fix

2.2.4 Auftragen von Augenkosmetika

Die Reihenfolge des Auftragens von Augenkosmetika ist individuell verschieden. Wir haben uns für folgende Reihenfolge entschieden: Nachzeichnen der Augenbrauen und Augenkonturen, Lidschattenauftrag und Wimpern tuschen.

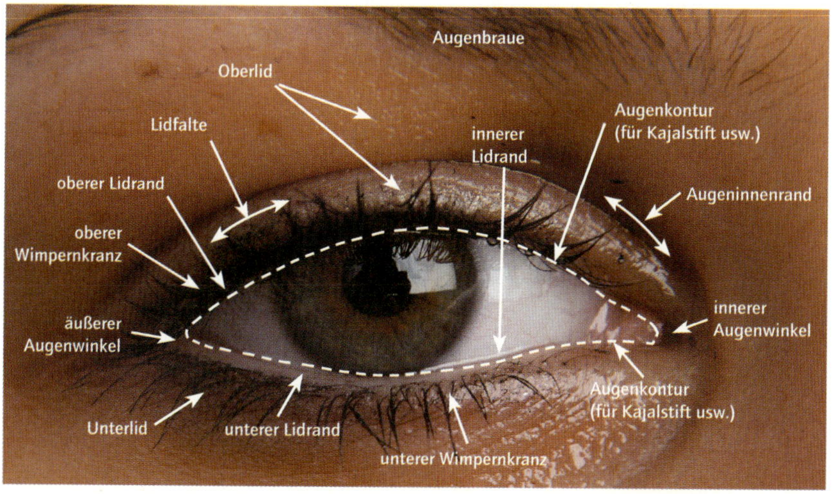

Abb. 2.13: Begriffe rund um das Auge

Dies hat den Vorteil, dass Sie vor dem Lidschattenauftrag in einem bereits „konturierten" Arbeitsfeld gestalten können und so die Vorzüge der Augenpartie Ihrer Kundin leichter herausarbeiten können.

Das Nachzeichnen der Augenbrauen, welches vor dem Augen-*Make-up* durchgeführt wird, ist nicht hier sondern in → Kapitel 4.3.2 beschrieben.

Falls eine Wimpernzange zur Anwendung kommen soll oder künstliche Wimpern aufgeklebt werden sollen, wird auch das vor dem Auftragen der Augenkosmetik durchgeführt, damit die farbigen Produkte auf dem Augenlid nicht mehr verschmiert werden und die aufgeklebten Wimpern besser haften.

Bitten Sie die Kundin, die Augen offen zu halten. Setzen Sie Pinsel oder Stift am unteren Lidrand außen an und zeichn en Sie eine feine Linie kurz unter den unteren Wimpernrand nach innen.

Abb. 2.14 a – d: Lidstrich-Auftrag

Von innen nach außen ist die Linie schwieriger zu ziehen, da sich die feine Augenhaut dann schnell in Fältchen zieht und der Strich nicht glatt wird. Arbeiten Sie mit wenig Druck auf die Haut, sonst ist eine exakte Zeichnung nicht mehr möglich.

Beginnen Sie nun mit der Betonung des oberen Lidrandes innen. Dies erfordert etwas Übung, da sonst leicht Augenkosmetika in das Auge Ihrer Kundin gelangen können.

Eye-Liner

Verstärken Sie die natürliche Augenkontur entlang des Lidrandes mit einem Kajalstift, mit *Eye-Liner* oder Lidschatten. Bitten Sie die Kundin, die Augen zu schließen. Spannen Sie bei geschlossenen Augen das Oberlid leicht an und zeichnen Sie mit Pinsel oder Stift eine feine Linie von innen nach außen in den oberen Wimpernrand. Je nach Augenform wird diese über das halbe oder ganze Augenlid gezogen und/oder nach außen verlängert.

Ist eine kräftige Augenkontur erwünscht, wird die Linie entsprechend breiter gezogen. Wird die Augenkontur mit einem Wattestäbchen oder Fingerspitzen leicht verwischt, entsteht eine Farbschattierung.

Falls ein Kajalstrich **im** Lidrand durchgeführt wird, sollte die Kundin jetzt die Augen geöffnet halten. Sie ziehen vorsichtig mit dem Daumen den Lidrand leicht nach unten, so dass er gut sichtbar wird. Führen Sie den Kajal je nach Deckkraft und gewünschtem Effekt ein- bis zweimal über den inneren Lidrand hin und her. Wiederholen Sie den Vorgang am anderen Auge.

Highlighter

Bitten Sie die Kundin, die Augen zu schließen, und tragen Sie einen oder mehrere Lidschatten mit einem Lidschattenpinsel oder Schaumstoffapplikator auf. *Highlighter* unter dem Brauenbogen kann bei geöffneten Augen aufgebracht werden. Beachten Sie für die Schminktechnik die Augenform (→ Kapitel 4.3.1).

Warum erleichtern Ihnen Pinsel und Applikatoren bei der Ausführung des Make-up die Arbeit?

Abb. 2.15 a – d: Auftragen von Lidschatten

Verwischen Sie mit dem Pinsel die verschiedenen Farben sanft ineinander, von innen nach außen auf dem Augenlid. Die Lidschatten können auch mit einem leicht angefeuchteten Applikator aufgetragen werden, dadurch wird eine größere Farbintensität erreicht.

Tuschen Sie dann bei geöffneten Augen den unteren Wimpernrand, indem Sie die Wimpernbürste der Wimperntusche waagerecht zum Auge über die Wimpern führen. Achten Sie darauf, dass die feinen äußeren Wimpernhärchen mitgetuscht werden.

Lassen Sie die Kundin die Augen halb schließen und führen Sie oben waagerecht das Tuschebürstchen über die Wimpernhärchen und zwar von oben und unten. Kämmen Sie anschließend die Wimpern mit einem Wimpernbürstchen, damit die eventuell zusammengeklebten Härchen sich trennen.

Abb. 2.16 a – d: Wimpern tuschen

2.2.5 Auftragen von Rouge

Verteilungsmuster für *Rouge,* die zu der jeweiligen Gesichtsform Ihrer Kundin passen, finden Sie im → Kapitel 4.2.1 beschrieben.

Das *Rouge* nehmen Sie mit einem weichen *Rouge*pinsel auf und tragen es mit sanften Strichen auf die Jochbeinbogen und Schläfen. Kontrollieren Sie die Gleichmäßigkeit der Farbe auf beiden Seiten.

Flüssiges *Rouge* wird direkt aus der Flasche in die Hand gegeben (ein kleiner Klecks genügt) oder Sie nehmen eine kleine Menge aus dem Tiegel oder vom

Rougestick mit dem Spatel ab. Tupfen Sie dann das Präparat mit den Fingerspitzen oder einem Schwämmchen auf die Jochbeinbogen und Schläfen auf und verwischen Sie die Ränder sanft.

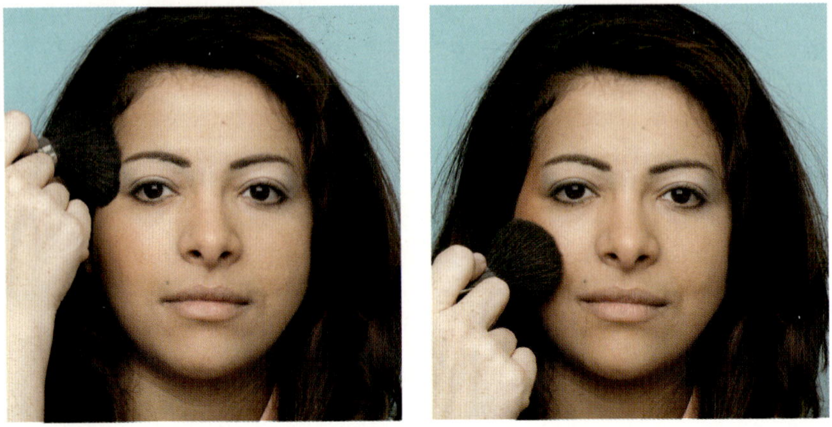

Abb. 2.17 a und b: Auftragen von Rouge

Nehmen Sie nicht zu viel *Rouge*farbe auf. Die meisten Rougeprodukte färben die Haut intensiv und haften sehr gut. Eine nachträgliche Korrektur ist dann ohne Abschminken schwierig (→ Fehlerkorrektur Kapitel 2.2.7, Modellagetechniken → Kapitel 4).

Cremerouge **kann nur auf eine cremige Grundierung aufgetragen werden, da es auf Puder nicht haftet. Puderrouge sollte besser nur auf Puder aufgetragen werden, da sonst die Farbpigmente auf der cremigen Grundlage haften und sich nicht verteilen lassen. Beide können auch ohne Grundierung angewandt werden.**

2.2.6 Auftragen von Lippenkosmetika

Zeichnen Sie zuerst mit einem Konturenstift eine exakte Lippenkontur (→ Kapitel 4.4). Beginnen Sie in der Mitte der Ober-/Unterlippe und zeichnen Sie jeweils von der Mitte nach außen eine Kontur. Kontrollieren Sie dann, ob die Kontur gleichmäßig verläuft.

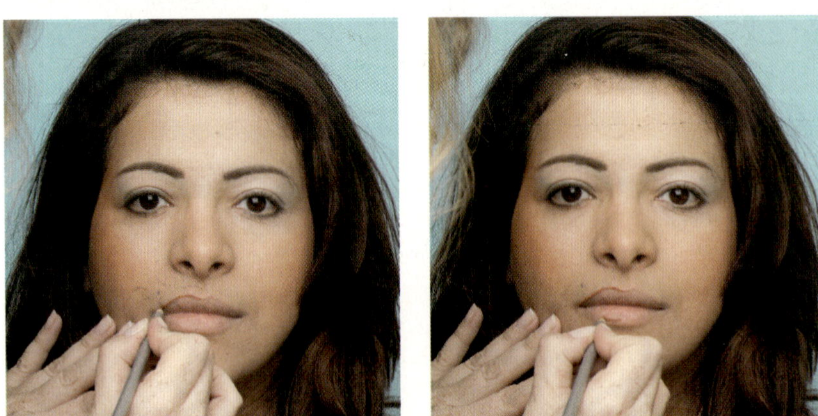

Abb. 2.18 a und b: Lippenkontur-Ziehen

Nehmen Sie dann mit einem Spatel etwas Lippenstiftmasse vom Stift oder *Lipgloss* aus dem Tiegel und streichen Sie diese mit dem Pinsel vom Spatel ab. Füllen Sie dann mit dem Pinsel die Lippen mit Lippenstift bzw. *Lipgloss* aus.

Lipgloss

Achten Sie darauf, dass Sie den Lippenstift nicht zu weit in den Mundbereich auftragen, sonst haftet er auch auf den Zähnen.

Füllen Sie sorgfältig alle Lippenrillen aus, die z. B. bei trockenen Lippen besonders ausgeprägt sind.

Lassen Sie die Kundin die Lippen auf ein Kosmetiktuch zusammenpressen und tragen Sie dann eine zweite Schicht Lippenstift auf. So haftet er besser und der Farbauftrag wird intensiver.

Zur Fixierung kann dann eine Lippenfixierungscreme aufgetragen werden. Das *Lipgloss* kann mit Pinsel ohne Lippenstift oder über diesen nach gleicher Technik aufgetragen werden.

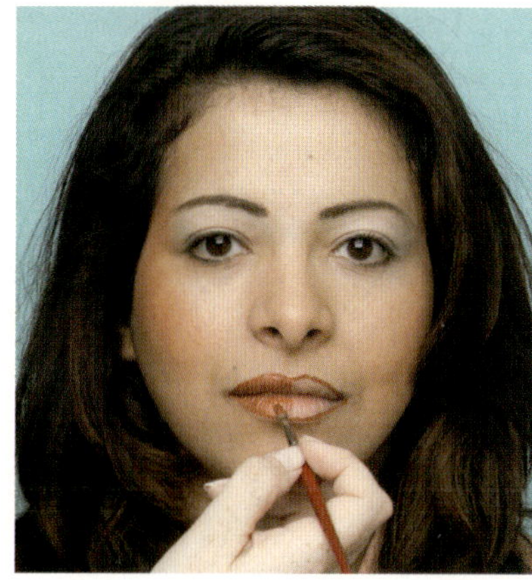

Abb. 2.19: Auftragen von Lippenstift

Soll vor dem Nur-Lipgloss-Auftrag auch ein Konturenstift angewandt werden?

Das „Begrenzen" der Lippenkonturen ist besonders wichtig, wenn das *Make-up* lange halten soll (z. B. beim Braut-*Make-up* → Kapitel 5.3), ohne dass es nachgeschminkt werden kann.

Kontrollieren Sie nach Abschluss eines jeden Einzelschrittes das erstellte *Make-up* noch einmal und korrigieren Sie Fehler sofort.

2.2.7 Tipps zur Fehlerkorrektur

Es kann Ihnen passieren, dass Sie trotz sorgfältigem Arbeiten Fehler beim Auftragen der farbigen Produkte machen. Erklären Sie Ihrer Kundin, dass Sie eine Korrektur vornehmen müssen, wenn sie es selbst im Spiegel noch nicht wahrgenommen hat.

Arbeiten Sie dann aber schnell und vor allem konzentriert, um nicht zu viel Zeit mit der Korrektur zu verlieren. Die Kundin ist sonst verärgert, vor allem, wenn sie unter Zeitdruck steht.

Sie können nach folgendem Konzept vorgehen, um eine sinnvolle „Schadensbegrenzung" zu erreichen:

- überschüssige Farbe lokal entfernen, entweder mit feuchtem Wattepad, feuchtem Wattestäbchen oder einem trockenen Kosmetiktuch
- einen Korrekturstift verwenden; er „saugt" überschüssige Farbe auf (durch seine austauschbare, in Alkohol und Fett getränkte Filzspitze)
- neu grundieren
- farbige Produkte neu auftragen

Was tun Sie, wenn die Zeit nicht mehr ausreicht, um das Make-up neu zu erstellen, weil die Kundin unter Zeitdruck steht?

A	**Make-up**	
	Sie haben den *Make-up*-Ton **zu hell** gewählt, die Kundin wirkt zu blass	*Wählen Sie einen im Ton eine Nuance dunkleren, getönten Puder statt eines farblosen. Pudern Sie das Gesicht ab. So erhält das Make-up einen etwas dunkleren Ton.*
	Sie haben das *Make-up* **zu dunkel** gewählt.	*Da hilft nur abschminken und neu auftragen.*
B	**Rouge**	
	Wenn Sie zu viel oder zu helles/dunkles *Rouge*puder aufgetragen haben, muss auch eine Korrektur erfolgen. Da *Rouge* sehr gut auf der Haut haftet, hinterlässt es nach einfachem Abwischen trotzdem Farbpigmente auf der Haut, besonders, wenn die Farbe zu dunkel gewählt wurde.	
	Sie haben das *Rouge* **zu hell** gewählt.	*Tönen Sie mit einer dunkleren Farbe nach. Bedenken Sie aber die Farbenmischung beider Töne beim Endergebnis! Bleiben Sie in der Farbharmonie (→ Kapitel 3.1 und 3.2), d. h. über Hellorange sollten Sie z. B. keinen lila Farbton geben.*
	Sie haben das *Rouge* **zu dunkel** gewählt oder **zu viel** aufgetragen.	*Wischen Sie das Rouge mit einem feuchten Kosmetiktuch ab. Die Haut rötet sich etwas durch das Reiben und es können auch Farbreste auf der Haut bleiben, wenn das Rouge ohne Grundierung aufgetragen wurde.* *Wenn keine Zeit zum kompletten Abschminken und Eincremen ist, tupfen Sie die freigewischte Stelle mit einem Schwämmchen und Grundierung wieder nach.* *Verwischen Sie sanft die Ränder in das übrige, bereits aufgetragene Make-up. Pudern Sie die Stellen noch einmal nach. Tragen Sie dann den richtigen Rougeton auf.*

Tab. 2.20: Beispiele zur Fehlerkorrektur:

12

2.3 Produktkunde

Eine Vielzahl an *Make-up*-Produkten erleichtert Ihnen die Durchführung der Erstellung eines *Make-up.*

Hautinhaltsstoffe sind neben den Basisstoffen Farbstoffe in unterschiedlichen Anteilen, daneben spezielle pflegende und schützende Inhaltsstoffe.

Alle Farbstoffe, die im Augenbereich eingesetzt werden, müssen für die empfindliche Augenschleimhaut verträglich und entsprechend geprüft sein (→ LF 7, Kapitel 1.2.7). Auch in Lippenkosmetika dürfen nur Farbstoffe enthalten sein, die für den Kontakt mit der Schleimhaut zugelassen sind.

Die Reinheitsanforderungen für Inhaltsstoffe sind durch die Kosmetikverordnung (→ KVO LF 7, Kapitel 1.2.3) und die Richtlinien der Farbstoffkommission der Deutschen Forschungsgemeinschaft geregelt.

C Augenkosmetik

Beim Auftragen der Mascara **tränen der Kundin die Augen** und die schon aufgetragene Mascara und vielleicht der schon aufgetragene Kajalstift sowie Lidschatten verlaufen.	*Tupfen Sie zuerst mit einem Kosmetiktuch Tränen und laufende Farbe ab. Entfernen Sie mit einem in Augen-Make-up-Entferner getränkten Wattepad die verschmierte Farbe über und unter dem Lidrand. Erneuern Sie aufgetragene Abdeckpräparate unter dem Auge und tragen Sie dann erneut Lidschatten, Kajalstift und Mascara auf.*
Der **Kajalstift** wurde von Ihnen **zu dick aufgetragen** oder **verschmiert.**	*Wischen Sie die verschmierte Farbe mit einem feuchten Wattestäbchen vorsichtig ab und grundieren Sie ggf. die Augenpartie mit der Abdeckcreme und dem Make-up-Ton nach und tragen Sie den Kajalstift neu auf.*
***Mascara*farbe** ist auf oder unter dem Augenlid **auf die Haut gekommen** und als schwarzer Punkt zu sehen.	*Bei wenigen, kleinen Punkten lässt sich das gut mit einem feuchten Wattestäbchen korrigieren. Ist es mehr, wählen Sie die oben beschriebene Korrektur.*

D Lippenstift/Lippenkontur

Da Lippenstift und Konturenstift ebenfalls gut haftende Inhaltsstoffe enthalten, muss die Korrektur mit ein paar Tricks erfolgen.

Sie haben die Lippenkontur **unregelmäßig oder zu groß, zu breit, zu dick** gezeichnet oder die Lippenstiftfarbe **ungleichmäßig über den Lippenrand** aufgetragen. **Achten Sie darauf, dass keine Farbreste vom Wattepad auf die Haut der Lippenumgebung gelangen, da die Farbreste sofort auf der Haut haften.**	*Wischen Sie mit einem feuchten Wattpad von außen nach innen die Lippen ab. Setzen Sie den Wattepad jeweils nur einmal mit jeder Seite außen am Lippenrand an und wischen Sie nach innen. Sind die Reste entfernt, arbeiten Sie mit dem Schwämmchen und Grundierung den Lippenrand und die Lippen nach. Verwischen Sie die Übergänge in die übrige, bereits aufgetragene Grundierung und pudern Sie nach.*

12

2.3.1 Abdeckprodukte/aufhellende Präparate

Abdeckprodukte sollen in erster Linie Farbunterschiede von Hauterscheinungen zur normalen Hautfarbe **abdecken** oder **aufhellen.** Die Haut soll möglichst glatt und gleichmmäßig aussehen, weil das die „perfekte Schönheit" suggeriert.

A Abdecken

Manche Hauterscheinungen weisen starke Färbungen auf, die als störend empfunden werden. Um einen gleichmäßigen Hautton zu erreichen, müssen deshalb Abdeckprodukte (engl. *Concealer*) eingesetzt werden. Diese unterstützen die nur teilweise deckende Grundierung und sind in flüssiger oder fester Form erhältlich.

Concealer

Je nach Produkt sind sie unterschiedlich stark deckend und mit austrocknenden Zusätzen versehen. Sie haften sehr gut auf der Haut und trocknen nach dem Auftragen etwas ab. So können sie nicht sofort wieder beim Auftragen der Grundierung verwischt werden.

Abgedeckt werden rote und rötlich-bläuliche Hauterscheinungen wie frische Narben, *Teleangiektasien, Couperose,* Blutschwämmchen, Feuermale, Hauteffloreszenzen, außerdem bräunlich-gelbliche Hauterscheinungen wie Muttermale, Warzen, Altersflecken und Pigmentstörungen. Weiße Flecken bei stellenweise fehlender Pigmentierung (z. B. bei *Vitiligo* → Band A, LF 2, Kapitel 4.8.3) werden mit einer passenden Abdeckcreme **abgedeckt/nachgetönt** und so der Hautfarbe oder dem Make-up-Ton angepasst.

Grünlich getönte Abdeck*fluids* oder -stifte neutralisieren gerötete Hautpartien z. B. bei *Couperose* oder rotfleckiger Haut.

B Aufhellen

Augenringe und Fältchenlinien werden dagegen nur **aufgehellt** und verschwinden optisch.

Anwendungsformen sind:

- Abdeckstifte trocken (auch als Pickelabdeckstift bezeichnet) mit antibakteriellen und austrocknenden Zusätzen, z. B. für Hauteffloreszenzen
- pflegende Abdeckstifte mit cremigen Zusätzen, z. B. für Augenringe
- trockene, stark deckende Abdeckcreme in Tiegeln, z. B. für Narben, Altersflecken usw.
- Linien-/Rillenfüller (engl. *Linefiller*), als Stifte oder als Creme/Paste in leicht gelblich-weißlicher Färbung angeboten, zum Aufhellen von Fältchen und besonders dunklen Gesichtspartien, z. B. dem Augeninnenrand; sie dienen auch zum Modellieren einzelner Gesichtspartien (→ Kapitel 4.2).

Linefiller

Abb. 2.21: Camouflage-Produkt

Sonderform:

Camouflage gibt es zum Abdecken in hautfarbe-nen/grünlichen Nuancen und zum Aufhellen in Weiß. Es wird in kleinen Dosen bis 25 ml angeboten oder in Farbpaletten mit verschiedenen Farbtönen zum Mischen des exakten Hauttons („Malkästen" mit 4 – 24 Farben → Kapitel 4.1).

2.3.2 Make-up und Kompaktpuder

franz. *teint* = Gesichtsfarbe

A Make-up (engl. *Foundation*, franz. *Font de teint*) Teintgrundierung, Kompaktpuder und *Cake-Make-up* sind verschiedene Bezeichnungen für Präparate, welche die Haut mehr oder weniger stark tönen.

Grundierung soll sich gut auftragen und verteilen lassen, der gewünschte Farbeffekt gleich erkennbar und die Tönung der Haut sofort sichtbar sein. Sie soll gut haften und gleichzeitig hautfreundlich/pflegend sein.

Das *Make-up* dient der mehr oder weniger starken Tönung der eigenen Haut-farbe und es sorgt vor allem für ein gleichmäßiges Aussehen, indem es die helleren Hautpartien den dunkleren angleicht.

Talkum
Kaolin
Zinkoxid
Bienenwachs

Auf der Basis einer W/O-Emulsion (fetthaltig, cremig oder fest) oder O/W-Emulsion (flüssig, fettarm) werden je nach Konsistenz Weißpigmente, wie z. B. *Talkum* (welches gute Haftung und weiches Auftragen ermöglicht), *Kaolin* (das die Adsorption verbessert), *Zinkoxid* (ergibt eine gute Abdeckung) und Haftstoffe wie Bienenwachs

5842364

usw. zugesetzt. Teilweise sind auch pflegende Wirkstoffe wie *Kollagen*, feuchtigkeitsspendende Zusätze wie *NMF* und/oder mattierende Zusätze (z. B. beim *Oilfree-Make-up*) für ölige Haut enthalten, außerdem oft Lichtfiltersubstanzen.

Kollagen, NMF
Oilfree-Make-up

Make-up enthält ca. 10 bis 15 % Farbpigmente.

Spezielle Verdickersysteme sorgen dafür, dass sich die Farbpigmente nicht in der Grundlage (W/O- oder O/W-Emulsion) absetzen.

Die verschiedenen Farbtöne werden durch kosmetische Farbstoffe und Perlglanzmittel erreicht.

Perlglanzmittel

Make-up-Produkte enthalten außerdem Konservierungsstoffe gegen bakteriellen Verderb und Antioxidantien gegen oxidative Veränderungen.

Die einzelnen Grundierungsprodukte unterscheiden sich in ihrer Konsistenz: gepresste, cremige Masse (z. B. für *Camouflage*-Anwendungen, in Metallpfännchen oder als *Make-up-Stick*, cremige, dickflüssige, oft in Glasflaschen oder Tuben verpackte und dünnflüssige Produkte.

Camouflage
Make-up-Stick

B Kompaktpuder

Er dient der matten, mehr oder weniger starken Tönung der Gesichtshaut. Auf Grund des hohen Puderanteils im Produkt muss die Haut nicht zusätzlich abgepudert oder fixiert werden.

Kompaktpuder enthalten *Talk, Kaolin*, Wasser, Konservierungsstoffe, Wachse (z. B. *Cera Alba*) und neben Farbstoffen und/oder Glanzpartikeln (*Pearl*effekt) auch Bindemittel (z. B. *Zinkstearat*) zum Erhalt der Stabilität.

Talk, Kaolin
Cera Alba
Zinkstearat

Kompaktpuder sind hautfarben getönt, gepresst in Metallpfännchen, oft als Spiegeldosen in runder oder eckiger Form erhältlich. In der Regel ist ein Schwämmchen schon eingelegt.

Abb. 2.22: Kompaktpuderpräparat

Kompaktpuder wird dann als *Cake-Make-up* bezeichnet, wenn er aufgrund eines hohen Pigmentanteils die Haut besonders stark tönt.

Für manches Make-up benötigen Sie spezielle dekorative Produkte, wie z.B. für das Bühnen- oder Theater-*Make-up* usw.

2.3.3 Fettschminke (Theaterschminke) und Nass-Schminke

- **Fettschminken** bestehen aus hautfreundlichen Ölen, Fetten und Wachsen mit stark deckenden Farbpigmenten. Sie müssen mit speziellen Abschminkprodukten entfernt werden (→ LF 3, Kapitel 3.6).
- **Nass-Schminken oder Wasserschminken** sind Schminkfarben auf Wasserbasis und lassen sich leicht mit Wasser und Seife entfernen. Sie sind fettfreie Präparate mit stark deckenden Farbpigmenten.

Beide Schminken werden überwiegend für Bühnenauftritte angewandt. Sie unterscheiden sich von anderen *Make-up*-Produkten in ihrer starken Deckkraft und Farbenvielfalt.

A Fettschminke

Die Fettschminke soll sehr gut decken, sich geschmeidig verteilen lassen, bei mehreren Farbschichten übereinander nicht verlaufen und nach der Fixierung matt bleiben, lange halten und dabei nichts von ihrer Farbintensität verlieren. Sie soll zusätzlich der starken Beanspruchung, z. B. durch Hitze, Schweiß, witterungsbedingte Feuchtigkeit usw., standhalten. Sie wird besonders für vielfarbige Gesichts- und Körper-*Make-ups* eingesetzt.

Fällt Ihnen spontan eine Gelegenheit ein, bei der ein mit Fettschminke erstelltes Make-up witterungsbedingter Feuchtigkeit ausgesetzt sein kann?

Paraffin
Bienenwachs
Eisenoxide
Titanoxid

Enthalten sind *Paraffin,* Wachse (z. B. *Bienenwachs*), Farbpigmente (z. B. Eisenoxide in Gelb, Braun, Schwarz, Rot und *Titanoxid* als Weißpigment), auch zum Mischen der verschiedenen Farbtöne.

Stick

Die Fettschminke wird in Dosen oder Farbpaletten mit verschiedenen Farben angeboten. Auch als *Stick* ist sie erhältlich.

Abb. 2.23: Fettschminke

B Nass-Schminke

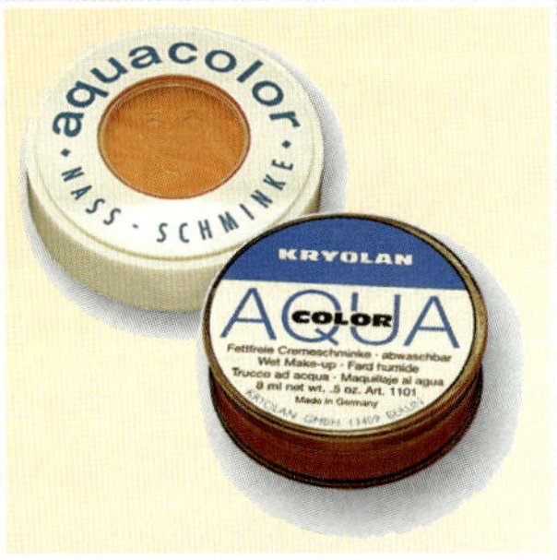

Abb. 2.24: Nass-Schminke

Nass-Schminke muss sich gut verteilen lassen, eine hohe Deckkraft besitzen und darf, ebenso wie die Fettschminke, bei mehreren Farbschichten übereinander nicht verlaufen. Nach dem Trocknen und der Fixierung muss sie lange auf der Haut haften und beständig sein gegen Hitze, Schweiß, witterungsbedingte Feuchtigkeit, Abrieb (z. B durch Kleidung) usw.

Facepainting
Bodypainting

Sie wird besonders für vielfarbige Faschingsmasken *(Facepainting)* und für das *Bodypainting* eingesetzt (→ Exkurs in Kapitel 5.8).

Glyzerin, Talk
Perlglanzmittel
Parfüm

Nass-Schminke enthält Wasser, *Glyzerin*, Alkohol, *Talk*, Farbstoffe, auch Perlglanzmittel, Parfüm und Konservierungsstoffe.

Nass-Schminke ist in Tiegeln oder Farbpaletten erhältlich.

2.3.4 Fixiermittel und Puder

Das **Fixierspray** soll sich fein verteilen lassen und eine lange Haltbarkeit des *Make-ups* ermöglichen.

Während des Aufsprühens verdunstet der enthaltene Alkohol und hinterlässt einen oberflächenschützenden, matten Film aus synthetisch hergestellten Harzen über dem fertigen Make-up. Dieser schützt vor Zersetzung des *Make-ups* durch Schweiß und Hautfett, witterungsbedingte Feuchtigkeit und Abrieb und ist damit auch Schutz der Kleidung vor *Make-up*-Flecken. Fixierspray ist auch geeignet zur Fixierung von *Bodypainting*-Arbeiten. Es wird deshalb oft für das Bühnen-*Make-up* usw. verwendet (→ Kapitel 5.9).

Enthalten sind hochprozentiger Alkohol, synthetisch hergestellte Harze, bei Aerosolspray zusätzlich Treibgas. Das Fixierspray ist als Aerosolspray oder Pumpzerstäuber erhältlich.

Harze
Treibgas

A Lippenstiftfixierungsprodukte

sollen weich und geschmeidig aufzutragen sein und für eine lange Haltbarkeit des Lippenstiftes sorgen.

Das Lippenstift-Fixierungsprodukt (engl. *Lip-Fix*) wird über den Lippenstift mit einem Pinsel aufgetragen und hinterlässt einen haftfesten, farblosen Film auf den Lippen. Dieser sorgt für eine lange Haltbarkeit der Lippenstiftfarbe trotz mechanischer Beanspruchung der Lippen durch Essen, Sprechen usw. Es verhindert außerdem ein Verlaufen des Lippenstiftes und/oder des Gloss in den oberen Lippenrand und in eventuell vorhandene Lippenfältchen.

Lip-Fix

Neben den Basisstoffen wie Wasser und Alkohol enthalten die Produkte auch *Ethylcellulose, Isopropylmyristate, Lavendel, Dimethicone, Salicylsäure.* In der Regel sind Lippenfixierungsprodukte in kleinen Hülsen erhältlich, die mit Schraubverschluss und Pinsel versehen sind.

Ethylcellulose
Isopropylmyristate
Lavendel
Dimethicone
Salicylsäure

B Lidschattenfixierungscreme

Die Lidschattenfixierungscreme *(Eye-Fix)* sorgt für eine bessere Haltbarkeit des Lidschattens und verhindert besonders bei cremigen Produkten das Absetzen der Masse im Lidrand. Sie wird deshalb vor dem Lidschatten aufgetragen.

Eye-Fix

Inhaltsstoffe sind Wachse (z. B. *Carnaubawachs*), Öle, Harze (*Kolofonium* zur besseren Haftung des darüber aufgetragenen Präparates), Füllstoffe, Emulgatoren, UV-Filter, Pflanzenextrakte (z. B. *Algenextrakte*), usw. Lidschattenfixierungscremes werden in kleinen Tuben angeboten. Der Produktinhalt ist cremig, oft weiß oder leicht gelblich.

Carnaubawachs
Kolofonium
Algenextrakte

C Fixierungslotion

sorgt als eine fettfreie, durchsichtige Lotion für eine lange Haltbarkeit des darüber aufgetragenen Make-up-Produkts bei Transpiration und erhöhter Talgproduktion. Sie wird deshalb vor der Grundierung aufgetragen.

Inhaltsstoffe sind Wasser, Alkohol, *Glyzerin*, Konservierungsstoff, Emolliens, Parfüm, usw.

Glyzerin
Emolliens

12

D Puder

Der Puder als Fixiermittel saugt sofort nach dem Aufstäuben die Feuchtigkeit aus der Grundierung auf und sorgt so für ein mattes Aussehen. Er soll sich feinst verteilen und Farbnuancen sofort erkennen lassen.

Puder (→ auch LF 7, Kapitel 1.6) kann auch mattieren, *rougieren,* tönen und glanzvolle Effekte auf Gesicht und Körper setzen.

Loser, auf der Haut farbloser Puder (wird auch als Transparentpuder oder *Translucent*-Puder bezeichnet) oder weißer Puder soll fixieren und/oder glänzende Haut (nach Pflegeanwendung oder bei öligem Glanz) mattieren, auch die Augenlider. Er findet ebenfalls Verwendung bei besonders auffälligen Schminktechniken, wie der Fettschminke oder Wasserschminke für Theater/Bühne oder *Bodypainting*.

Translucent-Puder

Puder mit wenig Farbpigmenten werden zur Nuancierung des natürlichen Hauttons eingesetzt und können deshalb auf das ganze Gesicht, aber auch auf Hals und Dekolletee aufgetragen werden.

Enthalten sind *Talkum* (glättende Wirkung) *Kaolin* (Pudergrundstoff mit hoher Gleitfähigkeit und hohem Feuchtigkeitsbindevermögen), *Zinkoxid* (deckende Wirkung), *Titanoxid* (Weißpigmente), *Magnesiumstearat* (Pudergrundstoff, erhöht die Haftfestigkeit des fertigen Puders auf dem Pinsel und der Haut).

Talkum
Kaolin
Zinkoxid
Titanoxid
Magnesiumstearat

Seidenproteine

Moderne Schönheitspuder enthalten zusätzlich oft Seidenproteine, Feuchtigkeitsfaktoren und Lichtschutzfilter. Die zarten Farben sind in Form von Farbpigmenten und/oder Glanzpigmenten enthalten. In Kompaktpuder sind zusätzlich Bindemittel enthalten.

Abb. 2.25: Puderpräparat

Als dekoratives Produkt ist Puder lose oder gepresst (Gesichtspuder und Lidschattenpuder), in Metallpfännchen oder als Kugeln, weiß oder farbig getönt, mit oder ohne Glanzpigmente erhältlich. Die losen Puder werden in der Regel in Dosen angeboten. Zur sparsamen und sauberen Entnahme ist die Dosenöffnung bei losem Gesichtspuder/Rougepuder oft mit einem feinen Sieb abgedeckt. Durch sanftes Klopfen auf den Dosenboden tritt nur eine kleine Menge Puder aus dem Sieb und kann so besser portioniert werden. Die gepressten Puder werden in Dosen mit/ohne Spiegel angeboten.

Die so genannte **Ägyptische Erde** ist eine Sonderform des Puders, eingefärbt in bräunlichen Erdtönen. Diese kann auf das gesamte Gesicht mit einen dicken Pinsel verteilt werden, dann ist die Haut bräunlich getönt, ähnlich der Sonnenbräune. Sie kann aber auch als Rouge, verstärkt mit einem kleinen Rougepinsel, gezielt auf die entsprechenden Gesichtspartien aufgetragen werden.

E **Rouge**

Rouge wird als Puder*rouge* auf der Basis von normalem Puder mit verstärkt enthaltenen Farbpigmenten in vielen Schattierungen angeboten, teilweise mit Perlglanz. Der Name *„Rouge"* stammt aus dem Französischen von *Rouge* = Rot.

Das Rouge dient der Auffrischung des natürlichen Wangenrots und kann auch zur Modellage der Gesichtsform verwendet werden (→ Kapitel 4.2.1). Es soll gut auf der Haut oder einer Grundierung haften und sich gleichmäßig fein verteilen lassen.

Inhaltsstoffe und Anwendungsformen sind die gleichen wie beim Puder.

Cremerouge ist ein so genanntes Fett*rouge*, das mit den Fingerspitzen aufgetragen und leicht verrieben wird. Seine Inhaltsstoffe sind Wachse, Öle, Fette, Farbpigmente und Konservierungsstoffe. *Cremerouge* wird in kleinen Tiegeln oder gepresst in Metallpfännchen angeboten.

2.3.5 Augenkosmetika

Wie in → Kapitel 2.2 „Auftragen von Schminkprodukten" bereits erwähnt, kann die Augenpartie durch Tönung der Augenlider und des Lidrandes, Färbung und Formung von Wimpern und Augenbrauen und den damit verbundenen Techniken akzentuiert werden (→ Kapitel 4.3). Augenkosmetika werden für dekorative Zwecke im Augenbereich verwendet und haben daher z. T. auch pflegende Wirkung.

Da Augen-*Make-up*-Präparate mit der Augenschleimhaut in Berührung kommen (können), muss durch eine sorgfältige Konservierung Keimfreiheit gewährleistet sein, damit keine Krankheitserreger übertragen werden.

A Kajalstifte

Als Verstärkung der Augenkonturen eignen sich Kajalstifte oder Kohlstifte in vielen Farben (grün, blau, grau, gold usw.). Sie können wegen ihrer weicheren Mine auch zum farbstarken Nachzeichnen der Augenbrauen eingesetzt werden.

Sie sollen weich aufzutragen sein, eine feine Linienzeichnung (oder kräftige für die Bühne) oder Schattierung ermöglichen und wegen der Nähe zum Augapfel gut verträglich sein. Sie sollen gut haften und möglichst nicht so schnell verwischen oder verlaufen.

Inhaltsstoffe sind Wachse, Öle, Fette (z. B. ethoxyliertes *Lanolin, Silicone*), *Polymere* (z. B. Nylon), kosmetische Farbstoffe, *Perlglanzmittel*, antimikrobielle Stoffe, Konservierungsstoffe.

Wachse, Lanolin, Silicone, Polymere Perlglanzmittel

Es gibt Stifte mit dicken oder dünnen Minen. Dazu passend werden auch Anspitzer für dicke oder dünnen Minen angeboten.

B Eye-Liner (engl. *eye* = Auge, *line* = Linie)

Eye-Liner

Die Lidumrandung kann auch mit einem *Eye-Liner* farbig gestaltet werden. Er soll gut haften, schnell trocknen, einen dichten Farbfilm bilden und mit einem feinen Pinsel eine feine Linienzeichnung ermöglichen. Nach dem Antrocknen (innerhalb weniger Sekunden) ist er abriebfester als ein Kajalstift.

Inhaltsstoffe sind Farbpigmente, Filmbildner (z. B. *Acrylharz*), Wachse, *Silicon*, Fettalkohole, mineralisches Öl (Paraffinum Liquidum), Feuchthaltemittel, Wasser, Konservierungsstoffe, antimikrobielle Stoffe.

Acrylharz
Paraffinum Liquidum
Silicon

Bei gepressten *Eye-Linern* sind zusätzlich Füllstoffe (z. B. *Talk*) und Bindemittel (z. B. Fettsäureester) enthalten.

Talk

In der Regel werden *Eye-Liner* in verschiedenen Farben (schwarz, blau, braun usw.) flüssig/cremeförmig in kleinen Flaschen oder Hülsen angeboten. Der Verschluss ist mit einem Pinsel versehen und kann direkt zum Auftragen angewandt werden.

Es gibt sie auch in gepresster Form in kleinen Dosen, dann wird die Farbe mit einem feuchten, feinen Pinsel aufgetragen.

12

C Augenbrauenstifte

Es gibt sie zur Einfärbung der Augenbrauen mit weicher Schminkmine in den Farben braun, schwarz oder grau.

engl. *eye* = Auge, *brow* = Augenbraue, *pencil* = Stift

Sie sollen eine natürlich aussehende Nachzeichnung von Augenbrauenhärchen ermöglichen. Daher müssen Augenbrauenstifte in der Farbgebung den natürlichen Augenbrauenfarben entsprechen und gut haften. Eine feine Zeichnung der Augenbrauenhärchen ist durch eine harte Mine möglich.

Inhaltsstoffe und Anwendungsform entsprechen dem Kajalstift;
Augenbrauenstifte enthalten aber meist weniger Fette und Öle, und dadurch eine härtere Mine.

Augenbrauenpuder

Sie dienen der natürlichen Einfärbung von Augenbrauenhärchen. Sie sollen matt aussehen und gut haften.

Die **Inhaltsstoffe** entsprechen denen der Kompaktpuder. Augenbrauenpuder ist in gepresster Form in kleinen Dosen erhältlich.

Ein *Highlighter* ist ein heller, schimmernder Lidschatten mit Perlglanzeffekt. Sein „Einsatzgebiet" ist das obere Augenlid.

D Lidschattenpräparate

Sie dienen der Farbgebung der oberen Augenlider oder als farbige Kontur des Augenlidrandes. Die Lidschattenfarbe sorgt für eine Betonung oder optische Verstärkung der Augenfarbe.

Abb. 2.26: Lidschatten

Lidschattenpräparate können nass (hohe Farbintensität) oder trocken (leichte bis mittlere Farbintensität) aufgetragen werden. Lidschatten vergrößert als *Highlighter* optisch den Abstand zwischen Augenbraue und Lidrand. Gleichzeitig setzt er einen Kontrast zur Augenkontur, um diese klarer herauszuheben.

Inhaltsstoffe sind Farbpigmente (auch Perlglanzpigmente), Öle, Bindemittel, *Zinkstearat, Magnesiumstearat,* Konservierungsstoffe, Füllstoffe, UV-Filter.

Zinkstearat
Magnesiumstearat

Im **Lidschattenstift** sind zusätzlich noch Wachse (z. B. *Bienenwachs*) und Fette (z. B. *Lanolin*) enthalten.

Bienenwachs
Lanolin

In **Cremelidschatten** sind zusätzlich Emulgatoren und Wasser enthalten.

Lidschattenpuder werden lose in kleinen Dosen oder gepresst in Metallpfännchen mit/ohne Spiegel angeboten.

Cremige Lidschatten werden auch in Döschen, mit Applikator in einer Kunststoffhülse oder als Lidschattenstift mit dicker, weicher Mine angeboten.

E Wimpernfärbemittel

Sie dienen der Einfärbung und Verdichtung der Augenwimpern. (Dauerhaftes Färben von Wimpern und Augenbrauen → Kapitel 4.3.3)

12

Die Augenwimpern (lat. = *Cilia*) sind Borstenhaare, die tief im Augenlid verwachsen sind. Sie schützen den Augapfel vor Fremdkörpern, z. B. Staub, und lösen den Schließreflex bei Berührung aus.

Mascara (= Wimperntusche)

Sie soll die Wimpernhaare „tuschen", also tönen, indem sie einen Farbfilm über die einzelnen Wimpernhaare legt. *Mascara* soll lange haften, nicht verschmieren und teilweise wasserfest sein.

Inhaltsstoffe sind O/W-Emulsion, Alkohol (z. B. *Ethanol*), *Bienenwachs* (zur besseren Haftung der Masse an den Wimpern), Öle, Farbstoffe (auch z. T. Perlglanzmittel), *Isopropylmyristate* (Hautpflegestoff), *Glyzerin* (Feuchthaltemittel), *Cellulosederivate* (Filmbildner), *Tea-Stearate* (Emulgatoren), Konservierungsstoffe, antimikrobielle Stoffe, *Duftstoffe*. Bei wasserfester Wimperntusche sind zusätzlich *Silicon* und Harz/Filmbildner zur besseren Haltbarkeit der Wimperntusche bei Kontakt mit Wasser zugesetzt.

Ethanol
Bienenwachs
Isopropylmyristate
Glyzerin
Cellulosederivate
Tea-Stearate
Duftstoffe
Silicon

Die *Mascara* besteht aus einer Bürstenspirale, die in einer mit flüssiger Mascara gefüllten Hülse sitzt. So werden die Wimpern gleichzeitig bei der Anwendung gekämmt und getönt. Manche *Mascara*produkte enthalten verdichtende Substanzen, die an den Wimpern haften und bei spärlichem Wimpernwuchs für ein dichteres und längeres Aussehen der Wimpernhaare sorgen.

Neben den Grundfarben Schwarz, Braun und Blau werden auch Trendfarben, wie z. B. Lila, Hellgrün, Türkis usw., oder Fastnachtsfarben, wie z. B. Gold; Silber, Neonpink usw., angeboten.

Mascara gibt es auch als **Tuschestein** in kleinen Kästchen. Aufgenommen wird die Farbe mit einem feuchten oder trockenem Wimpernbürstchen, das auch zum Auskämmen der Wimpern verwendet wird.

5842370

2.3.6 Lippenkosmetika

Da die Lippenhaut nur von einer dünnen Hornschicht überzogen ist und kaum über Talgdrüsen verfügt, ist sie praktisch fettfrei. Feuchtigkeit erlangt sie nur über den Mundspeichel. Lippen neigen daher schnell zum Austrocknen, besonders bei entsprechender Witterung (Wind, Kälte, Sonne).

Die Lippe (= lat. *Labium*) ist eine bewegliche, wulstige, bei Menschen paarige Verdickung mit sehr dünner Hornschicht. Unter der Oberfläche liegende, durchscheinende Blutkapillaren sorgen für das typische, natürliche Lippenrot.

A Lippenkonturenstifte (engl. Synonym = *Lip-Liner*)

Er soll eine feine Zeichnung der Lippenkontur ermöglichen, farbintensiv sein und gut haften. Der Konturenstift setzt eine wächserne Schranke auf den Lippenrand, sodass Lippenglanz und Lippenstift nicht so schnell auslaufen oder sich in den Lippenrandfältchen absetzen.

Inhaltsstoffe entsprechen dem Kajalstift.

Er wird in Form von Lippenkonturenstiften (genau wie die Kajalstifte) angeboten.

B Lippenbalsam/Lippenglanz

Er soll sich weich und geschmeidig auftragen lassen, gut haften, geschmacksneutral sein oder gut schmecken (z. B. nach Früchten) und glänzend aussehen.

engl. Synonym = *Lipgloss*

Lipgloss/Lippenglanz hat die Aufgabe, die Lippen vor Austrocknung und Rissigwerden zu schützen, indem es einen Film auf den Lippen hinterläßt. Es soll außerdem die Lippenfarbe mehr oder weniger stark bzw. bei farblosen Produkten gar nicht abdecken.

Abb. 2.27: Lipgloss

Inhaltsstoffe sind Öle (auch pflanzliche z. B. Rizinusöl), *Wachse*, Fette, Filmbildner (z. B. *Polybutene*), Perlglanzmittel, Hautpflegestoffe (z. B. *Allantoin, Panthenol*), *Aromastoffe* und *Süßstoffe* (z.B. Saccharin).

Wachs
Polybutene
Allantoin
Panthenol
Aromastoffe
Süßstoffe

Als Sonnenschutz-Lippenbalsam enthalten sie zusätzlich Reflexionsmittel (z. B. Titandioxid) und UV-Filter.

Lippenbalsam oder -glanz ist in großer Farbenvielfalt als Fettstift, in kleinen Döschen oder in kleinen Tuben erhältlich. Auch Hülsen mit Schaumstoffapplikator werden angeboten.

12

C Lippenstifte

Der Lippenstift gehört zu den am meisten verwendeten dekorativen Mitteln. Seine unkomplizierte Anwendung und praktische Darreichungsform (in der Drehhülse) machen ihn zu einem unentbehrlichen Hilfsmittel, das zu jeder Tageszeit und ohne Aufwand aufgetragen oder erneuert werden kann.

Wie lange muss z. B. ein Lippenstift mindestens haltbar sein?

Farbige Lippenstifte bieten neben Schutz und Pflege die Möglichkeit zur Anfärbung der Lippen in einer gewünschten Farbe, ermöglichen eine Korrektur ungleicher Lippenform und eine Anpassung an modische Trends.

Der Lippenstift soll sich leicht auftragen lassen, in vielen Farben erhältlich sein, gut decken, glänzend oder matt aussehen, geschmacksneutral, pflegend und lange haltbar sein.

Inhaltsstoffe sind Öle, Wachse, *Fettsäuren*, Hautpflegestoffe (z. B. *Oleylalkohol*), Filmbildner, Farbstoffe/Perlglanzmittel und Abdeckpigmente (z. B. *Zinkoxid*), Parfümöle, *Aromastoffe*, UV-Filter, Wasser.

Fettsäure
Oleylalkohol
Zinkoxid
Aromastoffe

Abb. 2.28: Lippenstifte

2.4 Mini-Finish und Tages-Make-Up

Das Mini-Finish ist eine minimale *Make-up*-Form. Es wird oft nach der Kosmetikbehandlung erstellt, wenn die Kundin nicht „ohne" gehen möchte, aber auch kein Tages-Make-up wünscht.

Nach der Abschlusspflege kann die Gesichtshaut noch etwas glänzen, dann wird ein transparenter, loser Puder aufgetragen.

Für die Wimpern verwenden Sie eine Wimperntusche, so ist der Augenrand leicht betont, ohne dass ein Kajalstift oder Lidschatten aufgetragen werden muss.

Rouge kann in einer zarten Farbe auf die Jochbeinbogen dünn aufgetragen werden.

Die Lippen werden mit einem der Lippenfarbe angepassten Konturenstift umrandet und mit farblosem oder durchsichtig getöntem Lippenglanz ausgefüllt.

Das Tages-Make-up zeichnet sich durch Farben aus, die im Tageslicht natürlich wirken sollen.

Abdeckpräparate kommen zur Anwendung, darüber eine hauttongerechte Grundierung. Zur Fixierung wird ein farbloser, loser Puder eingesetzt.

Ein Lidschatten oder Highlighter betont die Augen. Ein farbiger Kajalstift betont den Lidrand. Augenbrauen (falls erforderlich) und Wimpern werden nachgetönt.

Farbige Akzente können auch durch Rouge und Lippenstift oder Lippenglanz gesetzt werden.

Das Tages-Make-up soll über mehrere Stunden haltbar und schön bleiben, z. B. wenn noch ein Berufsalltag bevorsteht.

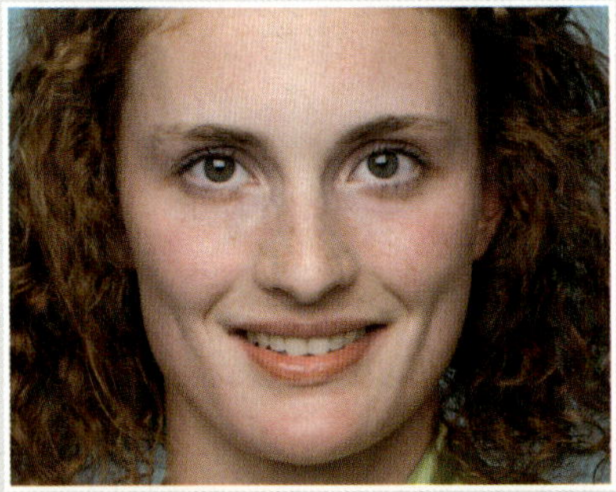

Abb. 2.29 a: Mini-Finish

Abb. 2.30 b: Tages-Make-up

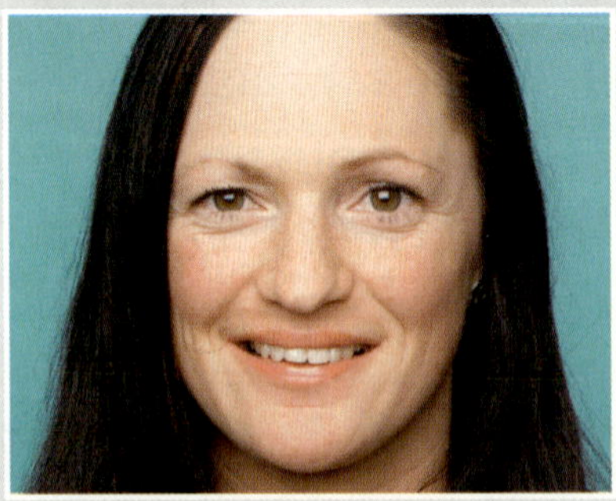

Abb. 2.29 b: Mini-Finish

Abb. 2.30 b: Tages-Make-up

A Fragen Übungen Aufgaben

1. *Was gehört zur Vorbereitung Ihres Arbeitsplatzes, bevor Sie mit dem Make-up beginnen?*
2. *Warum erleichtern Ihnen Pinsel bei der Ausführung eines dekorativen Make-ups Ihre Arbeit?*
3. *Warum ist es schwieriger, dekorative Produkte mit den Fingern aufzutragen?*
4. *Recherchieren Sie die Inhaltsstoffe eines losen Puders anhand der INCI-Deklaration und deren Funktion. Vergleichen Sie diese mit den Inhaltsstoffen eines weißen Puders im Mittelalter (17. bis 18. Jahrhundert)*
5. *Ist ein Kompaktpuder ein Fixiermittel?*
   a) *Welche Funktion erfüllt ein Fixierspray?*
   b) *Kann es auch zur Fixierung von Camouflage verwendet werden?*
6. *Wann dürfen Sie generell die Augen nicht schminken?*
7. *Welche Mittel können zur Fixierung des Lippenstiftes angewandt werden?*
8. *Kann ein Cremerouge auf bereits abgepuderte Haut aufgetragen werden? Begründen Sie Ihre Antwort.*
9. *Nennen Sie die Arbeitsmaterialien für die Erstellung eines Make-ups und deren Pflege.*
   a) *Warum muss bei der Benutzung von Arbeitsmaterialien auf die Hygiene geachtet werden (Hygienevorschriften)?*
   b) *Beschreiben Sie die Infektionswege, die hier bei der Benutzung von ungereinigten Arbeitsmaterialien auftreten können.*
10. *Erst als Sie Ihrer Kundin den Lippenstift auftragen wollen, fällt Ihnen auf, dass diese im Mundwinkel kleine, verkrustete Bläschen hat. Wie reagieren Sie? Beschreiben Sie den Dialog, wenn Sie eine Fertigstellung des Make-ups nicht mehr durchführen können.*
11. *Während des Auftragens der Grundierung stellen Sie fest, dass Ihre Kundin schuppige Flecken auf der Stirn und den Wangen hat*
   a) *Was geschieht, wenn Sie das Make-up trotzdem auftragen?*
   b) *Was können Sie tun, um das Hautbild der Kundin kurzfristig und schnell zu glätten?*
12. *Ihre Kundin hat es sehr eilig. Während des Schminkens der Augen laufen ihr die Tränen. Wie beruhigen Sie die Kundin und wie korrigieren Sie das verschmierte Augen-Make-up?*
   a) *Nach welchem Konzept lassen sich Fehler im Make-up-Auftrag korrigieren?*
   b) *Warum kann ein über den Lippenrand aufgetragener Lippenstift nicht einfach abgewischt werden?*
13. *Welcher der hier abgebildeten Farbtöne passt Ihrer Meinung nach am besten zu der Hautfarbe der Kundin?*
   Begründen Sie, warum die zwei anderen Farbtöne nicht passen.

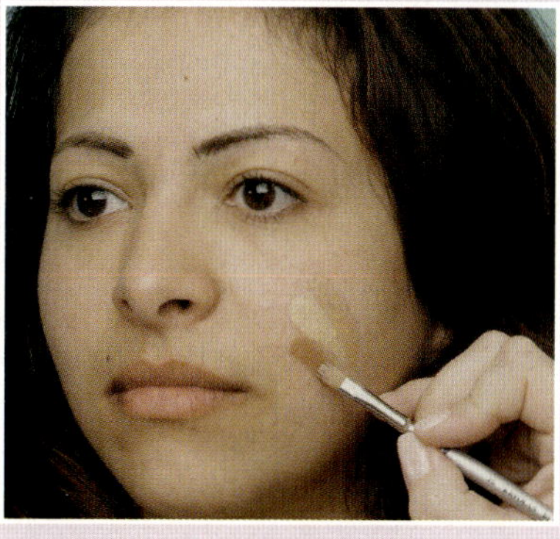

12

3 Farben und Farbberatung

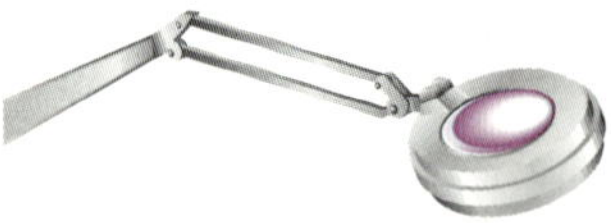

Katie führt heute eine Farbberatung im Institut durch. Ihre Kundin hat schon vor dem Spiegel Platz genommen. Katie beginnt mit dem Anlegen der farbigen Tücher aus der Winterpalette. Die Kundin hat ihre Haare blauschwarz gefärbt. Katie weiß aus ihrer Ausbildung, dass der Wintertyp schwarze Haare mit bläulichem Schimmer haben kann. Warum passen dann die aubergine- und malvenfarbenen Tücher nicht zur Haut ihrer Kundin? Diese wirkt fahl und gelblich. Auch das schwarze Tuch lässt ihre Kundin müde und blass aussehen. Katie muss noch einmal überlegen, wie sie den Farbtyp erkennen kann.

3.1 Farbwahrnehmung

Der Ausdruck „Spektralfarben" beinhaltet das Wort Spektrum (lat. *spectrum* = Erscheinung, *specere* = sehen, schauen), welches im bildungssprachlichen Bereich „reiche, vielfältige Auswahl, Buntheit und Vielfalt" bedeutet.

Farbe ist eine visuelle Wahrnehmung.

Das Farbensehen/der Farbeneindruck beim Menschen entsteht durch eine Erregung der Sinneszellen der Augennetzhaut durch die einfallende Strahlung im **Spektralbereich** des sichtbaren Lichtes.

In diesem Bereich kann der Mensch etwa 7 Millionen ***Farbvalenzen*** (Farbreize) unterscheiden. Der Farbreiz kommt zustande, wenn elektromagnetische Wellen zwischen 380 und 750 nm im Auge auf die lichtempfindlichen Stäbchen der Netzhaut treffen und diese erregen.

Der genannte Wellenlängenbereich wird als sichtbares Licht bezeichnet (→ Band A, Grundlagen-Lexikon, LICHT).

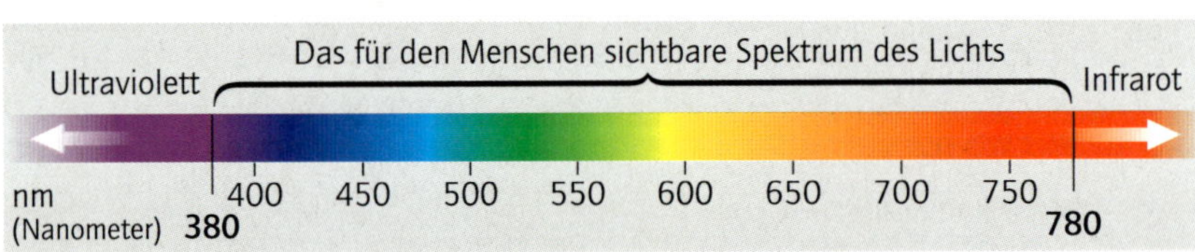

Abb. 3.1: Lichtspektrum

Außerdem löst Farbe Gefühlsempfindungen aus. Beispielsweise wird die Farbe Rot auch als warm und Energie spendend empfunden, was in der Kosmetik, u. a. im Bereich der Farblichtbehandlungen, ausgenutzt wird (→ Band C, LF 11, Kapitel 1.3).

Farbe ist Strahlungsenergie, bis sie von uns als Farbe wahrgenommen wird.

Körperfarben

Körperfarbe = Oberflächenfarbe

Wenn ein Gegenstand mit einer Lichtquelle beleuchtet wird, kann das Auge Farben erkennen. Dabei werden bestimmte Lichtstrahlen durch die an Oberflächen gebundene Farbkörper *(Pigmente)* absorbiert bzw. reflektiert. Ein weißer Körper reflektiert alle Lichtstrahlen. Ist die Oberfläche des Körpers zusätzlich sehr glatt, spricht man von einer glänzenden Oberfläche. Ein Gegenstand, der keine Farbe reflektiert sondern nur absorbiert, erscheint deshalb schwarz. Ein farbiger Gegenstand nimmt einen Teil der Farben auf und reflektiert die übrigen, so entsteht für den Betrachter z. B. das Bild eines rot geschminkten Mundes.

5842374

Die Farbwahrnehmung ist auch abhängig von der Lichtquelle:

- **Farbiges Licht** verfälscht die Körperfarbenreflexion. So sehen rot lackierte Fingernägel in blauem Licht schwarz aus. Diese Lichteffekte spielen besonders in der Fotografie (auch für die Schwarz-Weiß-Fotografie und das Foto-Make-up → Kapitel 5.4) eine große Rolle.
- **Weißes Licht** zeigt die Farbe (Lichtfarbe) unverfälscht. Es enthält die Spektralfarben, die z. B. in einem Regenbogen zu sehen sind oder wenn ein weißer Lichtstrahl durch ein Glasprisma auf ein weißes Blatt Papier gelenkt wird. Dieser Effekt ist wichtig für die Farb- und Stilberatung (→ Kapitel 3.3). Hier wird weißes Licht benötigt, damit die Farben der aufgelegten Tücher klar zu erkennen sind und nicht durch z. B. gelbliches Licht verfälscht werden.

Farbenlehre

Die Farbenlehre umfasst alle Zusammenhänge der bekannten Gesetzmäßigkeiten, die zwischen verschiedenen Farbempfindungen und den mit ihnen verknüpften Farbvalenzen sowie den sie verursachenden Farbreizen bestehen.

In der Farbenlehre unterscheidet man bunte Farben (z. B. Blau, Grün, Gelb, Rot), deren Mischungen und unbunte Farben (Schwarz, Weiß und Mischungen beider zu Grautönen).

Die **unbunten Farben** können durch ihre Helligkeitsabstufungen genau beschrieben werden (z. B. Hellgrau).

Die **bunten Farben** können mit drei Merkmalen beschrieben werden:

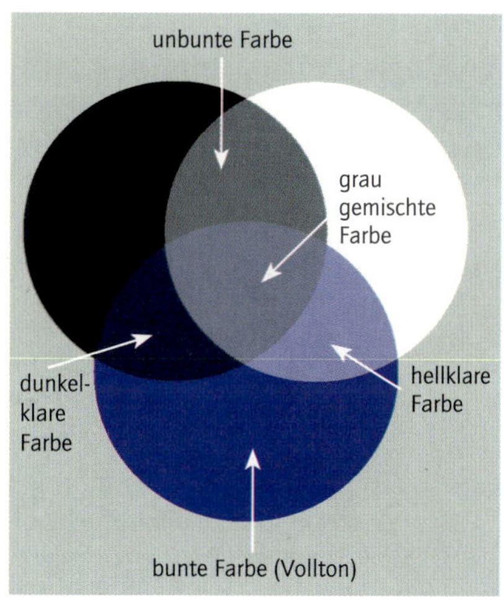

Abb. 3.2: Farbtonmischungen

- Der **Farbton** wird auch Vollton genannt. Durch diesen unterscheidet sich eine bunte Farbe von einer unbunten. Der Farbton dient zur eindeutigen Kennzeichnung einer *Farbvalenz*. Die **Farbtönung** (franz. *Nuance)* ist dann ein nach Sättigung und Dunkelstufe abgewandelter Farbton.

  Nuance

- **Helligkeit oder Dunkelstufe**

  Je größer die Helligkeit, umso größer die Annäherung an Weiß (hellkare Farbe).

  Je geringer die Helligkeit umso größer die Annäherung an Schwarz (dunkelklare Farbe).

  Die Bezeichnung „Helligkeit", sagt dann aus, wie hell bzw. dunkel eine Farbe ist. Zum Beispiel ist Orange eine Farbe mit großer Helligkeit, Dunkelbraun dagegen eine Farbe mit geringer Helligkeit.

- Mit der **Sättigung** (lat. *Intensität*) einer Farbe wird die relative Reinheit oder die Nichtvergrauung einer Farbe bezeichnet. Gelb z. B. ist eine Farbe mit starker Sättigung. Hautbraun ist eine Farbe mit schwacher Sättigung.

  Intensität

Je stärker die Sättigung der Farbe, desto geringer ist ihr Grauanteil (und umgekehrt).

Das Mischen von Farben geschieht nach unterschiedlichen Gesetzmäßigkeiten:

subtraktive Farbmischung

Werden Pigmente gemischt, absorbieren sie unterschiedliche Wellenlängen und reflektieren Mischtöne, deren Leuchtkraft abnimmt (**subtraktive Farbmischung** → Band C, LF 11, Kapitel 1.3.2). Die Grundfarben, die wir sehen, sind bei kurzwelligem Licht Gelb, bei mittelwelligem Licht *Cyan* (Türkis) und bei langwelligem Licht *Magenta* (Pink).

Für die Kosmetikerin spielt besonders in der dekorativen Kosmetik die substraktive Farbmischung eine Rolle. Sie kann damit z. B. eine neue, dunklere Farbe herstellen, indem sie mehrere Lidschattenpräparate übereinander aufträgt.

additive Farbmischung

Werden dagegen Lichtfarben über einander gestrahlt, erscheinen die ursprünglichen Farben (Rot, Grün und Blau) im Überschneidungsbereich heller (Rot und Grün ergibt z. B. Gelb) und in ihrer Gesamtheit weiß (**additive Farbmischung** → Band C, LF 11, Kapitel 1.3.2).

3.2 Farbenkreis und Farbharmonie

Der Farbenkreis nach Johannes Itten

Die von Johannes Itten vorgestellte Farbenlehre (→ Kapitel 3.3) basiert auf den Grundfarben Gelb, Blau und Rot. Sein spezieller Farbenkreis findet Anwendung in der Farb- und Stilberatung, da auch die Hautfarbe einen gelblich-rötlichen oder bläulichen Grundton zeigt (→ Kapitel 3.3.1). Daraus ergibt sich die im Folgenden erklärte Farbharmonie.

Aus den drei **Grundfarben** Rot, Gelb und Blau lassen sich alle Farben beliebig mischen. Zwei Grundfarben zu gleichen Teilen gemischt, ergeben Farben erster Ordnung **(Mischfarben).**

- bei Rot und Gelb = Orange
- bei Gelb und Blau = Grün
- bei Blau und Rot = Lila

Abb. 3.3: Zwölfteiliger Farbenkreis nach Johannes Itten

Auf der jeweils gegenüberliegenden Seite einer Farbe erster Ordnung befindet sich die **Komplementärfarbe** (lat. *complementum* = Ergänzung) z. B. Grün als Komplementärfarbe zu Rot, Orange zu Blau und Lila zu Gelb.

Aus den Grundfarben und den Farben erster Ordnung lassen sich jeweils die zwölf Farben des Farbenkreises mischen, z. B.

- Gelborange oder Rotorange
- Blauviolett oder Rotviolett
- Blaugrün oder Gelbgrün

Der Farbenkreis zeigt dann eine zwölfteilige Farbskala warmer und kalter Farben, die, je nach hauteigenem Grundton, für die Farb- und Stilberatung die jeweils harmonischen oder unharmonischen Farben vorgibt.

Aus den zwölf Farben des Farbenkreises lassen sich nach Sättigungsgrad und Helligkeit oder Dunkelstufe alle warmen und kalten Farbtöne mischen.

Die Unterscheidungen der einzelnen Farbabstufungen sind in der Farbtafel (→ Abb. 3.3) grafisch dargestellt.

Abb. 3.4:
Zwölf Grautonstufen zwischen Weiß und Schwarz und die zwölf Farben des Farbkreises mit Aufhellungen und Verdunkelungen, die den Grautonstufen im Helligkeitswert entsprechen. (Nach: Johannes Itten, „Kunst der Farbe – Studienausgabe")

Die Farbharmonie ist generell eine Bezeichnung für das Verhältnis von Farben, die zueinander (in subjektiv empfundenen) Einklang stehen.

Wird der Helligkeitsgrad berücksichtigt, entstehen harmonische **Farbfamilien** innerhalb zweier benachbarter Grundfarbtöne und deren Mischungen. Also z. B. Gelb und Rot zu Hellorange – Mittelorange – Dunkelorange (Hellrot). Dann ist der Farbton Gelb auch zu Farbton Hellorange bis Dunkelorange harmonisch. Wird auch noch der Sättigungsgrad berücksichtigt, erhält man die in **harmonischer Beziehung** stehenden Farbtönungen *(Farbnuancen).*

Harmonische Farbkombinationen entstehen in Verbindung mit der Komplementärfarbe.

Das Gefühl für harmonische Farbkombinationen ist dem Menschen offenbar angeboren, mitbestimmt durch die große Farbenvielfalt in der Natur.

Die natürlichen Farbzusammenstellungen empfinden wir oft als harmonisch, z. B. einen orange-roten Himmel während eines Sonnenuntergangs über blau-grünem Meerwasser. Das zeigt sich auch bei Farbzusammenstellungen, die Menschen aus Ihrer Umgebung oder Ihre Kunden tragen. Dabei kommt es vor, dass Ihnen die Kundin auf Anhieb sympathisch ist, Sie können aber auch das irritierende Gefühl haben, dass etwas mit den Farben, die sie trägt, nicht stimmt. Im zweiten Fall ergibt die Farbzusammenstellung keine Harmonie und stört Sie persönlich. Das sind subjektive Empfindungen, die durchaus ihre Berechtigung haben.

Die eigene Farbwahl und damit die Wahl des Aussehens oder die Darstellung der eigenen Persönlichkeit ist abhängig von der subjektiven Überzeugung:

- der Mode oder dem Modetrend folgen zu müssen
- Lieblingsfarben zu haben, die eine Stimmung, sowohl positiv (z. B. Gelb als Erinnerung an den Sommerurlaub) als auch negativ (z. B. Schwarz zur Darstellung einer Trauer), wieder hervorrufen oder diese gerade ausdrücken
- auszusehen wie ein Vorbild (z. B. die Chefin im Berufsalltag)
- die Zugehörigkeit zu einer Gruppe/Verein/Glaubensgemeinschaft darzustellen
- die Farben dem Alter anpassen zu müssen

Grundsätzlich ist der Mensch aber ein natürliches Wunder an Farben, die harmonisch zueinander passen. Die natürlichen Farben der Haut, Augen und Lippen sowie der Haare sind angeboren. Augen- und Lippenfarben sind harmonisch mit der Haarfarbe und selbst wenn sich die Haarfarbe im Laufe des Lebens verändert, vielleicht sogar grau oder weiß wird, passt sie dann immer noch zu Hauttönung und Augenfarbe.

Die eigene Farbauswahl und die natürliche Farbharmonie eines Menschen zu analysieren und zu optimieren, ist Aufgabe der Farbberatung.

3.3 Farbberatung

Die Idee der Farbberatung stammt aus Amerika, aber das Grundprinzip geht auf die Farbenlehre des Johannes Itten zurück. Seine Theorien befassten sich mit einem naturwissenschaftlich exakten, objektiv zu beobachtenden Phänomen, der Wirkung von Farben in unterschiedlicher Umgebung.

Simultankontrast

Johannes Itten (1888 – 1967) beschäftigte sich unter anderem mit dem **Simultankontrast** von Farben. Dieser entsteht, wenn das Auge längere Zeit auf eine farbige Fläche schaut. Dann entsteht automatisch im Auge des Betrachters gleichzeitig (lat. *simultan*) die Komplementärfarbe zu der angesehenen Farbe.

Für die Farbberatung bedeutet das:

- Trägt eine Kundin mit einem kühlen, bläulichen Hautton die Farbe Orange, so entsteht in Ihrem Auge ein bläulicher Simultankontrast und die Kundin erscheint Ihnen trotz des kräftigen Orangetons in der Kleidung blass, fahl, gelblich-gräulich und farblich unvorteilhaft. Trägt die gleiche Kundin aber die Farbe violett, entsteht kein Simultankontrast und Sie empfinden eine Farbharmonie zwischen der Farbe in der Kleidung und dem Hautton der Kundin.
- Trägt eine Kundin mit gelblich-rötlichem Hautton die Farbe Violett, so entsteht in Ihrem Auge Gelb als Simultankontrast. Der ungünstige Effekt ist der gleiche wie oben. Trägt diese Kundin aber die Farbe Orange, entsteht kein Simultankontrast und Sie empfinden eine Farbharmonie zwischen der Kleidung und dem Hautton der Kundin.

Bei Kleidungsstücken, die direkt an den Hals oder das Gesicht der Kundin grenzen (z.B. ein Schal), ist der Kontrast zwischen der Kleidungsfarbe und dem Hautton besonders auffällig, wenn er nicht harmoniert.

Die Grundvoraussetzung für die Einteilung in der Farbberatung in warme und kühle Farben ist die natürliche Farbe des Hautteints.

3.3.1 Hautfarbe und Farbtypeneinteilung

Die natürliche Hauttönung (→ LF 2, Kapitel 2) ist nicht veränderbar. Sie kann zeitweise etwas dunkler, also intensiver durch Sonnenbräune erscheinen oder entsprechend etwas blasser im Winter.

Der hauteigene Grundton bleibt immer gleich. Die Mischung der Hautpigmente bestimmt, ob dieser kühl und bläulich oder warm und gelblich-rötlich ist.

Ist der Hautteint gelblich-rötlich, harmonieren nur **warme** Farben mit **gelblich gemischtem** Unterton. Neben kühlen Farben verliert die natürliche Hautfarbe ihren sanft schimmernden Goldton und wirkt fahl und blass.

Ist der Hautton bläulich, harmoniert er mit **kühlen, bläulich gemischten** Farben und wirkt neben warmen Farben eher fahl und blass.

Abb. 3.5: Vergleich zwischen warmen und kalten Blautönen

Die Wirkung von Farben auf die Gesichtshaut kann positive, aber auch negative optische Eindrücke hinterlassen.

Dies betrifft sowohl die Farben der Kleidung als auch die von künstlichen Haarfarben und *Make-up:*

- Die harmonischen Farben lassen die Gesichtshaut strahlen und frisch aussehen, Unregelmäßigkeiten des Gesichts und der Gesichtshaut in Form und/oder Farbe verschwinden optisch hinter dem positiven Gesamteindruck.
- Nicht harmonische Farben lassen die Gesichtshaut wieder fahl, blass oder gelblich, oft auch müde aussehen. Unregelmäßigkeiten und Schatten werden verstärkt und führen zu einem negativen, optischen Eindruck.

In der Farbberatung wird zusätzlich eine **Einteilung nach vier Farbtypen** vorgenommen. Man geht hier davon aus, dass bestimmten Farbtypen eine Auswahl an Farben besonders gut steht, die zu einer bestimmten Jahreszeit häufig zusammen in der Natur vorkommen und miteinander harmonieren.

Die Farbtyp-Einteilung hat nichts mit dem Geburtsdatum oder der Lieblingsjahreszeit eines Menschen zu tun, sondern nur mit dessen natürlichem Farb-Erscheinungsbild.

Nach den beiden genannten Grundeinteilungen „warm" und „kühl" richtet sich auch die Grundeinteilung nach Farbtypen:

- Die Farbtypen, die in kühlen Farben am besten aussehen, gehören zu den Sommer- oder Wintertypen.
- Die Farbtypen, denen warme Farben gut stehen, gehören zu den Frühlings- oder Herbsttypen.

Innerhalb der Haupteinteilung „kühl" und „warm" gibt es noch die Unterscheidung zwischen hellen und dunklen Farbtypen bzw. kräftigen und zarten Farbtönen. So erhält man die Unterteilung in vier Jahreszeiten-Farbtypen.

Der Frühlingstyp (warm/hell)

Die Gesichtshaut ist hell, blass, transparent, mit gelblich-rötlichem Unterton. Die Sonnenbräune ist eher rötlich bis goldbraun. Die Wangen sind oft pfirsichfarben-rosig angehaucht, die Sommersprossen zeigen, wenn sie vorhanden sind, einen goldenen Ton.

Die Haarfarbe umfasst die meisten Blondtöne, reicht teilweise ins Kupferfarbene, Rötliche, auch Honigblond und Dunkelblond sind hier zu finden.

Die Augenfarbe zeigt oft einen grünen oder olivfarbenen Ton, Hellgoldbraun, aber auch Blau oder Blautürkis sind möglich.

Der Frühlingstyp kann vor allem helle, leuchtende Farben wie Lachs, Apricot, Hummerrot, auch Champagner, Beige, Wollweiß, Goldgelb, Hellbraun, kräftiges Grün, Gold-Türkis, Lindgrün tragen.

Künstliche Haarfarben für Frühlingstypen können Hellblond, Goldblond oder Kupfernuancen sein, auch Strähnen in diesen Farben sind möglich.

Nicht empfehlenswert als Haarfarbe sind alle dunklen Brauntöne und Schwarz (Blauschwarz, dunkle Kirsche usw.) sowie Aschblond.

Das Make-up des Frühlingstyps

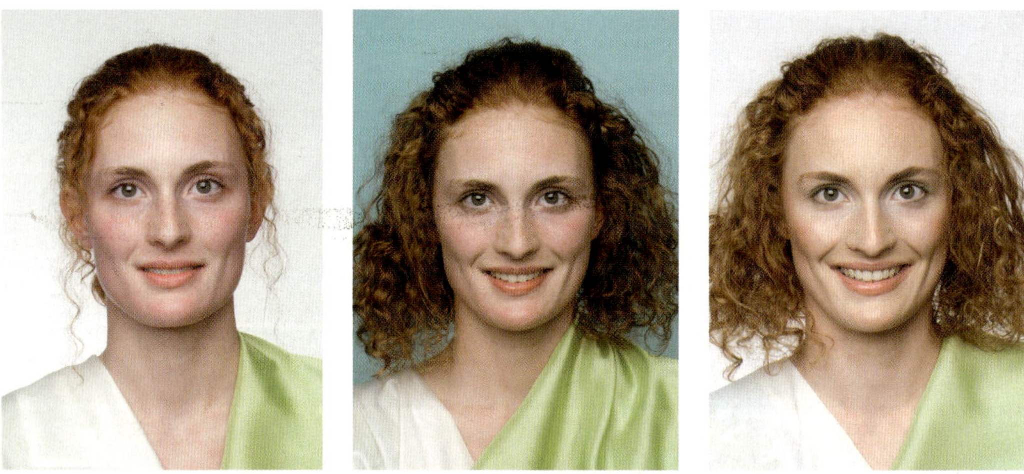

Abb. 3.6: Frühlingstyp ohne, mit Mini-Finish und mit Tages-Make-up

Die zarte Haut wird mit hell-beiger Grundierung geschminkt, welche die Sommersprossen durchschimmern lässt und den hellen Teint betont.

Die Augen werden mit champagnerfarbenem *Highlighter* grundiert und bei grünen Augen mit lindgrünem Lidschatten schattiert. Der Kajalsift setzt in Grün und Braun eine zarte Kontur, die Wimpern werden in Schwarz oder Braun getuscht.

Auf den Wangen befindet sich *Rouge* in lachsfarbenem Ton, die Lippen sind in zartem Orange konturiert und ausgefüllt.

Weitere mögliche *Make-up*-Farben für den Frühlingstyp sind:

- **Lidschatten** in Hellbraun, Hell -und Dunkelgrün, Apricot, Sand, Goldtürkis
- ***Rouge*** in Orange, Hellbraun, Lachs, Apricot
- **Lippenstift** in Orange, Gold, Hell- bis Mittelbraun, Apricot, Lachs, Hellrot

Accessoires

Accessoires (franz., Zubehör), Schmuck und Brille in Gold oder warmen, hellen Farbtönen sind empfehlenswert.

Der Sommertyp (kühl/hell)

Die Gesichtshaut ist blass mit leicht bläulichem oder rosigem Teint, kann aber auch eine Olivnuance aufweisen. Die Sommersprossen zeigen, falls vorhanden, einen graubraunen Ton. Die Sonnenbräune wirkt – außer bei den ganz hellen Sommertypen – eher haselnussbraun.

Die Haarfarbe reicht von Platinblond bis zu allen Schattierungen des Aschblond, Mittelbraun und Dunkelbraun.

Die Augenfarbe der Sommertypen lässt sich oft als rauchig (z. B. Graublau, Hellblau, Grau usw.) oder als leicht „verhangen" bezeichnen. Das Weiß des Auges ist nicht so kontrastreich und klar zur Iris abgesetzt.

Der Sommertyp kann vor allem schimmernde Pastellfarben, wie Rosa, Pink, Lila, Flieder, Hellblau, Grau, Weiß und Silber tragen.

Künstliche Haarfarben für Sommertypen können Weißblond, auch Mittelblond und Dunkelblond sowie Hellbraun sein, möglich sind z. B. auch Strähnchen in Weißblond.

Nicht empfehlenswerte Haarfarben sind alle dunklen Brauntöne sowie Schwarz (Blauschwarz, dunkle Kirsche usw.) und alle rötlichen Haarfarben (z. B. Kupfer, Mahagoni).

Das Make-up des Sommertyps

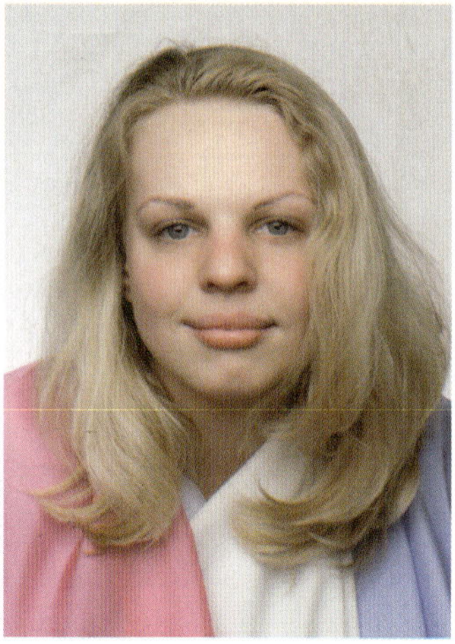

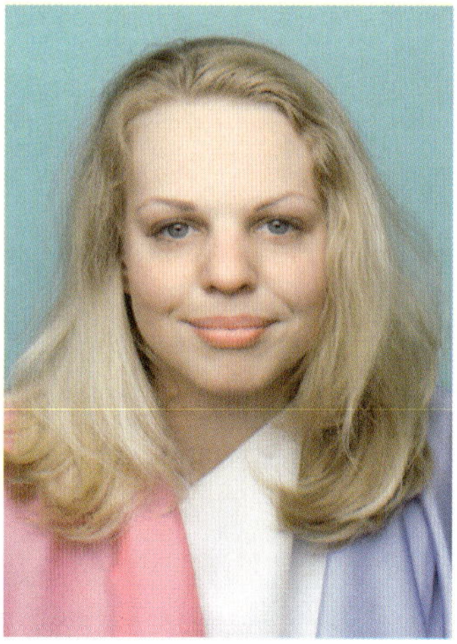

Abb. 3.7: Sommertyp ohne, mit Mini-Finish und mit Tages-Make-up

Bei dem abgebildeten Modell ist die Grundierung in einem hellen, zarten Beigeton, der zur Haut passend ausgesucht wurde. Die Augen sind mit Hellblau und Weiß schattiert, die Wangen mit rosafarbenem *Rouge* betont und die Lippen mit pinkfarbenem Kontur- und Lippenstift geschminkt.

Weitere mögliche *Make-up*-Farben für den Sommertyp sind:

- **Lidschatten** in Flieder, Rosa, Silber, Grau, Hellblau, Blaugrün, Lila, Weiß, Blaugrün
- ***Rouge*** in Zartrosa bis Pink
- **Lippenstift** in Weißrosa, Rosa, Pink, Flieder, Violett, Pflaume

Accessoires

Accessoires, Schmuck und Brille in Silber und in kühlen, hellen Farben sind empfehlenswert.

Der Herbsttyp (warm/dunkel)

Die Gesichtsfarbe ist gelblich-rötlich, ein warmer Ton, sie kann aber auch blass und „durchsichtig" mit goldenen oder rötlichen Sommersprossen sein.

Die Haarfarbe umfasst alle goldroten Töne bis Kastanienbraun, kann aber auch mittel- bis dunkelblond sein.

Die Augen können braun, teilweise mit goldenen Sprenkeln, goldbraun, olivgrün oder petrolfarben sein.

Der Herbsttyp kann alle dunklen, kräftigen Erd- und Brauntöne tragen sowie Olivgrün, Sand, Ockergelb, Dunkelrot und daraus Ton-in-Ton-Abstufungen und sanfte Farbübergänge (z. B. Hellbraun und Mittelbraun).

Künstliche Haarfarben können von Hellbraun, Mittelbraun, Dunkelbraun bis Mahagoni und Goldbraun reichen, auch Strähnen in Goldblond oder Mahagoni sind möglich.

Nicht empfehlenswert sind Weißblond, Aschblond, Schwarz (Blauschwarz, dunkle Kirsche usw.) und kalte Rottöne wie Rubinrot.

Das Make-up des Herbsttyps

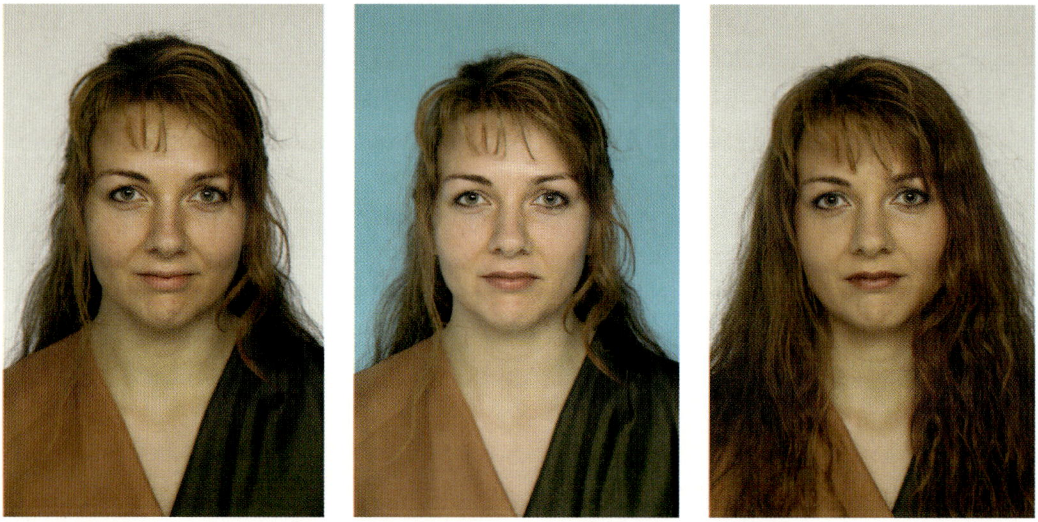

Abb. 3.8: Herbsttyp ohne, mit Mini-Finish und mit Tages-Make-up

Bei dem abgebildeten Modell ist eine beigefarbene Grundierung aufgetragen, die Augen mit apricotfarbenem Lidschatten aufgehellt und eine feine Kontur mit bräunlichem Lidschatten gezogen. Die Wangen erhalten ein bräunliches *Rouge* und der Lippenstift ist in einem warmen, blassen Orangeton gewählt.

Weitere mögliche *Make-up*-Farben für den Herbstyp sind:

- **Lidschatten** in Goldbraun, Hellbraun, Dunkelbraun, Olivgrün, Dunkelgrün, Champagner, Gold
- ***Rouge*** in Brauntönen oder auch Orange
- **Lippenstift** in Brauntönen, Gold, Mahagoni, Dunkelrot, Orange

Accessoires, Schmuck und Brille in Gold und warmen, dunklen Farbtönen sind empfehlenswert.

Der Wintertyp (kühl/dunkel)

Der Wintertyp zeigt oft einen sehr hellen Teint, aber auch ein olivfarbener Hautton ist möglich.

Falls Sommersprossen vorhanden sind, zeigen diese einen graubraunen Ton.

Die Haarfarbe umfasst schwarze bis blauschwarze, schwarzbraune oder dunkelbraune Töne.

Die Augenfarbe ist kräftig und intensiv, z. B. Eisblau oder Veilchenblau kommen vor, aber auch Graubraun. Fast immer ist kontrastreiches, klares Augenweiß zu erkennen.

Der Wintertyp kann vor allem die kontrastreichen, klar abgegrenzten Farben, wie z. B. Marineblau, kombiniert mit Weiß oder Schwarz, tragen.

Künstliche Haarfarben sind in Blauschwarz, dunkler Kirsche, Aubergine, Schwarz, Dunkelbraun, Aschblond zu empfehlen. Nicht empfehlenswert dagegen sind Hellblond, Kupfer- und warme Rottöne (z. B. Mahagoni).

Das Make-up des Wintertyps

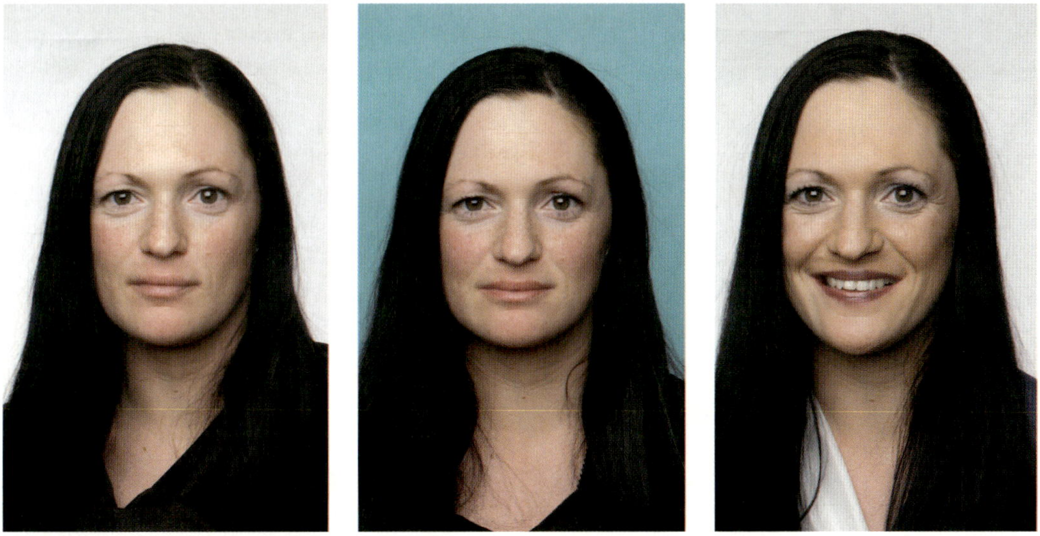

Abb. 3.9: Wintertyp ohne, mit Mini-Finish und mit Tages-Make-up

Bei dem abgebildeten Modell mit fast braungrauen Augen ist die Gesichtshaut mit einer beigfarbenen Grundierung abgedeckt. Die Augen sind kräftig betont mit *Highlighter* und dunkelblauem Kajal. Das *Rouge* zeigt einen Altrosaton, die Lippen sind mit einem mauvefarbenen Konturenstift und Lippenstift konturiert und ausgefüllt.

Weitere mögliche *Make-up*-Farben sind:

- **Lidschatten** in Silber, Grau, Dunkelgrau, Mittelblau, Dunkelblau, Blaugrün, Weiß, Pflaume
- ***Rouge*** in Pink, Altrosa, Violett
- **Lippenstift** in Himbeere, Dunkelrot, Pflaume, Violett, Pink

Accessoires, Schmuck und Brille in Silber und dunklen Farbtönen sind empfehlenswert.

Die Mischtypen

Der Hautton in seiner ursprünglichen Farbe mit warmem oder kühlem Unterton ist nicht veränderbar.

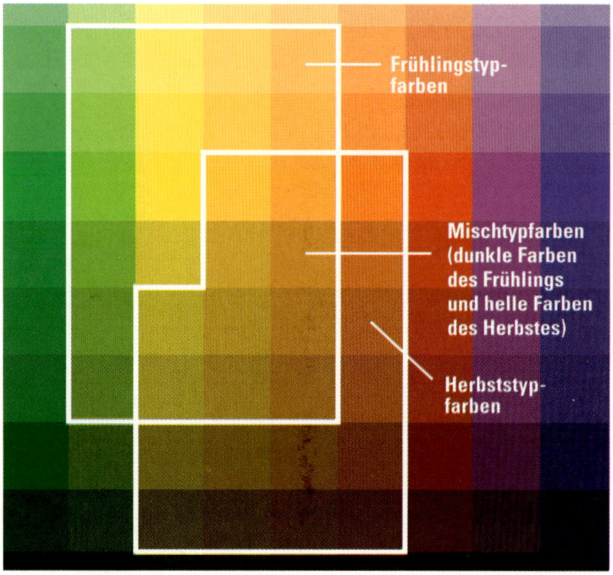

Abb. 3.10: Mischtypenfarben Frühling und Herbst

Aber es gibt bei der Farbtypeneinteilung oft Überschneidungen zwischen hellen und dunklen, Warm- oder Kalt-Farbtypen. Das bedeutet für die Farbberatung, dass Sie manchmal einen Farbtyp haben, der aus der klassischen Jahreszeiten-Farbeinteilung herausfällt. Mischtypen können aus der Auswahl der Farben innerhalb eines Jahreszeitentyps die dunkleren Farben tragen und zusätzlich die hellen Farben aus dem passenden anderen Warm- oder Kalt-Farbtyp.

Am **Beispiel eines Frühlingstyps** bedeutet dies:

Aus der Farbkarte stehen dieser Kundin die dunklen Frühlingsfarben und zusätzlich aus der Farbkarte des Herbsttyps die hellen Farbtöne zur Verfügung. Diese Kundin kann dann ihre Kleidung, ihr *Make-up* und ihre Haarfarbe aus den entsprechenden Bereichen beider Farbtypen gestalten.

In der → Abbildung 3.11 ist ein **Mischtyp Frühling/Herbst** dargestellt. Das Modell trägt Tücher aus der Farbpalette des Frühlingstyps in den Farben Champagner und Organe. Diesem Modell stehen aber auch die Farben aus der Herbstpalette, nämlich Sandbraun und Bordeauxrot. Passend dazu sind auch die jeweiligen *Make-up*-Farben eines Tages- und eines Abend-*Make-ups* gestaltet.

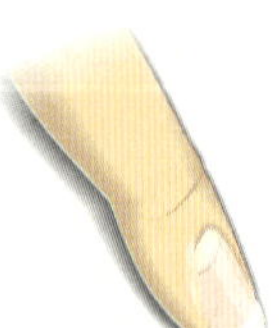

Bei Mischtypen hilft nur: austesten!

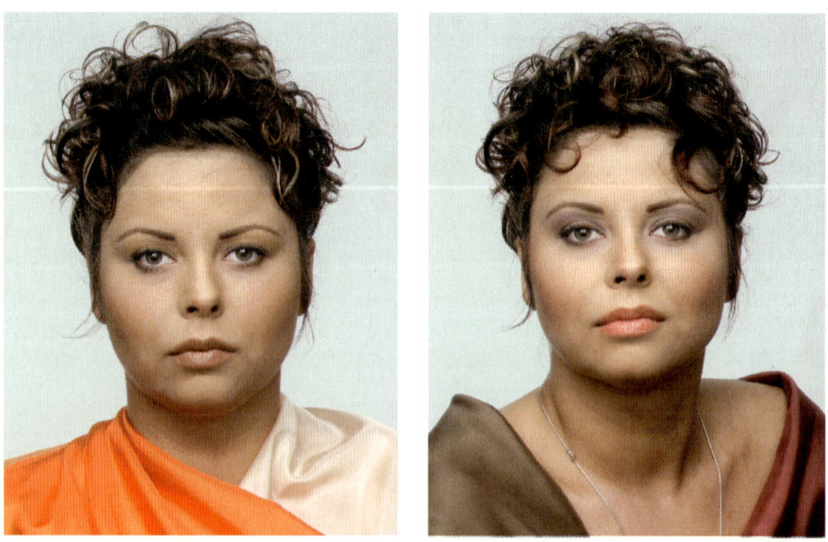

Abb. 3.11: Mischtyp Frühling- und Herbstfarbtyp

5842384

3.3.2 Professionelle Farbberatung

Für den professionellen Gebrauch wird das Austesten und Feststellen des Farbtyps von vielen Firmen in Seminaren unterrichtet.

Die dabei durchgeführte Farb- und Stilberatung umfasst dann nicht nur die Farbtypenbestimmung, sondern auch die Zusammenstellung der Kleidung in Form (nach Körpergröße und Figur) und Farbe, die passenden *Accessoires* in Größe, Farbe und Form, die Brillen (falls vorhanden) in Farbe und Form und die Frisur in Farbe und Form.

Das Austesten des Farbtyps erfolgt vor einem Spiegel und wird am besten in Fensternähe bei Tageslicht durchgeführt. Wenn Kunstlicht verwendet werden muss, sollten, wie für dem Schminktisch, nur reinweiße Glühbirnen oder Leuchtstoffröhren verwendet werden.

Warum kann kein gelblich-weiches Licht zum Austesten verwendet werden?

Das Gesicht wird ungeschminkt betrachtet. Der Kundin werden nach unterschiedlichen Systemen farbige Stofftücher **(Farbtücher)** oder Farbkarten nacheinander umgelegt oder an das Gesicht angehalten.

Meistens sind die Tücher oder Karten vierfach nach Jahreszeiten-Farben geordnet, wobei z. B. ein Grünton sowohl in **hell/warm** (für den Frühling), in **dunkel/warm** (für den Herbst), in **hell/kalt** (für den Sommer) und in **dunkel/kalt** (für den Winter) vorhanden ist. Nacheinander wird so die Wirkung der Farben auf das Gesicht getestet.

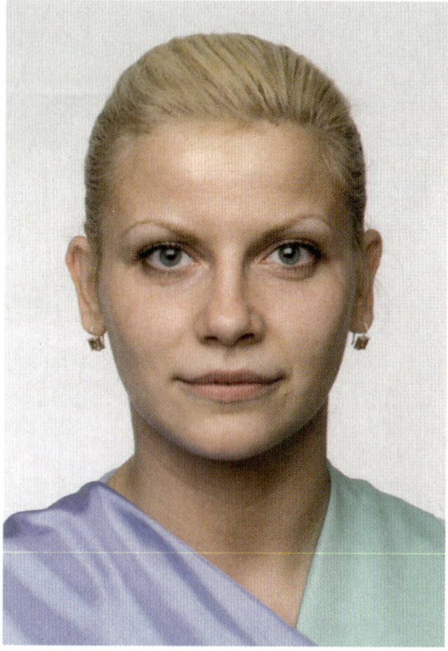

Abb. 3.12: Sommerfarbtyp

Ist eine Einteilung erfolgt, kommen noch einmal innerhalb des Farbtyps weitere Farbtücher oder -karten zur Anwendung, die entsprechende **harmonische Kombinationen** in der Farbzusammenstellung nach dem Jahreszeitentyp austesten.

In der Beratung werden die **Grundfarben und die Kombinationsfarben** von Ihnen zusammengestellt und empfohlen, nach denen später die Kleidung farblich kombiniert werden soll. Es erfolgt danach die *Make-up*-Beratung nach Farbtyp und die Empfehlung der entsprechenden *Accessoires,* in denen sich ebenfalls Farbtöne aus der passenden Farbfamilie wiederfinden.

Anschließend wird eine **Farbkarte** für die Kundin ausgefüllt. Diese enthält eine Auswahl der passenden Farben von ganz hellen bis zu dunklen Tönen innerhalb der Farbharmonie, meist in Stoffmustern (bis zu 45 Stück), die in eine klappbare Kartonkarte eingeklebt sind. Mit Hilfe dieser Farbkarte kann die Kundin unterscheiden, ob Farben warm oder kalt sind bzw. dann harmonisch zueinander passen. Auf der Rückseite der Farbkarte befinden sich – je nach Hersteller – Spalten für die passenden *Make-up*-Farben, *Accessoires,* Brillen, Schmuck, usw.

Erlernen Sie die Farb- und Stilberatung in einem Seminar. Es gehört viel Übung dazu, den richtigen Farbtyp zu erkennen.

Farb-, Stil- und Imageberater/-in

Info

Aufgaben und Tätigkeiten im Überblick

Farb-, Stil- und Imageberater/-innen sind bei verschiedenen Unternehmen und Geschäften des kosmetischen Bereichs (zum Beispiel Schönheitsfarmen oder Institute für Ganzheitskosmetik und Gesichtsgestaltung) tätig, in der Wirtschaftswerbung, beim Werbefernsehen, bei Kosmetikherstellern, im Messewesen oder bei Veranstaltern von Modenschauen. Aber auch bei Banken, Schulungsinstituten und Ausbildungsstätten oder in der Politik bieten sich Beschäftigungsmöglichkeiten.

Farb-, Stil- und Imageberater/-innen ermitteln zunächst den „Farbtyp". Bei der Farbtypfeststellung werden die Kunden nach besonderen Kriterien einer bestimmten Jahreszeit zugeordnet (Frühling-, Sommer-, Herst- und Winterfarben).

Danach erstellen Farb-, Stil- und Imageberater/-innen eine Gesichtsanalyse und geben Tips für Frisur, Haarfarbe und zum Beispiel Brille.

Auf Wunsch schminken Farb-, Stil- und Imageberater/-innen die Kunden entsprechend der Analyse und Zuordnungsergebnisse. Sie beraten auch in Bezug auf den Kleidungsstil für berufliche und private Anlässe. Gelegentlich bieten sie auch Figuranalysen an mit Tipps zur Schnittführung der Kleidung.

Außerdem widmen sich Farb-, Stil- und Imageberater/-innen dem Auftreten ihrer Kunden und raten zu konkreten Verhaltensweisen wie z. B. in Bezug auf Tischsitten bei Geschäftsreisen oder den Umgang mit Geschäftspartnern.

Farb-, Stil- und Imageberater/-innen haben die Möglichkeit, sich selbstständig zu machen.

Zugang

Häufig sind Farb-, Stil- und Imageberater/-innen ausgebildete Kosmetiker/-innen. Zugang haben aber auch Friseure/Friseurinnen, Friseur-Kosmetiker/-innen, Maskenbildner/-innen oder Modeberater/-innen. Entsprechende Kenntnisse werden auch in speziellen Seminaren oder Kursen vermittelt.

12

A Fragen Übungen Aufgaben

1. *Wie kann der Mensch Farbe wahrnehmen und was ist Farbe?*
2. *Was ist der Unterschied zwischen hellklaren und dunkelklaren Farben?*
3. *Was sind „harmonische Farben"? Nennen Sie einige Beispiele.*
4. *Der natürliche Hautton des Menschen ist angeboren. Mit welchen kosmetischen und dekorativen Mitteln kann er farblich verändert werden?*
5. *Wie wird die professionelle Farbberatung durchgeführt?*
6. *Welche Qualität hat das Austesten, wenn es in einem Kaufhaus ohne Tageslicht durchgeführt wird?*
7. *Beschreiben Sie die Merkmale eines Sommertyps.*
8. *Ihre Kundin trägt das Haar blauschwarz gefärbt. Nach dem Austesten ist Ihnen klar, dass Ihre Kundin ein Frühlingstyp ist.*
   a) *Beschreiben und notieren Sie den Dialog, in dem Sie Ihre Kundin davon überzeugen, dass sie Ihre Haarfarbe ändern sollte.*
   b) *Markieren Sie dann in Ihrem Text farbig die verschiedenen Fragetechniken und benennen Sie diese.*
9. *Beschreiben Sie ein Tages-Make-up (inklusive Farbauswahl) für einen Wintertyp.*

5842386

4 Techniken der Modellage und Camouflage

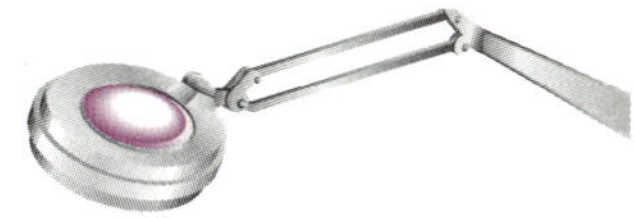

Katie zupft gerade die Augenbrauen ihrer Kundin. Diese ist besonders nett und Katie unterhält sich gerne mit ihr, während sie arbeitet. Da ihre Kundin eng zusammenstehende Augen hat, korrigiert Katie die Form der Augenbrauen etwas nach außen. Sie erzählt und lacht mit der Kundin, während sie zupft und zupft ...! Da wird ihr klar, dass sie nicht kontrolliert hat, wie weit sie schon Härchen innen von der Augenbraue weggenommen hat. Jetzt fehlen rechts und links innen je ein Zentimeter Haar! Die muss sie jetzt mittels eines Augenbrauenstiftes korrigieren, aber wie?

4.1 Gezieltes Abdecken – Camouflage

Manchmal ist es in Ihrer Berufspraxis erforderlich, dass Sie mit Modellage-, Abdeck- und Aufhelltechniken Korrekturen vornehmen.

Die Anwendung der ***Camouflage*** mit starker Deckkraft **(40 – 45 % Pigmente)** erfordert Übung und die genaue Kenntnis der Farbmischungen.

Camouflage = Schminktechnik zur Abdeckung und Ausblendung von Hautanomalien.

In der Regel ist die *Camouflage* in einer Palette, ähnlich der eines Malkastens, mit mehreren Farbtönen kombiniert. Diese sind notwendig, um den genauen Hautton zu treffen.

Diese so genannte medizinische *Camouflage* wird zur Fixierung mit einem speziellen Fixierpuder abgepudert. Nach der Einwirkzeit von 5 Minuten wird der überschüssige Puder mit einer weichen Bürste vorsichtig abgestreift. Die Abdeckung ist dann abriebfest, wasserfest und schweißbeständig.

Abb. 4.1: *Camouflage*-„Malkasten"

Es werden auch Produkte für die Abdeckung der Körperhaut angeboten, z. B. zur Abdeckung der Hände. Diese müssen laut Herstellerangaben nicht abgepudert werden.

Zusätzlich kann die *Camouflage* danach mit einem Fixierspray haltbar gemacht werden. Das Fixierspray ist mit einem UV-Sonnenschutzfilter Faktor 30 ausgestattet und bietet einen ausgesprochen wirkungsvollen Lichtschutz. Farbige, dekorative Produkte, wie Lidschatten usw., können dann über der *Camouflage* aufgetragen werden.

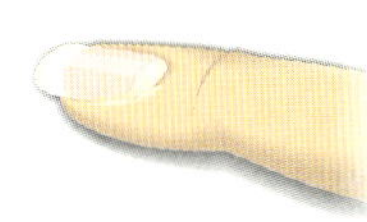

Mit Camouflagetechnik arbeiten Sie z. B. auch, wenn die Nase durch Unfall, Operation, Narben oder farbliche Hautveränderungen dem übrigen Hautrelief und dem Hautton angepasst werden muss (→ Kapitel 1.2.4).

Anwendung

Die Haut muss vor der Anwendung gereinigt und fettfrei sein.

Aus den verschiedenen Farbtönen des „Haut-Malkastens" wird am besten bei Tageslicht der richtige ausgesucht oder gemischt.

Die Farben können gemischt oder übereinander getupft werden.

Ist das abzudeckende Hautareal dunkel, wird zuerst ein hellerer Ton aufgetragen und danach der hauttypische Farbton.

Die abzudeckende Hautstelle wird ca. 2 cm über den Rand hinaus abgedeckt, die Ränder lassen Sie auslaufen. Dann wird fixiert und nach Bedarf weitergeschminkt.

Die medizinische *Camouflage* kann mit einem ölhaltigen Reinigungspräparat (nach Herstellerangaben) entfernt werden.

Sonderfälle

Für tief einfallende Narben, z. B. nach einer Gesichtsoperation, wenn Gewebe tief entfernt werden musste, wird auch ein spezielles Hautplastikum angeboten (z. B. von der Firma Kryolan).

Die wachsartige Masse wird in kleinen Stücken geknetet und in die Vertiefung eingepasst, sodass keine Ränder überstehen. Sie füllt die Vertiefung aus und ermöglicht anschließend einen gleichmäßigen Auftrag der *Camouflage.*

Zwischen medizinischer *Camouflage* und Make-up gibt es die Zwischenstufe des ***Camouflage light*** (engl., *leicht*) mit einem ***Pigmentanteil von 30 – 35 %.***

Diese findet Anwendung für weniger stark ausgeprägte Hautveränderungen, die sich auch farblich nicht so intensiv von der Haut abheben, wie z. B. ältere Narben, die weniger Rötung zeigen. Die Vorgehensweise ist die gleiche wie bei der medizinischen *Camouflage.*

Die *Camouflage light* kann auch für die im folgenden Kapitel erklärten Modellagetechniken verwendet werden.

4.2 Modellagetechniken für das Gesicht

„Modell" leitet sich ab von dem italienischen Wort *Modello* (oder auch von lat. *modullus* = Muster, Entwurf, Vorbild, Beispiel).

Die Modellagetechnik dient dem Ausgleichen der gegebenen Konturen und deren Annähern an die symmetrische oder ideale Gesichtsform.

Bevor Sie Ihre Kundin schminken, sollten Sie deren Gesichtsproportionen genau betrachten und danach eine Modellage gestalten. Betrachten Sie dafür zuerst die Drittel-Einteilung des Gesichtes nach der Abbildung 1.9 → Kapitel 1.2.2.

Weicht ein Drittel für Sie auffällig von der Gleichmäßigkeit ab, können Sie hier einen Ansatzpunkt für eine Modellagetechnik finden:

- Ist das obere Drittel mit der Stirn länger als die beiden anderen, haben Sie eine hohe Stirn vor sich, die Sie optisch etwas verkürzen können.
- Ist das untere Gesichtsdrittel länger als die beiden anderen, haben Sie ein langes Gesicht vor sich, das Sie vom Kinn aus optisch etwas verkürzen können.

Sie können in Länge, Breite und Fläche des Gesichts modellieren, indem Sie optisch verkürzen, verlängern, Konturen setzen oder zurücknehmen.

Modellagetechniken werden in der dekorativen Kosmetik angewandt, um:

- Regelmäßigkeiten des Gesichtes zu betonen und hervorheben, z. B. eine gleichmäßige Lippenform

- Unregelmäßigkeiten oder überbetonte Gesichtsformen (etwa stark ausgeprägte Wangenknochen) optisch auszublenden und zurückzunehmen
- Unregelmäßigkeiten einzelner Gesichtskonturen auszugleichen

Entscheiden Sie immer erst nach der genauen Betrachtung des Gesichts Ihrer Kundin, welche Korrekturen Sie vornehmen möchten und wie intensiv diese vorgenommen werden sollen. Setzen Sie Schwerpunkte auf die auffälligsten zu modellierenden Gesichtkonturen. Vermeiden Sie Übertreibungen in Form und Farbe.

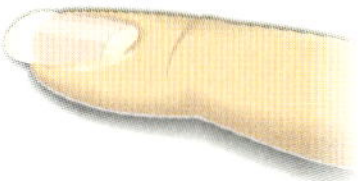

Durch verschiedene Farbtöne der Grundierung und des Rouge lassen sich bestimmte Teile des Gesichtes hervorheben und betonen oder schattieren und abschwächen.

Generell gilt, dass helle Farben in der Grundierung, bei Puder, Lidschatten und Rouge, betonen und ins Licht rücken. Dunkle Grundierung, Puder und Rouge rücken in den Schatten und lassen zurücktreten oder unauffällig erscheinen.

So können optische Veränderungen der Gesichtsform und ihrer „Elemente" Stirn, Augen, Nase, Mund, Wangen, Kinn vorgenommen werden und Abweichungen von der „Idealform des Gesichts" abgeschwächt und/oder ausgeglichen werden.

Kräftig ausgeprägte Gesichtsformen, wie z. B. sehr breite Wangenknochen oder ein Doppelkinn werden mit einer dunkleren Abdeckcreme abschattiert, sodass sie optisch zurücktreten.

Linien, Falten oder tief liegende Gesichtsteile (z. B. eine fliehende Stirn) dagegen werden aufgehellt, sodass sie aus dem „Schatten heraustreten".

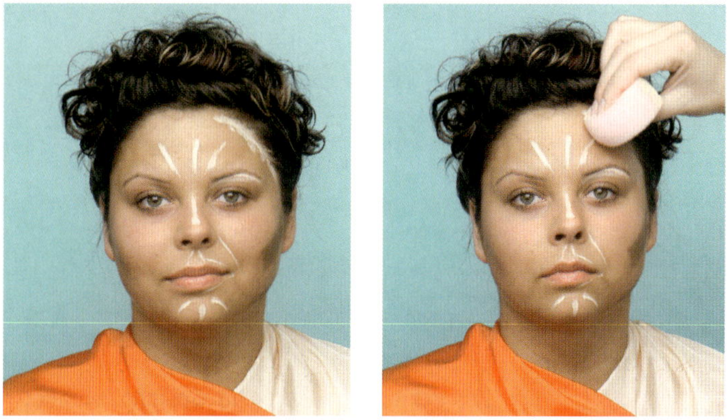

Abb. 4.2 a – e: Modellagetechnik

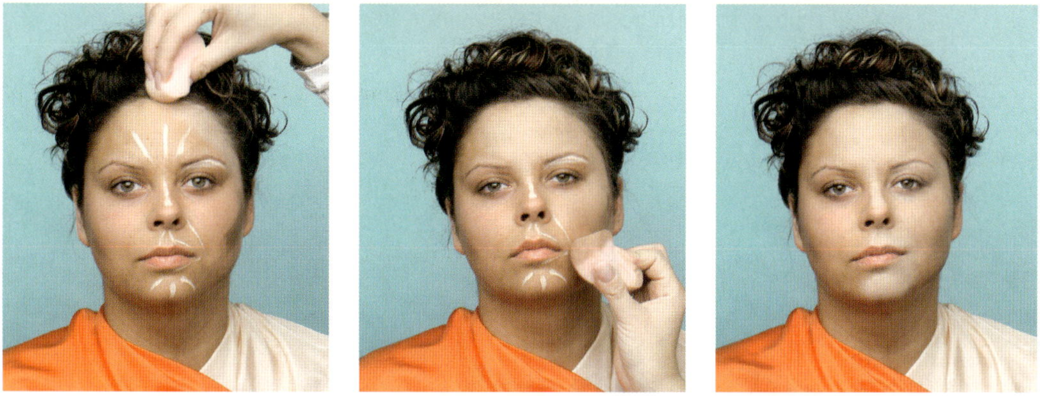

4.2.1 Modellage der Gesichtsformen

Bei allen Modellanwendungen ist darauf zu achten, dass die angewandten Farbnuancen nicht zu stark voneinander abweichen, Korrekturen nur minimal vorgenommen und Farbschattierungen gut verwischt werden.

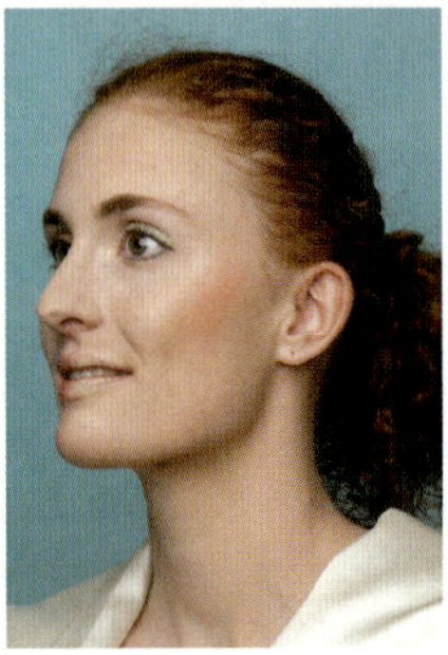

Abb. 4.3: Modellage und Rouge

Mithilfe von Abdeckpräparaten (→ Kapitel 2) werden Unregelmäßigkeiten zuerst entsprechend farblich angeglichen. Danach wird die Gesichtshaut durch Verwischen des Abdeckpräparates und eventuell zusätzlich mit einer Grundierung getönt, sodass ein gleichmäßiger Hautton entsteht. Darüber kann dann ***Rouge* zu Modellagezwecken** aufgetragen werden.

Das *Rouge* wird nach folgenden Grundregeln verwendet: Der Winkel, in dem *Rouge* aufgetragen wird, bestimmt, ob das Gesicht breiter, flächiger oder schmaler wirkt.

Je horizontaler das Rouge aufgetragen wird, umso mehr verbreitert es optisch die Fläche der Wangen, je diagonaler/vertikaler es aufgetragen wird, um so schmaler wirkt die Fläche.

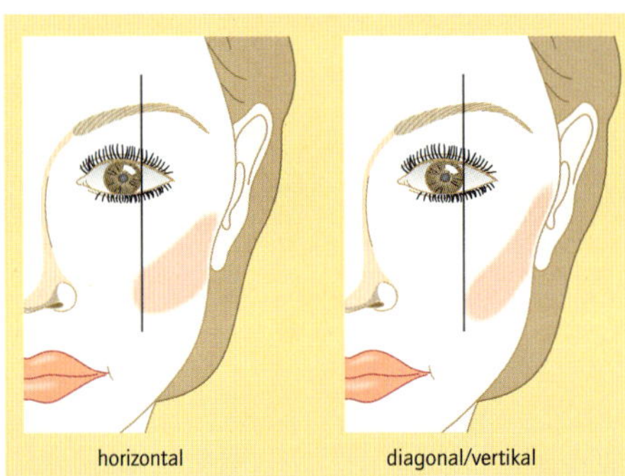

Abb. 4.4: Auftrageformen von Rouge

Rouge sollte nicht weiter in das Gesicht hineinragen als bis zum äußeren Rand der Iris, und nicht tiefer als innen bis auf Höhe der Nase und außen bis zum Ohrläppchen.

Die klassische Auftrageform entspricht einem oval verlaufenden, länglichen Kommazeichen, wobei das schmale Ende in Richtung der Schläfen ausläuft.

Das eckige/quadratische Gesicht zeichnet sich durch kräftig ausgeprägte Kieferknochen und die etwas kantige Stirn aus. Für eine weichere Gesichtsform sorgt ein dunklerer Abdeckton, auf die seitlichen Kieferknochen und auf die Stirnränder sowie über die Schläfen verteilt aufschattiert.

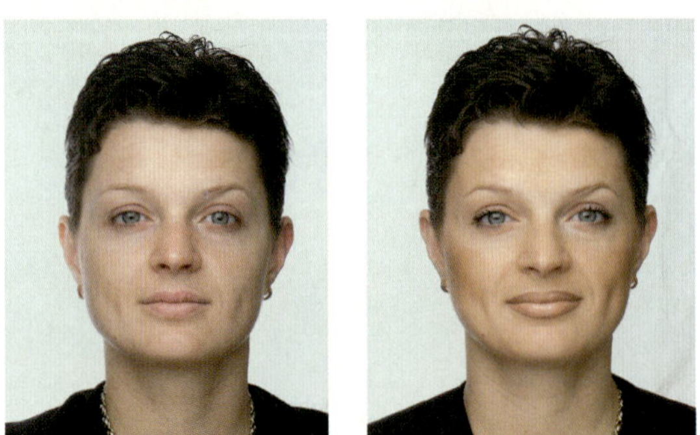

Abb. 4.5: Modellage der eckigen/quadratischen Gesichtsform

Rouge wird zur Aufhellung seitlich in Richtung der Nasenflügel aufgetragen, um so optisch einen „Keil" zur Unterbrechung der geraden Seitenlinie aufzutragen.

5842390

Das runde Gesicht muss Konturen aufschattiert bekommen, um die Fläche zu begrenzen. Es werden dazu am Kieferknochen dunkle Schatten gesetzt, um diese Gesichtspartien etwas zurückzunehmen. Die Stirn wird aufgehellt und so optisch verlängert.

Kontur setzt dann ein **keilförmig aufgetragenes *Rouge*** unterhalb des Wangenknochens, das die runden Wangen streckt und unterbricht.

Auf der Nase kann ein heller Abdeckstift den Nasenrücken hervorheben, ebenso ein heller Punkt auf dem runden Kinn.

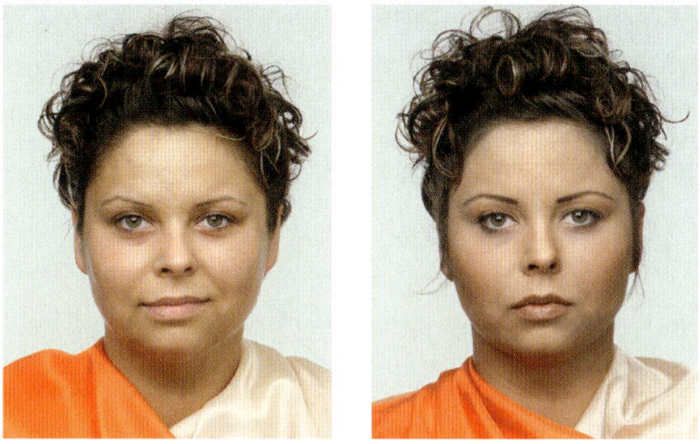

Abb. 4.6: Modellage der runden Gesichtsform

Das lange/ovale Gesicht wird optisch verkürzt, indem es in Höhe der Wangen eine dunkle Grundierungskontur zur Unterbrechung der geraden Linie erhält. Die Stirn wird unter dem Haaransatz dunkel abschattiert, ebenso wird das Kinn dunkel zurückgenommen.

Die gerade Linie der Wangen wird in der Hälfte dunkel schattiert und darüber zur Betonung ein **heller *Rouge*ton** aufgetragen.

Ist eine lange Nase vorhanden, kann diese optisch verkürzt werden, indem Sie die Nasenwurzel dunkel schattieren (evtl. auch die Nasenspitze).

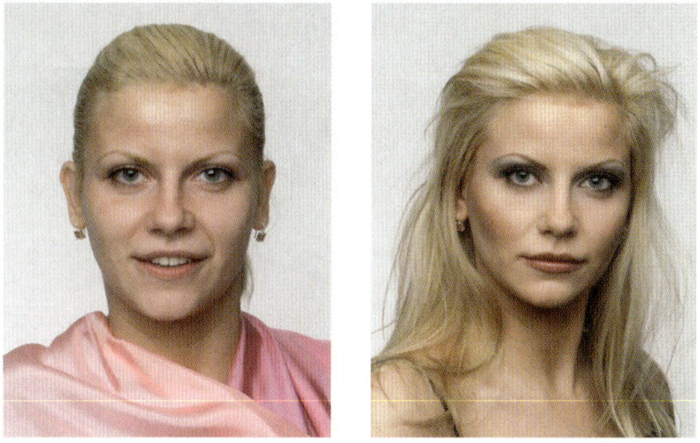

Abb. 4.7: Modellage der langen/ovalen Gesichtsform

Das dreieckige Gesicht muss im oberen Gesichtsdrittel schmäler gestaltet und im unteren Gesichtdrittel betont und hervorgehoben werden.

Dazu legen Sie seitlich auf der Stirn dunkle Schattierungen auf und im Gegenzug dazu eine helle Schattierung auf dem Kinn.

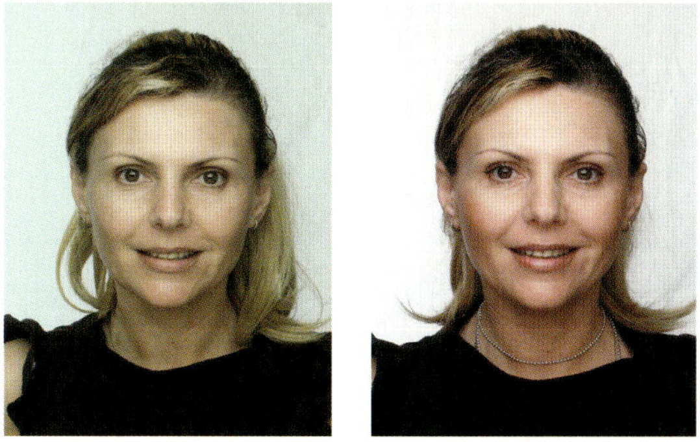

Abb. 4.8: Modellage der eher dreieckigen Gesichtsform

Rouge wird unterhalb der Wangenknochen aufgetragen, um eine Kontur zu setzen.

4.2.2 Modellage der Gesichtskontur mithilfe der Frisur

Die Modellage der grundsätzlichen Gesichtsformen Quadrat, Rund, Oval und Dreieck kann nicht nur mithilfe dekorativer Kosmetik durchgeführt werden. Auch Frisuren können eine Gesichtsform oder Kopfform optisch verändern. Die individuellen Abweichungen von der „klassischen" Gesichtsform bilden die **Gesichtskontur** eines jeden Menschen, den Rahmen des Gesichtes.

Die Modellage der Gesichtskontur mithilfe der Haare erfolgt durch:

- **Unterbrechungder Gesichtskontur** nach innen (innerer Frisurenumriss): verkleinert bzw. verkürzt
- **Veränderungder Gesichtskontur** nach außen, also Gestaltung der Frisur außerhalb des Gesichtsrandes: vergrößert bzw. verlängert
- **Veränderungder individuellen Kopfform** durch ausgleichende Frisuren (äußerer Frisurenumriss)

Eine Betonung der individuellen Gesichtskontur oder der Kopfform verstärkt das Erscheinungsbild immer eher negativ.

Der innere Frisurenumriss ist eine Begrenzungslinie des Haares innerhalb der Gesichtskontur, der äußere Frisurenumriss ist eine Begrenzungslinie des Haares nach außen.

Betonung	Ausgleich	Kommentar
eckig, quadratisch 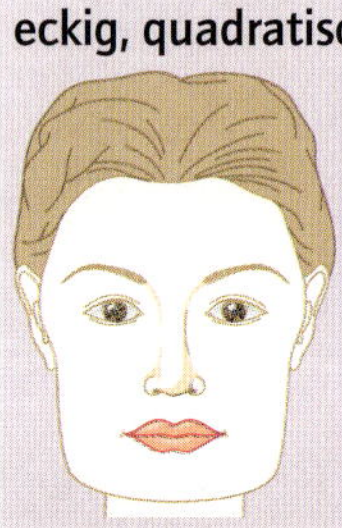	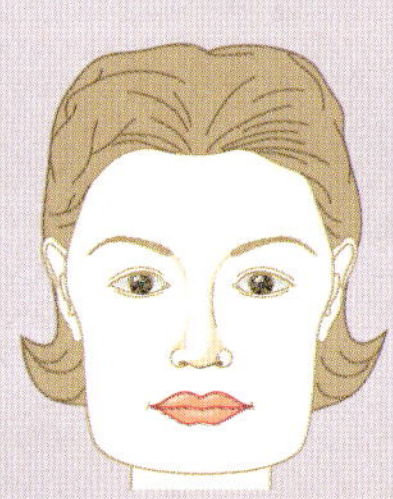	Das quadratische Gesicht erhält eine weiche, nach außen gewellte Frisur zum „hinter das Ohr streifen". Diese unterbricht die Gesichtskontur unterhalb der Mitte der Wangen.
eckig, trapezförmig 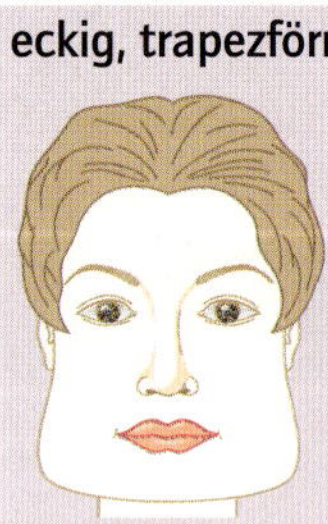		Das trapezförmige Gesicht erhält weiche Formen mithilfe von Volumen am Oberkopf und nach außen gewellten, möglichst kinnlangen Haaren. Der innere Frisurenumriss verbreitert mit Ponyfransen die Stirn.
rund 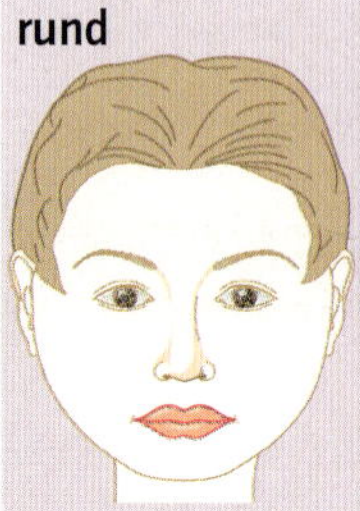		Das runde Gesicht wird mit Hilfe von längeren Haaren, die strähnchenförmig in den Gesichtsrand hineinragen und unterhalb des Kinnrandes enden, optisch gestreckt. Der äußere Frisurenumriss verlängert die Kopfform mit Hilfe von Volumen am Oberkopf.

Tab. 4.9: Gesichtskonturen und Kopfformen mit betonenden und ausgleichenden Frisuren

5842392

Betonung	Ausgleich	Kommentar
lang, oval 		Das lange, ovale Gesicht wird optisch verkürzt durch weiche, nach innen gewellte Haare, die nur dreiviertel der Gesichtskontur bedecken. Mit Hilfe des inneren Frisurenumrisses wird die Gesichtskontur verkürzt.
dreieckig 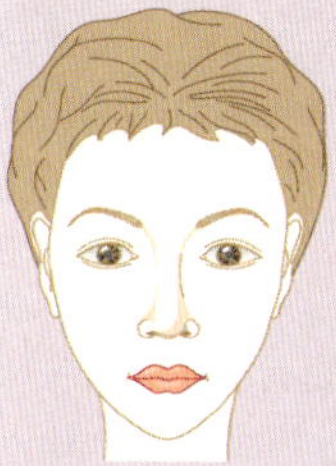		Das dreieckige Gesicht erhält durch die Frisur eine Betonung der schmalen Wangenpartie mit Hilfe von gewellten Haaren, die mehr als dreiviertel des Gesichtsrandes bedecken. Der äußere Frisurenumriss schafft Fülle seitlich der Gesichtsform.
fliehende Stirn, vorstehendes Kinn 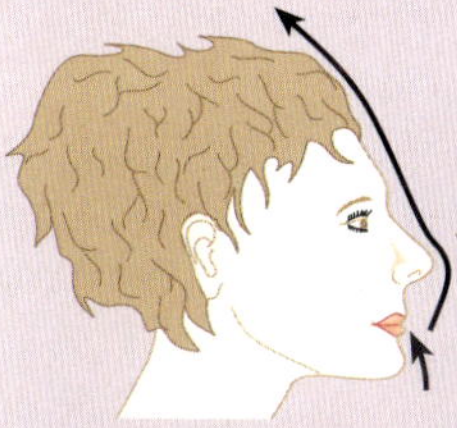	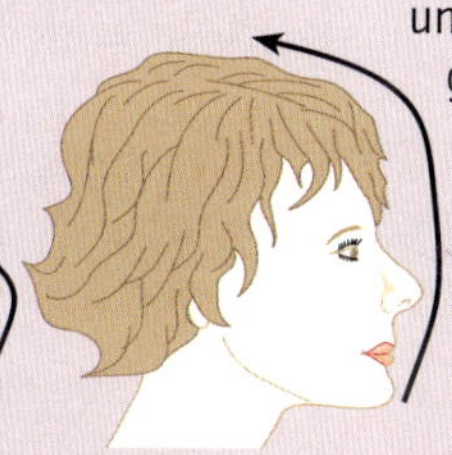	Die Frisur schafft Volumen über der Stirn und nimmt optisch, durch nach außen gewelltes Haar, die Stärke des Kinns zurück..
fliehendes Kinn 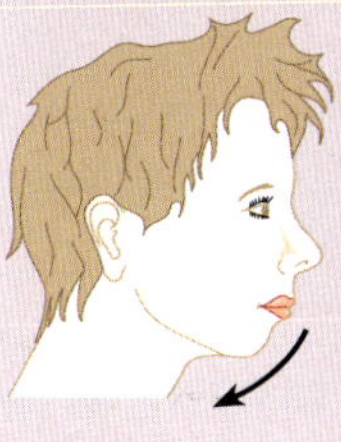	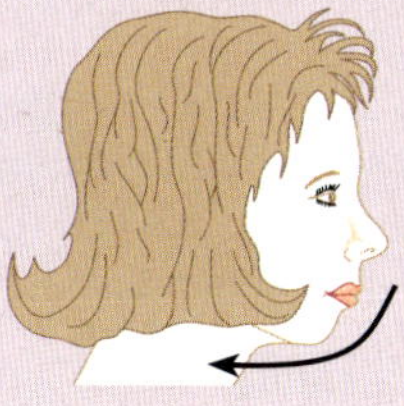	Durch gewelltes Haar in Richtung Kinn wird der Gesichtspartie eine ausgeglichene Form ermöglicht. Eine Betonung der Frisur am Oberkopf und der Stirn durch hochtoupierte Ponyfransen lenken zusätzlich von der Kinnpartie ab.
vorstehendes Kinn 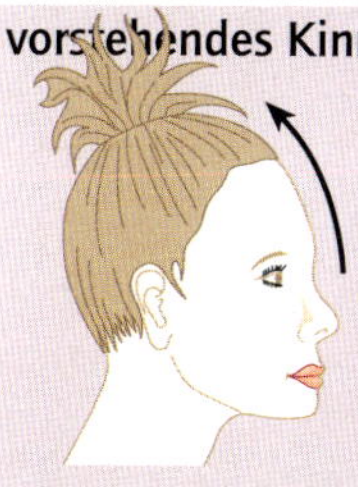	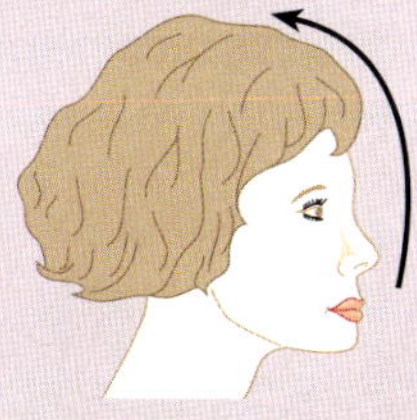	Durch fülliges Haar am Oberkopf wird das vorstehende Kinn optisch etwas zurückgenommen. Die Länge des Haares unterbricht die Wangenpartie und lenkt so von der Kinnpartie ab.

4.3 Modellagetechniken für die Augenpartie

4.3.1 Augenformen und deren Korrekturen

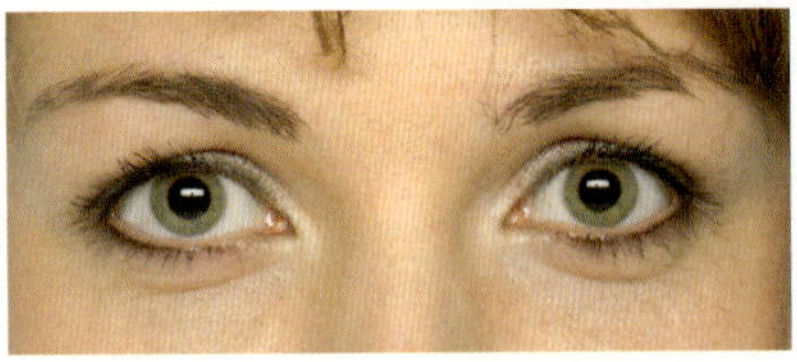

Wenn keine Korrekturen der Augenform erforderlich sind, kann eine Schminktechnik mit Lidschatten zur optischen und typgerechten Betonung der Augenpartie erfolgen. Dann werden die Augen mit einem *Highlighter* oder hellem Lidschatten betont (einfarbig) und mit Kajalstift umrandet sowie die Wimpern getuscht.

Mehrere Lidschattenfarben können nach folgender Technik aufgetragen werden:

- Auf das Augenlid wird ein dunkler Lidschatten aufgetragen, in der Lidfalte der mittlere Ton und unter der Augenbraue ein hellerer Ton (→ Abb. 4.10 a).
- Alternativ kann unter der Augenbraue ein heller Lidschatten aufgetragen werden, auf das Lid der mittlere Ton und in die Lidfalte ein dunkler Ton in „Bananenform" (→ Abb. 4.10 b).

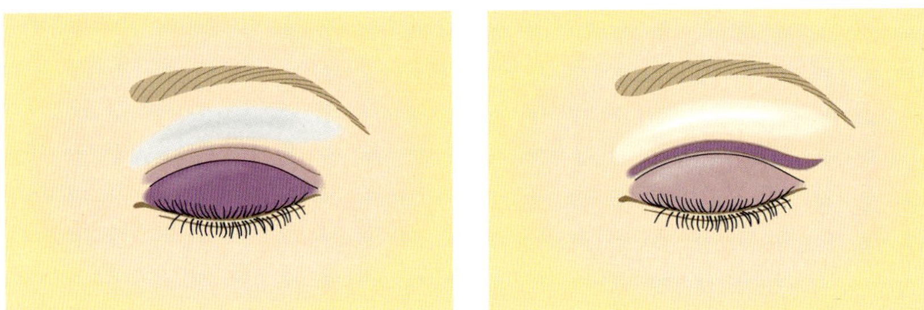

Abb. 4.10 a und b: Lidschattentechniken

Korrekturen

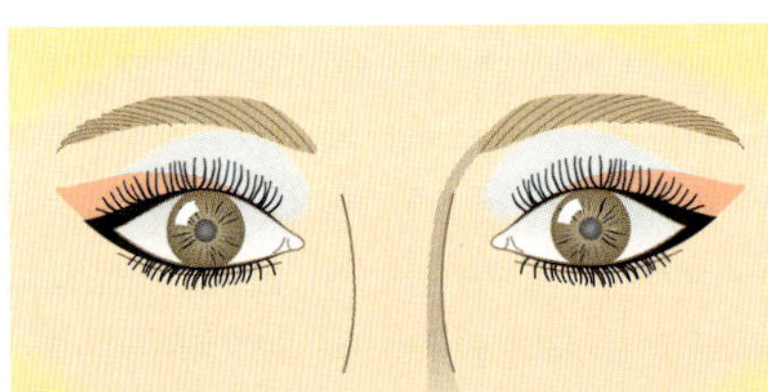

Abb. 4.11 a - e: Verschiedene Augenformen

Eng stehende Augen werden mit Korrekturen optisch auseinander gerückt. Tragen Sie hierzu am inneren Augenrand zur Nasenwurzel hin einen Aufheller (Abdeckprodukt) auf. Innen am Augenlid wird mit einem Pinsel heller Lidschatten (Highlighter) bis zur Lidmitte und Augenbrauenmitte aufgetragen. Dann erfolgt eine farbliche Schattierung in Form eines Dreiecks nach außen. Auch der Kajalstrich oben und unten wird nach außen verstärkt und ein wenig über den Augenwinkel hinausgezogen.

Nach dem gleichen System werden auch **runde Augen** optisch etwas „in die Länge" gezogen.

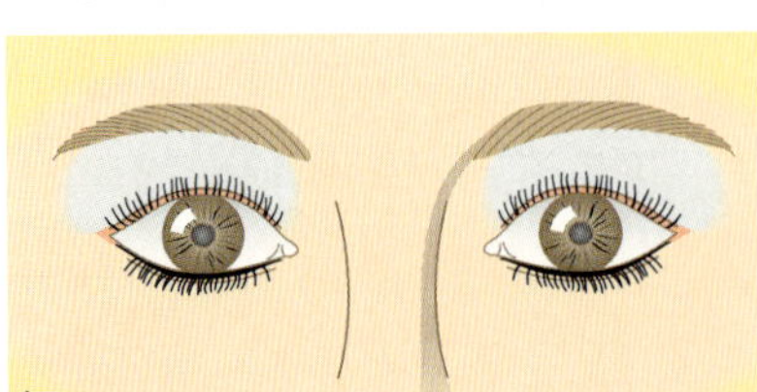

Hervorstehende Augen werden mit dunkleren, matten Lidschattenfarben **zurückgenommen.** Schattieren Sie farbtypgerecht den Lidrand mit einem dunkleren Lidschatten ab. Geben Sie zur Aufhellung einen hellen Lidschatten direkt unter die Augenbrauen. Betonen Sie nur den unteren Wimpernrand mit einem Kajalstrich und einer dünnen, dunklen Lidschattenlinie, die mit einem Pinsel gezogen wird.

Schmale Augen werden optisch vergrößert, indem der Bereich zwischen Augenbraue und oberem Lidrand mit einfarbigem, hellem Lidschatten betont wird. Mit einem Eye-Liner oder farbigem Kajal wird nur auf dem oberen Lidrand eine Linie gezogen, die sich nach außen und oben verlängert.

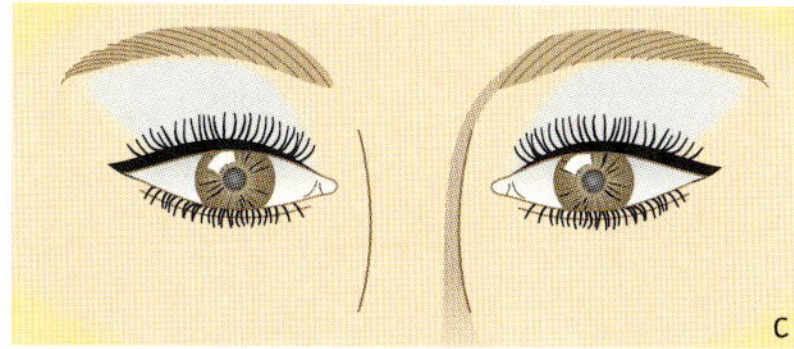

Weit auseinander stehende Augen werden zusammengerückt, indem auf der inneren Lidmitte ein heller Lidschatten aufgetragen wird. Der Kajalstift betont den inneren Lidrand, nach außen hin wird die Kontur aber nicht verstärkt. Der äußere Lidrand wird nur wenig heller geschminkt als der Innenrand.

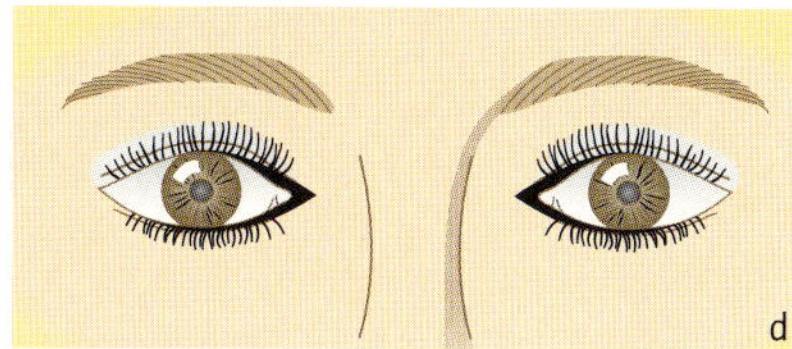

Tief liegende Augen sind oft in Verbindung mit einem **Schlupflid** zu finden. Das Schlupflid ist erblich bedingt und verstärkt sich im Laufe des Alterungsprozesses. Bei dieser Augenform ist der Abstand zwischen Augenbraue und Lidfalte nicht so groß und es gibt gleichzeitig einem Überhang zum Auge. Mithilfe der Schminktechnik wird das Schlupflid optisch zurückgenommen und der Lidrand betont und aufgehellt. Tragen Sie deshalb mit einem Pinsel den dunkleren Lidschatten von der Lidfalte bis zu den Augenbrauen auf. Ein heller Lidschatten betont dagegen den Lidrand. Ein farbig passender Kajalstift umrandet mit Betonung nach außen den Lidrand, so ist die Lidkontur besser zu sehen.

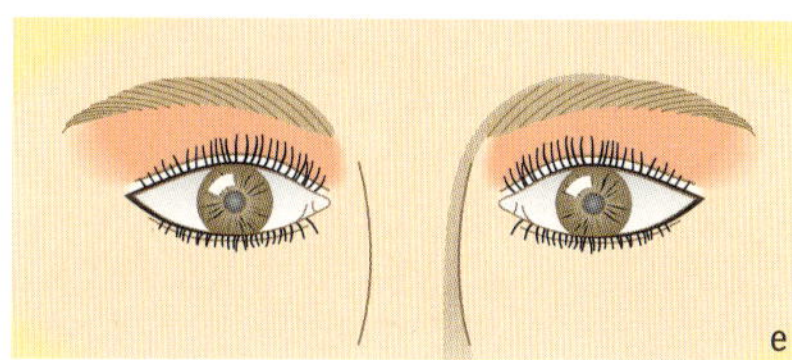

4.3.2 Gestaltung der Augenbrauen

Die Augenbrauen bilden eine Begrenzungslinie über dem Auge. Die Gestaltung der Augenbrauenform muss immer unter Beachtung der Augenform erfolgen.

Der ideale Augenbrauenbogen zeigt eine zu zwei Drittel steigende und zu einem Drittel abfallende Form. Das Ende des Augenbrauenbogens kann zur Schläfe hin verlängert werden, wenn keine oder nur wenige Haare vorhanden sind.

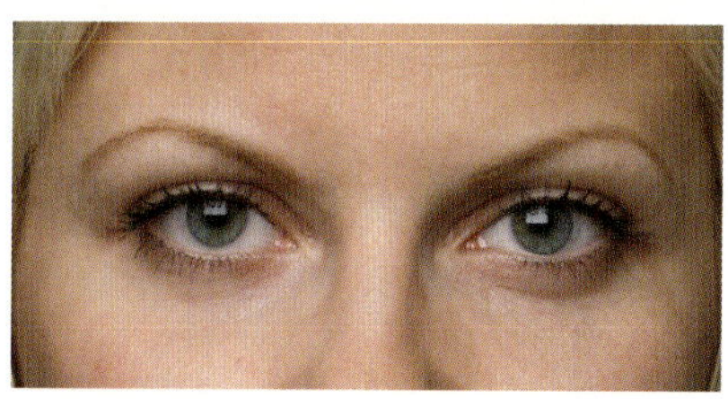

Eine natürliche Abweichung dieser Form durch zu viele, zu wenige oder zu helle Härchen kann optisch korrigiert werden. Die Augenbrauen können optisch den Augenabstand vergrößern oder verkleinern.

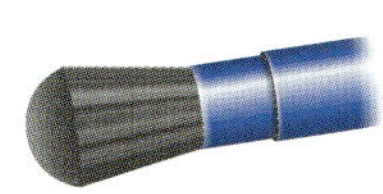

Dazu wird bei **eng stehenden Augen** der Augenbrauenbeginn um einen Millimeter nach außen verlegt (optische Verminderung).

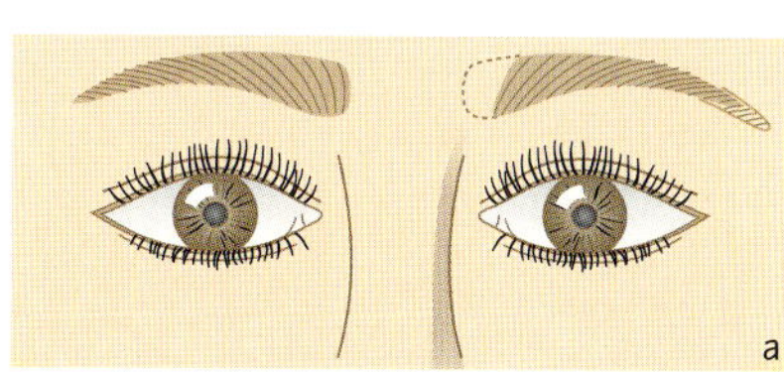

Abb. 4.12 a – d: Augenbrauenkorrekturen verschiedener Augenformen

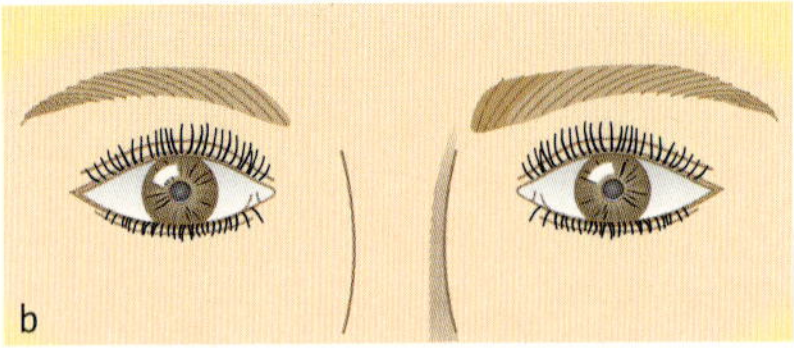

Umgekehrt können bei **größerem Augenabstand** die Augenbrauenhärchen minimal nach innen gezeichnet werden (optische Vermehrung).

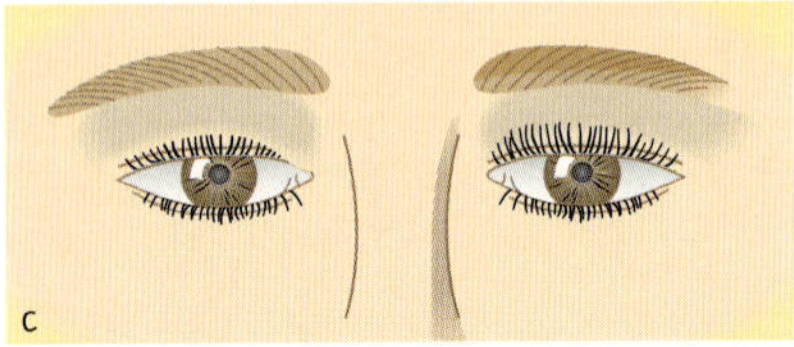

Der Abstand zwischen Augenlid und Augenbraue kann optisch vergrößert werden, wenn das **Auge tief liegend** oder mit einem **Schlupflid** überdeckt ist. Dazu wird am inneren Rand in Bogenform das überschüssige Haar entfernt und der obere Augenbrauenrand mit einer farblichen Veränderung betont. Nimmt man um unteren Ende der Augenbraue etwas weg, öffnet sich das Augenlid optisch. Das ist z. B beim Schlupflid sehr wirkungsvoll.

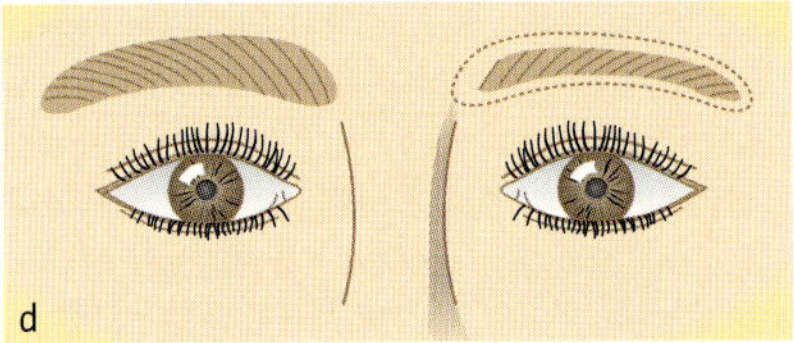

Breite Augenbrauen können das Auge „erdrücken" oder als ernster Gesichtsausdruck erscheinen. Sie sollten verschmälert werden. Hierzu kann am oberen Rand der Augenbrauen das Haar entfernt (z. B. weggezupft) werden, wenn es zu weit über den Bogen hinausreicht (so wirkt auch die Stirn optisch etwas höher). Zusätzlich kann am unteren Rand Haar entfernt werden, wenn es zu sehr in das Lid hineinwächst.

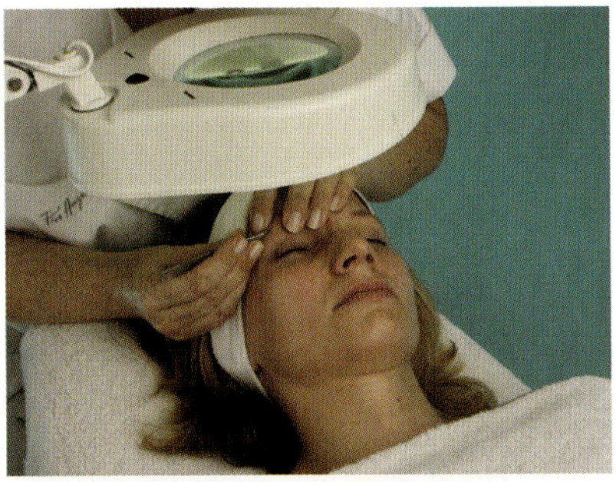

Abb. 4.13: Zupfen der Augenbrauen

Das **Auszupfen von Augenbrauenhärchen** mit Hilfe einer Pinzette ist die gängigste Methode zur Korrektur der Augenbrauenform oder zur optischen „Verschmälerung" der Augenbrauen.

Störende Härchen werden in Wuchsrichtung ausgezupft. Dies muss in regelmäßigen Abständen erfolgen. Die zu verwendende Pinzette muss vor jeder Benutzung hygienisch gereinigt (desinfiziert) werden.

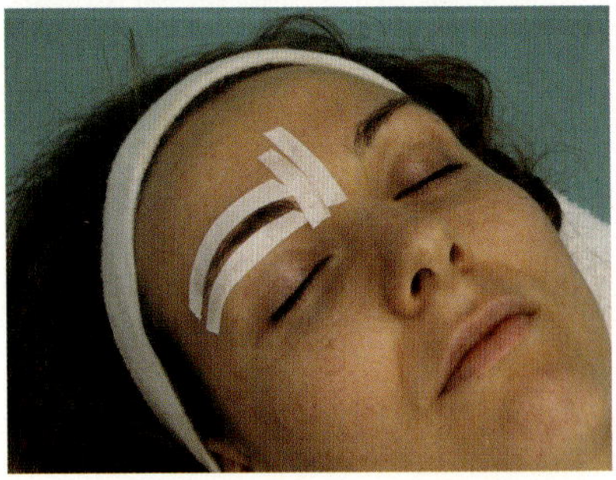

Abb. 4.14: Entwachsen der Augenbrauen

Die Augenbrauenform kann auch durch **Entfernen der Härchen mit Warmwachs** korrigiert bzw. der Haarwuchs kann optisch vermindert werden.

Reinigen Sie die Augenbrauen gründlich mit einem fettfreien Waschgel. Es dürfen keine Fett- oder Farbrückstände mehr vorhanden sein. Das Warmwachs haftet sonst nicht auf den Haaren.

Streichen Sie dann mit einem dünnen Metallspatel das warme Wachs (**Achtung,** vorher Temperatur prüfen!) in Wuchsrichtung über der Augenbraue auf. Legen Sie den vorgeschnittenen Vliesstreifen an und drücken Sie ihn mit den Fingerspitzen etwas auf die Haut.

Spannen Sie die Haut mit den Fingern der linken Hand am äußeren Augenwinkel und ziehen Sie mit der anderen Hand den Vliesstreifen schnell und kräftig gegen die Haarwuchsrichtung ab. Wiederholen Sie den Vorgang auch an der anderen Seite.

Über der Nasenwurzel streichen Sie senkrecht das Wachs auf und legen entsprechend die Streifen an. Auch diese werden kräftig abgezogen.

Werden die Augenbrauen vor oder nach dem Entwachsen gefärbt?

Der untere Teil der Augenbrauen wird nach der gleichen Vorgehensweise wie oben entwachst. Hier muss zusätzlich beachtet werden, dass der Kundin keinerlei Wachs auf den Lidrand oder die Wimpern tropft. Die Entfernung des Wachses kann sonst sehr unangenehm werden.

Die von Ihnen vorgegebene Form durch das Auftragen des Wachses muss sehr genau und exakt erfolgen, sonst besteht die Gefahr, dass Sie zu viele Haare entfernen und ein „Loch" in der Augenbraue entsteht.

Nach dem Entwachsen werden die Wachsreste bei wasserlöslichem Wachs mit Wasser und bei öllöslichem Wachs mit Öl entfernt. Anschließend kann diese Partie noch einmal mit einem feuchten Tuch und etwas Waschgel nachgereinigt werden.

Besonders kurze, einzelne Härchen werden dann mit der Pinzette noch einmal nachgezupft.

Bei Schwellungen der Haut nach diesen Vorgängen können Sie abschwellende und beruhigende Augenpflegebehandlungen durchführen (→ LF 7, Kapitel 3.3).

Methoden und Techniken der Haarentfernung finden Sie ausführlich beschrieben in → Band C, LF 11, Kapitel 3.4.

Eine **optische Verstärkung der Augenbrauen** kann auf vielfältige Weise erfolgen:

- Augenbrauenstifte – zum Feinzeichnen in Haarwuchsrichtung
- Augenbrauenpuder – mit einem abgeschrägtem Pinsel in Wuchsrichtung aufgetragen und mit einem Pinsel oder Wattestäbchen verwischt
- Wimpernbürstchen – zum Kämmen und In-Form-Bringen der Augenbrauen
- Lidschattenpuder – für eine zarte Farbnuance
- Wimpernfärbemittel – zum Färben der Augenbrauen
- Dauerpigmentierung – Nachzeichnung der Augenbrauen als *Permanent Make-up* (→ Exkurs in Kapitel 4.4)

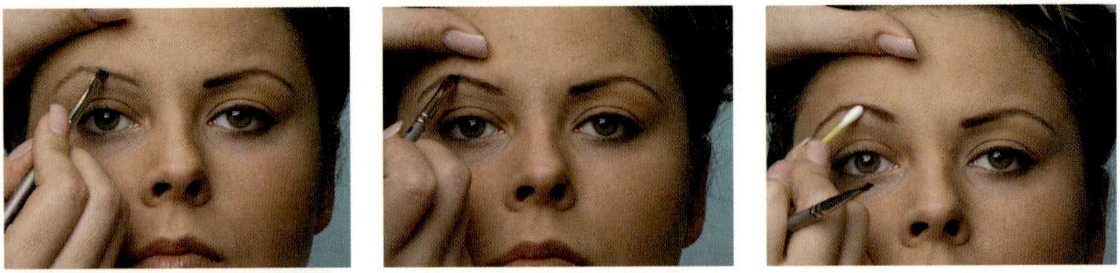

Die zur Korrektur aufgetragene Farbe richtet sich nach dem Farbtyp der Kundin (Grau, Braun, Schwarz), aber auch nach dem Alter und der ursprünglichen Augenbrauen- bzw. Haarfarbe.

Die unauffälligste, natürlichste Farbkorrektur lässt sich mit der ursprünglich vorhandenen Augenbrauen- bzw. Haarfarbe erreichen. Aber es muss auch immer die aktuelle Haarfarbe beachtet werden.

Abb. 4.15: Dekorative Modellage der Augenbrauen

Sie sollten z. B. einer älteren Dame mit weißem Haar die Augenbrauen nicht schwarz gestalten, denn dann ist der Kontrast zur Haarfarbe zu groß.

Ist das Haar dagegen noch natürlich kräftig schwarz, können auch die Augenbrauen dunkel gestaltet werden.

Ein stärkerer Kontrast kann z. B. bei einer Brillenträgerin erfolgen: Hier kann um eine Nuance kräftiger oder dunkler als der natürliche Ton gestaltet werden.

4.3.3 Färben von Augenbrauen und Wimpern

Eine über mehrere Wochen dauerhafte Färbung von Augenbrauen und Wimpern ist mit entsprechenden chemischen Färbemitteln zu erreichen. Die Färbung ist dann wisch- und wasserfest. Sie stellt dann z. B. eine besondere Hilfe für sehbehinderte Kundinnen dar und für alle, die ein Augen-Make-up nicht oder nur teilweise selbst erstellen können.

12

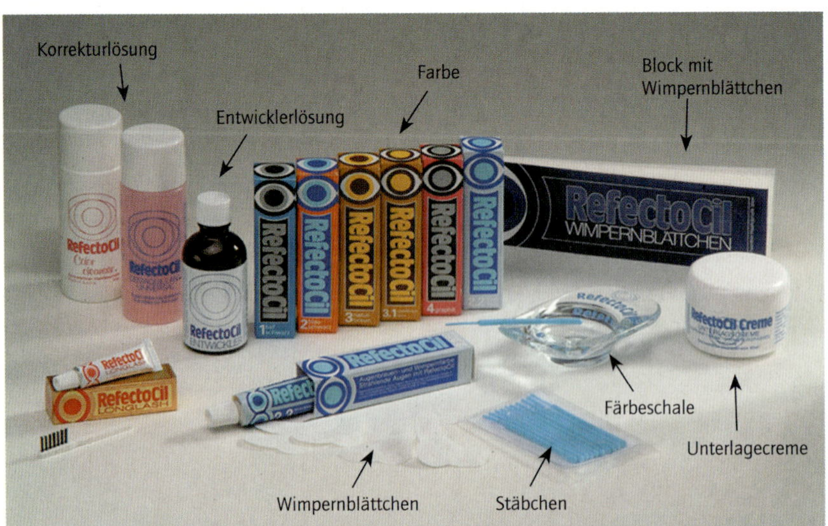

Abb. 4.16: Arbeitsmaterial (Färbe-Zubehör)

Arbeitsmaterial:

- fettfreier Augen-Make-up-Entferner
- Wimpernfarbe (in Blau, Blauschwarz, Braun, Grafit, Schwarz erhältlich)
- Entwicklerlösung (enthält 3 % H_2O_2 = *Wasserstoffperoxid*) zur Aktivierung
- Glasschälchen, Plastikstäbchen, Unterlagecreme (auf *Vaseline*-Basis)
- Wimpernblättchen (sind im Block erhältlich, 120 Stück vorgestanzt, bestehen aus Spezialpapier, das sich weich an die Haut anpasst, saugen die überschüssige Farbe auf, schützen die Haut vor Anfärbung)
- Korrekturlösung (zur Entfernung von Farbflecken auf der Haut
- Wattestäbchen, Wattepads, Nierenschale

Wasserstoffperoxid

Vaseline

Wimpernfärben

Entfernen Sie sorgfältig Farbreste mit dem Augen-Make-up-Entferner.

Die Wimpernblättchen gibt es vorgefertigt für die untere Augenpartie. Bestreichen Sie die Papierblättchen auf der Unterseite mit einer Unterlagecreme, sodass sie auf der Gesichtshaut haften bleiben.

Verwenden Sie dazu keine fetthaltige Augencreme, diese durchfettet das Unterlageblättchen und führt zum Verlaufen der auf dem Blättchen liegenden Farbe.

Bitten Sie die Kundin, die Augen zu schließen. Legen Sie das Wimpernblättchen unter den Wimpern an und schieben Sie es bis an den Wimpernrand. Nehmen Sie das beigefügte Plastikstäbchen mit dem biegsamem Ende und fahren Sie damit vorsichtig unter den Wimpern entlang, sodass sich die Wimpern, die eventuell unter das Blättchen geraten sind, auch aufstellen.

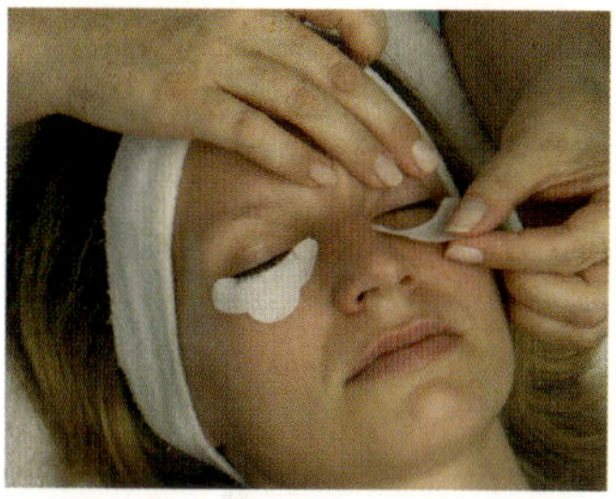

Bei empfindlichem oder gerötetem Lidrand kann zum Schutz vor der Farbe dann eine dünne Schicht Augencreme auf den oberen Lidrand gestrichen werden.

Die Kundin muss während des Färbevorgangs die Augen unbedingt geschlossen halten, da eindringende Farbe zu brennenden und tränenden Augen führt.

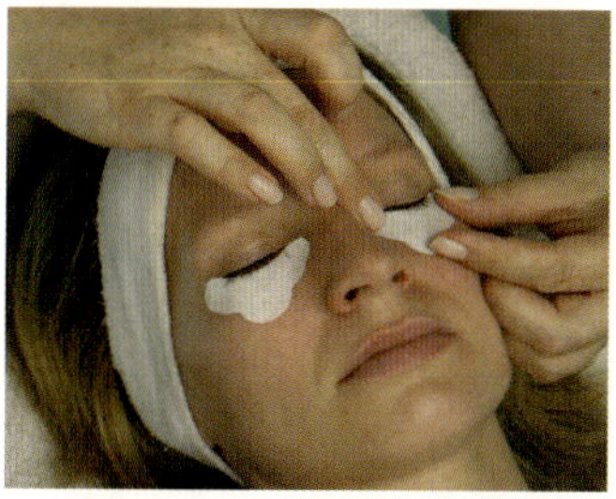

Rühren Sie dann 2 cm Farbe aus der Tube mit Entwicklerlösung (10 Tropfen) in einem Glasschälchen zu einer streichfähigen Creme an und tragen Sie diese mit einem Plastikstäbchen auf die Wimpern auf.

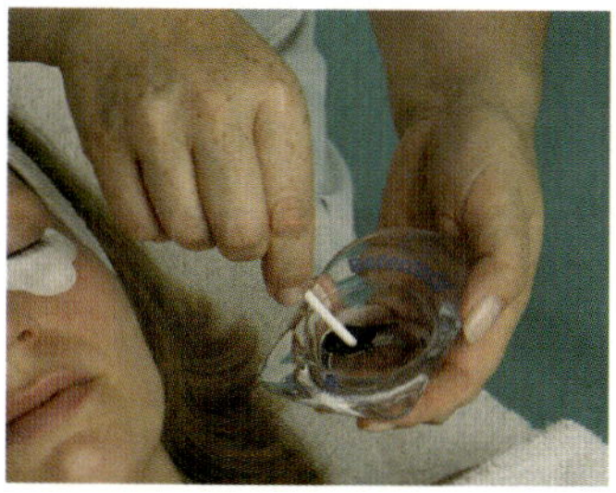
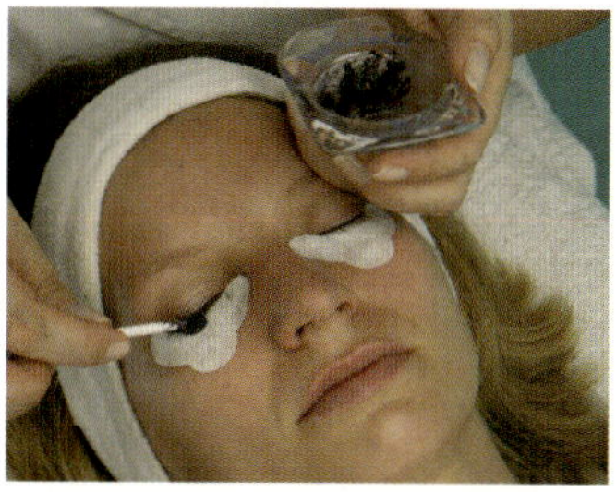
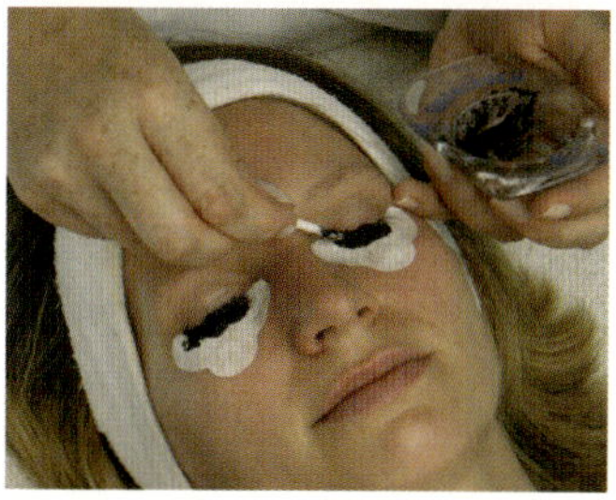

Abb. 4.17 a–e: Anlegen der Wimpernblättchen und Auftragen der Wimpernfarbe

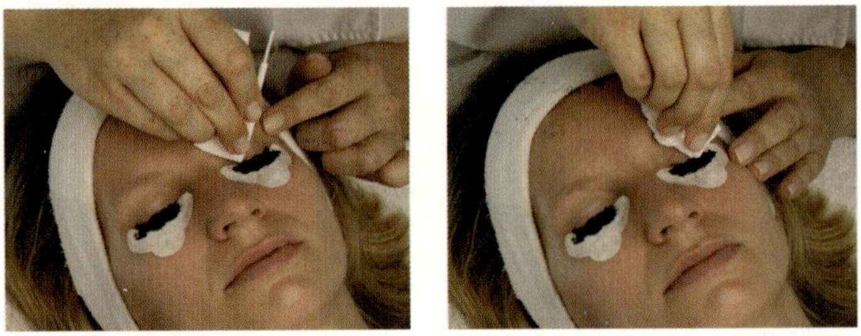

Abb. 4.17 f–g: Entfernen von Farbrändern

Weisen Sie darauf hin, das während des ganzen Färbevorgangs die Augen unbedingt geschlossen bleiben müssen. Gerät das Farbgemisch in das Auge oder an die Schleimhaut brennt es äußerst unangenehm. (Dann müssen Sie die Farbe sofort abwaschen und die Augen der Kundin gründlich spülen!).

Achten Sie darauf, dass die Wimpern vollständig mit Farbe bedeckt sind. Entfernen Sie Farbränder am Lidrand mit einem Wattestäbchen oder einem Kosmetiktuch. Arbeiten Sie sorgfältig und schnell, da die Farbe, wenn sie auf die Haut gelangt, diese auch einfärbt. Die Einwirkzeit bestimmt die Farbintensität und die Haltbarkeit der Färbung: Je länger die Zeit, umso intensiver und dunkler wird die Farbgebung. Nach der Einwirkzeit von 8–10 Minuten, wird die Farbe entfernt.

Bleiben Sie während der Einwirkzeit in der Nähe Ihrer Kundin, falls sie doch ein Brennen verspürt und Sie deshalb die Farbe früher abwaschen müssen.

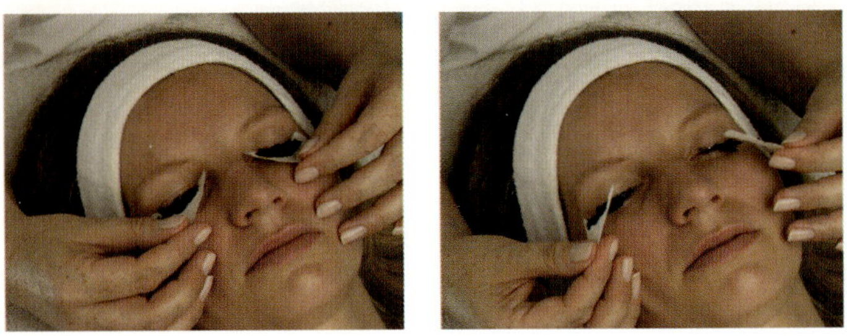

Abb. 4.17 h–i: Abheben der Wimpernblättchen

Nehmen Sie zuerst die Wimpernblättchen unter den Augen weg, indem Sie diese von der Wange abheben und nach vorne wegziehen.

Bitten Sie Ihre Kundin noch einmal, auch während des Abwaschens die Augen geschlossen zu halten. Drehen Sie den Kopf der Kundin etwas zur Seite. Nehmen Sie eine mit Wasser gefüllte Nierenschale und halten Sie diese mit einer Hand fest an die Wange der Kundin.

Nehmen Sie mit der anderen Hand den nassen Wattepad und streifen Sie die Farbe in Richtung Nierenschale von innen nach außen am Wimpernrand entlang ab.

Nehmen Sie mit dem Wattepad immer wieder Wasser auf und streifen Sie mehrmals Wasser und ablaufende Farbe in derselben Streichrichtung in die Nierenschale.

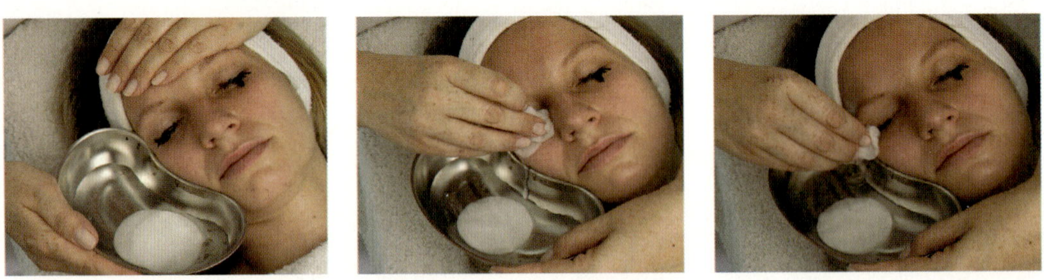

Abb. 4.17 j–l: Abwaschen der Wimpernfarbe

Legen Sie den Wattepad dann in die Nierenschale und greifen Sie mit der Hand ein frisches Kosmetiktuch.

Nehmen Sie die Nierenschale von der Wange der Kundin und stellen Sie diese auf dem Arbeitstisch ab.

Trocknen Sie die Wange der Kundin mit dem Kosmetiktuch und entsorgen Sie dieses.

Nehmen Sie einen frischen, feuchten Wattepad und streifen Sie noch einmal von innen nach außen unter den Wimpern entlang (umgekehrt würden Sie in diesem Falle das Farbrestwassergemisch in den inneren Augenwinkel reiben). Ziehen Sie dazu mit wenig Druck das geschlossene Lid sacht an, sodass die Wimpern sich leicht anheben. Drehen Sie den Kopf Ihrer Kundin zur anderen Seite und legen Sie die Nierenschale wieder an. Wiederholen Sie den Vorgang am anderen Auge.

Bitten Sie Ihre Kundin dann, die Augen zu öffnen. Nehmen Sie noch einmal einen feuchten Wattepad und streifen Sie am unteren Lidrand vorsichtig entlang. Winzige Farbreste, die sofort im Auge brennen, werden so noch entfernt.

Wie kann Farbe auf der Haut wieder entfernt werden, z. B. wenn das Wimpernblättchen verrutscht und die Haut eingefärbt ist?

Es wird zur Entfernung von Wimpernfarbe eine spezielle Korrekturlösung angeboten. Diese werden auf ein Wattestäbchen getropft und die überschüssige Farbe kann entfernt werden. Das muss aber sofort nach dem Abwaschen der Farbe durchgeführt werden, da die Haut sonst für mehrere Tage eingefärbt bleibt.

Die Korrekturlösung darf nicht in das Auge gelangen und sollte daher nicht am Augenrand bzw. an den Wimpern angewandt werden.

Augenbrauenfärben

Die Augenbrauenhärchen müssen von Fett- und Farbresten, z. B. eines Augenbrauenstiftes, gereinigt werden.

Das Augenbrauenfärben findet vor dem Entwachsen oder Zupfen statt, da auf der durch Haarentfernung gereizten Haut die angemischte Farbe brennt.

Drücken Sie für die Augenbrauen ca. 1 cm Farbe aus der Tube in ein Glasschälchen und verrühren Sie diese mit 5 Tropfen Entwicklerlösung. Mit einem Plastikstäbchen wird die Farbe auf die Augenbraue aufgezeichnet. Ist dabei etwas Farbe auf die Hautumgebung gelangt, muss diese sofort mit einem Wattestäbchen, z. B. umwickelt mit einem Kosmetiktuch, entfernt werden.

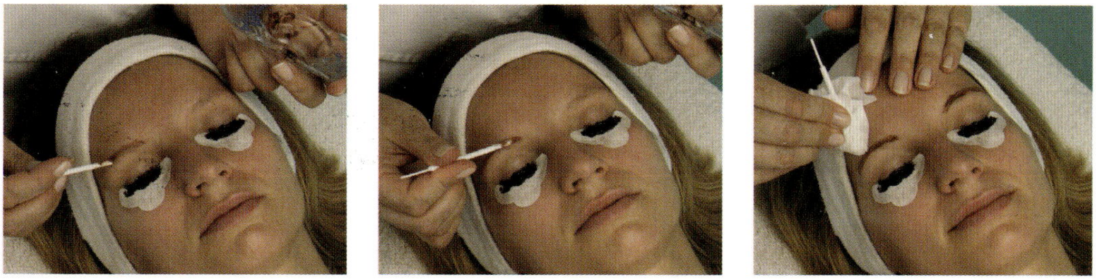

Abb. 4.18 a – c: Färben der Augenbrauen

Nach 5 bis 8 Minuten, je nachdem, wie intensiv der Farbton gewünscht wird, nehmen Sie die restliche Farbe mit feuchten Wattepads ab.

4.4 Modellage verschiedener Lippenformen

Eine Modellage der Lippenformen sollte nur minimal von Ihnen vorgenommen werden, da sie sonst nicht natürlich wirkt. Ist die Lippenform zu groß, zu breit, zu schmal oder in der Kontur unregelmäßig, kann sie korrigiert werden.

Bevor eine Korrektur der Lippenform erfolgen kann, müssen Lippenrand und Lippen mit Grundierung abgedeckt werden, sodass die natürliche Lippenfarbe und -form nicht mehr zu sehen sind. Es erfolgt erst dann die Vorzeichnung der Lippenkontur mit einem Konturenstift.

Beginnen Sie mit dem „V" auf der **Oberlippe** und zeichnen Sie von dort aus die Oberlippe nach:

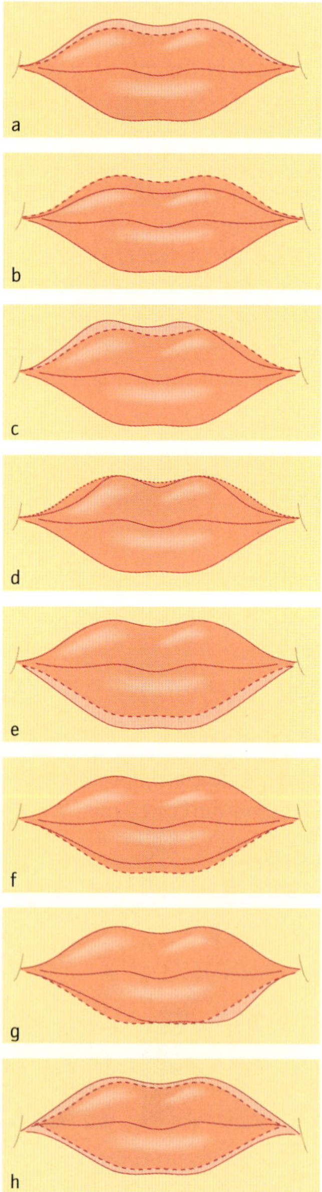

- Ist die **Oberlippe zu breit,** zeichnen Sie die Kontur knapp unter der natürlichen Lippenkontur.
- Ist die **Oberlippe zu schmal** (das kommt häufiger vor), zeichnen Sie die Kontur über der natürlichen Lippenkontur.
- Ist die **Oberlippe ungleichmäßig geformt,** also z. B. eine Seite ist rundlich, die andere abfallend, gleichen Sie beide Linien aus. Die abfallende wird etwas runder, die runde etwas gerader überzeichnet.
- Ist die **Oberlippe schmaler oder einfallend gegenüber der Unterlippe,** zeichnen Sie die Oberlippe knapp über der Kontur etwas runder ein.
- Ist die **Unterlippe** etwas breiter geformt als die Oberlippe, verschmälern Sie die Unterlippe mit einer Kontur innerhalb der natürlichen Lippenkontur.
- Ist die **Unterlippe schmal,** verbreitern Sie sie optisch, indem Sie die Kontur knapp unterhalb der natürlichen ziehen.
- Ist die **Unterlippe ungleichmäßig breit,** gleichen Sie die Form aus, indem Sie die schmalere Seite etwas verbreitern und umgekehrt.
- **Abfallende Mundwinkel** werden ebenfalls mit Grundierung abgedeckt, die Lippenkontur oben und unten wird nach oben abgerundet.

Abb. 4.19 a – h: Verschiedene Lippenformen

5842402

Achten Sie darauf, dass die Lippenkorrektur im Mundwinkel zusammen passt, also kein offensichtlicher Abstand der Konturen zu sehen ist.

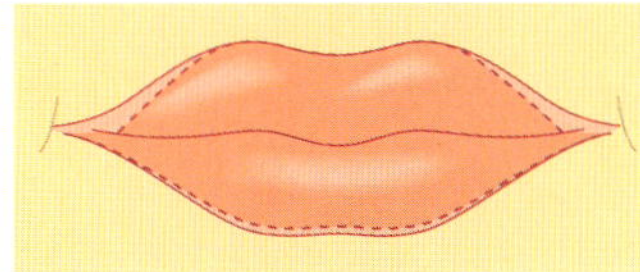

Abb. 4.20: Beispiel für falsche Lippenkorrektur

Füllen Sie nach der Korrektur die Lippen mit farbtypgerechter Farbe aus.

Lippenkorrekturen können auch als Dauerpigmentierung *(Permanent Make-up)* durchgeführt werden. Hierfür benötigen Sie aber eine Weiterbildung oder Ausbildung als *Permanent Make-up Artist* bzw. Linergist.

Permanent Make-up

EXKURS: Permanent Make-up

Permanent Make-up ist eine Kunst, die Ihren Ursprung im Tätowieren (engl. *tatooing*) hat. Es werden Farbpigmente in die oberen Hautschichten implantiert (lat., eingebracht) und somit wird ein dauerhaftes *Make-up* für Lippen, Augenlider und Augenbrauen erstellt.

Tatoo

Die Hauptunterschiede zwischen *Permanent Make-up* und *Tatoo* liegen in der Form der Ausführung, dem Pigmentiergerät, der Einstichtiefe (beim *Tatoo* tiefer in der Dermis) und vor allem in der Haltbarkeit. Ein *Tatoo* hält ein Leben lang, ein *Permanent Make-up* dagegen ca. 2 – 5 Jahre, je nach Hautbeschaffenheit.

Bei einem *Permanent Make-up* geht es um eine Methode, die möglichst natürlich und unauffällig das Schöne in einem Gesicht betonen möchte. Es geht auch um die Korrektur bei Schönheitsmakeln oder bei durch Alter/Unfall/Krankheit verlorenen Konturen im Bereich Lippenform, Augenbrauen, Augenlider und besonders bei Haarverlust. Rekonstruktion von z. B. Brustwarzen, Hautschattierungen (z. B. bei *Vitiligo* → Kapitel 1.2.4 und → Band A, LF 2, Kapitel 4.8.3) sind weitere Anwendungsbeispiele.

> Der Idealfall eines Permanent Make-ups ist, wenn Sie gar nicht sehen, dass es eines ist.

Beim Tatoo wird ein „Kunstwerk" möglichst sichtbar auch für andere zur Verzierung auf dem Körper angebracht, oft auch großflächig über Rücken, Brust, Arm und Beine. Ein *Permanent Make-up* soll eher „unsichtbar" sein. Wurde es zu intensiv oder in der Form nicht ideal gestaltet, kann es korrigiert werden, wie die letzte Abbildung zeigt. Das Ergebnis kann durch die Unterstützung von Fotos vorher, während und nach der Behandlung optimiert werden, denn beide, Kunde und Pigmentierer, haben so eine Kontrolle über die durchgeführte Veränderung. Die Fotos vermitteln der Kundin, wie das fertige *Permanent Make-up* auf andere wirkt, da sich eine andere Optik als im Spiegelbild ergibt.

Warum ein *Permanent Make-up*?

- für Menschen, die kaum oder gar keine Augenbrauen haben
- für Personen, die durch Behinderung kein *Make-up* erstellen können
- für Sportler, die immer, auch beim Sport, gut aussehen möchten
- zur Narbenretuschierung
- für Brillenträger
- zur Korrektur
- für Personen, die Allergien gegen *Make-up* haben
- zur Verjüngung z. B. durch Lippenlinien-Korrektur

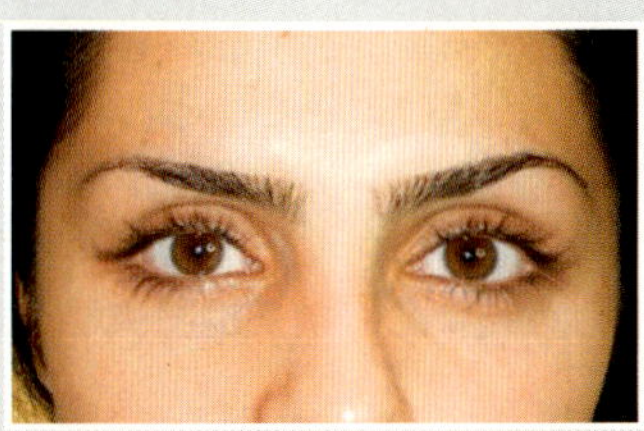

Abb.: Augenbrauen natur

Abb.: linke Augenbraue vorgezeichnet

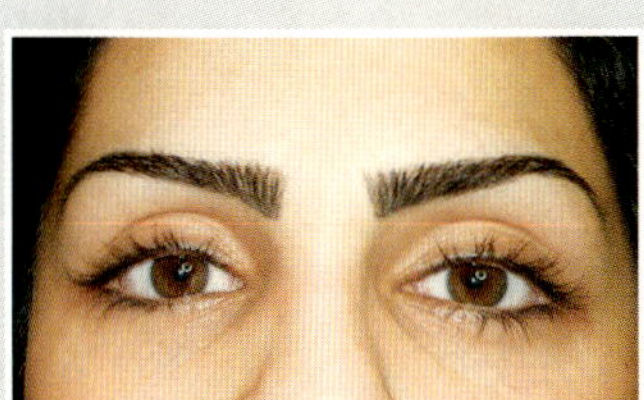

Abb.: nach Wunsch der Kundin pigmentiert

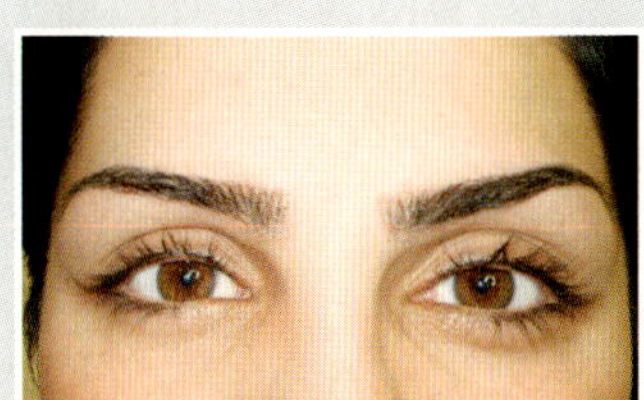

Abb.: korrigiert und heller pigmentiert

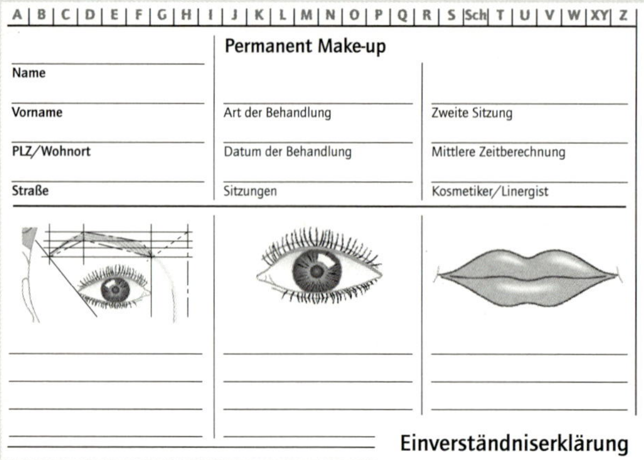
A | B | C | D | E | F | G | H | I | J | K | L | M | N | O | P | Q | R | S | Sch | T | U | V | W | XY | Z

Permanent Make-up

Name		
Vorname	Art der Behandlung	Zweite Sitzung
PLZ/Wohnort	Datum der Behandlung	Mittlere Zeitberechnung
Straße	Sitzungen	Kosmetiker/Linergist

Abb.:
Muster Karteikarte

Grundsätzlich sollte eine ausführliche Beratung im Vorfeld erfolgen, bei der Form und Farbe besprochen und empfohlen werden.

Gehen Sie auf die Wünsche Ihrer Kunden ein, aber bringen Sie bei der Beratung Ihr Fachwissen mit ein.

Sie können den Kunden bzw. die Kundin auch bitten, persönlich die gewünschte Form mit einem Konturenstift vorzuzeichnen. So sehen Sie genau was Ihr Kunde wünscht und welche Erwartungen er/sie an die Behandlung stellt. Setzen Sie auf dieser Grundlage dann Ihre Beratung fort.

Einverständniserklärung

für: Permanent Make-up Anbieter **von:** Kunde (Name; Adresse wie umseitig)

Zwischen den Parteien wurde Folgendes vereinbart:

Der Kunde erhält ein Permanet Make-up (☐ Augenbrauen, ☐ Lidstrich, ☐ Lippen).

Der Kunde versichert, dass er kein Bluter und nicht zuckerkrank ist; dass er/sie zum Zeitpunkt der Behandlung gesund ist, keinen Alkohol und keine Drogen zu sich genommen hat. Der Kunde erklärt weiterhin, nicht HIV- und/oder Hepatitis-infiziert zu sein.

Der Kunde erhielt eine informierende Broschüre zum Thema Permanent Make-up. Darüber hinausgehende Details wurden in einem ausführlichen Beratungsgespräch erläutert. (...)

Der oben genannte Kunde versichert, alle vom Kosmetiker/Linergisten oder dessen Mitarbeitern erhaltenen Anweisungen, die den Behandlungsverlauf betreffen, zu befolgen. Die Behandlung erfolgt auf eigenes Risiko.

Bei Stornierung einer geplanten Behandlung und/oder bei Reklamationen werden bereits geleistete Zahlungen nicht erstattet.

Ich habe alles verstanden und erkläre mich mit der Permanent Make-up-Behandlung einverstanden.

Datum **Unterschrift des Kunden**

Abb.:
Muster Einverständniserklärung

12

Das benötigen Sie für eine *Permanent Make-up*-Behandlung:

- Karteikarte
- Reinigungsmilch
- Desinfektionsmittel für die Haut
- Wattestäbchen
- Antiseptische Lotion
- Pinzette
- Instrumente Desinfektionsmittel
- Einweghandschuhe
- Mundschutz
- Lupenleuchte
- Watte
- Konturenstift für Brauen und Lippe
- Stiftspitzer
- Betäubungscreme (= *Lokalanästhetikum*)
- Antiseptische Creme
- Pigmentiergerät/-stift
- Pigmentierfarben
- Mischfläschchen für Farben
- Pipette für Farbe
- Einverständniserklärung der Kunden
- Fotoapparat
- Spiegel für den Kunden

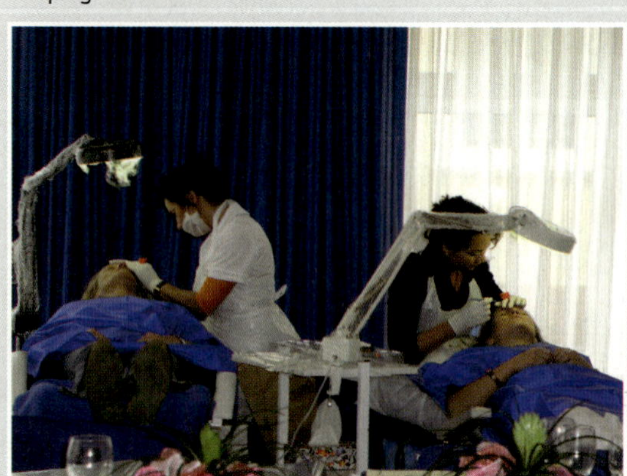

Abb.:
Während eines *Permanent Make-up* Seminares

Hygiene

Grundsätzlich müssen Sie die Hygienevorschriften (Hygieneverordnung ➜ LF 2, Kapitel 1.1) der einzelnen Bundesländer erfüllen.

Die Desinfektion und Sterilisation von Geräten und Material ist selbstverständlich.

Achten Sie darauf, dass die Pigmentierfarben nicht mit Haut- und Körpersekreten in Berührung kommen. Ideal sind deshalb Pigmentier-Geräte, die das verhindern. Alle austauschbaren Teile werden steril verpackt geliefert und sind nur zum einmaligen Gebrauch bestimmt (z. B. Einmal-Farbkartuschen).

Natürlich ist ganz wichtig, dass die Kabine und das *Equipment,* mit dem Sie arbeiten, absolut sauber sind, nicht nur um den Kunden zu beeindrucken, sondern um Infektionen durch Bakterien oder die Übertragung von Viruserkrankungen (z. B. Hepatitis B) im Institut zu verhindern.

Kontraindikationen – wann darf kein Permanent Make-up erstellt werden?

Nicht pigmentiert werden darf auf entzündeter Haut (z. B. bei Herpes), bei entzündlichen Hauterkrankungen und bei ansteckenden Krankheiten, wie z. B. Bindehautentzündung (alle Erkrankungen ➜ Band A, LF 2, Kapitel 4).

Auch wenn die Möglichkeit besteht, das Ihr Kunde auf die Farbstoffe allergisch reagiert, sollten Sie von einem *Permanent Make-up* absehen.

Empfohlener Ablauf einer Behandlung

- Beratungsgespräch
- dem Kunden Vorschläge unterbreiten
- gemeinsam die Farbe(n) auswählen
- den Kunden vor der Behandlung fotografieren
- Formzeichnung der Lippe, Augenbraue oder des Augenlids
- Einverständniserklärung unterzeichnen lassen
- Foto mit Vorzeichnung machen
- desinfizierte und sterile Utensilien bereit legen
- die zu behandelnde Haut desinfizieren und mit Betäubungscreme betäuben
- implantieren der Farbe (die Technik ist abhängig von Gerät und Methode, s. u.)
- während der Behandlung zur Vermeidung von Schwellungen und Entzündungen eine beruhigende und desinfizierende antiseptische Creme einsetzen

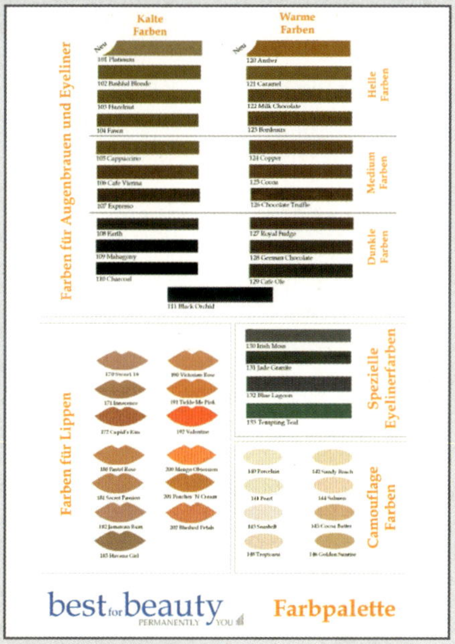

Abb.: Farbpalette

Falls Ihr Kunde am gleichen Tag eine Gesichtsbehandlung wünscht, sollten Sie diese vor der Erstellung des *Permanent Make-ups* durchführen.

Die *Permanent Make-up*-Behandlung wird in einer einzigen Sitzung vorgenommen. Eine Behandlung kann zwischen einer und drei Stunden dauern. Dies ist abhängig davon, wie schnell die richtige Form beim Vorzeichnen erzielt wird und wie gut die Haut die Farbe aufnimmt. Meist findet eine Nachbesserung beim Kontrollbesuch nach ca. 3–4 Wochen statt. Diese ist je nach Anbieter kostenlos.

In den ersten Tagen nach der Behandlung sollte der Kunde das Gesicht nur vorsichtig reinigen und die behandelten Stellen mit einer Heilsalbe (z. B. mit dem Wirkstoff *Dexpanthenol*) eincremen.

Der Kunde darf für einige Tage nicht der Sonnen- oder der Solariumsbestrahlung ausgesetzt werden. Für zwei Tage sollte sich Ihre Kundin nicht schminken. Erinnern Sie auch immer daran, dass nicht über die pigmentierten Stellen gerubbelt und auch keine Kruste entfernt werden darf.

Die Technik

Die meisten Anbieter arbeiten heute mit einem Pigmentiergerät. Diese Geräte sind ganz unterschiedlich konstruiert. Manche haben eine Spitze, bei der nur die Nadel ausgetauscht wird, bei anderen Geräten wird die komplette Spitze ausgetauscht, in der sich auch die Farbhalterung befindet.

Bei dieser Technik wird eine Nadel, die durch einen Motor angetrieben wird (je nach Gerät unterschiedliche Umdrehungszahl), in die Haut eingestochen. Dabei wird die Farbe, die sich entweder in einem Farbmodul befindet, oder direkt durch die Bewegung des Motors aufgenommen wird, an der Nadel entlang in die Haut *implantiert* (eingebracht).

implantiert

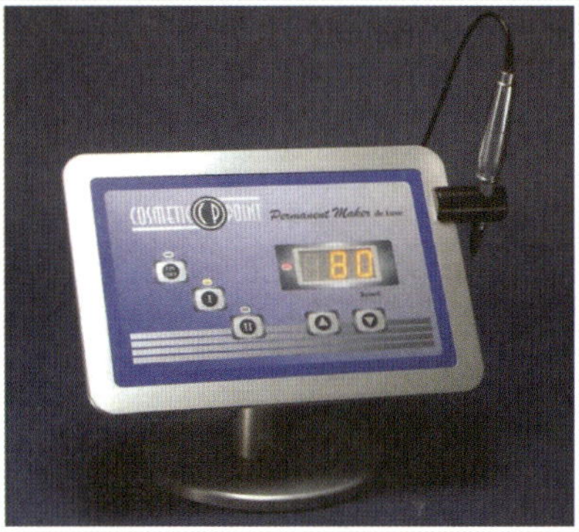

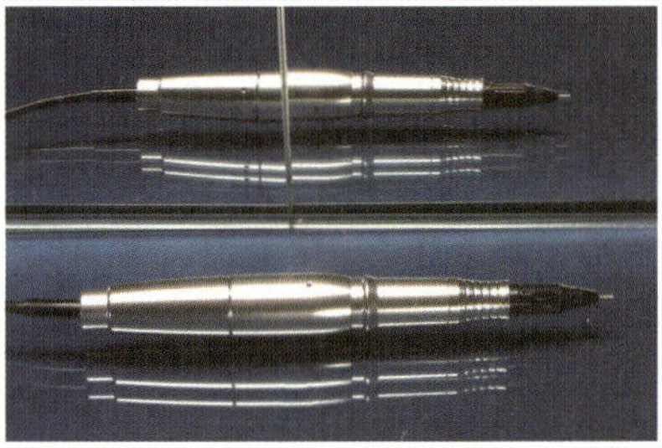

Abb.:
Monitor mit Software und Handstücke

In diesem Exkurs finden Sie auch einige Bilder der Firma best for beauty, die sich durch Ihre Technik von anderen Herstellern und Schulungsanbietern unterscheidet:

12

Hier sind am Pigmentiergerät die flach aneinander gereihten Nadeln schräg angeordnet und es gibt Sie in 17 verschiedenen Größen. Die „Nadelreihe" wird sanft auf die Haut aufgelegt. Durch ein Abrollen der Nadeln nach hinten bleiben die Hautschichten an den speziell fein angeschliffenen Nadelspitzen hängen und es bildet sich ein Hohlraum unter der angehobenen Hautschicht. In diesen gelangen nun die Farbpigmente, bevor durch das Entfernen der Nadeln die Hautschichten wieder geschlossen werden.

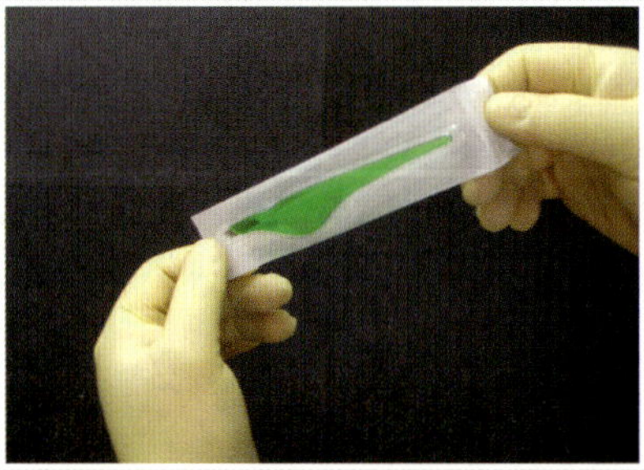

Abb.:
Pigmentierstift der Firma best for beauty

Sie haben verschiedene Möglichkeiten der Pigmentierung:

- **im Augenbrauenbereich** die klassische Kontur (sie ist aber nicht so natürlich), die Härchenzeichnung, die Vollzeichnung oder auch die mehrfarbige Pigmentierung
- **im Lippenbereich** die reine Lippenumrandung, die Lippenvergrößerung mit Schattierung, Farbreflexschattierung oder auch Vollzeichnung
- **im Augenlidbereich** die Wimpernkranzverdichtung, die Konturbetonung, Schattierung, Highlight, optische Formveränderung durch Linienführung

Sie können verschiedene Techniken erlernen um zu konturieren, zu schattieren, zu vergrößern und zu korrigieren.

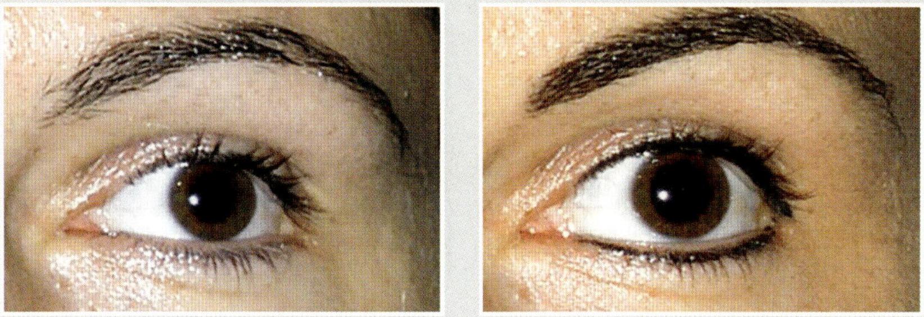

Abb.: *Permanent Make-up* von Brauen und Lidstrich

Pigmentierfarben

Für Farben, die zur Tätowierung und zum *Permanent Make-up* verwendet werden dürfen, gibt es bis heute noch keine gesetzlichen Regelungen, d. h., keine Vorschriften über Qualität, Reinheit oder Inhaltsstoffe.

Im Rahmen des Wettbewerbs bemühen sich heute aber alle Anbieter möglichst gutverträgliche Farben einzusetzen, die meistens nicht nur interne Tests auf Haltbarkeit und Verträglichkeit durchlaufen haben, sondern auch Tests auf Allergiepotenzial, *Kanzerogenität* (krebsauslösende Wirkung), *Mutagenität* (erbgutschädigende Wirkung) und *Toxizität* (Giftigkeitspotenzial).

Überwiegend bestehen die verwendeten Farben aus Eisen- oder Titanoxid mineralischen Ursprungs, die auch zur Einfärbung von Arzneimitteln oder Kosmetika zugelassen sind. Die meisten Firmen verzichten auf schädliche Farbstoffe oder Farbtöne, die ungeahnte Folgen für den Verbraucher haben könnten. Es gibt auch Firmen, die mit hochreinen, synthetischen Pigmenten arbeiten. Diese sind frei von bedenklichen Schwermetallen und es sind keine verbotenen Amine enthalten. Auf den Farbtuben sollten die Produktionsnummer, das Verfallsdatum und die Inhaltsstoffe aufgeführt sein.

Abb.: Pigmentierfarben

Da die Farben beim Pigmentieren in die Haut implantiert werden, sind sie im Sinne der gültigen gesetzlichen Definition keine kosmetischen Mittel.

Das Bundesinstitut für Risikobewertung (BfR) empfiehlt daher nur Farben zu verwenden, deren Farbstoffe den Anforderungen der Europäischen Kosmetik-Richtlinie und der deutschen Kosmetik-Verordnung entsprechen und die für die Verwendung in kosmetischen Mitteln schon geprüft und zugelassen wurden (die Anwendung kosmetischer Mittel ist gesetzlich geregelt → LF 7, Kapitel 1).

Leider gibt es bis heute aber noch keine entsprechenden Gesetze für die Erstellung von *Permanent Make-ups* oder *Tatoos*. Das gesundheitliche Risiko trägt der Verbraucher.

Das BfR begrüßt eine gesetzliche Regelung, die *Permanent Make-up-* und *Tattoo*-Ausführungen festlegt und Farben verbietet, die *karzinogene, mutagene, reproduktionstoxische* (die Fortpflanzung beeinträchtigende) oder *sensibilisierende* (Allergie auslösende) Inhaltsstoffe aufweisen.

Achten Sie auf Tests und Analysen, die über die verwendeten Farben existieren. Nur wenn Sie sicher sind, dass keine Azo-Farbstoffe enthalten und alle Farbbestandteile unbedenklich sind, können Sie damit pigmentieren.

Wer kann und darf ein *Permanent Make-up* erstellen?

Um ein hervorragendes *Permanent Make-up* zu erstellen ist eine Kosmetiker- und/oder Visagisten-Ausbildung sehr vorteilhaft: Denn nicht nur eine sichere Linienführung ist wichtig, sondern auch ein gutes Auge und Fachwissen bezüglich der Ästhetik eines Gesichtes sind entscheidend.

Es existiert leider noch keine geschützte Berufsausbildung oder -bezeichnung für den so genannten *„Permanent Make-up-Artisten"* oder „Linergisten". Daher gibt es auch keine gesetzlichen Grundlagen, die diese Tätigkeiten regeln.

Deshalb ist es sehr wichtig, dass Sie persönlich auf eine möglichst qualifizierte und fundierte Ausbildung achten. *Permanent Make-up* erfordert ein hohes Maß an theoretischen Kenntnissen, z. B. in den Fachgebieten Dermatologie, Anatomie, Immunbiologie, Infektionsgefahren und Materialkunde.

Es gibt sehr viele Anbieter, die jeweils Ihre eigene, private Ausbildungsform haben. Um sich für die richtige zu entscheiden, können Sie Informationsmaterialien im Internet, über Fachmessen, Fachliteratur- und Kosmetikmagazine oder über Kosmetikverbände (→ Band A, LF 1, Kapitel 4.7) erhalten.

Die ***Permanent Make-up-Artisten* oder Linergisten** sind je nach Ausbildungsform in zwei Richtungen orientiert:

- Ausgebildet von Firmen, die ihren Ursprung in der Medizintechnik haben und dann Ihre Schulungen dementsprechend ausrichten, arbeiten Sie z. B. an der Wiederherstellung von Augenbrauen, Lippenkonturen, Brustwarzen oder an Narbenkaschierung, z. B. nach Unfällen, Operationen oder Krankheiten.

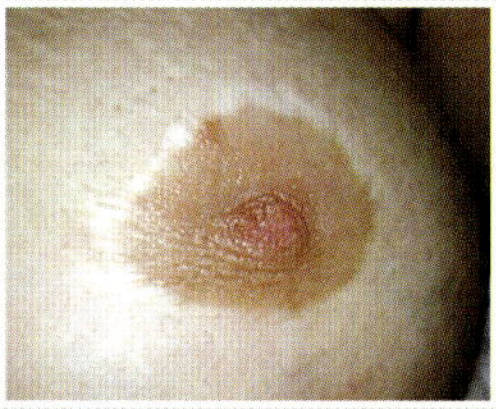
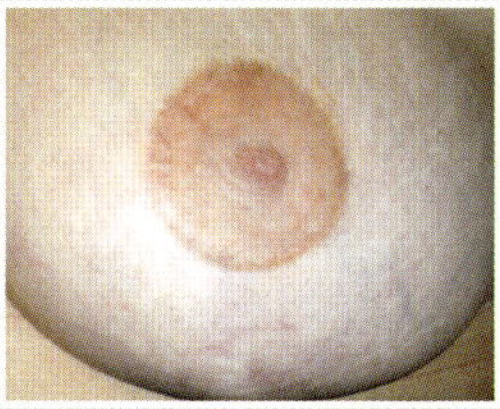

Abb.: Permanent Make-up Brustwarze

- Die häufiger erlernte Form des kosmetischen *Permanent Make-ups* wird als Schulung von mehreren Firmen angeboten. Hier erlernen Sie mit einem Pigmentiergerät feine Linien oder auch Schattierungen zu pigmentieren. Sie verstärken Augenbrauen, Lid- und Lippenkonturen, oder schattieren diese. Das Ziel ist, den Ausdruck eines permanent geschminkten Gesichts erarbeiten zu können.

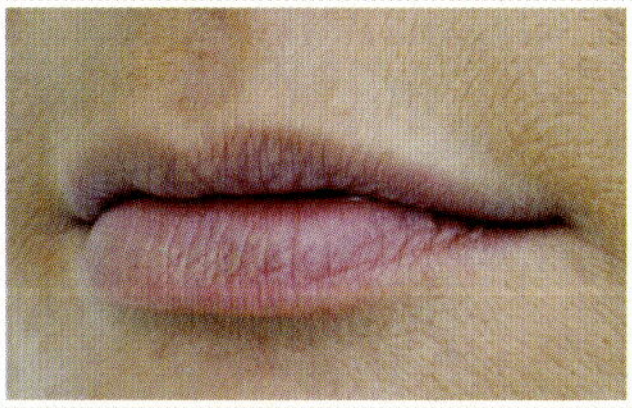
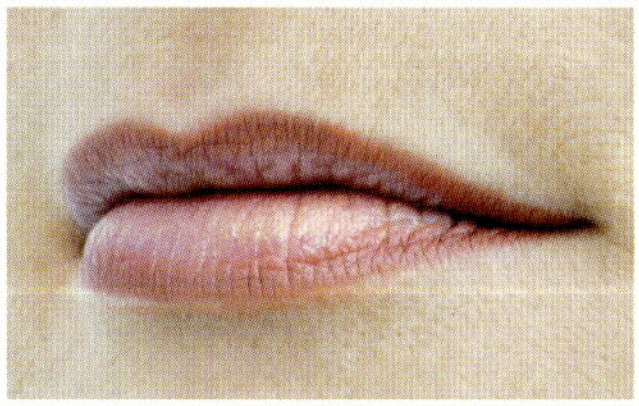

Abb.: Lippen vorher und Lippenschattierung nachher

Die Dauer und der Preis für die entsprechenden Weiterbildungsseminare sind abhängig vom Lehrgangsträger.

Die Erstellung eines guten *Permanent Make-ups* ist eine Kunst.

Wenn Sie diese beherrschen, haben Sie mit dem *Permanent Make-up* ein Instrument, mit dem Sie Menschen sehr glücklich machen können, besonders bei der Wiederherstellung von „verblassenden" oder „verloren gegangenen" Konturen.

Deshalb werden Ihre Kunden beim Nachweis einer qualifizierten und fundierten Ausbildung auch gerne die nicht ganz so geringen Kosten in Kauf nehmen, die je nach Anbieter bei z. B. einer Lippenkontur zwischen ca. 300,00 und 1.500,00 Euro variieren können.

4.5 Berufe und Weiterbildungsmöglichkeiten im Umfeld der dekorativen Kosmetik

Bestimmte Berufsgruppen haben sich speziell auf die Tätigkeit des Schminkens und auf das Verändern und Gestalten von Gesichtszügen (auch Frisuren) spezialisiert. Dazu gehören neben den bereits erwähnten auch die folgenden Berufe:

Info: Visagist/Visagistin

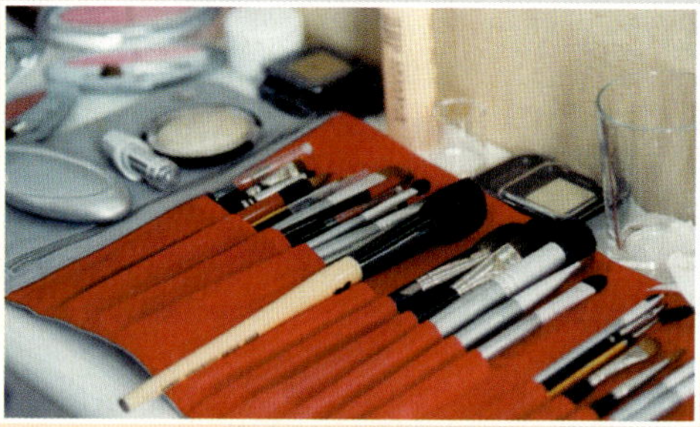

Der Beruf des *Visagisten* ergänzt und erweitert die Dienstleistungen artverwandter Berufe, wie z. B. Friseur, Optiker, Kosmetiker, Drogist.

Seine Aufgabe umfasst den dekorativen Bereich der Schönheitspflege und der Typberatung. Mit der Ausbildung an einer Privatschule kann ein Betrieb (z. B. ein Kosmetikstudio) seinen Service erheblich erweitern und mit Professionalität spezielle *Make-ups* erstellen. Dazu gehören auch das Braut-*Make-up*, *Make-ups* für Modenschauen, Gala-*Make-ups*, Faschings-*Make-ups*, Kinderschminken für Feste und Aktivitäten usw.

Die Visagistenausbildung ist oft die Voraussetzung für weiterführende Kurse zum *Hairstylisten* (siehe unten) und für den Beruf des Maskenbildners.

Der Basiskurs „*Visagistik*" enthält deshalb professionelle Schminktechniken, die nach weiteren Fortbildungskursen den Einstieg zur kreativen Arbeit bei Foto-, Film- und Werbeproduktionen ermöglichen.

Die Ausbildung erfolgt in folgenden Kursinhalten (Beispiel einer Schminkschule):

- Theorie und praktische Grundtechniken des Schminkens sowie das Erfassen von gestellten Aufgaben, Gesichtern und Anatomie
- Form- und Farblehre, Korrekturschminken, Materialien
- überzogenes Schminken von Gesichtern
- plakatives/plastisches Schminken von Gesichtern
- anatomisches (Orientierung am Knochenbau) und mimisches Schminken: Muskeln des Gesichts, die einen bestimmten Gesichtsausdruck darstellen, werden stärker ausgeschminkt.
- Tages-, Abend-, Show-, *Camouflage-*, Braut-, Brillen-*Make-up*
- Schminken nach Vorlagen und Fotos
- Einführung in Film-, Foto- und Theater-Schminktechniken

Info: Hairstylist

Dieser Kurs an einer Privatschule vermittelt verschiedene Techniken, in kurzer Zeit Frisuren zu gestalten. Gerade während Film- oder Fotoaufnahmen bleibt oft wenig Zeit für einen passenden Frisurenschnitt und Föhnen, Colorieren, Festigen und Gestalten müssen schnell durchgeführt werden. Häufig kommen hier auch Haarteile zur Anwendung.

Mögliche Kursinhalte:

- Werkzeug-/Materialkunde
- Föhnen, verschiedene Einlegetechniken
- Finger- und Knetstyling
- Arbeiten mit Lockenkrepp und Plätteisen
- *Toupage* (Kämmtechnik zum Aufplustern des Haares)
- Einarbeiten von Haarteilen
- Grundtechniken der Frisurengestaltung am Übungszopf mit Einführung zum Thema „langes Haar"
- Umsetzen des Erlernten am Modell

Info Make-up-Artist

Er arbeitet oft freiberuflich für verschiedene Auftraggeber aus Foto-, Film- oder Videostudios.

Er/Sie schminkt für Musikvideos, Fernsehen, Werbespots, Kataloge, Anzeigenwerbung, Magazine, Theater usw. In der Regel arbeiten *Make-up-Artisten* in einem Team von Fotografen, *Stylisten*, Musikern, Kameraleuten, *Art*-Direktor usw.

Voraussetzung für diesen Beruf sind Teamfähigkeit, Kontaktfreude, Kreativität, Flexibilität, Engagement und Reisefreudigkeit.

Die Ausbildung erfolgt nach folgenden Kursinhalten (Beispiel einer Schminkschule):

- Besprechung und Vorbereitung der einzelnen Aufnahmen
- Hairstyling, Hochsteckfrisuren (klassisch/modern) Wellen- und Einlegetechniken
- klassisches und natürliches *Beauty-Make-up*, Trend-*Make-up*
- Verwandlungsmöglichkeiten an einem Modell
- Gruppenaufnahmen
- Aufnahmen Studio- und Tageslicht
- *Facepainting* und *Bodypainting* (→ Kapitel 5.10)
- *Make-up* für Schwarz/Weiß und für Farbaufnahmen (→ Kapitel 5.4)
- Mimisches Schminken, Effekte, Beulen, Wunden, Narben (Film- und Theaterschminktechniken)
- *Photoshop* (Computersoftware) zur Bildbearbeitung

Info Maskenbildner

Die Ausbildung zum Maskenbildner im dualen System (→ Band A, LF 1, Kapitel 1.1) ist seit dem 8. Februar 2002 ein anerkannter Ausbildungsberuf. Sie dauert drei Jahre und wird in Betrieb und Berufschule unterrichtet. Der Maskenbildner arbeitet nach seiner Ausbildung z. B. am Theater, in der Oper, bei Fernseh-, Foto- oder Showproduktionen. Als Voraussetzungen sind folgende Eigenschaften der Bewerber von Vorteil: Kreativität, Flexibilität, künstlerisches und handwerkliches Geschick (z. B. zum Knüpfen von Perücken) und räumliches Vorstellungsvermögen (z. B. für das Erstellen einer künstlichen Latex-Maske nach Vorlage).

Das Bühnen-Make-up für Theater/Oper usw. muss das Gesicht des Schauspielers/Tänzers/Sängers in seiner Rolle darstellen. Dafür muss das Gesicht des Darstellers der Rolle gemäß und der Inszenierung (z. B. modern, klassisch, antik usw.) angepasst, in seiner ***Physiognomie*** typisiert und charakterisiert werden. Die *Physiognomie* beschäftigt sich mit dem für ein lebewesencharakteristischen, äußeren Erscheinungsbild, besonders den Gesichtszügen.

Physiognomie (griech., Untersuchung der Natur des Körperbaus)

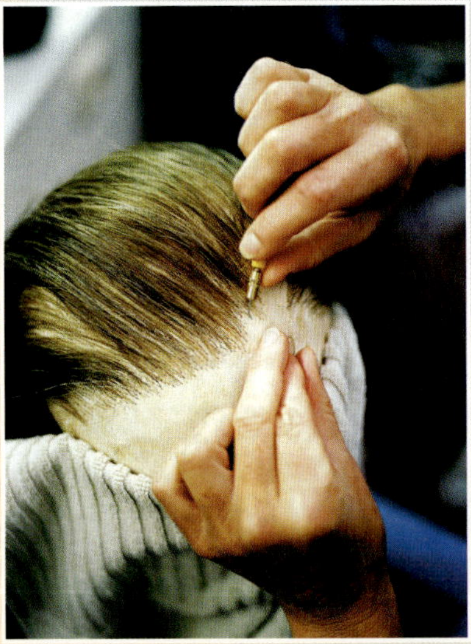

Die Ausbildungsinhalte umfassen:

- Schmink- und Modellagetechniken
- typgerechte (auch historische) Haararbeiten mit Schneiden und Gestalten, auch von Perücken und Haarteilen
- anatomisches Schminken und Typisierungsmerkmale der Charaktere gestalten
- Formenaufbau mit künstlichen Materialien
- Kunstgeschichte

12

A Fragen Übungen Aufgaben

1. *Warum ist bei der medizinischen Camouflage der Lichtschutzfaktor so wichtig für die Haut?*
   a) *Welche Inhaltsstoffe enthält das dazu passende Fixierspray und wie unterscheiden sich diese von denen des normalen Fixiersprays?*
   b) *Was unterscheidet die medizinische Camouflage von der Camouflage light?*
2. *Zu welchem Zweck werden Modellagetechniken eingesetzt? Wann hellen Sie ein Gesichtsareal auf, wann dunkeln Sie ab?*
3. *Vervollständigen Sie den folgenden Satz:*
   Je ... es aufgetragen wird, umso mehr verbreitert es optisch die Fläche, je ... es aufgetragen wird, umso schmaler wirkt die Fläche.
   Um welches dekorative Kosmetikprodukt handelt es sich hierbei?
4. *Zeichnen Sie die verschiedenen Gesichtsformen auf: eckiges Gesicht, ovales Gesicht und rundes Gesicht. Zeichnen Sie den entsprechenden Rougeauftrag mit Buntstift ein.*
5. *Zeichnen Sie die vier grundsätzlichen Gesichtsformen auf. Mit welchen Frisuren können diese aufgelockert bzw. „entschärft" werden?*
6. *Stellen Sie grafisch die Korrekturmöglichkeiten dar (mit Hellgrau = Aufhellen, mit Dunkelgrau = Abtönen), bei*
   a) *eng stehenden Augen,*
   b) *weit stehenden Augen,*
   c) *Schlupflid.*
   d) *Zeichnen Sie dazu passend die entsprechende Augenbrauenkorrektur ein. Schraffieren Sie hierfür wegzunehmende Teile mit Bleistift und hinzuzufügende Teile mit schwarzem Filzstift.*
   e) *Beschreiben Sie die verschiedenen Methoden zum Entfernen der Augenbrauenhärchen.*
7. *Beschreiben Sie den Vorgang des Wimpernfärbens in eigenen Worten.*
   a) *Gehören die Inhaltsstoffe der Wimpernfarbe zu den Haut- oder zu den Haarfärbemitteln?*
   b) *Eignet sich eine Augencreme als Unterlage für die Wimpernblättchen?*
8. *Sehen Sie sich die folgenden Fotos von Lippenformen genau an.*

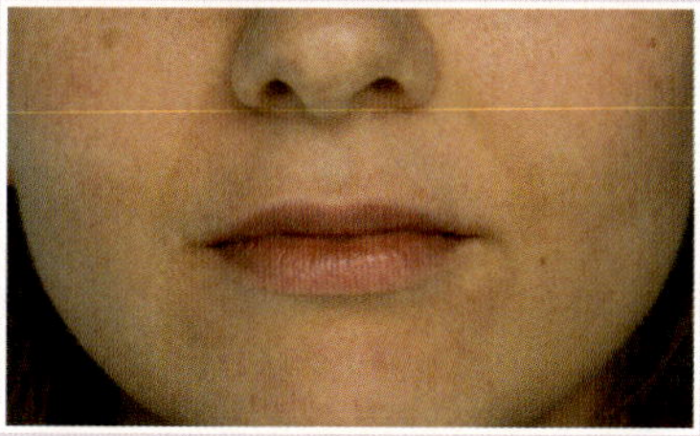
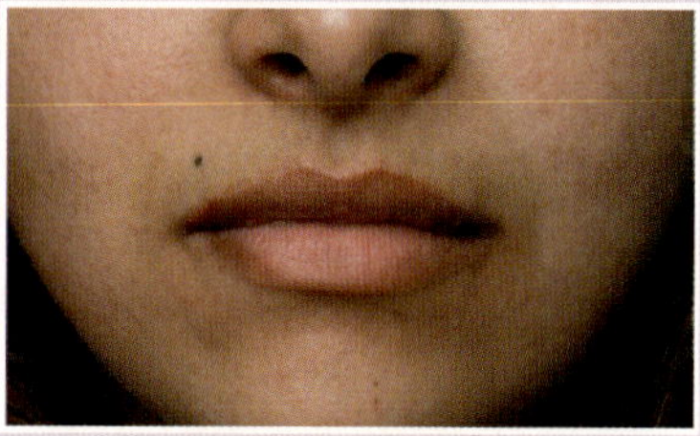
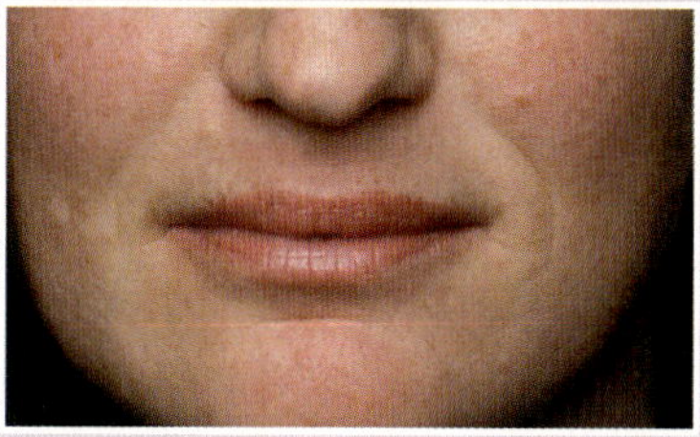
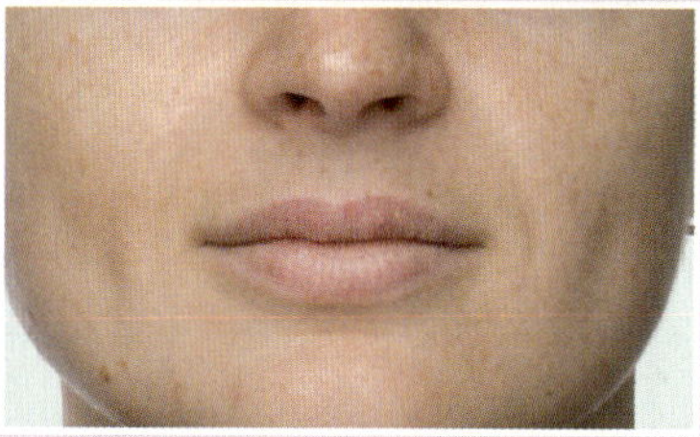

   a) *Zeichnen Sie diese auf ein Blatt Papier.*
   b) *Zeichnen Sie in die erstellten Grafiken mit Rotstift die jeweiligen Korrekturmöglichkeiten der Lippenformen ein.*

12

5 Das besondere Make-up oder das Make-up für besondere Anlässe

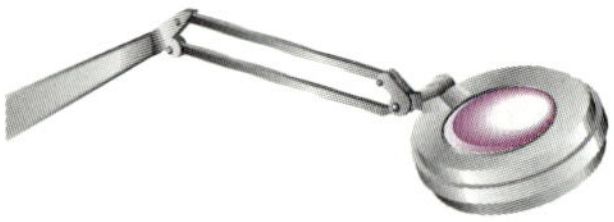

Katie ist ganz aufgeregt. Sie darf heute eine Braut schminken. In ihrem wunderbaren weißen Kleid sitzt sie vor ihr und wartet darauf, dass Katie anfängt. Katie hat sich alle Farben und Materialien zurechtgelegt und beginnt langsam und ruhig mit dem Auftragen der Grundierung. Die Braut ist etwas nervös, zappelig und hat rot geschwollene Augen. Muss Katie jetzt erst noch eine Augenpflegebehandlung durchführen? Sie denkt weiter.

Danach arbeitet Katie ruhig und konzentriert, bis das Make-up fertig gestellt ist. Die Braut sieht wunderschön aus, Katie ist auch begeistert. – Nanu? Heute hat sie keinen einzigen Fehler gemacht, so viel hat sie jetzt schon gelernt!

Das *Make-up* für besondere Anlässe umfasst das Schminken für besondere Lebenssituationen Ihrer Kundin (Hochzeit, Fest, Fastnacht, Theater usw.) und muss deshalb besondere Anforderungen erfüllen. Unterschiedliche Schminktechniken und Materialien kommen zur Anwendung.

Wenn Ihre Kundin Brillen- oder Kontaktlinsenträgerin oder Seniorin ist, kommen ebenfalls unterschiedliche Schminktechniken zur Anwendung. Daher werden besondere Make-up für diese Kundinnengruppe in diesem Kapitel dargestellt.

5.1 Brillen-/Kontaktlinsen-Make-up

Die Brille sollte, wie das Make-up, typgerecht in Farbe und Form ausgewählt sein, da sie gleichzeitig ein unübersehbares Mittel zur Persönlichkeitsdarstellung und eine notwendige Sehhilfe ist. Die Brille kann Unregelmäßigkeiten in der Gesichtsform ausgleichen und Persönlichkeitsmerkmale betonen.

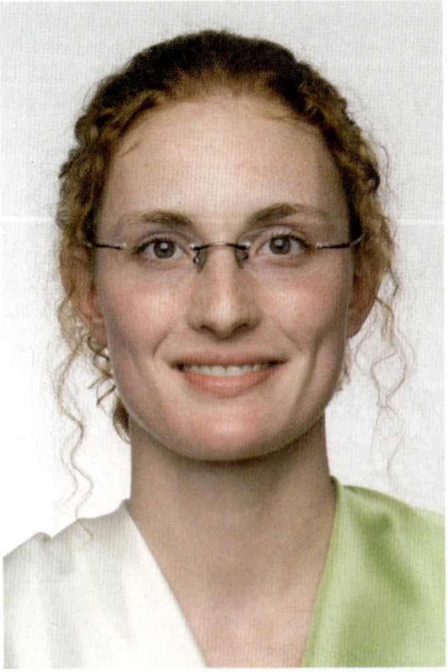

Abb. 5.1: Brillenträgerin

Eine Brille kann in Form, Größe und Farbe sportlich, elegant, klassisch, avantgardistisch, modisch und anders wirken und damit die Persönlichkeit unterstreichen.

Sie sollte in ihrer Kontur die Gesichtsform auflockern bzw. einer ausgeprägten Gesichtsform entgegenwirken.

Die Nase als Mittelpunkt des Gesichts kann mithilfe der Brille betont oder zurückgenommen werden:

- Sitzt die Brille oben auf der Nasenwurzel, wirkt die Nase etwas größer.
- Sitzt die Brille etwas weiter unten auf dem Nasenrücken, wirkt die Nase etwas kleiner.

Modellage der Nase

Zusätzliche optische Korrekturen sind mithilfe einer Modellage Technik (→ Kapitel 4) möglich:

wenn die **Nase zu breit** ist, dann kann ein dunkler Abdeckstift rechts und links des Nasenrückens aufgetragen und sanft verwischt werden. Darüber erfolgt dann die Grundierung und die Fixierung.

wenn die **Nase schmal ist** wird mit einem hellen Abdeckstift der Nasenrücken schattiert.

Das Make-up für Brillenträgerinnen unterscheidet sich von einem normalen *Make-up* in der, je nach Glasstärke, unterschiedlich stark ausgeprägten Augenbetonung.

Achten Sie beim Auftragen von Grundierung und Abdeckpräparaten auf äußerst gleichmäßige Farbverteilung unter dem Augenlid, damit durch den unteren Glasrand der Brille keine Unregelmäßigkeiten zu sehen sind.

Schminktechnik bei Weitsichtigkeit

Diese Brillengläser vergrößern optisch das Auge, daher ist mit der *Make-up*-Technik keine weitere optische Vergrößerung des Augenlids erwünscht.

Es sollten deshalb zum Farbtyp passende, matte und etwas dunklere farbige Lidschatten eingesetzt werden, die den Augenlidern Form und Farbe geben. Der Kajalstrich sollte unter Beachtung der Augenform (→ Kapitel 4.3) etwas dunkler, auch etwas kräftiger sein und das Ober- und Unterlid begrenzen. Die Wimperntusche kann kräftig aufgetragen werden. Das übrige *Make-up* gestalten Sie dann typgerecht oder nach Anlass.

Abb. 5.2: Schminkauftrag bei Weitsichtigkeit

Befinden sich Rot- oder Rosatöne in der Brillenfassung, achten Sie bei der Auswahl von *Rouge* und Lippenstift auf die entsprechenden Farbharmonien (→ Kapitel 3.2).

Schminktechnik bei Kurzsichtigkeit:

Das Auge wirkt durch die Brillengläser bedingt verkleinert und sollte mithilfe der Schminktechnik optisch vergrößert werden.

Helle, glänzende Lidschatten (z. B. *Highlighter*) lassen optisch den Abstand zwischen Augenkontur und Augenbraue größer aussehen. Der Lidstrich sollte fein gezogen und nach außen leicht verlängert werden oder das Oberlid sollte nur dezent oder gar nicht mit Kajal begrenzt werden. Die Wimperntusche sollte nicht zu kräftig aufgetragen werden. Im unteren Lidrand kann zur optischen Vergrößerung innen ein weißer Kajalstrich aufgetragen werden.

Highlighter

Da das Schminken für Brillenträgerinnen – je nachdem, wie eingeschränkt die Sehfähigkeit ist – schwierig sein kann, gibt es spezielle Schminkbrillen, deren Gläser wechselseitig nach oben geklappt werden können.

Empfehlen Sie Ihrer Kundin, regelmäßig Wimpern und Augenbrauen zu färben, dann muss sie diesen Teil des *Make-ups* nicht ausführen.

Führen Sie das *Make-up* zu Ende, indem Sie typgerecht *Rouge* und Lippenstift auftragen.

Schminktechnik bei Kontaktlinsen

Das Make-up für Kontaktlinsenträgerinnen muss mit besonderer Sorgfalt ausgeführt werden, da die Augen sehr sensibel auf Fremdkörper reagieren, teilweise auch leicht überreizt oder gerötet sein können. Ein Fremdkörper zwischen **Linse** und **Augapfel** ist sehr unangenehm und auch Make-up-Reste auf der Linse, die zwischen **Linse** und **innerem Oberlid** reiben, sind äußerst unangenehm für die Kundin.

Die Kundin mit Kontaktlinsen sollte daher vor jedem Abpudern die Augen schließen und die Augenumgebung sollte besser ausgespart bleiben.

Auf pudrige, gepresste oder lose Lidschatten sollte verzichtet werden, denn schon während des Auftragens können winzige Puderreste ins Auge gelangen und zu Reizungen führen. Cremige Lidschatten, die mit einem Pinsel oder Applikator ohne Druck auf das Augenlid aufgetragen werden können, eignen sich für das Schminken der Augenlider besser. Für Lidumrandungen eignen sich feste Kajalstifte, die nicht so schnell verwischen; so können keine Farbreste ins Auge gelangen.

Bieten Sie Ihrer Kundin z. B. einen Augenbrauenstift zur Ausführung einer Augenkontur an. Dieser ist trockener und feiner in der Konsistenz und verwischt nicht so schnell. Augenbrauenstifte sind aber nur in den Schattierungen Grau, Braun oder Schwarz erhältlich; das muss dann zum typgerechten Make-up passen.

Schminken Sie, wenn Kontaktlinsen eingesetzt sind, immer mit größter Vorsicht und Sorgfalt.

Es muss unbedingt vermieden werden, dass sich die Kontaktlinse im Auge verschiebt. Jeder zusätzliche Druck auf den Augapfel ist für die Kundin unangenehm.

Auch die *Mascara* sollte für Kontaktlinsenträgerinnen unter Beachtung der empfindlichen Augen gewählt werden. Geeignet sind hier z. B. Produkte, die nicht die Wimpern verdichten, da die in der Flüssigkeit enthaltenen Partikel ins Auge und damit auf die Linse geraten können.

Empfehlen Sie Ihrer Kundin regelmäßig ein frisches Produkt (Kauf spätestens alle 3 bis 4 Monate). Trocknet die Mascara schon etwas ein, können schneller Krümelchen ins Auge gelangen und dort reiben.

Ist eine Betonung der Augen mit dekorativen Produkten wegen bestehender Empfindlichkeit nicht möglich, kann mit Wimpern- und Augenbrauenfärben, eventuell alternativ mit *Permanent Make-up* (→ Exkurs in Kapitel 4.4) farbliche Akzente am Auge gesetzt werden.

Das übrige Make-up wird für Kontaktlinsenträgerinnen wie gewohnt gestaltet.

5.2 Seniorinnen-Make-up

Die Pigmentierung der Haut einer Seniorin zeigt mitunter Störungen im weißfleckigen Bereich oder bräunliche Störungen. Daher spielen abdeckende Präparate eine große Rolle. Mimikfältchen sollten ebenfalls gemindert werden. Die Pigmentierung der Gesichtshaare und der Kopfhaare lässt meist nach. Augenbrauen und Wimpern werden heller, grau, hellgrau oder weiß, die Gesichtshaare können auch dünner und feiner werden, vor allem die Augenbrauen verlieren oft ihre Dichte. Die natürlichen Farben im Gesicht verblassen.

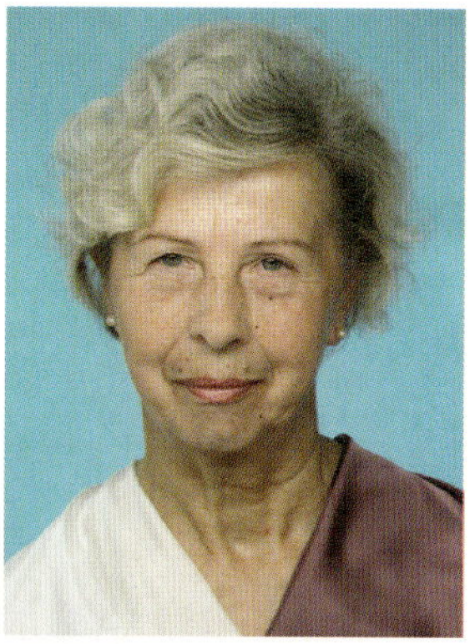

Abb. 5.3: Seniorin mit *Mini-Finish*

Die Seniorin möchte in der Regel nicht zu stark geschminkt werden. Ein *Mini-Finish* ist dann anzuraten. Möchte die Seniorin aber farbtypgerecht ihr Aussehen gestalten, bietet – neben dauerhafteren Methoden wie *Permanent Make-up* oder Färbungen von Wimpern und Augenbrauen – auch das „normale" *Make-up* die Möglichkeit, die natürliche Gesichtfarbe optisch wiederherzustellen.

Ausführung

Beginnen Sie mit der Aufhellung von Mimikfältchen und Augenringen bzw. dem Abdecken von Hautverfärbungen.

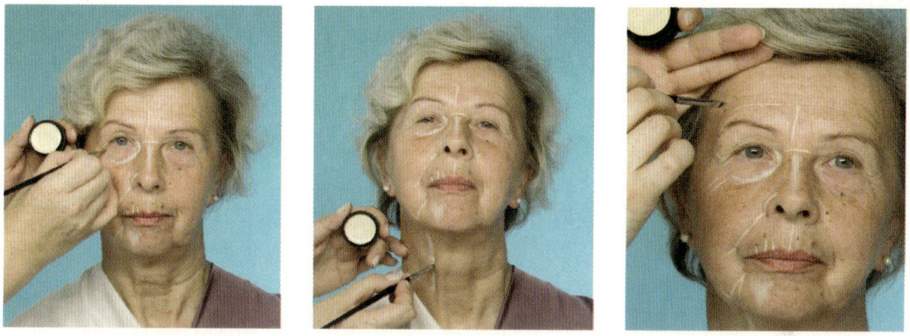

Abb. 5.4 a – c: Aufhellen von Mimikfältchen

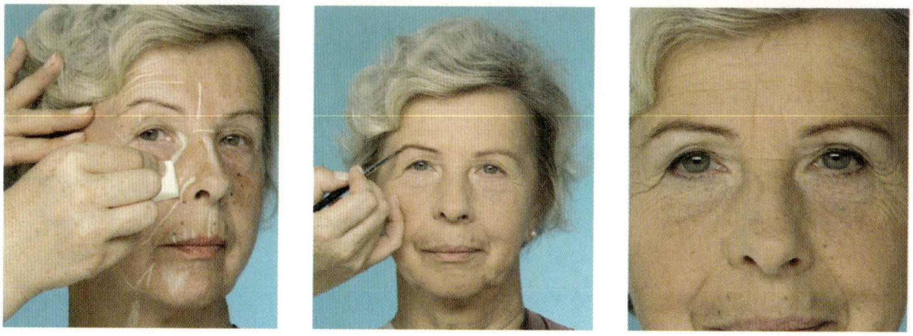

Abb. 5.5 d – f: Modellage der Augenpartie

Verwischen Sie die Aufhellungen mit einem feuchten Schwämmchen und tragen Sie danach eine cremige Grundierung oder eine getönte Tagescreme auf. Die reife Haut darf etwas schimmern (das vermittelt den Eindruck von Frische). Wenn es die Kundin stört, pudern Sie nur die Nase und das Kinn ab. Zeichnen Sie die Augenbrauen mit einem feinen Augenbrauenstift oder Augenbrauenpuder nach.

Widerspenstig abstehende Haare schneiden Sie mit einer spitzen Nagelschere in Form, d. h. Sie kürzen die Länge in Verlaufsform der Augenbraue.

Vermeiden Sie glänzende Lidschatten, diese betonen die Augenlidfältchen zusätzlich.

Tragen Sie dann auf die Wangen, je nach Gesichtsform, dezent ein Rouge auf. Wählen Sie auch hier ein Produkt ohne Glanzpartikel. Frisch sieht ein Hauch Rouge unter den Augenbrauenbogen aus.

Das Rouge soll kaum von einer natürlichen Röte unterschieden werden können. Daher gilt: Weniger ist mehr!

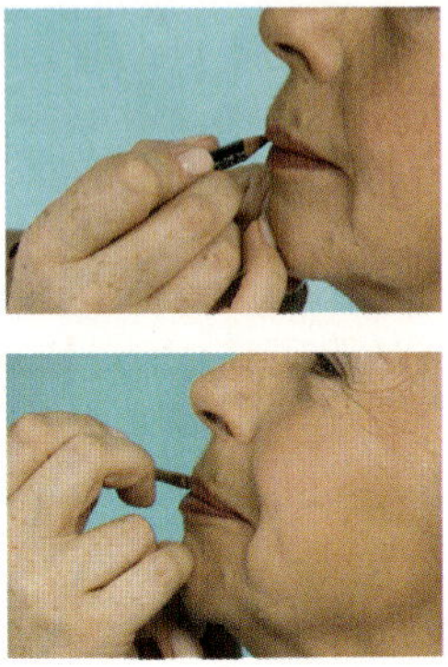

Abb. 5.6 a und b: Schminken der Lippen

Die Lippenränder sind bei Seniorinnen oft mit Lippenfältchen oder feinen Trockenheitsrillen versehen. Diese sind vor der Grundierung mit dem Linefiller auszuarbeiten. Die Lippenränder werden mit der Grundierung abgedeckt, so kann eine leichte Korrektur der Lippenform durchgeführt werden. In der Regel werden die Lippen mit zunehmendem Alter schmäler, die Oberlippe ist dann oft nicht mehr voll zu sehen. Wählen Sie als Korrekturmöglichkeit die „schmale Lippe" (→ Kapitel 4.4, Abb. 4.19 b) und verbreitern Sie den Lippenrand minimal. Wählen Sie den Konturenstift passend zum Lippenstift, so wirkt der Mund etwas größer. Füllen Sie die Lippen mit Farbe aus und geben Sie bei trockenen Lippen etwas Gloss darüber.

Abb. 5.7: Seniorin mit Tages-Make-up

Genau wie die Gesichtshaut mit zunehmendem Alter anspruchsvoller in der Pflege wird, ist die Erstellung eines typgerechten Seniorinnen-Make-ups eine anspruchsvolle Arbeit, die viel Fingerspitzengefühl erfordert.

5.3 Braut-Make-up

Eine Hochzeit ist immer ein großes Ereignis für Ihre Kundin, die Braut steht dabei im Mittelpunkt. Neben Kleidung, Frisur und Schmuck ist das Make-up ein wichtiges Mittel zur Verschönerung der Braut.

Das Braut-Make-up muss:

- im Tageslicht natürlich aussehen
- den ganzen Tag und oft bis spät in die Nacht unversehrt und schön bleiben
- nicht verschmieren und verwischen (Hitze, Kälte und/oder Feuchtigkeit aushalten)
- ausdrucksvoll auf den Hochzeitsfotos wirken
- zum Brautkleid, Blumenschmuck und Farbtyp der Kundin passen

Vereinbaren Sie mit Ihrer Kundin einen **Probetermin** für das Make-up. So kann sie prüfen, ob ihr die Farben für das Make-up gefallen. Planen Sie mit ihr zusammen auch die eventuelle farbliche Veränderung von Augenbrauen und Wimpern.

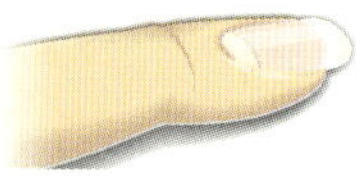

Wenn die Wimpern und Augenbrauen gefärbt bzw. gezupft werden sollen, führen Sie das vor Erstellung des Probe-Make-ups durch. Das gilt auch für die Reinigungs- und Pflegeanwendungen.

Stimmen Sie die Farbwahl unter Berücksichtigung des Farbtyps der Kundin auf das Brautkleid, den Blumenschmuck, die geplante Frisur und den eventuellen Halsschmuck ab. Geben Sie der Kundin Tipps zur Gestaltung der Fingernägel.

Während des Probetermins können Sie die Farben zusammen festlegen und in der Karteikarte (oder in den Make-up-Pass) der Kundin notieren.

- **Rechnen** Sie für die Erstellung des Make-ups am „großen Tag" dann ca. eine halbe Stunde ein.
- **Planen** Sie aber für den gesamten Termin mindestens eine Stunde oder etwas länger ein, so dass ein Zeitpuffer bleibt.

Abb. 5.8: Beispiel Make-up-Pass

Make-up-Pass

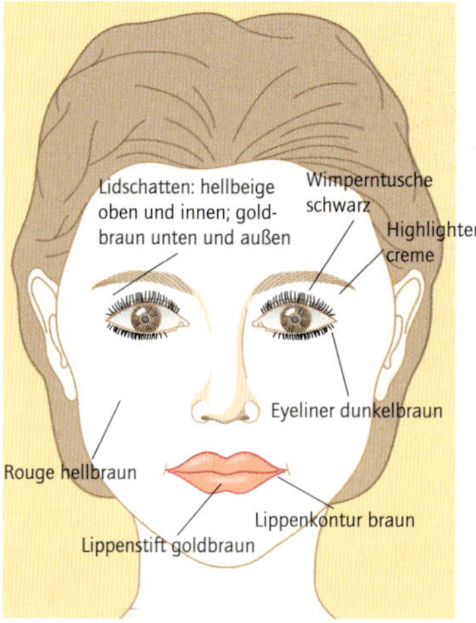

Make-up-Basis	Aufheller Nr. 5
Grundierung	hellbeige/dunkelbeige (Modellage)
Abdeckstift / Abdeckcreme	hellbeige (3)
Puder	Translucent-Puder
Lidschatten	1. hellbeige Nr. 7
	2. goldbraun Nr. 6
	3. Highlighter creme Nr. 1
Lidstrich	1. dunkelbrauner Eyeliner, Augenwinkel aus-
	2. gezeichnet
Kajal	1. /
	2. /
Wimperntusche	schwarz (hypoallergen)
Augenbrauen	mittelbraun Nr. 18
Mund	1. Kontur braun Nr. 154
	2. Lippenstift goldbraun Nr. 130
	3. Lippenpflege Lipgloss farblos 04
Rouge	hellbraun Nr. 17
Nagellack	goldbraun 130
	Hals + Dekolletee mitschminken

Ist die Kundin am „großen Tag" erschienen und schon im Hochzeitskleid, kann sie auf einem für das Kleid geeigneten Stuhl Platz nehmen, während Sie behandeln und schminken.

Decken Sie dann das Hochzeitskleid mit einem großen Seidentuch oder einem dünnen Baumwolltuch großflächig ab. Schlagen Sie dazu den Rand des Tuches ein wenig in den Stoffrand des Ausschnitts ein. Ein winziger Farbrest von Pflegepräparaten, Puder, Lidschatten oder Lippenstift ist auf einem weißen Stoff sofort zu sehen und hinterlässt hässliche Fett- und/oder Farbflecken.

Ausführung

Behandeln Sie sorgfältig mit einem Abdeckprodukt alle Hautstellen, die unnormale Farbveränderungen oder Unreinheiten zeigen. Das gilt im Falle einer Braut auch für Hals, Schultern und Dekolletee, eventuell auch für den Nacken und den Bereich hinter den Ohren.

Modellieren Sie, wenn nötig, **dezent** die Gesichtsform. Da die Braut sich im Tageslicht aufhält (Fototermin im Freien, Gang zur Kirche usw.), darf die Modellagetechnik nicht auffällig zu sehen sein. Dunkle oder helle Striche, die z. B. schlecht verwischt wurden oder ungenau gearbeitet sind, werden im Tageslicht sichtbar.

Beginnen Sie danach mit dem Auftragen der Grundierung im Gesicht. Verwenden Sie dazu ein feinporiges Schwämmchen, so wird der Farbauftrag gleichmäßiger. Lassen Sie die Ränder Richtung Ohren und Stirn weich auslaufen.

Achten Sie darauf, dass keine Grundierung in den Haaransatz gerät! Lassen Sie mindestens einen 5 cm breiten Rand zum Stoff des Kleides am Dekolletee frei, damit bei der Körperbewegungen keine Farbpigmente an den Stoffrand gelangen.

Pudern Sie dann alle grundierten Bereiche (auch Hals, Dekolletee, Nacken) gründlich ein und lassen Sie den Puder für zwei bis drei Minuten einziehen. Bürsten Sie vorsichtig die Reste mit einem Fächerpinsel oder einer Ziegenhaarbürste ab.

Beginnen Sie dann mit der farblichen Veränderung der Augenbrauen, wenn diese nicht gefärbt wurden (→ Kapitel 4.3.2). Sie sollten auf jeden Fall typgerecht betont werden, da die Augenpartie so später auf den Fotos ausdrucksvoller erscheint. Die Augenbrauen werden mit einem Augenbrauenstift in Wuchsrichtung nachgestrichelt und mit einem Augenbrauenbürstchen oder -kämmchen leicht gekämmt (auch bei gefärbten Augenbrauen).

Facon

Führen Sie dann den Farbauftrag des Lidschattens aus. Sie können für die Augenkontur statt eines Kajalstiftes auch trockene, intensiv färbende Lidschatten in z. B. Braun, Blau oder Grün mit einem *Facon*-Pinsel auftragen. Verwenden Sie für die Wimpern Mascara und tuschen Sie diese kräftig. Kämmen Sie diese anschließend mit dem Wimpernkämmchen aus und tragen Sie anschließend das passende Rouge in Puderform auf.

Die Lippenkontur muss sorgfältig und gleichmäßig gezeichnet werden, eine Korrektur ist bei diesen haftfesten Stiften eher schwierig (→ Kapitel 2, Tab. 2.20: „Beispiele zur Fehlerkorrektur").

Grundieren Sie die Lippen mit dem Konturenstift in der gleichen Farbe des Lippenstifts. So bleibt eine haftfeste Schicht auf den Lippen. Eine eventuell dunklere Lippenkontur wird dann noch einmal aufgezeichnet.

Der danach aufgetragene Lippenstift hält dann länger. Lassen Sie die Kundin die Lippen auf ein Papiertuch pressen und tragen Sie noch einmal Lippenstift auf.

Wenn die Kundin ihr Brautkleid noch nicht anhat – wie kann sie es anziehen, wenn sie es eng über den Kopf streifen muss?

Diesem Problem stehen auch Models bei Modenschauen oft gegenüber. Das Kleid darf beim Anziehen nicht verschmutzen, daher muss die Kundin (Model) ein Seidentuch über das Gesicht decken und das Kleid überziehen. Dann wird das Seidentuch wieder abgenommen.

Abb. 5.9 a – c: Braut-Make-up und glückliche Braut

5842418

5.4 Foto-Make-up

Das Foto-Make-up muss besonders sorgfältig in der Ausführung sein. In der Regel wird das Gesicht, z. B. bei Porträtaufnahmen und auch im künstlerischen Bereich, sehr nah mit der Kamera aufgenommen, so dass alle Konturen und Farbunterschiede genau zu sehen sind.

Für die Kamera muss das Gesicht generell matt sein, Glanzpunkte können mit bestimmten Produkten gezielt gesetzt werden.

Besonders die abdeckenden und modellierenden Techniken kommen zur Anwendung, da bei Fotoaufnahmen Schatten im Gesicht (z. B. Falten) sonst noch deutlicher zu sehen sind. Alle Farbaufträge müssen sorgfältig schattiert und gleichmäßig aufgetragen sein.

Alle Farbaufträge müssen sorgfältig deckend sein und können für eine Farbfoto-Aufnahme etwas kräftiger aufgetragen werden als für ein Tages-Make-up.

Das Make-up muss sehr gut abgepudert werden, sonst sind „specki-ge" Flecken zu sehen.

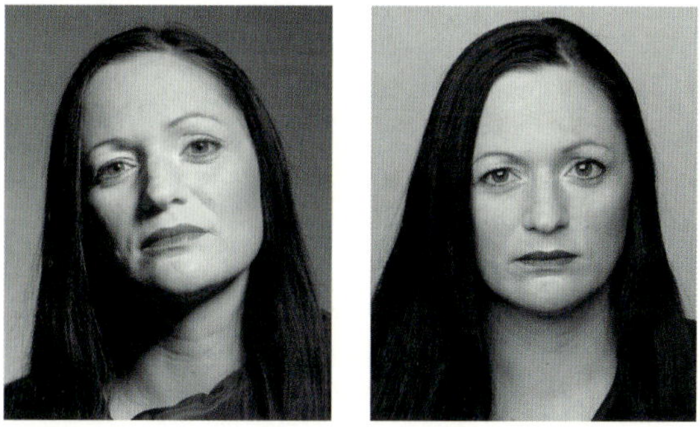

Abb. 5.10 a und b: Schwarz-Weiß-Foto-Make-up

Das **Make-up für Schwarz-Weiß-Fotos** wird in den Kontrasten klar herausgearbeitet und mit Konturen versehen. Hier spielen vor allem aufhellende Techniken eine große Rolle, da z. B. ein Grübchen auf der Wange auf dem Schwarz-Weiß-Foto als dunkler Schatten zu sehen ist. Auf den Fotos gut zu sehen, dass die Kinnfalte aufgehellt wurde.

Die Augenbrauen werden exakt dunkler nachgezeichnet. Der Kontrast zwischen Augenbrauen und Augenkontur wird mit hellem Lidschatten hergestellt und einfarbig belassen oder mit einer Lidschatten-Schminktechnik klar herausgearbeitet (z. B. in „Bananenform"). Der Augeninnenwinkel wird hell betont. Die Augenkontur muss mit Kontrast gezeichnet werden, dabei allerdings fein aussehen.

Hierfür eignen sich harte Kajalstifte oder Augenbrauenstifte.

Der innere Lidrand wird mit einem weißen Kajalstift betont, so wirkt der Kontrast zwischen Augenkontur und Auge kräftiger.

Kräftige Wimperntusche oder künstliche Wimpern sind erforderlich, damit die Wimpern auf dem Foto zu sehen sind.

Das Rouge wird in einem klaren Rotton gewählt und mit Aufheller über dem Jochbeinbogen konturiert. Nur so ist auf dem Foto kein dunkler Schatten zu sehen, sondern ein Rougeauftrag.

Die Oberlippe wird über dem „V" mit Aufheller versehen, dieser wird auch bei eventuellen Lippenkorrekturen eingesetzt, z. B. bei einfallenden Lippen. Da auf dem Foto keine Farben zu sehen sind, können Lippenkontur und Lippenstift in der gleichen Farbe aufgetragen werden. Diese sollte matt und klar sein, z. B. ein kräftiges Rot. Ein dunkelbrauner oder dunkelvioletter Lippenstift sollte vermieden werden. Er wirkt auf dem Foto dann schwarz.

5.5 Abend-Make-up

Abb. 5.11 a: Make-up „Glanzeffekte"

Abb. 5.11 b: Make-up „Galaabend"

Das Abend-Make-up unterliegt besonderen Anforderungen:

- Es muss auch bei schwacher Beleuchtung noch ausdrucksvoll zu sehen sein,
- hitzebeständig bleiben,
- viele Stunden haltbar und wischfest sein (z. B. nicht durch Schwitzen beim Tanzen verlaufen).

Im Gegensatz zum Tages-Make-up wählen Sie für das Abend-Make-up dunklere Farbtöne aus den Farben, die für die Kundin geeignet sind, z. B. statt Hellrot für die Lippen lieber ein Dunkelrot. Schummerige Beleuchtung „schluckt" Farbe, daher dürfen die Farben kräftiger sein. Das gilt für farbige Produkte, die Grundierung sollte nach wie vor so nahe wie möglich am natürlichen Hautton gewählt werden. Wird aber ein dunklerer Ton gewählt, müssen die Übergänge zum Hals und den Gesichtsrändern sorgfältig mitgeschminkt werden. Das Augen-Make-up wird stärker ausgearbeitet und gestaltet, z. B. mit dunklem Lidstrich, mehreren Lidschattenfarben und künstlichen Wimpern.

12

Damit der Lidschatten besser hält, tragen Sie eine Lidschattenfixierungscreme auf.

Abb. 5.12: Abend-Make-up mit Betonung der Augen

Auch mit Modellagetechniken kann das Abend-Make-up ausdrucksvoller gestaltet werden. Zusätzliche Glanzpunkte setzen schimmernde Rouge und Puder mit Perlglanz, auch Glittergel oder Straßsteinchen können nach Kundenwunsch eingesetzt werden. Wird das Dekolletee gezeigt, sollte es ebenfalls mit einem leicht schimmernden Puder betont werden.

Für das Abend-Make-up kann auch die Variante gewählt werden, dass eine Partie des Gesichts besonders farblich hervorgehoben wird, dafür die übrigen Partien nur dezent geschminkt werden.

5842420

5.6 Modisches Trend-Make-up

Das modische Trend-Make-up wird unabhängig vom Typ nach der jeweiligen aktuellen Mode gestaltet und nach den vorgegebenen Mustern, Techniken und Farben geschminkt, ohne auf die Gegebenheiten des Gesichts Rücksicht zu nehmen.

Trend-Make-ups werden farblich und gestalterisch meist durch die Mode- und Friseurbranche, durch aktuelle Filme, aber auch durch saisonale Gegebenheiten (Jahreszeiten), neue Herstellungs- oder Verarbeitungsverfahren in der Kosmetikbranche oder durch neue Auftragetechniken mitbestimmt.

Abb. 5.13:
Beispiel Trend Make-up

Das in der Abbildung gezeigte Beispiel zeigt ein Trend-Make-up für eine Sommersaison. Die Grundierung ist zartbeige und blass. Mithilfe einer Modellagetechnik setzt ein zartrosa Rouge Akzente auf den Wangen und den äußeren Stirnbereichen. Besonders betont sind die Augenbrauen mit einer grauen Augenbrauenfarbe, die einen Kontrast zu dem heller geschminkten, oberen Bereich des Augenlids bilden. Dunkelgrauer Lidschatten umrahmt das Auge und vergrößert es optisch, indem unter dem Auge und am Augeninnenrand der Lidschatten überzeichnet aufgetragen wurde. Der Lidrand ist mit einem schwarzen Kajalstift kräftig betont. Als Kontrast zu den kräftig betonten Augen sind die eher hell, durchscheinend in Rosa geschminkten Lippen zu sehen. Diese zeigen keine sichtbare Lippenkontur aber eine zarten Glanz.

Besonders gute Beispiele, was gerade „Trend" ist, liefern die aktuellen Modenschauen, die das zur Kleidung passende Make-up, oft für die Bühne etwas überzeichnet, präsentieren. Weitere Quellen sind Kosmetik-Fachzeitschriften und Fachliteratur. Für kurze Zeit sind dann alle Trendfarben und Materialien vielfältig im Handel erhältlich.

5.7 Make-up für verschiedene Hauttönungen

Kundinnen aus ursprünglich asiatischen, arabischen, indischen, afrikanischen oder südamerikanischen Ländern stellen besondere Anforderungen in der Farbwahl des Make-ups an Sie als Kosmetikerin.

Da es auch bei diesen Hauttönungen warme und kalte Farbtypen gibt, ist eine Farbtypbestimmung sinnvoll!

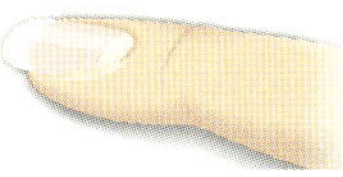

Hauttönungen werden durch den unterschiedlichen, hauteigenen bläulichen oder gelblich-rötlichen Grundton bestimmt (➜ Kapitel 3.3.1). Er spielt bei der Auswahl der Farben für das Make-up eine entscheidende Rolle.

Dunkler bis mitteldunkler, warmer Hautton

Häufig zeigt sich bei dem dunklen, gelblichen Hautton eine unregelmäßige Pigmentierung. Um die Pigmentstörungen abzudecken und der Haut ein gleichmäßiges Aussehen zu ermöglichen, kommen abdeckende Produkte und *Camouflage*-Produkte zur Anwendung. Diese werden so genau wie möglich an den natürlichen Hautton angepasst oder gemischt (➜ Kapitel 4.1).

Die Grundierung erfolgt dann mit einem deckenden Make-up, das mit einem getönten oder farblosen Puder fixiert werden sollte.

Viele Hersteller dekorativer Produkte bieten eine breite Palette an dunklen, gelblichen Grundierungs- und Camouflagetönen an.

Die Lidschattentechnik für diesen dunklen Hautton kann mit warmen, kräftig aufgetragenen Farben ausgeführt werden.

Es gilt: je dunkler die Pigmentierung, desto kräftiger kann Lidschatten aufgetragen werden.

Da z. B. dunkle Lidschatten auf dunkler Haut kaum zu sehen sind, eignen sich für den dunklen Hauttyp kräftige, aber hellere Farben wie Gold, Bronze oder Mauve. Ein bunter (z. B. goldbrauner oder olivgrüner) oder ein schwarzer *Eye-Liner* kann die Augenform betonen.

Abb. 5.14: Make-up des dunklen, warmen Hauttons

Bei mitteldunklen Hauttönen mit dunklen Augen ist ein kräftig gezogener, dunkler oder schwarzer Lidstrich erlaubt. Besonders arabische Frauen betonen die Augen gerne dunkel und tragen dazu einen hellen, einfarbigen *Highlighter.* Rouge und Lippenstift werden bevorzugt in kräftigen, Rot- und Brauntönen aufgetragen.

Das Rouge sollte nicht zu dunkel gewählt werden, denn ist es ist auf dunkler Haut dann kaum noch sichtbar. Zu hell dagegen, wirkt es nicht natürlich.

Dunkler bis mitteldunkler, bläulicher Hautton

Auch bei diesem Farbtyp können zur Abdeckung individuell mischbare *Camouflage*-Produkte und ein deckendes Make-up als Grundierung angewendet werden, falls Pigmentstörungen vorliegen.

Abb. 5.15: Make-up des dunklen, bläulichen Hauttons

Unterschiede gibt es bei der Wahl der weiteren dekorativen Produkte: Lidschatten, *Rouge* und Lippenstift können in kräftigen, kalten Farben gewählt werden, wie z. B. Lila oder Pink. Die häufig kräftigen Lippen vertragen aber auch kräftige Rottöne.

Auch hier gilt: je dunkler die Pigmentierung, desto kräftiger kann Lidschatten aufgetragen werden. Die Augen vertragen außerdem einen dunklen oder schwarzen Lidstrich.

Rouge, z. B. in der „kalten" Farbe Pflaume, sollte nur dezent verwendet werden.

Heller, gelblicher Hautton

Für asiatische Frauen mit heller bis weißer Haut wird besonders bei der Lidschattentechnik Ihr Können gefragt sein: Häufig ist ein Schlupflid vorhanden und der obere Lidrand nicht zu sehen. Hier findet die Schminktechnik aus → Kapitel 4.3.1 Anwendung.

Auch der untere Lidrand zeigt keinen Rand, sodass ein aufgetragener Kajal am unteren Augenlid schnell zu kräftig aussehen kann. Wenn überhaupt, wird er nur sehr fein ausgeführt.

Je nach Gesichtsform kann eine Modellagetechnik durchgeführt werden.
Für die Lippen gilt: erlaubt ist, was gefällt.

Beim Make-up für verschiedene Hauttönungen muss der Kundenwunsch unbedingt beachtet und eine gute dekorative Beratung durchgeführt werden.

5.8 Make-up für Männer

Ein dezentes *Make-up* ist nicht nur für Frauen geeignet. Auch Männer, die in der Öffentlichkeit stehen, in den Medien auftreten oder eine Bühnentätigkeit (z. B. als Model) ausüben, finden die Anwendung von *Make-up* vorteilhaft.

Im Alltag kommt es männlichen Kunden in der Regel auf ein gleichmäßiges und leicht gebräuntes Aussehen der Gesichtshaut an. Das wird mit Hilfe von hautfarbenen Abdeckprodukten *(Concealer)*, auch zum Aufhellen von Augenringen, erreicht. Bei größeren Hautverfärbungen, Pigmentmalen oder Narben findet alternativ auch ein *Camouflage*-Produkt Anwendung. Als Grundierung kann eine leichte, getönte Tagescreme und/oder ein farbloser Puder Anwendung finden. Die anzuwendenden Schminktechniken sind in → Kapitel 2.2 nachzulesen.

Concealer

Um alternativ ein leicht gebräuntes Aussehen der Gesichtshaut zu erreichen, können künstliche Bräunungsmittel (→ LF 7, Anhang A.6) zur Anwendung kommen.

Weisen Sie Ihren Kunden bei der Anwendung von Make-up unbedingt auf die sogenante Bartgrenze hin, denn diese wird meistens nicht mit geschminkt oder gepudert. Das ist nur möglich, wenn die Haut ganz glatt rasiert ist.

Die Augenbrauen werden in der Regel belassen und nicht schmal gezupft. Nur über der Nasenwurzel sichtbare dunkle Härchen sollten entfernt werden.

Sind die Augenbrauen nicht dunkel gefärbt oder ungleichmäßig behaart, kann mit Hilfe eines Augenbrauenpuders oder Stift die fehlende Farbe und Form aufgetragen werden.

Die Augenpartie wird in der Regel nicht farbig betont. Für Auftritte kann ein dezent ausgeführter, dunkler Kajalstrich das Auge betonen. Auch *Rouge* und Lippenstift finden außer zu besonderen Anlässen in der Regel wenig Anwendung.

Abb. 5.16 a und b: Junger Mann ohne und mit Make-up

5.9 Bühnen-Make-up

Das Bühnen-Make-up kann von Ihnen erstellt werden, wenn es um große Auftritte für Shows, Modenschauen, Galas, Preisverleihungen, Geschäftseröffnungen, Ausstellungen, Messen usw. geht. Das entsprechende Make-up muss dann zum Anlass, zur Kleidung oder zum Kostüm, zur Frisur und zur Darstellung der Persönlichkeit passen.

Vereinbaren Sie mit dem einzelnen Darsteller einen Probetermin, wie für ein Braut-Make-up, denn Nervosität usw. kommen hier auch vor.

Das Bühnen-Make-up wird außerdem, abhängig von der Größe der Bühne, den Lichtverhältnissen und dem Ort (im Gebäude/im Freien) des Auftritts, den jeweiligen Anforderungen angepasst. Die starken Scheinwerfer auf der Bühne heben die natürlichen Farben und Konturen des Gesichts fast vollständig auf. Die Entfernung zwischen Zuschauer und Darsteller ist oft groß. Ohne Make-up können die Gesichtszüge und die Mimik des Darstellers kaum gesehen werden.

Warum muss der Bühnendarsteller auf der Bühne stark geschminkt werden?

Abb. 5.17: Zeichenvorlage für ein Bühnen-Make-up

In Absprache mit Produzenten/Regisseuren/*Stylisten/Visagisten* usw. wird die Maske/das Make-up besprochen und gefertigt, entweder nach Skizze/Zeichnung oder nach Fotos.

Das Make-up wird gerne mit Fett- oder Nass-Schminke erstellt (→ Kapitel 2.3.3).

Die Auswahl der Farben für die darzustellenden Charaktere ist abhängig von Geschlecht (männlich/weiblich), Altersstufe (z. B. jung – jugendrot/alt – altrot), Charakter (z. B. Hexe – grün) oder Kulturzugehörigkeit (Chinese – gelblich).

Das Entfernen der Schminke finden Sie in → LF 3, Kapitel 3.6 beschrieben.

Für das Bühnen-Make-up kommt auch die **maskenbildnerische Arbeit** zur Anwendung. Durch maskenbildnerische Gestaltungsmöglichkeiten können die Ausdrucksmöglichkeiten der Darsteller zusätzlich verstärkt werden. Es wird für Schauspieler und Tänzer von Theater- oder Opern-/Ballettaufführungen erstellt.

Abb. 5.18: Bühnen-Make-up „Spanierin"

Das Bühnen-Make-up ohne Überzeichnung

„Normale" Schminktechniken kommen für dieses Bühnen-Make-up zur Anwendung. Die Farben können kräftig aufgetragen werden (wie teilweise auch beim Foto-, Abend- oder Trend-Make-up).

Die Schminktechnik ohne Überzeichnung kann auch angewandt werden, um z. B. in den Farben einen **blassen** oder **natürlichen** Eindruck auf der Bühne zu vermitteln. Für einen Darsteller mit heller Haut bleibt die Schminktechnik die eines „normalen" Make-ups, wird aber mit Fett- oder Nass-Schminke erstellt.

Ist der Hautton des Darstellers aber dunkler, muss die Haut mit einer blasseren Camouflage vollkommen abgedeckt werden.

Abb. 5.19: Bühnen-Make-up „Statue"

Es wird vor allen Dingen das Gesicht geschminkt, aber auch, je nach Kostüm und Anlass, Hals, Dekolletee, Hände und Arme oder auch der ganze Körper. Bilden Körper und Gesicht eine farblich künstlerisch gestaltete Einheit, wird diese mit den entsprechenden Schminktechniken, z. B. *Facepainting* und/oder *Bodypainting* gestaltet (→ Exkurs in Kapitel 5.10).

Das Bühnen-Make-up kann auch nur einzelne Bereiche des Gesichtes überbetonen. Es können z. B. die Augen kräftiger ausgearbeitet sein oder durch künstlerische Elemente können Showeffekte gesetzt werden. Künstliche Wimpern, Glimmer und Glanzeffekte sind dann auch erwünscht.

Künstliche Wimpern und Extensions

Künstliche Wimpern werden mithilfe eines Wimpernklebers auf die natürlichen Wimpern, nahe am Lidrand, aufgeklebt. Am besten geschieht das vor dem Auftragen eines Augen-Make-ups.

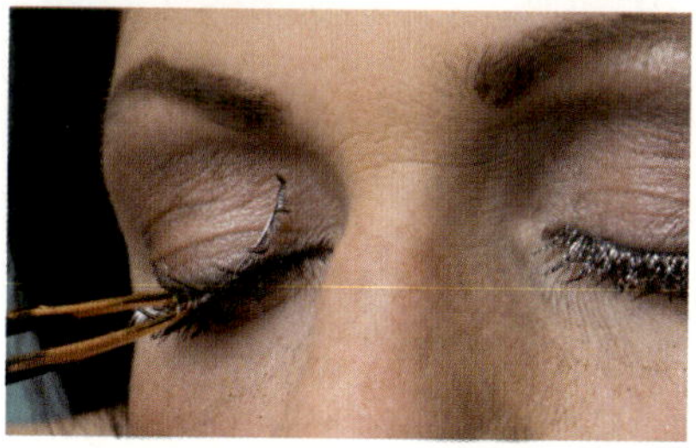

Abb. 5.20 a und b: Auftrag künstlicher Wimpern

Die Haare bestehen aus Nylonfasern oder Naturhaar (z. B. Rosshaar). Als Klebstoff dient ein Wimpernkleber aus dem Theaterschminkbedarf. **Inhaltsstoffe des Wimpernklebers** sind Latex, Wachse und Konservierungsstoffe.

Künstliche Wimpern werden „am Band" zum Zuschneiden oder vorgeformt für die oberen Wimpern angeboten. Sie sind in vielen Farben erhältlich, teilweise ist der Wimpernrand mit einem Glitzerband/Kristallen oder an den äußeren Wimpernhaaren mit Federn verstärkt. Für die oberen und unteren Wimpern gibt es auch einzelne Härchen zum Ankleben.

Sie alle sind nach Gebrauch leicht wieder abzuziehen.

Alternativ können so genannte „Dauer-Wimpern" oder ***Extensions*** auf die natürlichen Wimpernhaare mit Spezialkleber geklebt werden. Dieser füllt die unregelmäßige, äußere Faserschicht des Haarschaftes auf und verbindet das künstliche Haar fest mit dem natürlichen. Extensions haften dann mehrere Wochen und fallen im Rhythmus mit den natürlichen Wimpern zusammen aus.

Viele der Elemente aus den Bereichen Bühnen-Make-up, maskenbildnerisches Arbeiten usw. werden auch für Fastnachts-Masken verwendet.

5.10 Fastnachts-Make-up

Das Fastnachts-Make-up zeigt in der Regel nachgezeichnet die typischen Merkmale einer Person oder eines Tieres (z. B. Katze, Löwe) sowie Fantasiekreationen (z. B. einen Marsmenschen).

Die Schminkfarben stammen entweder aus dem Theaterschminkbedarf (Fett-/Nass-Schminken) oder sind Fastnachts-Schminkfarben (meist auch auf der Basis der Nass-Schminke). Passend dazu werden dann Haare und Kleidung gestaltet, sodass die Verwandlung möglichst echt und vollständig wirkt.

Kleopatra-Make-up

Abb. 5.21 a und b: Make-up „Kleopatra"

Die Grundierung für dieses Fastnachts-Make-up ist in einem mittelbeigefarbenen Ton gehalten. Der besondere Schwerpunkt ist hier die „ägyptisch" gezeichnete Augenform. Die Augenbrauen sind dunkel nachgezeichnet und nach außen verlängert, ebenso die schwarze, kräftig geschwungene Augenkontur. Diese wird auch in die inneren Augenwinkel hinein verlängert und teilt sich dort. Über der Oberlidkontur liegt ein parallel verlaufender hellblauer Lidschattenstrich (dieser kann auch mit Fett- oder Nass-Schminke erstellt sein). Das Rouge setzt nur eine leichte Nuance auf die Wangen, dafür sind die Lippen überzeichnet und mit rotem Lippenstift ausgefüllt. Zur Vervollständigung des Make-ups gehört selbstverständlich ein entsprechendes Kostüm mit schwarzer Perücke.

Die **Löwe-Frau** wird zuerst mit gelber oder weißer Farbe über Mund, Nase, Kinn und über die Augen und Augenbrauen grundiert.

Zeichnen Sie sich diesen Rand erst mit der gleichen Farbe und einem Pinsel vor, so können Sie beide Seiten leichter gleichmäßig gestalten.

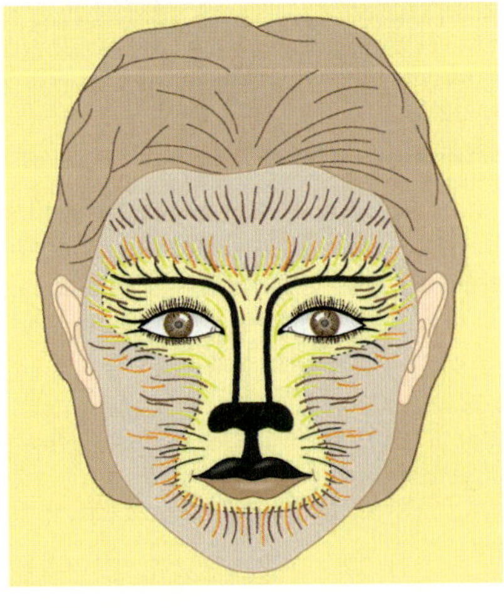

Abb. 5.22: Schminkvorlage „Löwe-Frau"

Danach wird mit bräunlicher Farbe das „Fell" um diese grundierte Zeichnung herum, am besten mit einem Schwämmchen, aufgetragen. Es erfolgen dann die schwarzen Konturen, die mit einem Pinsel aufgezeichnet und verstärkt werden, einschließlich der Oberlippe. Die Unterlippe wird mit brauner Farbe ausgefüllt. Mit einem weiteren Pinsel werden dann die verschiedenfarbigen Fellstriche aufgezeichnet. Fixieren Sie anschließend das Make-up mit Puder und/oder Fixierspray.

EXKURS: *Bodypainting*

Körperbemalung hat eine tausende Jahre alte Geschichte. Sie wurde bei den Urvölkern zu rituellen Zwecken eingesetzt. Besonders bekannt dafür sind die Aborigines aus Australien, die Ureinwohner Nord- und Südamerikas und verschiedene afrikanische Stämme.

Heute hat Gesichts- und Körperbemalung (engl. *Facepainting* bzw. *Bodypainting*) eine andere Zielrichtung. Beides wird zu Werbezwecken für unterschiedliche Veranstaltungen (engl. *events*) eingesetzt, z. B. bei Messen, Geschäftseröffnungen, Modenschauen oder auch bei Film- und Fernsehproduktionen und im Theater, aber auch für Kinderfeste zum Kinderschminken.

event

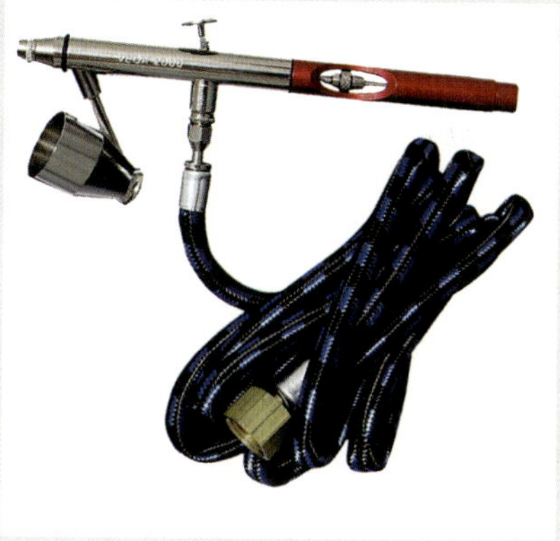

Abb.: Airbrush-Gerät

Es gibt **verschiedene Auftragetechniken** mit Schwämmen, Pinseln oder der Spritzpistole (engl. *Airbrush*; wörtlich übersetzt „Luftpinsel") und den dazugehörigen Farben, wie Nass-Schminke, Fettschminke, flüssige Farben. Fast immer werden für ein *Bodypainting* die verschiedenen Auftragetechniken (Schwamm, Pinsel und Spritzpistole) kombiniert.

Die wohl größte Herausforderung beim *Bodypainting* ist die nicht ebene Fläche, die bemalt wird. Die Körperformen sollen mit in das „Bild" einbezogen werden. Viele Effekte werden durch Licht- und Schattenreflexe erreicht.

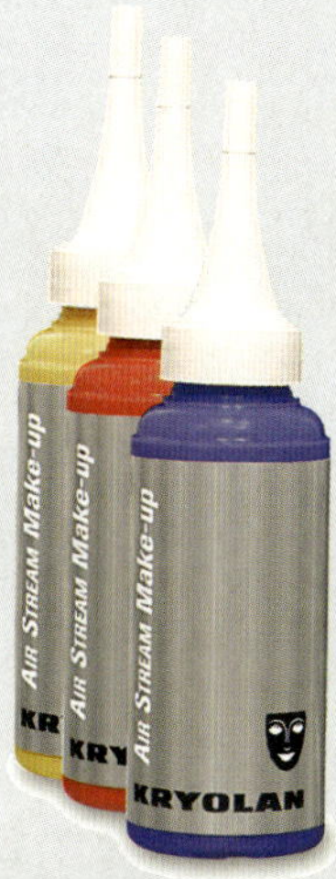

Abb.: *Airbrush*-Farben

Die Farben sind das Werkzeug und ihre Anwendungsmöglichkeiten enorm groß. Generell gilt, dass z. B. warme Farben (Rot, Gelb, Orange) mehr hervorheben und kalte Farben (Blau, Grün) mehr Tiefe erzeugen. Um zu schattieren, werden demnach eher kalte Farbtöne verwendet.

12

Viele Farben verlieren, auf die Haut aufgetragen, ihre Leuchtkraft, da die Lichtstrahlen anders absorbiert werden. Daher benötigen Sie eine gut deckende Schminke, um die Farbe zur Geltung zu bringen.

Die wohl am meisten verwendete Farbe für *Bodypaintings* ist die **Nass-Schminke,** eine wasserlösliche Farbe. Sie wird entweder mit den Fingern, mit Schwämmen oder Pinseln aufgetragen, ist selbsttrocknend und muss nicht abgepudert werden (→ Kapitel 2.2.2).

Ein spezielles Fixierspray sorgt dafür, dass ein *Face-* und *Bodypainting* wasserresistent und abriebfest bleibt.

Abb.: *Bodypainting*-Arbeit

Je natürlicher das *Make-up/Bodypainting* werden soll, desto transparenter/dünner sollte der Farbauftrag sein. Möchten Sie ein Fantasie-*Make-up* erstellen, sollten Sie die Farben intensiver auftragen.

Abb.: Airbrush-Arbeit

Fettschminke ist, wie der Name sagt, eine auf Öl, Fett und Wachs basierende Schminke, die abgepudert werden muss, um sie zu fixieren und so haltbar zu machen (➜ auch Kapitel 2.3.3). Durch ihre cremige Konsistenz kann man besser mit der Farbe „spielen", das heißt, Farbtöne mischen, Farbverläufe erstellen usw., da die Farbe nicht wirklich trocknet. (Fettschminke-Arbeit ➜ Abb. 2.11).

Besonders plastische, dreidimensionale Bemalungen erzielt man mit der *Airbrush*-Technik. Mittels Schablonen, Licht und Schatten und natürlich durch die sehr feinen Düsen zum Auftrag **der flüssigen Farbe** können Sie viel detailliertere Effekte erzielen.

Mit der *Airbrush*-Technik können Sie recht einfach weiche Farbverläufe oder Licht- und Schatteneffekte kreieren. Eine ähnliche Optik können Sie sonst nur mit wesentlich aufwändigerem Einsatz von Fettschminke und Puder erreichen.

Was benötigen Sie zur Erstellung eines *Bodypaintings*?

- eine Lotion zum Entfetten der Haut
- Schwämme mit verschiedener Struktur
- verschiedene Pinsel
- *Airbrush*-Pistole
- wasserlösliche und fettlösliche Farben
- Puder
- Fixierspray
- Puderquasten
- Schablonen
- eventuell *Accessoires* und Utensilien zur Haargestaltung
- eventuell künstliche Wimpern oder *Extensions*

Bodypainting ist eine Zusatzqualifikation zur Visagistik oder der Maskenbildnerei und wird an Maskenbildner-Schulen und Visagistik-Schulen gelehrt.

Was Sie aber nirgends erlernen können, ist die Kreativität, die Sie benötigen, um *Bodypaintings* zu entwickeln und zu erstellen.

12

Die Gestaltungstechnik des ***Bodypainting*** findet als ***Facepainting*** oft Anwendung im Fastnachts-Make-up. Es wird entweder das ganze Gesicht gestaltet (➜ Löwe-Frau) oder nur Teile des Gesichtes.

Beispiel

Für eine aufgemalte Gesichtsmaske wird mit einem hautfarbenen Stift vorgezeichnet, die verschiedenfarbigen Grundierungen aufgetragen und die Konturen gezeichnet. Die einzelnen Felder innerhalb der Konturenzeichnung werden dann mit Pinsel und der entsprechenden Farbe ausgefüllt. Die Konturen können z.B. mit Glitzergel nachgezogen und/oder mit Steinchen verschönert werden. Besteht die Schminke aus Fettschminke, muss diese auch abgepudert werden. Nass-Schminke trocknet und wird nur mit einem weichen Tuch überrieben.

Möglich und beliebt sind ist auch das **Aufmalen von einzelnen Ornamenten,** die einseitig gestaltet, z. B. als Blumenranke von der Stirn zum Kinn verlaufen oder sich z. B. auf den Hals oder Oberarm „weiterranken".

5842428

Kinder-Fastnachts-Make-up/Kinderschminken

Das „Kinderschminken" (eine weitere Anwendung der Technik des ***Facepainting***) kann vielseitig von Ihnen eingesetzt werden, z. B. zu Werbezwecken in Kindergärten, bei Schul- oder Straßenfesten, als Aktion an einem Tag der offenen Tür o. Ä.

Besonders begehrte Motive bei kleineren Kindern sind z.B. Katze, Löwe/Tiger, Pirat, Teufelchen, Schmetterling und Prinzessin.

Es wird mit den gleichen Techniken und Farben geschminkt wie für Erwachsene. Der Auftrag ist jedoch schwieriger, da kleine Kinder ein kleineres und z.T. runderes Gesicht mit sehr dehnbarer und weicher Haut haben. Das heißt, die Fläche, die Sie zur Gestaltung zur Verfügung haben, ist viel kleiner als bei Erwachsenen.

Abb. 5.23: Beispiel Kinder-Fastnachts-Make-up „Teufelchen"

Kinder sind empfindlicher im Gesicht und verziehen es oft bei der Berührung durch Pinsel oder Schwämmchen. Auch wird die Farbe manchmal als kalt oder nass empfunden. Besonders das Schminken der Augen führt bei den kleineren Kindern zu einem Zusammenkneifen der Augen.

Beginnen Sie daher immer mit den Grundfarben, die mit Schwämmchen aufgetragen werden. So kann sich das Kind auf das Gefühl besser einstellen. Zeichnen Sie dann mit einem Kajalstift großzügig die Augenkontur/Lippenkontur usw. vor. Gehen Sie nur bei größeren Kindern näher an das Augenlid heran, bei den kleineren werden lediglich die Augenlider in der Lidfalte bis zur Augenbraue grundiert. Füllen Sie die Konturen mit Farbe und Pinsel aus. Warten Sie jeweils, bis das Kind sich an die Berührung gewöhnt hat und keine Grimasse mehr zieht.

Verwenden Sie Augenkosmetika nur bei den größeren Mädchen (ca. ab 12 Jahre), da die jüngeren oft trotzdem die Augen reiben und Farbpigmente in das Auge gelangen können.

Die Lippen sind bei Kindern sehr weich, sie verschieben sich leicht, wenn Pinsel oder Schminkstifte zu fest aufgedrückt werden.

Halten Sie die Lippen mit der einen Hand am Mundwinkel leicht fest.

Pudern Sie Fettschminke dann gründlich ab und tupfen Sie mit einem Pinsel Glimmer oder Glitter auf die Konturen (z. B. bei der Prinzessin).

Verwenden Sie nur Markenprodukte mit hochwertigem Glimmer, da dieser – im Gegensatz zu billigen Produkten – nicht scharfkantig ist.

So kann die empfindliche Kinderhaut nicht verletzt werden (das gilt im Übrigen auch für die Erwachsenen-Haut).

Üben Sie die entsprechenden Masken vorher auf Papier, sodass sich die Bewegungsabläufe einprägen und auch bei unruhigen Kindern durchgeführt werden können.

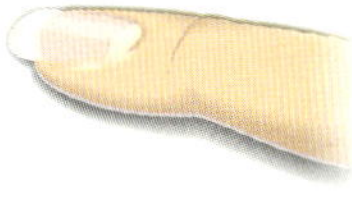

Fragen
Übungen
Aufgaben
A

1. *Beschreiben Sie die unterschiedlichen Schminktechniken bei Kurzsichtigkeit und Weitsichtigkeit.*
2. *Warum müssen Sie bei Kontaktlinsenträgerinnen besonders vorsichtig beim Schminken der Augenpartie vorgehen?*
3. *Was sind die grundlegenden Unterschiede zwischen einem Seniorinnen-Tages-Make-up und einem Make-up für eine jüngere Kundin?*
4. *Ihre Braut erscheint zum Make-up-Termin am Hochzeitstag mit rot geschwollenen Augen und hektischen, roten Flecken im Gesicht und am Hals!*
   a) *Erstellen Sie anhand einer Tabelle ein „Erste-Hilfe-Programm", mit dem Sie die Gesichtshaut und die geschwollenen Augen Ihrer Kundin schnell und erfolgreich behandeln können.*
   b) *Erstellen Sie das Programm mit den Einwirkzeiten der einzelnen Präparate. Bedenken Sie, Sie haben nur 60 Minuten Zeit bis zum fertigen Make-up!*
   c) *Welche Anwendungen sind auf keinen Fall geeignet?*
5. *Vergleichen Sie die Schminktechnik für einen Stummfilm mit der heutigen für ein Schwarz-Weiß-Foto.*
6. *Was unterscheidet das Abend-Make-up vom Tages-Make-up und vom Bühnen-Make-up?*
7. *Partnerarbeit: Erstellen Sie ein Abend-Make-up für Ihre Mitschülerin.*
   a) *Erfragen Sie zuerst den „Rahmen" des Abends und der Garderobe. Was müssen Sie noch beachten?*
   b) *Erklären Sie Ihrer Partnerin, welche Farben Sie für das Make-up vorschlagen und warum.*
   c) *Tauschen Sie die Rollen und beginnen Sie wieder bei a.*
8. *Warum sollte sich ein Maskenbildner mit der Physiognomie befassen und diese Erkenntnisse anwenden?*
9. *Zeichnen Sie in ein Arbeitsblatt die Schminktechnik für ein Löwen-Mädchen mit farbigen Stiften.*
   a) *Nummerieren Sie in der Reihenfolge des Auftragens die einzelnen Schminkvorgänge mit Zahlen.*
   b) *Mit welchen Mitteln kann das fertige Make-up fixiert werden?*
10. *Sie haben das Löwen-Make-up fertig abgepudert. Dann fällt Ihnen ein, dass Sie die Nasenkontur vergessen haben.*
    a) *Können Sie diese nachträglich mit Fettschminke noch aufzeichnen?*
    b) *Welche Möglichkeiten haben Sie zur Korrektur?*
11. *Recherchieren Sie ein aktuelles Trend-Make-up. Was ist zurzeit „Trend"? Beschreiben Sie das Make-up in Ihren eigenen Worten.*
    a) *Was versteht man unter einem Trend-Make-up?*
    b) *Welche Möglichkeiten haben Sie, sich als Kosmetikerin über die neuesten Trends zu informieren?*
12. *Finden Sie Fotobeispiele für ein traditionelles und ein modernes asiatisches Make-up. Welche Unterschiede lassen sich beschreiben?*
13. *Männeraugenbrauen*
    a) *Gelten für die Gestaltung der Augenbrauen bei Männern die gleichen Vorgaben wie für weibliche Augenbrauen? Lesen Sie dazu noch einmal* → *Kapitel 4.3.2.*
    b) *Mit welchen Mitteln können die Augenbrauen bei Männern in Form gebracht werden?*

LF 2, 3, 6, 7 und 12

Doris Maaß ist Kosmetikerin und Einzelhandelskauffrau und betreibt in eigener Regie seit mehr als 15 Jahren ein Institut für Kosmetik, Farb- und Stilberatung, *Make-up-Styling* und Hand- und Fußpflege in Bad Kreuznach. Sie schreibt bereits seit vielen Jahren für verschiedene Kosmetik- und Apothekenmagazine und -verlage und zurzeit an einem Fachbuch für Frisöre. Außerdem hält sie Schulungen im Bereich pflegende und dekorative Kosmetik für Privatpersonen, aber auch für Patienten von Fachkliniken und Schüler verschiedener Allgemeinschulen. Sie hat sich auch auf Akne-Behandlung spezialisiert und arbeitet mit mehreren Ärzten zusammen. Seit Herbst 2007 betreibt sie ein eigenes, kosmetisches Fortbildungsinstitut *(Derma-College)*, das hochqualifizierte Fortbildungen im Kosmetikbereich bietet.

Manuelle Lymphdrainage (in LF 6)

Ingrid Harnecker ist Apothekenhelferin, Kosmetikerin und seit 2003 selbstständig tätig. Sie bietet seitdem kosmetische Massagen sowie kosmetische Behandlungen in Schwimmbädern, Fitnessstudios und Hotels an. Außerdem hält sie Schulungen über Ganzkörpermassagen im kosmetischen Bereich.

Exkurs Permanent Make-up (in LF 12)

Die Einzelhandelskauffrau, selbstständige Kosmetikerin, *Visagistin* und *Nail-Designerin* **Alexandra Lea Weinberg** ist seit mehr als zehn Jahren Leiterin und Inhaberin eines bekannten Kosmetikinstitutes in Frankfurt. Sie ist auf mehreren Kosmetikevents jährlich aktiv, als Ausbilderin im Ausbildungsbetrieb für die praktische Unterweisung von Kosmetikschülern im dualen System verantwortlich und gehört der Prüfungskommission für Kosmetik der Handwerkskammer Hessen an. Sie absolvierte ihren *Master in Science of Medicine,* der sich zur Zeit im Anerkennungsverfahren befindet.

Herzlichen Dank nochmals an Bestforbeauty, Nora Bode Kosmetik, Cosmetic Point (CP), Deutsche Nemectron, être belle Cosmetics, Goldeneye, Günter Hogen (Fotos in LF 6), Stefan Holzki, HS-Style, HSM Marita Müller, IONTO-COMED, Isotrop, JAK Kosmetikvertrieb, KOKO dermaviduals, KLAPP Cosmetics, Ulrich Krause GmbH, KRYOLAN, laverana GmbH, Medex (NL), Melag Medizintechnik, MORAVAN, PD Dr. Ockenfels, Pneumed Medizintechnik, Prof. Dr. Hentschel, Helmut Ruck GmbH, Dr. Schrammek GmbH, Dr. Suwelack Skin & Health Care, Sorisa Perfect Forms, The Taste of Luxury und Wella AG für die kostenlose Bereitstellung der im Lehrwerk abgedruckten Abbildungen.

Alkali basisch reagierende Substanz (pH > 7); Oxide eines Alkalimetalls („Hydroxid") oder auch Erdalkalimetalls; Bezeichnung für das in wässriger Lösung stark basisch reagierende → Ammoniak

Aminobetaine Betaine – Gattungsname für synthetische Waschgrundstoffe

Amphotere „nach beiden Seiten" – in der Chemie Stoffe mit Säure- und Baseneigenschaften; Beispiel: amphotere Tenside in Haarwaschmitteln und Flüssigseifen (→ Band A, Grundlagen-Lexikon, TENSIDE)

anionische Tenside besitzen im Molekül neben einer unpolaren Kohlenwasserstoffkette eine negativ geladene, polare Gruppe und sind daher gut wasserlöslich (→ Band A, Grundlagen-Lexikon, TENSIDE); verschiedene waschaktive Substanzen (WAS) mit hohem Reinigungsvermögen.

Aromastoffe natürliche und synthetische Geruchs- und Geschmacksstoffe, die in der Kosmetik, in kosmetischen Mitteln und in Lebensmitteln Anwendung finden.

Babyöl Bezeichnung für besonders milde und reizarme (z. B. durch Verzicht auf Parfüm) Öle zur Pflege empfindlicher Babyhaut angeboten. Oft sind beruhigende Wirkstoffe wie → Panthenol zugesetzt. Die Grundlage bilden günstige Mineralöle, die keine hautpflegende Wirkung haben und auf der Haut einen Film hinterlassen; natürlichen Ölen sollte deshalb bei der Babypflege der Vorzug gegeben werden.

Beta-Carotin ein Carotinoid und damit ein farbiges Lipid, welches Pflanzen, aber auch kosmetischen Mitteln und Lebensmitteln eine Färbung verleiht (→ Band A, LF 10, Kapitel 4.6 und 8.1); gelblich-rötlicher, fettlöslicher Polyenfarbstoff; in Kapseln zur künstlichen Hautbräunung eingesetzt.

Bleichpulver ein hautbleichendes Pulver, oft mit → Quecksilbergehalt; in hausgemachter Schminke um 1890; sollte für blasses Aussehen sorgen

Borosilikatglas braun gefärbtes Glas, häufig zum Schutz lichtempfindlicher Stoffe eingesetzt (z. B. bei Einmalampullen)

Ceramide Bezeichnung für in der Haut natürlich vorkommende LIPIDE → Band A, Grundlagen-Lexikon; in der Kosmetikindustrie als Bezeichnung für entsprechende, kosmetische Inhaltsstoffe verwendet

Chelatbildner (oder Komplexbildner) binden Ionen (→ Band A, Grundlagen-Lexikon) zu komplexen Molekülen und können damit Stabilität und Aussehen eines kosmetischen Mittels beeinflussen.

Derivat „Abkömmling" – aus einer chemischen/biochemischen Stammverbindung hergestellte Verbindung

Duftstoffe synthetisch hergestellte oder natürliche Riechstoffe; können Eigenruch kosmetischer Mittel überdecken oder spezifischen Geruch verleihen

Emolliens Mittel zur Glättung und für die Geschmeidigkeit der Haut

Färbemittel Eine färbende Substanz ist ein mehr oder weniger gefärbtes Molekül, das einen beliebigen Träger anfärben kann, z. B. Keratin (Haut/Haare).

Feuchthaltemittel verhindern das Austrocknen eines Präparates

Filmbildner hinterlassen nach der Anwendung einen schützenden Film auf den Haaren (z. B. Haarspray), der Haut (z. B. Fixierspray) oder den Fingernägeln (z. B. Nagellack)

Frischzellen Als „Frischzellen" wird in der Kosmetik Kaviar (Eier des Stör, eine bedrohte Fischart) bezeichnet, der in frischer Form (wird in Trockeneis an die Kosmetikerin geliefert und muss gekühlt werden) in der Kosmetikbehandlung Anwendung findet. Kaviar ist reich an Eiweiß, Vitaminen, essenziellen Fettsäuren und Spurenelementen (z. B. Jod).

Haar konditionierungs mittel können auch als Haarspülung bezeichnet werden, bzw. kommen in Haarspülungen und Shampoos vor. Ölhaltige Inhaltsstoffe dienen der Pflege des Haares und sorgen für weiches, glänzendes und glattes Haar.

Hinweis „FT" Zusatzbezeichnung für eine Substanz, die fototoxische Reaktionen in Verbindung mit Sonnenlicht hervorrufen kann.

Hydrochinon ein farbloser, in Wasser mäßig löslicher Stoff; Hydrochinon ist ein Phenol und in Deutschland als krebserregend eingestuft und verboten (es ist als chemisches *Dihydroxybenzol* ein starkes Reduktionsmittel und wassergefährdend).

Kleie beim Mahlen von Getreidekörnern gelöste Schalenteile und Keimlinge; enthält dann Vitamine der B-Gruppe, Mineralstoffe und Eiweiß

Komponente Bestandteil eines Ganzen

Konsistenzgeber → Viskositätsregler; Substanz, welche die Fließeigenschaften (Viskosität) eines kosmetischen Mittels/Präparates beeinflusst; sorgt für zähflüssige oder dünnflüssige Konsistenz im Kosmetikprodukt

Latex wässrige Emulsion aus Kautschuk und Pflanzenproteinen, Grundlage für verschiedene Gummiprodukte, z. B. Einmalhandschuhe; Achtung hohes Allergiepotenzial!

Lehm gelblich bis bräunlich gefärbtes Gemisch aus Tonmineralien und Quarzsand; kommt in Körperpackungen zur Anwendung

Lidocain Lokalanästhetikum aus der Apotheke; vor der Mikroinjektion (→ LF 7, Kapitel 3.5) oder nach dem Sonnenbrand auftragen

Melatonin Hormon, reguliert verschiedene körpereigene Funktionen, z. B. Wach-Schlaf-Rhythmus und die Einstellung der „biologischen Uhr"

Nerzöl wird aus dem Winterspeck des Nerzes gewonnen (Achtung: Haltung der Nerze in Pelztierfarmen!), enthält natürliches *Cortison* und bewirkt z. T. auch dessen Nebenwirkungen, d. h. die Herabsetzung der Aktivität der Immunzellen.

NMF *Natural Moisturizing Factor;* Feuchthaltefaktoren, die natürlich in der Haut vorkommen; von der Kosmetikindustrie bezeichnetes Substanzgemisch, das dem natürlichen NFM sehr ähnlich ist.

Perlglanzmittel wird hauptsächlich in Bademitteln und Shampoos verwendet wird; er hinterlässt in der Flüssigkeit/Masse einen seidigen Glanz und trübt sie gleichzeitig ein.

Perlglanzpigmente sind oft mineralische Pigmente, z. B. Eisenoxid; sie bringen Glanz und Schimmer in das jeweilige Produkt und werden deshalb oft in dekorativer Kosmetik eingesetzt.

pH-Regulierungsmittel wird dem kosmetischen Mittel zugesetzt, um den erwünschten pH-Wert einzustellen oder zu stabilisieren.

Phytohormone pflanzliche Substanzen, die in Aufbau und Wirkung Hormonen ähneln (→ Band A, LF 10, Kapitel 8.1); schützen die Pflanze vor Pilzbefall; werden auch als *Isoflavonoide*, *Isoflavone* oder *Auxine* (Wuchsstoffe) bezeichnet.

Polymer *Polymere* (altgriech., Teile) bestehen aus gleichen oder gleichartig aufgebauten, kettenförmigen Teilchen *(Monomeren)*. Sie werden in der Kosmetik z. B. als Abrasivteilchen Peelings zugesetzt oder sind Konsistenzgeber. Sie können aus chemisch veränderten natürlichen Stoffen bestehen oder sie sind chemische Kunststoffverbindungen.

***Repair*-Komplex** Sammelbegriff für „regenerative" Wirkstoffe in Kosmetika, z. B. Kollagen, Elastin, Antioxidanzien, Hyaluronsäure

Schaumbildner = Schaumverstärker oder -stabilisatoren; sorgen für Schaumbildung bei kosmetischer Anwendung eines Präparates und damit für leichtere Verteilung (sparsamere Dosierung) und bessere Haftung auf der Haut.

Schutzkolloid Wasserlösliche → Polymere (z. B. Alginat, chemisch verändertes → Algin) verhindern das Verklumpen von Teilchen, z. B. in einer Suspension (→ LF 7, Kapitel 1.6, Tab. 1.7). Gleichzeitig regeln sie die Viskosität eines Produktes.

Sepsis Blutvergiftung durch lokale, bakterielle Infektion

Süßstoffe Sammelbegriff für synthetische und natürliche Verbindungen, die einen intensiv süßen Geschmack ohne den Nährwert des Zuckers (Rohrzuckers) ergeben (→ Band A, LF 10, Kapitel 3).

Treibgas gasförmige Substanz, die in druckbeständigen Dosen unter Druck dem kosmetischen Mittel zugesetzt ist und bei Druckentlastung (Sprühen) den Inhalt aus dem Behälter treibt (z. B. beim Haarspray). Die bekanntesten Treibgase sind die Fluorchlorkohlenwasserstoffe (FCKWs), welche die Ozonschicht schädigen (→ Band A, Grundlagen-Lexikon, KOHLENSTOFF).

Tuberkulose In Krankheitsschüben verlaufende Infektionskrankheit, hervorgerufen durch Tbc-Erreger.

Viskositätsregler → Konsistenzgeber

Walrat *(Cetaceum)* eine bei Zimmertemperatur wachsähnliche Substanz aus dem Kopf des Pottwals, die früher als Kerzenmaterial und für Kosmetika und Arzneimitteln verwendet wurde; aus Tierschutzgründen verboten; wird heute in Kosmetika durch → Jojobaöl oder → Cetearyl Alkohol ersetzt.

Xylocain Lokalanästhetikum zur Behandlung nach Sonnenbrand → Lidocain

Inhaltsstoffe kosmetischer Mittel

Name	INCI	Funktion	Kosmetika-Beispiel	Bemerkungen
Acrylharz	ACRYLAMIDES COPOLYMER	Filmbildner, Verdickungsmittel	Eyeliner	
AHA(-Zusätze)				→ Fruchtsäuren
Alaun	POTASIUM ALUM	adstringierende Substanz	Rasierwasser	
Aldol (= Abk. für Aldehyd-alkohol)		Duftstoff (aldehydische Düfte)	Frauenparfüm	chem. Verbindung zwischen Aldehyd und Alkohol
Algenextrakt (-derivate)	ALGAE	aus Meeresalgen gewonnener pflanzlicher Inhaltsstoff, feuchtigkeitsspendend, auch Verdickungsmittel	Feuchtigkeitspackung, Körpermaske	enthalten u. a. Aminosäuren, Vitamine, Mineralsalze
Algin (-säure)	ALGIN	Gelbildner, Bindemittel, Verdickungsmittel	Peel-Off-Masken	aus der Braunalge gewonnen
Alkohol	ETHANOL	Lösungsmittel, erfrischender, tonisierender Basisstoff	Gesichtswasser, Parfüm	i. d. Funktion als Hilfsstoff auch Verdünnungs- und Entschäumungsmittel
Alkonawurzel (= Alkannawurzel oder Schminkwurz)	ALKANNA TINCTORIA	pflanzlicher Farbstoff aus den Wurzeln zur Färbung von Schminke	antike Lippenpomade	toxisch und kanzerogen; auch als Lebensmittelfarbstoff verboten
Alkylpolyglycose		Zuckertensid, Schaumbildner	Bademittel	aus Maisstärke und Kokosöl hergestellt
Allantoin	ALLANTOIN	hautberuhigender Stoff, Emolliens	Aftersunprodukte, Lippenglanz, Augenpflege	auch in Narbenpflegemitteln enthalten
Aloe vera	ALOE BARBADENSIS	feuchtigkeitsspendende, pflanzliche Substanz	Körperpflegemittel, Gesichtspflegemittel	für Naturkosmetik geeignet
Aluminium-chlorohydrate (ACH)	ALUMINIUM CHLORID-HYDROXID	mineralischer Ursprung, adstringierende Komponente	Deodorierungsmittel	kann zu entzündlichen Hautreaktionen führen
Aminobetaine		Waschgrundstoff	Haarspülung	für Naturkosmetik geeignet, → Haarkonditionierungsmittel
Ammoniak	AMMONIA	pH-Regulierungsmittel, stark alkalisch, mineralischer Ursprung, Hilfsstoff	Haarfarbe	
Arganöl	ARGANIA SPINOSA	goldfarbenes Öl mit hohem Vitamin E Gehalt	Massageöl, reichhaltige Nachtcreme	auch Trägeröl für ätherische Öle
Ascorbic Acid				→ Vitamin C
Äthylalkohol	ETHYLALKOHOL	Verdünnungsmittel für Parfümöle	Parfüm	→ Alkohol
Avocado(-öl)	PERSEA GRATISSIMA	pflegende Substanz, als Pulver abrasive Substanz, als Wachs zur Enthaarung	Gesichtspflege, Peeling, Warmwachs	auch als Trägeröl für ätherische Öle geeignet
Azulen	AZULENE	hautberuhigende und entzündungshemmende Substanz	Gesichtpflege, Aftersunpflege, Babypflege	ätherisches Öl der Kamillenblüte, für Naturkosmetik geeignet

Name	INCI	Funktion	Kosmetika-Beispiel	Bemerkungen
Bambus (= *Bamboo Extract*)	BAMBUSA VULGARIS	pflanzlicher Wirkstoff, feuchtigkeitsspendend, hautpflegend, abrasive Eigenschaften	Tagescreme, Fußpeeling	auch Hilfsstoff, der das kosmetische Mittel vor Austrocknung schützt
Benzalkoniumchlorid	BENZALKONIUM CHLORIDE	Desinfektionsmittel	Handdesinfektionsmittel	sensibilisierend
Benzoesäure	BENZOIC ACID	pH-Regulierungsmittel, auch Konservierungsmittel	Gesichtswasser	kann Allergien auslösen
Benzoesulfonate (Alkan-, Alkyl-)		Konservierungsstoff, anionisches Tensid	Bademittel	→ Benzoesäure
Bergamotte	CITRUS BERGAMIA	natürlicher Aromastoff, FT	Parfüm	FT = löst in Verb. Mit UV-Strahlen fototoxische Reaktionen aus
Beta-Carotin (= Provitamin A)	BETACAROTENE	Antioxidans	Tagespflege	für Naturkosmetik geeignet
Bienenwachs	CERA ALBA	Emulgator, Bindemittel, emulsionsstabilisierende Komponente, Haftstoff, Emolliens	Warmwachs, Kälteschutzcreme, Lippenstift, Fettschminke, Lidschattenstifte, Mascara, Kajalstifte	für Naturkosmetik geeignet, → Cera alba
Bioflavonoide (z. B. Rutin, Quercetin)	BIOFLAVONOIDS	pflanzliches Antioxidans	Gesichtspflege	schützen z. B. Vitamine vor Oxidation
Birke	BETULA ALBA	pflanzliche, durchblutungsfördernde Substanz, regenerierend	Haarwasser, Anticelluliteöl, Tagespflege	für Naturkosmetik geeignet
Bisabolol	BISABOLOL	beruhigender, pflanzlicher Extrakt aus Kamillenöl, entzündungshemmend	Aftersunpräparate, Körperlotion	für Naturkosmetik geeignet, Anwendung auch in Aromatherapie
Blasentang	FUCUS VESICULOSUS	pflanzliche Substanz, hautberuhigend, glättend	Nachtcreme für trockene Haut	auch als Emolliens verwendbar
Bleisulfid (= Galenit)		schwarzer, mineralischer Farbstoff	dekorative, antike Kosmetik	zur Herstellung von schwarzer Augenschminke bei den Ägyptern, giftig, umweltschädlich
Bleiweiß (= Bleikarbonat)	SOLUM FULLONUM	Schminke für reinweiße Haut, absorbierende Substanz, abrasive Komponente	antike dekorative Kosmetik	auch „Bleicherde" oder „Fuller-Erde"
Bolus alba (= weiße Tonerde)	KAOLIN	absorbierende Substanz	Heilerdemaske	→ Kaolin
Borax (= Natriumtetraborat)	SODIUM BORATE	heute pH-Regulierungsmittel	hausgemachte Schminke um 1890	Natriumsalz der Borsäure, nicht empfehlenswert für z. B. Babypflegemittel
Borsäure	BORIC ACID	antimikrobielle Komponente	Rasierwasser	verhindert auch die Oxidation (das „Ranzigwerden") von Inhaltsstoffen
Brennnesssel	URTICA DIOICA	pflanzliche, durchblutungsfördernde Substanz, adstringierend	Haarwasser, Schuppenshampoo	auch Haarkonditionierungsmittel und Anti-Schuppenmittel
Brunnenkresse	NASTURTIUM OFFICINALE	reinigend, talgreduzierend	Gesichtswasser, Hautbleichmittel	empfehlenswert bei unreiner, fettiger Haut

Name	INCI	Funktion	Kosmetika-Beispiel	Bemerkungen
Butylene Glycol	BUTYLENE GLYCOL	Lösungsmittel, Emolliens	Tagespflege	
B-Vitamine				→ Pantothensäure
Calciumcarbonat (= „Kreide")	CALCIUM CARBO-NATE	mineralischer Ursprung, Viskositätsregler, abrasive Substanz, Perlglanzmittel	Enthaarungscreme, Zahncreme, Peeling	für Naturkosmetik geeignet
Calciumsulfate (= Gips)	CALCIUM SULFATE	mineralischer Ursprung, abrasive Komponente, Perlglanzmittel, Masken-grundlage	*Peel-off*-Maske, Peeling	auch Farbstoff
Calendula (= Ringelblume)	CALENDULA OFFICINALIS	pflanzliche, beruhigende Substanz, Parfümstoff, Emolliens	Gesichtspflege für *Couperose*-belastete Haut, Parfüm	für Naturkosmetik geeignet, hautheilende Wirkung
Carnaubawachs (= Copernica Cerefe-ra Wachs)	CARNAUBA	pflanzliches Wachs aus den Blättern der Palme, Emolliens, Filmbildner	Lidschattenfixierungs-creme, Lippenstift	für Naturkosmetik geeignet
Cellulose(-derivate)	CELLULOSE	pflanzliche Substanz aus Baumwolle, Filmbildner, Verdickungsmittel, abrasive Komponente	Mascara, Peeling	für Naturkosmetik geeignet
Cera alba (= Bienenwachs)	CERA ALBA	Rohstoff, gewonnen aus den Waben der Honig-biene	Kompaktpuder, Fettschminke	seit dem Altertum bekannt
Cera microcristallina (= Paraffinwachs)	CERA MICROCRISTALLINA	Stabilisator und Emulga-tor, Bindemittel, Verdik-kungsmittel, Lipid	Lippenstift	
Cetearyl Alkohol	CETEARYL ALKOHOL	Verdickungsmittel, Schaumstabilisator, Emol-liens, Emulgator	Haarpflegemittel	für Naturkosmetik geeignet
Cethylalkohol	CETYL ALCOHOL	Emulgator, Perlglanzmit-tel, Schaumstabilisator	Duschmittel	wird auch als Trübungs-mittel eingesetzt
Chlorhexidin	CHLORHEXIDINE	antimikrobielle Kompo-nente	Handdesinfektions-mittel	sensibilisierend
CI: 17200	CI 17200	tiefroter Farbstoff *Acid Red 33*	Gesichtswasser, dekora-tive Kosmetika	
***Citric Acid* (= Zitronensäure)**	CITRIC ACID	pflanzlicher Ursprung, pH-Regulierungsmittel, Komplexbildner, Konser-vierungsstoff	Gesichtswasser	für Naturkosmetik geeignet
Cocamide Dea	COCAMIDE	pflanzlicher Ursprung, Schaumbildner, Verdickungsmittel	Bademittel	
Cocamidopropyl Betaine	COCAMIDOPROPYL ETAINE	pflanzlicher Ursprung, anionisches Tensid	Seife	
Coenzym (z. B. Ubichinon, Q 10)	UBIQUINONE	Antioxidans, *Anti-Aging*-Wirkstoff	Gesichtspflege	vitaminähnlicher, kör-pereigener Stoff, wird im Körper gebildet (→ Band A, LF 10) oder kann aus Pflanzenzellkulturen her-gestellt werden
Colophonium				→ Kolofonium

Name	INCI	Funktion	Kosmetika-Beispiel	Bemerkungen
Coschenille (= Kermes-Schild-laus)		Farbstoff der *Cochenille*-Schildläuse	dekorative Kosmetika, Lippenstifte	sehr teuer in der Herstellung, auch als → Karminrot oder *Cochenille*rot bezeichnet
CTFA (= Triclocarban)				→ Triclocarban
Cysteinsäurederivate	CYSTEINE	Haarkonditionierungsmittel	Haarwasser	für Naturkosmetik geeignet
Dichlorophen	DICHLOROPHENE	bakterienhemmende Substanz	Deodorant	chemisch hergestellt für Naturkosmetik nicht geeignet
Dihydroxyaceton (DHA)	DIHYDROXY ACETONE	chemischer Ursprung, Farbstoff zur künstlichen Bräunung der Haut	Selbstbräuner	
Dimethicone (= Silikonöl)	DIMETHICONE	chemischer Ursprung, Emolliens, Entschäumungsmittel	Lipp Fix, Fixierungslotion	
Dimethylether	DIMETHYLETHER	Lösungsmittel, Treibgas	Haarspray	hochentzündlicher Stoff
Dipalmitoyl Cystine	DIPALMITOYL CYSTINE	antistatisch wirkende Substanz pflanzlichen Ursprungs	Haarspülung	
D-Panthenol				→ Panthenol
Eisenoxid	CI: 77489	mineralisches Pigment, Farbstoff	dekorative Kosmetik, Sonnenschutzmittel	für Naturkosmetik geeignet, Farbton grün
Elastin (= Protein)	ELASTIN	feuchtigkeitsspendende Substanz, tierischen oder pflanzlichen Ursprungs	Haarkonditionierungsmittel, Haarpflegemittel, Gesichtspflege mit *Repair*komplex	aus Bindegewebe und Sehnen von Rindern gewonnen (billiger) oder Gewinnung aus Weizengluten
Ethanol (= Ethylalkohol)	ALKOHOL	Lösungsmittel, desinfizierende Substanz, adstringierende Komponente	Gesichtswasser, Rasierwasser, Mascara, Desinfektionsmittel	für Naturkosmetik geeignet, leicht entzündlich
Ethoxydiglycol	ETHOXYDIGLYCOL	Lösungsmittel, chemischen Ursprungs, viskositätsvermindernde Substanz, Feuchthaltemittel	Haarspülung	
Ethoxylate		rückfettende Substanz, Emulgator, anionisches Tensid	Haarwaschmittel	
Ethylcellulose	ETHYLCELLULOSE	Bindemittel, Filmbildner, Verdickungsmittel	Lippenstift, Fixiermittel	
Ethylester				
Eugenol (= Nelkenöl aus Bachnelkenwurz)	GEUM RIVALE	Parfümstoff, ätherisches Öl, antimikrobiell, Vergällungsmittel	Insektenabwehrmittel	als gentoxisch, schleimhautreizend und allergiefördernd eingestuft
Eukalyptus	EUCALYPTUS GLOBULUS	nat. Aromastoff	Bademittel	auch antibakteriell und deodorierend
Färberdistel	CARTHAMUS TINCTORIUS	pflanzliches Öl, Lipid, Wirkstoff	Nachtcreme für trockene Haut	für Naturkosmetik geeignet
Fettester (hauptsächlich Glycerinester)		filmbildender Inhaltsstoff	Schaumbad	

Name	INCI	Funktion	Kosmetika-Beispiel	Bemerkungen
Fettsäure (gesättigt oder ungesättigt)				→ Triglyceride
Fichtennadel	ABIES ALBA	pflanzliche Substanz, erfrischend, antiseptisch	Badezusätze	
Fischleberöl	PISCUM LECUR	tierischer Wirkstoff, Lipid	Nachtpflege	
Flavonoide				→ Bioflavonoide
Fruchtsäuren (= engl. *Alpha Hydroxy Acids,* AHA)		Sammelbegriff für in Früchten enthaltene organische Säuren; hautschälende Wirkung ist abhängig von der Konzentration	Fruchtsäure- Peeling	zusätzlich hautbefeuchtend
Geraniol	GERANIOL	Bestandteil von ätherischen Ölen, z. B. der Wildrose (→ ROSA RUBIGINOSA), Duftstoff	Parfüm, Seife	sensiblisierend und schleimhautreizend
Gingko biloba (= Ginko-Extrakt)	GINGKO BILOBA	pflanzlicher, feuchtigkeitsspendender Wirkstoff	Gesichtspflege	für Naturkosmetik geeignet
Ginseng	PANAX GINSENG	pflanzlicher Inhaltsstoff, verbessert die Kämmbarkeit des Haares	Haarspülung	für Naturkosmetik geeignet
Gips				→ Calciumsulfate
Glyzerin	GLYCERIN	Hautpflegestoff, Feuchthaltefaktor, feuchtigkeitsspendende Komponente	Seifen, Körper- und Gesichtspflegemittel, Nassschminke, Fixierungslotion, Mascara	für Naturkosmetik geeignet
Glycerinmonostearat(e)	GLYCERYL STEARATE	Emulgator, Lipid, Tensid	Emulsion	für Naturkosmetik geeignet
Glycerylcocoate (= Kokosfettsäurenglycerylester)	GLYCERYL COCOATE	Emolliens, Emulgator, Filmbildner	Haarwaschmittel	für Naturkosmetik geeignet
Glycyrrhicin(-säure)	GLYCYRRHIZIC ACID	vermindert das schnelle Nachfetten der Kopfhaut, Aromastoff	Haarwasser	auch feuchtigkeitsspendend und hautpflegend
Goldhirse	PANICUM MILIACEUM	gelblich färbende Substanz pflanzlichen Ursprungs	Naturhaarfarbe	
Gurkenextrakt	CUCUMIS SATIVUS	pflanzlicher Wirkstoff, Emolliens	Gesichtswasser	für Naturkosmetik geeignet
Hamamelis	HAMAMELIS VIRGINIANA	tanninhaltiger Gerbstoff, adstringierend	Kosmetika gegen ölige Haut	Andere Namen: *Witch hazel,* Zaubernuss
Harnstoff	UREA	chemisch hergestellte, feuchtigkeitsspendende Substanz, Feuchthaltefaktor	Aftersunpräparate	
Hefe	FAEX	enthält Enzyme	Enzympeeling	für Naturkosmetik geeignet
Henna	LAWSONIA INERMIS	pflanzliche, färbende Substanz	Naturhaarfarbe	sensibilisierend
Heublume(n)		pflanzliches Substanzgemisch aus mehreren Pflanzenextrakten	Badeöl	kann sensibilisierend wirken

Name	INCI	Funktion	Kosmetika-Beispiel	Bemerkungen
Hexachlorophen	HEXACHLOROPHENE	bakterienhemmende Substanz	Deodorant	sensibilisierend
Hopfen	HUMULUS LUPULUS	pflanzlicher Wirkstoff, tonisierende, straffende Eigenschaften	Gesichtspflegeprodukte, Badeöl	auch Emolliens, antibakterielle Wirkung
Huflattich	TUSSILAGO FARFARA	pflanzliche Substanz, adstringierend	Haarwaschmittel gegen fettiges Haar	auch Emolliens
Hyaluronsäure	HYALURONIC ACID	Verdickungsmittel, feuchtigkeitsspendende Komponente	Gesichtspflegemittel	auch antistatische Wirkung in Haarpflegemitteln
Hyazinthe	HYACINTHUS ORIENTALIS	Aromastoff, hautpflegend	Parfüm	für Naturkosmetik geeignet
Hydrogenated Cocoglyceride (= gehärtetes Kokosfett)	HYDROGENATED COCO GLYCERIDES	Emolliens	Gesichtspflege-Produkte	Verwendung auch für dekorative Kosmetika
Hydrogenated Tallowglyceride (= Talgmonoglycerid)	HYDROGENATED TALLOW GLYCERIDE	Emulgator, Emolliens, Verdickungsmittel	Gesichtspflegeprodukte	häufig auch in W/O Emulsionen enthalten
Ichthyol® (= Schieferölsulfonsäure)	SODIUM SHALE OIL SULFONATE	Parfümstoff, ätherisches Öl, Antioxidans	Parfüm	auch in med. Shampoo enthalten
Ingwer	ZINGIBER OFFICINALE	Aromastoff	Bademittel	für Naturkosmetik geeignet
Iris blau	IRIS VERSICOLOR	Aromastoff, Emolliens	Bademittel	
Isopropylalkohol	ISOPROPYL ALCOHOL	Lösungsmittel, Viskositätsregler	Pinselreiniger, Fixierspray	auch schaumvermindernd
Isopropylmyristat (IPM)	ISOPROPYL MYRISTATE	Emolliens, Bindemittel	Badeöle, Lipp Fix, Mascara	auch rückfettende Wirkung
Johanniskraut	HYPERICUM PERFORATUM	antiseptisch, adstringierend, FT	Gesichtspflege	FT = löst in Verb. Mit UV-Strahlen fototoxische Reaktionen aus
Jojoba(-öl)	BUXUS CHINENSIS oder OLEUM SIMMONDSIAE CALIFORNICAE	pflegendes und hautverträgliches ölförmiges Wachs	Gesichtspflegeprodukte, Haarpflegemittel	→ Haarkonditionierungsmittel, für Naturkosmetik geeignet
Kaliumstearate (-laurate)	POTASSIUM STEARATE	Waschrohstoff, Emulgator, Tensid	Rasierseife	für Naturkosmetik geeignet
Kalmus (= deutscher Ingwer)	ACORUS CALAMUS	Aromastoff	Bademittel	→ Ingwer
Kamille(-extrakt)	CHAMOMILLA RECUTICA	Emolliens, beruhigendes ätherisches Öl	Gesichtspflegemitte, Körperpflegemittel	kann sensibilisierend wirken
Kampfer	CAMPHOR	pflanzliche, durch blutungsfördernde Substanz, Parfümstoff	Haarwasser, Gesichtswasser	toxisch für Kinder
Kaolin (= weißer Ton)	KAOLIN	abrasive, talgabsorbierende Substanz, Füllstoff, Perlglanzmittel, Pudergrundstoff mit hoher Gleitfähigkeit und hohem Feuchtigkeitsbindevermögen	Peeling, Pudergrundlage für Masken, Puder, talgreduzierende Gesichtspflege	Kaolin ist reines Aluminiumsilikat, auch Farbstoff (weiß)

Name	INCI	Funktion	Kosmetika-Beispiel	Bemerkungen
Karmin(rot) (= Carmininsäure, *Coschenille*)	CI: 75470	Farbbestandteil der Koschenillelaus	Rouge um 1890	der Farbstoff wird auch als Karminrot oder *Coche-nille*rot bezeichnet; sehr teuer in der Herstellung → Coschenille
Kaviarextrakt	KAVIAR EXTRACT (engl.)	feuchtigkeitsspendende Substanz	Gesichtspflege, *Repair*-komplex	Extrakt aus Eiern des Stör (bedrohte Fischart)
Kieselgur	SOLUM DIATOMEAE	mineralische, abrasive Substanz, absorptive Substanz	Peeling, Trockenshampoo	Diatomeenerde aus Kieselsäure und Metall-oxiden
Koffein	COFFEIN	Wirkstoff, hautpflegend	Shampoo	auch Aromastoff
Kokosöl (= Kokosnussbutter)	COCOS NUCIFERA	Öl aus dem Samen der Kokospalme, Emolliens, Wirkstoff	Körpercreme	auch abrasive Komponente
Kollagen (= Protein)	COLLAGEN	feuchtigkeitsspendende Substanz tierischen Ursprungs	Gesichtspflege mit *Repair*komplex	
Kolofonium (= Harz)	COLOPHONIUM	ätherisches Öl, Bindemit-tel, hydrophobes Verdik-kungsmittel, Filmbildner	Wachs zum Enthaaren, Haarspray	Naturharz: organische Verbindung ohne einheit-lichen Aufbau
Kurkuma (= Gelbwurz)	CURCUMA LONGA	ätherisches Öl aus den Wurzeln der Pflanze, Duft-stoff, Farbstoff	Parfüm	für Naturkosmetik geeignet
Lactid acid				→ Milchsäure
Lanolin (= Wollwachs)	LANOLIN CERA	Emolliens, Verdickungs-mittel, Bindemittel	Schaumbad, Hautschutzcreme, Fettcreme, Lidschat-tenstifte	→ Haarkonditionierungs-mittel
Lavendel	LAVANDULA ANGUSTIFOLIA	entspannend und beru-higend wirkendes ätheri-sches Öl	Massagemittel	auch Insekten abwehren-des Mittel, für Naturkos-metik geeignet
Lecithin (aus Soja oder Ei)	LECITHIN	Emulgator, Emolliens	Hautpflegemittel	für Naturkosmetik geeignet
Leinöl (= Leinsamenöl)	LINUM USITATISSIMUM	hautberuhigend, enthält Alpha-Linolensäure	Liposomen-Konzentrat zur Pflege gereizter und geröteter Haut	Verzehr von Leinsamen(öl) beschränken, da als Abbauprodukt u. a. Blau-säure (giftig!) entsteht
Limette	CITRUS AURANTIFOLIA	Duftstoff	Parfüm	für Naturkosmetik geeignet
Limone	CITRUS LIMONUM	Aromastoff, ätherisches Öl	Parfüm	auch antiseptisch, für Naturkosmetik geeignet
Lindenblüten (holländisch)	TILIA VULGARIS	pflanzlicher, beruhigender Wirkstoff	Gesichtspflege, Badeöl	auch hautpflegend
Lipase	LIPASE	Enzym	Enzympeeling	
Macadamia (= Queenslandnuss)	MACADAMIA TERNIFOLIA	Hautpflegeöl aus Maca-damianüssen	Hautpflegeprodukt	enthält viele einfach ungesättigte Fettsäuren
Magnesiumoxid	MAGNESIUM OXIDE	absorbierende Substanz, pH-Regulierungsmittel, Perlglanzmittel	Nagellack	auch Trübungsmittel

Name	INCI	Funktion	Kosmetika-Beispiel	Bemerkungen
Magnesiumstearat (= Stearinsäure)	MAGNESIUM STEARATE	Pudergrundstoff, Haftungsmittel	Puder, Lidschattenstifte	sorgt für Haftfestigkeit des Puders auf der Haut und dem Pinsel
Magnetit (= schwarzes Eisenoxid)		tiefschwarze, farbige Substanz (Farbstoff)	dekorative, antike Kosmetika	Herstellung schwarzer Augenschminke bei den Ägyptern
Magnolienblüte	MAGNOLIA ACUMINATA	ätherisches Öl, Duftstoff, Emolliens	Shampoo, Körpercreme	auch adstringierende Wirkung
Maltodextrin	MALTODEXTRIN	absorbierende Substanz, Bindemittel, Emulsionsstabilisator	Enzympeeling	auch Filmbildner → Haarkonditionierungsmittel
Malve, weiß (Extrakt)	ALTHEA OFFICINALIS	Emolliens	Gesichtswasser	
Mandel(-öl, -baum)	PRUNUS DULCIS	glättende, rückfettende Substanz, Trägeröl	Hautpflegemittel, Peeling	Mandelmehl = abrasive Komponente
Meersalz	MARIS SAL	abrasive Komponente	Peeling	auch Badezusatz
Melisse	MELISSA OFFICINALIS	pflanzliche Substanz, Parfümstoff	Haarwaschmittel gegen fettiges Haar	als Melissensamenöl auch Lipid
Menthol	MENTHOL	Vergällungsmittel, Aromastoff, Parfümstoff	Mundwasser	um Alkohol in kosmetischen Mitteln ungenießbar zu machen
Menthyl PCA	MENTHYL PCA	feuchtigkeitsspendend, hautpflegend		als Feuchthaltemittel Hilfsstoff
Methionin(-derivate)	METHIONINE	Kämmbarkeitshilfe	Haarpflegemittel	verhindert die statische Aufladung der Haare beim Kämmen
Methylparaben	METHYLPARABEN	Konservierungsmittel	Gesichtswasser, Fixierungslotion	chemisch hergestellt für Naturkosmetik nicht geeignet
Milchsäure	LACTIC ACID	feuchtigkeitsspendende Komponente, pH-Regulierungsmittel	Gesichtspflegeprodukte	stabilisiert auch den pH-Wert von kosmetischen Mitteln
Minze (= Pfefferminze)	MENTHA PIPERITA	ätherisches Öl (Menthol), Duftstoff, Parfümstoff, deodorierend	Haarwaschmittel gegen fettiges Haar, Zahnpasta, Mundpflegemittel, Zusatz zu Massageöl	erfrischend und kühlend, kann hautreizend wirken
Monoethanolamin	ETHANOLAMINE	pH-Regulierungsmittel	Haarfarbe	sensibilisierend
Myrrhe	COMMIPHORA MYRRHA	pflanzliche Substanz, Aromastoff	Parfüm, Mundpflege	wird aus Myrrhe-Harz gewonnen
Nachtkerze(-nöl)	OENOTHERA BIENNIS	enthält essenzielle Fettsäuren, Emolliens	regenerierende Hautpflege	reich an Gamma-Linolensäure (für Neurodermitiker geeignet)
Natriumcarbonat (= Soda)	SODIUM CARBONATE	sprudelnder Zusatz (in Verb. mit Zitronensäure), pH-Regulierungsmittel	Badetabletten, Desinfektionsmittel	zur Instrumentendesinfektion geeignet
Natriumchlorid (= Kochsalz)	SODIUM CHLORIDE	Aromastoff, Hilfsstoff, Stabilisator	Antitranspirant, Zahnpflegemittel	für Naturkosmetik geeignet
Natriumstearate (-laurate)	SODIUM STEARATE (LAURATE)	Emulgator, Verdickungsmittel	Rasierseife	für Naturkosmetik geeignet
Neroli (= Orangenblütenöl)	CITRUS AURANTIUM oder DULCIS	als ätherisches Öl oder Destillat Duftstoff	Parfüm, Duftwasser, Massagemittel, Peeling	als Schalenextrakt Peelingkomponente
Octyl Methoxycinnamate	OCTYL METHOXYCINNAMATE	chemischer UVB-Filter	Sonnenschutzmittel	Zelltoxizität in Diskussion

Name	INCI	Funktion	Kosmetika-Beispiel	Bemerkungen
Oleylalkohol	OLEYL ALCOHOL	Emolliens, Lösungsmittel, Lipid	Sonnenöl, Lippenstift	für Naturkosmetik geeignet
Olivenöl	OLEA EUROPAEA	pflanzlisches Öl, Lipid (Rückfetter)	Gesichtpflegeprodukte	reich an ungesättigten Fettsäuren
Palmkernöl (-mono,- di-,-trigly-ceride)	PALM KERNEL GLYCERIDES	Emolliens, Lipid	Gesichtspflege für *Couperose*-belastete Haut	auch als Emulgator ein-setzbar
p-Aminobenzoesäure (PABA = Paraamino-benzoesäure)	PABA	chemischer UV-Filtersub-stanz	Sonnenschutzmittel	allergisierende Eigen-schaften
Panthenol (= Provitamin B_5)	PANTHENOL	entzündungshemmende, reizlindernde, beruhigen-de Substanz	Aftersunpräparate, Gesichtswasser	glättende Wirkung bei rissiger, spröder Haut
Pantothensäure (= Vitamin B_5)	PANTOTHENIC ACID	Haarkonditionierungs-mittel mit glättenden Eigenschaften	Haarpflegemittel	auch hautpflegend
Paraffin(-wachs oder Hartparaffin)	PARAFFIN	als Hartwachs für Masken oder Enthaarung	Paraffinmaske Enthaarungswachs	Mineralöl, Erdölprodukt; kanzeroggnes Potenzial in Diskussion
Paraffinum Liquidum (Paraffinöl, = engl. *Mineral Oil*)	PARAFFINUM LIQUIDUM	Emolliens, wirkt antistatisch	Make-up, Gesichts-pflege, Masken	in hautzustandsgerechter Pflege empfehlenswert, auch als Lösungsmittel einsetzbar
Parfüm (= engl. *Fragrance*)	PARFUM	Gemisch aus natürlichen und synthetischen Duft-stoffen in einem Lösungs-mittel oder Basisstoff	viele kosmetische Mittel	kann sensibilisierend wirken
Patchouli	POGOSTEMON CABLIN	ätherisches Öl, Duftstoff	Parfüm	Beschaffung aus Tropen-wäldern nicht unproble-matisch
PEG-6	POLYETHYLEN GLYCOL	Emulgator, Konsistenzge-ber, Feuchthalter	Cremeparfüm	Stabilisator für Creme-grundlage
Peressigsäure	ACETIC ACID	Desinfektionsmittel, pH-Regulierungsmittel	Handdesinfektions-mittel	sensibilisierend
Petrolatum				→ Vaseline
Petroleum Distillates (= Mineralspiritus)	PETROLEUM DISTILLATES	Entschäumungsmittel, Lösungsmittel	Pinselreiniger	in kosmetischen Mittel verboten
Pfefferminze				→ Minze
Phenol(-derivate, Carbolsäure)	PHENOL	desinfizierende, antimi-krobielle Substanz, konservierende Substanz	Handdesinfektions-mittel	stark sensibilisierend
Phenoxyethanol	PHENOXYETHANOL	chemischer Konservie-rungsstoff, Parfümstoff	Erfrischungsspray	mögliche allergisierende Wirkung
Polybutene	POLYBUTENE	Filmbildner, Bindemittel, Verdickungsmittel	Lippebalsam, Lippen-glanz	
Polyethylenglycol (-2)stearate	PEG-2 STEARATE	chemischer Emulgator, Lipid, Tensid	Emulsion	→ PEG-6
Polymer (z. B. Nylon 6-66)	NYLON 6, -11, -12, -66	Emulsionsstabilisator, Filmbildner, Perlglanz-mittel	Haarkur, Haarfestiger, Kajalstifte	runder, glattwandiger Kunststoffkörper

Name	INCI	Funktion	Kosmetika-Beispiel	Bemerkungen
Polyphenol				*poly* = vielfach → Phenol
Poly Sorbate 80	POLY SORBATE 80	Lösungsmittel, O/W-Emulgator	Korrekturlösung für Wimpernfarbe	
Polyvinylacetate (= PVA)	POLYVINYL ACETATE	Filmbildner, Haarfixiermittel	Haarfestiger	
PVP (= Polyvinyl-pyrrolidon)	PVP	Filmbildner, Bindemittel, Haarfixiermittel	Haarfestiger	
Propylene Glycol	PROPYLENE GLYCOL	Feuchtigkeitsspender, Lösungsmittel	Erfrischungsspray, Duschgel	
Protease	PROTEASE	Enzym	Enzympeeling	auch hautpflegend
Prunus dulcis				→ Mandel(-öl)
Quecksilber (= engl. *Mercury*)	(griech.-lat. *Hydrargyrum*)	silbrig-weißes, flüssiges Metall, ab ca. −39 °C erstarrend	hausgemachtes Bleichmittel des 19. Jahrhunderts	führt zu Vergiftungen u. a. bei Resorption durch die Haut
Retinol				→ Vitamin A
Ringelblume				→ Calendula
Rizinusöl (= engl. *Castor Oil*)	HYDROGENATED CASTOR OIL	pflanzliches Öl, Emolliens, rückfettend	Cremeparfüm	auch Lösungsmittel
Rizinusölbaum	RICINUS COMMUNIS	Emolliens	Körperpflegemittel	→ Rizinusöl
Rosa moschata (= Moschusrose)	ROSA MOSCHATA	Emolliens, Parfümstoff	Gesichtpflege-produkt, Parfüm	auch adstringierende Wirkung
Rosa rubiginosa (= Hagebuttenart, Wildrose)	ROSA RUBIGINOSA	pflanzliches Öl	Pflege für Altershaut	ist Vitamin A-haltig
Rose	ROSA CENTIFOLIA	Parfümstoff	Parfüm	auch adstringierende Wirkung
Rosmarin	ROSMARINUS OFFICINALIS	anregendes ätherisches Öl, erfrischend	Badeöl, Massagemittel	auch Antioxidans in kosmetischen Mitteln
Rosskastanie	AESCULUS HIPPOCASTANUM	pflanzliche, adstringierende Substanz	Badeöl, talgreduzierende Gesichtspflege	auch adstringierende Wirkung
Rubus idaeus (= Himbeere)	RUBUS IDAEUS	abrasive Komponente, adstringierend	Peeling	auch hautpflegende Wirkung
Ruß (= engl. *soot*)		feine, fetthaltige Kohlenstoffablagerung, die bei einer Verbrennung entsteht	dekorative, antike Kosmetika	kanzerogenes Potenzial
Saccharide Isomerate	SACCHARIDE ISOMERATE	pflanzlicher Zucker, feuchtigkeitsspendende Komponente	Gesichtspflegeprodukte	auch Feuchthaltemittel in kosmetischen Mitteln
Salbei	SALVIA HISPANICA	Emolliens, ätherisches Öl mit entzündungshemmender, adstringierender Wirkung	Badeöl, ätherisches Öl für Bedampfungsgerät	auch feuchtigkeitsspendend und hautpflegend
Salicylsäure	SALCYLIC ACID	Konservierungsmittel, hautbefeuchtend	Lipp-Fix	wirkt in höheren Konzentrationen haut- und hornhautlösend (Keratolytika → Band C, LF 8, Kapitel 3.4.1)

Name	INCI	Funktion	Kosmetika-Beispiel	Bemerkungen
Sanddorn	HIPPOPHAE RHAMNOIDES	pflanzliche Substanz, hautpflegend	Nachtcreme für trockene Haut	auch Emolliens
Sandel(-holz)	SANTALUM ALBUM	als ätherisches Öl natürlicher Duftstoff	Herrenduft	auch hautpflegend
Schafgarbe	ACHILLEA MILLEFOLIUM	pflanzlicher Inhaltsstoff, adstringierendes ätherisches Öl	Badeöl	auch Antischuppen-Wirkstoff
Schmalz	ADEPS SUILLUS	heute auch Emolliens, Lipid	Grundlage für antike Lippenpomade	tierischen Urpsrungs
Schwefel (kolloidal)	SULFUR	antiseptische Wirkung, Wirkstoff gegen Haarschuppenbildung	Emulsion für fette, unreine Haut, Antischuppenshampoo	mineralischen Urpsrungs
Shea-Butter(-baum)	BUTYROSPERMUM PARKII	pflanzlich, Basisstoff, Cremegrundlage, Lipid	Pflege für trockene Haut	für Naturkosmetik geeignet
Seidenprotein	BOMBYX MORI EXTRAKT	hautpflegend, filmbildend	Nachtcreme	wird aus echten Seidenfasern der Seidenspinnerraupe gewonnen, wird chemisch nachbehandelt
Silicium(di)oxid	SOLUM DIATOMEAE	abrasive Komponente, absorbierende Substanz, Perlglanzmittel, Substratbasis für eine mehrfarbig schillerndes Pigment	Peeling, Maskengrundlage, *Color-Travel* (Farbverlauf) -Nagellacke und -Lidschatten	verhindert das Verklumpen der Inhaltsstoffe des kosmetischen Mittels
Silicon	SILICONE (QUATERNUM 1–13)	Haarkonditionierungsmittel	Haarpflegemittel, Kajalstifte	auch Schaumbildner
Soda(-lösung)	SODIUM CARBONATE			→ Natriumcarbonat
Sodium Laureth Sulfate	SODIUM LAURETH SULFATE	synthetisches Tensid, Emulgator, Perlglanzgeber	Gesichtsreinigungsmilch, Shampoo	auch Schaumbildner
Squalan (= Haifischlebertran)	SQUALANE	Haarkonditionierungsmittel, Lipid, tierischer Ursprung	Nachtcreme	mittlerweile synthetischer Ersatz möglich
Stearinsäure	STEARIC ACID	Emulgator	Emulsion	→ Glycerinmonostearat und → Tea Sterate
Stibium (= Antimon)	(lat. *Antimonium*)	arsenähnliches, giftiges, schwarzes Element, schwarzer Schminkpuder	Augen(brauen)farbe, mit Fett oder Wasser anzurühren	übliches, dekoratives Mittel z. Z. der Ägypter, reizend, giftig
Sulfobernsteinsäureester (= Sulfosuccinat)		Tensid	Shampoo, Flüssigseife	
Talg (i. d. R. Rindertalg)	ADEPS BOVIS	Emolliens, Lipid	Körper- und Gesichtpflegemittel	auch Basisstoff
Talkum (= Talk)	TALC	Pudergrundlage (gute Streuwirkung und glättend), natürlicher mineralischer Stoff	Kompaktpuder, Peelingpulver zum Anrühren, Nass-Schminke, Lidschattenfixierungscreme, Puder	verhindert das Zusammenballen von anderen pudrigen Bestandteilen
Tea Stearate	TEA STEARATE	Emulgator, Tensid	Mascara	
Teebaum(öl)	MELALEUCA ALTERNIFOLIA	antimikrobieller Stoff, antiseptisch wirkend	Spezialshampoo	allergisches Potenzial
Teer (= Holzteer)	PIX LIQUIDA	wird aus Hölzern trocken destilliert	Teerseifen/Teersalben in der Medizin	kann Teerakne hervorrufen
Tetrasodium EDTA (Ethylendiamintetraessigsäure)	TETRASODIUM EDTA	Komplexbildner/Chelatbildner, Hilfsstoff	Gesichtswasser	schwer abbaubar (umweltschädlich)

5842444

Name	INCI	Funktion	Kosmetika-Beispiel	Bemerkungen
Titanoxid (= Titandioxid oder Titanweiß)	TITANIUM DIOXIDE	Farbstoff CI: 77891, Perlglanzmittel, UV-Filtersubstanz, Reflexionsmittel, weißes Pigment	dekorative Kosmetik, Fettschminke, Sonnenschutzmittel, Puder, Lippenglanz, Lippenbalsam	für Naturkosmetik geeignet
Tokopherol (= Vitamin E)	TOCOPHEROL	Lipid, Antioxidans, Wirkstoff	Gesichtpflege	feuchtigkeitsbewahrend
Tonerde		mineralischer, quarzsandreicher Ton		→ Kaolin
Traubenkernöl				→ Weintraube
Triclocarban (CTFA)	TRICLOCARBAN (TCC)	Konservierungsmittel, antimikrobielle Komponente	Deoseife	allergisches Potenzial
Triglyceride - Tristearin (= Triglycerin)	POLYGLYCERIN-3	feuchtigkeitsspendende Substanz	Körper- und Gesichtpflegemittel	Fettkörper in kosmetischen Mitteln
Trimyristin	TRIMYRISTIN	Verdickungsmittel, Lipid	Badezusätze ohne Reinigungswirkung	auch Viskositätsregler
Vaseline	PETROLATUM	Lipid, fettende Komponente, Basisstoff für spezielle Reinigungspräparate oder Unterlagencreme	Abschminkprodukte für Fettschminke, Unterlagencreme für Wimpernblättchen	Mineralfett und Erdölnebenprodukt; kanzerogenes Potenzial in Diskussion (bei großflächiger Anwendung)
Vetiver	VETIVERA ZIZANOIDES	aus den Wurzeln gewonnenes ätherisches Öl, Duftstoff	Parfüm	auch hautpflegend
Vitamin A	RETINOL	Antioxidans chemischen Ursprungs	Gesichtspflegeprodukte, *Anti-Aging*-Pflegeprodukte	
Vitamin C (= Ascorbinsäure)	ASCORBIC ACID	Antioxidans, pH-Regulierungsmittel	Gesichtpflegeprodukte, Masken	hautschützend, für Naturkosmetik geeignet
Vitamin E (= Tokopherol)				→ Tokopherol
Vitamin F (= Linolsäure)	LINOLEIC ACID	essenzielle Fettsäuren, regenerierender Wirkstoff, Lipid	Nachtpflege, Haarpflege	auch Tensid
Vitamin K	PHYTONADIONE	fettlösliches Vitamin, hautberuhigend	Konzentrat gegen *Couperose*	lichtempfindlich
Wacholderbeere	JUNIPERUS COMMUNIS	pflanzlicher Inhaltsstoff, ätherisches Öl	in Trägeröl für Massage, Deo	auch deodorierend
Wachs				→ Bienenwachs
Walnuss	JUGLANS REGIA	als Öl bräunlich hautfärbendes Pflanzenextrakt, als Pulver abrasive Komponente	Sonnenöl	auch Duftstoff
Wasser (= engl. *water*)	AQUA	Lösungsmittel, Basisstoff, Verdünnungsmittel	Emulsionen, viele kosmetische Mittel	bei kurzer Anwendung hautbefeuchtend
Wasserstoffperoxid H_2O_2	HYDROGEN PEROXIDE	Oxidationsmittel	Haarfarben, Entwicklerlösung für Wimpernfarbe	allergisierendes Potenzial

Name	INCI	Funktion	Kosmetika-Beispiel	Bemerkungen
Weihrauch(-baum)	BOSWELIA SERRATA	ätherisches Öl, Duftstoff	Parfüm	auch hautglättend
Weintraube(-nöl)	VITIS VINIFERA	pflanzlicher Inhaltsstoff, aus Traubenkernen gewonnenes Öl, Trägeröl, Emolliens	Tagespflege, Nachtpflege	reich an ungesättigten Fettsäuren, für Naturkosmetik geeignet
Weizenkeimöl (= engl. *Wheat Germ Oil*)	TRITICUM VULGARE	Hautpflegestoff, natürliches Öl	Nachtpflege	reich an Vitamin E
Weizenkleie	TRITICUM VULGARE	abrasive Substanz	Peeling	für Naturkosmetik geeignet
Xanthan Gum	XANTHAN GUM	Bindemittel, Stabilisator, Verdickungsmittel, Gelbildner	Masken	zählt zu den Polysacchariden
Zea Mays (= Mais)	ZEA MAYS	pflanzliche Substanz, Bindemittel, Emolliens, abrasive Komponente, Viskositätsregler	Gesichtspflege für *Couperose*-belastete Haut, Peeling	auch Lipid, für Naturkosmetik geeignet
Zedern(-holz)öl	OLEUM LIGNI CEDRI	aus dem Stamm gewonnenes ätherisches Öl, Duftstoff	Parfüm	auch als Insektenabwehrmittel genutzt
Zimt	CINNAMONUM ZEYLANICUM	lokale Durchblutungsanregung	Reinigungsmaske	hautzustands-gerecht empfehlenswert
Zink	ZINC	antimikrobieller Stoff, Trübungsmittel, Konservierungsmittel mineralischen Ursprungs	Zahnreinigungsmittel	
Zinc Ricinoleate (= Ricinolsäure, Zinksalze)	ZINC RICINOLEATE	Geruchsabsorptionsmittel, Perlglanzmittel, talgabsorbierende Substanz	Antitranspirant, talgreduzierende Gesichtspflege	für Naturkosmetik geeignet
Zinkoxid	ZINC OXIDE	mineralischer Farbstoff, Lichtfiltersubstanz, adstringierend, entzündungshemmend	Puder, Sonnenschutzmittel, Wundschutzcreme, Lippenstift	Alternative zu chemischen UV-Filtern
Zinkstearat (= Stearinsäure)	ZINC STEARATE	Farbstoff (weiß), Verdickungsmittel, mildes Antiseptikum	Kompaktpuder, Lidschattenfixierungscreme	auch entzündungshemmend
Zinnober	CINNABARI(S)	mineralischer Stoff, rot oder braunroter Farbstoff	antike Schminke	quecksilberhaltig → Quecksilber
Zitrone	CITRUS LIMONUM	naturidentischer Wirkstoff, pH-Regulator, sprudelnder Zusatz (in Verbindung mit → Natriumcarbonat), Duftstoff	Badetabletten, Parfüm	auch antiseptisch, belebend

A

B

O

P

Q

R

S

T

akg images, Berlin: 328.2; Archivberlin, Berlin: 102.1 (Z. von Okolicsanyi); Argus Fotoagentur, Hamburg: 309.1 (Helmut Schwarzbach); Ausfelder, Kurt, Darmstadt: 375.1, 376.1, 377.1, 379.1, 384.1; Berliner Illustrierte Zeitung, Berlin: 332.1; bestforbeauty, Neuenstadt: 404.3, 405.1, 406.3, 406.4, 407.1, 407.2, 408.1, 408.2; Bildagentur-online, Burgkunstadt: 37.5 (Hemera), 295.5 (Hemera), 318.1 (Yiap); Bridgemanart Library, Berlin: 336.1; Cosmetic Point CP-Permanent Make-up Vertrieb, Hannover: 406.1, 406.2, 407.3, 408.3, 408.4; Das Fotoarchiv, Essen: 156.1 (Jochen Tack); Deutsche Nemectron GmbH, Karlsruhe: 58.1, 73.1; Dirschka, Th., Bochum: 108.5; être belle cosmetics, Flein: 191 (alle), 214.1; Focus Bildagentur, Hamburg: 336.4 (Tobias Everke); Flora Press, Hamburg: 153.2; Fotostudio Günter Hogen, Lautertal: 2.2, 9 (beide), 11 (beide), 12 (beide), 13.1, 15.1, 18.1, 20 (beide), 21 (beide), 22.2, 32.4, 33.1, 34 (alle drei), 35.1, 36.2, 36.3, 37.1-4, 39.2, 39.3, 47 (beide), 53 (alle), 54 (alle), 55 (alle), 59.3-5, 60.1-3, 61 (beide), 62 (alle), 63 (alle), 65 (beide), 66.1-3, 72.2, 74.1, 76 (beide), 77.1, 77.2, 78 (alle), 79.1, 79.2, 80.2, 80.3, 80.6-9, 87.1, 89.1, 92.2, 92.3, 97.2, 105.1, 122.2, 124 (alle drei), 125.1, 128.1, 130 (beide), 131 (beide), 132.2, 133 (beide), 134.1, 135.1, 136 (alle), 137.2, 137.3, 137.5, 138.1, 138.3, 138.4, 138.6, 139.2-5, 140.1, 140.3, 140.5, 141.2-5, 142.1, 142.3, 142.5, 142.7, 143.2, 143.3, 143.5, 144.1-3, 145.2-4, 146.1, 146.2, 146.4, 146.6, 147.2, 147.4, 147.6, 148.1, 148.3, 148.5, 149.2-5, 152 (alle), 154.1, 158.2-4, 159 (beide), 171.2-3, 172 (alle), 173 (beide), 174 (alle), 175 (alle), 176 (beide), 177.1, 178.2-3, 182.1, 201.1, 202.1, 217.2, 218.1, 221 (beide), 222.1, 223 (beide), 225.2, 227.1, 236 (beide), 246 (beide), 247 (beide), 248 (beide), 252 (beide), 259.1, 260 (alle), 262 (alle), 263.2-4, 264.1, 267 (alle), 276.2, 278 (alle), 279 (alle), 282.1, 288 (beide), 290 (beide), 291.1, 295.1-4, 296.1, 300.2, 304.1, 306 (beide), 308.1, 311.1, 313.1, 314.1, 315 (beide), 316.1, 319.1, 327 (alle), 339 (beide), 340.1, 345 (beide), 348.1, 351.1, 353 (alle), 354 (beide), 355.1, 357.2, 358 (alle), 359 (alle), 360 (alle), 361.1, 372 (alle), 373.1, 380 (alle), 381 (alle), 382 (alle), 383 (alle), 384.2, 384.3, 385.1, 389 (alle), 390.1, 390.3, 390.4, 391 (alle), 394.1, 395.4, 396.3, 396.4, 398.1-4, 399 (alle), 400 (alle), 401 (alle), 411 (alle), 412.2, 415 (alle), 416 (alle), 418 (alle), 419 (beide), 420 (alle), 424.2, 425 (alle), 426.1, 426.2; Gebhardt, Dieter, Grafik- und Fotodesign, Asperg: 30.2, 31.1 (beide), 50.1, 80.1, 81.1, ; Goldeneye, Eggenstein: 271.1; Globus Infografik GmbH, Hamburg: 300.1; Harnecker, Ingrid, Gensingen: 431.2; Hautklinikum Hanau, PD Dr. Ockenfels, Hanau: 108.1, 108.2, 108.6, 243.1, 243.2, 245.1; Hellmut Ruck GmbH, Neuenbürg: 14.1, 15.2; Hentschel, H. D. Prof. Dr., München: 98.2 (Vorlagen), 99.1 (Vorlage); Hermal Kurt Herrmann GmbH, Reinbek: 84.2, 85.1, 108.3; Hild, Claudia, Angelburg: 2.1, 10.1, 13.3 (beide), 18.1, 19.1, 22.1, 23.1, 26.1-2, 27.1-2, 28.1-2, 30.1, 31.2 (alle), 32.1, 32.3, 33.2, 35.2, 36.1, 38 (beide), 39.1, 40 (beide), 45.1, 48.1, 49.1, 58.1, 59.2, 72.1, 75.2, 82.1, 86 (beide), 92.1, 93.2-3, 98.1, 110.1, 111.1, 122.1, 153.1, 153.3, 162.1, 171.1, 178.1, 187.1, 195.1, 199.1, 220.1, 250.1, 276.1, 291.1, 292.1-2, 293.1, 328.1, 347.1, 374.1-2, 404.1, 404.2, 412.1; Holzki, Stefan, Gensingen: 156.2; HSM Marita Müller, Hagen: 29.1; HS-Style GmbH, Rüdesheim: 365.1, 368.1, 371.1-2; Images.de, Berlin: 155.1 (Birdsall); Imago sportfotodienst, Berlin: 226.1; Ionto-Comed GmbH, Eggenstein: 13.2, 31.3, 43 (beide), 45 (beide), 59.1, 69 (alle), 75.1, 90 (beide), 165.1, 273.1; Isotrop Peter Latsch GmbH, Bad Camberg: 123.1, 126.1, 127.1, 320.1, 321.1; Jahreszeiten Verlag, Hamburg: 409.2 (C. Dahl), 421.1 (J. Peg); JAK Cosmetics Vertrieb, Mohnheim: 94.1, 224.1, 230.1, 232.1; KLAPP Cosmetics GmbH, Hessisch Lichtenau: 249.1; KOKO Kosmetikvertrieb GmbH & Co. KG, Leichlingen: 210 (alle); Kulturgeschichtliches Bildarchiv Hansmann, München: 329.1; Kryolan GmbH, Berlin: 341 (beide), 349 (alle), 350.1, 352.2, 355.2, 357.1, 364.1, 366 (beide), 387.1, 427 (alle), 428.1; Lantelme, Jörg, Kassel: 429.1; Laverana GmbH, Wennigsen: 322.1, 323.1; LORÉAL Deutschland GmbH, Düsseldorf: 344 (beide); Maaß, Doris, Bad Kreuznach: 18.2-5, 19.2, 217.1, 431.1; Medex, NL-PB Zwiggelte: 269.1, 270.1; Medicalpicture GmbH, Köln: 84.1, 243.4, 301.1; Melag Medizintechnik, Berlin: 14.2; MEV Verlag GmbH, Augsburg: 206.1, 225.1, 241.1, 244.1, 298.1, 321.2; Moravan Warenhandels GmbH, München: 258.1, 265.1, 398.5; Nora Bode Kosmetik, Hohenstein: 272.1; Okapia Bildarchiv, Frankfurt am Main: 243.3; picture alliance/dpa, Frankfurt am Main: 163.1 (akg images); picture press, Hamburg: 333.1 (Everett Collection), 335.1 (Everett Collection), 335.2 (Everett Collection); Pneumed Medizintechnik GmbH, Idar-Oberstein: 163.2; Rintelen, Henriette, Velbert: 48 (beide), 52 (alle), 56.1, 64.1, 71.1, 77.3, 79.3, 80.4-5, 82.2, 98.2 , 99.1, 109.1, 112.1, 113.1, 114.1, 118.1, 120.2, 132.1, 137.1, 137.4, 138.2, 138.5, 139.1, 140.2, 140.4, 140.6, 141.1, 142.2, 142.4, 142.6, 143.1, 143.4, 145.1, 146.3, 146.5, 147.1, 147.3, 148.2, 148.4, 148.6, 149.1, 150 (beide), 158.1, 177.2, 215.1, 238.1, 263.1, 274.1, 280.1, 286.1, 303.1, 337.1, 338.1, 342.1, 352.1, 390.2, 392 (alle), 393 (alle), 394.2-5, 395.1-3, 395.5, 396.1-3, 402 (alle), 403.1, 417.1, 424.1, 426.3; Schmitt, Andreas, Hamburg: 423 (beide); Schrammek, Christine Dr. med: 68.1; OK Schroedel Archiv, Braunschweig: 51.1, 103.1, 104.1, 119 (beide), 120.1, 312.1; Skin & Health Care AG Dr. Suwelack, Billerbeck: 256 (alle); Sorisa Perfect Forms, Brannenburg: 41.1, 169.2; Sprachenzentrum Erfurt: 376.1; STOCK 4B GmbH, München: 97.1 (Stefanie Sudek); The Taste of Luxury, Wellness and Beauty Center Weinberg, Frankfurt: 403.2-5, 422 (beide); Thieme Verlag, Stuttgart: 100.1, 101.1; Ullstein Bild, Berlin: 333.2 (Granger Collection); Ulrich Krause GmbH, Neubiberg: 257.1; Urban & Fischer Verlag, München (Kassner: Dermatologie, 2002): 32.2, 108.4; Vanselow, Holger, Stuttgart: 169.1; Vario images GmbH, Bonn: 336.2 (Willi Dolder), 413.1 (fotokurier.at); VISUM Fotoagentur, Hamburg: 307.1 (Christian D. Bruck), 370.1 (Achim Krug), 409.1 (Christian D. Bruck), 410.1 (Thomas Dashuber); Weinberg, Alexandra Lea, Neu-Isenburg: 431.3; Wella AG (Museum), Darmstadt: 331 (beide); Wildlife Bildagentur, Hamburg: 336.3 (M. Harvey)